KB180478

우리말 어찌씨의 짜임새 연구

이 책은 2013년도 강원대학교 학술연구조성비로 연구하였음(과제번호-120131788)

우리말 어찌씨의 짜임새 연구

한 길

역락

사전에 실린 우리말에 해당하는 낱말은 40만 개가 훨씬 넘는다. 이를 품사에 따라 나누면 이름씨가 30여만 낱말로 가장 많은 수를 차지하고, 그 다음으로 움직씨 6만여 낱말, 어찌씨 1만 8천여 낱말, 그림씨 1만 7천여 낱말순이다. 어종에 따라 나누면, 한자 낱말이 60%정도이고 토박이 낱말이 26% 정도이며 기타 외래 낱말과 혼합 낱말이 그 나머지에 해당한다. 따라서 우리말 낱말은 품사로는 이름씨에, 어종으로는 한자 낱말에 편중되어 있다고 할 수 있다.

어찌씨는 전체 낱말에서 차지하는 비중은 4% 정도로, 그리 많은 편은 아니지만 사용 빈도에서는 아주 높은 편에 해당한다. 어종에서도 한자 낱말보다는 토박이 낱말이 훨씬 많은 수를 차지하고, 한자말 밖의 외래 낱말로 이루어진 어찌씨는 없다. 우리말 어찌씨에는 토박이말로 이루어진 흉내말이 풍부하게 발달해 있다. 흉내말이 밑말이 되어 파생법과 합성법에 따라 많은 어찌씨가 만들어지므로 토박이말 어찌씨가 풍부하게 되었다.

어찌씨는 대체로 우리말에서 월을 짜 이루는 데에 뼈대 부분을 이루지는 않지만 주로 꾸밈말로 쓰여 꾸밈 받는 말을 정확하고, 다채롭고, 풍성하게 꾸며 주는 일을 맡기 때문에 실제 말살이에서 중요한 일을 한다. 이 책에서는 우리말에 해당하는 어찌씨들을 선정하고, 어찌씨 만들기의 유형에 초점을 두어 형태적 짜임새를 분석하여, 어찌씨마다 어떤 형태적 짜임새를 이루고 있는지를 밝히고, 공통적 짜임새에 따라 유형화하고자 하였다.

제1장에서는 어찌씨에 관한 전반적인 논의로, 낱말 가운데 어찌씨가 차지하는 자리, 어찌씨의 짜임새, 종류 등 형태적 특성, 문장 구성이나 문법 범주에 영향을 미치는 어찌씨의 통사적 특성, 꾸밈 받는 월조각과의 의미적 제약을 보이는 의미 특성, 문장의 한계를 넘어 영향을 미치는 어찌씨들의 화용적 특성, 어찌씨 만들기의 유형 등을 논의하였다.

제2장에서는 단일 형태소로 이루어진 어찌씨를 선정하고, 낱말 만들기에 관여하느냐, 않느냐에 따라 갈랐다. 낱말 만들기에 관여하는 단일 어찌씨를 밑말로 한 복합 어찌씨의 짜임새를 밝히고자 하였다. 복합 어찌씨는 뿌리(어근이나 어기) 형태소로 짜여 진 것들이 합성 어찌씨이고, 뿌리에 파생 가지가 결합된 것들이 파생 어찌씨이다. 단일 어찌씨는 대부분 흉내말에 해당하는데, 특히 내적 파생법에 따라 많은 수의 파생 어찌씨가 만들어졌다.

제3장에서는 단일 어찌씨 이외의 낱말이나 뿌리에 파생 가지가 결합하여 만들어진 파생 어찌씨의 짜임새를 논의하였다. 파생 뒷가지가 덧붙는 접미 파생법과 파생 앞가지가 덧붙는 접두 파생법에 따라 파생 어찌씨가 만들어진다. 파생 어찌씨가 밑말이 되어 내부의 홀소리나 닿소리를 바꿈으로써 파생되는 내적 파생 어찌씨도 있으며, 어찌씨 이외의 낱말에 -∅ 파생 가지가 덧붙어 만들어지는 파생 어찌씨도 있다.

제4장에서는 단일 어찌씨 이외의 낱말이나 뿌리끼리 결합하여 만들어진 합성 어찌씨의 짜임새를 규명하였다. 뿌리가 자립성이 있는 낱말인 경우에는 통사적 합성 어찌씨가 되며, 낱말 자격이 모자라는 뿌리인 경우에는 비통사적 합성 어찌씨가 된다. 이 밖의 합성 어찌씨 만들기 유형으로는, 복합 어찌씨에 뿌리가 결합하여 만들어진 합성 어찌씨와 합성 어찌씨나 파생 어찌씨가 밑말이 되고 여기에 낱말이나 낱말 자격이 모

자라는 뿌리가 결합하여 만들어진 합성 어찌씨가 있다.

제5장에서는 한자말 어찌씨의 짜임새를 규명하였다. 한자말 어찌씨가 밑말이 되어 합성 어찌씨나 파생 어찌씨를 만드는 데 관여하기도 한다. 한자말 어찌씨가 밑말이 되어 만들어진 복합 어찌씨 유형으로는, 한자말 어찌씨가 같은 꼴이나 비슷한 꼴로 되풀이되거나 다른 낱말과 결합하여 만들어진 합성 어찌씨와, 파생 가지가 덧붙거나 영 파생 가지가 덧붙어 만들어진 파생 어찌씨가 있다.

요즘 어려운 출판 여건 속에서도 출간을 흔쾌히 승낙해 주시고, 이 책이 빛을 볼 수 있도록 여러 모로 도움을 주신 역락출판사 이대현 사장님께 감사를 드린다. 이울러 이 책을 위해 애써 주신 편집부 박선주 님을 비롯한 관계자 여러분께도 고마운 마음을 전한다.

2014년 초가을
지은이 적음

••• 차례

■ 제4장 합성 어찌씨의 짜임새 • 411

제1장

모두 풀이

1. 어찌씨의 자리매김

어찌씨는 낱말의 한 갈래이다. 낱말은 최소 자립 형식으로서 앞과 뒤에 쉼이 놓일 수 있지만 그 내부에는 쉼을 둘 수 없으며, 낱말 구성 요소 사이에 다른 낱말을 넣어 확대・분리할 수 없고 구성 요소 사이에 자리바꿈이 일어나지 않는 말의 단위이다.(한길, 2006 : 108) 우리말에 속하는 수십만 낱말을 형태적 특성, 기능상의 특성, 의미적 특성에 따라 가른 것이 품사이다. 따라서 품사란 공통적인 형태(form), 기능(function), 의미(meaning) 특성을 지니는 낱말의 묶음에 해당한다. 어찌씨는 품사 가운데 하나이다.

낱말을 품사로 가를 때, 세 특성 가운데 어느 것을 우선적으로 적용하느냐, 어느 것에 비중을 더 두느냐, 의미 특성을 반영하느냐 않느냐에 따라 품사 가름이 달라지기도 한다.[1] 여기서는 낱말을 형태, 기능, 의미 특성 순으로 적용하여 품사를 가르기로 한다.

형태 특성에서 보면, 낱말의 내부에서 꼴이 바뀌느냐, 바뀌지 않느냐

1) 연구 논저에 따라 품사 가름이 달라지는 까닭이 바로 여기에 있다. 학교문법에서는 9가지로 가르고 있지만 연구 논저에 따라 가짓수, 품사의 종류도 차이가 난다.

에 따라 가를 수 있다. 꼴이 바뀌는 것으로는 풀이씨가 있고, 꼴이 바뀌지 않는 것으로는 매김씨, 어찌씨, 느낌씨가 있다. 내부의 꼴은 바뀌지 않지만 토씨가 덧붙는 것으로 임자씨가 있다.

기능 특성에서 보면, 낱말이 월 안에서 맡고 있는 기능으로서 어떤 월 조각으로 쓰이는가에 따라 가를 수 있다. 꼴바꿈이 일어나지 않는 낱말 가운데 주로 임자씨를 꾸미는 것이 매김씨이고, 주로 풀이씨를 꾸미는 것이 어찌씨이며, 주로 마디를 꾸미는 것이 느낌씨이다.

의미적 특성에서 보면, 낱말이 어떤 의미 속성을 나타내느냐에 따라 가를 수 있다. 임자씨에 속하는 것들은 형태나 기능에서 같지만 의미 속성에서 차이를 보이는 것들이 있다. 대상의 이름 속성을 나타내는 것이 이름씨이고, 이름씨를 대신 나타내는 속성을 가진 것들이 대이름씨이며, 사물의 수효나 순서의 속성을 나타내는 것들이 셈씨이다.

풀이씨는 실질적인 의미가 있느냐 없느냐에 따라 가를 수 있다. 실질적인 의미가 없는 것이 잡음씨이다. 실질적인 의미를 지니되 움직임이나 작용을 나타내면 움직씨가 되고, 성질이나 상태를 나타내면 그림씨가 된다. 움직씨와 그림씨는 꼴바꿈에서도 약간의 차이를 보이기도 한다.[2)]

낱말은 자립형식으로서 뿌리를 갖추고 있다. 자립성이 없으면서 뿌리가 없지만 낱말로 간주하는 것이 합리적인 것으로,[3)] 주로 임자씨에 붙어서 풀이씨와의 걸림 관계를 나타내는 것이 토씨이다.

우리말 낱말은 위에서 살핀 바와 같이 10가지 품사로 나뉘며, 어찌씨

---

2) 그림씨는 꾀임꼴과 시킴꼴의 씨끝을 취할 수 없지만, 움직씨는 취할 수 있다. 그림씨에는 현재형 마침씨끝의 '-다'가 결합하지만, 움직씨에는 '-는다/-ㄴ다'가 결합한다. 매김꼴 씨끝에서도 현재형일 때 그림씨에는 '-은/ㄴ'이 결합하지만, 움직씨에는 '-는'이 결합하여 차이를 보인다.

3) 토씨를 낱말로 보아 품사 가운데 하나로 처리해야 함에 대하여는 한길(2006 : 109-110)을 참조할 것.

는 그 가운데 하나에 해당한다. 우리말 10품사를 정리하면 다음과 같다.[4]

1. 임자씨–이름씨
   대이름씨
   셈씨
2. 풀이씨–움직씨
   그림씨
   잡음씨
3. 꾸밈씨–낱말 꾸밈–임자씨 꾸밈–매김씨
   풀이씨 꾸밈–**어찌씨**
   마디 꾸밈–느낌씨
4. 걸림씨–토씨

10가지 품사 중에 어떤 것은 그 수효가 아주 많은데 비해 어떤 것은 극히 적다. 이름씨는 30여 만 개로, 가장 많은 수를 차지하지만 잡음씨는 2개에 불과하다. 품사에 따라 그 수효에서 큰 차이를 보이는데, 어찌씨는 대략 17000여 개로 이름씨, 움직씨 다음에 세 번째로 많은 수를 차지한다.[5] 참고로 국립국어연구원편(1999)『표준국어대사전』에 실린 441,639 낱말을 품사 종류에 따라 분류하면 다음과 같다.

4) 학교문법에서는 9품사로, 여기서의 잡음씨를 인정하지 않았다. 학교문법에서는 '이다'와 '아니다'를 잡음씨로 설정하지 않고 '이다'는 토씨에, '아니다'는 그림씨에 넣었다.

5) 우리말 사전류에 따라 어찌씨의 수효가 차이가 날 뿐 아니라, 어떤 낱말을 어찌씨로 인정하느냐 하지 않느냐, 어떤 말 짜임을 어찌씨로 처리하느냐 통사적 짜임새로 처리하느냐에서도 차이를 보이는 것들이 있다.

품사 이름	수
이름씨	334,372
대이름씨	462
셈 씨	275
움직씨	68,370
그림씨	17,353
어찌씨	17,956
매김씨	1,681
느낌씨	811
토 씨	356

우리말의 낱말은 대부분이 이름씨이고 그 다음이 움직씨, 어찌씨, 그림씨 순이다. 어찌씨와 그림씨는 거의 비슷한 수를 차지한다. 어찌씨는 전체 낱말에서 차지하는 수효는 적은 편이지만 월에서의 사용 빈도는 아주 높은 편이다.

2. 어찌씨의 특성

2.1. 어찌씨의 어원적 특성

어원적으로 보면, 우리말 낱말은 토박이말, 한자말, 외래말의 세 겹 짜임새로 이루어져 있다.[6] 이를테면 '사람'은 토박이말이고 '산(山)'은 한자

6) 한자말이 토박이말이 아닌 점에서 외래말에 포함시킬 수도 있지만, 한자말은 아주 오래 전부터 사용되어 왔으며, 우리말 어휘의 절반 이상을 차지하고 있는 점에서 그 밖의 외래말과 별도로 구분하였다.

말이며, '라디오(radio)'는 영어에서 들어온 외래말이다. 또한 토박이말과 한자말(꽃-병), 한자말과 외래말(생-크림), 외래말과 토박이말(커브-길), 토박이말과 한자말과 외래말(젖-산-박테리아)가 합쳐진 낱말이 있다. 이 가운데 한자말로 이루어진 낱말이 절대 다수를 차지한다.

특히 이름씨에서는 토박이말보다 한자말이 훨씬 많으며, 토박이말과 한자말 밖에도 '토박이말-한자말', '토박이말-외래말', '한자말-외래말', '토박이말-한자말-외래말' 등 뒤섞인 낱말도 많이 있다. 이에 비해 토씨에서는 모두 토박이말이며, 한자말이나 외래말로 이루어진 것은 없다.

움직씨나 그림씨에서는 한자말이나 외래말, '한자말-외래말'로만 이루어진 것들이 없다. 토박이말이거나 '한자말-토박이말', '외래말-토박이말'로 이루어진 것들이 있다. 한자말이나 외래말로만 이루어진 움직씨와 그림씨가 우리말에 뿌리를 내리지 못한 까닭은 우리말 월의 짜임새 특성 때문이다. 움직씨와 그림씨는 월에서 월조각으로 쓰이기 위해서는 적절한 씨끝을 취하는 끝바꿈이 일어나야 하는데, 움직씨나 그림씨에 해당하는 한자말이나 외래말은 그 자체만으로는 씨끝을 취할 수 없기 때문에 끝바꿈을 할 수 있도록 뒷부분에 토박이말의 덧붙게 된다. 이를테면 영어의 움직씨 'study'가 우리말에 들어오면 '스터디'만으로는 움직씨로 쓰이지 못하고, 토박이말 '-하다'가 결합하여야 비로소 '스터디하다'란 움직씨로 쓰이게 된다. 한자말의 '청소(淸掃)'도 본디 움직씨에 속하던 것이 우리말에 들어오면서 움직씨로 쓰이지 못하고, 토박이말 '-하다'가 결합하여야 '청소(淸掃)하다'란 움직씨가 된다. 따라서 한자말이나 외래말만으로 이루어진 움직씨나 그림씨는 있을 수 없다.

우리말 어찌씨에는 토박이말로 이루어진 것, 한자말로 이루어진 것, 토박이말과 한자말이 합쳐진 것이 있다. 외래말로 이루어진 것이나, 토박이말이나 한자말에 외래말이 합쳐서 이루어진 어찌씨는 없다. 우리말 낱말에서 한자말이 차지하는 비중이 아주 높지만 어찌씨에서는 한자말 어찌씨에 비해 토박이말 어찌씨가 훨씬 더 많은 수를 차지한다. 우리말 어찌씨에는 토박이말로 이루어진 흉내말이 풍부하게 발달해 있기 때문이다. 흉내말이 밑말이 되어 파생법과 합성법에 따라 많은 어찌씨가 만들어지므로 토박이말 어찌씨가 풍부하게 되었다.

2.2. 어찌씨의 형태적 특성

2.2.1. 어찌씨의 짜임새

어찌씨는 월에서 어느 자리에 놓이더라도 내부적으로 꼴바꿈이 일어나지 않는 형태적 특성을 보임은 앞에서 지적한 바 있다. 외부적으로는 토씨 가운데 도움토씨가 결합될 수 있지만 어찌씨에 따라 결합될 수 있는 도움토씨에서 차이를 보이며, 일부 어찌씨에는 어떤 도움토씨도 결합될 수 없다.[7)]

어찌씨의 형태 짜임새에서 보면, 단일 형태소로 이루어진 단일 어찌씨와 둘 이상의 형태소가 결합된 복합 어찌씨가 있다. 복합 어찌씨는 어찌씨를 이루고 있는 직접 구성 요소 가운데 하나가 파생 가지이냐 아니냐에 따라 합성 어찌씨와 파생 어찌씨로 나뉜다.

단일 어찌씨는 음절수에서 보면 1음절, 2음절, 3음절, 4음절, 5음절로

---

7) 정도 어찌씨 가운데 '몹시', '무척', '아주'는 뜻에서 비슷하지만 도움토씨와의 결합에서 차이를 보인다. 아래 보기와 같이 '몹시'에는 '도'가, '무척'에는 '이나'가 결합되지만 '몹시'에 '이나'가, '무척'에 '도'가 결합될 수는 없다. '아주'에는 도움토씨가 결합될 수 없다.

(보기) 날씨가 몹시<u>도/*나</u> 춥다.
날씨가 무척<u>이나/*도</u> 춥다.
날씨가 아주<u>*도/*나</u> 춥다.

이루어져 있으며, 이 가운데 2음절과 3음절 단일 어찌씨가 가장 많은 수를 차지한다. 단일 어찌씨 중에는 '**곧**<시간적인 간격을 두지 않고 바로>'과 같이 새로운 어찌씨 만들기에 관여하는 것도 있고,[8] '**다**<남기거나 빠지거나 함이 없이>'와 같이 더 이상 어찌씨 만들기에 관여하지 않는 것도 있다. 새로운 어찌씨 만들기에 관여하는 단일 어찌씨는 어찌씨 만들기의 밑말이 되고 여기에 다른 뿌리나 파생 가지와 어울려 결합 과정을 거쳐 합성 어찌씨와 파생 어찌씨가 만들어진다. 또한 단일 어찌씨에 홀소리나 닿소리를 바꿈으로써 어찌씨를 파생시키는 내적 파생법에 따라 파생 어찌씨가 만들어지기도 한다.

단일 어찌씨 가운데 같은 꼴이나 비슷한 꼴로 되풀이된 것들도 있다. 이들은 마치 형태소가, 같거나 비슷한 꼴로 된 것처럼 보이지만 실제로는 뜻을 지니지 않아 형태소 자격이 없는 음절이나 음절들이 되풀이된 것들이다. 흉내말 어찌씨들이 주로 이에 속한다. 이에 해당하는 어찌씨 가운데에도 일부는 파생 가지가 덧붙거나, 다른 뿌리와 결합하거나, 내접 파생법에 의해 새로운 어찌씨가 만들어진다.

같은 꼴 되풀이 단일 어찌씨의 짜임새를 보면, '감감<대답이나 소식 따위가 전혀 없는 상태>'과 같이 뜻이 없는 'A'가 그대로 되풀이된 [AA]단일 어찌씨, '개진개진<눈에 물기가 끈끈하게 서리어 있는 꼴>'과 같이 뜻이 없는 2음절인 'AB'가 그대로 되풀이된 [ABAB]단일 어찌씨, '모기작모기작<우물쭈물하면서 느리게 자꾸 움직이는 꼴>'과 같이 뜻이 없는 3음절인 'ABC'가 그대로

---

8) '곧'이 낱말 만들기의 밑말이 되고 여기에 다른 뿌리가 결합하여, 아래 보기와 같이, 합성 어찌씨가 만들어지며, 파생 가지가 덧붙어 파생 어찌씨가 만들어진다.

-(합)곧-바로<지체 없이 바로 그 즉시>

곧-이어<어떤 일이 있고 난 후에 바로 이어서>

곧-잘<제법 잘. 가끔씩 잘>

줄-곧<끊임없이 죽 잇따라>

-(파)곧-장<어떤 일이 있고 나서 바로>

되풀이된 [ABCABC]단일 어찌씨들이 있다.

비슷한 꼴 되풀이 단일 어찌씨의 짜임새를 보면, '귀동대동<말이나 짓을 함부로 아무렇게나 하는 꼴>'과 같이 뜻이 없는 2음절 'AB'가 그대로 되풀이된 것이 아니라 'A'가 비슷한 꼴의 'Ă'로 바뀌어 되풀이된 [ABĂB]단일 어찌씨, '네미룩내미룩<책임을 지지 않으려고 서로 남에게 미루는 꼴>'과 같이 뜻이 없는 2음절 'ABC'가 그대로 되풀이된 것이 아니라 'A'가 비슷한 꼴의 'Ă'로 바뀌어 되풀이된 [ABCĂBC]단일 어찌씨들이 있다.

어찌씨를 이루고 있는 직접 구성 요소 가운데 하나가 파생 가지인 파생 어찌씨의 짜임새를 보면, 어찌씨가 아닌 뿌리에 파생 뒷가지가 덧붙는 것과 파생 앞가지가 덧붙는 것으로 가를 수 있다. 파생 가지가 덧붙는 것이 아니라 어찌씨 내부의 홀소리나 닿소리를 바꿈으로써 파생되는 것은 어찌씨가 밑말인 경우에 한정된다. 어찌씨 이외의 뿌리에 내적 파생법이 적용되어 어찌씨가 만들어지지는 않는다.

어찌씨가 아닌 뿌리에 파생 뒷가지가 덧붙는 파생 어찌씨의 짜임새로는 [풀이씨 줄기/뿌리+-이]어찌씨, [풀이씨 뿌리+-히]어찌씨, [풀이씨 뿌리+그 밖의 파생 뒷가지]어찌씨, [임자씨+파생 뒷가지]어찌씨, [그 밖의 뿌리+파생 뒷가지]어찌씨 따위가 있으며, 특이한 짜임새로 파생 뒷가지인 '-끼리'가 같은 꼴로 되풀이 된 '끼리끼리'의 짜임새인 [파생 뒷가지+파생 뒷가지]어찌씨가 있다.

어찌씨가 아닌 뿌리에 덧붙어 파생 어찌씨를 만드는 파생 앞가지는 극히 드물고 어찌씨를 만드는 데 있어 생산성도 미미하다. 어찌씨를 만드는 파생 앞가지로는 '맞-', '몰-', '연(連)-', '올-', '외-', '저-', '한-'이 있으며, 이들 파생 앞가지가 덧붙을 수 있는 뿌리는 극히 적다.

어찌씨 내부의 홀소리나 닿소리를 바꿈으로써 파생되는 내적 파생 어찌씨의 짜임새를 보면, 홀소리 바꿈에 해당하다는 '졸졸→줄줄'이 있으며,

닿소리 바꿈에 해당하는 '잘랑→짤랑→찰랑'이 있다.

어찌씨 이외의 낱말에 ∅파생 가지가 덧붙어 파생 어찌씨가 만들어지는 짜임새를 보면, '고르게<더하고 덜함이 없이 골고루>'와 같이 풀이씨의 줄기에 씨끝이 결합한 끝바꿈꼴에 어찌씨를 파생시키는 -∅ 파생 가지가 덧붙어 파생 어찌씨가 만들어지는 짜임새인 [[풀이씨 줄기+씨끝]+어찌씨 -∅ 파생 가지]어찌씨, '본디<사물이나 현상이 만들어지거나 생겨난 처음부터>'와 같이 이름씨에 어찌씨를 파생시키는 -∅ 파생 가지가 덧붙어 파생 어찌씨가 만들어지는 짜임새인 [이름씨+어찌씨 -∅ 파생 가지]어찌씨 따위가 있다.

품사 바뀜 합성 어찌씨의 짜임새를 보면, 합성 어찌씨가 통사적 짜임새와 같은 꼴이냐 아니냐에 따라, 같은 꼴인 통사적 합성 어찌씨 짜임새와 다른 꼴인 비통사적 합성 어찌씨 짜임새로 가를 수 있다.

통사적 합성 어찌씨의 짜임새로는, '갈피갈피<겹치거나 포개진 물건의 사이마다>'와 같은 [이름씨^{2}]합성 어찌씨, '검불덤불<갈피를 잡을 수 없을 정도로 서로 뒤섞여 어수선한 꼴>'과 같은 [이름씨1+이름씨2]합성 어찌씨, '어느덧<어느 틈인지 모르는 사이에>'과 같은 [매김씨+이름씨]합성 어찌씨, '가며가며<서두르지 않고 천천히 쉬어 가며>'와 같은 [풀이씨 줄기+씨끝]+[풀이씨 줄기+씨끝]]합성 어찌씨, '에구에구<몹시 슬프게 우는 소리>'와 같이 [느낌씨+느낌씨]합성 어찌씨와 '날로달로<날이 가고 달이 갈수록>'와 같이 [[이름씨+토씨]+[이름씨+토씨]]합성 어찌씨 따위가 속한 그 밖의 합성 어찌씨 짜임새가 있다.

비통사적 합성 어찌씨의 짜임새로는, '가뜬가뜬<몸이나 마음이 아주 가볍고 상쾌한 느낌>'과 같은 [풀이씨 뿌리^{2}]합성 어찌씨. '건둥반둥<하던 일을 다 끝내지 못하고 중도에 그만두는 꼴>'과 같은 [풀이씨 뿌리1+풀이씨 뿌리2]합성 어찌씨. '동글동글<작은 사물이 꽤 또는 여럿이 다 동그란 꼴>'과 같은 [풀이씨 줄기^{2}]합성 어찌씨, '갈팡질팡<갈피를 잡지 못하고 이리저리 헤매는 꼴>'과 같은 [풀이씨 뿌리

+가상 뿌리]합성 어찌씨, '나박나박<무 따위의 야채를 얄팍하고 네모지게 잇따라 써는 꼴>'과 같은 [가상 뿌리1+가상 뿌리2]합성 어찌씨, '단김에<좋은 기회가 지나가기 전에>'와 같은 [임자씨+토씨]합성 어찌씨 따위가 있다.

한자말 어찌씨의 짜임새를 보면, '매일(每日)'[9]과 같이 낱말 만들기에 관여하는 한자말 어찌씨, '가령(假令)'과 같이 더 이상 낱말 만들기에 관여하지 않는 한자말 어찌씨, '각자(各自)'와 같이 이름씨에 어찌씨 영 파생 가지가 결합하여 만들어진 영 파생 한자말 어찌씨로 가를 수 있다.

낱말 만들기에 관여하는 한자말 어찌씨는 어찌씨 만들기에 밑말이 되고, 여기에 파생 가지나 뿌리가 결합하여 파생 어찌씨와 합성 어찌씨가 만들어진다. 곧 '잠시(暫時)<잠깐>'에 파생 뒷가지 '-간(間)'이 결합하여 파생 어찌씨 '잠시간(暫時間)<짧은 시간 동안>'이 만들어지는 것과 같이 파생 가지가 덧붙어 파생 어찌씨를 만들거나 '즉시(卽時)'에 뿌리인 '즉시(卽時)'가 결합하여 합성 어찌씨 '즉시즉시(卽時卽時)'가 만들어지는 것과 같이, 뿌리와 결합하여 합성 어찌씨를 만드는 데 관여한다.

더 이상 낱말 만들기에 관여하지 않는 한자말 어찌씨의 짜임새를 보면, 되풀이 한자말 어찌씨와 그 밖의 한자말 어찌씨로 가를 수 있다.

되풀이 한자말 어찌씨의 짜임새로는 같은 꼴 되풀이 어찌씨에, '겸사겸사(兼事兼事)<한 번에 이 일 저 일을 겸하여 하는 꼴>'와 같은 [ABAB]어찌씨, '건건(虔虔)<항상 조심하고 삼가는 꼴>'과 같은 [AA]어찌씨, '건건사사(件件事事)<일어나는 모든 일마다>'와 같은 [AABB]어찌씨 짜임새가 있으며, 비슷한 꼴 되풀이 어찌씨에, '기연미연(其然未然)<그런지 그렇지 않은지 분명하지 않은 꼴>과 같은 [ABCB]어찌씨, '왈가왈부(曰可曰否)<가타부타>'와 같은 [ABAC]어찌씨 짜임새가 있고, 대칭 꼴 되풀이 어찌씨에, '각일각(刻一刻)<시간이 지

---

9) '매일(每日)'은 '같이', '없이'와 결합하여 통사적 합성 어찌씨 '매일(每日)-같이', '매일(每日)-없이'가 만들어진다.

나감에 따라 더욱 더>과 같은 [ABA]어찌씨가 있다. 그 밖의 한자말 어찌씨의 짜임새로는 음절수에 따라, 1음절, 2음절, 3음절, 4음절, 5음절 한자말 어찌씨가 있다. 2음절 한자말 어찌씨가 가장 많은 편이며 3음절, 4음절이 그 다음으로 많은 편이다.

영 파생 한자말 어찌씨의 짜임새로는, 한자말 이름씨에 어찌씨를 파생시키는 영 파생 가지가 덧붙어 이루어진 파생 어찌씨가 있다. 곧 한자말 이름씨 '각자(各自)'에 영 파생 가지 '-Ø'가 덧붙으면 어찌씨 '각자(各自)'가 만들어진다. 이들 어찌씨 가운데 극히 일부는 밑말이 되어 합성 어찌씨나 파생 어찌씨가 만들어진다.

2.2.2. 어찌씨의 종류

어찌씨는 기준에 따라 여러 갈래로 나눌 수 있다.[10] 어찌씨의 기능적 측면에서 꾸밈 범위에 따라 가를 수 있고, 의미적 측면에서 의미 특성에 따라 가를 수 있다. 이 두 기준을 적절히 적용하여 가르기로 한다.

1차적으로 어찌씨의 꾸밈의 범위가 월조각이냐 월 모두냐에 따라, 월조각 꾸밈 어찌씨와 월 꾸밈 어찌씨로 나누고, 2차적으로 의미 특성이나 기능에 따라 나누기로 한다.

1) 월조각 꾸밈 어찌씨

월조각 꾸밈 어찌씨는 특정한 월조각을 꾸미는 어찌씨이며, 의미적 특성에 따라 풀이씨의 성질이나 상태를 나타내는 성상 어찌씨와 공간적인 장소나 방향을 가리키거나 시간적인 위치를 가리키는 가리킴 어찌씨, 풀

10) 어찌씨의 갈래는 주로 한길(2006)을 참고하였으며, 양태 어찌씨에 관하여는 최현배(1971)를 따랐다.

이씨의 뜻을 부정하는 부정 어찌씨로 나뉜다.

(1) 성상 어찌씨

풀이씨 앞에 놓여 풀이씨를 꾸미는 기능을 나타내는 어찌씨로, 주로 풀이씨의 성질이나 상태를 나타내기 때문에 성상(性狀) 어찌씨라고 일컫는다. 성상 어찌씨는 꾸미는 풀이씨에 따라 움직씨를 꾸미는 것, 그림씨를 꾸미는 것, 임자씨를 꾸미는 것, 매김씨를 꾸미는 것이 있다.

(1) ㄱ. 선생님이 하시는 말씀을 <u>잘</u> <u>들어라</u>.
ㄴ. 담배는 건강에 <u>매우</u> <u>해롭다</u>.
ㄷ. <u>바로</u> <u>저분</u>이 김 선생님입니다.
ㄹ. 이번 기회에 <u>아주</u> <u>새</u> 집을 삽시다.

(1)에서 ㄱ의 '잘'은 움직씨를, ㄴ의 '매우'는 그림씨를, ㄷ의 '바로'는 임자씨를, ㄹ의 '아주'는 매김씨를 꾸민다.

흉내말에 해당하는 소리흉내말 어찌씨와 꼴흉내말 어찌씨도 성상 어찌씨에 해당한다. 우리말에는 흉내말 어찌씨가 상당히 많다. 기본적인 흉내말 어찌씨가 밑말이 되어 되풀이되면서 합성 어찌씨가 만들어지며, 내적 파생법에 따라 닿소리나 홀소리를 바꿈으로써 많은 수의 파생 어찌씨가 만들어진다.

(2) 가리킴 어찌씨

어찌씨 가운데 말이 이루어지는 장면에서 시간적인 위치를 가리키거나 공간적인 장소나 방향을 가리키는 것들이 있다. 이런 어찌씨들을 가리킴 어찌씨라 일컫는다. '지금, 아까, 이따가'와 같이 시간적인 위치를 가리키는 것들이 때 어찌씨이고, '여기, 이리, 가까이'와 같이 공간적인 장소나 방향을 가리키는 것들이 곳 어찌씨이다.

(2) ㄱ. 내가 **아까** 철수를 만났다.
ㄴ. 거기 서 있지 말고 **이리** 앉아라.

때 어찌씨는 말이 이루어지는 때를 기준으로 그 앞이나 뒤를 가리키는 것으로, 말이 이루어지는 때를 가리키는 '지금', 말이 이루어지기 전을 가리기는 '아까', 말이 이루어진 다음을 가리키는 '이따가' 따위가 있다. 말이 이루어지는 때나 다른 때를 기준으로 그 앞과 뒤를 가리키는 때 어찌씨로는 '방금, 먼저, 막, 벌써, 아직, 이미' 따위가 있으며, 단순한 때의 위치나 분포를 가리기는 때 어찌씨로는 '갑자기, 대뜸, 대번, 문득, 별안간' 따위가 있다.

곳 어찌씨에는 공간적인 장소를 가리키는 것으로 '여기, 거기, 저기'가 있으며, 방향을 가리키는 것으로 '이리, 그리, 저리'가 있고, 공간적인 거리를 가리키는 것으로 '가까이, 높이, 멀리' 따위가 있다.

(3) 부정 어찌씨

어찌씨 가운데 풀이씨의 뜻을 부정하는 어찌씨가 부정 어찌씨에 해당한다. 부정 어찌씨에는 단순 부정 어찌씨로 '안'이 있고, 능력 부정 어찌씨로 '못'이 있다. '안'은 대부분의 움직씨와 그림씨를 꾸밀 수 있지만,[11] '못'은 주로 움직씨를 꾸미고 그림씨를 꾸미는 일은 거의 없다.

(3) ㄱ. 가. 철수는 아직 점심을 **안 먹었다**.
나. 오늘은 철수가 **안 바쁘다**.

---

11) 풀이씨의 음절수가 길거나 '이름씨+하다' 풀이씨인 경우 꾸밈에 제약을 받는다.

ㄴ. 가. 철수는 아직 점심을 **못 먹었다**.
나. *오늘은 철수가 **못 바쁘다**.
다. 저 친구는 어딘지 모르게 **못 미덥다**.

위와 같이 '바쁘다'는 그림씨이기 때문에 '못'의 꾸밈을 받을 수 없지만, 예외적으로 '미덥다'는 그림씨이지만 '못'의 꾸밈을 받을 수 있다.

2) 월 꾸밈 어찌씨

어찌씨 가운데 꾸밈의 대상이 월 전체인 것을 월 꾸밈 어찌씨라고 한다. 월 꾸밈 어찌씨에는 말할이의 태도를 나타내는 양태 어찌씨가 있으며, 앞 월과 뒤 월을 이어 주면서 뒤 월을 꾸미는 이음 어찌씨가 있다.

(1) 양태 어찌씨

말할이의 태도를 나타내는 양태 어찌씨를 최현배(1971 : 600-601)는 풀이씨에 의해 요구되는 방식에 따라 단정을 요구하는 것, 의혹이나 가설을 요구하는 것, 바람을 보이는 것으로 나누고 아래와 같이 다시 세분하고 보기를 들었다.

a. 단정을 요구하는 것
a) 세게 하는 것(强調的, 力說的副詞)
과연, 과시, 딴은, 진실로, 실로, 마땅히, 모름지기, 물론, 무론, 의례히, 확실히, 정말, 참말, 응당, 정
b) 틀림없다는 것(斷定的 또는 必然的副詞)
단연코, 꼭, 반드시, 기필코, 기어이
c) 비기는 것(比較的副詞)
마치, 천성(天成), 천연, 똑
d) 지우는 것(否定副詞)

결코, 조금도, 털끝만큼도

b. 의혹이나 가설을 요구하는 것

a) 풀이말에 의심스러운 말(疑惑, 質問, 反語 等)을 요구하는 것

왜, 어찌, 설마, 하물며

b) 풀이말에 추측의 말을 요구하는 것

아마, 글쎄

c) 풀이말에 가설적 조건을 보이는 것

만약, 만일(假說을 보이는 것)

설령(設令), 설혹(設或), 설사(設使), 가사(假使), 가령(假令)

비록, 아무리, 암만(佳容을 보이는 것)

c. 바람을 보이는 것

a) 시킴꼴

제발 비만 오지 말게 하여 주소서.

아무쪼록 공부를 잘 하여라.

부디 안녕히 계십시오.

b) 매는꼴

제발 비만 오면

아무쪼록 공부를 잘 하면

부디 안녕히 계실 것 같으면

(2) 이음 어찌씨[12]

이음 어찌씨는 앞 월과 뒤 월을 이어 주면서 뒤의 월을 꾸민다. 이 밖에도 월조각과 월조각을 이어 주는 '및, 또는, 혹은' 따위도 있지만 이것들은 월 꾸밈 어찌씨에 속하지 않고 월조각 꾸밈 어찌씨에 해당한다.

월 꾸밈 이음 어찌씨는 뜻에 따라 순접 관계를 나타내는 것으로 '그리고, 그러므로, 그래서, 따라서, 왜냐하면, 예컨대, 더구나, 더욱이, 곧, 즉, 또한, 결국' 따위가 있으며, 역접 관계를 나타내는 것으로 '그러나,

---

12) 이희승(1957), 김석득(1992), 허웅(1995)에서는 이음 어찌씨를 어찌씨의 한 갈래로 보지 않고 이음씨(接續詞)라는 별도의 품사로 설정하기도 한다.

그래도, 하지만, 하나, 그렇지만, 그러하나, 그래도, 도리어, 오히려' 따위가 있다.

2.3. 어찌씨의 통사적 특성

어찌씨는 꼴바꿈 없이 월 안에서 단독으로 월을 짜 이루는 월조각이 된다. 어찌씨는 주로 어찌말로 쓰이는데, 어찌씨에 토씨가 붙는 경우도 있지만 토씨가 어찌씨를 어찌말이 되게 하는 일을 하는 것이 아니다.[13] 곧 자리토씨가 결합되는 것은 아니고 어찌씨에 따라 일부 도움토씨가 결합되기도 한다.

(4) ㄱ. 날씨가 몹시 차다.
날씨가 몹시<u>도</u> 차다.
ㄴ. 날씨가 매우 차다.
*날씨가 매우<u>도</u> 차다.

(4ㄱ)에서 어찌씨 '몹시'는 그 자체만으로 월에서 어찌말로 쓰였다. '몹시'에 '도'가 결합하더라도 적격하지만, '도'가 결합함으로서 어찌씨가 어찌말로 쓰이는 것은 아니다. (4ㄴ)에서 '매우'도 그 자체만으로 월에서 어찌말로 쓰였지만 '도'가 결합되면 부적격해진다.

어찌씨에 따라 도움토씨 결합에서 차이를 보인다. '매우'와 같이 전혀 도움토씨가 결합할 수 없는 것도 있고, 도움토씨가 결합할 수 있되 어찌씨에 따라 차이가 나기도 한다.

어찌씨는 월에서 어찌말이 되어 주로 풀이씨를 꾸미는 일을 한다. 곧

13) 어찌씨가 아닌 이름씨 따위에는 어찌 자리토씨가 결합하여 어찌말로 쓰이게 한다.

꾸밈 받는 풀이씨의 뜻을 더욱 세밀하고 분명하게 한정(제한)해 주는 일을 한다. 어찌씨는 풀이씨만이 아니라 다른 어찌씨나 이름씨, 매김씨, 마디, 월을 꾸미기도 한다.

(5) ㄱ. 철수는 바둑을 **잘** **둔다**.(움직씨 꾸밈)
ㄴ. 이번 안건은 **매우** **중요하다**.(그림씨 꾸밈)
ㄷ. 너에게는 이 넥타이가 **가장** **잘** 어울린다.(어찌씨 꾸밈)
ㄹ. 수석이 **바로** **이** 학생이다.(매김씨 꾸밈)
ㅁ. 부모님의 마음을 편하게 하는 것이 **바로** **효도**이다.(이름씨 꾸밈)
ㅂ. 편지를 보낸 사람이 **바로** **나**이다.(대이름씨 꾸밈)
ㅅ. **또** **하나**가 말썽을 부리네.(셈씨 꾸밈)
ㅇ. 저분은 자기가 한 말에 대하여 **반드시** **책임을 진다**.(마디 꾸밈)
ㅈ. **다행히** **일이 원만하게 해결되었다**.(월 꾸밈)

모든 어찌씨가 위와 같은 조건에서 쓰일 수 있는 것은 아니다. 대다수의 어찌씨가 움직씨나 그림씨를 꾸미고, 소수의 어찌씨가 임자씨와 매김씨, 어찌씨를 꾸미기도 한다. 극히 소수의 어찌씨가 그 밖의 환경에서 쓰일 수 있는 제약이 있다.

어찌씨는 월에서 수의적인 월조각으로, 뒤에 놓이는 것을 꾸미는 일을 하지만, 일부 어찌씨는 월 짜임새에 영향을 미치기도 하고 말본 범주에 제약을 가하기도 하는 통사적 특성을 보이기도 한다.

한길(2012 : 184-186)에서 밝힌 바와 같이, 정도 어찌씨 '훨씬'은 다른 정도 어찌씨와 달리 비교 대상이 되는 견줌말을 반드시 필요로 한다. 견줌말이 없으면 불완전한 월이 되기 때문에 '훨씬'은 반드시 견줌말에 해당하는 월조각을 필요로 하는 통사적 특성을 보인다.

(6) ㄱ. 철수가 똑똑하다.

ㄴ. #철수가 **<u>훨씬</u>** 똑똑하다.
ㄷ. 철수가 **영수보다** **<u>훨씬</u>** 똑똑하다.

(6)에서 ㄱ은 적격한 월이다. ㄱ에 어찌씨 '훨씬'만 꾸밈말로 들어가면 ㄴ과 같은 불완전한 문장이 된다. '훨씬'이 꾸밈말로 쓰이기 위해서는 ㄷ과 같이 앞자리에 '영수보다'와 같은 견줌말이 반드시 놓여야 한다. 곧 '훨씬'이 꾸밈말로 쓰이기 위해서는 반드시 견줌말을 필요로 하여 월 짜임에 영향을 미치는 통사적 기능을 담당한다.

한길(2013 : 241-243)에서 밝힌 바와 같이, '함께'는 월에서 적격하게 쓰이기 위해서는 반드시 'N+과'로 이루어진 월조각을 필요로 하는 통사적 특성을 보인다.

(7) ㄱ. 철수가 점심을 먹는다.
ㄴ. #철수가 **<u>함께</u>** 점심을 먹는다.
ㄷ. 철수가 **친구와** **<u>함께</u>** 점심을 먹는다.

(7)에서 ㄱ은 적격한 월이다. ㄱ에 어찌씨 '함께'만 꾸밈말로 들어가면 ㄴ과 같은 불완전한 문장이 된다. '함께'가 꾸밈말로 쓰이기 위해서는 ㄷ과 같이 앞자리에 '친구와'와 같은 어찌말이 반드시 놓여야 한다. 따라서 '함께'는 단지 꾸밈말로만 쓰이는 것이 아니라 월 짜임에 영향을 미치는 통사적 기능을 수행함을 알 수 있다.

어찌씨 가운데 일부는 홑월에서는 꾸밈말로 쓰이지 않고, 이은겹월에서만 꾸밈말로 쓰이는 통사적 제약을 보이기도 한다. 곧 일부 어찌씨가 적격한 홑월에 꾸밈말로 놓이면 부적격한 월이 되며, 이은겹월의 앞마디나 뒷마디에 놓여야 하는 제약을 보인다.

'만일'은[14] 이은 겹월의 앞마디에서만 꾸밈말로 쓰이는 제약을 보인다.

이은겹월의 뒷마디이나 홑월에서는 쓰이지 않는 제약이 있다.

(8) ㄱ. **<u>만일</u>** 이 사실이 발각이 되**<u>면</u>** 너는 곤욕을 치를 것이다.
ㄴ. *이 사실이 발각이 되면 **<u>만일</u>** 너는 곤욕을 치를 것이다.
ㄷ. ***<u>만일</u>** 이 사실이 발각이 되겠다.

'만일'은 이은겹월을 짜 이루는 데에 필수 월조각은 아니다. 꾸밈말로서의 역할만 담당할 뿐이기 때문에 수의적인 월조각에 해당한다. ㄱ에서 '만일'이 없더라도 월 짜임의 적격성에는 영향을 미치지 않는 점이 이를 뒷받침해 준다. 그러나 '만일'이 꾸밈말로 쓰이기 위해서는 반드시 이은겹월이어야 하며, 그 가운데에서도 앞마디에 놓여야만 하는 제약이 따르기 때문에 '만일'은 통사적 기능을 수행하는 것으로 보아야 한다. ㄷ은 부적격한 월이지만 '만일'이 없으면 적격한 문장이 됨이 이를 뒷받침해 준다.

'만일'은 모든 이은겹월의 앞마디에 놓여 꾸밈말로 쓰일 수 있는 것은 아니고 극히 일부의 이음씨끝만을 가려잡기 때문에 '만일'이 통사적 기능을 수행함은 더욱 분명하다. '만일'이 가려잡는 이음씨끝으로는 조건 관계의 '-면', '-다면', '-거든'과 양보 관계의 '-어도', '-더라도' 등이 있다.

(9) ㄱ. **<u>만일</u>** 네가 그런 짓을 하**<u>면</u>** 나는 너를 용서하지 않을 것이다.
ㄴ. **<u>만일</u>** 내가 끝내 반대했**<u>다면</u>** 너는 그리 못 했을 거야.
ㄷ. **<u>만일</u>** 이상한 느낌이 들**<u>거든</u>** 바로 그 자리를 떠나라.
ㄹ. **<u>만일</u>** 비가 와**<u>도</u>** 경기는 계속 된다.
ㅁ. **<u>만일</u>** 사장이 깨어나지 않**<u>더라도</u>** 이번 사업은 계속 추진할 거야.

---

14) 어찌씨 '만일'과 뜻과 쓰임에서 꼭 같은 것으로 '만약'이 있다. 어찌씨 '만일'과 같은 꼴로 <있을지도 모르는 뜻밖의 경우>의 뜻을 나타내는 이름씨 '만일'이 있다. 어찌씨 '만약'도 같은 꼴의 이름씨 '만약'이 있다.

'만일'이 이은겹월의 앞마디에 쓰이는 제약이 있는 반면에, '부득이(不得已)'는 이은겹월의 뒷마디에서 꾸밈말로 쓰이는 제약을 가진다. 앞마디는 '부득이'의 <이유나 원인>을 나타내는데, 이런 앞마디가 놓이지 않으면 불완전한 월이 된다.[15]

(10) ㄱ. #**부득이** 먼저 떠납니다.
ㄴ. #**부득이** 전기 요금을 인상하기로 했습니다.

(10)에서 '부득이'가 없으면 적격한 월이지만, '부득이'가 꾸밈말로 쓰임으로 말미암아 불완전한 월이 되었다. 따라서 '부득이'가 월 짜임에 영향을 미쳐 통사적 기능을 수행함이 확실하다.

(10)이 적격한 월이 되기 위해서는 (11)과 같이 '부득이'의 <이유나 원인>을 나타내는 앞마디가 필요하다.

(11) ㄱ. 다급한 용무가 생겨 **부득이** 먼저 떠납니다.
ㄴ. 원유 가격이 인상되어서 **부득이** 전기 요금을 인상하기로 했습니다.

'부득이'가 적절하게 쓰이기 위해서는 (11)과 같이 <이유나 원인>을 나타내는 이음씨끝이 쓰여야 하기 때문에 '부득이'는 앞마디와 아울러 <이유나 원인>의 이음씨끝을 가려잡는 통사적 제약을 보인다. (11)에서 쓰인 이음씨끝 밖에 <이유나 원인>을 나타내는 이음씨끝이 쓰인 보기

---

15) '부득이(不得已)'에는 그림씨 파생 뒷가지 '-하(다)'가 결합되어 <마지못해 어쩔 수 없다>란 뜻을 지닌 그림씨가 파생되었다. 그러나 '부득이(不得已)'와 뜻과 쓰임이 비슷한 '부득불(不得不)'과 '불가불(不可不)'에는 그림씨 파생 뒷가지 '-하(다)'가 결합되지 않는다. 곧 '부득불(不得不)하다'와 '불가불(不可不)하다'란 그림씨는 존재하지 않는다.

를 들면 다음과 같다.

(12) ㄱ. 불법 자금 조성 혐의가 밝혀지<u>자</u>[16] 그는 부득이 회장직에서 물러났다.
ㄴ. 돈이 없으<u>니까</u> 부득이 굶을 수밖에 없었다.
ㄷ. 비가 오<u>므로</u> 부득이 야구 경기를 중단시켰다.

'부득이'는 반드시 <이유나 원인>의 이음씨끝으로 이루어진 앞마디만을 가려잡는 것은 아니다. <이유나 원인>의 이음씨끝에 준하는 통사적 짜임새가 놓이더라도 적격한 월이 된다.

(13) ㄱ. 신청자가 정원에 미달했<u>**기 때문에**</u> 부득이 신청 기간을 연장합니다.
ㄴ. 빚진 돈을 갚<u>**기 위해서**</u> 아버지는 부득이 땅을 팔았다.
ㄷ. <u>**우루과이 라운드의 타결로**</u> 부득이 외국 농산물을 수입하게 되었다.

(13)에서 ㄱ은 통사적 짜임새 '-기 때문에'가 <이유나 원인>의 이음씨끝에 준하기 때문에 '부득이'가 꾸밈말로 쓰였더라도 적격한 월이 되었다. ㄴ도 '-기 때문에'와 마찬가지로 '-기 위해서'가 <이유나 원인>을 나타내기 때문에 적격한 월이 되었다. ㄷ은 통사적 짜임새인 '우루과이 라운드의 타결로'가 <이유나 원인>을 나타내기 때문에 적격한 월이 되었다.

'부득이'가 월에서 꾸밈말로 쓰이기 위해서는 <이유나 원인>의 이음씨끝으로 이루어진 앞마디나 이에 준하는 통사적 짜임새가 있어야 적격한 월이 되지만, 이런 조건을 갖춘 월에서 '부득이'는 삭제되더라도 적격

---

16) 이음씨끝 '-자'는 여러 의미 특성을 가진다. 여기서의 '-자'는 <원인>을 나타낸다.

한 월이 되기 때문에 '부득이'가 월 짜임에 필수 월조각에 해당하지는 않는다.

우리말에서 말본 범주에 해당하는 것으로 의향법, 높임법, 시제법, 사동법, 피동법, 부정법, 강조법, 격을 설정하였다.[17] 어찌씨 가운데 일부는 말본 범주에 영향을 미쳐 통사적 기능을 수행한다.

어찌씨 '어서'는 말본 범주 가운데 의향법에 영향을 미치는 통사적 기능을 수행한다. '어서'는 꾀임법과 시킴법의 월에서만 꾸밈말로 쓰이고 베풂법과 물음법 월에서는 꾸밈말로 쓰이지 않는 제약이 있다. 곧 꾀임월과 시킴월만을 가려잡는 통사적 제약이 있다.

(14) ㄱ. *<u>어서</u> 밥을 먹는다.
ㄴ. *<u>어서</u> 밥을 먹니?
ㄷ. <u>어서</u> 밥을 먹자.
ㄹ. <u>어서</u> 밥을 먹어라.

(14)에서 ㄱ과 ㄴ이 부적격한 월이 되었다. '어서'가 제거되면 적격한 월이 되는데, '어서'가 쓰임으로 말미암아 부적격한 월이 되었기 때문에 '어서'가 의향법에 제약을 일으키는 요인임이 드러난다. 모든 어찌씨가 의향법에 제약을 일으키는 것은 아니며, 제약을 일으키더라도 어느 의향법에 제약이 일어나는가는 어찌씨에 따라 차이가 있다.

때 어찌씨 '아까'와 '이따가'는 말본 범주 가운데 때매김법에 영향을 미치는 통사적 기능을 수행한다. '아까'는 때매김 씨끝 가운데 '-었-'과 '-더-'와는 어울릴 수 있지만 '-겠-'과 현재의 때매김과는 어울릴 수 없는 제약

17) 권재일(1992 : 71)에서는 말본 범주로 화자에 관계된 것으로, 청자에 대한 태도를 나타내는 의향법과 청자높임법을 들었고, 명제 내용에 대한 판단을 나타내는 시제법과 강조법을 들었다. 월조각 사이의 관계를 나타내는 것으로 주체높임법, 객체높임법, 사동법, 피동법, 부정법, 격을 든 바 있다.

이 따른다.[18]

(15) ㄱ. 철수는 아까 점심을 먹었다.
ㄴ. 철수는 아까 점심을 먹더라.
ㄷ. *철수는 아까 점심을 먹는다.
ㄹ. *철수는 아까 점심을 먹겠다.

(15)에서 ㄱ과 ㄴ은 적격한 월이 되고, ㄷ과 ㄹ이 부적격한 월이 된 것은 '아까' 때문이다. '아까'가 없으면 ㄷ과 ㄹ도 적격한 월이 되지만 '아까'가 꾸밈말로 들어감으로써 부적격해졌으므로 '아까'가 때매김법에 영향을 미쳤음은 확실하다.

'아까'와 반대로 '이따가'는 '-겠-'과 현재의 때매김과는 어울릴 수 있지만, '-었-'과 '-더-'와는 어울릴 수 없는 제약이 따른다.

(16) ㄱ. *철수는 이따가 점심을 먹었다.
ㄴ. *철수는 이따가 점심을 먹더라.
ㄷ. 철수는 이따가 점심을 먹는다.
ㄹ. 철수는 이따가 점심을 먹겠다.

(16)에서 ㄱ과 ㄴ은 부적격한 월이 되고 ㄷ과 ㄹ이 적격한 월이 된 것은 '이따가' 때문이다. '이따가'가 없으면 ㄱ과 ㄴ도 적격한 월이 되지만 '이따가'가 꾸밈말로 들어감으로써 부적격해졌으므로 '이따가'가 때매김법에 영향을 미쳤음은 확실하다.

때 어찌씨가 모두 때매김법에 제약을 일으키는 것은 아니다. '지금'은 모든 때매김과 어울릴 수 있어 제약이 따르지 않는다.

---

18) '아까'가 때매김에 제약을 일으키는 까닭은 '아까'의 뜻 때문이다.

(17) ㄱ. 철수는 **지금** 점심을 먹**었**다.
ㄴ. 철수는 **지금** 점심을 먹**더**라.
ㄷ. 철수는 **지금** 점심을 먹**는**다.
ㄹ. 철수는 **지금** 점심을 먹**겠**다.

때 어찌씨가 모두 때매김에 제약을 일으키는 것은 아니다. '지금'처럼 제약 없는 때 어찌씨도 있고, '이따가'와 '아까'처럼 때매김에 제약을 일으키는 것도 있는데, 제약이 때 어찌씨에 따라 다르게 나타날 수 있다.

대다수의 어찌씨는 부정이나 긍정의 월에서 꾸밈말로 쓰일 수 있어 제약이 따르지 않는다. 그러나 극히 소수의 어찌씨는 부정의 월에서만 쓰이거나 긍정의 월에서만 쓰여 부정법에 제약을 일으킨다.

어찌씨 '별로'는 부정의 월에서만 꾸밈말로 쓰이고 긍정의 월에서 쓰이게 되면 부적격한 월이 된다.

(18) ㄱ. 오늘은 기분이 **별로** 좋지 않다.
ㄴ. *오늘은 기분이 **별로** 좋다.

(18)에서 ㄴ이 부적격한 것은 긍정의 월에 '별로'가 꾸밈말로 쓰였기 때문이다. '별로'가 쓰이지 않으면 적격한 월이 되지만 '별로' 때문에 부적격해졌으므로 '별로'는 ㄱ과 같이 부정의 월을 가려잡는 통사적 특성을 가진다.

이와 반대로 '곧잘'은 긍정의 월에서만 꾸밈말로 쓰이고 부정의 월에서 쓰이게 되면 부적격한 월이 된다.

(19) ㄱ. 철수가 운동을 **곧잘** 한다.
ㄴ. *철수가 운동을 **곧잘** 하지 않는다.

(19)에서 ㄴ이 부적격한 것은 부정의 월에 '곧잘'이 꾸밈말로 쓰였기 때문이다. '곧잘'이 쓰이지 않으면 적격한 월이 되지만 '곧잘'이 쓰였기 때문에 부적격해졌으므로 '곧잘'은 ㄱ과 같이 긍정의 월을 가려잡는 통사적 특성을 가진다.

대다수의 어찌씨는 높임법에 관여하지 않지만 극소수의 어찌씨는 높임법에 영향을 미치기도 한다. 높임법 가운데 월의 주체를 높이는 주체높임법에 관여하는 어찌씨로는 '친히'가 있다. '친히'는 월의 주체를 높이는 월에서 꾸밈말로 쓰이는 제약이 있다.

(20) ㄱ. **선생님**께서 **친히** 답장을 쓰시었다.
ㄴ. ***철수**가 **친히** 답장을 썼다.

(20)에서 ㄴ이 부적격한 월이 된 까닭은 월의 주체가 높임의 대상이 아닌 '철수'이기 때문이다. '친히'가 꾸밈말로 쓰이지 않으면 적격한 월이 되는 것으로 보아 '친히'는 주체높임법에 관여하고 있음이 분명하다. ㄱ에서 주체가 '선생님'으로 높임의 대상이기 때문에 적격한 월이 된 점이 이를 뒷받침해 준다.

월의 들을이를 높이는 들을이높임법에 관여하는 어찌씨로는 '안녕히'가 있다. '안녕히'는 월의 들을이를 높이는 월에서 꾸밈말로 쓰이는 제약이 있다.

(21) ㄱ. **아버지**, **안녕히** 다녀오세요.
ㄴ. ***철수**야, **안녕히** 다녀오너라.

(21)에서 ㄴ이 부적격한 월이 된 까닭은 월의 들을이가 높임의 대상이 아닌 '철수'이기 때문이다. '안녕히'가 꾸밈말로 쓰이지 않으면 적격한 월

이 되는 것으로 보아 '안녕히'는 들을이높임법에 관여하고 있음이 드러난다. ㄱ에서 들을이가 높임의 대상인 '아버지'이기 때문에 적격한 월이 된 점이 이를 뒷받침해 준다.

월에서 부림말이나 어찌말 자리에 놓이는 객체를 높이는 객체높임법에 관여하는 어찌씨로는 '정중히'가 있다. '정중히'는 월의 객체를 높이는 월에서 꾸밈말로 쓰이는 제약이 있다.

(22) ㄱ. 철수가 <u>**할아버지**</u>를 <u>**정중히**</u> 모시고 왔다.
ㄴ. *철수가 자기 <u>**친구**</u>를 <u>**정중히**</u> 데리고 왔다.

(22)에서 ㄴ이 부적격한 월이 된 까닭은 월의 객체가 높임의 대상이 아닌 '친구'이기 때문이다. '정중히'가 꾸밈말로 쓰이지 않으면 적격한 월이 되는 것으로 보아 '정중히'는 객체높임법에 관여하고 있음이 드러난다. ㄱ에서 객체가 높임의 대상인 '할아버지'이기 때문에 적격한 월이 된 점이 이를 뒷받침해 준다.

어찌씨 가운데 '하여금'은, 한길(2013 : 237-238)에서 밝힌 바와 같이, 사동의 월에서만 꾸밈말로 쓰여 사동법에 제약을 미치는 통사적 기능을 수행한다.

(23) ㄱ. 선생님은 학생들로 <u>**하여금**</u> 책을 읽게 하셨다.
ㄴ. *선생님은 학생들로 <u>**하여금**</u> 책을 읽었다.

(23)에서 ㄴ이 부적격한 월이 된 까닭은 월이 사동의 형식을 갖추지 않았기 때문이다. ㄴ에서 '하여금'에 의해 요구되는 '학생들로'와 함께 '하여금'이 삭제되면 적격한 월이 되지만 '학생들로 하여금'이 꾸밈말로 들어감으로써 부적격한 월이 되었다. 이를 통해 '하여금'이 통사적 기능

을 가짐을 알 수 있다. 곧 '하여금'은 사동법에 영향을 미쳐 ㄱ과 같은 사동의 월에서 꾸밈말로 쓰이는 제약이 있음이 드러난다.

'하여금'이 사동의 월에서만 쓰이는데, 사동 가운데에서도 긴 사동인 '-게 하-'와 '-도록 하-'의 월에서만 쓰이고, '-이-, -히-', '-리-, '-기-' 등 짧은 사동의 월에서는 쓰일 수 없는 제약이 따른다.

(24) ㄱ. 선생님은 학생들로 <u>**하여금**</u> 책을 읽<u>**도록 하**</u>셨다.
ㄴ. *선생님은 학생들로 <u>**하여금**</u> 책을 읽<u>**히**</u>셨다.

어찌씨 가운데 '어서어서'는 '어서'의 같은 꼴 되풀이 합성 어찌씨로, 월의 꾸밈말로 쓰여 강조법을 실현한다.

(25) ㄱ. <u>**어서**</u> 튼튼하게 자라라.
ㄴ. <u>**어서어서**</u> 튼튼하게 자라라.

(25)에서 ㄴ은 ㄱ에 강조법이 실현된 월이다. '어서'를 합성 어찌씨 '어서어서'로 바꿈으로써 강조법이 실현되었다. 이와 같이 어찌씨 가운데 일부는 같은 꼴로 되풀이된 합성 어찌씨를 통하여 강조법이 실현된다.

어찌씨 '널리'가 그대로 되풀이된 통사적 짜임새 '널리 널리'가 월의 꾸밈말로 쓰이어 강조법을 실현하기도 한다.

(26) ㄱ. 태권도가 전 세계에 <u>**널리**</u> 보급되었다.
ㄴ. 태권도가 전 세계에 <u>**널리**</u> <u>**널리**</u> 보급되었다.

(26)에서 ㄴ은 ㄱ에 강조법이 실현된 월이다. '널리'를 그대로 되풀이 한 통사적 짜임새인 '널리 널리'를 통하여 강조법이 실현되었다. 이와 같

이 대다수의 어찌씨는 같은 꼴로 되풀이된 통사적 짜임새를 통하여 강조법이 실현된다.[19]

위에서 살핀 바와 같이 어찌씨에 따라 월 짜임에 영향을 미치기도 하고, 말본 범주 실현에 관여함을 알 수 있다.

2.4. 어찌씨의 의미적 특성

어찌씨는 각각 의미 특성을 가지고 있기 때문에 꾸밈을 받는 월조각의 의미 특성과 조화를 이루는 경우에 꾸밈말로 적격하게 쓰일 수 있다. 부조화를 이루는 경우에는 꾸밈말로 쓰이게 되면 부적격해진다.

한길(2013 : 226-227)에서 밝힌 바와 같이, <몸이 바싹 여윈 꼴>을 뜻하는 '꼬치꼬치'는 뒤에 놓이는 꾸밈을 받는 월조각에 영향을 미쳐 '마르다'란 풀이씨는 적격하지만 '살찌다'란 풀이씨는 부적격하다.

(27) ㄱ. 철수는 몸이 **꼬치꼬치 말랐다**.
ㄴ. *철수는 몸이 **꼬치꼬치 살쪘다**.

(27)에서와 같이 '꼬치꼬치'가 꾸밈말로 쓰임으로 말미암아 ㄱ은 적격한 월이 되었지만 ㄴ은 부적격한 월이 되었다. (27)에서 '꼬치꼬치'가 안 쓰이면 모두 적격한 월이 되지만 '꼬치꼬치'가 놓임으로써 적격성에서 차이를 보이게 되었다. 이는 '꼬치꼬치'의 의미 특성이 꾸밈 받는 풀이씨에 영향을 미치기 때문이다. 곧 풀이씨의 의미 특성과 관련이 있어서 '꼬치꼬치'와 의미적 특성에서 조화를 이루면 적격한 월이 되고 부조화

19) 같은 꼴이나 비슷한 꼴의 되풀이법에 대한 의미적 특성에 관하여는 한길(2009) 참조.

를 이루면 부적격한 월이 된다. '살찌다'는 <몸이 바싹 여윈 꼴>을 뜻하는 '꼬치꼬치'와 조화를 이룰 수 없으므로 ㄴ이 부적격한 월이 되었다.

<몸이 바싹 여윈 꼴>을 뜻하는 '꼬치꼬치'와, 꼴 같고 뜻이 다른 말인 <낱낱이 따지면서 캐어묻는 꼴>의 '꼬치꼬치'에서도 이와 꼭 같은 현상이 나타난다. '꼬치꼬치'가 뒤에 놓이는 꾸밈을 받는 월조각에 영향을 미쳐 '묻다/따지다'란 풀이씨는 적격하지만 '대답하다'란 풀이씨는 부적격해진다.

(28) ㄱ. 철수가 그 일에 대하여 **꼬치꼬치** **물었다**.
ㄴ. 철수가 그 일에 대하여 **꼬치꼬치** **따졌다**.
ㄷ. *철수가 그 일에 대하여 **꼬치꼬치** **대답했다**.

ㄷ이 부적격한 월이 된 까닭도 바로 <낱낱이 따지면서 캐어묻는 꼴>의 '꼬치꼬치'와 '대답하다'의 의미 특성이 조화를 이루지 못했기 때문이다.

정도 어찌씨 가운데 <정도나 실력 따위가 생각보다 어지간하게>를 뜻하는 '제법'도 꾸밈을 받는 월조각에 영향을 미쳐 '똑똑하다'란 풀이씨는 적격하지만 '어리석다'란 풀이씨는 부적격해진다.

(29) ㄱ. 철수가 생각보다 **제법** **똑똑하다**.
ㄴ. *철수가 생각보다 **제법** **어리석다**.

'제법'은 주로 긍정적이고 좋은 뜻을 내포하기 때문에 좋은 뜻을 지닌 '똑똑하다'와 조화를 이루어 ㄱ은 적격한 월이 되었으며, 부정적이고 나쁜 뜻을 지닌 '어리석다'와는 의미적으로 부조화를 이루어 ㄴ은 부적격한 월이 되었다. '제법'의 이와 같은 쓰임은 다음 보기에서도 드러난다.

(30) ㄱ. 철수가 운동을 **제법** **잘** 한다.
ㄴ. *철수가 운동을 **제법** **못** 한다.
(31) ㄱ. 오늘은 기분이 **제법** **좋다**.
ㄴ. *오늘은 기분이 **제법** **나쁘다**.

어찌씨에 따라 의미 특성상 꾸밈을 받는 월조각의 외연이 넓은 것도 있고 아주 좁은 것도 있다. 정도 어찌씨 가운데 '아주'는 꾸밈을 받을 수 있는 월조각이 그림씨로 이루어진 것들이면 제약이 없이 꾸밀 수 있다. 그러나 흉내말 어찌씨 '까르르'는 꾸밈을 받을 수 있는 월조각이 움직씨로 '웃다'에 한하여 꾸밈말로 쓰일 수 있는 제약이 있다. 이 제약은 바로 어찌씨와 꾸밈을 받는 월조각을 이루는 낱말과의 의미적 특성에서 조화를 이루어야 한다는 점이다.

2.5. 어찌씨의 화용적 특성

어찌씨에 따라 월 안에서 꾸밈말로 쓰이면서 여러 면에서 월이나 월조각에 영향을 미치고 말본 범주에도 제약을 일으킴을 앞에서 살핀 바 있다. 어찌씨 가운데 일부는 월 안에서만 영향을 미치는 것이 아니고, 앞 월과의 관계에 영향을 미치기도 한다. 어찌씨가 미치는 영향이 월의 한계를 벗어나기 때문에 이는 어찌씨의 화용적 특성에 해당한다.

화용적 특성을 보이는 어찌씨는 주로 이음 어찌씨들로, 앞 월과 뒤 월을 의미적으로 이어 주면서 뒤의 월을 꾸미는 일을 맡는다. 이음 어찌씨는 앞 월에 의미적으로는 이어 주지만 통사적으로는 이어 주지 않기 때문에 앞 월과 통합된 한 월을 이루는 것은 아니다. 이음 어찌씨가 쓰인 월은 반드시 앞에 이음 어찌씨의 뜻과 관련이 있는 월이 놓여야 하는 제약이 따르기 때문에 화용론적 제약 관계를 맺게 된다.

이음 어찌씨는 뜻에 따라 순접 관계를 나타내는 것, 역접 관계를 나타내는 것으로 가를 수 있다. 역접 관계 이음 어찌씨로는 '그리고, 그러므로, 그래서, 따라서, 왜냐하면, 예컨대, 더구나, 더욱이, 곧, 즉, 또한, 결국' 따위가 있으며, 역접 관계 이음 어찌씨로는 '그러나, 그래도, 하지만, 하나, 그렇지만, 그러하나, 그래도, 도리어, 오히려' 따위가 있다. 순접 관계는 두 월이나 마디가 논리적 모순 없이 이유, 원인, 조건 따위의 관계로 순조롭게 이루어지는 관계를 일컬으며, 역접 관계는 두 월이나 마디가 서로 반대되거나 일치하지 않는 관계를 일컫는다.

이음 어찌씨가 쓰인 월은 그 자체만으로는 완전한 뜻을 드러내지 못하기 때문에 이음 어찌씨와 의미적으로 관련이 있는 앞선 월이 필요하다. 앞선 월이 뜻을 보완해 완전한 뜻을 나타내게 된다. 이음 어찌씨가 쓰인 월에서 앞선 월이 없으면 (32)와 같이 불완전한 월이 된다.

(32) ㄱ. #[20]<u>그러니까</u> 야외 수업을 하시지요?
ㄴ. #<u>그러나</u> 날씨는 여전히 더웠다.

(32)는 의미적으로 완전하지 않다. 이음 어찌씨가 없으면 모두 의미적으로나 통사적으로 완전한 월이 되지만 이음 어찌씨가 쓰임으로 말미암아 뜻에서 불완전한 월이 되었다. 따라서 발화에서 앞선 월이나 이에 상당하는 상황이 전제되지 않으면 쓰이지 않는다. 앞선 월을 채워 넣으면 (33)과 같이 의미적으로 완전해진다.

(33) ㄱ. 선생님, 오늘 날씨가 참 좋습니다. <u>그러니까</u> 야외 수업을 하시지요?

20) #는 의미적으로 완전하지 않음을 표시한다.

ㄴ. 이제 10월이 되었다. **그러나** 날씨는 여전히 더웠다.

(33ㄱ)에서 이음 어찌씨 '그러니까'는 앞 내용이 뒤 내용의 이유나 근거가 될 때 이어 주기 때문에 반드시 앞 월은 뒤 월의 이유나 근거가 될 수 있는 월이어야 하는 제약이 따른다. ㄴ에서 이음 어찌씨 '그러나'는 앞 내용과 다른 내용을 말할 때 쓰여 두 월을 이어 주기 때문에 반드시 앞 월은 뒤 월과 다른 내용이어야 한다.

이음 어찌씨 월에 앞선 월은 대화에서 상대방의 월일 수도 있고, 상황에 따라 예측이 가능한 경우 생략될 수는 있다. 대화에서 상대방의 말이 앞선 월에 준하는 경우를 상정하면 다음과 같다.

(34) ㄱ. 선생님 : 오늘 날씨가 참 좋구나.
학　생 : **그러니까** 야외 수업을 하시지요?
ㄴ. 학　생 : 벌써 10월이 되었습니다.
선생님 : **그러나** 날씨는 여전히 덥구나.

이와 같이 이음 어찌씨가 적절하게 쓰이기 위해서는 앞선 월이 반드시 필요하며, 이음 어찌씨의 의미적 특성에 따라 조화를 이룰 수 있는 앞선 월이 놓여야만 적격해지는 화용적 특성을 보인다.

3. 어찌씨 만들기의 유형

어찌씨의 짜임새를 보면, 하나의 형태소에 의해 이루어진 것도 있고 둘 이상의 형태소가 결합하여 이루어진 것도 있다. 하나의 형태소로 이루어진 것이 단일 어찌씨이고, 둘 이상의 형태소로 이루어진 것이 복합 어찌씨이다. 복합 어찌씨는 형태소들의 짜임 방식에 따라 뿌리끼리 결합되어 있는 합성 어찌씨가 있고, 뿌리에 파생의 가지가 결합되어 있는 파생 어찌씨가 있다.

단일 어찌씨는 더 이상 어찌씨 만들기에 관여하지 않는 것들도 있지만, 단일 어찌씨가 낱말 만들기에 밑말로 관여하여 여기에 뿌리가 결합하여 합성 어찌씨가 만들어지기도 하며, 파생의 가지가 결합하여 파생 어찌씨가 만들어지기도 한다.

단일 어찌씨 가운데 1음절의 '갓<금방, 처음으로>', '다<남기거나 빠지거나 함이 없이>', 2음절의 '가장<여럿 가운데 으뜸으로>', '나우<좀 많은 듯하게>', 3음절의 '지지리<아주 몹시>', '푸시시<털이 그르지 않고 거친 꼴>' 따위는 더 이상 어찌씨 만들기에 관여하지 않는다. 곧 이들 어찌씨에는 어떤 뿌리나 파생의 가지가 결합하여 어찌씨를 만드는 일이 없다. 이와 같이 더 이상 어찌씨 만들기에 관여하지 않는 단일 어찌씨는 그리 많은 편은 아니며, 대다수의 어찌씨는 밑말이 되어 어찌씨 만들기에 관여한다.

3.1. 단일 어찌씨의 합성 어찌씨 만들기 유형

단일 어찌씨에 뿌리가 결합하여 결합 과정을 거쳐 합성 어찌씨가 만들어진다. 단일 어찌씨가 밑말이 되고 여기에 결합하는 뿌리로는 첫째, 단일 어찌씨와 똑같은 것이 되풀이되어 결합 과정을 거쳐 (35)와 같이 같은 꼴 되풀이 합성 어찌씨가 만들어진다. 이 방식에 의한 합성 어찌씨 만들기는 흉내말 어찌씨에서 생산적이다.[21]

---

21) 같은 꼴 되풀이 합성 어찌씨에 관한 자세한 논의는 한길(2006, 2009) 참조.

(35) ㄱ. **꼭**<어김이나 빈틈이 없이>
　　-**(합)꼭-꼭**
　ㄴ. **가끔**<시간이나 공간의 간격이 조금씩 뜨게>
　　-**(합)가끔-가끔**
　ㄷ. **드르렁**<크고 요란하게 코를 고는 소리>
　　-**(합)드르렁-드르렁**

둘째, 단일 어찌씨와 비슷한 것이 되풀이되어 결합 과정을 거쳐 (36)과 같이 비슷한 꼴 되풀이 합성 어찌씨가 만들어진다.[22] 이에 해당하는 보기는 그리 많지는 않다.

(36) ㄱ. **덤벙**<침착하지 못하고 들뜬 행동으로 여기저기 함부로 참견하며 몹시 바쁘게 움직이는 꼴>
　　-**(합)엄벙-덤벙**<무슨 영문인지 모르고 덤벙거리는 꼴>
　ㄴ. **실기죽**<물체가 한쪽으로 조금 비뚤어지거나 기울어지는 꼴>
　　-**(합)실기죽-샐기죽**<몸체가 자꾸 한쪽으로 천천히 조금 기울어지거나 쏠리는 꼴>

셋째, 단일 어찌씨의 한 부분만 되풀이되어 결합 과정을 거쳐 부분 되풀이 합성 어찌씨가 만들어진다. 이에는 (37ㄱ)과 같이 앞부분이 되풀이되기도 하고, ㄴ과 같이 가운뎃부분이 되풀이되기도 하며, ㄷ과 같이 끝부분이 되풀이되기도 한다. 이 짜임새에 해당하는 보기도 그리 많지는 않다.

(37) ㄱ. **덩실**<춤을 추거나 할 때 신이 나서 팔을 벌리고 다릿짓을 가볍게 하는 꼴>
　　-**(합)더-덩실**<가볍게 덩실덩실 움직이는 꼴>

---

22) 비슷한 꼴 되풀이 합성 어찌씨에 관한 논의는 한길(2006, 2010) 참조.

ㄴ. **아삭**<좀 연하고 싱싱한 과일이나 채소 따위를 가볍게 베물어 씹을 때 나는 소리>

-(합)**아사삭**<연하고 싱싱한 과일이나 채소 따위를 가볍게 베어 물 때 나는 소리>

ㄷ. **빙그르**<몸이나 물건 따위가 넓게 한 바퀴 도는 꼴>

-(합)**빙그르-르**<몸이나 물건 따위가 넓게 한 바퀴 도는 꼴>

넷째, 밑말이 되는 단일 어찌씨와 꼴에서 관련이 없는 뿌리가 결합되어 결합 과정을 거쳐 (38)과 같은 합성 어찌씨가 만들어진다. 결합될 수 있는 뿌리는 하나만이 아니라 (38ㄱ)과 같이 여럿일 수도 있다. 결합되는 뿌리가 단일 어찌씨 뒤에만 놓이는 것이 아니라 앞에도 놓일 수 있다.

(38) ㄱ. **곧**<시간적인 간격을 두지 않고 바로>

-(합)**곧-바로**<지체 없이 바로 그 즉시>

곧-이어<어떤 일이 있고 난 후에 바로 이어서>

곧-잘<제법 잘. 가끔씩 잘>

줄-곧<끊임없이 죽 잇따라>

ㄴ. **움쩍**<둔한 몸의 일부를 세게 움츠리거나 펴거나 하는 꼴>

-(합)**움쩍-달싹**<몸을 조금 움직이는 꼴>

움쩍-들썩<몸을 움츠리거나 움직이는 꼴>

ㄷ. **와지끈**<단단한 물건이 갑자기 부러지거나 부서지는 소리>

-(합)**와지끈-뚝딱**<단단한 물건이 부러지거나 부서지면서 여기저기 세게 부딪치는 소리>

와지끈-자끈<단단한 물건이 여기저기에서 어지럽고 소란스럽게 부러지거나 부서지는 소리>

단일 어찌씨에 결합되는 뿌리가 자립성이 있는 낱말인 경우에는 통사적 합성 어찌씨가 되며, 낱말 자격이 모자라는 뿌리인 경우에는 비통사적 합성 어찌씨가 된다. 이들 합성 어찌씨 모두가 단일 어찌씨를 밑말로 하여 만들어졌기 때문에 품사 유지 합성 어찌씨에 해당한다.

3.2. 단일 어찌씨의 파생 어찌씨 만들기 유형

단일 어찌씨에 파생 가지가 덧붙어 파생 어찌씨가 만들어진다. 단일 어찌씨에 파생 앞가지가 결합하여 파생 어찌씨가 만들어지는 경우를 보면, 단일 어찌씨 '거푸'에 파생 앞가지 '연-'이 덧붙어 파생 어찌씨 '연거푸'가 만들어졌으나 이는 극히 드문 경우이다. 파생 뒷가지가 단일 어찌씨에 덧붙어 파생 어찌씨를 만드는 것도 드문 경우에 해당한다.

(39) ㄱ. **가끔**<시간이나 공간의 간격이 조금씩 뜨게>
-(파)가끔-씩<시간이나 공간의 간격이 조금씩 뜨게 계속>
ㄴ. **나부죽**<천천히 납작하게 엎드린 꼴>
-(파)나부죽-이<천천히 납작하게 엎드린 상태로>

뿌리에 파생 가지가 덧붙어 낱말을 만드는 방식은 외적 파생법에 해당한다. 이 방식 밖에도 내부의 닿소리나 홀소리를 바꿈으로써 파생 낱말을 만드는 방식이 내적 파생법이다. 특히 흉내말 어찌씨는 이 방식에 따라 뜻에서 비슷한 많은 파생 어찌씨가 만들어진다. 이 때 파생의 밑말이 되는 단일 어찌씨는 뜻에서 약한 것으로 삼는다. 닿소리 바꿈의 파생법에서 보면 예사소리 : 된소리 : 거센소리의 대립 관계에서 뜻의 세기가 '예사소리<된소리<거센소리'의 순서이기 때문에 예사소리의 어찌말이 밑말이 되고 여기에 된소리와 거센소리로 바꿈으로써 파생 어찌씨가 만들어지는 것으로 보는 것이 온당하다.

(40) **잘각**<작고 단단한 물체가 좀 가볍게 달라붙을 때 나는 소리>
잘깍<작고 단단한 물체가 좀 세게 달라붙을 때 나는 소리>
잘칵<작고 단단한 물체가 거세게 달라붙을 때 나는 소리>
짤각<작고 단단한 물체가 조금 세게 맞부딪치는 소리>

짤깍<작고 딴딴한 물체가 끈기 있게 달라붙을 때 나는 소리>
짤칵<작고 단단한 물체가 세고 거세게 맞부딪치는 소리>
찰각<작고 탄탄한 물체가 가볍게 달라붙을 때 나는 소리>
찰깍<작고 탄탄한 물체가 좀 세게 달라붙을 때 나는 소리>
찰칵<작고 탄탄한 물체가 좀 거세게 달라붙을 때 나는 소리>

소리흉내말 어찌씨인 '잘각'을 이루는 음절의 첫소리가 /ㅈ/과 /ㄱ/으로 예사소리이기 때문에 이를 밑말로 삼고, 여기에 /ㅈ/을 /ㅉ/과 /ㅊ/으로 바꾸고, /ㄱ/을 /ㄲ/과 /ㅋ/으로 바꾸면서 앞 음절과 뒤 음절이 교차적으로 결합하면, (40)과 같은 '잘각'을 밑말로 한 파생 어찌씨가 만들어진다.

홀소리 바꿈의 파생법에서 보면, 홀소리의 대립 관계에 따라 뜻의 세기가 약한 것을 밑말로 삼고 여기에 홀소리를 바꿈으로써 뜻이 센 파생 어찌씨가 만들어진다.

(41) **할긋**<가볍게 살그머니 할겨 보는 꼴>
핼긋<곁눈질하면서 가볍게 흘겨보는 꼴>
할깃<가볍게 할겨 보는 꼴>
흘긋<거볍게 슬그머니 흘겨보는 꼴>
흘깃<거볍게 흘겨보는 꼴>
힐긋<거볍게 한 번 슬쩍 흘겨보는 꼴>

꼴흉내말 어찌씨인 '할긋'에서 앞홀소리인 /ㅏ/를 /ㅐ/, /ㅡ/, /ㅣ/로 바꾸고, 뒤홀소리 /ㅡ/를 /ㅣ/로 바꾸면서 앞 음절과 뒤 음절이 교차적으로 결합하면, (41)과 같은 '할긋'을 밑말로 한 파생 어찌씨들이 만들어진다.

특히 흉내말 어찌씨인 경우에 단일 어찌씨를 밑말로 하고 여기에 내적 파생법이 적용되어 만들어진 파생 어찌씨가 많으며, 여기에 합성법이 다시 적용되어 수많은 합성 어찌씨들이 만들어진다.

(42) **달가당**<단단하고 작은 물건끼리 부딪칠 때 가볍게 맞닿아 나는 소리>
-(합)달가당-달가당
달까당<단단하고 작은 물건이 세게 부딪칠 때 맞닿아 울리어 나는 소리>
-(합)달까당-달까당
달카당<단단하고 작은 물건이 세차게 부딪칠 때 맞닿아 나는 소리>
-(합)달카당-달카당
딸가당<딴딴하고 작은 물건이 부딪칠 때 맞닿아 울리어 나는 소리>
-(합)딸가당-딸가당
탈가당<작고 탄탄한 물건이 부딪치며 맞닿아 울릴 때 나는 소리>
-(합)탈가당-탈가당
탈카당<작고 탄탄한 물건이 세차게 부딪칠 때 울리어 나는 소리>
-(합)탈카당-탈카당
딸까당<딴딴하고 작은 물건이 세게 부딪치면서 맞닿아 울리어 나는 소리>
-(합)딸까당-딸까당
딸카당<단단하고 작은 물건이 서로 세고 거세게 부딪쳐 울리는 소리>
-(합)딸카당-딸카당
덜거덩<든든하고 큰 물건들이 부딪칠 때 가볍게 울리어 나는 소리>
-(합)덜거덩-덜거덩
떨거덩<단단하고 큰 물건이 부딪칠 때 맞닿아 울리어 나는 소리>
-(합)떨거덩-떨거덩
털거덩<크고 튼튼한 물건이 부딪치며 맞닿아 울릴 때 나는 소리>
-(합)털거덩-털거덩
털커덩<크고 튼튼한 물건이 세차게 부딪칠 때 울리어 나는 소리>
-(합)털커덩-털커덩
떨꺼덩<단단하고 큰 물건이 세게 부딪칠 때 맞닿아 울리어 나는

소리>

-(합)떨꺼덩-떨꺼덩

떨커덩<단단한 물건이 서로 세고 거세게 부딪쳐 울리는 소리>

-(합)떨커덩-떨커덩

덜꺼덩<든든하고 큰 물건이 세게 부딪칠 때 맞닿아 거볍게 울리어 나는 소리>

-(합)덜꺼덩-덜꺼덩

덜커덩<단단하고 큰 물건이 세차게 부딪칠 때 맞닿아 나는 소리>

-(합)덜커덩-덜커덩

(42)에서와 같이 소리흉내말 어찌씨인 '달가당'을 밑말로 하고, 여기에 내적 파생법이 적용되고, 합성법이 적용되어 다수의 파생 어찌씨와 합성 어찌씨가 만들어졌음을 알 수 있다.

파생법에는 외적 파생법과 내적 파생법 밖에 영 파생법이 있지만, 단일 어찌씨에 영 파생법이 적용되는 일은 없다. 왜냐하면 영 파생법은 뿌리에 어찌씨 파생 영 형태소가 결합되는데, 뿌리가 이미 어찌씨이기 때문에 어찌씨 파생 영 형태소가 결합될 필요가 없기 때문이다.

3.3. 복합 어찌씨의 합성 어찌씨 만들기 유형

단일 어찌씨가 아닌 복합 어찌씨에 뿌리가 결합하여 새로운 합성 어찌씨가 만들어지기도 한다. 곧 합성이나 파생 어찌씨가 밑말이 되고 여기에 낱말이나 낱말 자격이 모자라는 뿌리가 결합하여 합성 어찌씨가 만들어진다.

(43) ㄱ. **날로**<날이 갈수록 더욱더>

-(합)날로-달로<날이 가고 달이 갈수록>

ㄴ. **바로**<모양이 바르게 또는 곧게>

-(합)바로-바로

길-바로<길을 올바로 잡아들어서>

면-바로<바로 앞으로 마주보이는 쪽으로>

(43ㄱ)에서 어찌씨 '날로'는 이름씨 '날'과 토씨 '로'가 결합 과정을 거쳐 만들어진 합성 어찌씨로, 이를 밑말로 하고 여기에 어찌씨 '달로'가 결합하여 합성 어찌씨 '날로달로'가 만들어졌다. ㄴ에서도 '바로'는 풀이씨 '바르다'의 뿌리 '바르-'에 파생 가지 '-오'가 덧붙어 만들어진 파생 어찌씨로, 이를 밑말로 하고 여기에 이름씨인 '길'과 '면'이 결합하여 '길바로', '면바로'란 합성 어찌씨가 만들어졌다. 이 방식에 의한 합성 어찌씨 만들기는 생산성이 아주 낮다.

3.4. 복합 어찌씨의 파생 어찌씨 만들기 유형

단일 어찌씨가 아닌 복합 어찌씨에 파생 가지가 덧붙어 파생 어찌씨가 만들어지기도 한다. 곧 합성이나 파생의 복합 어찌씨가 먼저 만들어진 다음에, 이들이 밑말이 되고 여기에 파생의 가지가 결합하여 파생 어찌씨가 만들어지기도 한다.

(44) ㄱ. **몰-아**<가릴 것 없이 모두를 한꺼번에>

-(파)몰-몰아<모두 몰아서>

ㄴ. **외-따로**<혼자서 따로>

-(파)외따로-이<보기에 외따로 있는 듯하게>

(44ㄱ)에서 어찌씨 '몰아'는 복합 어찌씨로, 이를 밑말로 하고 여기에

파생 앞가지 '몰-'이 덧붙어 파생 어찌씨 '몰몰아'가 만들어졌다. ㄴ에서도 '외따로'는 복합 어찌씨로, 이를 밑말로 하고 여기에 파생 뒷가지 '-이'가 덧붙어 파생 어찌씨 '외따로이'가 만들어졌다. 이 방식에 의한 파생 어찌씨 만들기는 생산성이 아주 낮다.

3.5. 어찌씨 아닌 뿌리의 파생 어찌씨 만들기 유형

어찌씨가 아닌 낱말이나 뿌리가 밑말이 되고 여기에 어찌씨 파생 가지가 덧붙어 결합 과정을 거쳐 파생 어찌씨가 만들어진다. 어찌씨 파생 가지에는 뿌리 앞에 덧붙는 파생 앞가지가 있고, 뿌리에 뒤에 덧붙는 파생 뒷가지가 있으나, 어찌씨 파생 앞가지는 극히 드물 뿐 아니라 덧붙을 수 있는 뿌리도 제한적이어서 파생 어찌씨 만들기에서 생산성이 아주 낮다. 어찌씨 파생 뒷가지도 그리 많은 편은 아니지만, '-이'와 '-히'는 덧붙을 수 있는 뿌리나 줄기가 상당히 많은 편이어서 어찌씨 만들기에 생산성이 아주 높다.

어찌씨 파생 뒷가지가 덧붙는 파생 어찌씨의 유형으로는, '-이' 결합형으로 [[이름씨]^{2}+-이]어찌씨, [풀이씨 뿌리+-이]어찌씨, [풀이씨 줄기+-이]어찌씨 따위의 유형 있다. '-히' 결합형으로 ['-하다' 풀이씨 뿌리+-히]어찌씨, [풀이씨 줄기+-히]어찌씨 따위의 유형이 있다. 풀이씨 줄기에 덧붙는 '-이'와 '-히' 밖의 파생 뒷가지 결합형으로 [풀이씨 줄기+-오]어찌씨, [풀이씨 줄기+-추]어찌씨, [풀이씨 줄기+-우]어찌씨, [풀이씨 줄기+-사리]어찌씨, [풀이씨 줄기+-지거니]어찌씨, [풀이씨 줄기+-지감치]어찌씨, [풀이씨 줄기+-래]어찌씨, [풀이씨 줄기+-리]어찌씨, [풀이씨 줄기+-애]어찌씨, [[풀이씨 줄기+어찌 씨끝]+-금]어찌씨 따위의 유형이 있다. 임자씨에 덧붙는 파생 뒷가지 결합형으로, [이름씨+파생 뒷가지]어찌씨 유형에 [이름씨+-껏]어찌씨, [이름씨+-내]어찌씨, [이름씨+-소]어찌씨, [이름씨+-짜]어찌씨, [이름씨+-째]어찌씨, [대이름씨+파생 뒷가지]어찌씨 유형에 [대이름씨+-리]어찌씨, [대이름씨+-다지]어찌씨, [대이름씨+-쯤]어찌씨, [대이름씨+-냥]어찌씨, [대이름씨+-쪼록]어찌씨 따위가 있다. 특수 뿌리에 덧붙는 파생 뒷가지 결합형으로, [뿌리+-이]어찌씨, [뿌리+-히]어찌씨, [뿌리+-에]어찌씨, [한자말 뿌리+-코]어찌씨, [한자말 뿌리+-이]어찌씨, [한자말 뿌리+-히]어찌씨, [한자말 뿌리+-혀]어찌씨, [한자말 뿌리+-여]어찌씨, [한자말 뿌리+-이나]어찌씨 따위의 유형이 있다. 특이한 유형으로 파생 가지가 같은 꼴로 되풀이된 [파생 가지$_1$+파생 가지$_1$]어찌씨가 있다. 각 유형과 그에 해당하는 파생 어찌씨의 보기를 들면 (45)와 같다.

(45) ㄱ. '-이' 결합형
① [[이름씨]^2+-이]어찌씨 : **겹겹-이**<여러 겹으로>
② [풀이씨 뿌리+-이]어찌씨 : **갸웃-이**<고개를 조금 갸울이고 엿보는 꼴>
③ [풀이씨 줄기+-이]어찌씨 : **괜스레**<아무 까닭이나 필요가 없이>
ㄴ. '-히' 결합형
① ['-하다' 풀이씨 뿌리+-히]어찌씨 : **감감-히**<소식이나 연락이 전혀 없이>
② [풀이씨 줄기+-히]어찌씨 : **밝-히**<어떤 일이나 상황에 대하서 환하게 속속들이>
ㄷ. '-이'와 '-히' 밖의 파생 뒷가지 결합형
① [풀이씨 줄기+-오]어찌씨 : **거꾸로**<차례나 방향 따위가 반대로 바뀌어>
② [풀이씨 줄기+-추]어찌씨 : **늦-추**<시간이 오래 걸리게>
③ [풀이씨 줄기+-우]어찌씨 : **되-우**<아주 몹시>
④ [풀이씨 줄기+-사리]어찌씨 : **쉽-사리**<별 어려움이 없이 수월하게>
⑤ [풀이씨 줄기+-지거니]어찌씨 : **높-지거니**<꽤 높게>
⑥ [풀이씨 줄기+-지감치]어찌씨 : **멀-찌감치**<거리가 조금 멀리>

⑦ [풀이씨 줄기+-래]어찌씨 : **길래**<오래도록 길게>

⑧ [풀이씨 줄기+-리]어찌씨 : **멀리**<어떤 지점에서부터 거리가 꽤 많이 떨어지게>

⑨ [풀이씨 줄기+-애]어찌씨 : **몰래**<남이 모르도록 가만히>

⑩ [[풀이씨 줄기+어찌 씨끝]+-금]어찌씨 : **하여-금**<'대상에게'의 뜻을 힘주어 나타내는 말>

ㄹ. 임자씨에 덧붙는 파생 뒷가지 결합형

① [이름씨+-껏]어찌씨 : **힘-껏**<있는 힘을 다하여>

② [이름씨+-내]어찌씨 : **봄-내**<한 봄철 동안 죽>

③ [이름씨+-소]어찌씨 : **몸-소**<자기 몸으로 직접>

④ [이름씨+-짜]어찌씨 : **진(眞)-짜**<거짓이나 꾸밈이 없이>

⑤ [이름씨+-째]어찌씨 : **송두리-째**<있는 전부를 모두>

⑥ [대이름씨+-리]어찌씨 : **그-리**<그러하게>

⑦ [대이름씨+-다지]어찌씨 : **그-다지**<그러한 정도로까지>

⑧ [대이름씨+-쯤]어찌씨 : **그-쯤**<그만한 정도로>

⑨ [대이름씨+-냥]어찌씨 : **저-냥**<저러한 모양으로>

⑩ [대이름씨+-쪼록]어찌씨 : **아무-쪼록**<될 수 있는 대로>

ㅁ. 특수 뿌리에 덧붙는 파생 뒷가지 결합형

① [뿌리+-이]어찌씨 : **무럭-이**<무엇이 매우 수북하게 많이>

② [뿌리+-히]어찌씨 : **느런-히**<죽 벌여 있는 상태로>

③ [뿌리+-에]어찌씨 : **찝찌레**<감칠맛이 없고 조금 짠 맛>

④ [한자말 뿌리+-코]어찌씨 : **결단(決斷)-코**<어떤 경우에도 꼭>

⑤ [한자말 뿌리+-이]어찌씨 : **기어(期於)-이**<마지막에 이르러서>

⑥ [한자말 뿌리+-히]어찌씨 : **기연(期然)-히**<틀림없이 꼭 그렇게>

⑦ [한자말 뿌리+-혀]어찌씨 : **전(專)-혀**<오직>

⑧ [한자말 뿌리+-여]어찌씨 : **행(幸)-여**<바라건대. 또는 다행히. 어쩌다가 혹시>

⑨ [한자말 뿌리+-이나]어찌씨 : **수연(雖然)-이나**<비록 그러하나>

ㅂ. 특이 유형

① [파생 가지1+파생 가지1]어찌씨 : **끼리-끼리**<여럿이 무리를 지어 제각기 따로>

이들 유형에 따라서 파생 어찌씨 만들기에 생산성이 높은 것도 있고, 생산성이 극히 낮아 오직 한두 파생 어찌씨만이 만들어지는 것도 있다. [풀이씨 뿌리+-이]어찌씨 유형은 생산성이 대단히 높은 편이며, [풀이씨 줄기+-래]어찌씨 유형은 생산성이 없어 오직 하나의 파생 어찌씨인 '길래 <오래도록 길게>'만 만들어진다.

어찌씨 아닌 낱말이나 뿌리에 덧붙는 것이 아니라 어찌씨 뿌리에 덧붙어 결합 과정을 거쳐 파생 어찌씨를 만드는 어찌씨 파생 앞가지는 극히 드물다.[23] 또한 이 유형에 따라 만들어지는 파생 어찌씨도 극히 적어 생산성이 아주 낮다. 어찌씨 파생 앞가지가 덧붙는 파생 어찌씨의 유형으로는 ; [맞-+어찌씨]어찌씨, [몰-+어찌씨]어찌씨, [연(連)-+어찌씨]어찌씨, [올-어찌씨]어찌씨, [외-+어찌씨]어찌씨, [저-+어찌씨]어찌씨, [한-+어찌씨]어찌씨 따위가 있고, 특수한 유형으로 [앞가지+토씨]어찌씨가 있다. 각 유형과 그에 해당하는 파생 어찌씨의 보기를 들면 (46)과 같다.

(46) [맞-+어찌씨]어찌씨 : **맞-바로**<마주보는 쪽을 향하여 바로>
[몰-+어찌씨]어찌씨 : **몰-밀어**<모두 한데 밀거나 몰아서>
[연(連)-+어찌씨]어찌씨 : **연(連)-거푸**<잇따라 여러 번>
[올-어찌씨]어찌씨 : **올-바로**<어떤 사물 현상의 정황과 이치에 충분히 맞도록>
[외-+어찌씨]어찌씨 : **외-따로**<혼자서 따로>
[저-+어찌씨]어찌씨 : **저-절로**<작위적인 노력 없이 자연적으로>
[한-+어찌씨]어찌씨 : **한-가득**<꽉 차도록 가득>
[앞가지+토씨]어찌씨 : **날-로**<날것인 채로>

---

23) 어찌씨를 밑말로 하고 여기에 어찌씨 파생 앞가지가 덧붙어 파생 어찌씨가 만들어지기 때문에 제2장에서 다루었지만, 여기서는 파생 앞가지에 초점을 두어 제3장에서 다루었다.

어찌씨 앞에 파생 앞가지가 덧붙는, 파생 어찌씨 만들기 유형에 따라 만들어진 어찌씨는 한둘에 불과하여 생산성이 극히 낮다.

어찌씨가 아닌 낱말에 영 파생 가지가 덧붙어 파생 어찌씨를 만드는 내적 파생 어찌씨의 유형으로는 두 가지가 있다. 첫째, 풀이씨의 끝바꿈꼴에 영 파생 가지가 덧붙는 [[**풀이씨 줄기+씨끝**]+-∅]어찌씨 유형이 있다. 이 짜임새에 관여하는 씨끝으로는 '-듯이', '-게', '-어', '-도록', '-니', '-면', '-든지', '-어서', '-고', '-건대'가 있으며, 생산성이 극히 낮은 것으로 '-어도', '-다가', '-은데', '-나', '-기에', '-지만', '-은지', '-으므로', '-은들', '-니까', '-을수록', '-어야', '-자' 따위가 있다. 둘째, 이름씨에 영 파생 가지가 덧붙는 [[**이름씨**+-∅]어찌씨 유형이 있다. 각 유형과 그에 해당하는 파생 어찌씨의 보기를 들면 (47)과 같다.

(47) ㄱ. [[풀이씨 줄기+씨끝]+-∅]어찌씨 :

'-듯이' : **고렇듯이(고렇듯)**<고러한 정도까지 몹시>
'-게' : **그렇게**<그런 정도로>
'-어' : **더불어**<거기에다 더하여>
'-도록' : **저물도록**<날이 져서 어두워질 때까지>
'-니' : **그러니**<일의 형편이 앞에서 말한 것과 같으니>
'-면' : **척하면**<한마디만 하면>
'-든지' : **어떻든**<일의 형편이나 원인이 어떠하든지 상관없이>
'-어서' : **이어서**<계속하여서>
'-고' : **무턱대고**<아무 요량도 없이 그냥>
'-건대' : **바라건**대<간절히 바라는 바이니>
'-어도' : **적어도**<최소한도로 잡아도>
'-다가' : **가다가**<어떤 일이 진행되는 동안에 어쩌다가 가끔>
'-은데' : **한데**<뒤 내용이 앞 내용과 대립될 때 쓰여 앞뒤 월을 이어 주는 말>
'-나' : **하나**<앞 내용과 다른 내용을 말할 때 쓰여 앞뒤 월을 이어 주는 말>

'-기에' : **그러기에**<자신의 말이 옳다는 것을 강조할 때 하는 말>
'-지만' : **하지만**<앞 내용과 다른 내용을 말할 때 쓰여 앞뒤 월을 이어 주는 말>
'-은지' : **어쩐지**<어찌된 까닭인지>
'-으므로' : **그러므로**<앞 내용이 뒤 내용의 원인이나 근거가 될 때 쓰여 앞뒤 월을 이어 주는 말>
'-은들' : **보아한들**<살펴본다고 한들>
'-니까' : **그러니까**<앞 내용이 뒤 내용의 이유나 근거가 될 때 쓰여 앞뒤 월을 이어 주는 말>
'-을수록' : **갈수록**<시간이 지나가거나 일이 계속될수록 점점 더>
'-어야' : **고작해야**<고작 한다고 해야>
'-자' : **그러-자**<앞에서 말한 일이 일어나자>

ㄴ. [[이름씨+-Ø]어찌씨 : **[[한참]이름씨+**Ø]어찌씨<꽤 오랫동안>

풀이씨의 끝바꿈꼴에 영 파생 가지가 덧붙어 파생 어찌씨를 만드는 경우에 풀이씨 줄기에 붙는 씨끝의 종류에 따라 파생 어찌씨 만들기의 생산성에서 차이를 보인다. '-자'는 오직 하나의 파생 어찌씨만 만들기 때문에 생산성이 없다. 이름씨에 영 파생 가지가 덧붙어 파생 어찌씨를 만드는 경우에도 생산성이 그리 높은 편은 아니다.

3.6. 어찌씨 아닌 뿌리의 합성 어찌씨 만들기 유형

어찌씨가 아닌 낱말이나 뿌리가 밑말이 되고 여기에 어찌씨가 아닌 낱말이나 뿌리가 결합하여 합성 어찌씨가 만들어진다. 이렇게 만들어진 어찌씨들은 품사 바뀜 합성 어찌씨에 해당한다. 합성 어찌씨의 직접 구성 요소인 뿌리가 모두 자립성이 있는 낱말인 경우에는 통사적 합성 어찌씨에 해당하고, 어느 하나나 둘 다 자립성이 없는 경우에는 비통사적 합성 어찌씨에 해당한다.

어찌씨가 아닌 낱말이 결합하여 이루어진 통사적 합성 어찌씨의 유형으로는 [이름씨^2]어찌씨, [이름씨1+이름씨2]어찌씨, [매김씨+이름씨]어찌씨, [[풀이씨 줄기+씨끝]+[풀이씨 줄기+씨끝]]어찌씨 따위가 있다. 그 밖에 생산성이 극히 낮은 유형으로는 [느낌씨1+느낌씨2]어찌씨, [[임자씨1+토씨]+[임자씨2+토씨]]어찌씨, [[풀이씨 줄기+매김 씨끝]+이름씨]]어찌씨, [이름씨+[풀이씨 줄기+씨끝]]어찌씨, [[풀이씨 줄기+이름 씨끝]^2]어찌씨, [[풀이씨 줄기+매김 씨끝]^2]어찌씨, [[[풀이씨 줄기+매김 씨끝]+매인이름씨]]+[[[풀이씨 줄기+매김 씨끝]+매인이름씨]]어찌씨, [[이름씨+[없이]]어찌씨, [[풀이씨 줄기+매김 씨끝]+이름씨+토씨]+[풀이씨 줄기+씨끝]]어찌씨 따위가 있다. 각 유형과 그에 해당하는 통사적 합성 어찌씨의 보기를 들면 (48)과 같다.

(48) [이름씨^2]어찌씨 : **갈피-갈피**<겹치거나 포개진 물건의 낱낱의 사이마다>
[이름씨1+이름씨2]어찌씨 : **밤-새**<날이 샐 때까지 온밤 동안>
[매김씨+이름씨]어찌씨 : **어느-새**<어느 틈에 벌써>
[[풀이씨 줄기+씨끝]+[풀이씨 줄기+씨끝]]어찌씨 : **곱게-곱게**<아주 곱게>
[느낌씨1+느낌씨2]어찌씨 : **에구-에구**<몹시 슬프게 우는 소리>
[[임자씨1+토씨]+[임자씨2+토씨]]어찌씨 : **날로-달로**<날이 가고 달이 갈수록>
[[풀이씨 줄기+매김 씨끝]+이름씨]]어찌씨 : **바른-대로**<사실과 다름없이>
[이름씨+[풀이씨 줄기+씨끝]]어찌씨 : **물-쓰듯**<돈이나 물건 따위를 매우 헤프게 쓰는 꼴>
[[풀이씨 줄기+이름 씨끝]^2]어찌씨 : **포갬-포갬**<물건을 겹쳐 놓은 꼴>
[[풀이씨 줄기+매김 씨끝]^2]어찌씨 : **드문-드문**<시간적으로 잦지 않고 사이가 뜬 꼴>
[[[풀이씨 줄기+매김 씨끝]+매인이름씨]]+[[[풀이씨 줄기+매김 씨

끝]+매인이름씨]]어찌씨 : **본체-만체**<보고도 안 본 듯이>

[[이름씨+[없이]]어찌씨 : **거짓-없이**<사실과 틀림이 없이>

[[풀이씨 줄기+매김 씨끝]+이름씨+토씨]+[풀이씨 줄기+씨끝]]어찌씨 : **아닌게-아니라**<앞에서 말한 사실이 확실함을 알게 될 때에 '과연', 또는 '정말로'의 뜻>

이들 유형에 따라서 합성 어찌씨 만들기에 생산성이 높은 것도 있고, 생산성이 극히 낮아 오직 한두 합성 어찌씨만이 만들어지는 것도 있다. [이름씨^2]어찌씨 유형은 생산성이 비교적 높은 편이며, [[풀이씨 줄기+매김 씨끝]+이름씨+토씨]+[풀이씨 줄기+씨끝]]어찌씨 유형은 생산성이 없어 오직 하나의 합성 어찌씨만 만들어진다.

어찌씨가 아닌 뿌리가 결합하여 이루어진 비통사적 합성 어찌씨의 유형으로는 [풀이씨 뿌리^2]어찌씨가 있는데, 풀이씨 뿌리가 '-거리다' 결합 뿌리인 것, '-하다' 결합 뿌리인 것, '-그리다' 결합 뿌리인 것, '-스럽다' 결합 뿌리인 것, '-기다' 결합 뿌리인 것, '-대다' 결합 뿌리인 것, '-어지다' 결합 뿌리인 것, '-업다' 결합 뿌리인 것 따위가 있다. 이 밖에 [풀이씨 뿌리1+풀이씨 뿌리2]어찌씨, [풀이씨 줄기^2]어찌씨, [풀이씨 뿌리+가상뿌리]어찌씨, [가상 뿌리+가상 뿌리]어찌씨, [이름씨+뿌리]어찌씨, [[풀이씨 줄기+파생 가지]+[풀이씨 줄기+파생 가지]어찌씨, [임자씨+토씨]어찌씨, [매김씨+토씨]어찌씨, [느낌씨+뿌리] 따위의 유형이 있다. 각 유형과 그에 해당하는 통사적 합성 어찌씨의 보기를 들면 다음과 같다.

(49) [풀이씨 뿌리^2]어찌씨

① '-거리다' 결합 뿌리인 것 : **가닐-가닐**<살갗이 자꾸 간지럽고 자릿한 느낌>

② '-하다' 결합 뿌리인 것 : **가분-가분**<마음이나 행동이 매우 가벼

운 꼴>

③ '-그리다' 결합 뿌리인 것 : **간종-간종**<흐트러진 일이나 물건을 자꾸 가리고 골라서 가지런하게 하는 꼴>

④ '-스럽다' 결합 뿌리인 것 : **수럭-수럭**<말이나 행동이 씩씩하고 시원시원한 꼴>

⑤ '-기다' 결합 뿌리인 것 : **끈질-끈질**<성질이나 행동이 매우 끈끈하고 질긴 꼴>

⑥ '-대다' 결합 뿌리인 것 : **자분-자분**<음식에 섞인 잔모래 따위가 자꾸 씹히는 꼴>

⑦ '-어지다' 결합 뿌리인 것 : **오글-오글**<여러 군데가 안쪽으로 오목하게 휘어지거나 주름이 많이 있는 꼴>

⑧ '-업다' 결합 뿌리인 것 : **징글-징글**<소름이 끼칠 정도로 몹시 흉하거나 끔찍한 꼴>

[풀이씨 뿌리1+풀이씨 뿌리2]어찌씨 : **어슷-비슷**<큰 차이가 없이 서로 비슷비슷한 꼴>

[풀이씨 줄기[2]]어찌씨 : **뒹굴-뒹굴**<자꾸 이리저리 뒹구는 꼴>

[풀이씨 뿌리+가상뿌리]어찌씨 : **갈팡-질팡**<갈피를 잡지 못하고 이리저리 헤매는 꼴>

[가상 뿌리[2]]어찌씨 : **어리-어리**<설핏 얕은 잠이 든 꼴>

[가상 뿌리1+가상 뿌리2]어찌씨 : **곰비-임비**<물건이 거듭 쌓이거나 일이 자꾸 계속되는 꼴>

[이름씨+뿌리]어찌씨 : **고비-샅샅**<구석구석 빠짐없이>

[풀이씨 줄기+파생접미사][2]어찌씨 : **기엄-기엄**<가만히 자꾸 기어가는 꼴>

[[풀이씨 줄기1+파생 가지]+[풀이씨 줄기2+파생 가지]어찌씨 : **들쑥-날쑥**<어떤 곳은 들어가고 어떤 곳은 나오고 하여 고르지 않은 꼴>

[임자씨+토씨]어찌씨 : **억지-로**<내키지 않아 무리한 정도로>

[매김씨+토씨]어찌씨 : **새-로**<지금까지 없던 것이 처음으로>

[느낌씨+뿌리]어찌씨 : **애고-지고**<소리를 내어 몹시 슬프게 우는 꼴>

이들 유형에 따라서 합성 어찌씨 만들기에 생산성이 높은 것도 있고, 생산성이 극히 낮아 오직 한두 합성 어찌씨만이 만들어지는 것도 한다. [풀이씨 뿌리[2]]어찌씨 유형 가운데 '-거리다' 결합 뿌리인 경우에 생산성이 아주 높고, [매김씨+토씨]어찌씨 유형은 생산성이 없어 오직 하나의 합성 어찌씨만 만들어진다.

3.7. 한자말 어찌씨가 밑말이 되어 만들어진 복합 어찌씨 유형

한자말 어찌씨 가운데 더 이상 어찌씨 만들기에 관여하지 않는 것도 있지만, 어떤 것은 밑말이 되어 합성 어찌씨나 파생 어찌씨를 만드는 데 관여하기도 한다. 한자말 어찌씨가 같은 꼴이나 비슷한 꼴로 되풀이되거나 다른 낱말과 결합하여 합성 어찌씨가 만들어진다.

(50) ㄱ. **대강(大綱)**<세밀하지 않은 정도로>
　　　-(합)대강-대강(大綱大綱)<철저하지 않게 적당히 건성으로>
　　ㄴ. **여차(如此)**<이와 같이>
　　　-(합)여차(如此)-저차<이러하고 저러하게>
　　ㄷ. **매일(每日)**<날마다>
　　　-(합)매일(每日)-없이<거의 하루도 빠짐이 없이>

(50)에서 ㄱ은 한자말 어찌씨가 같은 꼴로, ㄴ은 비슷한 꼴로 되풀이 되어 합성 어찌씨가 만들어진 보기이다. ㄷ은 한자말 어찌씨가 다른 낱말과 결합하여 합성 어찌씨가 만들어진 보기이다.

한자말 어찌씨에 파생 가지가 덧붙거나, 영 파생 가지가 덧붙어 파생 어찌씨가 만들어지기도 한다.

(51) ㄱ. **속속(速速)**<매우 빨리>
　　　-(파)속속(速速)-히<매우 빨리>
　　ㄴ. **[[각자(各自)]이름씨+∅]어찌씨**<각각의 사람이 다 따로따로>

(51)에서 ㄱ은 한자말 어찌씨에 파생 뒷가지가 덧붙어 만들어진 파생 어찌씨이고, ㄴ은 이름씨에 영 파생 가지가 덧붙어 만들어진 내적 파생 어찌씨이다.

한자말 어찌씨가 밑말이 되고 여기에 뿌리나 가지가 덧붙어 만들어진 합성 어찌씨나 파생 어찌씨가 다시 밑말이 되고, 여기에 파생 가지가 덧붙어 파생 어찌씨가 만들어지기도 한다.[24]

---

24) 이에 속한 보기로 다음을 들 수 있다. 한자말 어찌씨 '차차(次次)'가 밑말이 되고 여기에 토씨 '로'가 결합하여 합성 어찌씨가 된 다음, '차차(次次)-로'에 파생 뒷가지 '-이'가 덧붙어 파생 어찌씨 '차차(次次)로-이'가 만들어졌다.

차차(次次)<어떤 상태나 정도 따위가 계속하여 한 방향으로 조금씩 달라지는 꼴>

-(합)차차(次次)-로<'차차'를 강조하여 이르는 말>

-(파)차차(次次)로-이<'차차'를 강조하여 이르는 말>

■■■ 제 2 장 ■■■

단일 어찌씨와 이를 밑말로 한 복합 어찌씨의 짜임새

우리말 어찌씨는 어찌씨를 이루고 있는 형태소의 짜임새가 어떻게 이루어졌느냐에 따라 구분될 수 있다.[1] 어찌씨가 하나의 형태소로 이루어진 것은 단일 어찌씨이고 둘 이상의 형태소로 이루어진 것은 복합 어찌씨이다. 복합 어찌씨는 뿌리(어근이나 어기) 형태소로 짜여진 것들이 합성 어찌씨이고, 뿌리에 파생 가지가 결합된 것들이 파생 어찌씨이다.[2]

어찌씨 가운데에는 본디부터 우리말의 어찌씨에 해당하는 것들이 있으며, 한자말에서 들어와 자리 잡은 것들도 있다. 또한 토박이말과 한자말이 결합되어 이루어진 것들도 있다. 어찌씨에는 한자말 이외에 서양의 언어들이나 일본말 등 그 밖의 언어에서 들어온 외래말 어찌씨는 존재하지 않는다. 따라서 우리말 어찌씨는 토박이말 어찌씨, 한자말 어찌씨, 토박이말과 한자말이 결합된 혼성 어찌씨로 이루어져 있다.[3]

---

1) 어찌씨를 기준에 따라 여러 유형으로 구분할 수 있지만, 여기서는 형태적 짜임새를 기준으로 구분하기로 한다.

2) 이른바 어근과 어기를 합쳐서 뿌리라고 하였다. 따라서 이 글에서 뿌리는 어근(root)이나 어기(base)를 일컫는 갈말로 쓰인다.

1. 단일 어찌씨와 이를 밑말로 한 복합 어찌씨

어찌씨 가운데 하나의 형태소로 이루진 것들이 단일 어찌씨에 해당한다. 한 형태소로 이루어지되 본디부터 어찌씨였던 것만이 이에 속한다. 표면상 한 형태소인 것처럼 보이지만 다른 품사에서 어찌씨로 바뀐 것은 이에 해당하지 않는다. 곧 어찌씨 '참'은 본디 이름씨이었던 것이 어찌씨로 전성된 것이기 때문에 표면상으로는 단일 어찌씨와 같지만 명사 '참'에 영 형태의 어찌씨 파생 뒷가지가 결합되어 파생된 것으로 간주하여 단일 어찌씨에 포함시키지 않고 파생 어찌씨에 포함시키기로 한다.

단일 어찌씨에는 하나의 형태소로 이루어진 토박이말 어찌씨와 한자말 어찌씨가 있으며 토박이말과 한자말이 결합된 혼성 어찌씨는 존재하지 않는다. 혼성 어찌씨는 적어도 둘 이상의 형태소로 구성되어 있기 때문에 단일 어찌씨의 혼성 어찌씨는 없다.

한 형태소로 이루어진 토박이말 어찌씨로서 본디부터 어찌씨였던 것들이 이 짜임새에 해당한다. 음절수에서 보면 1음절, 2음절, 3음절, 4음절 등으로 나눌 수 있다.

1.1. 1음절 단일 어찌씨

'곧<시간적인 간격을 두지 않고 바로>'와 같이 1음절로 이루어진, 단일 형태소인 어찌씨는 그리 많은 편은 아니다. 1음절 어찌씨는 대부분 소리흉내말과 꼴흉내말로 이루어졌으며, 이들 흉내말은 같은 꼴로 되풀이되어 합성 어찌씨를 이룬다.

---

3) 한자말 어찌씨에 관하여는 토박이말과 별도로 제5장에서 논의하기로 한다.

이를테면 소리흉내말인 '깍<까마귀나 까치 따위가 우는 소리>'은 같은 꼴로 되풀이되어 '깍깍<까마귀나 까치 따위가 우는 소리>'이라는 합성 어찌씨가 만들어졌으며, 꼴흉내말인 '꼭<야무지게 힘을 주어 누르거나 당기거나 조르는 꼴>'도 같은 꼴로 되풀이되어 '꼭꼭<야무지게 힘을 주어 자꾸 누르거나 당기거나 조르는 꼴>'이라는 합성 어찌씨가 만들어졌다.

1음절 흉내말 가운데, '꺅<먹은 음식이 목까지 꽉 찬 꼴>'처럼 같은 꼴 되풀이 합성 어찌씨로 사전에 올라 있지 않은 것들이 있지만, 앞으로 <먹은 음식이 목까지 잇따라 꽉 찬 꼴>이라는 뜻을 지닌 '꺅꺅'이란 합성 어찌씨로 만들어질 가능성이 있다. 따라서 [흉내말 어찌씨[2]]어찌씨의 합성 어찌씨 만들기는 생산성이 매우 높은 편이다.

흉내말에 속하지 않는 극히 일부 어찌씨도 같은 꼴로 되풀이되어 합성 어찌씨를 이루기도 한다. 흉내말이 아닌 '싹<남김없이 몽땅>'은 같은 꼴로 되풀이되어 '싹싹<조금도 남김없이 몽땅>'이라는 합성 어찌씨가 만들어졌다. 그러나 흉내말 이외의 모든 1음절 어찌씨가 같은 꼴로 되풀이되어 합성 어찌씨가 만들어지는 것은 아니고 일부에 한정된다.

흉내말에 속하지 않는 일부 어찌씨는 다른 낱말이나 낱말 자격이 모자라는 뿌리와 결합하여 합성 어찌씨를 이루기도 한다. '곧<시간적인 간격을 두지 않고 바로>'은 어찌씨 '바로', '잘'과 결합 과정을 거쳐 '곧바로', '곧잘'이란 합성 어찌씨가 만들어졌으며, 풀이씨 '잇다'의 끝바꿈꼴인 '이어'와 결합 과정을 거쳐 합성 어찌씨 '곧이어'가 만들어졌다.

1음절 어찌씨에 파생 앞가지나 파생 뒷가지가 결합하여 파생 어찌씨를 이루는 경우는 어찌씨 '곧'에 파생 뒷가지 '-장'이 결합하여 이루어진 '곧-장'을 제외하고는 잘 발견되지 않는다. 1음절 어찌씨에 파생 가지가 결합하여 파생 어찌씨가 만들어지는 경우는 극히 드물기 때문에 [파생 앞가지+1음절 어찌씨]나 [1음절 어찌씨+파생 뒷가지]의 파생 어찌씨 만들기는 생산성이 아주 미미한 편이다.

1음절 어찌씨에 파생의 가지가 결합하는 외적 파생은 거의 없지만, 닿소리나 홀소리를 바꾸어 뜻에서 유사한 어찌씨를 파생시키는 내적 파생법에 의해 만들어진 파생 어찌씨는 많은 편이다. 흉내말 가운데 내적 파생 어찌씨를 많이 찾아 볼 수 있다. 소리흉내말인 '박<야무지게 긁거나 문댈 때 나는 소리>'에서 닿소리인 예사소리 'ㅂ'을 된소리 'ㅃ'으로 바꾸게 되면 뜻에서 유사한 '빡<매우 야무지게 긁거나 문댈 때 나는 소리>'이 만들어진다. 꼴흉내말인 '꼭<야무지게 힘을 주어 누르거나 당기거나 조르는 꼴>'에서 홀소리인 'ㅗ'를 'ㅜ'로 바꾸게 되면 뜻에서 유사한 '꾹<여무지게 힘을 주어 누르거나 당기거나 조르는 꼴>'이 만들어진다. 이와 같은 내적 파생법에 의한 파생 어찌씨 만들기는 생산성이 높은 편이다.

1음절 어찌씨 가운데 되풀이되거나 다른 낱말이나 뿌리와 결합하여 합성 어찌씨를 이루거나, 파생 가지와 결합하거나 내적 파생법에 의해 파생 어찌씨를 이루는 것들이 있지만, '갓<금방 처음으로>'과 같이 합성 어찌씨나 파생 어찌씨 만들기에 관여하지 않는 것들도 있다. 어찌씨 만들기에 전혀 관여하지 않는 1음절 어찌씨는 드문 편이다. 어찌씨 만들기에 관여하는 것들은 생산성에서 차이를 보이기도 한다.

1음절 어찌씨와 이를 밑말로 하여 만들어진 합성 어찌씨와 파생 어찌씨를 정리하여 가나다순으로 배열하면 다음과 같다.

1.1.1. 복합 어찌씨 만들기에 관여하는 것

1음절로 이루어진 어찌씨 가운데 복합 어찌씨 만들기의 밑말로 쓰이는 것들이 이에 해당한다. 이들 어찌씨가 밑말이 되고 여기에 다른 낱말이나 뿌리가 덧붙거나 같은 꼴로 되풀이되어 결합 과정을 거쳐 합성 어찌씨가 만들어진다. 또한 파생 가지가 덧붙거나, 내적 파생법에 따라 밑말의 닿소리나 홀소리를 바꿔 줌으로써 파생 어찌씨가 만들어진다.

어찌씨에 따라 복합 어찌씨를 만드는 데 관여하는 정도가 다르다. 어떤 어찌씨는 많은 복합 어찌씨를 만드는 데 밑말로 쓰이기도 하고, 어떤 것은 오직 하나의 복합 어찌씨를 만드는 데 관여하기도 한다. 1음절 단일 어찌씨를 밑말로 하여 만들어진 합성 어찌씨와 파생 어찌씨는 다음과 같다.

곧[4]<시간적인 간격을 두지 않고 바로>[5]
- **(합)곧-바로**<지체 없이 바로 그 즉시>
    - **곧-이어**<어떤 일이 있고 난 후에 바로 이어서>
    - **곧-잘**<제법 잘. 가끔씩 잘>
    - **줄-곧**<끊임없이 죽 잇따라>
- **(파)곧-장**<어떤 일이 있고 나서 바로>

깍<까마귀나 까치 따위가 우는 소리>
- **(합)깍-깍**[6]

깩<한껏 새되게 지르는 외마디 소리>
- **(합)깩-깩**
- **끽**<한껏 길게 지르는 외마디 소리>
    - **(합)끽-끽**

깽<몹시 아프거나 힘에 겨워 부대낄 때 좀 괴롭게 내는 소리>
- **(합)깽-깽**
- **끙**<몹시 앓거나 힘에 겨운 일에 부대껴서 내는 소리>
    - **(합)끙-끙**

---

4) 앞자리에 놓인 '곧'은 단일 어찌씨로, 합성 어찌씨와 파생 어찌씨 만들기의 밑말로 쓰인다.

5) 사전류에 따르면, 어찌씨의 뜻이 여러 가지로 풀이되어 있는 경우가 많지만, 이 글에서는 어찌씨의 뜻 기술이 주목적이 아니기 때문에 대표적인 뜻만 밝히기로 한다.

6) 같은 꼴 되풀이 합성 어찌씨의 뜻은 밑말을 이루는 단일 어찌씨의 뜻에서 유추할 수 있기 때문에 생략하기로 한다.

낑<몹시 아프거나 힘에 겨워 부대낄 때 괴롭게 나는 소리>

-(합)낑-낑

꺄<닭, 오리 따위나 작은 짐승이 몹시 놀라거나 다 죽게 될 때 내는 외마디 소리>

-(합)꺄-꺄

꺽<숨이나 말이 목구멍에서 갑자기 막히는 소리>

-(합)꺽-꺽

꼭<야무지게 힘을 주어 누르거나 당기거나 조르는 꼴>

-(합)꼭-꼭

꾹<여무지게 힘을 주어 누르거나 당기거나 조르는 꼴>

-(합)꾹-꾹

꽉<힘껏 누르거나 당기거나 조르는 꼴>

-(합)꽉-꽉

꼭<어김이나 빈틈이 없이>

-(합)꼭-꼭

꽁<작고 무거운 물체가 바닥에 떨어지거나 부딪쳐 울리어 나는 소리>

-(합)꽁-꽁

콩<작고 무거운 물건이 단단한 바닥에 떨어지거나 부딪쳐서 울리어 나는 소리>

-(합)콩-콩

꽝<무거운 물건이 바닥에 떨어지거나 부딪쳐 울릴 때 나는 소리>

-(합)꽝-꽝

쾅<단단하고 무거운 물건이 바닥에 세차게 떨어지거나 부딪쳐 울리는 소리>

-(합)쾅-쾅

꿍<무거운 물체가 바닥에 떨어지거나 부딪쳐 울리는 소리>

-(합)꿍-꿍

쿵<무거운 물건이 단단한 바닥에 떨어지거나 부딪칠 때 울려 나는 소리>

-(합)쿵-쿵

꿩<무거운 물체가 바닥에 떨어지거나 부딪혀 크게 울릴 때 나는 소리>

-(합)꿩-꿩

쿵<단단하고 무거운 물건이 바닥에 아주 세차게 떨어지거나 부딪쳐 울리는 소리>

-(합)쿵-쿵

꽤<보통보다 좀 더한 정도로>

-(합)꽤-나[7]<보통보다 더한 정도로>

꽥<성을 내거나 남을 놀라게 할 때 목청을 높여 갑자기 되게 지르는 소리>

-(합)꽥-꽥

꿱<성을 내거나 남을 놀라게 할 때 목청을 높이어 급자기 지르는 소리>

-(합)꿱-꿱

꽹<꽹과리 따위를 칠 때 나는 소리>

-(합)꽹-꽹

끅<트림을 짧게 할 때 나는 소리>

-(합)끅-끅

끽<기껏 헤아려 보아야>

-(합)끽-해야<있는 힘껏 한다고 하여도 고작해야>

내<어떤 시간의 범위 안에서 계속하여>

-(합)내-내

닥<금이나 줄을 좀 세게 긋는 꼴>

-(합)닥-닥

득<금이나 줄을 세차게 긋는 꼴>

-(합)득-득

댕<작은 금속 따위를 칠 때에 나는 소리>

-(합)댕-댕

더<어떤 기준보다 정도가 더 심하게>

-(합)더-더구나<앞 내용에 한층 더한 내용을 강조하여 덧붙여 말할 때 쓰여 앞뒤 어구나 문장을 이어 주는 말>

더-더군다나<앞 내용에 한층 더한 내용을 강조하여 말할 때 쓰여 앞뒤 어구나 문장을 이어 주는 말>

더-더욱<정도나 수준 등이 매우 심하게 또는 한층 더 높게>

더욱-더<정도나 수준 등이 매우 심하게 또는 높게>

더-이상<지금의 상태나 단계보다 더 많이>

더-한층<이전보다 더욱더>

덩<쇠붙이, 그릇, 북, 장구 따위를 가볍게 쳤을 때 낮게 울리어 나는 소리>

-(합)덩-덩

---

7) 토씨를 낱말로 인정하는 견해에 따라 토씨가 결합하여 한 낱말을 만드는 경우에 합성 낱말로 처리하기로 한다.

뗑<쇠붙이나 딴딴한 물건이 부딪칠 때 울리어 나는 소리>

-(합)뗑-뗑

뎅<큰 쇠붙이 따위를 칠 때 나는 소리>

-(합)뎅-뎅

뗑<큰 종 따위의 쇠붙이를 세게 칠 때 울리어 나는 소리>

-(합)뗑-뗑

동<작은 북 같은 것을 치거나 거문고 같은 것을 뜯을 때 작게 나는 소리>

-(합)동-동

둥<큰 북 같은 것을 치거나 거문고 같은 것을 뜯을 때 크게 나는 소리>

-(합)둥-둥

둥<조금 큰 물체가 물이나 공중에 떠 있는 꼴>

-(합)둥-둥

딱<단단한 물건이 서로 부딪치거나 또는 부러질 때에 나는 소리>

-(합)딱-딱

딱<활짝 바라지거나 벌어진 꼴>

-(합)딱-딱

떡<굉장하다는 느낌을 줄 만큼 어떠한 사물이 크게 벌어진 꼴>

-(합)떡-떡

떡-하니<보란 듯이 여유가 있게>

땅<작은 총을 쏠 때 나는 소리>

-(합)땅-땅

탕<작은 총포가 터질 때 나는 소리>

-(합)탕-탕

땡<작은 종 따위의 쇠붙이를 세게 칠 때 울리어 나는 소리>

-(합)땡-땡

또<같은 일이나 물건이 거듭하여>

-(합)또-는<앞 내용이거나 뒤 내용임을 나타낼 때 쓰여 앞뒤 어구를 이어 주는 말>

또-다시<거듭하여 다시>

또-한<둘 이상의 대상이 서로 마찬가지일 때 쓰여 두 어구나 문장 등을 이어 주는 말>

똑<작고 단단한 물건이 가볍게 떨어지는 소리>

-(합)똑-똑<잇달아 떨어지는 소리>

뚝<큰 물체 따위가 떨어지는 소리>

-(합)뚝-뚝

똑<조금도 틀림없이>

-(합)똑-바로<어느 한쪽으로 기울거나 굽은 데가 없이 곧게>

똑<계속되던 것이 갑자기 그치는 꼴>

뚝<계속되던 것이 갑작 그치는 꼴>

뚜<기적, 고동 사이렌 따위가 울리는 소리>

-(합)뚜-뚜

뛰<고동이 울리는 소리>

-(합)뛰-뛰

-(합)뛰뛰-빵빵<자동차 경적이 잇따라 울리는 소리>

띵<멍한 느낌>

-(합)띵-하니<머리가 울리듯 아프면서 정신이 맑지 못하고 멍하게>

막<바로 지금>

-(합)막-바로<시간적인 간격이 없이 곧>

막<어떤 일을 당하여 실제로>

-(합)막-해야<아무리 나쁜 경우라도>

매<보통보다 훨씬 심하게. 또는 보통보다 훨씬 공을 들여서>

-(합)매-매

매<양이나 염소 따위의 울음소리>

-(합)매-매

맴<매미가 울음을 그칠 때 내는 소리>

-(합)맴-맴

못<행동을 할 수 없거나 말리는 따위의 부정하는 뜻을 나타냄>

-(합)못-내<어떤 감정을 참지 못할 정도로 매우>

박<야무지게 긁거나 문댈 때 나는 소리>

-(합)박-박

빡<매우 야무지게 긁거나 문댈 때 나는 소리>

-(합)빡-빡

벅<여무지게 긁거나 문댈 때 나는 소리>

-(합)벅-벅

뻑<매우 여무지게 긁거나 문댈 때 나는 소리>

-(합)뻑-뻑

복<보드랍고 무른 물건의 거죽을 한 번 갈거나 긁을 때처럼 나는 소리>

-(합)복-복

뽁<얇고 단단한 물건의 거죽을 함부로 갈거나 긁을 때 나는 소리>

-(합)뽁-뽁

북<부드럽고 무른 물건의 거죽을 한 번 문대거나 긁을 때처럼 나는 소리>

-(합)북-북

뿍<두껍고 단단한 물건의 거죽을 한 번 문대거나 긁을 때 나는 소리>

-(합)뿍-뿍

반<반쯤 또는 거의>

-(합)반-나마<반이 조금 넘게>

뱅<좁은 범위를 한 바퀴 도는 꼴>

-(합)뱅-뱅

뺑<작은 것이 좀 빠르게 한 바퀴 도는 꼴>

-(합)뺑-뺑

팽<작은 것이 빠르게 한 바퀴 도는 꼴>

-(합)팽-팽

뱌<병아리가 가볍고 빠르게 우는 소리>

-(합)뱌-뱌

뺘<병아리가 새되고 빠르게 우는 소리>

-(합)뺘-뺘

봉<막혀 있던 공기나 가스가 좁은 구멍으로 갑자기 막힘없이 터져 나오거나 빠지는 소리>

-(합)봉-봉

뽕<막혀 있던 공기나 가스가 좁은 구멍으로 갑자기 세게 터져 나오는 때 나는 소리>

-(합)뽕-뽕

퐁<막혔던 공기나 가스가 좁은 구멍으로 갑자기 터져 나올 때 나는 소리>

-(합)퐁-퐁

붕<막혀 있던 공기나 가스가 좁은 구멍으로 힘없이 터져 빠질 때 나는 소리>

-(합)붕-붕

뿡<막혔던 공기나 가스가 좁은 구멍으로 급자기 세게 터져 나올 때 나는 소리>

–(합)뿡–뿡

풍<막혔던 기체가 가스가 좁은 구멍으로 급자기 거세게 터져 나올 때 나는 소리>

–(합)풍–풍

부<기선에서 나는 굵고 낮은 기적소리>

–(합)부–부

붕<가볍게 공중에 떠오르는 꼴>

–(합)붕–붕

빙<넓은 범위를 한 바퀴 도는 꼴>

–(합)빙–빙

삥<큰 것이 좀 빠르게 한 바퀴 도는 꼴>

–(합)삥–삥

핑<매우 빠르게 한 바퀴 도는 꼴>

–(합)핑–핑

빵<갑자기 요란스럽게 터질 때 나는 소리>

–(합)빵–빵

팡<갑자기 거세게 튀거나 터질 때 나는 소리>

–(합)팡–팡

뻥<급자기 요란스럽게 터질 때 나는 소리>

–(합)뻥–뻥

펑<급자기 거세게 튀거나 터질 때 크게 나는 소리>

–(합)펑–펑

빼<어린 아이가 듣기 싫게 새된 소리로 우는 소리>

–(합)빼–빼

빽<새, 어린이, 여자 또는 기적 따위가 갑자기 새되게 지르는 소리>

–(합)빽–빽

빽<여럿이 좁은 곳에 촘촘히 둘러 있는 꼴>

–(합)빽–빽

뿅<갑자기 나타나거나 사라지는 꼴>

–(합)뿅–뿅

뿅<총알 따위가 날아가는 소리>

–(합)뿅–뿅

삐<어린 아이가 듣기 싫게 높은 목소리로 우는 소리>

-(합)삐-삐

삑<새, 어른, 남자 또는 기적 따위가 날카롭게 지르는 소리>

-(합)삑-삑

삑<한 군데에 여럿이 베게 둘러 있는 꼴>

-(합)삑-삑

삭<종이 따위를 가볍게 단번에 베는 것 같은 소리>

-(합)삭-삭

싹<종이 따위를 거침없이 아주 가볍게 베는 것 같은 소리>

-(합)싹-싹

석<종이 따위를 거침없이 거볍게 벨 때 나는 소리>

-(합)석-석

썩<무엇을 거침없이 아주 거볍게 베거나 자르는 것 같은 소리>

-(합)썩-썩

색<좁은 틈으로 김이 세차게 나오는 소리>

-(합)색-색

솨<바람이 스쳐 부는 때 나는 소리>

-(합)솨-솨

쏴<바람이 세게 스쳐 부는 때 나는 소리>

-(합)쏴-쏴

쇄<나뭇가지나 물건의 틈 사이로 몰아쳐 부는 바람 소리>

-(합)쇄-쇄

쐐<나뭇가지나 물건의 틈 사이로 세차게 몰아쳐 부는 바람소리>

-(합)쐐-쐐

쉭<공기나 입김 따위가 좁은 구멍으로 새어 나오는 소리>

-(합)쉭-쉭

식<좁은 틈에서 김이 세차게 나오는 소리>

-(합)식-식

싹<남김없이 몽땅. 죄다 말끔하게>

-(합)싹-싹

쌕<소리 없이 눈으로 얼른 한 번 웃고 마는 꼴>

-(합)쌕-쌕

쌩<바람이 매몰차게 스쳐 지나가거나 물체가 재빠르게 바람을 일으키며 움직일 때 나는 소리>

-(합)쌩-쌩

씽<바람이 세차게 스쳐 지나가거나 또는 물체가 세차게 바람을 일으키며 움직일 때에 나는 소리>

-(합)씽-씽

썩<무엇을 거침없이 아주 거볍게 베거나 자르는 것 같은 소리>

-(합)썩-썩

쏙<좀 내밀거나 들어간 꼴>

-(합)쏙-쏙

쑥<몹시 내밀거나 들어간 꼴>

-(합)쑥-쑥

쓱<넌지시 말을 하거나 행동하는 꼴>

-(합)쓱-쓱

씩<소리 없이 한 번 싱겁게 웃는 꼴>

-(합)씩-씩

앙<개 따위가 물려고 덤빌 때 내는 소리>

엉<개 따위가 왈칵 물려고 덤빌 때 내는 소리>

앙<어린 아이가 우는 소리>

-(합)앙-앙

잉<어린 아이가 칭얼대며 우는 소리>

-(합)잉-잉

앵<토라져 짜증을 내는 꼴>

-(합)앵-앵

엉<사람이 목을 놓아 크게 우는 소리>

-(합)엉-엉

영<전혀. 도무지>

와<여럿이 냅다 몰리는 꼴>

-(합)와-와

왁<여럿이 한곳으로 갑자기 몰리는 꼴>

-(합)왁-왁

왕<귀가 먹먹하게 울릴 정도로 크고 시끄럽게 떠들거나 우는 소리>

-(합)왕-왕

왝<구역질이 나서 갑자기 게울 때 나는 소리>

-(합)왝-왝

웩<구역질이 나서 급자기 게울 때 나는 소리>

–(합)웩–웩

왱<벌이나 돌팔매 따위가 빠르게 날아갈 때 나는 소리>

–(합)왱–왱

웽<큰 벌이나 돌팔매 같은 것이 빠르게 날아갈 때 나는 소리>

–(합)웽–웽

욍<작은 날벌레 따위나 물건이 세고 빠르게 날아갈 때 나는 소리>

–(합)욍–욍

윙<큰 벌레이나 돌팔매가 빠르고 세차게 날아갈 때 나는 소리>

–(합)윙–윙

우<여럿이 한목 몰리어 내닫는 꼴>

–(합)우–우

잉<세찬 바람이 공중에 팽팽히 걸려 있는 철사에 부딪쳐 울릴 때 나는 소리>

–(합)잉–잉

작<작은 줄이나 획을 긋는 소리. 종이 따위를 작게 찢는 소리>

–(합)작–작

짝<작은 줄이나 획을 좀 세게 긋는 소리>

–(합)짝–짝

직<작은 줄이나 획을 긋는 소리>

–(합)직–직

찍<줄이나 획을 세게 긋는 소리>

–(합)찍–찍

잘<좋고 훌륭하게>

–(합)잘–못<틀리거나 그릇되게>

족<한 줄로 좀 고르게 자꾸 이어지는 꼴>

–(합)족–족

쪽<한 줄기로 매우 고르게 이어지는 꼴>

–(합)쪽–쪽

죽<한 줄로 고르게 이어지는 꼴>

–(합)죽–죽

쭉<한 줄기로 매우 고르게 이어지는 꼴>

–(합)쭉–쭉

좀<'조금'의 준말>

–(합)좀–더<정도나 수준 등이 이전보다 조금 더하게>

좀–처럼[8]<웬만해서는 어떤 행동을 하지 않음. 또는 쉽게 어떤 일이 일어나지 않음을 나타내는 말>

좍<넓게 흩어지거나 퍼지는 꼴>

–(합)좍–좍

쫙<매우 넓게 몹시 흩어지거나 퍼지는 꼴>

–(합)쫙–쫙

죄<모조리. 또는 모두>

–(합)죄–다<남거나 빠짐이 없이 모두>

직<새 따위가 물똥이나 오줌을 내깔기는 소리>

–(합)직–직

짝<단번에 벌어져 갈라지거나 쪼개지는 소리>

–(합)짝–짝

짝<말 따위가 갑자기 널리 퍼지는 꼴>

–(합)짝–짝

짝<적은 액체가 가는 줄기로 세게 뻗치는 소리>

–(합)짝–짝

짝<얇은 종이나 천 따위를 세게 한번 찢는 소리>

–(합)짝–짝

짝<물체가 바짝 다가붙거나 끈기 있게 달라붙는 꼴>

–(합)짝–짝

쩍<단단한 물건의 바닥에 끈기 있게 들러붙는 소리>

–(합)쩍–쩍

짱<얼음장이나 유리 따위가 갑자기 갈라질 때 울리는 소리>

쨍<유리나 단단한 얼음장 따위가 갑자기 갈라질 때 울리는 소리>

–(합)쨍–쨍

쩡<얼음장이나 유리 따위의 굳은 물질이 갑자기 갈라지거나 터질 때 크게 나는 소리>

–(합)쩡–쩡

찡<얼음장이나 유리 따위가 급자기 갈라질 때 울리는 소리>

짹<참새 따위의 우는 소리>

---

8) 준말로 '좀체'가 있다.

-(합)짹-짹

쨍<햇볕이 몹시 따갑게 내려쬐는 꼴>

-(합)쨍-쨍

쩌<혀를 차는 소리>

-(합)쩌-쩌

쩝<크게 입맛을 다시는 소리>

-(합)쩝-쩝

쩟<못마땅하여 혀를 차는 소리>

-(합)쩟-쩟

쯧<가엽거나 못마땅하여 가볍게 혀를 차는 소리>

-(합)쯧-쯧

찍<액체가 가는 줄기로 세게 뻗치는 꼴>

-(합)찍-찍

찍<새 따위가 물똥을 세게 내깔기는 꼴>

-(합)찍-찍

착<바싹 닿거나 달라붙는 꼴>

-(합)착-착

척<바싹 달라붙거나 들러붙는 꼴>

-(합)척-척

착<몸가짐이나 태도가 얌전하고 태연한 꼴>

-(합)착-착

척<몸가짐이나 태도가 아주 점잖고 태연한 꼴>

-(합)척-척

착<머뭇거리거나 서슴지 않고 거침없이 바로 행하는 꼴>

-(합)착-착

참<'정말로', '과연'의 뜻>

-(합)참-말<사실과 다름이 없는 진실된 말로>

-(합)참말-로<사실과 조금도 다름이 없이>

참-으로<거짓이 없는 참된 말로>

채<어떠한 표준 정도에 아직 미치지 못한 꼴>

촉<작은 물건이 아래로 늘어지거나 처진 꼴>

-(합)촉-촉

축<물건이 아래로 길게 늘어지거나 처진 꼴>

-(합)축-축

칙<성냥이나 연필, 지퍼 따위를 내리긋는 모양이나 소리>

-(합)칙-칙

칵<목구멍에 깊이 걸린 것을 뱉어 내려고 목청을 힘껏 갈 때 나는 소리>

-(합)칵-칵

캑<목구멍에 걸린 것을 뱉어 내는 때처럼 목청에서 가까스로 짜 내는 소리>

-(합)캑-캑

캭<목구멍을 바짝 좁혀 걸린 것을 뱉을 때 나는 소리>

-(합)캭-캭

컥<목구멍에 깊이 걸린 것을 뱉어 내려고 목청에 힘을 주어 거칠게 내는 소리>

-(합)컥-컥

캥<강아지 따위가 아파서 지르는 소리>

-(합)캥-캥

컁<여우같은 짐승이 요망스럽게 울 때 나는 소리>

-(합)컁-컁

컥<숨이 답답하게 자꾸 막히는 꼴>

-(합)컥-컥

콕<작게 또는 야무지게 찌르거나 박거나 찍는 꼴>

-(합)콕-콕<작게 또는 야무지게 자꾸 찌르거나 박거나 찍는 꼴>

콱<세게 박거나 찌르거나 부딪치는 꼴>

-(합)콱-콱

쿡<크게 또는 깊이 찌르거나 박거나 찍는 꼴>

-(합)쿡-쿡

콩<작고 무거운 물건이 단단한 바닥에 세게 떨어질 때 울리어 나는 소리>

-(합)콩-콩<작고 무거운 물건이 단단한 바닥에 자꾸 세게 떨어질 때 울리어 나는 소리>

쿡<고개를 숙인 채 참던 웃음이 갑자기 짧게 터져 나오는 소리>

-(합)쿡-쿡

킥<나오는 웃음을 참지 못하고 입속으로 웃는 소리>

-(합)킥-킥

킹<몹시 아프거나 힘에 겨워 부대낄 때 매우 괴롭게 내는 소리>

-(합)킹-킹

탁<세게 치거나 때리거나 부딪치거나 차거나 닫거나 넘어지는 소리>

-(합)탁-탁

탁<갑자기 잘리거나 끊어지는 소리>

-(합)탁-탁

탕<작은 것이 속이 아주 빈 꼴>

-(합)탕-탕

텅<큰 것이 속이 아주 빈 꼴>

-(합)텅-텅

턱<갑자기 세게 붙잡거나 짚는 꼴>

-(합)턱-턱

턱<든든한 물건이 갑자기 부딪치거나 터지는 소리>

-(합)턱-턱

톡<한 부분이 쏙 볼가져 나온 꼴>

-(합)톡-톡

툭<한 부분이 쑥 불거져 나온 꼴>

-(합)툭-툭

통<속이 빈 작은 나무통이나 작은 북 따위를 칠 때 울리는 소리>

-(합)통-통

퉁<속이 빈 나무통이나 큰북 따위를 칠 때 울리는 소리>

-(합)퉁-퉁

퉤<침이나 입안에 든 것을 뱉는 소리>

-(합)퉤-퉤

팍<세게 냅다 지르는 꼴>

-(합)팍-팍

퍽<힘이 있게 냅다 지르는 꼴>

-(합)퍽-퍽

팩<지쳐서 힘없이 가볍게 쓰러지는 꼴>

-(합)팩-팩

퍅<가냘픈 몸이 갑자기 힘없이 쓰러지는 꼴>

-(합)퍅-퍅

퍅<갑자기 성질을 내는 모양이나 태도>

-(합)퍅-퍅

펑<아주 많이 젖은 꼴>

-(합)펑-펑

펑<조금 크고 무거운 물건이 깊은 물에 떨어지는 소리>

-(합)펑-펑

폭<작은 물체가 좀 깊숙이 빠지거나 들어가는 꼴>

-(합)폭-폭

푹<깊이 빠지거나 들어간 꼴>

-(합)푹-푹

퐁<아주 팽팽하게 당겨진 얇은 종이 따위에 작은 구멍이 거세게 뚫릴 때 나는 소리>

-(합)퐁-퐁

푸<다물었던 입술을 조금 벌려 내밀며 입김을 내뿜는 소리>

-(합)푸-푸

푹<힘없이 쓰러지는 꼴>

-(합)푹-푹

픽<지쳐서 힘없이 쓰러지는 꼴>

-(합)픽-픽

풍<크고 무거운 물건이 깊은 물에 떨어질 때 나는 소리>

-(합)풍-풍

하<무엇을 축이거나 녹이려고 입을 크게 벌리고 목구멍에서 입김을 바라지게 내불 때 나는 소리>

-(합)하-하

하<'아주', '많이', '크게' 따위의 뜻>

-(합)하-도<정도가 아주 심하거나 아주 많게>

해<방정맞은 태도로 싱겁게 입을 좀 벌릴 때 나는 소리>

-(합)해-해

허<무엇을 녹이거나 축일 때 또는 몹시 매울 때 입을 벌리고 입김을 내부는 소리>

-(합)허-허

헉<갑자기 좋은 일이 있을 때에나 탐욕이 나서 덤비는 꼴>

-(합)헉-헉

헤<힘없이 싱겁게 입을 반쯤 벌리며 내는 소리>

-(합)헤-헤

헹<야무지게 코를 푸는 소리>

흥<코를 풀 때 나는 소리>

힝<코를 세게 푸는 소리>

호<입을 오므리고 입김을 불어 내는 소리>

–(합)**호–호**

후<입을 우므려 내밀고 입김을 불어 내는 소리>

–(합)**후–후**

혹<적은 액체를 단숨에 가볍게 들이마실 때 나는 소리>

–(합)**혹–혹**

훅<물 따위를 단숨에 거볍게 들이마실 때 나는 소리>

–(합)**훅–훅**

확<바람, 냄새 또는 어떤 기운이 갑자기 세게 끼치는 꼴>

–(합)**확–확**

홱<갑자기 날쌔게 돌거나 돌리는 꼴>

–(합)**홱–홱**

회<센 바람이 좀 거칠게 스쳐 지나갈 때 나는 소리>

–(합)**회–회**

휘<센 바람이 거칠게 스쳐 지나갈 때 나는 소리>

–(합)**휘–휘**

획<갑자기 빨리 돌거나 돌리는 꼴>

–(합)**획–획**

휙<급자기 빨리 돌거나 돌리는 꼴>

–(합)**휙–휙**

횡<바람이 갑자기 빠르게 부는 소리>

–(합)**횡–횡**

훅<바람이나 냄새나 열기 따위가 급자기 세게 끼치는 꼴>

–(합)**훅–훅**

휘<망설이거나 막힘이 없이 몸을 돌리는 꼴>

–(합)**휘–휘**

휭<바람이 일 정도로 아주 빠르게 날아가거나 떠나가 버리는 소리>

–(합)**휭–휭**

흑<한번 흐느끼는 소리>

–(합)**흑–흑**

히<비웃는 태도로 입을 벌리어 웃는 소리>

–(합)**히–히**

1.1.2. 복합 어찌씨 만들기에 관여하지 않는 것

1음절 단일 어찌씨 가운데 더 이상 복합 어찌씨 만들기에 관여하지 않는 것들은 아래 보기와 같이 그리 많은 편은 아니다. 이들 어찌씨가 밑말이 되고 여기에 뿌리나 파생의 가지가 덧붙어 결합 과정을 거치거나 닿소리나 홀소리를 바꿈으로써 뜻에서 비슷한 어찌씨를 만들지 않는다. 그러나 소리흉내말이나 꼴흉내말에 속하는 것들은 지금은 어찌씨 만들기에 관여하지는 않지만 앞으로 같은 꼴로 되풀이되어 합성 어찌씨가 만들어지거나 내적 파생법을 통해 파생 어찌씨가 만들어질 가능성은 충분히 있다.

갓<금방 처음으로>
꺅<먹은 음식이 목까지 꽉 찬 꼴>
꺽<음식을 먹은 뒤에 트림을 하는 소리>
늘<시간적으로 끊임없이>
다<남기거나 빠지거나 부족함이 없이>
덜<어떤 기준이나 정도에 차지 못하게>
맨<다른 것이 섞이지 않고 온통>
및<둘 이상의 단어를 같은 자격으로 이어 주는 말>
순<욕설이나 비난의 말 따위, 좋지 않은 말을 할 때 강조하기 위하여 '아주'의 뜻으로 쓰는 말>
썩<보통의 정도보다 훨씬 뛰어나게>
아<목구멍이 거의 들여다보일 만큼 입을 크게 벌린 꼴>
왜<무슨 까닭으로. 또는 어째서>
욱<격한 마음이 불끈 생기는 꼴>
원<두드러지게 몹시>
정<'정말로', '참으로'의 뜻>
좀<그 얼마나>
통<'부정'의 뜻을 가진 문맥에서 '전혀'의 뜻>
퍽<보통 정도를 훨씬 높게>

피<비웃는 태도로 입술을 비죽이 벌리며 입김을 내뿜는 꼴>
학<토하는 소리>
험<위엄을 보이거나 정신을 가다듬으려고 내는 기침 소리>
헹<상대방의 말이나 짓이 같잖고 어처구니가 없을 때 내는 소리>
휑<넓은 공간에 놓여 있는 것이 거의 없어 매우 허전한 꼴>

1.2. 2음절 단일 어찌씨

단일 형태소로 이루어진 어찌씨를 음절수에 따라 수효를 살펴보면, 2음절 어찌씨가 단연 많은 수를 차지한다. 2음절 단일 어찌씨가 밑말이 되어 복합 어찌씨 만들기에 관여하는 것과 관여하지 않는 것으로 나누어 살피기로 한다.

1.2.1. 복합 어찌씨 만들기에 관여하는 것

2음절로 이루어진 단일 어찌씨 가운데 복합 어찌씨 만들기의 밑말로 쓰이는 것들이 이에 해당한다. 이들 어찌씨가 밑말이 되고 여기에 다른 낱말이나 뿌리가 덧붙거나, 같은 꼴이나 비슷한 꼴로 되풀이되어 결합 과정을 거쳐 합성 어찌씨가 만들어진다. 또한 파생 가지가 덧붙거나 내적 파생법에 따라 밑말의 닿소리나 홀소리를 바꿔 줌으로써 파생 어찌씨가 만들어진다.

어찌씨에 따라 복합 어찌씨를 만드는 데 관여하는 정도가 다르다. 어떤 어찌씨는 많은 복합 어찌씨를 만드는 데 밑말로 쓰이기도 하고 어떤 것은 오직 하나의 복합 어찌씨를 만드는 데 관여하기도 한다. 2음절 단일 어찌씨 가운데 흉내말이 가장 많은 편이며, 흉내말은 내적 파생법에 따라 많은 파생 어찌씨가 생성된다. 또한 같은 꼴이나 비슷한 꼴로 되풀이되어 많은 합성 어찌씨가 생성된다. 2음절 단일 어찌씨를 밑말로 하여 만들어진 합성 어찌씨와 파생 어찌씨는 다음과 같다.

가끔<시간이나 공간의 간격이 조금씩 뜨게>

-(합)가끔-가끔

가끔-가다가[9]<시간이나 공간의 간격이 뜨게 어쩌다가>

제-가끔<여럿이 저마다 따로따로>

-(파)가끔-씩<시간이나 공간의 간격이 조금씩 뜨게 계속>

가득<무엇이 어떤 장소나 범위에 꽉 차 있는 꼴>

-(합)가득-가득

가뜩<아주 꽉 차게>

-(합)가뜩-가뜩

그득<무엇이 어떤 장소나 범위에 아주 꽉 찬 꼴>

-(합)그득-그득

그뜩<무엇이 어떤 장소나 범위에 더 이상 들어갈 수 없을 만큼 아주 꽉 찬 꼴>

-(합)그뜩-그뜩

가뜩[10]<그렇지 않아도, 가뜩이나>

-(합)가뜩-이나<그렇지 않아도 매우>

가뜩-에<어떤 어려운 사실에 위에 또>

가뜩-한데<이미 있는 것만으로도 매우 어려운데 그 위에 또>

가만 : <그냥 그대로 그가 하는 대로>

-(합)가만-가만

가만-사뿐<소리가 나지 않게 아주 조용하고 가볍게>

갈쌍<눈물이 눈가에 넘칠 듯이 가득한 꼴>

-(합)갈쌍-갈쌍

강동<짜름한 다리로 좀 가볍게 뛰는 꼴>

-(합)강동-강동

---

9) 준말로 '가끔-가다'가 있다.

10) <아주 꽉 차게>를 뜻하는 '가뜩'은 이것과 같은 꼴이지만 '가득'에 닿소리 바꿈에 의한 내적 파생 어찌씨에 해당한다.

깡동<짜름한 다리로 가볍게 뛰는 꼴>

-(합)깡동-깡동

깡똥<짜름한 다리로 매우 가볍게 뛰는 꼴>

-(합)깡똥-깡똥

깡둥<사람이나 동물 따위가 짧은 다리로 가볍고 조금 길게 내뛰는 꼴>

-(합)깡둥-깡둥

겅둥<긴 다리를 가볍게 들며 방정맞게 뛰는 꼴>

-(합)겅둥-겅둥

껑둥<기름한 다리로 가볍게 뛰는 꼴>

-(합)껑둥-껑둥

껑뚱<기름한 다리로 거볍게 뛰는 꼴>

-(합)껑뚱-껑뚱

강장<짧은 다리로 가볍게 내뛰는 꼴>

-(합)강장-강장

깡짱<짧은 다리로 세게 내뛰는 꼴>

-(합)깡장-깡장

깡창<짧은 다리를 모아서 힘차게 내뛰는 꼴>

-(합)깡창-깡창

겅정<긴 다리로 가볍게 내뛰는 꼴>

-(합)겅정-겅정

껑쩡<긴 다리로 세게 내뛰는 꼴>

-(합)껑정-껑정

껑청<긴 다리로 힘차게 내뛰는 꼴>

-(합)껑청-껑청

강중<짧은 다리를 모으고 솟구쳐 뛰는 꼴>

-(합)강중-강중

깡쭝<짧은 다리를 모으고 세게 솟구쳐 뛰는 꼴>

-(합)깡쭝-깡쭝

깡충<짧은 다리를 모으고 아주 세게 솟구쳐 뛰는 꼴>

-(합)깡충-깡충

겅중<긴 다리로 가볍고 힘 있게 위로 뛰는 꼴>

-(합)겅중-겅중

껑쭝<긴 다리를 모으고 세게 솟구쳐 뛰는 꼴>

-(합)껑쭝-껑쭝

껑충<긴 다리를 모으고 아주 세게 솟구쳐 뛰는 꼴>

-(합)껑충-껑충

개웃<고개나 몸을 이리저리 귀엽게 자꾸 조금씩 기울이는 꼴>

갸웃<고개나 몸 따위를 한쪽으로 조금 비스듬히 기울이는 꼴>

-(합)갸웃-갸웃

꺄웃<꺄우듬히 기울이는 꼴>

-(합)꺄웃-꺄웃

기웃<무엇을 보려고 고개나 몸을 한쪽으로 기울이는 꼴>

-(합)기웃-기웃

거듭<자꾸 되풀이하여. 여러 번 다시>

-(합)거듭-거듭

거의<어느 한도에 매우 가까운 정도로>

-(합)거의-거의

거푸<잇달아 거듭>

-(합)거푸-거푸

(파)연-거푸<잇달아 여러 번>

건듯<바람이 슬쩍 부는 꼴>

-(합)건듯-건듯

건뜻<바람이 매우 슬쩍 부는 꼴>

-(합)건뜻-건뜻

건정<자세하지 않은 정도로>

-(합)건정-건정

걸핏<무엇이 갑자기 잠깐 나타나 보이거나 생각나는 꼴>

-(합)걸핏-걸핏

걸핏-하면<조금이라도 무슨 일이 있으면 바로>

겨우<힘들게 가까스로>

-(합)겨우-겨우

고루<더하고 덜하고나 많고 적음이 없이>

-(합)고루-고루[11]

고작<기껏 하여>

---

11) 준말로 '골고루'가 있다.

-(합)고작-해야<고작 한다고 해야>

곰작<둔하고 좀스럽게 움직이는 꼴>

-(합)곰작-곰작

꼼작<매우 둔하고 좀스럽게 몸을 움직이는 꼴>

-(합)꼼작-꼼작

꼼짝<매우 둔하고 작게 몸을 움직이는 꼴>

-(합)꼼짝-꼼짝

굼적<둔하게 몸을 움직이는 꼴>

-(합)굼적-굼적

꿈적<매우 둔하게 몸을 움직이는 꼴>

-(합)꿈적-꿈적

꿈쩍<매우 둔하고 크게 몸을 움직이는 꼴>

-(합)꿈쩍-꿈쩍

곰질<굼뜬 몸짓으로 작게 한 번 움직이는 꼴>

-(합)곰질-곰질

꼼질<매우 굼뜬 몸짓으로 작게 한 번 움직이는 꼴>

-(합)꼼질-꼼질

굼질<굼뜬 몸짓으로 한 번 움직이는 꼴>

-(합)굼질-굼질

꿈질<매우 굼뜬 몸짓으로 한 번 움직이는 꼴>

-(합)꿈질-꿈질

곰틀<몸의 한 부분을 좀스럽게 한 번 구부리거나 비틀며 움직이는 꼴>

-(합)곰틀-곰틀

꼼틀<몸의 일부를 매우 좀스럽게 뒤틀거나 꼬부리며 움직이는 꼴>

-(합)꼼틀-꼼틀

굼틀<몸의 한 부분을 한 번 구부리거나 비틀며 움직이는 꼴>

-(합)굼틀-굼틀

꿈틀<몸의 일부를 매우 뒤틀거나 꾸부리며 움직이는 꼴>

-(합)꿈틀-꿈틀

곱실<고개나 머리를 가볍게 한 번 고푸리는 꼴>

-(합)곱실-곱실

꼽실<고개나 허리를 한 번 꼬푸리는 꼴>

-(합)꼽실-꼽실

굽실<고개나 허리를 가볍게 한 번 구부리는 꼴>

-(합)굽실-굽실

꿉실<공손히 고개나 허리를 한 번 꾸푸리는 꼴>

-(합)꿉실-꿉실

글썽<눈물이 눈가에 넘칠 듯이 그득한 꼴>

-(합)글썽-글썽

기껏<정도나 힘이 미치는 데까지>

-(합)기껏-해야[12]<아무리 한다고 하여도>

까닥<고개를 가볍게 앞으로 움직이는 꼴>

-(합)까닥-까닥

까딱<작은 고개를 앞뒤로 세게 움직이는 꼴>

-(합)까딱-까딱

꺼덕<고개나 손발 따위를 아래위로 크게 움직이는 꼴>

-(합)꺼덕-꺼덕

꺼떡<고개나 손발 따위를 아래위로 크고 세게 움직이는 꼴>

-(합)꺼떡-꺼떡

까딱<조금만이라도. 잠깐만이라도>

-(합)까딱-하면<조금이라도 일이 잘못되면>

까악<까마귀나 까치 따위가 우는 소리>

-(합)까악-까악

까옥<까마귀가 굼뜨게 우는 소리>

-(합)까옥-까옥

깔딱<힘없이 목구멍으로 물 따위를 조금 삼키는 소리>

-(합)깔딱-깔딱

껄떡<기운 없이 목구멍으로 물 따위를 넘기는 소리>

-(합)껄떡-껄떡

깜박<작은 등불 별빛 따위가 갑작스레 순간적으로 비쳤다가 어두워지는 꼴>

-(합)깜박-깜박

깜빡<작은 등불 별빛 따위가 매우 갑작스레 순간적으로 비쳤다가 어두워지는 꼴>

---

12) '기껏해야'는 통사적 짜임새인 '기껏 해야'가 형태적 짜임새로 바뀌어 이루어진 합성 어찌씨이다.

–(합)깜빡–깜빡

껌벅<큰 불빛이나 별빛 따위가 잠깐 어두워졌다가 밝아지는 꼴>

–(합)껌벅–껌벅

껌뻑<큰 불빛이나 별빛 따위가 잠깐 아주 어두워졌다가 밝아지는 꼴>

–(합)껌뻑–껌뻑

깜작<눈을 한 번 살짝 감았다가 뜨는 꼴>

–(합)깜작–깜작

깜짝<눈을 매우 살짝 감았다가 뜨는 꼴>

–(합)깜짝–깜짝

깜짝<갑작스레 놀라는 꼴>

–(합)깜짝–깜짝

깝북<어떤 공간에 무엇이 가득하게 퍼져 있는 꼴>

깝뿍<무엇이 어떤 장소나 범위에 더할 나위 없이 꽉 찬 꼴>

깨갱<개가 아프거나 무섭거나 하여 지르는 소리>

–(합)깨갱–깨갱

깨개갱<개가 아프거나 무서워서 길게 지르는 소리>

꺄룩<무엇을 내다보거나 목구멍에 걸린 것을 삼키려고 목을 좀 빼어 앞으로 내미는 꼴>

–(합)꺄룩–꺄룩

꺼덕<분수없이 잘난 체하며 매우 버릇없이 교만하게 행동하는 꼴>

–(합)꺼덕–꺼덕

꺼억<사람이나 동물이 매우 서럽게 우는 소리>

–(합)꺼억–꺼억

껄렁<말이나 행동이 들뜨고 허황되어 믿음직스럽지 못한 꼴>

–(합)껄렁–껄렁

껑청<키가 크면서 다리가 멋없이 긴 꼴>

–(합)껑청–껑청

꼬박<일정한 상태를 고스란히 그대로 지속하는 꼴>

–(합)꼬박–꼬박

–(파)꼬박–이<일정한 상태를 고스란히 그대로 지속하는 꼴>

꼬빡<일정한 상태를 조금도 흐트러지지 않고 고스란히 그대로 지속하는 꼴>

–(합)꼬빡–꼬빡

꼬박<머리나 몸을 가볍게 숙였다가 드는 꼴>

-(합)꼬박-꼬박

꼬빡<머리나 몸을 빠르게 숙였다가 드는 꼴>

-(합)꼬빡-꼬빡

꼴깍<적은 물 따위가 목구멍이나 좁은 구멍으로 단번에 몰리어 넘어가는 소리>

-(합)꼴깍-꼴깍

꼴칵<적은 물 따위가 목구멍이나 좁은 구멍으로 단번에 세게 몰리어 넘어가는 소리>

-(합)꼴칵-꼴칵

꼴딱<적은 음식물 따위를 목구멍으로 단번에 삼키는 꼴>

-(합)꼴딱-꼴딱

꼴랑<병이나 그릇에 골막한 액체가 흔들릴 때 나는 소리>

-(합)꼴랑-꼴랑

꼴짝<적은 양의 차진 물건을 주무르거나 누르거나 할 때 나는 소리>

-(합)꼴짝-꼴짝

꽈당<무거운 물체가 단단한 곳에 부딪치거나 발로 단단한 바닥을 구르는 소리>

-(합)꽈당-꽈당

꾀꼴<꾀꼬리가 외마디로 지르는 소리>

-(합)꾀꼴-꾀꼴

꾸벅<졸거나 절을 할 때 머리나 몸을 자꾸 앞으로 가볍게 숙였다 드는 꼴>

-(합)꾸벅-꾸벅

꾸뻑<졸거나 절할 때 머리나 몸을 앞으로 매우 거볍게 숙였다 드는 꼴>

-(합)꾸뻑-꾸뻑

꿀꺽<물 따위가 목구멍이나 좁은 구멍으로 단번에 몰리어 넘어가는 소리>

-(합)꿀꺽-꿀꺽

꿀컥<물 따위가 목구멍이나 좁은 구멍으로 단번에 세게 몰리어 넘어가는 거센 소리>

-(합)꿀컥-꿀컥

꿀꺽<먹은 것이 잘 내리지 아니할 때 트림이 나오는 소리>

-(합)꿀꺽-꿀꺽

꿀떡<음식물 따위를 목구멍으로 단번에 삼키는 꼴>

-(합)꿀떡-꿀떡

꿀렁<큰 병이나 그릇에 굴먹한 액체가 흔들릴 때 나는 소리>

-(합)꿀렁-꿀렁

꿀쩍<질고 차진 물건을 주무르거나 누르거나 할 때 나는 소리>

-(합)꿀쩍-꿀쩍

꿍꽝<북 소리 따위가 크고 작게 엇바뀌어 요란하게 울리어 나는 소리>

-(합)꿍꽝-꿍꽝

쿵쾅<북소리 따위가 크고 작게 엇바뀌어 거세게 울리어 나는 소리>

-(합)쿵쾅-쿵쾅

끄덕<고개를 앞뒤로 거볍게 움직이는 꼴>

-(합)끄덕-끄덕

끄떡<고개를 앞뒤로 세게 움직이는 꼴>

-(합)끄떡-끄떡

끄덱<고개를 앞뒤로 좀 거볍게 움직이는 꼴>

-(합)끄덱-끄덱

끄떽<고개를 앞뒤로 좀 세게 움직이는 꼴>

-(합)끄떽-끄떽

끌꺽<사람이 먹은 것이 잘 내리지 않아 트림이 나오는 소리>

-(합)끌꺽-끌꺽

끔벅<큰 등불, 별빛 따위가 급작스레 순간적으로 비쳤다가 어두워지는 꼴>

-(합)끔벅-끔벅

끔뻑<큰 등불, 별빛 따위가 매우 급작스레 순간적으로 비쳤다가 어두워지는 꼴>

-(합)끔뻑-끔뻑

끔적<눈을 슬쩍 한 번 감다가 뜨는 꼴>

-(합)끔적-끔적

끔쩍<눈을 매우 슬쩍 한 번 감았다 뜨는 꼴>

-(합)끔쩍-끔쩍

끔쩍<급작스럽게 놀라는 꼴>

-(합)끔쩍-끔쩍

끼깅<개가 괴롭거나 무서워서 간신히 지르는 소리>

-(합)끼깅-끼깅

끼룩<기러기 따위가 짧고 가볍게 우는 소리>

-(합)끼룩-끼룩

끼룩<무엇을 보거나 목구멍에 걸린 것을 삼키려고 목을 길게 빼어 앞으로 내미는 꼴>

-(합)끼룩-끼룩

끼웃<끼우듬히 기울이는 꼴>

-(합)끼웃-끼웃

나풋<작은 것이 아주 가볍게 움직이는 꼴>

-(합)나풋-나풋

날름<혀 입술 따위를 빨리 내밀었다가 날쌔게 들이는 꼴>

-(합)날름-날름

널름<혀끝을 빨리 내밀었다 들이는 꼴>

-(합)널름-널름

늘름<혀, 입술 따위를 빨리 내밀었다가 재빨리 들이는 꼴>

-(합)늘름-늘름

납신<몸을 가볍고 빠르게 수그리는 꼴>

-(합)납신-납신

넙신<몸을 거볍고 재빠르게 수그리는 꼴>

-(합)넙신-넙신

납작<받아먹거나 말대답할 때 입을 냉큼 벌렸다가 닫는 꼴>

-(합)납작-납작

납죽<입을 나부죽이 냉큼 벌렸다가 다무는 꼴>

-(합)납죽-납죽

넙적<받아먹거나 말대답할 때 입을 넁큼 벌렸다가 닫는 꼴>

-(합)넙적-넙적

넙죽<입을 너부죽이 넁큼 벌렸다 다무는 꼴>

-(합)넙죽-넙죽

납작<몸을 바닥에 바짝 붙이고 냉큼 엎드리는 꼴>

-(합)납작-납작

-(파)납작-이<엎드리는 모양이 몸을 바닥에 바짝 붙이고 냉큼>

납짝<몸을 바닥에 대고 낮게 엎드리는 꼴>

-(합)납짝-납짝

내리<위에서 아래로 향하여>

-(합)내리-내리

냉큼<머뭇거리지 않고 가볍게 빨리>

-(합)냉큼-냉큼

너무<한도나 정도에 지나치게>

-(합)너무-너무

너무-나<정해진 정도나 한계에 몹시 지나치게>

넌짓<드러나지 않게 가만히. '넌지시'의 준말>

-(합)넌짓-넌짓

노박<줄곧 계속하여>

-(합)노박-이로[13]<줄곧 계속하여서>

느짓<움직임이 느린 꼴>

-(합)느짓-느짓

늘씬<몸을 제대로 가누지 못하고 축 늘어질 정도로 심하게>

-(합)늘씬-늘씬

닁큼<머뭇거리지 않고 단번에 빨리>

-(합)닁큼-닁큼

다빡<앞뒤를 헤아리지 않고 경솔하게 대뜸 하는 꼴>

-(합)다빡-다빡

다뿍<분량이 범위에 좀 넘는 꼴>

-(합)다뿍-다뿍

다시<되풀이하여 거듭 또>

-(합)다시-없이<그보다 더 나을 것이 없을 정도로 완전하게>

-(파)다시-금<'다시'의 힘줌말>

단박<단번에 곧>

-(합)단박-에<지체 없이 그 자리에서 곧바로>

달각<단단하고 작은 물건끼리 부딪칠 때 가볍게 나는 소리>

-(합)달각-달각

달깍<단단하고 작은 물건끼리 세게 부딪칠 때 가볍게 나는 소리>

-(합)달깍-달깍

달칵<단단하고 작은 물건이 거세게 부딪칠 때 가볍게 나는 소리>

-(합)달칵-달칵

딸각<딴딴하고 작은 물건이 부딪칠 때 가볍게 나는 소리>

-(합)딸각-딸각

---

13) 시전류에서는 '노박이-로' 올라 있지만, '노박이'란 어찌씨가 없고 '노박'이 어찌씨로 올라 있다. 따라서 이 글에서는 어찌씨 '노박'에 토씨 '이로'가 결합된 것으로 분석하였다.

탈각<작고 탄탄한 물건이 부딪칠 때 가볍게 나는 소리>

-(합)탈각-탈각

딸깍<딴딴하고 작은 물건이 세게 부딪칠 때 가볍게 나는 소리>

-(합)딸깍-딸깍

딸칵<작고 단단한 물건이 서로 세고 거세게 부딪치는 소리>

-(합)딸칵-딸칵

탈칵<탄탄하고 작은 물건이 거세게 부딪칠 때 가볍게 나는 소리>

-(합)탈칵-탈칵

덜걱<든든하고 큰 물건들이 부딪칠 때 거볍게 나는 소리>

-(합)덜걱-덜걱

떨걱<단단하고 큰 물건이 부딪칠 때 가볍게 나는 소리>

-(합)떨걱-떨걱

털걱<크고 튼튼한 물건이 거세게 부딪칠 때 거볍게 나는 소리>

-(합)털걱-털걱

덜꺽<단단하고 큰 물건이 세게 부딪칠 때 거볍게 나는 소리>

-(합)덜꺽-덜꺽

덜컥<든든하고 큰 물건이 거세게 부딪칠 때 거볍게 나는 소리>

-(합)덜컥-덜컥

떨꺽<단단하고 큰 물건이 세게 부딪칠 때 나는 소리>

-(합)떨꺽-떨꺽

떨컥<단단한 물건에 세고 거세게 부딪치는 소리>

-(합)떨컥-떨컥

털컥<튼튼하고 큰 물건이 거세게 부딪칠 때 거볍게 나는 소리>

-(합)털컥-털컥

달강<단단하고 작은 물건끼리 가볍게 부딪칠 때 나는 소리>

-(합)달강-달강

달깡<단단하고 작은 물건이 세게 부딪칠 때 나는 소리>

-(합)달강-달강

달캉<단단하고 작은 물건이 거세게 부딪칠 때 울리어 나는 소리>

-(합)달캉-달캉

딸강<딴딴하고 작은 물건이 부딪칠 때 울리어 나는 소리>

-(합)딸강-딸강

탈강<탄탄하고 작은 물건이 부딪쳐 울릴 때 나는 소리>

-(합)탈강-탈강

딸깡<딴딴하고 작은 물건이 세게 부딪칠 때 울리어 나는 소리>

-(합)딸깡-딸깡

딸캉<작고 단단한 물건이 서로 세고 거세게 부딪쳐 울리는 소리>

-(합)딸캉-딸캉

탈캉<탄탄하고 작은 물건이 거세게 부딪칠 때 울리어 나는 소리>

-(합)탈캉-탈캉

덜겅<든든하고 큰 물건들이 부딪칠 때 거볍게 울리어 나는 소리>

-(합)덜겅-덜겅

덜껑<단단하고 큰 물건이 세게 부딪칠 때 울리어 나는 소리>

-(합)덜껑-덜껑

덜컹<든든하고 큰 물건이 거세게 부딪칠 때 울리어 나는 소리>

-(합)덜컹-덜컹

떨겅<단단하고 큰 물건이 부딪칠 때 울리어 나는 소리>

-(합)떨겅-떨겅

털겅<튼튼하고 큰 물건이 부딪쳐 울릴 때 나는 소리>

-(합)털겅-털겅

떨껑<단단하고 큰 물건이 세게 부딪칠 때 울리어 나는 소리>

-(합)떨껑-떨껑

떨컹<단단한 물건이 서로 세고 거세게 부딪쳐 울리는 소리>

-(합)떨컹-떨컹

털컹<튼튼하고 큰 물건이 거세게 부딪칠 때 울려 나는 소리>

-(합)털컹-털컹

달랑<작은 방울이 흔들리면서 나는 소리>

-(합)달랑-달랑

딸랑<작은 방울이 세게 흔들리면서 울리는 소리>

-(합)딸랑-딸랑

탈랑<작은 방울이 흔들리면서 거세게 나는 소리>

-(합)탈랑-탈랑

달랑<하나만이 쓸쓸하게 남아 있는 꼴>

-(합)달랑-달랑

떨렁<넓은 공간에 단 하나만 겨우 매달려 있거나 남아 있는 꼴>

-(합)떨렁-떨렁

덜렁<여럿 가운데서 단 하나만 남아 있는 꼴>

-(합)덜렁-덜렁

달싹<붙어 있던 것이 조금 떠들리는 꼴>

-(합)달싹-달싹

딸싹<가벼운 물건이 세게 들렸다가 내려앉는 꼴>

-(합)딸싹-딸싹

담방<작은 물건이 물에 떨어져 잠길 때 나는 소리>

-(합)담방-담방

탐방<작고 가벼운 물체가 물에 떨어져 거칠게 부딪치는 소리>

-(합)탐방-탐방

덤벙<큰 물건이 물에 떨어져 잠길 때 나는 소리>

-(합)덤벙-덤벙

텀벙<큰 물건이 깊은 물에 거볍게 떨어져 잠기는 때 나는 소리>

-(합)텀벙-텀벙

담방<침착하지 못하고 여기저기 함부로 참견하며 바쁘게 움직이는 꼴>

-(합)담방-담방<침착하지 못하고 자꾸 함부로 참견하며 바쁘게 움직이는 꼴>

덤벙<침착하지 못하고 들뜬 행동으로 여기저기 함부로 참견하며 몹시 바쁘게 움직이는 꼴>

-(합)덤벙-덤벙<침착하지 못하고 들뜬 행동으로 자꾸 함부로 덤비며 몹시 바쁘게 움직이는 꼴>

엄벙-덤벙<무슨 영문인지 모르고 덤벙거리는 꼴>

담뿍<먹이나 침 따위를 충분히 먹이는 꼴>

-(합)담뿍-담뿍

담쏙<손으로 탐스럽게 쥐거나 팔로 탐스럽게 안는 꼴>

-(합)담쏙-담쏙

답삭<무엇을 냉큼 움켜잡거나 무는 꼴>

-(합)답삭-답삭

탑싹<갑자기 세게 달려들어 무엇을 빠르게 움켜잡거나 무는 꼴>

-(합)탑싹-탑싹

덥석<무엇을 닁큼 움켜잡거나 무는 꼴>

-(합)덥석-덥석

텁석<급자기 닁큼 덮쳐잡거나 쥐거나 무는 꼴>

–(합)텁석–텁석

당실<춤을 추거나 할 때 팔을 벌리고 다릿짓을 가볍게 하는 꼴>

–(합)당실–당실

덩실<춤을 추거나 할 때 신이 나서 팔을 벌리고 다릿짓을 가볍게 하는 꼴>

–(합)덩실–덩실

더덩실<가볍게 덩실덩실 움직이는 꼴>

–(합)더덩실–더덩실

대각<단단하고 작은 물건이 가볍게 서로 닿거나 부딪칠 때 나는 소리>

–(합)대각–대각

대깍<단단하고 작은 물건이 세게 닿거나 부딪칠 때 나는 소리>

–(합)대깍–대깍

때각<딴딴하고 작은 물건이 가볍게 서로 닿거나 부딪칠 때 나는 소리>

–(합)때각–때각

때깍<딴딴하고 작은 물건이 세게 서로 닿거나 부딪칠 때 나는 소리>

–(합)때깍–때깍

데걱<든든하고 큰 물건이 거볍게 서로 닿거나 부딪칠 때 나는 소리>

–(합)데걱–데걱

데꺽<든든하고 큰 물건이 세게 서로 닿거나 부딪칠 때 나는 소리>

–(합)데꺽–떼꺽

떼걱<단단하고 큰 물건이 거볍게 서로 닿거나 부딪칠 때 나는 소리>

–(합)떼걱–떼걱

떼꺽<단단하고 큰 물건들이 세게 서로 닿거나 부딪칠 때 나는 소리>

–(합)떼꺽–떼꺽

대롱<작은 물건이 매달려서 늘어져 있는 꼴>

–(합)대롱–대롱

데룽<큰 물체가 어디에 매달려 흔들리는 꼴>

–(합)데룽–데룽

대번<한 번에 곧바로>

–(합)대번–에<한 번에 곧바로>

대충<대체로 추리는 정도로>

–(합)대충–대충

댕갈<문이나 벽을 사이에 두고 건너편의 사람들이 맑고 가볍게 떠드는 소리>

–(합)댕갈–댕갈

-(파)뎅걸-뎅걸<문이나 벽을 사이에 두고 건너편의 사람들이 떠드는 소리>

댕강<작은 금속 따위가 부러지거나 부딪칠 때 맑게 나는 소리>

-(합)댕강-댕강

뎅겅<쇠붙이 따위가 부러지거나 부딪칠 때 맑게 나는 소리>

-(합)뎅겅-뎅겅

댕강<작은 물체가 단번에 잘리거나 가볍게 떨어지는 꼴>

-(합)댕강-댕강

땡강<작은 쇠붙이 따위가 세게 부러지거나 부딪칠 때 맑게 나는 소리>

-(합)땡강-땡강

뎅강<큰 물체가 단번에 잘리거나 가볍게 떨어지는 꼴>

-(합)뎅강-뎅강

뎅겅<큰 물체가 단번에 잘리거나 떨어지는 꼴>

-(합)뎅겅-뎅겅

뗑겅<쇠붙이 따위가 세게 부러지거나 부딪칠 때 굵게 나는 소리>

-(합)뗑겅-뗑겅

더러<전체 가운데 얼마쯤>

-(합)더러-더러

더럭<어떤 감정이나 생각이 갑작스럽고 심한 정도로>

-(합)더럭-더럭

더뻑<앞뒤를 가리지 않고 함부로 불쑥하는 꼴>

-(합)더뻑-더뻑

더욱<한층 더>

-(합)더욱-더욱

더욱-더<정도나 수준 등이 매우 심하게 또는 높게>

-(파)더욱-이<앞 내용에 한층 더한 내용을 덧붙여 말할 때 쓰여 앞뒤 문장을 이어 주는 말>

덜렁<큰 방울이 흔들리면서 나는 소리>

-(합)덜렁-덜렁

떨렁<큰 방울이 흔들리면서 세게 나는 소리>

-(합)떨렁-떨렁

덜컥<놀라움이나 무서움으로 가슴이 내려앉는 느낌>

-(합)덜컥-덜컥

덜컹<놀라움이나 무서움으로 가슴이 내려앉는 듯한 느낌>

-(합)덜컹-덜컹

데꺽<서슴지 않고 곧바로>

-(합)데꺽-데꺽

떼꺽<서슴지 않고 재빠르게 곧>

-(합)떼꺽-떼꺽

동강<물건이 작은 조각으로 짤막하게 잘리거나 끊어지는 꼴>

-(합)동강-동강

동당<작은 북, 장구, 가야금 따위를 칠 때 나는 소리>

-(합)동당-동당

둥당<북, 장구, 가야금 따위를 칠 때 나는 소리>

-(합)둥당-둥당

둥덩<큰 북이나 장구, 가야금 따위를 두드리거나 탈 때 크게 울리는 소리>

-(합)둥덩-둥덩

되똑<작은 물체가 중심을 잃고 한 쪽으로 기울어지는 꼴>

-(합)되똑-되똑

뒤뚝<큰 물체가 중심을 잃고 한 쪽으로 기울어지는 꼴>

-(합)뒤뚝-뒤뚝

되똥<작고 목직한 물체가 중심을 잃고 한 쪽으로 기울어지는 꼴>

-(합)되똥-되똥

뒤뚱<크고 묵직한 물체가 중심을 잃고 한 쪽으로 기울어지는 꼴>

-(합)뒤뚱-뒤뚱

되록<크고 동그란 눈알이 힘 있게 움직이는 꼴>

-(합)되록-되록

뙤록<크고 동그란 눈알이 매우 힘 있게 움직이는 골>

-(합)뙤록-뙤록

뒤룩<크고 동그란 눈알이 힘 있게 움직이는 꼴>

-(합)뒤룩-뒤룩

뛰룩<크고 둥그런 눈알이 매우 힘 있게 움직이는 꼴>

-(합)뛰룩-뛰룩

두루<어느 하나에 치우치지 않고 여러 가지를 빠짐없이 골고루>

-(합)두루-두루

둥실<둥둥 떠 있는 꼴>

-(합)둥실-둥실

두-둥실<물 위나 공중에 가볍게 떠 있거나 떠오르는 꼴>

-(합)두둥실-두둥실

두-둥-둥실<아주 가볍게 떠오르거나 떠가는 꼴>

두리-둥실<물위나 공중에 가볍게 떠서 움직이는 꼴>

기엄-둥실<물에 둥둥 떠서 기어가는 듯이 헤엄을 치거나 떠 있는 꼴>

둥실<둥그스름한 꼴>

-(합)둥실-둥실

뒤척<잠이 오지 않아 누운 몸을 이리저리 굴리는 꼴>

-(합)뒤척-뒤척

드윽<단단한 물체가 길게 긁히는 소리>

-(합)드윽-드윽

들썩<붙어 있던 것이 떠들리는 꼴>

-(합)들썩-들썩

뜰썩<어깨나 궁둥이 따위를 위아래로 세게 움직이는 꼴>

-(합)뜰썩-뜰썩

듬뿍<무엇이 어떤 범위 안에 넘칠 듯이 가득한 꼴>

-(합)듬뿍-듬뿍

듬쑥<손으로 아주 탐스럽게 쥐거나 팔로 아주 탐스럽게 안는 꼴>

-(합)듬쑥-듬쑥

디룽<큰 물체가 어디에 매달려 흔들리는 꼴>

-(합)디룽-디룽

따끔<뾰쪽한 것에 찔리거나 살짝 꼬집힌 것처럼 아픈 느낌>

-(합)따끔-따끔

딱콩<소련식 장총을 쏘는 소리>

-(합)딱콩-딱콩

딴은<그러한 까닭이나 근거로 보아>

-(합)제-딴은<자기 나름대로의 생각이나 기준으로는>

딸꾹<딸꾹질하는 소리>

-(합)딸꾹-딸꾹

때뚝<물체가 중심을 잃고 얼핏 기울어졌다가 도로 일어서는 꼴>

-(합)때뚝-때뚝

또박<언제나 틀림없이 꼭 그렇게>

-(합)또박-또박

똑딱<딴딴한 물건을 요리조리 가볍게 두드릴 때 나는 소리>

-(합)똑딱-똑딱

뚝딱<단단한 물건을 이리저리 함부로 두드릴 때 나는 소리>

-(합)뚝딱-뚝딱

똥땅<작은 여러 가지 악기가 단단한 물건을 좀 요란하게 쳐서 울리는 소리>

-(합)똥땅-똥땅

뚱땅<여러 가지 큰 악기나 딴딴한 물건을 요란스럽게 쳐서 울리는 소리>

-(합)뚱땅-뚱땅

뚜벅<갑자기 말 따위를 꺼내는 꼴>

-(합)뚜벅-뚜벅

뚝딱<일을 거침없이 손쉽게 해내는 꼴>

-(합)뚝딱-뚝딱

뜨끔<정신적으로 어떤 자극이나 가책을 받아 매우 뜨거운 듯한 느낌>

-(합)뜨끔-뜨끔

뜨끔-따끔<살이 뾰족한 것에 찔리거나 꼬집힌 것처럼 자꾸 아픈 느낌>

마구[14]<앞뒤를 헤아리지 않고 한 곬으로 세차게>

-(합)마구-마구

마구-대고<마구 무리하게 자꾸>

마침<어떤 경우나 기회에 알맞게>

-(파)마침-내<어떤 경과가 있은 후 마지막에 이르러>

-(합)때-마침<그때에 바로 알맞게>

막상<마침내 실제에 이르러>

-(합)막상-말로<실제라고 가정하고 하는 말로>

말씬<잘 익거나 물러서 연하고 말랑한 느낌>

-(합)말씬-말씬

몰씬<잘 익거나 물러서 연하고 몰랑한 느낌>

-(합)몰씬-몰씬

물씬<잘 익거나 물러서 매우 연하고 물렁한 느낌>

-(합)물씬-물씬

말짱<조금도 남김없이 모조리>

---

14) 준말로 '막'이 있다.

-(합)말짱-말짱

맹꽁<맹꽁이가 우는 소리>

-(합)맹꽁-맹꽁

맹꽁-징꽁<남이 알아듣지 못할 말로 시끄럽게 지껄이는 소리>

멈칫<하던 일이나 짓을 갑자기 멈추는 꼴>

-(합)멈칫-멈칫

모짝<있는 대로 다 몰아서>

-(합)모짝-모짝

몬닥<작은 덩이로 뚝 끊어지거나 잘라지는 꼴>

-(합)몬닥-몬닥

몬탁<작은 덩이로 톡 끊어지거나 잘라지는 꼴>

-(합)몬탁-몬탁

문덕<큰 덩이로 끊어지거나 잘라지는 꼴>

-(합)문덕-문덕

문턱<큰 덩이로 툭 끊어지거나 잘라지는 꼴>

-(합)문턱-문턱

몰씬<냄새가 풍기어 코를 찌르는 듯한 느낌>

-(합)몰씬-몰씬

물씬<냄새가 심하게 풍기어 코를 찌르는 듯한 느낌>

-(합)물씬-물씬

몰칵<코를 찌를 듯한 냄새가 갑자기 나는 꼴>

-(합)몰칵-몰칵

물컥<코를 찌를 듯이 심한 냄새가 갑자기 나는 꼴>

-(합)물컥-물컥

몰큰<연기나 냄새 따위가 한꺼번에 확 풍기는 꼴>

-(합)몰큰-몰큰

물큰<연기나 냄새 따위가 자꾸 한꺼번에 심하게 풍기는 꼴>

-(합)물큰-물큰

몽글<작게 덩이진 물건이 연하고 무르며 미끄러운 꼴>

-(합)몽글-몽글

몽땅<대번에 작게 잘리거나 끊어지는 꼴>

-(합)몽땅-몽땅

몽탕<대번에 아주 작게 잘리거나 끊어지는 꼴>

-(합)몽탕-몽탕

뭉떵<대번에 크게 잘리거나 끊어지는 꼴>

-(합)뭉떵-뭉떵

뭉텅<대번에 아주 큼직하게 잘리거나 끊어지는 꼴>

-(합)뭉텅-뭉텅

몽똑<물건의 끝이 짧고 무딘 꼴>

-(합)몽똑-몽똑

뭉툭<사물의 끝이 굵으면서 아주 짧고 잘린 듯이 무딘 꼴>

-(합)뭉툭-뭉툭

몽실<통통하게 살이 쪄서 보드랍고 야들야들한 느낌>

-(합)몽실-몽실

뭉실<퉁퉁하게 살이 쪄서 기름지고 부드러운 느낌>

-(합)뭉실-뭉실

몽클<작게 덩이진 물건이 몹시 연하고 무르며 미끄러운 꼴>

-(합)몽클-몽클

몽톡<가는 물건의 끝이 아주 짧고 무딘 꼴>

-(합)몽톡-몽톡

뭉뚝<사물의 끝이 굵으면서 아주 짧고 무딘 꼴>

-(합)뭉뚝-뭉뚝

무뜩<어떤 생각이나 느낌이 갑자기 떠오르는 꼴>

-(합)무뜩-무뜩

무장<갈수록 더>

-(합)무장-무장

무지<아주 대단히>

-(합)무지-무지

무쩍<모두 무더기로 몰아서>

-(합)무쩍-무쩍

무춤<놀라거나 열없는 느낌이 들어, 하던 일을 별안간 멈추는 꼴>

-(합)무춤-무춤

문득<생각이나 느낌 따위가 갑자기>

-(합)문득-문득

문뜩<생각이나 느낌 따위가 매우 갑자기>

-(합)문뜩-문뜩

문적<무르고 연한 물건이 조금만 건드려도 뚝뚝 끊어지거나 잘라지는 꼴>

−(합)문적−문적

문척<무르고 연한 물건들이 조금만 건드려도 툭 끊어지거나 잘라지는 꼴>

−(합)문척−문척

뭉글<어떤 감정이 북받쳐 올라 가슴속에 차 넘치는 꼴>

−(합)뭉글−뭉글

뭉클<어떤 감정이 북받쳐 올라 가슴속에 가득 차 넘치는 꼴>

−(합)뭉클−뭉클

미리<어떠한 일이 아직 생기기 전에 앞서서>

−(합)미리−미리

−(파)미리−감치<어떤 일이 생기기 훨씬 전에>

미처<아직 거기까지 미치도록>

−(합)뒤−미처<그 뒤를 이어서 곧>

밀룽<불룩하게 두드러져 있는 꼴>

−(합)밀룽−밀룽

바각<가볍고 단단한 물건이나 질기고 빳빳한 물건이 가볍게 문질릴 때에 나는 소리>

−(합)바각−바각

빠각<가볍고 딴딴하거나 매우 질기고 빳빳한 물건이 문질릴 때에 나는 소리>

−(합)빠각−빠각

버걱<거볍고 든든한 큰 물건이나 질기고 뻣뻣한 물건이 가볍게 문질릴 때에 나는 소리>

−(합)버걱−버걱

뻐걱<거볍고 튼튼하거나 매우 질기고 뻣뻣한 물건이 문질릴 때에 나는 소리>

−(합)뻐걱−뻐걱

뻐꺽<거볍고 뜬뜬하거나 매우 질기고 뻣뻣한 물건이 세게 문질릴 때에 나는 소리>

−(합)뻐꺽−뻐꺽

비걱<크고 단단한 물건이 서로 거칠게 갈릴 때 나는 소리>

−(합)비걱−비걱

바득<단단하고 질기거나 매끄러운 물건을 문지르거나 마주 갈 때 나는 소리>

−(합)바득−바득

아득-바득<억지스럽게 우기며 고집을 부리거나 온 힘을 다해 애를 쓰는 꼴>

빠득<단단하고 질기거나 매끄러운 물건을 세게 문지르거나 마주 갈 때 나는 소리>

-(합)빠득-빠득

파득<단단하고 질기거나 매끄러운 물건을 거칠게 문지르거나 마주 갈 때 나는 소리>

-(합)파득-파득

바락<성이 나서 기를 쓰거나 소리를 지르는 꼴>

-(합)바락-바락

버럭<갑자기 기를 몹시 쓰거나 소리를 냅다 지르는 꼴>

-(합)버럭-버럭

바삭<가랑잎, 마른 바스라기 따위를 가볍게 밟을 때 나는 소리>

-(합)바삭-바삭

바싹<마른 바스라기나 가랑잎 따위를 세게 밟을 때 나는 소리>

-(합)바싹-바싹

빠삭<잘 마른 바스라기나 가랑잎 따위가 서로 살짝 닿거나 밟힐 때 나는 소리>

-(합)빠삭-빠삭

파삭<연하고 메마른 물건이 가볍게 바스러지는 소리>

-(합)파삭-파삭

버석<마른 검불이나 부스러기 등을 거볍게 밟을 때 나는 소리>

-(합)버석-버석

뻐석<잘 마른 검불이나 부스러기 등이 서로 슬쩍 닿거나 밟힐 때 나는 소리>

-(합)뻐석-뻐석

퍼석<연하고 메마른 물건 따위가 거볍게 부스러지는 소리>

-(합)퍼석-퍼석

뿌석<매우 부승부승한 물건 따위가 가볍게 부스러질 때 나는 소리>

-(합)뿌석-뿌석

버썩<마른 검불이나 부스러기 등을 세게 밟을 때 나는 소리>

-(합)버썩-버썩

바싹<물기가 아주 마르거나 타버리는 꼴>

–(합)바싹–바싹

바짝<물기가 바싹 마르거나 타 버리는 꼴>

–(합)바짝–바짝

버쩍<물기가 몹시 많이 마르거나 타 버리는 꼴>

–(합)버쩍–버쩍

버썩<물기가 많이 마르거나 타 버리는 꼴>

–(합)버썩–버썩

바이<아주 전혀. 도무지>

–(합)바이–없이<어찌할 도리나 방법이 전혀 없이>

바직<물기 있는 물건이 뜨거운 열에 조금씩 닿아서 급하게 타거나 졸아붙을 때 나는 소리>

–(합)바직–바직

빠직<물기 있는 물건이 뜨거운 열에 닿아서 몹시 급하게 바싹 타거나 졸아붙을 때 나는 소리>

–(합)빠직–빠직

바투<두 물체 사이의 거리가 썩 가깝게>

–(합)바투–바투

발–바투<기회를 놓치지 않고 재빠르게. 또는 급히>

박작<좀 많은 사람들이 매우 어수선하게 떠드는 꼴>

–(합)박작–박작

벅적<매우 어수선하게 큰소리로 떠드는 꼴>

–(합)벅적–벅적

시끌–벅적<많은 사람이 어수선하게 움직이며 시끄럽게 떠드는 꼴>

반득<물체에 반사된 작은 빛이 잠깐씩 나타나는 꼴>

–(합)반득–반득

빤득<작은 빛이 아주 잠깐 나타나는 꼴>

–(합)빤득–빤득

빤뜩<작은 빛이 아주 잠깐 세게 나타나는 꼴>

–(합)빤뜩–빤뜩

반뜩<반사되는 작은 빛이 잠깐 세게 나타나는 꼴>

–(합)반뜩–반뜩

번득<물체에 반사된 빛이 잠깐 나타나는 꼴>

–(합)번득–번득

뻔득<큰 빛이 아주 잠깐 나타나는 꼴>

-(합)뻔득-뻔득

번뜩<반사되는 큰 빛이 잠깐 세게 나타나는 꼴>

-(합)번뜩-번뜩

뻔뜩<큰 빛이 아주 잠깐 세게 나타나는 꼴>

-(합)뻔뜩-뻔뜩

반뜻<작은 빛이 갑자기 잠깐 좀 세게 나타나는 꼴>

-(합)반뜻-반뜻

번뜻<빛이 갑자기 세게 잠깐 나타나는 꼴>

-(합)번뜻-번뜻

반작<작은 빛이 잠깐 약하게 빛나는 꼴>

-(합)반작-반작

빤작<작은 빛이 아주 잠간 빛나는 꼴>

-(합)빤작-빤작

빤짝<작은 빛이 갑자기 잠간 세게 빛나는 꼴>

-(합)빤짝-빤짝

반짝<작은 빛이 잠깐 비치는 꼴>

-(합)반짝-반짝

번적<빛이 잠깐 약하게 빛나는 꼴>

-(합)번적-번적

번쩍<빛이 잠깐 비치는 꼴>

-(합)번쩍-번쩍

흘근-번쩍<눈을 함부로 흘기며 번쩍거리는 꼴>

들어-번쩍<물건이 나오기가 무섭게 금세 없어지는 꼴>

뻔적<급자기 빛이 잠깐 나타나는 꼴>

-(합)뻔적-뻔적

뻔쩍<큰 빛이 급자기 잠깐 세게 빛나는 꼴>

-(합)뻔쩍-뻔쩍

반짝<물건 따위를 가볍게 들어 올리는 꼴>

-(합)반짝-반짝

빤짝<물건 따위를 아주 가볍게 들어 올리는 꼴>

-(합)빤짝-빤짝

번쩍<물건 따위를 가볍게 빨리 들어 올리는 꼴>

-(합)번쩍-번쩍

뻔쩍<물건 따위를 아주 가볍게 빨리 들어 올리는 꼴>

-(합)뻔쩍-뻔쩍

발깍<갑작스럽게 기운을 내는 꼴>

-(합)발깍-발깍

빨깍<갑작스럽게 기운을 좀 세게 내는 꼴>

-(합)빨깍-빨깍

발칵<매우 갑작스럽게 기운을 내는 꼴>

-(합)발칵-발칵

벌꺽<급작스럽게 기운을 내는 꼴>

-(합)벌꺽-벌꺽

뻘꺽<급작스럽게 기운을 좀 세게 내는 꼴>

-(합)뻘꺽-뻘꺽

발끈<걸핏하면 성을 왈칵 내는 꼴>

-(합)발끈-발끈

빨끈<걸핏하면 성을 매우 왈칵 내는 꼴>

-(합)빨끈-빨끈

벌끈<걸핏하면 성을 월컥 내는 꼴>

-(합)벌끈-벌끈

뻘끈<걸핏하면 성을 매우 월컥 내는 꼴>

-(합)뻘끈-뻘끈

불끈<흥분하여 성을 월컥 내는 꼴>

-(합)불끈-불끈

발딱<앉았거나 누웠다가 갑자기 일어나는 꼴>

-(합)발딱-발딱

빨딱<앉았거나 누웠다가 매우 갑자기 일어나는 꼴>

-(합)빨딱-빨딱

벌떡<앉았거나 누웠다가 급자기 일어나는 꼴>

-(합)벌떡-벌떡

뻘떡<앉았거나 누웠다가 매우 급자기 일어나는 꼴>

-(합)뻘떡-뻘떡

발랑<가볍게 뒤로 발딱 자빠지거나 눕거나 하는 꼴>

-(합)발랑-발랑

벌렁<거볍게 뒤로 벌떡 자빠지거나 눕거나 하는 꼴>

-(합)벌렁-벌렁

발록<탄력 있는 조그만 물체의 틈이나 구멍이 작게 벌어졌다 오므라졌다 하는 꼴>

-(합)발록-발록

벌룩<탄력 있는 큰 물체의 틈이나 구멍이 크게 벌어졌다 우므러졌다 하는 꼴>

-(합)벌룩-벌룩

발름<탄력 있는 물체가 조금 넓게 벌어졌다가 오므라졌다 하는 꼴>

-(합)발름-발름

발씬<숫기가 좋게 입을 벌려 방긋 웃는 꼴>

-(합)발씬-발씬

벌씬<수줍어하거나 부끄러워하는 기색이 없이 입을 크게 벌려 소리 없이 벙긋 웃는 꼴>

-(합)벌씬-벌씬

발쪽<속의 것이 드러나 보일 듯 말 듯 하게 약간 바라진 꼴>

-(합)발쪽-발쪽

빨쪽<속의 것이 드러나 보이게 약간 바라진 꼴>

-(합)빨쪽-빨쪽

벌쭉<입을 조금 벌려 소리 없이 웃는 꼴>

-(합)벌쭉-벌쭉

뻘쭉<속의 것이 드러나 보이게 좀 벌어진 꼴>

-(합)뻘쭉-뻘쭉

방글<소리 없이 입을 예쁘게 벌리며 보드랍게 웃는 꼴>

-(합)방글-방글

앙글-방글<어린아이가 소리 없이 탐스럽고 귀엽게 자꾸 웃는 꼴>

빵글<소리 없이 입을 예쁘게 벌리며 매우 보드랍게 웃는 꼴>

-(합)빵글-빵글

뱅글<입을 살며시 벌릴 듯하면서 소리 없이 살며시 웃는 꼴>

-(합)뱅글-뱅글

뺑글<입을 살며시 벌릴 듯하면서 소리 없이 매우 살며시 보드랍게 웃는 꼴>

-(합)뺑글-뺑글

벙글<소리 없이 입을 크게 벌리며 부드럽게 웃는 꼴>

-(합)벙글-벙글

엉글-벙글<어린이가 소리 없이 매우 탐스럽게 자꾸 웃는 꼴>

뺑글<소리 없이 입을 크게 벌리며 매우 부드럽게 웃는 꼴>

-(합)뺑글-뺑글

빙글<입을 슬며시 벌릴 듯하면서 소리 없이 슬그머니 웃는 꼴>

-(합)빙글-빙글

삥글<입술을 슬며시 벌릴 듯 벌릴 듯하면서 소리 없이 매우 부드럽게 슬그머니 웃는 꼴>

-(합)삥글-삥글

방긋<입을 예쁘게 벌리며 소리 없이 가볍게 웃는 꼴>

-(합)방긋-방긋

방끗<입을 예쁘게 벌리며 소리 없이 가볍게 살짝 웃는 꼴>

-(합)방끗-방끗

빵긋<입을 예쁘게 벌리며 소리 없이 아주 가볍게 웃는 꼴>

-(합)빵긋-빵긋

빵끗<소리 없이 입을 아주 예쁘게 벌리며 매우 가볍게 웃는 꼴>

-(합)빵끗-빵끗

뱅긋<입을 살며시 벌릴 듯하면서 소리 없이 좀 가볍게 웃는 꼴>

-(합)뱅긋-뱅긋

빵긋<입을 살며시 벌릴 듯하면서 소리 없이 아주 가볍게 살짝 웃는 꼴>

-(합)빵긋-빵긋

빵끗<입을 살며시 벌릴 듯하면서 소리 없이 가볍게 살짝 웃는 꼴>

-(합)빵끗-빵끗

벙긋<입을 좀 크게 벌리며 소리 없이 거볍게 웃는 꼴>

-(합)벙긋-벙긋

벙끗<입을 좀 크게 벌리며 소리 없이 거볍게 슬쩍 웃는 꼴>

-(합)벙끗-벙끗

뻥긋<입을 크게 벌리며 소리 없이 아주 거볍게 웃는 꼴>

-(합)뻥긋-뻥긋

뻥끗<소리 없이 입을 크게 벌리며 매우 거볍게 웃는 꼴>

-(합)뻥끗-뻥끗

빙긋<입을 슬며시 벌릴 듯하면서 소리 없이 거볍게 웃는 꼴>

-(합)빙긋-빙긋

삥긋<입을 슬며시 벌릴 듯하면서 소리 없이 아주 거볍게 슬쩍 웃는 꼴>

-(합)뺑긋-뺑긋

뺑끗<입을 슬며시 벌릴 듯하면서 소리 없이 매우 거볍게 슬쩍 웃는 꼴>

-(합)뺑끗-뺑끗

방긋<닫혀 있거나 오므라져 있는 것이 소리 없이 조금 가볍게 열리는 꼴>

-(합)방긋-방긋

방끗<닫혀 있거나 오므라져 있는 것이 소리 없이 가볍게 열리는 꼴>

-(합)방끗-방끗

빵긋<닫혀 있거나 오므라져 있는 것이 소리 없이 가볍게 열리는 꼴>

-(합)빵긋-빵긋

빵끗<닫혀 있거나 오므라져 있는 것이 소리 없이 가볍고 세게 열리는 꼴>

-(합)빵끗-빵끗

벙긋<문이나 입을 소리 없이 조금 크게 열거나 벌리는 꼴>

-(합)벙긋-벙긋

벙끗<문이나 입을 소리 없이 조금 크고 세게 열거나 벌리는 꼴>

-(합)벙끗-벙끗

뻥긋<문이나 입을 소리 없이 조금 크고 세게 열거나 벌리는 꼴>

-(합)뻥긋-뻥긋

뻥끗<문이나 입을 소리 없이 크게 열거나 벌리는 꼴>

-(합)뻥끗-뻥끗

방실<소리 없이 입을 예쁘게 벌리며 밝고 보드랍게 살그머니 웃는 꼴>

-(합)방실-방실

빵실<소리 없이 입을 예쁘게 벌리며 매우 밝고 보드랍게 웃는 꼴>

-(합)빵실-빵실

뱅실<소리 없이 살며시 입을 벌릴 듯하면서 보드랍고 화기 있게 웃는 꼴>

-(합)뱅실-뱅실

뺑실<소리 없이 살며시 입을 벌릴 듯하면서 매우 보드랍고 활기 있게 살그머니 웃는 꼴>

-(합)뺑실-뺑실

벙실<소리 없이 입을 좀 크게 벌리며 밝고 부드럽게 슬그머니 웃는 꼴>

-(합)벙실-벙실

뻥실<소리 없이 입을 크게 벌리며 매우 밝고 부드럽게 웃는 꼴>

-(합)뻥실-뻥실

봉실<소리 없이 입을 약간 벌리고 예쁘장하게 웃는 꼴>
-(합)봉실-봉실
방싯<소리 없이 입을 예쁘게 벌리며 밝고 보드랍게 살짝 웃는 꼴>
-(합)방싯-방싯
빵싯<소리 없이 입을 예쁘게 벌리며 매우 밝고 보드랍게 살짝 웃는 꼴>
-(합)빵싯-빵싯
뱅싯<소리 없이 살며시 입을 벌릴 듯하면서 보드랍고 화기 있게 살짝 웃는 꼴>
-(합)뱅싯-뱅싯
빵싯<소리 없이 살며시 입을 벌릴 듯하면서 매우 보드랍고 활기 있게 살짝 웃는 꼴>
-(합)빵싯-빵싯
벙싯<소리 없이 입을 좀 크게 벌리며 밝고 부드럽게 슬쩍 웃는 꼴>
-(합)벙싯-벙싯
뻥싯<소리 없이 입을 좀 크게 벌리며 매우 부드럽게 슬쩍 웃는 꼴>
-(합)뻥싯-뻥싯
봉싯<소리 없이 예쁘장하게 입을 약간 벌리고 가볍게 웃는 꼴>
-(합)봉싯-봉싯
빙실<소리 없이 슬며시 입을 벌릴 듯하면서 부드럽고 화기 있게 웃는 꼴>
-(합)빙실-빙실
삥실<소리 없이 슬며시 입을 벌릴 듯하면서 매우 부드럽고 화기 있게 슬그머니 웃는 꼴>
-(합)삥실-삥실
빙싯<소리 없이 슬며시 입을 벌릴 듯하면서 부드럽고 화기 있게 슬쩍 웃는 꼴>
-(합)빙싯-빙싯
삥싯<소리 없이 슬며시 입을 벌릴 듯하면서 매우 부드럽고 화기 있게 슬쩍 웃는 꼴>
-(합)삥싯-삥싯
배각<작고 단단한 물건이 서로 거칠게 갈릴 때 나는 소리>
-(합)배각-배각
빼각<작고 딴딴한 물건이 서로 닿아서 가볍게 갈릴 때 나는 소리>
-(합)빼각-빼각
빼깍<작고 딴딴한 물건이 서로 닿아서 세게 갈릴 때 나는 소리>
-(합)빼깍-빼깍

배끗<맞추어 끼일 물건이 꼭 들어맞지 않고 좀 어긋나는 꼴>

-(합)배끗-배끗

빼끗<맞추어 끼일 물건이 꼭 들어맞지 않고 몹시 어긋나는 꼴>

-(합)빼끗-빼끗

비끗<맞추어 끼일 물건이 꼭 들어맞지 않고 어긋나는 꼴>

-(합)비끗-비끗

배뚤<한쪽으로 갸울어졌거나 좀 쏠려 있는 꼴>

-(합)배뚤-배뚤

빼뚤<한쪽으로 꺄울어졌거나 꽤 쏠려 있는 꼴>

-(합)빼뚤-빼뚤

비뚤<한쪽으로 기울어졌거나 쏠려 있는 꼴>

-(합)비뚤-비뚤

비뚤-배뚤<물체가 곧지 못하고 이쪽저쪽으로 자꾸 구부러지는 꼴>

삐뚤<한쪽으로 끼울어졌거나 매우 쏠려 있는 꼴>

-(합)삐뚤-삐뚤

삐뚤-빼뚤<물체가 곧지 못하고 이쪽저쪽으로 자꾸 구부러지는 꼴>

배싹<살가죽이 쪼글쪼글해질 정도로 해쓱하고 야윈 꼴>

-(합)배싹-배싹

배쓱<대수롭지 않은 일에 틀어져서 돌아서는 꼴>

-(합)배쓱-배쓱

배죽<물체의 끝이 조금 쏙 내밀리는 꼴>

-(합)배죽-배죽

배쭉<물체의 끝이 조금 앞으로 날카롭게 나와 있는 꼴>

-(합)배쭉-배쭉

빼죽<물체의 끝이 좀 뾰족하게 쑥 내밀리는 꼴>

-(합)빼죽-빼죽

빼쭉<물체의 끝이 뾰족하게 쏙 내밀리는 꼴>

-(합)빼쭉-빼쭉

비죽<물체의 끝이 좀 길게 쑥 내밀리는 꼴>

-(합)비죽-비죽

비쭉<물체의 한 부분이 쑥 나와 있는 꼴>

-(합)비쭉-비쭉

삐죽<물체의 끝이 뾰족하게 쏙 내밀리는 꼴>

-(합)삐죽-삐죽

삐쭉<물체의 끝이 뾰죽하게 쑥 내밀리는 꼴>

-(합)삐쭉-삐쭉

배죽<울려고 하거나 남을 비웃을 때 입술을 살짝 내미는 꼴>

-(합)배죽-배죽

배쭉<울려고 하거나 남을 비웃을 때 입술을 조금 세게 내는 꼴>

-(합)배쭉-배쭉

빼죽<울려고 하거나 남을 비웃을 때 입술을 세게 내미는 꼴>

-(합)빼죽-빼죽

빼쭉<울려고 하거나 남을 비웃을 때 입술을 아주 세게 내미는 꼴>

-(합)빼쭉-빼쭉

비죽<울려고 하거나 남을 비웃거나 할 때 입술을 조금 길게 내미는 꼴>

-(합)비죽-비죽

삐죽<울려고 하거나 남을 비웃거나 할 때 입술을 길게 내미는 꼴>

-(합)비쭉-비쭉

삐쭉<울려고 하거나 비웃거나 언짢을 때 입술을 길고 세게 내미는 꼴>

-(합)삐쭉-삐쭉

배짝<살갗이 몹시 쪼그라질 정도로 야윈 꼴>

-(합)배짝-배짝

비쩍<살가죽이 몹시 찌그러질 정도로 여윈 꼴>

-(합)비쩍-비쩍

삐쩍<볼품없이 매우 마른 꼴>

-(합)삐쩍-삐쩍

배틀<몸을 바로 가누지 못하고 이리저리 쓰러질 듯이 배틀며 걸음을 옮겨 디디는 꼴>

-(합)배틀-배틀

비틀<몸을 바로 가누지 못하고 이리저리 쓰러질 듯이 비틀며 걸음을 옮겨 디디는 꼴>

-(합)비틀-비틀

왜틀-비틀<몸을 자꾸 흔들고 비틀거리며 걸어가는 꼴>

뱅글<작은 것이 매끄럽게 도는 꼴>

-(합)뱅글-뱅글<작은 것이 매끄럽게 도는 꼴>

배뱅글<잇따라 뱅그르르 도는 꼴>

벌써<어떤 일보다 오래 전에>

-(합)벌써-부터<이미 얼마 전부터>

벌컥<아주 갑자기 불끈 크게 화를 내는 꼴>

-(합)벌컥-벌컥

보각<술 따위의 액체의 표면에 작은 거품이 솟아오르는 소리>

-(합)보각-보각

부걱<술이 괼 때처럼 거품이 생길 때 나는 소리>

-(합)부걱-부걱

보득<단단하고 질기거나 매끄러운 물건을 문지르거나 마주 갈 때 나는 소리>

-(합)보득-보득

뽀득<단단하고 질기거나 매끄러운 물건을 세게 문지르거나 마주 갈 때 나는 소리>

-(합)뽀득-뽀득

포득<단단하고 질기거나 매끄러운 물건을 거칠게 문지르거나 마주 갈 때 나는 소리>

-(합)포득-포득

부득<단단하고 질기거나 미끄러운 물건을 문지르거나 마주 갈 때 나는 소리>

-(합)부득-부득

뿌득<단단하고 질기거나 미끄러운 물건을 문지르거나 마주 갈 때 나는 소리>

-(합)뿌득-뿌득

푸득<단단하고 질기거나 미끄러운 물건을 거칠게 문지르거나 마주 갈 때 나는 소리>

-(합)푸득-푸득

보삭<마른 물건이 가볍게 부스러지는 소리>

-(합)보삭-보삭

뽀삭<매우 보송보송한 물건 따위가 가볍게 바스러질 때 나는 소리>

-(합)뽀삭-뽀삭

보싹<보송보송한 물건 따위가 좀 세게 바스러질 때 나는 소리>

-(합)보싹-보싹

부석<부숭부숭한 물건 따위가 거볍게 부서질 때 나는 소리>

-(합)부석-부석

부썩<부숭부숭한 물건 따위가 세게 부스러질 때 나는 소리>

-(합)부썩-부썩

복작<많은 사람들이 좁은 곳에 모여 어수선하게 움직이는 꼴>

–(합)복작–복작

옥작–복작<여럿이 한곳에 많이 모여 조금 어수선하게 들끓는 소리>

북적<많은 사람들이 조금 넓은 곳에 모여 어수선하게 움직이는 꼴>

–(합)북적–북적

볼끈<좀 흥분하여 성을 왈칵 내는 꼴>

–(합)볼끈–볼끈

뽈끈<몹시 갑작스럽게 성을 왈칵 내는 꼴>

–(합)뽈끈–뽈끈

뿔끈<몹시 갑작스럽게 성을 월컥 내는 꼴>

–(합)뿔끈–뿔끈

볼똑<갑자기 볼록 볼가진 꼴>

–(합)볼똑–볼똑

뽈똑<갑자기 뽈록 볼가진 꼴>

–(합)뽈똑–뽈똑

불뚝<급자기 불룩 커진 꼴>

–(합)불뚝–불뚝

뿔뚝<급자기 뿔룩 불거진 꼴>

–(합)뿔뚝–뿔뚝

볼록<물체의 거죽이 둥글고 작게 튀어나온 꼴>

–(합)볼록–볼록

뽈록<물체의 거죽이 둥글고 작게 쏙 튀어나온 꼴>

–(합)뽈록–뽈록

불룩<물체의 거죽이 둥글고 크게 튀어나온 꼴>

–(합)불룩–불룩

뿔룩<어떤 물체의 거죽이 둥글게 쑥 비어져 나온 꼴>

–(합)뿔룩–뿔룩

볼쏙<볼록하게 쏙 나오거나 내미는 꼴>

–(합)볼쏙–볼쏙

불쑥<불룩하게 쑥 나오거나 내민 꼴>

–(합)불쑥–불쑥

볼칵<지직한 반죽이나 진흙 등을 작게 주무르거나 밟거나 할 때 나는 소리>

–(합)볼칵–볼칵

불컥<지직한 반죽이나 진흙 등을 크게 주무르거나 밟거나 할 때 나는 소리>

-(합)불컥-불컥

봉곳<물체의 한 부분이 약간 볼록하게 나오거나 조금 높이 솟아 있는 꼴>

-(합)봉곳-봉곳

봉긋<물체의 한 부분이 약간 볼록하게 나오거나 조금 높이 솟아 있는 꼴>

-(합)봉긋-봉긋

부디<기어이. 꼭>

-(합)부디-부디

부러<실없는 거짓으로>

-(합)일-부러<일삼아 굳이>

부릉<자동차나 기계 따위가 발동할 때 요란스럽게 나는 소리>

-(합)부릉-부릉

부썩<외곬으로 세차게 우기는 꼴>

-(합)부썩-부썩

부쩍<외곬으로 세차고 빡빡하게 우기는 꼴>

-(합)부쩍-부쩍

부엉<부엉이가 우는 소리>

-(합)부엉-부엉

부직<물기 있는 물건이 뜨거운 열에 닿아서 급하게 타거나 졸아붙을 때 나는 소리>

-(합)부직-부직

비썩<살가죽이 아주 쭈그러질 정도로 해쓱하고 야윈 꼴>

-(합)비썩-비썩

비악<병아리가 약하게 우는 소리>

-(합)비악-비악

비오<솔개의 우는 소리>

-(합)비오-비오

빙글<큰 원을 그리며 한 바퀴 도는 꼴>

-(합)빙글-빙글

핑글<무엇이 몹시 크고 빠르게 미끄러지듯 도는 꼴>

-(합)핑글-핑글

빠끔<입을 작게 벌렸다 오므리며 담배를 빠는 꼴>

-(합)빠끔-빠끔

빠끔<작은 구멍이나 틈 따위가 또렷하게 나 있는 꼴>

-(합)빠끔-빠끔

빠짝<매우 가까이 달라붙게 밀착한 꼴>

-(합)빠짝-빠짝

빵야<총 따위를 쏘는 소리를 흉내 내기 위하여 어린아이가 이르는 말>

빼곡<사람이나 물건 따위가 조금 좁은 공간에 가득 들어차 있어서 빈틈이 없는 꼴>

-(합)빼곡-빼곡

빼꼭<사람이나 물건 따위가 좁은 공간에 가득가득 들어차 있어서 빈틈이 없는 꼴>

-(합)빼꼭-빼꼭

뻐금<입을 크게 벌렸다 오므리며 담배를 빠는 꼴>

-(합)뻐금-뻐금

뻐끔<입을 크게 벌렸다 오므리며 담배를 세게 빠는 꼴>

-(합)뻐끔-뻐끔

뻐금<큰 구멍이나 틈 따위가 뚜렷하게 나 있는 꼴>

-(합)뻐금-뻐금

뻐끔<큰 구멍이나 틈 따위가 깊고 뚜렷하게 나 있는 꼴>

-(합)뻐끔-뻐끔

뻐꾹<뻐꾸기의 우는 소리>

-(합)뻐꾹-뻐꾹

뻐쩍<몹시 크게 긴장하거나 힘을 세게 주는 꼴>

-(합)뻐쩍-뻐쩍

뻔질<어떤 행동이 자주 일어나는 꼴>

-(합)뻔질-뻔질

뾰족<물체의 끝이 차차 가늘어져서 작고 날카로운 꼴>

-(합)뾰족-뾰족

뾰쪽<물체의 끝이 차차 가늘어져서 매우 날카로운 꼴>

-(합)뾰쪽-뾰쪽

뿌직<질기고 뻣뻣한 물건이 갑자기 세게 찢어지거나 갈라질 때 나는 소리>

-(합)뿌직-뿌직

쀼죽<물체의 끝이 차차 가늘어져서 크고 날카로운 꼴>

-(합)쀼죽-쀼죽

쀼쭉<물체의 끝이 점차 가늘어져서 크고 매우 날카로운 꼴>

-(합)뿌쭉-뿌쭉

삐걱<크고 딴딴한 물건이 서로 닿아서 거볍게 갈리는 소리>

-(합)**삐걱-삐걱**

삐걱-빼각<단단한 물건이 서로 닿아서 세게 자꾸 갈릴 때 나는 소리>

삐꺽<크고 딴딴한 물건이 서로 닿아서 세게 갈릴 때 나는 소리>

-(합)**삐꺽-삐꺽**

삐꺽-빼깍<단단한 물건이 서로 닿아서 아주 세게 자꾸 갈릴 때 나는 소리>

삐끗<맞추어 끼일 물건이 꼭 들어맞지 않고 몹시 어긋나는 꼴>

-(합)**삐끗-삐끗**

삐악<병아리가 새되게 우는 소리>

-(합)**삐악-삐악**

사각<사과나 과자 따위를 가볍게 씹을 때 나는 소리>

-(합)**사각-사각**

싸각<갈대나 종이 따위의 얇고 빳빳한 물체가 조금 세게 스칠 때 나는 소리>

-(합)**싸각-싸각**

사륵<물건이 쏠리면서 가볍게 나는 소리>

-(합)**사륵-사륵**

싸륵<물건이 거칠게 쏠리면서 약간 가볍게 나는 소리>

-(합)**싸륵-싸륵**

사붓<소리가 거의 나지 않을 정도로 보드랍고 가볍게 발을 내디디거나 몸을 움직이는 꼴>

-(합)**사붓-사붓**

사뿟<발을 빨리 가볍게 내디디거나 몸을 빨리 가볍게 움직이는 꼴>

-(합)**사뿟-사뿟**

사풋<발을 매우 가볍고 빠르게 내디디는 꼴>

-(합)**사풋-사풋**

서붓<소리가 거의 나지 않을 정도로 부드럽고 거볍게 발을 내디디거나 몸을 움직이는 꼴>

-(합)**서붓-서붓**

-(파)**서붓-이**<발을 내디딜 때 소리가 잘 나지 않도록 조금 가볍고 부드럽게>

서뿟<발을 급히 거볍게 내디디거나 몸을 움직이는 꼴>

-(합)서뿟-서뿟

-(파)서뿟-이<발을 내디딜 때 소리가 잘 나지 않도록 부드럽게>

서푼<소리가 거의 나지 아니할 정도로 발을 매우 급히 거볍게 내디디는 꼴>

-(합)서푼-서푼

-(파)서푼-이<발을 내디딜 때 소리가 잘 나지 않도록 조심스럽게>

사뿐<소리가 크게 나지 않도록 가볍게 발을 내디디거나 몸을 움직이는 꼴>

-(합)사뿐-사뿐

사픈<소리가 거의 나지 않을 정도로 매우 가볍게 내디디거나 몸을 움직이는 꼴>

-(합)사픈-사픈

서뿐<소리가 크게 나지 않도록 거볍게 발을 내디디거나 몸을 움직이는 꼴>

-(합)서뿐-서뿐

서픈<소리가 거의 나지 아니할 정도로 매우 거볍게 발을 내디디거나 몸을 움직이는 꼴>

-(합)서픈-서픈

삭둑<연한 물건을 단번에 가벼이 자르거나 베는 꼴>

-(합)삭둑-삭둑

싹둑<작고 연한 물건을 단번에 좀 세게 자르거나 베는 꼴>

-(합)싹둑-싹둑

석둑<크고 연한 물건을 단번에 거벼이 베거나 자르는 꼴>

-(합)석둑-석둑

썩둑<연한 물건을 조금 큰 크기로 거침없이 자르거나 베는 소리>

-(합)썩둑-썩둑

산득<갑자기 몸에 서늘한 느낌이 드는 꼴>

-(합)산득-산득

산뜩<갑자기 몸에 꽤 서늘한 느낌이 드는 꼴>

-(합)산뜩-산뜩

선득<갑자기 찬 기운을 받아 몸에 서늘한 느낌이 드는 꼴>

-(합)선득-선득

선뜩<갑자기 찬 기운을 받아 몸에 매우 서늘한 느낌이 드는 꼴>

-(합)선뜩-선뜩

산들<시원한 바람이 가볍고 보드랍게 부는 꼴>

-(합)산들-산들

선들<시원한 바람이 거볍고 보드랍게 부는 꼴>

-(합)선들-선들

산뜻<기분이나 느낌이 매우 가볍고 홀가분한 꼴>

-(합)산뜻-산뜻

산뜻<동작이 가볍게 시원스럽고 빠른 꼴>

-(합)산뜻-산뜻

-(파)산뜻-이<동작이 가볍게 시원스럽고 빠르게>

선뜻<거볍고 시원스럽도록 빨리>

-(합)선뜻-선뜻

-(파)선뜻-이<동작이 매우 시원스럽고 빠르게>

살긋<물체가 자꾸 약간 기울어지거나 배뚤어지는 꼴>

-(합)살긋-살긋

쌀긋<물체가 한쪽으로 조금 많이 비뚤어지거나 기울어지는 꼴>

-(합)쌀긋-쌀긋

살랑<바람이 가볍게 부는 꼴>

-(합)살랑-살랑

설렁<바람이 가볍게 부는 꼴>

-(합)설렁-설렁

살랑<떠들지 않고 가만히 행동하는 꼴>

-(합)살랑-살랑

살짝<남이 모르는 사이에 재빠르게>

-(합)살짝-살짝

사리-살짝<남이 전혀 눈치 못 채는 사이에 아주 잽싸게>

살근-살짝<남이 알아차리지 못할 정도로 살며시 재빠르게>

은근-살짝<은근하게 살짝>

슬쩍<남이 모르는 사이에 가만히>

-(합)슬쩍-슬쩍

스리-슬쩍<남이 모르는 사이에 아주 빠르게>

슬근-슬쩍<남이 알아차리지 못할 정도로 슬며시 재빠르게>

은근-슬쩍<은근하게 슬쩍>

삼박<눈까풀을 약간 움직이며 눈을 감았다 뜨는 꼴>

-(합)삼박-삼박

삼빡<눈까풀이 움직이며 눈을 조금 세게 감았다 뜨는 꼴>

-(합)삼빡-삼빡

슴벅<눈까풀을 움직이며 감았다 뜨는 꼴>

-(합)슴벅-슴벅

슴뻑<눈꺼풀을 움직이며 힘 있게 감았다 뜨는 꼴>

-(합)슴뻑-슴뻑

삼박<작고 연한 물건이 잘 드는 칼에 쉽게 베이는 소리>

-(합)삼박-삼박

삼빡<작고 연한 물건이 잘 드는 칼에 싹 베이는 소리>

-(합)삼빡-삼빡

쌈박<작고 연한 물건이 매우 가볍게 베어지는 꼴>

-(합)쌈박-쌈박

쌈빡<작고 연한 물건이 매우 가볍게 깊이 베어지는 꼴>

-(합)쌈빡-쌈빡

섬벅<크고 연한 물건이 쉽게 베어지는 꼴>

-(합)섬벅-섬벅

섬뻑<크고 연한 물건이 쉽게 깊이 베어지는 꼴>

-(합)섬뻑-섬뻑

썸벅<크고 연한 물건이 매우 쉽게 베어지는 꼴>

-(합)썸벅-썸벅

썸뻑<크고 연한 물건이 매우 쉽게 깊이 베어지는 꼴>

-(합)썸뻑-썸뻑

상글<눈과 입을 귀엽게 움직이며 소리 없이 정답게 표정 짓는 꼴>

-(합)상글-상글

상글-방글<눈과 입을 귀엽게 움직이며 소리 없이 보드랍고 환하게 웃는 꼴>

쌍글<눈과 입을 귀엽게 움직이며 소리 없이 조금 또렷하고 정답게 웃는 꼴>

-(합)쌍글-쌍글

쌍글-빵글<눈과 입을 귀엽게 움직이며 소리 없이 매우 보드랍고 환하게 웃는 꼴>

성글<눈과 입을 자연스럽게 움직이며 소리 없이 정답게 웃는 꼴>

-(합)성글-성글

성글-벙글<눈과 입을 거짓으로 꾸미지 않고 자연스럽게 움직이며

소리 없이 부드럽고 환하게 웃는 꼴>

썽글<눈과 입을 자연스럽게 움직이며 소리 없이 매우 정답게 웃는 꼴>

-(합)썽글-썽글

썽글-뻥글<눈과 입을 거짓으로 꾸미지 않고 자연스럽게 움직이며 소리 없이 매우 부드럽고 환하게 웃는 꼴>

싱글<눈과 입을 조금씩 움직이며 소리 없이 부드럽고 정답게 웃는 꼴>

-(합)싱글-싱글

싱글-벙글<눈과 입을 슬며시 움직이거나 입을 벌리거나 하며 소리 없이 즐겁고 환하게 웃는 꼴>

싱글-빙글<눈과 입을 슬쩍 움직이며 소리 없이 정답고 귀엽게 웃는 꼴>

씽글<눈과 입을 조금씩 움직이며 소리 없이 부드럽고 매우 정답게 웃는 꼴>

-(합)씽글-씽글

씽글-뻥글<눈과 입을 슬며시 움직이거나 벌리면서 소리 없이 매우 즐겁고 환하게 웃는 꼴>

씽글-삥글<눈과 입을 슬쩍 움직이며 소리 없이 정답고 매우 귀엽게 웃는 꼴>

생글<눈과 입을 살며시 움직이며 소리 없이 부드럽고 정답게 웃는 꼴>

-(합)생글-생글

생글-방글<눈과 입을 살며시 움직이거나 입을 살짝 벌리면서 소리 없이 즐겁고 환하게 웃는 꼴>

생글-뱅글<눈과 입을 살며시 움직이며 소리 없이 즐겁고 환하게 웃는 꼴>

쌩글<눈과 입을 살며시 움직이며 소리 없이 매우 정답게 움직이는 꼴>

-(합)쌩글-쌩글

쌩글-빵글<눈과 입을 살며시 움직이거나 입을 살짝 벌리면서 소리 없이 매우 즐겁고 환하게 웃는 꼴>

쌩글-뺑글<눈과 입을 살짝 움직이며 소리 없이 정답고 매우 귀엽게 웃는 꼴>

상긋<눈과 입을 귀엽게 움직이며 소리 없이 가볍게 웃는 꼴>

-(합)상긋-상긋

상긋-방긋<눈과 입을 귀엽게 움직이며 소리 없이 조금 밝고 환하게 웃는 꼴>

상끗<눈과 입을 귀엽게 움직이며 소리 없이 매우 가볍게 웃는 꼴>
-(합)상끗-상끗
상끗-방끗<눈과 입을 귀엽게 움직이며 소리 없이 밝고 환하게 웃는 꼴>

쌍긋<눈과 입을 아주 귀엽게 움직이며 소리 없이 한 번 가볍게 웃는 꼴>
-(합)쌍긋-쌍긋
쌍긋-빵긋<눈과 입을 귀엽게 움직이며 소리 없이 밝고 환하게 웃는 꼴>

쌍끗<눈과 입을 아주 귀엽게 움직이며 소리 없이 매우 가볍게 웃는 꼴>
-(합)쌍끗-쌍끗
쌍끗-빵끗<눈과 입을 귀엽게 움직이며 소리 없이 아주 밝고 환하게 웃는 꼴>

생긋<눈과 입을 살며시 움직이며 소리 없이 가볍게 웃는 꼴>
-(합)생긋-생긋
생긋-방긋<눈과 입을 살며시 움직이며 소리 없이 조금 가볍고 환하게 웃는 꼴>
생긋-뱅긋<소리 없이 눈과 입만 살며시 움직이며 정답게 웃는 꼴>

생끗<눈과 입을 살며시 움직이며 소리 없이 아주 가볍게 웃는 꼴>
-(합)생끗-생끗
생끗-방끗<눈과 입을 살며시 움직이며 소리 없이 가볍고 환하게 웃는 꼴>
생끗-뱅끗<소리 없이 눈과 입만 살며시 움직이며 매우 정답게 웃는 꼴>

쌩긋<눈과 입을 아주 살며시 움직이며 소리 없이 가볍게 웃는 꼴>
-(합)쌩긋-쌩긋
쌩긋-빵긋<눈과 입을 살며시 움직이며 소리 없이 가볍고 환하게 웃는 꼴>
쌩긋-빵긋<소리 없이 눈과 입만 살며시 움직이며 매우 정답게 웃는 꼴>

쌩끗<눈과 입을 아주 살며시 움직이며 소리 없이 매우 가볍게 웃는 꼴>
-(합)쌩끗-쌩끗
쌩끗-빵끗<눈과 입을 살며시 움직이며 소리 없이 매우 가볍고 환하게 웃는 꼴>

썡끗-빵끗<소리 없이 눈과 입만 아주 살며시 움직이며 매우 정답게 웃는 꼴>

성긋<눈과 입을 천연스럽게 움직이며 소리 없이 거볍게 웃는 꼴>

-(합)성긋-성긋

성긋-벙긋<눈과 입을 거짓으로 꾸미지 않고 자연스럽게 움직이며 소리 없이 조금 밝고 환하게 웃는 꼴>

성끗<눈과 입을 천연스럽게 움직이며 소리 없이 매우 거볍게 웃는 꼴>

-(합)성끗-성끗

성끗-벙끗<눈과 입을 거짓으로 꾸미지 않고 자연스럽게 움직이며 소리 없이 밝고 환하게 웃는 꼴>

썽긋<눈과 입을 매우 천연스럽게 움직이며 소리 없이 한 번 거볍게 웃는 꼴>

-(합)썽긋-썽긋

썽긋-뻥긋<눈과 입을 거짓으로 꾸미지 않고 자연스럽게 움직이며 소리 없이 밝고 환하게 웃는 꼴>

썽끗<눈과 입을 매우 천연스럽게 움직이며 소리 없이 매우 거볍게 웃는 꼴>

-(합)썽끗-썽끗

썽끗-뻥끗<눈과 입을 거짓으로 꾸미지 않고 자연스럽게 움직이며 소리 없이 아주 밝고 환하게 웃는 꼴>

싱긋<눈과 입을 슬며시 움직이며 소리 없이 거볍게 웃는 꼴>

-(합)싱긋-싱긋

싱긋-벙긋<눈과 입을 조금 움직이거나 입을 벌리거나 하며 소리 없이 부드럽고 환하게 웃는 꼴>

싱긋-빙긋<눈과 입을 조금 움직이거나 입을 슬쩍 벌리거나 하며 소리 없이 부드럽게 웃는 꼴>

싱끗<눈과 입을 슬며시 움직이며 소리 없이 아주 거볍게 웃는 꼴>

-(합)싱끗-싱끗

싱끗-벙끗<눈과 입을 조금 움직이거나 입을 벌리거나 하며 소리 없이 매우 부드럽고 환하게 웃는 꼴>

싱끗-빙끗<눈과 입을 조금 움직이거나 입을 슬쩍 벌리거나 하며 소리 없이 매우 부드럽게 웃는 꼴>

씽긋<눈과 입을 슬며시 움직이며 소리 없이 거볍게 웃는 꼴>

-(합)씽긋-씽긋

씽긋-뻥긋<눈과 입을 조금 움직이거나 입을 벌리거나 하며 소

리 없이 매우 부드럽고 환하게 웃는 꼴>

씽긋-뺑긋<눈과 입을 조금 움직이거나 입을 슬쩍 벌리거나 하며 소리 없이 매우 부드럽게 웃는 꼴>

씽끗<눈과 입을 아주 슬며시 움직이며 소리 없이 매우 거볍게 웃는 꼴>

-(합)씽끗-씽끗

씽끗-빵끗<눈과 입을 크게 움직이거나 입을 벌리거나 하며 소리 없이 매우 부드럽고 환하게 웃는 꼴>

씽끗-뺑끗<눈과 입을 크게 움직이거나 입을 슬쩍 벌리거나 하며 소리 없이 매우 부드럽게 웃는 꼴>

상동<작은 물건을 가볍게 자르는 꼴>

-(합)상동-상동

상둥<작은 물건을 자꾸 자르는 꼴>

-(합)상둥-상둥

성둥<물건을 가볍게 자르는 꼴>

-(합)성둥-성둥

썽둥<물건을 거침없이 가볍게 자르는 꼴>

-(합)썽둥-썽둥

상큼<다리를 가볍게 높이 들어 걷는 꼴>

-(합)상큼-상큼

앙큼-상큼<작은 걸음으로 가볍고 힘차게 걷는 꼴>

성큼<다리를 거볍게 높이 들어 크게 떼어 놓는 꼴>

-(합)성큼-성큼

엉큼-성큼<큰 걸음으로 가볍고 기운차게 걷는 꼴>

샐긋<물체가 한쪽으로 조금 기울어지거나 배뚤어지는 꼴>

-(합)샐긋-샐긋

쌜긋<물건이 한쪽으로 조금 꺄울어지거나 빼뚤어지는 꼴>

-(합)쌜긋-쌜긋

실긋<물건이 한쪽으로 조금 기울어지거나 비뚤어지는 꼴>

-(합)실긋-실긋

실긋-샐긋<물건이 한쪽으로 삐뚤어지거나 쏠리는 꼴>

씰긋<물건이 한쪽으로 조금 끼울어지거나 삐뚤어지는 꼴>

-(합)씰긋-씰긋

씰긋-쌜긋<물체가 자꾸 한쪽으로 매우 비뚤어지거나 쏠리는 꼴>

샐룩<한 부분의 근육이 샐그러지게 움직이는 꼴>

-(합)샐룩-샐룩

쌜룩<근육의 한 부분이 쌜그러지게 움직이는 꼴>

-(합)쌜룩-쌜룩

실룩<한 부분의 근육이 실그러지게 움직이는 꼴>

-(합)실룩-실룩

실룩-샐룩<얼굴의 한 부분이 이쪽저쪽으로 실그러졌다 샐그러졌다 하며 자꾸 움직이는 꼴>

씰룩<근육의 한 부분이 씰그러지게 움직이는 꼴>

-(합)씰룩-씰룩

씰룩-쌜룩<얼굴의 한 부분이 이쪽저쪽으로 씰그러졌다 쌜그러졌다 하며 자꾸 움직이는 꼴>

샐쭉<어떤 감정을 나타내면서 입이나 눈이 샐그러지게 움직이는 꼴>

-(합)샐쭉-샐쭉

쌜쭉<어떤 감정을 나타내면서 입이나 눈이 쌜그러지게 움직이는 꼴>

-(합)쌜쭉-쌜쭉

실쭉<어떤 감정을 나타내면서 입이나 눈이 실그러지게 움직이는 꼴>

-(합)실쭉-실쭉

실쭉-샐쭉<어떤 감정의 표현으로 눈이나 입을 자꾸 이쪽저쪽으로 비뚤어지거나 기울어지게 움직이는 꼴>

씰쭉<어떤 감정을 나타내면서 입이나 눈이 씰그러지게 움직이는 꼴>

-(합)씰쭉-씰쭉

씰쭉-쌜쭉<어떤 감정의 표현으로 눈이나 입을 자꾸 이쪽저쪽으로 매우 많이 비뚤어지거나 기울어지게 움직이는 꼴>

생글<눈과 입을 살며시 움직이며 소리 없이 부드럽고 정답게 웃는 꼴>

-(합)생글-생글

생글-방글<눈과 입을 살며시 움직이거나 입을 살짝 벌리거나 하며 소리 없이 즐겁고 환하게 웃는 꼴>

생글-뱅글<눈과 입을 살짝 움직이며 소리 없이 정답고 귀엽게 웃는 꼴>

서로<양쪽이 돌려가면서 함께>

-(합)서로-서로

선뜻<동작이 매우 시원스럽고 빠른 꼴>

-(파)선뜻-이<동작이 매우 빠르고 시원스럽게>

설마<아무리 하기로>

-(합)설마-하니<아무리 그러하다 하더라도>

설마-한들<아무리 그러하다 하더라도>

설핏<생각이나 모습 따위가 잠깐 나타나거나 떠오르는 꼴>

-(합)설핏-설핏

섬뜩<갑자기 소름이 끼치도록 무섭고 끔찍한 느낌>

-(합)섬뜩-섬뜩

소쩍<소쩍새가 우는 소리>

-(합)소쩍-소쩍

송당<연한 물건을 조금 작고 거칠게 빨리 써는 꼴>

-(합)송당-송당

숭덩<연한 물건을 굵직하고 거칠게 빨리 써는 꼴>

-(합)숭덩-숭덩

스륵<물건이 쏠리면서 시원스럽게 나는 소리>

-(합)스륵-스륵

쓰륵<물건이 거칠게 쓸리면서 매우 시원스럽게 나는 소리>

-(합)쓰륵-쓰륵

쓱싹<톱질이나 줄질을 할 때에 나는 소리>

-(합)쓱싹-쓱싹

씀벅<눈꺼풀을 움직이며 빨리 감았다 뜨는 꼴>

-(합)씀벅-씀벅

씀뻑<눈꺼풀을 움직이며 빨리 힘 있게 감았다 뜨는 꼴>

-(합)씀뻑-씀뻑

씩둑<쓸데없이 말을 수다스럽게 지껄이는 꼴>

-(합)씩둑-씩둑

씩둑-꺽둑<이런 말 저런 말로 쓸데없이 자꾸 지껄이는 꼴>

아득<작고 단단한 물건을 힘껏 깨물어 깨뜨리는 소리>

-(합)아득-아득

으득<크고 단단한 물건을 가볍게 깨물 때 나는 소리>

-(합)으득-으득

아마<정확히 단정할 수는 없지만 대충 짐작해 볼 때 쓰는 말>

-(합)아마-도<정확히 단정할 수는 없으나 대충 짐작해 볼 때 쓰는 말>

아삭<좀 연하고 싱싱한 과일이나 채소 따위를 가볍게 베물어 씹을 때 나는 소리>

-(합)아삭-아삭

아삭-바삭<연하고 싱싱한 과일이나 채소 따위를 가볍게 베어 물 때 바스러지는 듯하게 나는 소리>

아사삭<연하고 싱싱한 과일이나 채소 따위를 가볍게 베어 물 때 나는 소리>

-(합)아사삭-아사삭

아싹<조금 단단하고 싱싱한 과일 따위를 좀 세게 베물어 깨물 때 나는 소리>

-(합)아싹-아싹

어석<연하고 싱싱한 과일이나 채소 따위를 거볍게 베물어 씹을 때 나는 소리>

-(합)어석-어석

어석-버석<연하고 싱싱한 과일이나 채소 따위를 크게 베어 물 때 버스러지는 듯하게 나는 소리>

어서석<연하고 싱싱한 과일이나 채소 따위를 크게 베어 물 때 나는 소리>

-(합)어서석-어서석

어썩<단단하고 싱싱한 과일 따위를 세게 베물어 깨무는 때 나는 소리>

-(합)어썩-어썩

아쓱<조금 춥거나 무섭거나 해서 자꾸 몸이 움츠러드는 꼴>

-(합)아쓱-아쓱

아작<좀 단단하고 질긴 과일 따위가 작게 으스러질 때 나는 소리>

-(합)아작-아작

아지작<좀 단단한 물건을 깨물어 바스러뜨릴 때 나는 소리>

-(합)아지작-아지작

아짝<단단하고 질긴 것을 좀 세게 깨물어 으스러뜨릴 때 나는 소리>

-(합)아짝-아짝

어적<단단하고 질긴 과실 따위가 으스러질 때 나는 소리>

-(합)어적-어적

어쩍<단단하고 질긴 것을 세게 깨물어 으스러뜨릴 때 나는 소리>

-(합)어쩍-어쩍

아주<더할 나위 없이. 또는 대단히>

-(합)아주-아주

아직<기준이 되는 때로 보아 어떤 일이 이루어질 때가 채 못 되어>

-(파)아직-껏<지금에 이르기까지>

알씬<작은 것이 언뜻 눈앞에 잠깐씩 나타나는 꼴>

-(합)알씬-알씬

야옹<고양이가 얄망스럽게 우는 소리>

-(합)야옹-야옹

어디<어찌말로 쓰이어 반문함이나 부인함을 강조하는 말>

-(합)어디-다가[15]<아주 대단한 어떤 대상에>

어디-만큼<어느 곳까지>

어뜩<획 지나가는 바람에>

-(합)어뜩-어뜩

어뜩-비뜩<행동이 바르거나 단정하지 못한 꼴>

어서<지체 없이 빨리>

-(합)어서-어서

어찌<어떠한 방법으로>

-(합)어찌-어찌

어찌-나<감정이나 어떤 상태가 매우 지나치게>

어찌-저찌<이리저리 어떠한 방법으로>

언뜻<지나가는 길에 잠깐 나타나는 꼴>

-(합)언뜻-언뜻

언뜻-번뜻<갑자기 나타났다가 사라지는 꼴>

언뜻-하면<무슨 생각이 잠깐 떠오르기만 하면>

언제<잘 모르는 어느 시점을 묻는 말>

-(합)언제-나<어떤 경우든 한결같이>

언제-든지<어느 때든지>

언제-인가[16]<어느 때에 가서는>

얼른<오래 끌지 않고 후딱>

-(합)얼른-얼른

얼씬<눈앞에 잠깐씩 나타나는 꼴>

-(합)얼씬-얼씬

얼쯤<망설이며 머뭇거리는 꼴>

-(합)얼쯤-얼쯤

---

15) 준말로 '어디다'가 있다.

16) '언제인가'는 준말 '언젠가'로 실현되기도 한다.

얼핏<잠깐 나타나거나 문득 생각나는 꼴>

-(합)얼핏-얼핏

여북<얼마나. 오죽>

-(합)여북-이나<얼마나. 오죽. 작히나>

여태<이 때까지>

-(파)여태-껏<지금에 이르도록>

오독<작고 단단한 물건을 가볍게 씹을 때 나는 소리>

-(합)오독-오독

오똑<위로 도드라지게 솟아 있는 꼴>

-(합)오똑-오똑

오뚝<작은 것이 조금 높이 도드라지게 솟아 있는 꼴>

-(합)오뚝-오뚝

우뚝<표시가 날 정도로 두드러지거나 높이 솟은 꼴>

-(합)우뚝-우뚝

오래<때가 지나가는 동안이 길게>

-(합)오래-오래

오랫-동안<매우 긴 시간 동안>

-(파)오래-도록<시간이 길게 지나도록>

오목<물체의 표면이 약간 둥글고 깊게 패어 들어간 꼴>

-(합)오목-오목

오목-조목<군데군데 조금씩 동글게 패어 들어가 있는 꼴>

오싹<몸이 옴츠러지도록 갑자기 추워지거나 소름이 끼치는 꼴>

-(합)오싹-오싹

오죽<어찌 예사 정도로만. 또는 '얼마나'의 뜻>

-(합)오죽-이나<어찌 예사 정도로만>

온통<있는 대로 모두>

-(합)온통-으로<전부를 통째로 다>

올각<먹은 것을 조금씩 토하는 소리>

-(합)올각-올각

올깍<갑자기 조금 토할 때 나는 소리>

-(합)올깍-올깍

올딱<먹은 것을 온통 토해 내는 꼴>

-(합)올딱-올딱

올칵<갑자기 적은 것을 세게 토하는 때 나는 소리>

-(합)올칵-올칵

옴쏙<작은 것을 입에 넣고 좀 맛있게 씹는 꼴>

-(합)옴쏙-옴쏙

옴쏙<물체의 면이나 바닥이 조금 둥글게 패어 들어간 꼴>

-(합)옴쏙-옴쏙

움쑥<물체의 면이나 바닥이 둥글게 쑥 패어 들어간 꼴>

-(합)움쑥-움쑥

옴씰<놀라서 몸을 좀 옴츠리는 꼴>

-(합)옴씰-옴씰

움씰<놀라서 몸을 움츠리는 꼴>

-(합)움씰-움씰

옴죽<작은 몸의 한 부분을 조금 옴츠리거나 펴거나 하며 움직이는 꼴>

-(합)옴죽-옴죽

옴쭉<작은 몸의 일부를 조금 세게 펴거나 움츠리거나 하며 움직이는 꼴>

-(합)옴쭉-옴쭉

옴쭉-달싹<몸을 조금 움직이려는 꼴>

움죽<몸의 한 부분을 움츠리거나 펴거나 하며 움직이는 꼴>

-(합)움죽-움죽

옴짝<둔한 몸의 일부를 좀 세게 옴츠리거나 펴거나 하는 꼴>

-(합)옴짝-옴짝

옴짝-달싹<몸을 조금 움직이는 꼴>

움쩍<둔한 몸의 일부를 세게 움츠리거나 펴거나 하는 꼴>

-(합)움쩍-움쩍

움쩍-달싹<몸을 조금 움직이는 꼴>

움쩍-들썩<몸을 움츠리거나 움직이는 꼴>

움쭉<몸의 일부를 세게 움츠리거나 펴거나 하며 움직이는 꼴>

-(합)움쭉-움쭉

움쭉-달싹<몸을 아주 조금 움직이는 꼴>

옴찔<갑자기 몸을 옴츠려 움직이는 꼴>

-(합)옴찔-옴찔

옴칠<몸을 매우 갑자기 옴츠려 움직이는 꼴>

-(합)옴칠-옴칠

움찔<갑자기 몸을 움츠려 움직이는 꼴>

-(합)움찔-움찔

움칠<몸을 매우 급자기 움츠려 움직이는 꼴>

-(합)움칠-움칠

옴칫<놀라서 몸을 가볍게 갑자기 움직이는 꼴>

-(합)옴칫-옴칫

움칫<놀라서 몸을 거볍게 급자기 움직이는 꼴>

-(합)움칫-움칫

옴팍<가운데가 오목하게 쑥 들어간 꼴>

-(합)옴팍-옴팍

옴폭<물체의 가운데가 약간 둥글게 속으로 폭 패어 들어간 꼴>

-(합)옴폭-옴폭

움퍽<가운데가 우묵하게 푹 들어간 꼴>

-(합)움퍽-움퍽

움푹<물체의 가운데가 둥글게 속으로 푹 패어 들어간 꼴>

-(합)움푹-움푹

와락<급히 냅뜨거나 대들거나 잡아당기는 꼴>

-(합)와락-와락

워럭<함부로 급히 냅뛰거나 잡아당기는 꼴>

-(합)워럭-워럭

와삭<마른 가랑잎이나 얇고 빳빳한 물건이 가볍게 서로 스치거나 부스러질 때 나는 소리>

-(합)와삭-와삭

와삭-바삭<과일이나 과자 따위를 가볍게 깨물 때 나는 소리>

와싹<마른 잎이나 얇고 빳빳한 물건이 서로 자꾸 세게 스치거나 부스러지는 소리>

-(합)와싹-와싹

워석<얇고 물건이나 풀기가 센 옷 따위가 거볍게 서로 부서지거나 스칠 때 나는 소리>

-(합)워석-워석

워석-버석<마른 잎이나 얇고 뻣뻣한 물건이 서로 자꾸 스치거나 부스러지는 소리>

워썩<얇고 뻣뻣한 물건이나 풀기가 센 옷 따위가 세게 서로 부서지거나

스칠 때 나는 소리>

-(합)워썩-워썩

와싹<거침없이 단번에 좀 많이씩 나아가거나 또는 늘거나 줄어 가는 꼴>

-(합)와싹-와싹

와작<조금 단단한 것을 마구 깨물어 씹을 때 나는 소리>

-(합)와작-와작

와짝<어떤 일을 억지로 우겨서 급하고 거칠게 하는 꼴>

-(합)와짝-와짝

왁작<여럿이 매우 어수선하게 떠들거나 웃는 소리>

-(합)왁작-왁작

왁작-박작<여럿이 좁은 곳에 모여 매우 어수선하게 떠들거나 웃으면서 들끓는 꼴>

왈각<작고 단단한 물건들이 서로 부딪칠 때 나는 소리>

-(합)왈각-왈각

왈각-달각<작고 단단한 물건들이 자꾸 서로 닿거나 부딪치는 소리>

월걱<크고 단단한 물건들이 서로 부딪칠 때 나는 소리>

-(합)월걱-월걱

월걱-덜걱<크고 단단한 물건들이 자꾸 서로 닿거나 부딪치는 소리>

왈강<작고 단단한 물건들이 서로 부딪치면서 울릴 때 나는 소리>

-(합)왈강-왈강

왈강-달강<작고 단단한 물건들이 소란스럽게 자꾸 부딪치는 소리>

왈캉<작고 단단한 물건들이 서로 거세게 부딪치면서 울릴 때 나는 소리>

-(합)왈캉-왈캉

왈캉-달캉<작고 단단한 물건들이 소란스럽고 거칠게 자꾸 부딪치는 소리>

월겅<크고 든든한 물건들이 서로 부딪치면서 울릴 때 나는 소리>

-(합)월겅-월겅

월겅-덜겅<크고 단단한 물건들이 소란스럽게 자꾸 부딪치는 소리>

월컹<크고 든든한 물건들이 서로 거세게 부딪치면서 울릴 때 나는 소리>

-(합)월컹-월컹

월컹-덜컹<크고 단단한 물건들이 소란스럽게 거칠게 자꾸 부딪치는 소리>

왈딱<갑자기 게우는 꼴>

-(합)왈딱-왈딱

월떡<급자기 게우는 꼴>

-(합)월떡-월떡

왈칵<갑자기 힘껏 밀치거나 잡아당기는 꼴>

-(합)왈칵-왈칵

왈칵-달칵<작고 단단한 물건들이 자꾸 거칠게 서로 닿거나 부딪치는 소리>

월컥<급자기 힘껏 당기거나 밀치는 꼴>

-(합)월컥-월컥

월컥-덜컥<크고 단단한 물건들이 자꾸 거칠게 서로 닿거나 부딪치는 소리>

왕창<엄청나게 많은 꼴>

-(합)왕창-왕창

우둑<단단한 물건을 거볍게 깨물어 씹을 때 나는 소리>

-(합)우둑-우둑

우썩<거침없이 단번에 많이씩 자주 나아가거나 또는 줄어가는 꼴>

-(합)우썩-우썩

우적<단단하고 질긴 것을 마구 깨물어 씹을 때 나는 소리>

-(합)우적-우적

우쩍<갑자기 많이 나아가거나 또는 늘거나 줄어드는 꼴>

-(합)우쩍-우쩍

우쭐<크게 율동적으로 한 번 움직이는 꼴>

-(합)우쭐-우쭐

욱적<한곳에 모여 조금 수선스럽게 들끓는 꼴>

-(합)욱적-욱적

욱적-벅적<여럿이 한곳에 아주 많이 모여 어수선하게 들끓는 꼴>

울걱<입안에 물을 많이 머금고 볼을 움직여 내는 소리>

-(합)울걱-울걱

울꺽<급자기 토하는 때 나는 소리>

-(합)울꺽-울꺽

울컥<급자기 몹시 토할 때 나는 소리>

-(합)울컬-울컥

울뚝<성미가 급하여 말이나 행동을 마구 우악스럽게 함부로 하는 꼴>

-(합)울뚝-울뚝

울뚝-불뚝<물체의 거죽이나 면이 고르지 않게 여기저기 크게 들어가 고 나온 꼴>

움쑥<큰 것을 입에 넣고 아주 맛있게 씹는 꼴>

-(합)움쑥-움쑥

으레<경험으로 보아 당연히>

-(파)으레-껏<거의 틀림없이 언제나>

으썩<싱싱한 과일 같은 것을 세게 베어 물 때 나는 소리>

-(합)으썩-으썩

으쓱<갑자기 어깨를 번쩍 쳐들어 들먹이는 꼴>

-(합)으쓱-으쓱

으쓱<몹시 춥거나 두려울 때 몸을 별안간 움츠러드는 듯한 꼴>

-(합)으쓱-으쓱

으앙<젖먹이나 어린아이가 크게 우는 소리>

-(합)으앙-으앙

으적<꽤 단단한 것을 잘게 부스러지도록 크게 깨물 때 나는 소리>

-(합)으적-으적

으쩍<꽤 단단한 것을 잘게 부스러지도록 크고 세게 깨물 때 나는 소리>

-(합)으쩍-으쩍

일찍<늦지 않고 이르게>

-(파)일찍-암치(일찌감치)<좀 더 일찍이>

일찍-이<이른 시기에>

일찍일찍-이<매우 일찍이>

자꾸<잇달아서 여러 번>

-(합)자꾸-자꾸

자꾸-만<'자꾸'를 강조하여 이르는 말>

자끈<작고 단단한 물건이 갑자기 세게 부러지거나 깨지는 꼴>

-(합)자끈-자끈

자랑<얇은 금속 따위가 가볍게 부딪쳐 울릴 때 나는 소리>

-(합)자랑-자랑

짜랑<얇은 쇠붙이 따위가 서로 세게 부딪칠 때 맑게 울리는 소리>

-(합)짜랑-짜랑

저렁<얇은 쇠붙이 따위가 서로 부딪칠 때 은은하게 울리는 소리>

-(합)저렁-저렁

쩌렁<얇고 큰 금속 따위가 세게 부딪쳐 울릴 때 나는 소리>

-(합)쩌렁-쩌렁

자박<발을 가볍게 내딛는 소리>

-(합)자박-자박

짜박<발에 힘주어 살짝 내디디는 소리>

-(합)짜박-짜박

저벅<발을 가볍게 내딛는 소리>

-(합)저벅-저벅

쩌벅<발에 힘주어 슬쩍 내디디는 소리>

-(합)쩌벅-쩌벅

자칫<어쩌다가 조금이라도 실수하면>

-(합)자칫-자칫

자칫-하면<어쩌다가 조금이라도 잘못하면>

작히<그 정도가 대단하다는 뜻을 나타내는 말>

-(합)작히-나<'작히'를 좀더 분명하게 이르는 말>

잔뜩<어떤 한도에 꽉 차게>

-(합)잔뜩-잔뜩

잘각<작고 단단한 물체가 좀 가볍게 달라붙을 때 나는 소리>

-(합)잘각-잘각

잘깍<작고 단단한 물체가 좀 세게 달라붙을 때 나는 소리>

-(합)잘깍-잘깍

잘칵<작고 단단한 물체가 거세게 달라붙을 때 나는 소리>

-(합)잘칵-잘칵

짤각<작고 단단한 물체가 조금 세게 맞부딪치는 소리>

-(합)짤각-짤각

짤깍<작고 딴딴한 물체가 끈기 있게 달라붙을 때 나는 소리>

-(합)짤깍-짤깍

짤칵<작고 단단한 물체가 세고 거세게 맞부딪치는 소리>

-(합)짤칵-짤칵

찰각<작고 탄탄한 물체가 가볍게 달라붙을 때 나는 소리>

-(합)찰각-찰각

찰깍<작고 탄탄한 물체가 좀 세게 달라붙을 때 나는 소리>

–(합)찰깍–찰깍

찰칵<작고 탄탄한 물체가 좀 거세게 달라붙을 때 나는 소리>

–(합)찰칵–찰칵

절걱<크고 단단한 물체가 좀 거볍게 들러붙을 때 나는 소리>

–(합)절걱–절걱

절꺽<크고 단단한 물체가 세게 들러붙을 때 나는 소리>

–(합)절꺽–절꺽

절컥<크고 단단한 물체가 거세게 들러붙을 때 나는 소리>

–(합)절컥–절컥

쩔걱<크고 단단한 물체가 조금 세게 맞부딪치는 소리>

–(합)쩔걱–쩔걱

철걱<탄탄한 물체가 거볍게 들러붙을 때 나는 소리>

–(합)철걱–철걱

철꺽<탄탄한 물체가 세게 들러붙을 때 나는 소리>

–(합)철꺽–철꺽

철컥<탄탄한 물체가 매우 끈기 있게 들러붙을 때 나는 소리>

–(합)철컥–철컥

쩔꺽<크고 딴딴한 물체가 끈기 있게 들러붙을 때 나는 소리>

–(합)쩔꺽–쩔꺽

쩔컥<크고 단단한 물체가 세고 거세게 맞부딪치는 소리>

–(합)쩔컥–쩔컥

잘강<작고 단단한 금속 따위가 좀 가볍게 달라붙으면서 울릴 때 나는 소리>

–(합)잘강–잘강

잘깡<작고 단단한 쇠붙이 따위가 조금 세게 맞부딪쳐 울릴 때 나는 소리>

–(합)잘깡잘깡

짤강<작고 단단한 쇠붙이 따위가 조금 세게 맞부딪치는 소리>

–(합)짤강–짤강

짤깡<작고 딴딴한 금속 따위가 끈기 있게 달라붙을 때 나는 소리>

–(합)짤깡–짤깡

짤캉<작고 단단한 쇠붙이 따위가 세고 거세게 맞부딪쳐 울릴 때 나는 소리>

–(합)짤캉–짤캉

찰강<작고 탄탄한 금속 따위가 가볍게 달라붙으면서 울릴 때 나는 소리>

-(합)찰강-찰강

찰깡<작고 탄탄한 금속 따위가 좀 세게 달라붙으면서 울릴 때 나는 소리>

-(합)찰깡-찰깡

찰캉<작고 탄탄한 금속 따위가 차지게 달라붙으면서 울릴 때 나는 소리>

-(합)찰캉-찰캉

절겅<크고 단단한 금속 따위가 좀 거볍게 들러붙으면서 울릴 때 나는 소리>

-(합)절겅-절겅

절껑<크고 단단한 쇠붙이 따위가 조금 세게 맞부딪쳐 울릴 때 나는 소리>

-(합)절껑-절껑

쩔겅<크고 단단한 쇠붙이 따위가 조금 세게 맞부딪쳐 울릴 때 나는 소리>

-(합)쩔겅-쩔겅

철겅<탄탄한 금속 따위가 거볍게 들러붙으면서 나는 소리>

-(합)철겅-철겅

철껑<탄탄한 금속 따위가 세게 들러붙으면서 나는 소리>

-(합)철껑-철껑

철컹<탄탄한 금속 따위가 매우 차지게 부딪쳐 울릴 때 나는 소리>

-(합)철컹-철컹

쩔껑<크고 딴딴한 금속 따위가 끈기 있게 들러붙으면서 울릴 때 나는 소리>

-(합)쩔껑-쩔껑

쩔컹<크고 단단한 쇠붙이 따위가 세고 거세게 맞부딪쳐 울릴 때 나는 소리>

-(합)쩔컹-쩔컹

잘근<좀 단단히 잘라매거나 동이거나 하는 꼴>

-(합)잘근-잘근

잘끈<무엇을 바싹 동이거나 매우 단단하게 졸라매는 꼴>

-(합)잘끈-잘끈

잘금<적은 물 따위가 조금 세게 나오거나 쏟아졌다 그쳤다 하는 꼴>

-(합)잘금-잘금

짤끔<적은 물 따위가 조금 쏟아지는 꼴>

-(합)짤끔-짤끔

잘끈<윗니로 아랫입술을 힘껏 무는 꼴>

-(합)잘끈-잘끈

잘랑<작은 방울이나 얇은 금속 따위가 함께 흔들릴 때 나는 소리>

-(합)잘랑-잘랑

짤랑<작은 방울이나 얇은 금속 따위가 세게 흔들릴 때 나는 소리>

-(합)짤랑-짤랑

절렁<큰 방울이나 엷은 금속 따위가 함께 흔들릴 때 나는 소리>

-(합)절렁-절렁

쩔렁<큰 방울이나 엷은 금속 따위가 세게 흔들릴 때 나는 소리>

-(합)쩔렁-쩔렁

잘록<기다란 물건의 한군데가 조금 둥글게 패어 들어간 꼴>

-(합)잘록-잘록

짤록<기다란 물건의 한군데가 조금 둥글게 매우 깊이 패어 들어간 꼴>

-(합)짤록-짤록

잘박<얕은 물이나 진창을 밟거나 칠 때 나는 소리>

-(합)잘박-잘박

잘팍<얕은 물이나 진창을 거칠게 밟거나 칠 때 나는 소리>

-(합)잘팍-잘팍

절퍽<옅은 물이나 진창을 크고 거칠게 밟거나 칠 때 나는 소리>

-(합)절퍽-절퍽

찰박<얕은 물이나 진창을 세게 밟거나 칠 때 나는 소리>

-(합)찰박-찰박

찰팍<얕은 물이나 진창을 매우 거칠게 밟거나 칠 때 나는 소리>

-(합)찰팍-찰팍

절벅<옅은 물이나 진창을 밟거나 칠 때 나는 소리>

-(합)절벅-절벅

철벅<옅은 물이나 진창을 세게 밟거나 칠 때 나는 소리>

-(합)철벅-철벅

잘방<작은 물체가 물위에 가볍게 떨어지는 소리>

-(합)잘방-잘방

절벙<큰 물체가 물위에 거볍게 떨어지는 소리>

-(합)절벙-절벙

잘싹<물 따위가 단단한 물체에 좀 끈지게 부딪칠 때 나는 소리>

-(합)잘싹-잘싹

절썩<물 따위가 단단한 물체에 끈지게 부딪칠 때 나는 소리>

-(합)절썩-절썩

잘쏙<기다란 물체가 한군데가 폭 패어 들어간 꼴>

-(합)잘쏙-잘쏙

잘캉<작고 단단한 쇠붙이 따위가 조금 거세게 맞부딪칠 때 나는 소리>

-(합)잘캉-잘캉

절컹<크고 단단한 쇠붙이 따위가 조금 거세게 맞부딪쳐 울릴 때 나는 소리>

-(합)절컹-절컹

잠깐<매우 짧은 동안>

-(합)잠깐-잠깐

잠방<작은 물체가 물에 부딪치며 잠길 때 나는 소리>

-(합)잠방-잠방

점벙<큰 물체가 물에 부딪치며 잠길 때 나는 소리>

-(합)점벙-점벙

잠뽁<잔뜩 담뿍하게>

잠뿍<잔뜩 그득하게>

재깍<단단하고 작은 물건이 세게 맞닿거나 부러질 때 나는 소리>

-(합)재깍-재깍

째깍<딴딴하고 작운 물건이 세게 맞닿거나 부러질 때 나는 소리>

-(합)째깍-째깍

제꺽<단단하고 큰 물건이 세게 맞닿거나 부러질 때 나는 소리>

-(합)제꺽-제꺽

쩨꺽<딴딴하고 큰 물건이 세게 맞닿거나 부러질 때 나는 소리>

-(합)쩨꺽-쩨꺽

재깍<무슨 일을 시원스럽게 해치우는 꼴>

-(합)재깍-재깍

째깍<무슨 일을 곧장 매우 빠르게 해치우는 꼴>

-(합)째깍-째깍

제꺽<어떤 일을 시원스럽게 재빨리 해치우는 꼴>

-(합)제꺽-제꺽

쩨꺽<무슨 일을 곧장 재빠르게 해치우는 꼴>

-(합)쩨꺽-쩨꺽

쟁강<얇은 금속 따위가 가볍게 부러지거나 부딪쳐 울릴 때 나는 소리>

-(합)쟁강-쟁강

쨍강<얇은 금속 따위가 세게 부러지거나 부딪쳐 울릴 때 나는 소리>

-(합)쨍강-쨍강

젱겅<엷은 금속 따위가 거볍게 부러지거나 부딪쳐 울릴 때 나는 소리>

-(합)젱겅-젱겅

쩽겅<엷은 금속 따위가 세게 부러지거나 부딪쳐서 울릴 때 나는 소리>

-(합)쩽겅-쩽겅

조금<분량이나 정도가 적게>

-(합)조금-조금

(파)조금-씩<많지 않은 양으로 계속>

조끔<'조금'의 힘줌말>

-(합)조끔-조끔

쪼금<'조금'의 힘줌말>

-(합)쪼금-쪼금

쪼끔<아주 적은 분량이나 정도>

-(합)쪼끔-쪼끔

조록<가는 물줄기가 좁은 데로 잠깐 흐르다가 그치는 소리>

-(합)조록-조록

쪼록<가는 물줄기가 좁은 데로 잠깐 세게 내리거나 흐르다가 그치는 소리>

-(합)쪼록-쪼록

조뼛<부끄럽거나 무서워서 쉽게 나서지 못하고 조금 머뭇거리는 꼴>

-(합)조뼛-조뼛

쪼뼛<부끄럽거나 무서워서 쉽게 나서지 못하고 조금 머뭇거리는 꼴>

-(합)쪼뼛-쪼뼛

주뼛<부끄럽거나 무서워서 쉽게 나서지 못하고 머뭇거리는 꼴>

-(합)주뼛-주뼛

쭈볏<부끄럽거나 무서워서 쉽게 나서지 못하고 머뭇거리는 꼴>

-(합)쭈볏-쭈볏

쭈뼛<부끄럽거나 무서워서 쉽게 나서지 못하고 몹시 머뭇거리는 꼴>

-(합)쭈뼛-쭈뼛

조촘<가볍게 놀라거나 망설이는 짓으로 갑작스럽게 멈칫하거나 몸을 움츠리는 꼴>

-(합)조촘-조촘

좌악<넓게 흩어지거나 퍼지는 꼴>

쫘악<매우 넓게 퍼지거나 흩어지는 꼴>

주룩<물줄기가 잠깐 흐르다가 그치는 소리>

-(합)주룩-주룩

쭈룩<굵은 물줄기가 잠깐 세차게 흐르다가 그치는 소리>

-(합)쭈룩-쭈룩

주억<고개나 머리 따위를 천천히 끄덕이는 꼴>

-(합)주억-주억

주욱<줄이나 금 따위를 크고 곧게 내긋는 소리>

쭈욱<줄이나 금이 하나로 계속 곧게 이어지는 소리>

주춤<가볍게 놀라거나 망설이는 짓으로 급작스럽게 멈칫하거나 몸을 움츠리는 꼴>

-(합)주춤-주춤

지끈<크고 단단한 물건이 갑자기 세게 부러지거나 깨지는 꼴>

-(합)지끈-지끈

진탕<아주 싫증이 날 만큼 풍부하게>

-(합)진탕-만탕<양이 다 차고도 남을 만큼 매우 많고 만족스럽게>

질근<단단히 졸라매거나 동이거나 하는 꼴>

-(합)질근-질근

질끈<딴딴하게 바싹 졸라매거나 동이는 꼴>

-(합)질끈-질끈

질금<물 따위가 조금 새어 나오거나 쏟아졌다 그쳤다 하는 꼴>

-(합)질금-질금

찔끔<물 따위가 조금 쏟아지는 꼴>

-(합)찔끔-찔끔

질룩<기다란 물건의 한군데가 둥글고 깊이 패어 들어간 꼴>

-(합)질룩-질룩

찔룩<기다란 물건의 한군데가 둥글게 매우 깊이 패어 들어간 꼴>

-(합)찔룩-찔룩

짜긋<남에게 눈치를 채게 하려고 눈을 살짝 찌그리는 꼴>

-(합)짜긋-짜긋

찌긋<남에게 눈치를 채게 하려고 눈을 좀 찌그리는 꼴>

-(합)찌긋-찌긋

짜락<굵은 빗줄기나 눈 따위가 잇따라 세차게 쏟아지는 소리>

-(합)짜락-짜락

째긋<남에게 눈치를 채게 하려고 눈을 짜그리는 꼴>

-(합)째긋-째끗

쨍긋<눈이나 코를 좀 쨍그리는 꼴>

-(합)쨍긋-쨍긋

쨍끗<눈이나 코를 몹시 쨍그리는 꼴>

-(합)쨍끗-쨍끗

쪼작<가볍고 느리게 이리저리 걷는 꼴>

-(합)쪼작-쪼작

쫄끔<적은 양의 액체가 아주 조금 세게 새어 흐르다가 그치는 꼴>

-(합)쫄끔-쫄끔

쫄딱<더할 나위 없이 아주>

-(합)쫄딱-쫄딱

쫑긋<입술이나 귀 따위를 쫑그리는 꼴>

-(합)쫑긋-쫑긋

쭝긋<입술이나 귀 따위를 쭝그리는 꼴>

-(합)쭝긋-쭝긋

찌걱<사개나 짐짝 따위의 나무붙이가 쓸리거나 문질릴 때 나는 소리>

-(합)찌걱-찌걱

찌꺽<사개나 짐짝 따위의 나무붙이 부분이 몹시 쓸리거나 문질릴 때 나는 소리>

-(합)찌꺽-찌꺽

찌렁<목소리가 크고 세게 울리는 소리>

-(합)찌렁-찌렁

찔끔<갑자기 놀라거나 겁이 나서 몸을 뒤로 움츠리는 꼴>

-(합)찔끔-찔끔

찡긋<눈이나 코를 좀 찡그리는 꼴>

-(합)찡긋-찡긋

찡끗<눈이나 코를 몹시 찡그리는 꼴>

-(합)찡끗-찡끗

차랑<얇은 금속 따위가 거세게 부딪쳐 울릴 때 나는 소리>

-(합)차랑-차랑

차즘<조금씩 진행하는 꼴>

-(합)차즘-차즘

차츰<어떤 상태나 정도가 시간이 흐름에 따라 한 방향으로 조금씩 진행되

는 꼴>

-(합)차츰-차츰

찰딱<몹시 차지게 달라붙는 소리>

-(합)찰딱-찰딱

철떡<몹시 차지게 들러붙는 소리>

-(합)철떡-철떡

찰락<작은 양의 액체가 조금씩 넘치거나 가볍게 흔들리며 물결을 일으키는 소리>

-(합)찰락-찰락

철럭<많은 양의 액체가 흘러넘치거나 가볍게 부딪치는 소리>

-(합)철럭-철럭

찰람<작은 그릇 따위에 담겨진 액체가 흔들리면서 조금 넘쳐흐르는 꼴>

-(합)찰람-찰람

철럼<큰 그릇 따위에 가득 찬 액체가 흔들리면서 조금 넘쳐흐르는 꼴>

-(합)철럼-철럼

칠럼<큰 그릇 따위에 가득 찬 액체가 흔들리면서 조금 넘쳐흐르는 꼴>

-(합)칠럼-칠럼

찰랑<좁고 얕은 곳에 괸 물이 잔물결을 이루며 흔들릴 때 나는 소리>

-(합)찰랑-찰랑

철렁<넓고 깊은 곳에 괸 물이 물결을 이루며 흔들릴 때 나는 소리>

-(합)철렁-철렁

찰랑<작은 물방울이나 얇은 금속 따위가 거세게 부딪쳐 흔들릴 때 나는 소리>

-(합)찰랑-찰랑

철렁<큰 방울이나 엷은 금속 따위가 거세게 부딪쳐 흔들릴 때 나는 소리>

-(합)철렁-철렁

찰방<작은 물체가 물 위에 세게 떨어질 때 나는 소리>

-(합)찰방-찰방

철벙<큰 물체가 물위에 세게 떨어져 울릴 때 나는 소리>

-(합)철벙-철벙

찰싹<물 따위가 단단한 물체에 좀 세고 끈지게 부딪칠 때 나는 소리>

-(합)찰싹-찰싹

철썩<물 따위가 단단한 물체에 세고 끈지게 부딪칠 때 나는 소리>

-(합)철썩-철썩

참방<작은 물체가 물속에 좀 세게 떨어져 잠길 때 나는 소리>

–(합)참방–참방

첨벙<물체가 물속에 세게 떨어져 잠길 때 나는 소리>

–(합)첨벙–첨벙

처렁<얇고 큰 쇠붙이 따위가 서로 아주 거세게 부딪칠 때 울리는 소리>

–(합)처렁–처렁

출렁<물이 큰 물결을 이루며 거세게 흔들릴 때 나는 소리>

–(합)출렁–출렁

칼락<병으로 좀 거칠게 기침할 때 울려 나오는 소리>

–(합)칼락–칼락

컬럭<거칠게 기침할 때 울려 나는 소리>

–(합)컬럭–컬럭

콜록<기침이 좀 깊이 울려 나올 때 나는 소리>

–(합)콜록–콜록

캐득<웃음을 참다못하여 입속에서 좀 실없이 새어 나오는 소리>

–(합)캐득–캐득

캐드득<참다못하여 입속에서 좀 실없이 새어 나오는 웃음소리>

–(합)캐드득–캐드득

키득<웃음을 참다못하여 입속에서 실없이 새어 나오는 소리>

–(합)키득–키득

키드득<참지 못하여 입 속에서 실없이 새어 나오는 웃음소리>

–(합)키드득–키드득

콜랑<병이나 그릇에 골막하게 담긴 액체가 세게 흔들릴 때 나는 소리>

–(합)콜랑–콜랑

쿨렁<병이나 그릇에 굴먹한 액체가 세게 흔들릴 때 나는 소리>

–(합)쿨렁–쿨렁

콩닥<작은 절구나 방아를 찧을 때 나는 소리>

–(합)콩닥–콩닥

쿵덕<절구나 방아를 찧을 때 나는 소리>

–(합)쿵덕–쿵덕

쿵덕–덕<북 따위를 장단 맞추어 칠 때 나는 소리>

–(합)쿵덕덕–쿵덕덕

콩작<작은북 따위를 가볍게 두드리는 소리>

–(합)콩작–콩작

콩작-작<작은북 따위를 박자에 맞추어 두드리는 소리>

-(합)콩작작-콩작작

콩작-콩<작은북 따위를 박자에 맞추어 잇따라 두드리는 소리>

-(합)콩작콩-콩작콩

쿵작<북이나 장구, 드럼 따위가 세차게 장단에 맞춰 내는 소리>

-(합)쿵작-쿵작

쿵짝<북이나 장구, 드럼 따위가 한번 거세게 장단에 맞춰 내는 소리>

-(합)쿵짝-쿵짝

쿵적<큰북 따위를 가볍게 두드리는 소리>

-(합)쿵적-쿵적

쿵적-적<큰북 따위를 박자에 맞추어 두드리는 소리>

-(합)쿵적적-쿵적적

쿵적-쿵<큰북 따위를 박자에 맞추어 흥겹게 두드리는 소리>

-(합)쿵적쿵-쿵적쿵

쿨럭<가슴 깊은 곳에서 나오는 거칠고 큰 기침 소리>

-(합)쿨럭-쿨럭

쿨룩<가슴 깊은 곳에서 나오는 거칠고 큰 기침 소리>

-(합)쿨룩-쿨룩

타닥<조금 세게 부딪치거나 치는 소리>

-(합)타닥-타닥

타랑<깨어진 금속 따위가 가볍게 부딪치거나 떨어져 좀 둔하게 울릴 때 나는 소리>

-(합)타랑-타랑

터렁<깨어진 금속 그릇 따위가 거볍게 부딪치거나 떨어져 둔하게 울릴 때 나는 소리>

-(합)터렁-터렁

탈락<물건이 매달리거나 늘어져 좀 둔하게 흔들리며 무엇에 닿을 때 나는 소리>

-(합)탈락-탈락

털럭<물건이 매달리거나 늘어져 둔하게 흔들리며 무엇에 닿을 때 크게 나는 소리>

-(합)털럭-털럭

탈박<납작한 물건으로 얕은 물을 가볍게 칠 때 나는 소리>

-(합)탈박-탈박

털벅<넓적한 물건으로 옅은 물을 거볍게 칠 때 나는 소리>

-(합)털벅-털벅

탈방<작은 물건이 얕은 물위에 떨어져 가볍게 울릴 때 나는 소리>

-(합)탈방-탈방

털벙<물건이 옅은 물에 떨어져 거볍게 울릴 때 나는 소리>

-(합)털벙-털벙

탈싹<작은 몸집이 갑자기 주저앉는 꼴>

-(합)탈싹-탈싹

털썩<큰 몸집이 급자기 주저앉는 꼴>

-(합)털썩-털썩

털렁<큰 방울이 흔들리면서 거세게 나는 소리>

-(합)털렁-털렁

톡탁<작고 탄탄한 물건을 가볍게 칠 때 나는 소리>

-(합)톡탁-톡탁

툭탁<튼튼한 물건을 거볍게 칠 때 나는 소리>

-(합)툭탁-툭탁

톰방<갭직한 물건이 깊은 물에 떨어져 잠길 때 나는 소리>

-(합)톰방-톰방

통탕<탄탄한 물건을 함부로 가볍게 두드리거나 발로 구를 때 나는 소리>

-(합)통탕-통탕

퉁탕<튼튼한 물건을 함부로 요란스럽게 두드리거나 발을 구를 때 나는 소리>

-(합)퉁탕-퉁탕

툭탁<일을 거침없이 아주 손쉽게 해치우는 꼴>

-(합)툭탁-툭탁

파니<아무 하는 일 없이 노는 꼴>

퍼니<아무 하는 일 없이 노는 꼴>

파닥<작은 새가 날개를 가볍고 빠르게 치는 소리>

-(합)파닥-파닥

파딱<작은 새가 날개를 좀 세게 칠 때 나는 소리>

-(합)파딱-파딱

퍼덕<새가 가볍게 날개를 칠 때 나는 소리>

-(합)퍼덕-퍼덕

퍼떡<새가 날개를 세게 칠 때 나는 소리>

–(합)퍼떡–퍼떡

포닥<작은 새가 가볍게 날개를 칠 때 나는 소리>

–(합)포닥–포닥

푸덕<큰 새가 거볍게 날개를 칠 때 나는 소리>

–(합)푸덕–푸덕

파뜩<어떤 모습이나 생각이 갑자기 나타나거나 떠오르는 꼴>

–(합)파뜩–파뜩

퍼뜩<어떤 모습이나 생각이 급자기 나타나거나 떠오르는 꼴>

–(합)퍼뜩–퍼뜩

팍삭<맥없이 가볍게 주저앉는 꼴>

–(합)팍삭–팍삭

퍽석<맥없이 거볍게 주저앉는 꼴>

–(합)퍽석–퍽석

팔딱<가볍고 탄력 있게 뛰는 꼴>

–(합)팔딱–팔딱

쌔근–팔딱<숨이 차서 숨소리가 고르지 않고 매우 가쁘고 거칠게 나는 꼴>

쌔근팔딱–쌔근팔딱<숨이 차서 숨소리가 고르지 않고 매우 가쁘고 거칠게 나는 꼴>

펄떡<크고 탄력이 있게 뛰는 꼴>

–(합)펄떡–펄떡

씨근–펄떡<몹시 숨이 차서 숨소리가 고르지 않고 매우 가쁘고 거칠게 나는 꼴>

씨근펄떡–씨근펄떡<몹시 숨이 차서 숨소리가 고르지 않고 매우 가쁘고 거칠게 자꾸 나는 꼴>

폴딱<힘을 모아 가볍게 뛰는 꼴>

–(합)폴딱–폴딱

풀떡<힘을 모아 거볍게 뛰는 꼴>

–(합)풀떡–풀떡

팔락<바람에 날리어 가볍고 빨리 나부끼는 꼴>

–(합)팔락–팔락

펄럭<바람에 날리어 거볍고 빨리 나부끼는 꼴>

–(합)펄럭–펄럭

폴락<바람에 날리어 좀 가볍고 빠르게 나부끼는 꼴>

-(합)폴락-폴락

풀럭<바람에 날리어 좀 거볍고 빠르게 나부끼는 꼴>

-(합)풀럭-풀럭

팔랑<바람에 날리어 가볍고 세게 나부끼는 꼴>

-(합)팔랑-팔랑

펄렁<바람에 날리어 거볍고 세게 나부끼는 꼴>

-(합)펄렁-펄렁

폴랑<바람에 날리어 가볍고도 좀 세차게 나부끼는 꼴>

-(합)폴랑-폴랑

풀렁<바람에 날리어 둔하고 세차게 나부끼는 꼴>

-(합)풀렁-풀렁

팔싹<연기나 먼지 따위가 몽치어 한바탕 가볍게 일어나는 꼴>

-(합)팔싹-팔싹

펄썩<연기나 먼지 따위가 뭉치어 한바탕 거볍게 일어나는 꼴>

-(합)펄썩-펄썩

폴싹<연기나 먼지 따위가 갑자기 조금씩 몽키어 일어나는 꼴>

-(합)폴싹-폴싹

풀썩<연기나 먼지 따위가 급자기 조금씩 뭉키어 일어나는 꼴>

-(합)풀썩-풀썩

팔짝<미닫이, 장지문 따위를 갑작스레 열어젖뜨리는 꼴>

-(합)팔짝-팔짝

펄쩍<미닫이나 장지문 따위를 급작스럽게 열어젖뜨리는 꼴>

-(합)펄쩍-펄쩍

폴짝<작은 문 따위를 갑작스레 열거나 닫는 꼴>

-(합)폴짝-폴짝

풀쩍<문 따위를 급작스럽게 열거나 닫는 꼴>

-(합)풀쩍-풀쩍

팡당<작고 무거운 물건이 얕은 물에 떨어질 때에 나는 소리>

-(합)팡당-팡당

펑덩<무거운 물건이 물에 떨어질 때에 나는 소리>

-(합)펑덩-펑덩

퐁당<작고 단단한 물건이 물에 떨어지거나 빠질 때 가볍게 나는 소리>

-(합)퐁당-퐁당

풍덩<크고 무거운 물건이 물속으로 빠지거나 떨어질 때 나는 소리>

-(합)풍덩-풍덩

포삭<거칠고 부피만 있는 물건 따위가 좀 세게 바스러질 때 나는 소리>

-(합)포삭-포삭

푸석<거칠고 부피만 큰 물건 따위가 세게 부스러질 때 나는 소리>

-(합)푸석-푸석

포옥<마음이 몹시 상한 꼴>

푸욱<마음이 아주 몹시 상한 꼴>

폭삭<온통 곯아서 썩는 꼴>

-(합)폭삭-폭삭

푹석<온통 지나치게 곯아서 썩는 꼴>

-(합)푹석-푹석

풀쑥<말이나 물건 따위가 느닷없이 툭 튀어나오는 꼴>

-(합)풀쑥-풀쑥

피뜩<어떤 모습이나 생각이 갑자기 나타나 보이거나 떠오르는 꼴>

-(합)피뜩-피뜩

피식<입술을 힘없이 얼핏 터뜨리며 싱겁게 한 번 웃는 꼴>

-(합)피식-피식

할금<가볍게 곁눈으로 살그머니 할겨 보는 꼴>

-(합)할금-할금

할끔<매우 가볍게 곁눈으로 살그머니 할겨 보는 꼴>

-(합)할끔-할끔

핼금<가볍게 곁눈으로 살짝 쳐다보는 꼴>

-(합)핼금-핼금

핼끔<곁눈으로 살짝 쳐다보는 꼴>

-(합)핼끔-핼끔

흘금<거볍게 곁눈으로 슬그머니 흘겨보는 꼴>

-(합)흘금-흘금

흘끔<매우 거볍게 곁눈으로 슬그머니 흘겨보는 꼴>

-(합)흘끔-흘끔

힐금<거볍게 곁눈으로 슬쩍 쳐다보는 꼴>

-(합)힐금-힐금

힐끔<곁눈으로 슬쩍 쳐다보는 꼴>

-(합)힐끔-힐끔

할긋<가볍게 살그머니 할겨 보는 꼴>

-(합)할긋-할긋

할끗<매우 가볍게 살그머니 할겨 보는 꼴>

-(합)할끗-할끗

핼긋<곁눈질하면서 가볍게 흘겨보는 꼴>

-(합)핼긋-핼긋

할깃<가볍게 할겨 보는 꼴>

-(합)할깃-할깃

할깃-흘깃<가볍게 자꾸 할겼다가 흘겼다 하는 꼴>

할낏<매우 가볍게 할겨 보는 꼴>

-(합)할낏-할낏

흘긋<거볍게 슬그머니 흘겨보는 꼴>

-(합)흘긋-흘긋

흘끗<매우 거볍게 슬그머니 흘겨보는 꼴>

-(합)흘끗-흘끗

흘깃<거볍게 흘겨보는 꼴>

-(합)흘깃-흘깃

흘깃-할깃<가볍게 자꾸 흘겼다 할겼다 하는 꼴>

흘낏<매우 거볍게 흘겨보는 꼴>

-(합)흘낏-흘낏

힐긋<가볍게 한 번 슬쩍 흘겨보는 꼴>

-(합)힐긋-힐긋

힐끗<슬쩍 한 번 흘겨보는 꼴>

-(합)힐끗-힐끗

함빡<물이나 빛, 분위가 따위에 푹 젖은 꼴>

-(합)함빡-함빡

함뿍<물이나 빛, 분위가 따위에 아주 푹 젖은 꼴>

함씬<한도에 차고도 남도록 넉넉히>

-(합)함씬-함씬

해끗<한 군데가 얼핏 조금 하얀 꼴>

-(합)해끗-해끗

해뜩<갑자기 몸을 뒤로 조금 젖히며 자빠지는 꼴>

-(합)해뜩-해뜩

해뜩<흰 빛깔이 다른 색깔 사이에 섞이어 있는 꼴>

-(합)해뜩-해뜩

해뜩-발긋<빛깔이 조금 희고 발그스름한 꼴>

해죽<흐뭇하여 살며시 귀엽게 한 번 웃는 꼴>

-(합)해죽-해죽

해쭉<매우 흐뭇하여 살며시 한 번 웃는 꼴>

-(합)해쭉-해쭉

헝겁<좋아서 정신을 못 차리고 덤비는 꼴>

-(합)헝겁-지겁<너무 좋아서 정신을 못 차리고 허둥거리는 꼴>

호득<깨나 콩 따위를 볶을 때 작게 튀는 소리>

-(합)호득-호득

호록<작은 새 따위가 갑자기 날개를 가볍게 쳐 나는 꼴>

-(합)호록-호록

후룩<새 따위가 급자기 날개를 거볍게 쳐 나는 꼴>

-(합)후룩-후룩

홀깍<적은 양의 액체나 음식물을 조금 가볍게 삼키는 소리>

-(합)홀깍-홀깍

훌꺽<액체나 음식물을 가볍게 삼키는 소리>

-(합)훌꺽-훌꺽

홀딱<작은 것이 다 드러나게 벗어지거나 뒤집히는 꼴>

-(합)홀딱-홀딱

훌떡<속이 다 드러나도록 모두 벗어 버리거나 벗겨진 꼴>

-(합)훌떡-훌떡

홀랑<속의 것이 다 드러나도록 할갑게 쏙 벗어지거나 벗거나 뒤집히는 꼴>

-(합)홀랑-홀랑

훌렁<속의 것이 다 드러나도록 완전히 벗어지거나 뒤집히는 꼴>

-(합)훌렁-훌렁

홀짝<적은 액체를 단숨에 남김없이 들이마시는 꼴>

-(합)홀짝-홀짝

홀쭉<속이 비어 안으로 오므라져 있는 꼴>

-(합)홀쭉-홀쭉

훌쭉<속이 비어 안으로 몹시 오므라져 있는 꼴>
-(합)훌쭉-훌쭉
화끈<따가운 기운을 받아 갑자기 달아오르는 느낌>
-(합)화끈-화끈
활딱<남김없이 시원스럽게 벗거나 벗어진 꼴>
-(합)활딱-활딱
훨떡<남김없이 벗거나 벗어진 꼴>
-(합)훨떡-훨떡
활싹<썩 넓게 벌어지거나 열린 꼴>
훨썩<정도 이상으로 넓게 벌어지거나 열린 꼴>
활씬<정도 이상으로 좀 많거나 적게>
훨씬<정도 이상으로 많거나 적게>
활짝<문 따위가 한껏 시원스럽게 열린 꼴>
훨쩍<문 따위가 한껏 매우 시원스럽게 열린 꼴>
활찐<너른 들 따위가 아주 시원스럽게 터진 꼴>
훨찐<너른 들 따위가 아주 시원스럽게 널리 벌어진 꼴>
회똑<갑자기 넘어질 듯이 한쪽으로 조금 한들거리거나 쏠리는 꼴>
-(합)회똑-회똑
후끈<뜨거운 기운을 받아 급자기 달아오르는 느낌>
-(합)후끈-후끈
후딱<썩 빨리 날쌔게 해 내는 꼴>
-(합)후딱-후딱
훌쩍<단번에 높이 뛰거나 날아오르는 꼴>
-(합)훌쩍-훌쩍
휘딱<갑자기 빨리 돌거나 지나가는 꼴>
-(합)휘딱-휘딱
휘뚝<급자기 넘어질 듯이 한쪽으로 흔들거리거나 쏠리는 꼴>
-(합)휘뚝-휘뚝
휘청<기다란 물건이 탄력 있게 휘어지며 거볍게 흔들리는 꼴>
-(합)휘청-휘청
흠뻑<한도에 차고도 남도록 아주 넉넉하게>
-(합)흠뻑-흠뻑
흠씬<한도에 한껏 차고도 남도록 아주 넉넉히>

-(합)흠씬-흠씬

흠칫<목이나 몸을 움츠리며 갑작스럽게 놀라는 꼴>

-(합)흠칫-흠칫

희끗<한 군데에 흰 빛깔이 언뜻 섞여 있는 꼴>

-(합)희끗-희끗

희뜩<몸을 뒤로 젖히며 급자기 나가자빠지는 꼴>

-(합)희뜩-희뜩

희뜩<흰 빛깔이 다른 색깔 사이에 뒤섞여 있는 꼴>

-(합)희뜩-희뜩

희뜩-번뜩<빛이 여기저기 반사되어 크게 빛나는 꼴>

히뜩<갑자기 얼굴을 돌려 슬쩍 뒤를 돌아보는 꼴>

-(합)히뜩-히뜩

히물<입술을 조금 실그러뜨리며 소리 없이 능청스럽게 한 번 웃는 꼴>

-(합)히물-히물

히죽<흐뭇하여 슬며시 한 번 웃는 꼴>

-(합)히죽-히죽

히쭉<몹시 흐뭇하여 슬며시 한 번 웃는 꼴>

-(합)히쭉-히쭉

히쭉-벌쭉<몹시 기뻐서 어쩔 줄 몰라 하며 입을 벌리고 소리 없이 자꾸 웃는 꼴>

히쭉-해쭉<매우 흡족한 듯이 표가 나지 않고 귀엽게 자꾸 웃는 꼴>

1.2.2. 복합 어찌씨 만들기에 관여하지 않는 것

2음절 단일 어찌씨 가운데 더 이상 복합 어찌씨 만들기에 관여하지 않는 것들은 아래 보기와 같이 꽤 많은 편이다. 이들 어찌씨가 밑말이 되고 여기에 낱말이나 뿌리가 덧붙든가, 같거나 비슷한 꼴로 되풀이되어 합성 어찌씨를 만들지는 않는다. 또한 파생의 가지가 덧붙어 결합 과정을 거치거나, 닿소리나 홀소리를 바꿔 줌으로써 뜻에서 비슷한 파생 어찌씨를 만들지도 않는다. 그러나 소리흉내말이나 꼴흉내말에 속하는 것들은 지금은 어찌씨 만들기에 관여하지는 않지만 앞으로 같은 꼴이나 비슷한 꼴로 되풀이되어 합성 어찌씨를 만들거나 내적 파생법을 통해 파생 어찌씨를 만들 가능성은 충분히 있다.

끼익<달리던 기차 따위가 제동기의 제동을 받으며 멈출 때 나는 소리>
가로<좌우의 방향으로>
가장<여럿 가운데서 으뜸으로>
거저<아무런(별로) 힘들임이나 조건이 없이>
거진<어느 한도에 가까운 정도로>
고대<이제 막>
그예<마지막에 가서는>
그저<달리 다른 일을 하지 않은 채로 그냥>
꽈악<힘을 주어 세게 쥐거나 묶는 꼴>
꾸욱<매우 강하게 힘을 주어 누르거나 조이거나 다물거나 찌르는 꼴>
끄응<몹시 아프거나 힘든 일을 할 때 길게 내는 소리>
끈히<끈질기게>
나우<좀 많은 듯하게>
나중<얼마의 시간이 지난 뒤에>
난딱<냉큼 딱>
내나<결국에 가서는>
내둥<일삼아 이때껏>
내처<어떤 일 끝에 잇달아>
냅다<몹시 세차고 빠른 꼴>
너풋<가볍게 빨리 한 번 움직이는 꼴>
넌떡<닁큼 썩>
노상<언제나 변함이 없이>
눌러<그대로 계속하여>
느루<대번에 몰아치지 않고 길게 늘여서>
다만<어떤 사실만을 오로지>
다직<힘이 미치는 정도껏>
담빡<아무 생각 없이 가볍게 행동하는 꼴>

대고<무리하게 자꾸>
대뜸<이것저것 헤아릴 것 없이 닥치자마자 그 자리에서 얼른>
대컨<대체로 보아서>
덜썩<사람이 갑자기 힘없이 주저앉는 소리>
덜퍽<사람이 힘없이 주저앉거나 눕는 꼴>
덤뻑<앞뒤를 헤아리지 않고 냅뜨는 꼴>
도두<위로 돋아서 높게>
도로<되돌아서 반대쪽을 향하여>
되처<거듭하여 다시>
드뿍<분량이 범위에 넘는 꼴>
또는<그렇지 않으면>
또한<마찬가지로>
똠방<통틀어서>
띵동<초인종 따위가 조금 세게 울리는 소리>
마냥<늦잡아 느릿느릿>
마저<남기지 않고 죄다>
마주<둘이 서로 마주 향하여>
마치<다른 데가 없이 꼭>
만손<주로 '-을지라도, -더라도'와 함께 쓰여 양보의 뜻을 나타내는 문장을 이끄는 말>
만판<자꾸 마음 내키는 대로 실컷>
말끔<조금도 남김없이 모두>
매양<한결같이>
매우<표준 정도에 적잖이 지나게>
먼저<시간으로나 차례에 앞서서>
모두<모아서(합쳐서) 다>
몹시<더할 수 없이 심하게>
몽땅<온통 모두>
무릇<모든 사리를 종합하여 살펴보건대>
무척<다른 것과 견줄 수가 없이>
벌쭘<불쑥. 조금 벌어진 꼴>
보다<한층 더. 좀 더>
부루<쉽게 없애지 않고 오래 가도록 늘여>

붐희<먼동이나 바깥 따위가 날이 새려고 희미하게 돌아 약간 밝은 듯하게>
비록<아무리 그렇다고 할지라도>
비비<여러 번 꼬이거나 뒤틀린 꼴>
빠방<화약이나 폭탄 따위가 갑자기 요란스럽게 터지는 소리>
삐국<사람이나 물건이 어떤 공간에 빈틈없이 꽉 찬 꼴>
삐빼<어린아이의 높고 가느다란 울음소리>
삐익<자동차 따위가 갑자기 멈출 때 브레이크가 마찰하면서 나는 소리>
사뭇<거리낌 없이 끝까지>
살풋<가볍고 포근하게 살며시>
살픈<포근하고 살며시>
삼가<겸손하고 정중한 태도로>
새삼<이미 알고 있는 느낌이나 감정 따위가 다시금 새롭게>
설픈<어설픈 데가 있게>
설풋<분명하지 못하고 조금 흐릿하게>
섭적<힘들이지 아니하고 거볍게 선뜻 건너뛰거나 올라서는 꼴>
세로<세로의 방향으로>
손수<제 손으로 직접>
숫제<무엇을 하기 전에 차라리>
실컷<마음이 원하는 대로 한껏>
싸악<모조리 말끔하게>
쏘옥<몹시 내밀거나 푹 들어간 꼴>
쏴아<바람이 세게 스쳐 불 때 나는 소리>
쏴악<무엇을 거침없이 밀거나 쓸어버리는 꼴>
쑤욱<안으로 깊이 들어가거나 밖으로 내민 꼴>
쓰윽<넌지시 말을 건네거나 행동하는 꼴>
씨익<소리 없이 크게 한 번 싱겁게 웃는 꼴>
아까<조금 전에>
아니[17]<부정하는 뜻을 나타냄>
아예<애초부터>
암만<정도가 매우 심함을 나타낼 때 쓰는 말>
야짓<한편에서 시작하여 사이를 띄지 않고 통틀어 모조리>

---

17) 준말로 '안'이 있다.

약간<조금. 또는 얼마쯤>
어례<행동하기가 거북스럽고 조심스럽게>
어이<'어찌'를 예스럽게 이르는 말>
얼추<대강으로>
엄청<양이나 정도가 아주 지나치게>
여직<말하고 있는 바로 이때까지>
연방<잇달아 자꾸>
연송<잇달아서 자꾸>
영판<아주>
오직<다른 것은 있을 수 없이>
왕청<엄청나게>
왜뚜<피리나 뿔로 된 나팔 같은 것을 불 때 나는 소리>
왱댕<요란스럽게 떠들 때 나는 소리>
외우<외지게>
워낙<두드러지게 아주>
위잉<기계 따위가 매우 빠르게 돌아갈 때 나는 소리>
으아<젖먹이나 어린아이가 크게 우는 소리>
으악<먹은 것을 게울 때 나는 소리>
으웩<구역질하거나 게우는 소리>
으흑<감정이 복받쳐 갑작스레 우는 소리>
음매<송아지가 우는 소리>
응아<갓난아이가 우는 소리>
응애<갓난아이가 우는 소리>
이내<그 때에 곧>
이내<시간적으로 오래 끌지 않고 곧. 지체 없이 곧(공간적으로) 가까이에 바로>
이냥<이 모양으로 내처>
이루<암만하여도>
이미<어떤 시각보다 전에>
자못<상당히. 꽤>
자뿍<자지러질 정도로 함빡>
작이<아쉽게도 채 이르지 못하게>
재우<매우 빨리>
재처<이내 몰아쳐>

잼처<어떤 일에 바로 뒤이어 거듭>
절로<작위적인 노력 없이 자연적으로>
정작<긴히 꼭>
제발<간절하게 바라건대>
제창<저절로 알맞게>
조추<작은 목소리로 수다스럽게 자꾸 혼잣말을 하는 소리>
지레<무슨 일이나 때가 되기도 전에 미리>
진작<바로 그때에>
진창<실컷. 마음껏>
짐짓<마음에는 그렇지 않으나 일부러 그렇게>
짜장<과연. 정말로>
찔긋<몸이나 몸의 일부를 힘껏 움츠리거나 펴는 꼴>
차마<'속마음에서 우러나는 애틋하고 안타까운 정을 억눌러 참고서'의 뜻>
처음[18]<시간상으로나 차례로 맨 앞>
쿠궁<무거운 물건이 단단한 바닥에 떨어지거나 부딪칠 때 둔하게 울리는 소리>
피직<마지막 불꽃이 타거나 물이 증발하면서 나는 소리>
한갓<단지 그것만으로>
함께<서로 더불어>
항차<앞 내용보다 뒤 내용에 대한 더 강한 긍정을 나타낼 때 쓰는 말>
홀로<혼자서만. 짝이 없이 외롭게>
후훗<기분이 좋거나 흐뭇할 때 웃는 소리>
휘끈<갑자기 돌거나 돌리는 꼴>
휘익<빠르고 조금 크게 한 번 돌거나 휘는 꼴>
히힝<말이 우는 소리>

1.3. 3음절 단일 어찌씨

단일 어찌씨 가운데 2음절짜리가 가장 많고 3음절짜리가 그 다음으로 많은 수를 차지한다. 3음절 단일 어찌씨가 밑말이 되어 복합 어찌씨 만

18) 준말로 '첨'이 있다.

들기에 관여하는 것과 관여하지 않는 것으로 나누어 살피기로 한다.

1.3.1. 복합 어찌씨 만들기에 관여하는 것

3음절로 이루어진 단일 어찌씨 가운데 복합 어찌씨 만들기의 밑말로 쓰이는 것들이 이에 해당한다. 이들 어찌씨가 밑말이 되고 여기에 다른 낱말이나 뿌리가 덧붙거나, 같은 꼴이나 비슷한 꼴로 되풀이되어 결합 과정을 거쳐 합성 어찌씨가 만들어진다. 또한 파생 가지가 덧붙거나 내적 파생법에 따라 밑말의 닿소리나 홀소리를 바꿔 줌으로써 파생 어찌씨가 만들어진다.

어찌씨에 따라 복합 어찌씨를 만드는 데 관여하는 정도가 다르다. 어떤 어찌씨는 많은 복합 어찌씨를 만드는 데 밑말로 쓰이기도 하고, 어떤 것은 오직 하나의 복합 어찌씨를 만드는 데 관여하기도 한다. 3음절 단일 어찌씨 가운데 흉내말이 가장 많은 편이며, 흉내말은 내적 파생법에 따라 많은 파생 어찌씨가 생성된다. 또한 같은 꼴이나 비슷한 꼴로 되풀이되어 많은 합성 어찌씨가 생성된다. 3음절 단일 어찌씨를 밑말로 하여 만들어진 합성 어찌씨와 파생 어찌씨는 다음과 같다.

가르랑<목구멍에 가래 따위가 걸려 숨을 쉴 때 가치작거리는 소리>
  -(합)가르랑-가르랑
  그르렁<목구멍에 가래 따위가 걸려 숨을 쉴 때 거치적거리는 소리>
    -(합)그르렁-그르렁
갸우뚱<한쪽이 갸우듬히 낮아진 꼴>
  -(합)갸우뚱-갸우뚱
    꺄우뚱<한쪽으로 꺄우듬히 낮아진 꼴>
      -(합)꺄우뚱-꺄우뚱
  기우뚱<한 쪽이 기우듬히 낮아진 꼴>

–(합)기우뚱–기우뚱

끼우뚱<물체가 한 쪽이 기우듬히 낮아진 꼴>

–(합)끼우뚱–끼우뚱

곰지락<느리고 굼뜬 몸짓으로 작게 한 번 움직이는 꼴>

–(합)곰지락–곰지락

굼지럭<느리고 굼뜬 몸짓으로 한 번 움직이는 꼴>

–(합)굼지럭–굼지럭

까르르<자지러지게 깔깔 웃는 소리>

–(합)까르르–까르르

까르륵<젖먹이가 몹시 자지러지게 우는 소리>

–(합)까르륵–까르륵

꼬꼬댁<암탉이 놀랬거나 알을 낳은 뒤에 우는 소리>

–(합)꼬꼬댁–꼬꼬댁

꼬르륵<사람의 뱃속이나 대통의 진 따위가 조금씩 끓는 소리>

–(합)꼬르륵–꼬르륵

꾸르륵<사람의 뱃속이나 대통의 진 따위가 몹시 끓는 소리>

–(합)꾸르륵–꾸르륵

꼬부랑<무엇이 매우 곱거나 휘어 있는 꼴>

–(합)꼬부랑–꼬부랑

꼴까닥<적은 액체 따위가 목구멍이나 좁은 구멍으로 한꺼번에 넘어가는 소리>

–(합)꼴까닥–꼴까닥

꿀꺼덕<액체 따위가 목구멍이나 좁은 구멍으로 한꺼번에 넘어가는 소리>

–(합)꿀꺼덕–꿀꺼덕

꼴찌락<적은 양의 질고 물기가 많은 물건을 주무르거나 누르거나 할 때 나는 소리>

–(합)꼴찌락–꼴찌락

꿀찌럭<질고 물기가 많은 물건을 주무르거나 누르거나 할 때 나는 소리>

–(합)꿀찌럭–꿀찌럭

꼼지락<매우 느리고 굼뜬 몸짓으로 작게 한 번 움직이는 꼴>

–(합)꼼지락–꼼지락

꿈지럭<매우 둔하고 느리게 움직이는 꼴>

–(합)꿈지럭–꿈지럭

꽈다당<무거운 물체가 단단한 곳에 부딪치거나 넘어질 때 나는 소리>

콰다당<무거운 물체가 단단한 곳에 거세게 부딪치거나 넘어질 때 나는 소리>

꽈르르<많은 물이 좁은 목으로 급히 쏟아지는 소리>

콰르르<많은 물이 좁은 목으로 좀 급하고 세차게 쏟아지는 소리>

꿔르르<많은 물이 좁은 목으로 아주 급히 쏟아지는 소리>

쿼르르<많은 물이 좁은 목으로 급하고 세차게 쏟아지는 소리>

꽈르릉<폭발물 같은 것이 터지며 요란하게 울릴 때 나는 소리>

-(합)꽈르릉-꽈르릉

끄르륵<트림을 깊이 하는 소리>

-(합)끄르륵-끄르륵

끼루룩<기러기 따위가 우는 소리>

-(합)끼루룩-끼루룩

나부시<천천히 공손하게 고개를 숙이거나 엎드려 절하는 꼴>

너부시<천천히 침착하게 고개를 숙이거나 앉거나 엎드려 절하는 꼴>

나부죽<천천히 납작하게 엎드리는 꼴>

-(파)나부죽-이<천천히 납작하게 엎드린 상태로>

닐리리<퉁소나 나발 따위 관악기의 음을 입으로 흉내 낸 소리>

-(합)닐리리-쿵더쿵<관악기와 타악기가 뒤섞인 풍류 소리를 나타내는 말>

다다닥<움직이는 물체 따위에 무엇인가가 부딪치는 소리>

-(합)다다닥-다다닥

따다닥<움직이는 물체에 무언가가 세게 부딪치는 소리>

-(합)따다닥-따다닥

타다닥<움직이는 물체 따위에 무엇인가가 거세게 부딪치는 소리>

-(합)타다닥-타다닥

다르랑<좀 요란하게 코를 고는 소리>

-(합)다르랑-다르랑

다르르<작은 물건이 단단한 바닥 위를 구를 때 가볍게 나는 소리>

따르르<작은 물건이 단단한 바닥 위를 구를 때 좀 세게 나는 소리>

다르르<어떤 일에 익숙하여 막힘이 없이 잘하는 꼴>

따르르<어떤 일에 매우 익숙하여 막힘이 없이 잘 하는 꼴>

달가닥<단단하고 작은 물건끼리 부딪칠 때 맞닿아 나는 소리>

-(합)달가닥-달가닥

달까닥<단단하고 작은 물건이 세게 부딪칠 때 맞닿아 나는 소리>

-(합)달까닥-달까닥

달카닥<단단하고 작은 물건이 거세게 부딪칠 때 맞닿아 나는 소리>

-(합)달카닥-달카닥

딸가닥<딴딴하고 작은 물건이 맞닿아 나는 소리>

-(합)딸가닥-딸가닥

탈가닥<작고 탄탄한 물건이 부딪치며 맞닿을 때 나는 소리>

-(합)탈가닥-탈가닥

탈카닥<작고 탄탄한 물건이 거세게 부딪칠 때 맞닿아 나는 소리>

-(합)탈카닥-탈카닥

딸까닥<딴딴하고 작은 물건이 세게 부딪치면서 맞닿아 나는 소리>

-(합)딸까닥-딸까닥

딸카닥<작고 단단한 물건이 서로 세고 거세게 부딪치는 소리>

-(합)딸카닥-딸카닥

덜거덕<든든하고 큰 물건들이 부딪칠 때 맞닿아 나는 소리>

-(합)덜거덕-덜거덕

떨거덕<단단하고 큰 물건이 부딪칠 때 맞닿아 나는 소리>

-(합)떨거덕-떨거덕

털거덕<크고 튼튼한 물건이 부딪치며 맞닿을 때 나는 소리>

-(합)털거덕-털거덕

털커덕<크고 튼튼한 물건이 거세게 부딪칠 때 맞닿아 나는 소리>

-(합)털커덕-털커덕

떨꺼덕<단단하고 큰 물건이 세게 부딪칠 때 맞닿아 나는 소리>

-(합)떨꺼덕-떨꺼덕

떨커덕<단단한 물건이 서로 세고 거세게 부딪치는 소리>

-(합)떨커덕-떨커덕

덜꺼덕<든든하고 큰 물건이 세게 부딪칠 때 맞닿아 나는 소리>

-(합)덜꺼덕-덜꺼덕

덜커덕<단단하고 큰 물건이 부딪칠 때 맞닿아 나는 소리>

-(합)덜커덕-덜커덕

달가당<단단하고 작은 물건끼리 부딪칠 때 가볍게 맞닿아 나는 소리>

-(합)달가당-달가당

달까당<단단하고 작은 물건이 세게 부딪칠 때 맞닿아 울리어 나는 소리>

-(합)달까당-달까당

달카당<단단하고 작은 물건이 세차게 부딪칠 때 맞닿아 나는 소리>

-(합)달카당-달카당

딸가당<딴딴하고 작은 물건이 부딪칠 때 맞닿아 울리어 나는 소리>

-(합)딸가당-딸가당

탈가당<작고 탄탄한 물건이 부딪치며 맞닿아 울릴 때 나는 소리>

-(합)탈가당-탈가당

탈카당<작고 탄탄한 물건이 세차게 부딪칠 때 울리어 나는 소리>

-(합)탈카당-탈카당

딸까당<딴딴하고 작은 물건이 세게 부딪치면서 맞닿아 울리어 나는 소리>

-(합)딸까당-딸까당

딸카당<단단하고 작은 물건이 서로 세고 거세게 부딪쳐 울리는 소리>

-(합)딸카당-딸카당

덜거덩<든든하고 큰 물건들이 부딪칠 때 가볍게 울리어 나는 소리>

-(합)덜거덩-덜거덩

떨거덩<단단하고 큰 물건이 부딪칠 때 맞닿아 울리어 나는 소리>

-(합)떨거덩-떨거덩

털거덩<크고 튼튼한 물건이 부딪치며 맞닿아 울릴 때 나는 소리>

-(합)털거덩-털거덩

털커덩<크고 튼튼한 물건이 세차게 부딪칠 때 울리어 나는 소리>

-(합)털커덩-털커덩

떨꺼덩<단단하고 큰 물건이 세게 부딪칠 때 맞닿아 울리어 나는 소리>

-(합)떨꺼덩-떨꺼덩

떨커덩<단단한 물건이 서로 세고 거세게 부딪쳐 울리는 소리>

-(합)떨커덩-떨커덩

덜꺼덩<든든하고 큰 물건이 세게 부딪칠 때 맞닿아 거볍게 울리어 나는 소리>

-(합)덜꺼덩-덜꺼덩

덜커덩<단단하고 큰 물건이 세차게 부딪칠 때 맞닿아 나는 소리>

-(합)덜커덩-덜커덩

달그락<단단하고 작은 물건이 가볍게 부딪쳐 흔들리면서 맞닿아 나는 소리>

-(합)달그락-달그락

딸그락<딴딴하고 작은 물건이 부딪쳐 흔들리면서 맞닿아 나는 소리>

-(합)딸그락-딸그락

덜그럭<든든하고 큰 물건이 거볍게 흔들려 부딪치면서 맞닿아 나는 소리>

-(합)덜그럭-덜그럭

떨그럭<단단하고 큰 물건이 부딪쳐 흔들리면서 맞닿아 나는 소리>

-(합)떨그럭-떨그럭

달그랑<얇고 작은 금속 따위가 가볍게 부딪칠 때 울리어 나는 소리>

-(합)달그랑-달그랑

딸그랑<얇고 작은 쇠붙이 따위가 부딪칠 때 울리어 나는 소리>

-(합)딸그랑-딸그랑

덜그렁<엷고 큰 쇠붙이 따위가 거볍게 부딪칠 때 울리어 나는 소리>

-(합)덜그렁-덜그렁

떨그렁<얇고 큰 쇠붙이 따위가 부딪칠 때 울리어 나는 소리>

-(합)떨그렁-떨그렁

달라당<작고 단단한 물건이 흔들리면서 서로 부딪쳐 울리는 소리>

-(합)달라당-달라당

덜러덩<크고 단단한 물건이 느리게 흔들리면서 서로 부딪쳐 울리는 소리>

-(합)덜러덩-덜러덩

달라당<작은 사람이 갑자기 미끄러져 넘어지는 꼴>

-(합)달라당-달라당

덜러덩<덩치가 큰 사람이 갑자기 미끄러지며 넘어지는 꼴>

-(합)덜러덩-덜러덩

대그락<단단하고 작은 물건들이 서로 맞닿을 때 나는 소리>

-(합)대그락-대그락

때그락<딴딴하고 작은 물건이 서로 맞닿아서 세게 나는 소리>

-(합)때그락-때그락

데그럭<든든하고 큰 물건들이 서로 맞닿을 때 나는 소리>

-(합)데그럭-데그럭

떼그럭<단단하고 큰 물건들이 서로 맞닿아서 나는 소리>

-(합)떼그럭-떼그럭

댕가당<작은 쇠붙이 따위가 가볍게 부러지거나 부딪치는 소리>

-(합)댕가당-댕가당

땡가당<작은 쇠붙이 따위가 세게 부러지거나 부딪치는 소리>

-(합)땡가당-땡가당

뎅거덩<큰 쇠붙이 따위가 부러지거나 부딪치는 소리>

-(합)뎅거덩-뎅거덩

뗑거덩<큰 쇠붙이 따위가 세게 부러지거나 부딪치는 소리>

-(합)뗑거덩-뗑거덩

댕그랑<작은 방울, 풍경, 워낭 따위가 흔들리면서 울리어 나는 소리>

-(합)댕그랑-댕그랑

땡그랑<작은 종, 방울, 풍경 따위가 흔들리면서 세게 울리어 나는 소리>

-(합)땡그랑-땡그랑

뎅그렁<큰 방울, 풍경, 워낭 따위가 흔들리면서 울리어 나는 소리>

-(합)뎅그렁-뎅그렁

뗑그렁<큰 종, 방울, 풍경 따위가 흔들리면서 세게 울리어 나는 소리>

-(합)뗑그렁-뗑그렁

덤버덩<크고 무거운 물건이 물에 떨어질 때 나는 소리>

-(합)덤버덩-덤버덩

덩더꿍<북을 흥겹게 두드리는 소리>

-(합)덩더꿍-덩더꿍

덱데굴<크고 단단한 물건이 다른 물건에 부딪치면서 굴러가는 소리>

-(합)덱데굴-덱데굴

땍때굴<작고 단단한 물건이 다른 물건에 부딪치면서 아주 빠르게 굴러가는 소리>

-(합)땍때굴-땍때굴

떽떼굴<크고 단단한 물건이 다른 물건에 부딪치면서 빠르게 굴러가는 소리>

-(합)떽떼굴-떽떼굴

도르르<좁은 종이 따위가 탄력 있게 돌돌 말리는 꼴>

또르르<좁은 종이 따위가 매우 탄력 있게 말리는 꼴>

두르르<넓은 종이 따위가 탄력 있게 둘둘 말리는 꼴>

뚜르르<넓은 종이 따위가 매우 탄력 있게 말리는 꼴>

도르르<작고 동그스름한 물건이 가볍게 구르는 소리>

또르르<작고 동그스름한 물건이 힘차게 구르는 소리>

돠르르<물 따위가 좁은 목으로 급히 쏟아지는 소리>

뽜르르<물 따위가 좁은 목으로 매우 급하게 쏟아지는 소리>

두르르<바퀴 따위가 굴러가며 넓게 울리는 소리>

뚜르르<바퀴 따위가 굴러가며 매우 크게 울리는 소리>

드르렁<크고 요란하게 코를 고는 소리>

-(합)드르렁-드르렁

드르릉<코를 심하게 고는 소리>

-(합)드르릉-드르릉

드르르<큰 바위 따위의 물건이 단단한 바닥 위를 구를 때 거볍게 나는 소리>

뜨르르<큰 바퀴 따위가 단단한 바닥 위를 구를 때 세게 나는 소리>

드르르<어떤 일에 익숙하여 전혀 막힘이 없이 잘하는 꼴>

뜨르르<어떤 일에 매우 익숙하여 전혀 막힘이 없이 매우 잘하는 꼴>

드르륵<큰 물건이 일정하게 구르다가 딱 멎는 소리>

-(합)드르륵-드르륵

뜨르륵<큰 물건이 세게 구르다가 멎을 때 나는 소리>

-(합)뜨르륵-뜨르륵

드르륵<연발총을 쏘는 때 나는 소리>

-(합)드르륵-드르륵

뚜루룩<기관총 따위를 쏠 때 울리는 소리>

-(합)뚜루룩-뚜루룩

따르륵<작은 물건이 세게 구르다가 딱 멎는 소리>

-(합)따르륵-따르륵

따르릉<전화, 자명종 따위가 한 동안 떨어 울리는 소리>

-(합)따르릉-따르릉

또르륵<작고 동그스름한 물건이 구르거나 흘러 떨어지는 소리>

뚜르륵<크고 둥그스름한 물건이 구르거나 흘러 떨어지는 소리>

뚜두둑<소나기나 우박 따위가 잇따라 세게 떨어지는 소리>

-(합)뚜두두둑<소나기나 우박 따위가 잇따라 세게 떨어지는 소리>

바가닥<작고 단단한 물건이 맞닿아 문질리다가 그칠 때 나는 소리>

-(합)바가닥-바가닥

빠가닥<작고 단단한 물건이 조금 세게 문질리다가 그칠 때 나는 소리>

-(합)빠가닥-빠가닥

배가닥<작고 단단한 물건이 서로 닿아서 갈릴 때 나는 소리>

-(합)배가닥-배가닥

빼가닥<작고 딴딴한 물건이 서로 닿아 갈리다가 그칠 때 나는 소리>

-(합)빼가닥-빼가닥

빼까닥<작고 단단한 물건이 서로 닿아서 세게 갈릴 때 나는 소리>

−(합)빼까닥−빼까닥

버거덕<크고 단단한 물건이 맞닿아 문질리다가 그칠 때 나는 소리>

−(합)버거덕−버거덕

뻐거덕<크고 단단한 물건이 맞닿아 조금 세게 문질리다가 그칠 때 나는 소리>

−(합)뻐거덕−뻐거덕

뻐꺼덕<크고 단단한 물건이 맞닿아 세게 문질리다가 그칠 때 나는 소리>

−(합)뻐꺼덕−뻐꺼덕

비거덕<크고 단단한 물건이 서로 닿아서 갈릴 때 나는 소리>

−(합)비거덕−비거덕

삐거덕<크고 딴딴한 물건이 서로 닿아 갈리다가 그칠 때 나는 소리>

−(합)삐거덕−삐거덕

삐꺼덕<크고 단단한 물건이 서로 닿아서 세게 갈릴 때 나는 소리>

−(합)삐꺼덕−삐꺼덕

바드득<단단하고 질기거나 반드러운 물건을 되게 문지를 때 되바라지게 나는 소리>

−(합)바드득−바드득

빠드득<딴딴하고 질기거나 빤드러운 물건을 몹시 되게 문지르거나 마주 갈 때 되바라지게 나는 소리>

−(합)빠드득−빠드득

파드득<탄탄하고 질기거나 빤드러운 물건을 세게 문지르거나 마주 갈 때 몹시 되바라지게 나는 소리>

−(합)파드득−파드득

빠드득<빠듯한 틈에 끼인 단단한 물건이 몹시 세게 문질릴 때 나는 소리>

−(합)빠드득−빠드득

바드등<단단하고 질기거나 매끄러운 물건을 문지를 때 야무지게 울리어 나는 소리>

−(합)바드등−바드등

빠드등<단단하고 질기거나 매끄러운 물건을 세게 문지를 때 매우 야무지게 울리어 나는 소리>

−(합)빠드등−빠드등

바르르<액체가 가볍게 바그르르 끓는 꼴>

파르르<액체가 가볍게 빠그르르 끓는 꼴>

버르르<액체가 가볍게 버그르르 끓는 꼴>

퍼르르<액체가 거볍게 뻐그르르 끓는 꼴>

보르르<액체가 가볍게 보그르르 끓는 꼴>

포르르<액체가 가볍게 끓는 꼴>

부르르<액체가 거볍게 부그르르 끓는 꼴>

바사삭<가랑잎, 마른 바스라기 따위를 밟을 때 나는 소리>

-(합)바사삭-바사삭

빠사삭<마른 잎이나 눈 따위를 좀 세게 밟을 때 나는 소리>

-(합)빠사삭-빠사삭

파사삭<마른 잎이나 가랑잎 따위를 거세게 밟을 때 나는 소리>

-(합)파사삭-파사삭

버서석<마른 검불이나 부스러기 등을 밟을 때 나는 소리>

-(합)버서석-버서석

뻐서석<마른 검불이나 부스러기 따위를 세게 밟을 때 나는 소리>

-(합)뻐서석-뻐서석

퍼서석<바싹 말라서 물기가 없는 물건이 거세게 부러지거나 깨지는 소리>

-(합)퍼서석-퍼서석

보사삭<마른 물건이 가볍게 부스러지는 소리>

-(합)보사삭-보사삭

뽀사삭<마른 물건이 가볍고 세게 부스러지는 소리>

-(합)뽀사삭-뽀사삭

부서석<마른 물건이 부스러질 때 나는 소리>

-(합)부서석-부서석

뿌서석<마른 물건이 세게 부스러지는 소리>

-(합)뿌서석-뿌서석

바스락<가랑잎이나 마른 바스라기 따위를 가볍게 요리조리 건드릴 때 나는 소리>

-(합)바스락-바스락

빠스락<가랑잎이나 마른 바스라기 등이 요리조리 좀 세게 건드릴 때 나는 소리>

-(합)빠스락-빠스락

버스럭<마른 검불이나 부스러기 등을 거볍게 이리저리 건드릴 때 나는 소리>

-(합)버스럭-버스럭

뻐스럭<마른 검불이나 부스러기 등을 이리저리 세게 건드릴 때 나는 소리>

-(합)빼스럭-빼스럭

보스락<바스라지기 쉬운 물건을 요리조리 가볍게 건드릴 때 나는 소리>

-(합)보스락-보스락

뽀스락<바스러지기 쉬운 물건을 세게 요리조리 건드릴 때 나는 소리>

-(합)뽀스락-뽀스락

부스럭<부스러지기 쉬운 물건을 거볍게 이리저리 움직일 때 나는 소리>

-(합)부스럭-부스럭

뿌스럭<부스러지기 쉬운 물건을 세게 이리저리 건드릴 때 나는 소리>

-(합)뿌스럭-뿌스럭

바스스<머리털이나 털 따위가 좀 어지럽게 일어나거나 흐트러진 꼴>

보스스<가는 털이나 솜털 따위가 짧고 보드랍게 나오거나 조금 흐트러져 있는 꼴>

부스스<머리털이나 털 따위가 어지럽게 일어나거나 흐트러진 꼴>

바지지<물기 있는 물건이 뜨거운 열에 조금씩 닿아 급히 졸아붙을 때 나는 소리>

빠지지<물기 있는 물건이 뜨거운 열에 닿아 아주 타거나 졸아들 때 좀 세게 나는 소리>

부지지<물기 있는 물건이 뜨거운 열에 닿아 타거나 졸아들 때 거볍게 나는 소리>

뿌지지<물기 있는 물건이 뜨거운 열에 닿아 몹시 급히 타거나 졸아붙을 때 아주 세게 나는 소리>

바지직<물기 있는 물건이 뜨거운 열에 닿아 졸아붙을 때 나는 소리>

-(합)바지직-바지직

빠지직<물기 있는 물건이 뜨거운 열에 닿아 몹시 급히 타거나 졸아붙을 때처럼 세게 나는 소리>

-(합)빠지직-빠지직

부지직<물기 있는 물건이 뜨거운 열에 닿아 급히 타거나 졸아붙을 때 나는 소리>

-(합)부지직-부지직

뿌지직<물기 있는 물건이 뜨거운 열에 닿아 몹시 급히 타거나 졸아붙을 때 아주 세게 나는 소리>

-(합)뿌지직-뿌지직

박박이<그러하리라는 짐작이 틀림없이>

빡빡이<앞으로 그러하리라는 짐작이 조금도 틀림없이>

벅벅이<미루어 헤아리기에 틀림없이>

빽빽이<앞으로 그러하리라는 짐작이 조금도 틀림없이>

반지레<사물이나 그 거죽이 윤이 나고 약간 매끄러운 꼴>

빤지레<사물이나 그 거죽이 윤이 나고 매끄러운 꼴>

번지레<사물이나 그 거죽이 약간 윤이 나고 미끄러운 꼴>

뻔지레<실속이 없이 겉으로만 그럴듯한 꼴>

발그레<사물이나 그 빛이 약간 발간 듯한 꼴>

빨그레<사물이나 그 빛이 빨그스름한 꼴>

벌그레<사물이나 그 빛이 조금 곱게 벌그스름한 꼴>

뻘그레<사물이나 그 빛이 조금 곱게 뻘그스름한 꼴>

볼그레<조금 곱게 불그스름한 꼴>

뽈그레<조금 볼그스름한 꼴>

불그레<조금 곱고 연하게 불그스름한 꼴>

뿔그레<조금 연하게 불그스름한 꼴>

발라당<좀 굼뜨게 뒤로 발딱 자빠지거나 눕거나 하는 꼴>

-(합)발라당-발라당

벌러덩<굼뜨게 뒤로 벌떡 자빠지거나 눕거나 하는 꼴>

-(합)벌러덩-벌러덩

방그레<소리 없이 입만 조금 벌리고 가볍고 부드럽게 웃는 꼴>

벙그레<소리 없이 입만 크게 벌리고 가볍고 부드럽게 웃는 꼴>

뻥그레<입을 좀 크게 벌리며 소리 없이 매우 부드럽게 웃는 꼴>

뱅그레<입을 살짝 벌릴 듯 말 듯 하면서 소리 없이 보드랍게 웃는 꼴>

뺑그레<입을 살며시 벌릴 듯하면서 소리 없이 매우 보드랍게 웃는 꼴>

빙그레<입을 슬며시 벌릴 듯하면서 소리 없이 부드럽게 웃는 꼴>

삥그레<입술을 슬며시 벌릴 듯하면서 소리 없이 매우 부드럽게 웃는 꼴>

방시레<소리 없이 입만 약간 벌리고 밝고 부드럽게 웃는 꼴>

빵시레<소리 없이 입을 예쁘게 벌리며 매우 밝고 보드랍게 웃는 꼴>

벙시레<소리 없이 입만 조금 크게 벌려 밝고 부드럽게 웃는 꼴>

뻥시레<소리 없이 입을 좀 크게 벌리며 매우 밝고 부드럽게 웃는 꼴>

뱅시레<입을 살짝 벌린 듯하면서 가볍고 온화하게 소리 없이 웃는 꼴>

뺑시레<소리 없이 살며시 입을 벌릴 듯하면서 매우 보드랍고 활기 있게 웃는 꼴>

빙시레<소리 없이 슬며시 입을 벌릴 듯하면서 부드럽고 화기 있게 웃는 꼴>

빵시레<입을 살짝 벌릴듯 하면서 매우 크고 온화하게 소리 없이 웃는 꼴>

배시시<마지못한 듯이 입이 좀 벌어지며 소리 없이 엷게 웃는 꼴>

비시시<마지못한 듯이 입이 가늘게 열리면서 소리 없이 엷게 웃는 꼴>

배주룩<물체가 끝이 조금 앞으로 나와 있는 꼴>

-(합)배주룩-배주룩

배쭈룩<물체가 끝이 조금 앞으로 나와 있는 꼴>

-(합)배쭈룩-배쭈룩

빼주룩<물체가 끝이 조금 앞으로 날카롭게 나와 있는 꼴>

-(합)빼주룩-빼주룩

빼쭈룩<물체가 끝이 매우 날카롭게 앞으로 나와 있는 꼴>

-(합)빼쭈룩-빼쭈룩

보도독<단단하고 질기거나 반드러운 작은 물건을 문지를 때 가볍게 나는 소리>

-(합)보도독-보도독

뽀도독<딴딴하고 반드러운 작은 물건을 되게 문지르거나 마주 갈 때 좀 세게 나는 소리>

-(합)뽀도독-뽀도독

부두둑<단단하고 질기거나 번드러운 큰 물건을 되게 문지를 때에 거볍게 나는 소리>

-(합)부두둑-부두둑

뿌두둑<딴딴하고 번드러운 큰 물건을 되게 문지르거나 마주 갈 때 좀 세게 나는 소리>

-(합)뿌두둑-뿌두둑

보드득<단단하고 질기거나 반드러운 작은 물건을 문지를 때 나는 소리>

-(합)보드득-보드득

뽀드득<딴딴하고 질기거나 빤드러운 작은 물건을 되게 문지르거나 마주 갈 때 좀 세게 나는 소리>

-(합)뽀드득-뽀드득

부드득<단단하고 질기거나 번드러운 큰 물건을 마주 갈 때에 나는 소리>

-(합)부드득-부드득

뿌드득<단단하고 질기거나 뻔드러운 물건을 되게 문지르거나 마주 갈 때 나는 소리>

-(합)뿌드득-뿌드득

보드등<단단하고 질기거나 매끄러운 물건을 문지를 때 야무지게 울리어 나는

소리>

–(합)보드등–보드등

뽀드등<단단하고 질기거나 매끄러운 물건을 세게 문지를 때 매우 야무지게 울리어 나는 소리>

–(합)뽀드등–뽀드등

부드등<단단하고 질기거나 미끄러운 물건을 문지를 때 야무지게 크게 울리어 나는 소리>

–(합)부드등–부드등

뿌드등<단단하고 질기거나 미끄러움 물건을 세게 문지를 때 매우 야무지게 크게 울리어 나는 소리>

–(합)뿌드등–뿌드등

부르릉<비행기, 자동차 따위가 발동할 때 나는 소리>

–(합)부르릉–부르릉

비주룩<물체가 끝이 조금 길게 앞으로 나와 있는 꼴>

–(합)비주룩–비주룩

비쭈룩<물체가 끝이 다 길게 앞으로 나와 있는 꼴>

–(합)비쭈룩–비쭈룩

삐주룩<물체의 끝이 매우 길게 앞으로 나와 있는 꼴>

–(합)삐주룩–삐주룩

빙그르<몸이나 물건 따위가 넓게 한 바퀴 도는 꼴>

–(합)빙그르르<몸이나 물건 따위가 넓게 한 바퀴 도는 꼴>

핑그르<몸이나 물건 따위가 넓고 매우 빠르게 미끄러지듯이 도는 꼴>

–(합)핑그르르<몸이나 물건 따위가 넓고 매우 빠르게 미끄러지듯이 도는 꼴>

삐거걱<나무나 딱딱한 물건이 서로 닿으면서 쓸릴 때 거칠고 느리게 나는 소리>

–(합)삐거덕–삐거덕

삐드득<뿌듯한 틈에 끼인 단단한 물건이 세게 문질릴 때 나는 소리>

–(합)삐드득–삐드득

사르르<저절로 살살 풀리는 꼴>

스르르<저절로 슬슬 풀리는 꼴>

사르락<물건이 쏠리면서 가볍게 나는 소리>

–(합)사르락–사르락

싸르락<물건이 쏠리면서 가볍고 크게 나는 소리>

-(합)싸르락-싸르락

사르륵<물건이 쏠리면서 가볍게 나는 소리>

-(합)사르륵-사르륵

싸르륵<물건이 거칠게 쏠리면서 약간 가볍게 나는 소리>

-(합)싸르륵-싸르륵

살며시<드러나지 않도록 가만히. 또는 가볍게>

슬며시[19]<남이 낌새를 채지 못하도록 넌지시. 또는 조용히>

상그레<소리 없이 부드럽게 눈웃음을 짓는 꼴>

쌍그레<소리 없이 매우 보드랍게 눈으로 웃는 꼴>

생그레<눈과 입을 살며시 움직이며 소리 없이 보드랍게 눈으로 웃는 꼴>

쌩그레<눈과 입을 살며시 움직이며 소리 없이 아주 보드랍게 웃는 꼴>

성그레<천연스럽게 소리 없이 눈으로 웃는 꼴>

썽그레<소리 없이 매우 부드럽게 눈으로 웃는 꼴>

싱그레<눈과 입을 슬며시 움직이며 소리 없이 부드럽게 눈으로 웃는 꼴>

씽그레<눈과 입을 슬며시 움직이며 소리 없이 아주 부드럽게 웃는 꼴>

샐기죽<약간 작은 물체가 한쪽으로 조금 비뚤어지거나 기울어지는 꼴>

-(합)샐기죽-샐기죽

쌜기죽<약간 작은 물체가 한쪽으로 심하게 비뚤어지거나 기울어지는 꼴>

-(합)쌜기죽-쌜기죽

실기죽<물체가 한쪽으로 조금 비뚤어지거나 기울어지는 꼴>

-(합)실기죽-실기죽

실기죽-샐기죽<몸체가 자꾸 한쪽으로 천천히 조금 기울어지거나 쏠리는 꼴>

씰기죽<물체가 한쪽으로 심하게 비뚤어지거나 기울어지는 꼴>

-(합)씰기죽-씰기죽

씰기죽-쌜기죽<물체가 자꾸 한쪽으로 천천히 매우 기울어지거나 쏠리는 꼴>

소르르<몽치거나 얽힌 것이 순하게 조금씩 풀리는 꼴>

수르르<뭉치거나 얽힌 것이 수월하게 잘 풀어지는 꼴>

솨르르<조금 잘고 많은 물체나 액체 따위가 쏟아져 내리는 소리>

쏴르르<조금 잘고 많은 물체나 액체 따위가 조금 세게 쏟아져 내리는 소리>

---

19) 준말로 '슬몃'이 있다. '슬몃'의 같은 꼴 되풀이 합성 어찌씨로 '슬몃슬몃'이 있다.

스르륵<물건이 쓸리면서 시원스럽게 나는 소리>

–(합)스르륵–스르륵

쓰르륵<물건이 거칠게 쓸리면서 매우 시원스럽게 나는 소리>

–(합)쓰르륵–쓰르륵

씨르륵<여치 따위의 풀벌레가 한 번 우는 소리>

–(합)씨르륵–씨르륵

아드득<작고 단단한 물건을 깨물어 깨뜨릴 때 나는 소리>

–(합)아드득–아드득

오도독<작고 단단한 물건을 깨물거나 부러뜨리거나 할 때 나는 소리>

–(합)오도독–오도독

와드득<단단한 물건을 억세게 마구 깨물거나 부러뜨릴 때 나는 소리>

–(합)와드득–와드득

으드득<크고 단단한 물건을 힘껏 깨물어 깨뜨릴 때 나는 소리>

–(합)으드득–으드득

아르렁<사나운 짐승이 성내어 부르짖는 소리>

–(합)아르렁–아르렁

아무리<정도가 매우 심함을 나타낼 때 쓰는 말>

–(합)제–아무리<제 딴에는 아주 몹시>

아지직<단단한 물건이 바스러져 깨어지거나 짜그라질 때 나는 소리>

–(합)아지직–아지직

아하하<입을 한껏 벌리고 크게 웃는 소리>

어허허<점잖고 무게 있게 너털웃음을 웃는 소리>

애해해<얄밉게 웃는 소리>

에헤헤<가소롭다는 듯이 웃는 웃음소리>

와하하<입을 크게 벌리고 거리낌 없이 떠들썩하게 웃는 소리>

우하하<즐겁거나 황당하여 갑자기 크게 웃는 소리>

우후후<참다가 갑자기 터져 나오는 웃음소리>

으하하<짐짓 입을 크게 벌리며 거리낌 없이 크게 웃는 꼴>

으허허<입을 조금 크게 벌리며 거리낌 없이 크게 웃는 소리>

으흐흐<짐짓 지어서 음흉하게 웃는 소리>

이히히<어리석게 또는 익살스럽게 웃는 소리>

오도당<작고 단단한 물건이 무너져 떨어지며 좀 요란하게 울릴 때 나는 소리>

–(합)오도당–오도당

우두덩<단단한 물건이 무너져 떨어지며 요란하게 울릴 때 나는 소리>

-(합)우두덩-우두덩

오동통<몸집이 작고 통통한 꼴>

우둥퉁<몸이 크고 퉁퉁한 꼴>

오르르<작은 사람이나 동물이 갑자기 몰리어 내닫는 꼴>

우르르<큰 사람이나 동물이 급자기 몰리어 내닫는 꼴>

오르르<적은 물 따위가 갑자기 끓어오르거나 넘치는 소리>

우르르<물 따위가 급자기 끓어오르거나 넘치는 소리>

와르르<적은 액체가 한꺼번에 야단스럽게 넘쳐 오르거나 끓어오르는 소리>

-(합)와르르-와르르

워르르<많은 액체가 한꺼번에 아주 야단스럽게 넘쳐 오르거나 끓어오르는 소리>

오소소<물건이 소복하게 쏟아지는 꼴>

우수수<물건이 수북하게 쏟아지는 꼴>

오스스<차거나 싫은 것이 몸에 닿았을 때 소름이 돋고 몸이 떨리는 꼴>

으스스<차갑거나 싫은 기분이 몸에 스르르 느껴지도록 몹시 추운 느낌>

오지끈<작고 단단한 물건이 부러지거나 부서지는 소리>

-(합)오지끈-오지끈

오지끈-뚝딱<작고 단단한 물건이 가볍게 부러지거나 부서지는 소리>

우지끈<든든하고 큰 물건이 부러지거나 부서지는 소리>

-(합)우지끈-우지끈

우지끈-뚝딱<크고 단단한 물건이 부러지거나 부서지면서 다른 물체에 세게 부딪치는 소리>

와지끈<단단한 물건이 갑자기 부러지거나 부서지는 소리>

-(합)와지끈-와지끈

와지끈-뚝딱<단단한 물건이 부러지거나 부서지면서 여기저기 세게 부딪치는 소리>

와지끈-자끈<단단한 물건이 여기저기에서 어지럽고 소란스럽게 부러지거나 부서지는 소리>

오지직<질기고 단단한 작은 물건이 부러지거나 부서지거나 째질 때 나는 소리>

-(합)오지직-오지직

우지직<질기고 든든한 물건이 부러지거나 부서지거나 째질 때 나는 소리>

-(합)우지직-우지직

으지직<단단한 물건이 부스러져 깨어지거나 찌그러질 때 나는 소리>
  -(합)으지직-으지직

와다닥<갑자기 뛰어가거나 뛰어오는 소리>
  -(합)와다닥-와다닥

와닥닥<매우 빨리 뛰어 나가거나 나오는 꼴>
  -(합)와닥닥-와닥닥

와당탕<잘 울리는 바닥에 물건이 요란스럽게 떨어지거나 부딪힐 때 나는 소리>
  -(합)와당탕-와당탕
    와당탕-퉁탕<잘 울리는 바닥에 무겁고 딱딱한 것이 거세고 몹시 시끄럽게 떨어지거나 부딪치는 소리>

우당탕<잘 울리는 바닥에 물건이 매우 요란하게 떨어지거나 부딪칠 때 나는 소리>
  -(합)우당탕-우당탕
    우당탕-퉁탕<잘 울리는 바닥에 조금 무겁고 딱딱한 것이 거세고 요란스럽게 떨어지거나 부딪치는 소리>

와르릉<무엇이 무너지거나 흔들리거나 하면서 요란스럽게 울릴 때 나는 소리>
  -(합)와르릉-와르릉

와사삭<마른 잎이나 빳빳한 물건이 서로 가볍게 스치거나 부스러지는 소리>
  -(합)와사삭-와사삭

와스스<가랑잎 따위가 어지럽게 떨어져 흩어지는 소리>
  -(합)와스스-와스스

와자작<조금 단단한 것을 마꾸 깨물어 씹을 때 나는 소리>
  -(합)와자작-와자작

왁자글<여럿이 한데 모여 갑자기 시끄럽게 떠드는 소리>
  -(합)왁자글-왁자글

왈가닥<작고 단단한 물건이 마구 거칠게 부딪칠 때 나는 소리>
  -(합)왈가닥-왈가닥
    왈가닥-달가닥<작고 단단한 물건들이 자꾸 서로 닿거나 부딪치는 소리>

왈카닥<갑자기 매우 밀치거나 잡아당기거나 하는 꼴>
  -(합)왈카닥-왈카닥
    왈카닥-달카닥<작고 단단한 물건들이 자꾸 서로 거칠게 닿거나 부딪치는 소리>

월거덕<크고 든든한 물건이 마구 부딪칠 때 나는 소리>

-(합)월거덕-월거덕

월거덕-덜거덕<크고 단단한 물건들이 자꾸 서로 닿거나 부딪치는 소리>

월커덕<급자기 마구 잡아당기거나 밀치거나 하는 꼴>

-(합)월커덕-월커덕

월커덕-덜커덕<크고 단단한 물건들이 자꾸 서로 닿거나 부딪치는 소리>

왈가당<작고 든든한 물건이 서로 부딪칠 때 울리는 소리>

-(합)왈가당-왈가당

왈카당<작고 든든한 물건이 서로 거세게 부딪칠 때 울리는 소리>

-(합)왈카당-왈카당

월거덩<크고 든든한 물건이 서로 부딪칠 때 울리는 소리>

-(합)월거덩-월거덩

왱그랑<작은 방울 따위가 흔들리며 요란스럽게 부딪치는 소리>

-(합)왱그랑-왱그랑

왱그랑-댕그랑<작은 방울이나 놋그릇 따위가 서로 부딪쳐서 조금 요란스럽게 나는 소리>

웽그렁<큰 망울이나 놋그릇 따위가 흔들리며 요란스럽게 부딪치는 소리>

-(합)웽그렁-웽그렁

웽그렁-뎅그렁<큰 방울이나 놋그릇 따위가 서로 부딪쳐서 요란스럽게 나는 소리>

우두둑<단단한 물건을 깨물거나 부러뜨리거나 할 때 나는 소리>

-(합)우두둑-우두둑

우르릉<무엇이 무너지거나 흔들리거나 하면서 몹시 요란스럽게 울릴 때 나는 소리>

-(합)우르릉-우르릉

으르렁<사나운 짐승이 성내어 크게 울부짖는 소리>

-(합)으르렁-으르렁

으지적<단단한 물건을 깨물어 부서뜨릴 때 나는 소리>

-(합)으지적-으지적

자그시<살그머니 좀 가볍고 찬찬히 누르거나 당기거나 밀거나 닫는 꼴>

재그시<살그머니 당기거나, 감거나, 누르거나, 닫는 따위의 꼴>

지그시<슬그머니 누르거나 당기거나 밀거나 닫는 꼴>

자르랑<얇은 금속 따위가 서로 부딪쳐 울릴 때 나는 소리>

-(합)자르랑-자르랑

짜르랑<얇은 금속 따위가 서로 세게 부딪쳐 울릴 때 나는 소리>

-(합)짜르랑-짜르랑

차르랑<얇은 금속 따위가 서로 거세게 부딪치며 울릴 때 나는 소리>

-(합)차르랑-차르랑

저르렁<엷은 금속 따위가 서로 부딪쳐 울릴 때 나는 소리>

-(합)저르렁-저르렁

쩌르렁<엷은 금속 따위가 서로 세게 부딪쳐 울릴 때 나는 소리>

-(합)쩌르렁-쩌르렁

처르렁<엷은 금속 따위가 서로 거세게 부딪치며 울릴 때 나는 소리>

-(합)처르렁-처르렁

자르르<물기나 윤기 따위가 번지르르하게 많이 흐르는 꼴>

짜르르<물기나 윤기 따위가 매우 반지르르하게 많이 흐르는 꼴>

지르르<물기나 윤기 따위가 번지르르하게 흐르는 꼴>

찌르르<물기나 윤기 따위가 번지르르하게 많이 흐르는 꼴>

치르르<물기나 윤기 따위가 매우 번지르르하게 아주 많이 흐르는 꼴>

자르르<뼈마디나 몸의 일부에 자릿한 느낌이 일어나는 꼴>

짜르르<뼈마디나 몸의 일부에 짜릿한 느낌>

지르르<뼈마디가 몸의 일부에 자릿한 느낌>

찌르르<뼈마디나 몸의 일부에 짜릿한 느낌>

잘가닥<작고 단단한 물체가 좀 가볍게 맞부딪칠 때 나는 소리>

-(합)잘가닥-잘가닥

짤가닥<작고 단단한 물체가 조금 세게 맞부딪치는 소리>

-(합)짤가닥-짤가닥

찰가닥<작고 단단한 물체가 가볍게 맞부딪칠 때 나는 소리>

-(합)찰가닥-찰가닥

찰까닥<작고 단단한 물체가 좀 세게 맞부딪칠 때 나는 소리>

-(합)찰까닥-찰까닥

찰카닥<작고 탄탄한 물체가 매우 차지게 맞부딪칠 때 나는 소리>

-(합)찰카닥-찰카닥

짤까닥<작고 딴딴한 물체가 좀 끈기 있게 맞부딪칠 때 나는 소리>

-(합)짤까닥-짤까닥

짤카닥<작고 단단한 물체가 세고 거세게 맞부딪치는 소리>

-(합)짤카닥-짤카닥

잘까닥<작고 단단한 물체가 좀 세게 맞부딪칠 때 나는 소리>

-(합)잘까닥-잘까닥

잘카닥<작고 단단한 물체가 거세게 맞부딪칠 때 나는 소리>

-(합)잘카닥-잘카닥

절거덕<크고 단단한 물체가 좀 거볍게 맞부딪칠 때 나는 소리>

-(합)절거덕-절거덕

쩔거덕<크고 단단한 물체가 조금 세게 맞부딪치는 소리>

-(합)쩔거덕-쩔거덕

철거덕<탄탄한 물체가 거볍게 맞부딪칠 때 나는 소리>

-(합)철거덕-철거덕

철꺼덕<탄탄한 물체가 세게 맞부딪칠 때 나는 소리>

-(합)철꺼덕-철꺼덕

철커덕<탄탄한 물체가 매우 차지게 맞부딪칠 때 나는 소리>

-(합)철커덕-철커덕

쩔꺼덕<크고 딴딴한 물체가 끈기 있게 맞부딪칠 때 나는 소리>

-(합)쩔꺼덕-쩔꺼덕

쩔커덕<크고 단단한 물체가 세고 거세게 맞부딪치는 소리>

-(합)쩔커덕-쩔커덕

절꺼덕<크고 단단한 물체가 세게 맞부딪칠 때 나는 소리>

-(합)절꺼덕-절꺼덕

절커덕<크고 단단한 물체가 거세게 맞부딪칠 때 나는 소리>

-(합)절커덕-절커덕

잘가당<작고 단단한 금속 따위가 가볍게 부딪쳐 울릴 때 나는 소리>

-(합)잘가당-잘가당

짤가당<작고 단단한 쇠붙이 따위가 조금 세게 맞부딪칠 때 울리는 소리>

-(합)짤가당-짤가당

찰가당<작고 탄탄한 금속 따위가 가볍게 부딪치면서 울릴 때 나는 소리>

-(합)찰가당-찰가당

찰까당<작고 탄탄한 금속 따위가 좀 세게 부딪치면서 울릴 때 나는 소리>

–(합)찰까당–찰까당

찰카당<작고 탄탄한 금속 따위가 좀 거세게 부딪치면서 울릴 때 나는 소리>

–(합)찰카당–찰카당

짤까당<작고 딴딴한 물체가 좀 세게 부딪쳐 울릴 때 나는 소리>

–(합)짤까당–짤까당

짤카당<작고 단단한 쇠붙이 따위가 세고 거세게 맞부딪쳐 울릴 때 나는 소리>

–(합)짤카당–짤카당

잘까당<작고 단단한 금속 따위가 좀 세게 부딪쳐 울릴 때 나는 소리>

–(합)잘까당–잘까당

잘카당<작고 단단한 금속 따위가 거세게 부딪치면서 울릴 때 나는 소리>

–(합)잘카당–잘카당

절거덩<크고 단단한 쇠붙이 따위가 맞부딪쳐 울릴 때 나는 소리>

–(합)절거덩–절거덩

쩔거덩<크고 단단한 쇠붙이 따위가 조금 세게 맞부딪쳐 울릴 때 나는 소리>

–(합)쩔거덩–쩔거덩

철거덩<탄탄한 금속 따위가 거볍게 부딪쳐 울리면서 나는 소리>

–(합)철거덩–철거덩

철꺼덩<탄탄한 금속 따위가 세게 부딪쳐 울리면서 나는 소리>

–(합)철꺼덩–철꺼덩

철커덩<탄탄한 금속 따위가 거세게 부딪쳐 울릴 때 나는 소리>

–(합)철커덩–철커덩

쩔꺼덩<크고 딴딴한 물체가 끈기 있게 세게 부딪쳐 울릴 때 나는 소리>

–(합)쩔꺼덩–쩔꺼덩

쩔커덩<크고 단단한 쇠붙이 따위가 세고 거세게 맞부딪쳐 울릴 때 나는 소리>

–(합)쩔커덩–쩔커덩

절꺼덩<크고 단단한 금속 따위가 세게 부딪치면서 울릴 때 나는 소리>

–(합)절꺼덩–절꺼덩

절커덩<크고 단단한 금속 따위가 거세게 부딪치며 울릴 때 나는 소리>

–(합)절커덩–절커덩

잘그락<얇은 금속 따위가 서로 가볍게 닿을 때 나는 소리>

-(합)잘그락-잘그락

짤그락<얇은 금속 따위가 서로 좀 세게 닿을 때 나는 소리>

-(합)짤그락-짤그락

절그럭<엷은 금속 따위가 서로 거볍게 닿을 때 나는 소리>

-(합)절그럭-절그럭

쩔그럭<엷은 금속 따위가 서로 세게 닿을 때 나는 소리>

-(합)쩔그럭-쩔그럭

잘그랑<작은 금속 따위가 가볍게 부딪치거나 울릴 때 나는 소리>

-(합)잘그랑-잘그랑

짤그랑<작은 금속 따위가 좀 세게 떨어지거나 부딪치면서 울릴 때 나는 소리>

-(합)짤그랑-짤그랑

찰그랑<작은 금속 따위가 좀 거세게 떨어지거나 부딪쳐 울릴 때 나는 소리>

-(합)찰그랑-찰그랑

절그렁<큰 금속 따위가 거볍게 부딪치거나 떨어지면서 울릴 때 나는 소리>

-(합)절그렁-절그렁

쩔그렁<큰 금속 따위가 세게 떨어지거나 부딪치면서 울릴 때 나는 소리>

-(합)쩔그렁-쩔그렁

철그렁<금속 따위가 거세게 떨어지거나 부딪치면서 울릴 때 나는 소리>

-(합)철그렁-철그렁

잘바닥<얕은 물이나 진창을 거칠게 밟거나 칠 때에 나는 소리>

-(합)잘바닥-잘바닥

잘파닥<얕은 물이나 진창을 거칠게 밟거나 칠 때 나는 소리>

-(합)잘파닥-잘파닥

찰바닥<얕은 물이나 진창을 거칠고 세게 밟거나 칠 때 나는 소리>

-(합)찰바닥-찰바닥

찰파닥<얕은 물이나 진창을 매우 거세게 밟거나 칠 때 나는 소리>

-(합)찰파닥-찰파닥

절버덕<옅은 물이나 진창을 거칠게 밟거나 칠 때 나는 소리>

-(합)절버덕-절버덕

절퍼덕<옅은 물이나 진창을 크고 거칠게 밟거나 칠 때 나는 소리>

–(합)절퍼덕–절퍼덕

철버덕<옅은 물이나 진창을 거칠고 세게 밟거나 칠 때 나는 소리>

–(합)철버덕–철버덕

철퍼덕<옅은 물이나 진창을 매우 거세게 밟거나 칠 때 나는 소리>

–(합)철퍼덕–철퍼덕

잘바당<좀 묵직한 물건이 물위에 거칠게 떨어져 울릴 때 나는 소리>

–(합)잘바당–잘바당

찰바당<물 위에 좀 묵직한 물건이 거칠고 세게 떨어져 울릴 때 나는 소리>

–(합)찰바당–찰바당

절버덩<물위에 묵직한 물건이 떨어져 울릴 때 나는 소리>

–(합)절버덩–절버덩

철버덩<물위에 묵직한 물건이 거칠고 세게 떨어져 울릴 때 나는 소리>

–(합)철버덩–철버덩

잘싸닥<좀 끈지게 마구 부딪치는 소리>

–(합)잘싸닥–잘싸닥

찰싸닥<좀 세고 끈지게 마구 부딪칠 때 나는 소리>

–(합)찰싸닥–찰싸닥

절써덕<끈지게 마구 부딪치는 소리>

–(합)절써덕–절써덕

철써덕<세고 끈지게 마구 부딪칠 때 나는 소리>

–(합)철써덕–철써덕

재그럭<얇은 쇠붙이 따위가 가볍게 부딪치는 소리>

–(합)재그럭–재그럭

재까닥<단단하고 작은 물건이 쉽게 맞부딪칠 때 나는 소리>

–(합)재까닥–재까닥

째까닥<작고 단단한 물건이 가볍고 세게 부러지거나 맞부딪칠 때 나는 소리>

–(합)째까닥–째까닥

제꺼덕<단단하고 큰 물건이 쉽게 맞부딪칠 때 나는 소리>

–(합)제꺼덕–제꺼덕

쩨꺼덕<딴딴하고 큰 물건이 쉽게 빨리 맞부딪칠 때 나는 소리>

–(합)쩨꺼덕–쩨꺼덕

재까닥<무슨 일을 시원스럽게 빨리 해치우는 꼴>

–(합)재까닥–재까닥

째까닥<어떤 일을 아주 재빨리 해치우는 꼴>

-(합)째까닥-째까닥

제꺼덕<무슨 일을 아주 시원스럽게 빨리 해치우는 꼴>

-(합)제꺼덕-제꺼덕

쟁그랑<얇은 금속 따위가 떨어져 울릴 때 나는 소리>

-(합)쟁그랑-쟁그랑

쨍그랑<얇은 금속 따위가 세게 떨어져 울릴 때 나는 소리>

-(합)쨍그랑-쨍그랑

챙그랑<얇은 쇠붙이나 유리 따위가 거세게 떨어지거나 부딪쳐 가볍게 울리는 소리>

-(합)챙그랑-챙그랑

젱그렁<엷은 금속 따위가 떨어져 울릴 때 나는 소리>

-(합)젱그렁-젱그렁

쩽그렁<엷은 금속 따위가 세게 떨어져 울릴 때 나는 소리>

-(합)쩽그렁-쩽그렁

조르르<적은 물 따위가 가볍게 흘러내리는 소리>

쪼르르<적은 물 따위가 빠르게 흘러내리는 소리>

좌르르<물줄기 따위가 많이 쏟아지는 소리>

쫘르르<물줄기 따위가 한꺼번에 세게 쏟아지는 소리>

주르르<물 따위가 흘러내리는 소리>

쭈르르<많은 물 따위가 매우 빠르게 흘러내리는 소리>

조르륵<가는 물줄기 따위가 빠르게 잠깐 흐르다가 그치는 소리>

-(합)조르륵-조르륵

쪼르륵<가는 물줄기 따위가 매우 빠르게 흐르다가 그치는 소리>

-(합)쪼르륵-쪼르륵

좌르륵<물줄기나 물건이 한 번에 세차게 쏟아지거나 넓게 퍼지는 소리>

-(합)좌르륵-좌르륵

쫘르륵<큰 물줄기 따위가 한꺼번에 매우 세차게 쏟아지거나 넓게 퍼지는 소리>

-(합)쫘르륵-쫘르륵

주르륵<굵은 물줄기 따위가 빠르게 잠깐 흐르다가 멎는 소리>

-(합)주르륵-주르륵

쭈르륵<굵은 물줄기 따위가 매우 빠르게 흐르다가 그치는 소리>

-(합)쭈르륵-쭈르륵

지지직<액체나 어떤 물체 따위가 불에 타들어가는 소리>

-(합)지지직-지지직

찌지직<액체나 어떤 물체 따위가 센 불에 타들어가는 소리>

-(합)찌지직-찌지직

치지직<액체나 어떤 물체 따위가 아주 센 불에 자꾸 타들어가는 소리>

-(합)치지직-치지직

짜르륵<가는 대롱 따위로 액체가 가까스로 빨리며 좀스럽게 나는 소리>

-(합)짜르륵-짜르륵

찌르륵<가는 대롱 따위로 액체가 가까스로 빨리며 나는 소리>

-(합)찌르륵-찌르륵

쪼로니<비교적 작은 것들이 가지런히 줄지어 있는 꼴>

쭈르니<많은 것들이 가지런하게 줄지어 있는 꼴>

찌르릉<초인종 따위가 울리는 소리>

-(합)찌르릉-찌르릉

콩다콩<절구나 방아를 찧을 때 가볍게 울리어 나는 소리>

-(합)콩다콩-콩다콩

쿵더쿵<절구나 방아를 찧을 때 크게 울려 나는 소리>

-(합)쿵더쿵-쿵더쿵

콩닥닥<작은북 따위를 장단에 맞추어 칠 때 나는 소리>

-(합)콩닥닥-콩닥닥

콰르릉<폭발물 같은 것이 터지며 몹시 요란스럽게 울릴 때 나는 소리>

-(합)콰르릉-콰르릉

타드랑<깨어진 금속 그릇 같은 것이 부딪치거나 떨어져 울릴 때 나는 소리>

-(합)타드랑-타드랑

터드렁<깨어진 금속 그릇 같은 것이 부딪치거나 떨어져 크게 울릴 때 나는 소리>

-(합)터드렁-터드렁

탈바닥<납작한 물건으로 얕은 물을 마구 거칠게 치는 소리>

-(합)탈바닥-탈바닥

탈파닥<손이나 작고 납작한 물건으로 얕은 물을 가볍고 조금 거세게 치는 소리>

-(합)탈파닥-탈파닥

탐바당<작고 가벼운 물체가 물에 떨어져 거칠게 부딪치는 소리>

-(합)탐바당-탐바당

텀버덩<크고 무거운 물체가 물에 떨어져 거칠게 부딪치면서 잠길 때 나는 소리>

-(합)텀버덩-텀버덩

털버덕<바닥에 아무렇게나 거칠게 주저앉는 소리>

-(합)털버덕-털버덕

털퍼덕<바닥에 아무렇게나 매우 거칠고 세게 주저앉는 소리>

-(합)털퍼덕-털퍼덕

털버덩<넓적하고 큰 물건이 물위에 떨어질 때 울리어 나는 소리>

-(합)털버덩-털버덩

토도독<빗방울 따위가 바닥이나 나뭇잎 위에 세게 떨어지는 소리>

-(합)토도독-토도독

투두둑<큰 빗방울이나 우박 따위가 바닥이나 나뭇잎 위에 거칠고 세게 떨어지는 소리>

-(합)투두둑-투두둑

파드닥<작은 새가 좀 힘이 있게 날개를 치는 소리>

-(합)파드닥-파드닥

퍼드덕<새가 날개를 힘 있게 치는 소리>

-(합)퍼드덕-퍼드덕

팔라닥<작은 깃발이나 옷 따위가 바람에 가볍고 빠르게 나부끼는 소리>

-(합)팔라닥-팔라닥

펄러덕<깃발이나 옷 따위가 바람에 크고 빠르게 나부끼는 소리>

-(합)펄러덕-펄러덕

포도독<무른 똥을 아주 힘들여 눌 때 나는 소리>

-(합)포도독-포도독

푸두둑<무른 똥을 아주 급하게 눌 때 나는 소리>

-(합)푸두둑-푸두둑

포도동<작은 새가 갑자기 날 때 나는 소리>

-(합)포도동-포도동

푸두둥<꿩 따위의 새가 급자기 날 때 나는 소리>

-(합)푸두둥-푸두둥

포드닥<작은 새가 좀 가볍게 날개를 칠 때 나는 소리>

-(합)**포드닥-포드닥**

푸드덕<큰 새가 힘차게 날개를 칠 때 나는 소리>

-(합)**푸드덕-푸드덕**

포드득<단단하고 질기거나 뻔드러운 작은 물건을 세게 문지르거나 마주 갈 때 나는 소리>

-(합)**포드득-포드득**

푸드득<튼튼하고 질기거나 뻔드러운 물건을 세게 문지르거나 마주 갈 때 나는 소리>

-(합)**푸드득-푸드득**

하르르<종이나 옷감 따위가 얇고 풀기가 없이 보드라운 꼴>

-(합)**하르르-하르르**

할기족<눈을 할기어 족 훑어보는 꼴>

-(합)**할기족-할기족**

할기족-족<노려보는 눈에 못마땅하거나 성난 빛이 드러나 있는 꼴>

함부로<생각함이 없이 마구>

-(합)**함부로-덤부로**<'함부로'를 강조하여 이르는 말>

해까닥<갑자기 정신이 나가거나 얼이 빠진 꼴>

헤까닥<갑자기 정신이 나가거나 얼이 빠진 꼴>

허우적<깊은 데에 빠져 헤어나거나 벗어나려고 팔다리를 거듭 내두르는 꼴>

-(합)**허우적-허우적**

호드득<깨, 콩 따위를 볶을 때 작게 튀는 소리>

-(합)**호드득-호드득**

후드득<깨, 콩 따위를 볶을 때에 크게 튀는 소리>

-(합)**후드득-후드득**

호로로<호루라기나 호각 따위를 가만히 부는 소리>

후루루<호루라기나 호각 따위를 불 때 나는 소리>

호로록<작은 새 따위가 갑자기 날개를 치며 나는 꼴>

-(합)**호로록-호로록**

후루룩<새 따위가 급자기 날개를 치며 나는 꼴>

-(합)**후루룩-후루룩**

호르르<작은 새 따위가 날개를 치며 나는 꼴>

-(합)**호르르-호르르**

후르르<새 따위가 날개를 치며 나는 꼴>

-(합)후르르-후르르

홀까닥<적은 양의 액체나 음식물을 조금 가볍게 삼키는 소리>

-(합)홀까닥-홀까닥

훌꺼덕<액체나 음식을 가볍게 삼키는 소리>

-(합)훌꺼덕-훌꺼덕

홀라당<속의 것이 한꺼번에 드러나도록 할갑게 벗어지거나 뒤집히는 꼴>

-(합)홀라당-홀라당

훌러덩<속의 것이 다 드러나도록 완전히 벗어지거나 뒤집히는 꼴>

-(합)훌러덩-훌러덩

화닥닥<갑작스럽게 뛰거나 몸을 일으키는 꼴>

-(합)화닥닥-화닥닥

화드득<묽은 똥 따위가 갑작스럽게 세게 나오는 소리>

-(합)화드득-화드득

화르르<가볍고 마른 검불이나 나뭇잎 따위가 단숨에 타오르는 꼴>

-(합)화르르-화르르

후다닥<갑자기 빠른 동작으로 뛰거나 몸을 움직이는 꼴>

-(합)후다닥-후다닥

후닥닥<급작스럽게 마구 뛰거나 몸을 일으키는 꼴>

-(합)후닥닥-후닥닥

휘뚜루<무엇에나 닥치는 대로 쓰일 만하게>

-(합)휘뚜루-마뚜루<이것저것 가리지 않고 닥치는 대로 마구 해치우는 꼴>

휘우뚱<물체가 중심을 잃고 한 쪽으로 크게 기울거나 쓰러지려는 꼴>

-(합)휘우뚱-휘우뚱

흐르르<종이나 옷감 따위가 얇고 풀기가 없이 부드러운 꼴>

-(합)흐르르-흐르르

흘기죽<눈을 흘겨 죽 훑어보는 꼴>

-(합)흘기죽-흘기죽

-흘기죽-죽<흘겨보는 눈에 몹시 못마땅하거나 성난 빛이 드러나 있는 꼴>

1.3.2. 복합 어찌씨 만들기에 관여하지 않는 것

3음절로 이루어진 단일 어찌씨 가운데 더 이상 복합 어찌씨 만들기에 관여하지 않는 것들은 다음 보기와 같이 많은 편이다. 이들 어찌씨 가운데 흉내말 어찌씨들은 앞으로 낱말 만들기에 관여할 가능성이 많다. 곧 당장은 낱말 만들기에 관여하지 않지만, 앞으로 내적 파생법에 따라 이들 어찌씨를 밑말로 하고 닿소리나 홀소리를 바꾸어 줌으로써 뜻에서 관련이 있는 파생 어찌씨가 만들어질 가능성이 충분히 있다. 또한 같은 꼴이나 비슷한 꼴로 되풀이되어 합성 어찌씨가 만들어질 가능성도 있다.

가르릉<고양이 따위가 내는 소리>
간대로<그다지 쉽게>
곱다시<변함이 없이 그대로 고스란히>
까무룩<의식이나 기억이 순간적으로 흐려지는 꼴>
까스스<사람이나 짐승의 짧은 털이 매우 거칠게 일어나 있는 꼴>
깡그리<하나도 남김없이>
깨드득<주로 아이들이나 여자들이 천진하고 명랑하게 웃는 소리>
꼬끼오[20]<수탉이 우는 소리>
꼬다케<불이 세지도 않고 꺼지지도 않고 고스란히 붙어 있는 꼴>
꽈당탕<크고 무거운 물건이 갑자기 떨어져 내는 소리>
꽹그랑<꽹과리 따위를 가락에 맞추어 울릴 때 나는 소리>
꾀꾀로<가끔가끔 틈을 타서 살그머니>
나지리<자기보다 능력이나 품격이 못하게>
넌지시[21]<드러나지 않게 가만히>
다따가<중도에 갑자기>
다소곳<고개를 좀 숙이고 말없이 얌전하게>
더르르<추위 따위로 몸을 크게 떠는 꼴>
덜퍼덕<사람이 힘없이 주저앉거나 눕는 꼴>

20) 준말로 '꼬꼬'가 있다.
21) 준말로 '넌짓'이 있다.

덩그렁<무엇이 넓은 공간에 우뚝 드러나 있는 꼴>

덩더럭<장구를 울리는 소리>

도리어[22]<인과관계, 추측, 기대와는 반대되거나 다르게>

도무지<이러니저러니 할 것 없이 아주>

도파니<이러니저러니 여러 말을 할 것이 없이 죄다 몰아서>

둥기당<현악기 따위를 한 번 튕긴 후 두 개의 음을 짧게 이어 탈 때 나는 소리>

둥덩실<물건이 공중이나 바다 위에 가볍게 우뚝 솟듯이 떠 있는 꼴>

뒤숭숭<느낌이나 마음이 어수선하고 불안한 꼴>

드디어<기다리던 것이 이루어져 마침내>

들입다[23]<세차게. 또는 자꾸 세차게>

딩디딩<팽팽한 줄 따위를 여러 번 이어서 퉁겨 크게 울릴 때 나는 소리>

뚜루룩<두루미 따위가 우는 소리>

뚱기당<현악기 따위를 세게 한 번 튕긴 후 두 개의 음을 짧게 이어 탈 때 나는 소리>

모도록<채소나 풀 등의 싹이 빽빽이 난 꼴>

모조리<하나도 빠짐없이 모두>

모쪼록<바라건대 부디>

반드시<틀림없이 꼭>

벌떠덕<문 따위가 갑자기 젖혀지는 꼴>

보시시<포근하게 살며시>

비로소<앞서 없던 것이나 하지 않던 것이 처음으로>

뺀드레<실속이 없이 겉모양만 뺀드르르한 꼴>

뽀르르<작은 사람이 부리나케 달려가거나 쫓아가는 꼴>

뿌르르<몸을 움츠리면서 갑자기 세게 떠는 꼴>

뿌르르<부리나케 달려가거나 쫓아가는 꼴>

살그래<남들이 모르게 살며시>

살포시<살며시 포근하게>

소소리<높이 우뚝 솟은 꼴>

스스로<자기 자신의 힘으로>

시거에<다음은 어쨌든지. 아직 급한 대로>

---

22) 준말로 '되레'가 있다.

23) 준말로 '딥다'가 있다.

시벌떡<몹시 숨이 차 숨소리가 고르지 않고 가쁘고 급하게 나는 꼴>
쓰르르<귀뚜라미 따위의 풀벌레가 한 번 우는 소리>
아르르<몸이 약간 아스스 떨리는 꼴>
아스스<차갑거나 싫은 기분이 몸에 사르르 느껴지도록 약간 추운 느낌>
오로지<오직 한 곬으로>
오호호<자지러지게 웃는 여자의 웃음소리>
오히려[24]<생각하는 바와는 달리 도리어 좀>
와그그<거품 따위가 한꺼번에 마구 괴는 꼴>
와장창<갑자기 한꺼번에 무너지거나 부서지는 꼴>
우그그<많은 양의 거품 따위가 한꺼번에 마구 괴는 꼴>
우르릉<사람이나 동물이 한꺼번에 바쁘게 몰려오거나 움직이는 꼴>
우중충<날씨나 분위기 따위가 어둡고 침침한 꼴>
으르르<몸이 약간 으스스 떨리는 꼴>
으흐흑<몹시 놀라거나 슬퍼서 흐느껴 우는 소리>
이따가[25]<조금 지난 뒤에>
이윽고<얼마쯤 뒤에>
자끈동<작고 단단한 물건이 갑자기 부러져 도막이 나는 꼴>
자르르<크기가 작은 여러 개의 물건이 쏟아져 흩어지는 소리>
자잔빡<자잘한 것들이 많이 있는 꼴>
자지리<몹시 못생기거나 몹시 애를 씀이 극도로 심함을 나타내는 말>
잠자코<아무 말 없이 가만히>
조닐로[26]<남에게 사정사정할 때에 '제발 빈다'는 뜻으로 쓰는 말>
존조리<잘 알아듣고 사리에 맞고 친절하게>
지르르<무엇이 늘어져서 끌리는 꼴>
지며리<차분하고 꾸준히>
지지리<아주 몹시>
짝자글<어떤 소리나 말, 소문 따위가 널리 퍼져 떠들썩한 꼴>
차라리<바람직하지 못한 두 가지의 사실을 견주어 낫고 못한 정도를 가릴 때 어떤 것보다 다른 것이 더>

---

24) 준말로 '외려'가 있다.
25) 준말로 '이따'가 있다. '이따'에 파생 뒷가지 '-금'이 결합하여 '이따금'이 파생된다.
26) 준말로 '조닐'이 있다.

쿠당탕<무거운 물체가 단단한 곳에 부딪치거나 넘어질 때 나는 소리>
토도통<작은북이나 장구 따위를 치는 소리>
투루루<젖먹이 아이가 두 입술을 떨며 투레질 하는 소리>
푸르르<새 따위가 갑자기 크게 날아가는 소리>
푸수수<머리털 따위가 정돈되지 않고 매우 어수선하게 흐트러진 꼴>
푸시시<털이 고르지 않고 거친 꼴>
푸시시<불기가 있는 숯이나 재 따위에 물을 부을 때 나는 소리>
풍덩실<크고 무거운 물체가 깊은 물에 약간 가볍게 떨어질 때 나는 소리>
피그시<소리는 내지 않고 얼굴만 살짝 움직여 웃는 꼴>
피지직<마지막 불꽃이 타거나 물이 증발하면서 나는 소리>
하르르<연속적으로 빨리 떨리는 꼴>
하르르<한숨 따위를 힘없이 몰아쉬는 꼴>
하물며<앞 내용보다 뒤 내용에 대한 더 강한 긍정을 나타낼 때 쓰는 말>
해발쪽<입이나 구멍 따위가 속이 들여다보일 정도로 조금 벌어진 꼴>
허투루<아무렇게나 되는 대로>
헤벌레<입 따위가 어울리지 않게 크게 벌어진 꼴>
헤벌씸<입 따위가 헤벌어져 벌쭉한 꼴>
헤벌쭉<입 따위가 헤벌어져 벌쭉한 꼴>
화들짝<별안간 호들갑스럽게 펄쩍 뛰며 날뛰는 꼴>
후두두<빗방울이나 자잘한 돌 등이 갑자기 떨어질 때 나는 소리>
휘리릭<무엇이 갑자기 지나가거나 어떤 동작을 매우 재빠르게 하는 꼴>
휘영청<달빛 따위가 훤하게 몹시 밝은 꼴>
히물쩍<입술을 크게 실그러뜨리며 소리 없이 능청스럽게 한 번 웃는 꼴>

1.4. 4음절 단일 어찌씨

4음절 단일 어찌씨는 그리 많은 편은 아니다. 이들 어찌씨가 밑말이 되어 복합 어찌씨를 만드는 것과 그렇지 않은 것으로 나누어 살피기로 한다.

1.4.1. 복합 어찌씨 만들기에 관여하는 것

4음절짜리 단일 어찌씨 가운데 복합 어찌씨 만들기에 관여하는 것은 거의 대부분 흉내말이다. 따라서 내적 파생법에 따라 닿소리와 홀소리를 바꾸어 줌으로써 만들어진 파생 어찌씨가 주류를 이룬다. 극히 일부 어찌씨에는 낱말이나 뿌리가 덧붙어 결합 과정을 거쳐 합성 어찌씨가 만들어지기도 한다.

가슴츠레<눈이 정기가 없어 흐리고 거의 감길 듯 가늘게 떠진 꼴>
  거슴츠레<눈이 정기가 없이 흐리고 거의 감길 듯 아주 가늘게 떠진 꼴>
  게슴츠레<눈에 힘이 없이 아주 흐릿하여 거의 감길 듯한 꼴>
나스르르<가늘고 부드러운 털이나 풀 따위가 성기고 짧게 나 있는 꼴>
  너스르르<굵고 부드러운 털이나 풀 따위가 성기고 어설프게 나 있는 꼴>
대구루루<단단하고 작은 물건이 단단한 바닥에서 구르는 소리>
    때구루루<딴딴하고 작은 물건이 단단한 바닥에서 구르는 소리>
  데구루루<단단하고 큰 물건이 단단한 바닥에서 구르는 소리>
    떼구루루<단단하고 큰 물건이 단단한 바닥에서 구르는 소리>
대그르르<여러 개의 가늘거나 작은 물건 가운데 조금 굵거나 큰 꼴>
    때그르르<여러 개의 가늘거나 작은 물건 가운데서 조금 도드라지게 굵거나 큰 꼴>
  디그르르<여러 개의 가늘거나 작은 물건 가운데서 드러나게 굵거나 큰 꼴>
    띠그르르<여러 개의 작은 물건들 가운데서 매우 드러나게 굵거나 큰 꼴>
더군다나[27]<무엇보다도 오히려 한층 심하게>
  -(합)더-더군다나<앞 내용에 한층 더한 내용을 강조하며 말할 때 쓰여 앞 뒤 어구나 문장을 이어 주는 말>
도그르르<작고 무거운 물건이 가볍게 구르는 꼴>
    또그르르<작고 무거운 물건이 세게 구르는 꼴>
  두그르르<크고 무거운 물건이 거볍게 구르는 꼴>

---

27) 준말로 '더구나'가 있다. 더구나 앞에 '더'가 결합되어 합성 어찌씨 '더더구나'가 만들어진다.

뚜그르르<크고 무거운 물건이 세게 구르는 꼴>

말끄러미<눈을 똑바로 뜨고 오도카니 한 곳만 바라보는 꼴>

물끄러미<우두커니 한 곳만 바라보는 꼴>

-(합)물끄럼-물끄럼

물끄럼-말끄럼<서로 말없이 눈을 똑바로 뜨고 한곳만 자꾸 쳐다보는 꼴>

바그르르<적은 액체가 좀 넓은 범위에서 야단스럽게 끓어오르는 꼴>

빠그르르<적은 액체가 좀 넓은 범위에서 매우 야단스럽게 끓어오르는 꼴>

버그르르<많은 액체가 넓은 범위에서 야단스럽게 끓어오르는 꼴>

뻐그르르<많은 액체가 넓은 범위에서 매우 야단스럽게 끓어오르는 꼴>

보그르르<적은 액체가 조금 좁은 범위에서 야단스럽게 끓어오르는 꼴>

뽀그르르<적은 액체가 조금 좁은 범위에서 야단스럽게 끓어오르는 꼴>

부그르르<많은 액체가 좁은 범위에서 야단스럽게 끓어오르는 꼴>

뿌그르르<많은 액체가 좁은 범위에서 몹시 야단스럽게 끓어오르는 꼴>

반드르르<사물의 표면이 매끄럽게 윤이 나는 꼴>

빤드르르<윤기가 많이 나고 매끄러운 꼴>

번드르르<윤이 나고 미끄러운 꼴>

뻔드르르<윤기가 많이 나고 미끄러운 꼴>

반지르르<물기나 기름기 따위가 묻어 매끄럽고 윤이 나는 꼴>

빤지르르<물기나 기름기 따위가 묻어 윤기가 많이 나고 매끄러운 꼴>

번지르르<물기나 기름기 따위가 묻어 윤이 나고 미끄러운 꼴>

뻔지르르<물기나 기름기 따위가 묻어 아주 미끄럽고 윤이 나는 꼴>

뱅그르르<작은 것이 매끄럽게 한 바퀴 도는 꼴>

뺑그르르<작은 것이 좀 빠르고 매끄럽게 한 바퀴 도는 꼴>

삥그르르<큰 것이 좀 빠르고 미끄럽게 한 바퀴 도는 꼴>

팽그르르<작은 것이 빠르고 매끄럽게 한 바퀴 도는 꼴>

핑그르르<매우 빠르고 미끄럽게 한 바퀴 도는 꼴>

뱌미주룩<물체가 밋밋하고 비스듬한 끝이 비어져 나오려고 조금 내밀어 있는 꼴>

비미주룩<물체의 밋밋하고 비스듬한 끝이 비어져 나오려고 좀 길게 내밀어 있는 꼴>

사부자기<별로 힘들이지 않고 살짝>

-(합)사부작-사부작<별로 힘들이지 않고 계속 가볍게 행동하는 꼴>

시부저기<힘들이지 않고 슬쩍>

-(합)시부적-시부적<별로 힘들이지 않고 계속 거볍게 행동하는 꼴>

살그머니[28]<남몰래 살며시>

슬그머니[29]<남몰래 슬며시>

아슴푸레<빛이 약해서 조금 어둡고 희미한 꼴>

으슴푸레<달빛이나 불빛 따위가 흐릿하고 침침한 꼴>

야드르르[30]<반들반들 윤이 나며 보드라운 꼴>

이드르르[31]<번들번들 윤이 나며 부드러운 꼴>

어마지두<놀라거나 두려워서 정신이 얼떨떨하여>

-(합)어마지두-에<놀라거나 두려워서 정신이 얼떨떨하여>

에부수수<정돈되지 아니하여 어수선한 꼴>

에푸수수<정돈되지 아니하여 어수선한 꼴>

오그르르<적은 물 따위가 갑자기 끓어오르는 소리>

우그르르<깊은 그릇의 물 따위가 갑자기 끓어오르는 소리>

오그르르<작은 벌레나 짐승, 사람 따위가 한곳에 빽빽이 많이 모여 있는 꼴>

우그르르<큰 벌레나 짐승, 사람 따위가 한곳에 빽빽이 많이 모여 있는 꼴>

오도카니<작은 사람이 맥없이 조용히 서 있거나 앉아 있는 꼴>

우두커니<정신없이 멀거니 서 있거나 앉아 있는 꼴>

와그르르<많은 액체가 좀 야단스럽게 끓어오르는 소리>

워그르르<많은 액체가 넓은 범위로 야단스레 끓어오르는 소리>

왈랑절렁<방울이나 쇳소리 따위가 요란스럽게 울리는 소리>

왈랑철렁<방울이나 쇠붙이 따위가 매우 요란스럽게 들리는 소리>

자그르르<작은 양의 걸쭉한 액체가 갑자기 끓어오를 때 나는 소리>

짜그르르<적은 양의 걸쭉한 액체가 갑자기 세게 끓어오를 때 나는 소리>

지그르르<많은 양의 걸쭉한 액체가 급자기 끓어오를 때 나는 소리>

찌그르르<많은 양의 걸쭉한 액체가 급자기 세게 끓어오를 때 나는 소리>

함치르르<깨끗하고 번지르르하게 윤이 나는 꼴>

흠치르르<깨끗하고 번지르르하게 윤이 나는 꼴>

흘미죽죽<일을 야무지게 마무리하지 못하고 흐리멍덩하게 질질 끄는 꼴>

---

28) 준말로 '살그니'와 '살그미'가 있다.

29) 준말로 '슬그니'와 '슬그미'가 있다.

30) 준말로 '야드를'이 있다.

31) 준말로 '이드를'이 있다.

1.4.2. 복합 어찌씨 만들기에 관여하지 않는 것

4음절로 이루어진 단일 어찌씨 가운데 더 이상 복합 어찌씨 만들기에 관여하지 않는 것들은 그리 많은 편은 아니다. 이들 어찌씨는 앞으로도 낱말 만들기에 관여할 가능성이 많은 것은 아니다.

가까스로<애를 써서 간신히>
덩더러꿍<북이나 장구 따위를 함께 어울러서 두드리는 소리>
동그마니<외따로 오뚝하게>
똥또도롬<똥그스름하게 솟아난 꼴>
모름지기<사리를 따져 보건대 마땅히>
바야흐로<이제 한창. 또는 지금 바로>
비비배배<종달새 따위의 지저귀는 소리>
새차비로<이미 지나간 일이 새롭게 다시>
시나브로<모르는 사이에 조금씩 조금씩>
아리잠직<키가 작고 얌전하며 어린 티가 나는 모습>
애오라지<마음에 부족하나마 겨우>
왜그르르<된밥이나 굳은 물건 따위가 흐슬부슬 헤어지는 꼴>
왱댕그랑<금속 따위가 되는 대로 요란하게 부딪칠 때 나는 소리>
우두망찰<사람이 정신이 얼떨떨하여 어찌할 바를 모르는 상태>
으그르르<먹은 음식이나 마신 물 따위가 목구멍으로 끓어오르는 소리>
이드거니<시간이 좀 오래면서 분량이 넉넉하게>
자그마치<예상보다 크거나 많게>
재그르르<여러 사람이 한꺼번에 자지러지게 웃는 소리>
주구장창<쉼 없이 줄곧>
지지배배<종달새의 우는 소리>
짝짜그르[32]<어떤 소리나 말, 소문 따위가 널리 퍼져 떠들썩한 꼴>
퍼르퍼르<가벼운 물체가 바람 따위에 실려 날리거나 떨리는 꼴>
하드르르<가벼운 것이 날리는 모습>
하마터면<자칫 잘못하였더라면>

---

32) 준말로 '짝자글'이 있다.

1.5. 5음절 단일 어찌씨

5음절로 이루어진 단일 어찌씨는 그리 많지 않다. 이들 어찌씨가 밑말이 되어 복합 어찌씨를 만드는 것과 그렇지 않은 것으로 나누어 살피기로 한다.

1.5.1. 복합 어찌씨 만들기에 관여하는 것

이들 어찌씨 가운데 복합 어찌씨를 만드는 데 관여하는 것은 극히 일부이다. 이들 어찌씨가 밑말이 되고 이에 내적 파생법에 따라 닿소리나 홀소리를 바꾸어 줌으로써 파생 어찌씨가 만들어진다. 5음절짜리 단일 어찌씨는 음절수가 많기 때문에 같은 꼴이나 비슷한 꼴의 되풀이 합성 어찌씨는 만들어지지 않는다.

닥다그르르<우레가 좀 가까운 데서 갑자기 부딪치는 듯이 울리는 소리>
　딱따그르르<천둥이 좀 가까운 데서 갑자기 세게 부딪치는 듯이 울리는 소리>
덕더그르르<우레가 가까운 데서 급자기 부딪치는 듯이 울리는 소리>
　떡떠그르르<크고 단단한 물건이 잇따라 다른 단단한 물체에 세게 부딪치며 굴러가는 소리>
댁대구루루<작고 단단한 물건이 다른 단단한 물건에 부딪치면서 빨리 굴러가는 소리>
　땍때구루루<작고 딴딴한 물건이 다른 딴딴한 물건에 부딪치면서 굴러가는 소리>
덱데구루루<크고 단단한 물건이 다른 단단한 물건에 부딪치면서 빨리 굴러가는 소리>
　떽데구루루<크고 단단한 물건이 다른 물건에 부딪치면서 아주 빠르게 굴러가는 소리>
　떽떼구루루<크고 아주 딴딴한 물건이 다른 딴딴한 물건에 부딪치면서

굴러가는 소리>

왁다그르르<작고 단단한 물건들이 함부로 부딪치며 구르는 소리>

웍더그르르<크고 든든한 물건들이 마구 부딪치며 굴러가는 소리>

왁자그르르<여럿이 한데 모여 웃거나 재깔이며 떠들어대는 소리>

웍저그르르<여럿이 한데 모여 웃거나 지껄이며 시끄럽게 떠드는 소리>

1.5.2. 복합 어찌씨 만들기에 관여하지 않는 것

5음절짜리 단일 형태소로 이루어진 어찌씨 가운데 더 이상 복합 어찌씨 만들기에 관여하지 않는 것은 다음 보기와 같이 극히 일부에 지나지 않는다.

덤부렁듬쑥<수풀이 우거져 그윽한 꼴>

사부랑삽작<별로 힘들지 않게 살짝 뛰어서 건너거나 올라가는 꼴>

시르렁둥당<현악기를 흥겹게 타는 꼴>

2. 같은 꼴 되풀이 단일 어찌씨와 이를 밑말로 한 복합 어찌씨

마치 한 형태소의 같은 꼴 되풀이 어찌씨에 해당하는 것 같지만 실제로 실질적인 뜻을 지니지 않아 형태소 자격이 없는 음성적 형식이 되풀이된 것으로, 전체가 하나의 형태소에 해당하기 때문에 단일 어찌씨에 해당한다. 음절수에 따라 1음절, 2음절, 3음절 되풀이 단일 어찌씨로 나뉜다.

2.1. [AA]단일 어찌씨

실질적인 뜻을 지니지 않아 형태소 자격이 없는 1음절 음성 형식이 되풀이되어 만들어진 어찌씨는 꽤 많은 편이다. 이들 어찌씨가 밑말이 되어 낱말 만들기에 관여하느냐 않느냐에 따라 나누어 살피기로 한다.

2.1.1. 복합 어찌씨 만들기에 관여하는 것

실질적인 뜻을 지니지 않아 형태소 자격이 없는 1음절 음성 형식이 되풀이되어 만들어진 이들 어찌씨는 모두 내적 파생법에 따라 밑말이 되어 닿소리나 홀소리를 바꾸어 줌으로써 파생 어찌씨를 만드는 데 관여한다. 또한 극히 일부 어찌씨는 파생 뒷가지가 결합되어 파생 어찌씨를 만들기도 하고, 그대로 되풀이되거나 다른 낱말이나 뿌리가 결합되어 합성 어찌씨가 만들어지기도 한다.

갈갈<남의 음식이나 재물을 얻으려고 조금 염치없이 구차하게 구는 꼴>
　걸걸<남의 음식이나 재물을 얻으려고 염치없이 구차하게 구는 꼴>
감감<어둡게>
　깜깜<몹시 어둡게>
　　캄캄<새카맣게 어두운 꼴>
곰곰<이리저리 헤아리며 깊이 생각하는 꼴>
　-(파)곰곰-이<이리저리 헤아리며 깊이 생각하는 상태로>
깔깔<되바라진 목소리로 못 참을 듯이 웃는 소리>
　껄껄<우렁찬 목소리로 못 참을 듯이 웃는 소리>
　낄낄<웃음을 억지로 참으면서 입속으로 웃는 소리>
　　킬킬<억지로 참으려다가 참지 못하여 입속으로 새되게 웃는 소리>
깰깰<웃음을 억지로 참으면서 목구멍 속으로 새되게 웃는 소리>
　캘캘<억지로 참으려다가 참지 못하여 입속으로 좀 새되게 웃는 소리>

꺽꺽<장끼가 우는 소리>

–**(합)꺽꺽–푸드덕**<장끼가 울며 날개를 벌리고 홰치는 소리>

꼴꼴<물 따위가 가는 줄기로 몰리어 흐를 때 나는 소리>

꿀꿀<물 따위가 가는 줄기로 많이 몰리어 흐를 때 나는 소리>

꼴꼴<새끼돼지가 내는 소리>

꿀꿀<돼지가 내는 소리>

꽁꽁<아프거나 괴로워서 가냘프게 앓는 소리>

꿍꿍<몹시 아프거나 괴로워서 은근히 앓는 소리>

꽁꽁<아주 단단히 언 꼴>

꽝꽝<매우 단단히 굳어지거나 얼어붙은 꼴>

꽐꽐<많은 물이 급히 쏟아져 흐를 때 나는 소리>

콸콸<많은 물이 급하고 세차게 쏟아져 흐르는 소리>

꿜꿜<많은 물이 크게 쏟아져 흐르는 소리>

퀄퀄<많은 물이 크고 세차게 쏟아져 흐르는 소리>

달달<몸의 일부를 몹시 떠는 꼴>

덜덜<온몸을 몹시 떠는 꼴>

달달<곡식의 낟알 따위를 가볍게 휘저어 볶거나 맷돌에 넣어 타는 꼴>

들들<곡식의 낟알 따위를 휘저어 볶거나 맷돌에 거칠게 타는 꼴>

당당<징이나 북 따위를 칠 때 나는 소리>

덩덩<북, 장구, 소고 따위를 칠 때 나는 소리>

댕댕<작은 종 따위의 쇠붙이를 칠 때 나는 소리>

뎅뎅<큰 종 따위의 쇠붙이를 칠 때 나는 소리>

댕댕<살이 찌거나 붓거나 하여 팽팽한 꼴>

땡땡<살이 몹시 찌거나 붓거나 하여 팽팽한 꼴>

탱탱<살이 몹시 찌거나 붓거나 하여 아주 팽팽한 꼴>

딩딩<살이 찌거나 붓거나 하여 꽤 팽팽한 꼴>

띵띵<살이 몹시 찌거나 붓거나 하여 아주 팽팽한 꼴>

팅팅<살이 몹시 많이 찌거나 붓거나 하여 아주 팽팽한 꼴>

돌돌<작은 물건이 가볍게 여러 겹으로 말리는 꼴>

똘똘<작은 물건이 여러 겹으로 세게 말리거나 뭉쳐지는 꼴>

둘둘<큰 물건이 거볍게 여러 겹으로 말리는 꼴>

뚤뚤<큰 물건이 여러 겹으로 세게 말리거나 뭉쳐지는 꼴>

돌돌<작고 동그스름한 물건이 가볍게 굴러가는 소리>

똘똘<작고 똥그스름한 물건이 세게 굴러가는 소리>

둘둘<크고 둥그스름한 물건이 가볍게 돌거나 굴러가는 소리>

동동<작은 북 따위를 칠 때 잇달아 가볍게 나는 소리>

둥둥<큰 북 따위를 칠 때 잇달아 가볍게 나는 소리>

–(합)두둥둥<북이나 장구 따위를 약하고 세게 잇달아 쳐서 울려 나는 소리>

동동<작은 물건이 떠서 움직이는 꼴>

둥둥<큰 물건이 떠서 움직이는 꼴>

돨돨<먹은 것이 잘 삭지 아니하여 뱃속이 끓는 소리>

똴똴<먹은 것이 잘 삭지 아니하여 뱃속에서 몹시 끓는 소리>

딸딸<작은 수레바퀴 따위가 단단한 바닥에서 구르는 소리>

떨떨<큰 수레바퀴 같은 것이 딴딴한 바닥에서 구르는 소리>

뜰뜰<큰 바퀴 따위가 단단한 바닥에서 세게 굴러가는 소리>

땅땅<딴딴하게 얼어붙거나 말라붙거나 갈라진 꼴>

떵떵<단단하게 몹시 얼어붙거나 말라붙거나 굳어진 꼴>

땅땅<헛된 장담을 예사롭게 하는 꼴>

탕탕<헛된 장담을 거드럭거리며 함부로 하는 꼴>

떵떵<헛된 장담을 아주 예사롭게 하는 꼴>

텅텅<헛된 장담을 매우 거드럭거리며 함부로 하는 꼴>

땍땍<콧대를 세우고 으스대며 거만하게 큰 소리로 말하거나 행동하는 꼴>

떽떽<콧대를 세우고 으스대며 매우 거만하게 소리로 말하거나 행동하는 꼴>

똥똥<키가 작고 살이 쪄서 몸집이 옆으로 퍼지고 굵은 꼴>

뚱뚱<살이 쪄서 몸집이 옆으로 많이 퍼지고 굵은 꼴>

박박<얼굴이 몹시 얽어 있는 꼴>

빡빡<얼굴이 몹시 얽어 있는 꼴>

벅벅<얼굴이 몹시 심하게 얽어 있는 꼴>

뻑뻑<얼굴이 심하게 얽어 있는 꼴>

발발<몸을 바닥에 대고 작은 동작으로 기는 꼴>

벌벌<몸을 바닥에 붙이고 좀 큰 몸짓으로 기는 꼴>

발발<춥거나 무섭거나 하여 가늘게 자꾸 떠는 꼴>

벌벌<춥거나 무섭거나 하여 자꾸 떠는 꼴>

발발<바쁘게 여기저기 돌아다니는 꼴>

빨빨<바쁜 듯이 요리조리 쏘다니는 꼴>

뻘뻘<매우 바쁜 듯이 이리저리 자꾸 쏘다니는 꼴>

방방<가스나 공기 따위가 들어가서 가득 찬 느낌>

벙벙<가스나 공기 따위가 많이 들어가서 꽤 가득 찬 느낌>

배배<몸이 아주 마른 꼴>

빼빼<살갗이 쪼그라져 붙을 만큼 야윈 꼴>

삐삐<살갗이 배틀리도록 몹시 여윈 꼴>

빨빨<몸에서 땀을 심하게 흘리는 꼴>

뻘뻘<몸에서 땀이 심하게 많이 흘리는 꼴>

살살<심하지 아니하게 가만가만 움직이는 꼴>

슬슬<서두르지 않고 가만가만 움직이는 꼴>

살살<그릇의 물 따위가 고루 찬찬히 끓는 꼴>

쌀쌀<그릇에 담긴 액체 따위가 세고 고르게 끓는 꼴>

설설<넓은 그릇의 물 따위가 고루 천천히 끓는 꼴>

썰썰<넓은 그릇에 담긴 액체가 세게 고루 끓는 꼴>

살살<배가 조금씩 아픈 느낌>

쌀쌀<뱃속이 조금 쓰리고 아픈 꼴>

살살<머리를 천천히 작게 좌우로 자꾸 흔드는 꼴>

쌀쌀<머리를 빠르고 작게 좌우로 자꾸 흔드는 꼴>

설설<머리를 설레설레 흔드는 꼴>

썰썰<머리를 빠르고 크게 좌우로 자꾸 흔드는 꼴>

색색<숨을 고르고 가늘게 쉬는 소리>

쌕쌕<숨을 좀 가볍게 쌔근쌔근 쉬는 소리>

식식<숨을 가쁘고 거칠게 쉬는 소리>

씩씩<숨을 매우 가쁘고 거칠게 쉬는 소리>

생생<소리 없이 실없이 살며시 웃는 꼴>

실실<소리 없이 실없게 슬며시 자꾸 웃는 꼴>

솔솔<물이나 가루 따위가 작은 구멍이나 틈으로 순하게 조금씩 새어나오거나 나가는 꼴>

술술<물이나 가루 따위가 구멍이나 틈으로 순하게 나오거나 나가는 꼴>

솔솔<재미나 즐거움 따위가 은근히 나는 꼴>

쏠쏠<재미나 즐거움 따위가 은근히 꽤 나는 꼴>

솜솜<얼굴에 잘고 얕게 얽은 자국이 듬성듬성 있는 꼴>

－(파)솜솜－이<얼굴에 잘고 얕게 얽은 자국이 듬성듬성 있는 꼴>

숨숨<얼굴에 굵고 얕게 얽은 자국이 듬성듬성 있는 꼴>

송송<자디잔 구멍이나 자국 따위가 또렷또렷 많이 뚫린 꼴>

숭숭<작은 구멍이나 자국이 뚜렷뚜렷이 많이 뚫린 꼴>

솰솰<물이 거침없이 번져 흐르는 소리>

쏼쏼<물 따위가 거침없이 세차게 흐르는 소리>

술술<말이나 글 또는 생각 따위가 막힘이 없이 잘 나오는 꼴>

쑬쑬<말이나 글 또는 생각 따위가 전혀 막힘이 없이 매우 잘 나오는 꼴>

슥슥<자꾸 거침없이 문지르거나 비벼대는 꼴>

쓱쓱<자꾸 아주 거침없이 문지르거나 비벼대는 꼴>

싹싹<거침없이 쓸거나 비빌 때 나는 소리>

썩썩<거침없이 크게 비비거나 문지를 때 나는 소리>

썰썰<마음이 들떠서 이리저리 마구 쏘다니는 꼴>

-(합)엉금-썰썰<굼뜨게 기다가 재빠르게 기는 꼴>

왝왝<비밀로 지켜야 하거나 꺼리는 사실을 마구 털어놓는 꼴>

웩웩<비밀로 하거나 꺼리는 사실을 마구 다 털어 내어 말하는 꼴>

왱왱<아이들이 맑고 높은 목소리로 막힌 데 없이 글을 읽는 소리>

웽웽<크고 높은 목소리로 맑힌 데 없이 글을 읽는 소리>

잘잘<가볍게 잘레잘레 흔드는 꼴>

짤짤<가볍게 짤래짤래 흔드는 꼴>

절절<거볍게 절레절레 흔드는 꼴>

쩔쩔<거볍게 쩔레쩔레 흔드는 꼴>

잘잘<따끈따끈하게 높은 열로 끓는 꼴>

짤짤<몹시 따끈따끈하게 높은 열로 끓는 꼴>

절절<뜨끈뜨끈하게 높은 열로 끓는 꼴>

쩔쩔<몹시 뜨끈뜨끈하게 높은 열로 끓는 꼴>

잘잘<물이나 기름 따위가 좀 자르르 흐르는 꼴>

짤짤<물이나 기름 따위가 짜르르 흐르는 꼴>

잘잘<적은 물이 끊임없이 흐르는 소리>

짤짤<적은 물이 끊임없이 세차게 흐르는 소리>

절절<많은 물리 끊임없이 흐르는 소리>

쩔쩔<많은 물이 끊임없이 세차게 흐르는 소리>

졸졸<가는 물줄기 따위가 잇달아 순하게 흐르는 소리>

쫄쫄<가는 물줄기 따위가 빠르게 흐르는 소리>

줄줄<굵은 물줄기 따위가 잇달아 순하게 흐르는 소리>

쭐쭐<굵은 물줄기 따위가 빠르게 흐르는 소리>

좔좔<물이 마구 많이 흐르는 소리>

쫠쫠<물이 마구 세게 많이 흐르는 소리>

잘잘<이리저리 주책없이 바삐 싸돌아다니는 꼴>

짤짤<이리저리 주책없이 매우 바삐 싸돌아다니는 꼴>

재재<조금 수다스럽게 말하거나 지저귀는 소리>

-(합)재재-재재<조금 수다스럽게 자꾸 지저귀거나 말하는 소리>

잴잴<몸에 지닌 물건들을 주책없이 여기저기 조금씩 자꾸 흘리거나 빠뜨리는 꼴>

쨀쨀<몸에 지닌 물건들을 몹시 주책없이 여기저기 잇달아 조금씩 흘리거나 빠뜨리는 꼴>

쟁쟁<좀 언짢거나 못마땅하여 장알거리는 꼴>

쨍쨍<몹시 언짢거나 못마땅하여 짱알거리는 꼴>

종종<발을 자주 가까이 떼며 빨리 걷는 꼴>

쫑쫑<발걸음을 아주 재게 옮겨 디디며 바쁘게 걷는 꼴>

총총<발걸음을 매우 재게 떼며 서둘러 걷는 꼴>

충충<발걸음을 크게 떼며 서둘러 몹시 급히 걷는 꼴>

질질<몸에 지닌 물건들을 주책없이 여기저기 자꾸 흘리거나 빠뜨리는 꼴>

찔찔<몸에 지닌 물건들을 몹시 주책없이 여기저기 많이씩 자꾸 흘리거나 빠뜨리는 꼴>

징징<언짢거나 못마땅하여 징얼거리는 꼴>

찡찡<몹시 언짢거나 못마땅하여 찡얼거리는 꼴>

쫄쫄<물건의 끝을 입에 대고 힘 있게 자꾸 빠는 꼴>

쭐쭐<물건의 끝을 입에 대고 매우 힘 있게 자꾸 빠는 꼴>

찰찰<적은 물 따위가 조금씩 넘쳐흐르는 꼴>

철철<많은 액체가 넘쳐흐르는 꼴>

촐촐<액체가 조금 넘치는 꼴>

출출<액체가 많이 넘어가는 꼴>

칙칙<김 따위가 좁은 틈으로 잇따라 거칠게 새어 나오는 소리>

-(합)칙칙-폭폭<증기 기관차가 연기를 뿜으며 달리는 소리>

찬찬<단단하게 자꾸 감거나 동여매는 꼴>

친친<든든하게 자꾸 감거나 동여매는 꼴>

챙챙<단단하게 꽁꽁 감거나 동여매는 꼴>

칭칭<든든하게 꽁꽁 감거나 동여매는 꼴>

캉캉<작은 개가 짖는 소리>

컹컹<큰 개가 짖는 소리>

콩콩<강아지가 센 소리로 짖는 소리>

캉캉<가볍고 단단한 것이 잇따라 바닥에 떨어지거나 무엇과 부딪쳐 울리는 소리>

콩콩<작고 무거운 물건이 단단한 바닥에 자꾸 세게 떨어질 때 울리어 나는 소리>

쿵쿵<무거운 물건이 단단한 바닥에 자꾸 세게 떨어질 때 울리어 나는 소리>

콸콸<물 따위가 작은 구멍으로 세게 흐를 때 나는 소리>

쿨쿨<물 따위가 구멍으로 세게 흐를 때 나는 소리>

콜콜<곤하게 잠들어 숨 쉴 때 나는 소리>

쿨쿨<곤하게 잠들어 크게 숨쉴 때 나는 소리>

콜콜<시척지근하거나 고리타분한 냄새가 나는 꼴>

쿨쿨<구리터분하거나 시금털털한 냄새가 몹시 나는 꼴>

탈탈<깨어지거나 금이 간 얄팍한 질그릇 따위를 두드릴 때 나는 소리>

털털<깨어지거나 금이 간 두툼한 질그릇 따위를 두드릴 때 나는 소리>

통통<신체나 물체의 작은 부분이 부풀거나 도드라져 볼록한 꼴>

퉁퉁<몸의 한 부분이 심하게 붓거나 부풀어서 두드러진 꼴>

팔팔<적은 물이 용솟음치며 몹시 끓는 꼴>

펄펄<물이 용솟음치며 몹시 끓는 꼴>

하하<입을 한껏 벌리고 거리낌 없이 크게 웃는 꼴>

해해<마음에 만족하여 자꾸 까불며 웃는 소리>

허허<입을 둥글고 크게 벌리고 거리낌 없이 크게 웃는 소리>

호호<여자가 입을 작고 동그랗게 벌리며 웃는 소리>

후후<주로 남자 어른이 입술을 둥그렇게 오므려 웃는 소리>

흐흐<데설궂게 우는 소리>

희희<어리석게 웃는 소리>

히히<입을 자꾸 히 벌리어 웃는 소리>

할할<숨이 차서 숨을 고르지 못하게 쉬는 꼴>

헐헐<숨이 차서 숨을 고르지 못하게 크게 쉬는 꼴>

흘흘<숨이 차서 숨을 거칠게 쉬는 꼴>

호호<입술을 오므려 내밀며 입김을 자꾸 내뿜는 소리>

후후<입술을 둥그렇게 우므려 내밀며 입김을 자꾸 내뿜는 소리>

홀홀<작은 것이 가볍게 날거나 날리는 꼴>

훌훌<가볍게 날거나 날리는 꼴>
활활<날짐승 따위가 높이 떠서 날개를 나릿나릿 치며 시원스럽게 나는 꼴>
훨훨<날짐승 따위가 높이 떠서 날개를 느릿느릿 치며 시원스럽게 나는 꼴>
홰홰<가볍게 자꾸 휘두르거나 휘젓는 꼴>
휘휘<머리, 손, 팔 따위를 세차게 돌리거나 내젓는 꼴>

2.1.2. 복합 어찌씨 만들기에 관여하지 않는 것

실질적인 뜻을 지니지 않아 형태소 자격이 없는 1음절 음성 형식이 되풀이되어 만들어진 이들 어찌씨는 더 이상 낱말 만들기에 관여하지 않는다. 그러나 앞으로 내적 파생법에 따라 홀소리나 닿소리를 바꿈으로써 파생 어찌씨가 만들어질 가능성은 있다.

감감<대답이나 소식 따위가 전혀 없는 상태>
갸갸<암탉이나 갈매기 따위가 높고 날카롭게 내는 소리>
게게<침이나 콧물 같은 것을 보기 싫게 흘리는 꼴>
골골<오래 앓아서 시름시름 앓는 꼴>
골골<암탉이 알겯는 소리>
광광<큰 쇠붙이 따위가 둔하게 울려서 나는 소리>
구구<비둘기가 우는 소리>
깟깟<까치가 우는 소리>
깡깡<몸이 몹시 마른 꼴>
깨깨<몹시 여위어 마른 꼴>
깨깨<어린 아이가 듣기 싫게 우는 소리>
꺌꺌<암탉이 새되게 알겯는 소리>
껑껑<개가 몹시 짖는 소리>
꼭꼭<암탉이 세게 우는 소리>
꼼꼼<매우 차근차근하고 빈틈이 없는 꼴>
꾀꾀<얼굴이 바싹 마른 꼴>
꾸꾸<닭이나 비둘기가 세게 우는 꼴>

끌끌<못마땅하여 혀를 차는 소리>
냠냠<음식을 감칠맛 나게 조금씩 먹는 꼴>
다다<아무쪼록 힘 미치는 데까지>
덜덜<사람이 침착하지 못하여 조심성 없이 함부로 행동하는 꼴>
동동<매우 안타깝게 춥거나 할 때 발을 가볍게 나는 소리>
딩딩<팽팽한 줄 따위를 퉁겨 크게 울릴 때 나는 소리>
떡떡<단단한 물건이 잇달아 서로 부딪치거나 부러질 때 나는 소리>
뙤뙤<말을 더듬는 소리>
뚱뚱<단단한 물체에 무엇이 세게 부딪치는 소리>
멍멍<개가 자꾸 짖는 소리>
멍멍<매우 큰 소리 때문에 귓속이 울려서 다른 소리가 잘 안 들리는 느낌>
박박<광대한 모양을 나타내는 말>
반반<남김없이 모두>
발발<몹시 삭은 종이나 헝겊이 건드리기가 무섭게 째어지는 꼴>
방방<무엇에 구속되지 않고 함부로 들뜨거나 날뛰는 꼴>
배배<여러 번 작게 꼬이거나 뒤틀린 꼴>
빌빌<여리고 느리게 움직이는 꼴>
소소<바람이 아주 약하고 부드럽게 부는 꼴>
쓸쓸<뱃속이 쓰리고 아픈 꼴>
앵앵<모기나 벌 따위가 자꾸 날아다닐 때 잇달아 나는 소리>
올올<갑자기 추워서 몸을 웅그리고 떠는 꼴>
왈왈<물이 급히 많이 흐르는 꼴>
왈왈<몸이 심하게 떨리는 꼴>
왈왈<개가 자꾸 짖는 소리>
왕왕<개가 크게 짖는 소리>
우우<바람이 자꾸 세차게 몰아칠 때 나는 소리>
웅웅<바람이 불거나 벌 따위가 날아다닐 때 나는 소리>
윽윽<주로 남성이 감정에 겨워 울 때나 난처한 상황에 처하여 울 때 내는 소리>
응응<어린 아이가 응석을 부리며 자꾸 우는 소리>
작작<너무 지나치게 하지 말라는 뜻으로 어지간히>
작작<작은 신 따위를 가볍게 끌며 걸을 때 나는 소리>
잘잘<얼굴이나 몸에 기름이나 윤기가 번질거리며 흐르는 꼴>
잴잴<사람이 실없이 가볍게 행동하는 꼴>

절절<방이 뜨겁게 몹시 달아 있는 꼴>
종종<사람이나 물건이 배게 서 있거나 놓여 있는 꼴>
지지<수다스럽게 이야기하는 소리>
질질<바닥에 닿아서 늘리게 끌리는 소리>
질질<사람이 실없고 진득하지 못하게 행동하는 꼴>
짤짤<온도가 매우 높아 더운 꼴>
짭짭<입맛을 좀 다시는 소리>
쩌쩌<언짢거나 안쓰러운 일이 있어 자꾸 혀를 차는 소리>
쪽쪽<여러 줄기로 매우 고르게 자꾸 이어지는 꼴>
쫄쫄<끼니를 걸러 아무 것도 먹지 못한 꼴>
쫑쫑<바늘땀 따위가 틈이나 간격이 좁거나 작은 꼴>
쫑쫑<원망하는 태도로 자꾸 혼잣말을 하는 꼴>
첨첨<잇달아 보태는 꼴>
총총<촘촘한 별빛이 또렷또렷한 꼴>
충충<물이나 빛깔이 맑거나 산뜻하지 못하고 흐린 꼴>
콩콩<강아지가 센 소리로 짖는 소리>
킁킁<병이나 버릇으로 콧구멍으로 숨을 몰아 띄엄띄엄 쉴 때 나는 소리>
통통<감각이나 재주가 남들보다 앞서고 참신한 꼴>
투투<소 따위의 짐승이 힘겹게 숨을 내쉬는 소리>
펑펑<함박눈이 많이 내리는 꼴>
펑펑<아무 일도 하지 않고 빈둥거리는 꼴>
푸푸<다문 입술을 조금씩 벌려 내밀며 잇달아 입김을 내뿜을 때 나는 소리>
풀풀<먼지 따위가 매우 세게 날리는 꼴>
혹혹<찬바람이 피부에 닿아 따끔거리는 느낌>
홍홍<코청이 떨어진 사람이 말할 때 헛김이 섞이어 나는 소리>
확확<달듯이 뜨거운 기운이 이는 꼴>
횅횅<무엇을 빠르게 내두르거나 돌리는 꼴>
회회<여러 번 작게 휘감거나 휘감기는 꼴>
훗훗<바람이나 입김 따위가 훈훈하게 거듭 안겨오는 꼴>
흠흠<냄새를 맡으려고 잇따라 콧숨을 들이쉬는 소리>

형태소 자격이 없는 1음절짜리 음성 형식이 세 번 되풀이되어 이루어진 단일 어찌씨도 있지만 그 수효는 극히 적다.

따따따<나팔을 부는 소리>
헛헛헛<입을 벌리고 점잖게 웃는 소리>

2.2. [ABAB]단일 어찌씨

이 짜임새에 속하는 단일 어찌씨들은 마치 2음절짜리 낱말이나 뿌리가 되풀이되어 이루어진 합성 어찌씨처럼 보이지만 실제로 2음절은 본유의 뜻이 없으며, 그대로 되풀이되어야만 비로소 뜻을 지니기 때문에 되풀이된 4음절이 단일 형태소에 해당한다.

2.2.1. 복합 어찌씨 만들기에 관여하는 것

이들 어찌씨들은 복합 어찌씨를 만드는 데 밑말로 관여하더라도 파생의 가지가 덧붙거나 다른 낱말이나 뿌리와 결합하여 낱말을 만드는 일이 없고, 단지 홀소리나 닿소리를 바꾸어 줌으로써 비슷한 뜻의 파생 낱말을 만드는 내적 파생 어찌씨를 만드는 데 국한된다.

가랑가랑<물 따위가 많이 담기거나 괴어서 가장자리까지 찰 듯 찰 듯한 꼴>
  카랑카랑<물 따위가 너무 많이 담기거나 괴어 가장자리까지 넘칠 듯한 꼴>
가슬가슬<살결이나 물체의 거죽이 윤기가 없고 조금 거친 꼴>
  거슬거슬<살갗이나 물체의 거죽이 윤기가 없고 거칠한 꼴>
  꺼슬꺼슬<살결이나 물체의 거죽이 윤기가 많이 없고 꺼칠한 꼴>
개골개골<개구리가 조심스럽게 우는 소리>
  개굴개굴<개구리의 우는 소리>
고독고독<물기 있는 물체가 조금 마르거나 얼어서 약간 굳어 있는 꼴>

꼬독꼬독<물기 있는 물체가 조금 마르거나 얼어서 단단하게 굳어 있는 꼴>
구덕구덕<물기가 있는 물체가 마르거나 얼어서 조금 굳어 있는 꼴>
꾸덕꾸덕<물기 있는 물체가 마르거나 얼어서 많이 굳어진 꼴>
구둑구둑<물기 있는 물체가 완전히 마르거나 얼어서 굳어 있는 꼴>
꾸둑꾸둑<물기 있는 물체가 완전히 마르거나 얼어서 아주 단단하게 굳어 있는 꼴>
고들고들<밥알 따위가 물기가 적어서 씹기에 좀 단단한 꼴>
꼬들꼬들<밥알 따위가 물기가 매우 적어서 오돌오돌하고 단단한 상태>
구들구들<밥알 따위가 물기가 적어서 씹기에 불편하도록 단단한 상태>
꾸들꾸들<밥알 따위가 물기가 매우 적어서 씹기에 불편하도록 우둘우둘하고 단단한 상태>
고슬고슬<밥 따위가 되지도 질지도 않고 알맞게 된 꼴>
구슬구슬<밥이 질지도 되지도 않고 알맞게 되어 있는 꼴>
꼬장꼬장<조금 가늘고 긴 물건이 쭉 곧은 꼴>
꾸정꾸정<가늘고 긴 물건이 쭉 곧은 꼴>
나닥나닥<군데군데 작고 고르지 않게 깁거나 덧붙인 꼴>
너덕너덕<군데군데 고르지 않게 깁거나 덧붙인 꼴>
나슬나슬<가늘고 짧은 털이나 풀 따위가 부드럽고 드문드문 난 꼴>
너슬너슬<굵고 긴 털이나 풀 따위가 부드럽고 성기게 난 꼴>
날짱날짱<성질이나 됨됨이가 조금 느리고 야무지지 못한 꼴>
늘쩡늘쩡<성질이나 됨됨이가 매우 느리고 야무지지 못한 꼴>
노닥노닥<헤어지거나 터지고 찢어진 곳을 여기저기 깁거나 덧붙인 꼴>
누덕누덕<헤어지거나 터지고 찢어진 곳을 여기저기 매우 지저분하게 기운 꼴>
다닥다닥<자그마한 것들이 한 곳에 많이 붙어 있는 꼴>
따닥따닥<자그마한 것들이 좁은 곳에 아주 촘촘하게 매우 많이 붙어 있는 꼴>
더덕더덕<조금 작은 것들이 여기저기 많이 붙어 있는 꼴>
떠덕떠덕<조금 작은 것들이 여기저기 아주 많이 붙어 있는 꼴>
닥작닥작<먼지나 때 따위가 군데군데 좀 두껍게 끼어 있는 꼴>
덕적덕적<먼지나 때 따위가 군데군데 꽤 두껍게 붙어 있는 꼴>
닥지닥지<작은 물체들이 여기저기 가깝게 많이 모이거나 겹쳐 있는 꼴>
덕지덕지<물체들이 여기저기 어지럽게 마구 모이거나 겹쳐 있는 꼴>
달래달래<홀가분한 몸으로 가볍게 흔들거리며 걷거나 행동하는 꼴>

탈래탈래<지친 모습으로 조금 힘없이 건들거리며 걷거나 행동하는 꼴>

덜레덜레<홀가분한 몸으로 흔들거리며 걷거나 행동하는 꼴>

털레털레<몹시 지친 모습으로 힘없이 건들거리며 걷거나 행동하는 꼴>

댕글댕글<책을 막힘없이 줄줄 잘 읽는 소리>

뎅글뎅글<책을 막힘없이 죽죽 잘 읽는 소리>

더금더금<조금씩 자꾸 더하는 꼴>

더끔더끔<조금씩 자꾸 더하여 커지거나 많아지는 꼴>

도글도글<작고 무거운 물건이 자꾸 구르는 꼴>

또글또글<작고 무거운 물건에 자꾸 세게 구르는 꼴>

두글두글<크고 무거운 물건이 자꾸 구르는 꼴>

뚜글뚜글<크고 무거운 물건이 자꾸 세게 구르는 꼴>

도돌도돌<물건의 겉면이 매끈하지 않고 여기저기 올통볼통하게 솟아올랐다가 하는 꼴>

도톨도톨<물건의 겉면이 매끈하지 않고 여기저기 매우 올통볼통하게 들어갔다가 솟아올랐다가 하는 꼴>

두둘두둘<물건의 겉면이 미끈하지 않고 여기저기 울퉁불퉁하게 들어갔다가 솟아올랐다가 하는 꼴>

두툴두툴<물건의 겉면이 미끈하지 않고 여기저기 매우 울퉁불퉁하게 들어갔다가 솟아올랐다가 하는 꼴>

디글디글<여러 개의 가늘거나 작은 물건 가운데서 몇 개가 드러나게 굵거나 큰 꼴>

띠글띠글<여러 개의 가늘거나 작은 물건 가운데서 몇 개가 몹시 눈에 띄게 굵거나 큰 꼴>

매지매지<좀 작은 물건을 여러 몫으로 따로따로 나누는 꼴>

메지메지<물건을 여러 개의 몫으로 따로따로 나누는 꼴>

맨송맨송<몸에 털이 있어야 할 부분에 털이 없어 매끈하고 반반한 꼴>

민숭민숭<몸에 털이 날 자리에 나지 않아 밋밋하고 훤한 꼴>

모락모락<연기나 냄새 따위가 조금씩 위로 올라가는 꼴>

무럭무럭<수증기나 연기가 계속하여 위로 올라가는 꼴>

몽개몽개<구름, 연기, 솜 따위가 잇대어 몽키어 나오는 꼴>

뭉게뭉게[33]<구름, 연기, 솜 따위가 잇달아 뭉키어 나오는 꼴>

---

33) '뭉게뭉게'에서 '뭉게-'는 '뭉게구름'의 '뭉게-'와 동일한 것으로 보아 형태소 자격을

바득바득<억지를 부리며 자꾸 우기거나 조르는 꼴>
빠득빠득<억지를 부리며 자꾸 심하게 우기거나 조르는 꼴>
부득부득<억지스럽거나 자꾸 우기거나 조르는 꼴>
뿌득뿌득<매우 억지스럽게 자꾸 우기거나 조르는 꼴>
바질바질<속이 상하거나 안타까워서 자꾸 애가 타는 꼴>
빠질빠질<속이 상하거나 안타까워서 자꾸 애가 몹시 타는 꼴>
부질부질<속이 매우 상하거나 안타까워서 자꾸 애가 타는 꼴>
뿌질뿌질<속이 매우 상하거나 안타까워 자꾸 몹시 애가 타는 꼴>
배리배리<몸이 조금 비틀어질 정도로 가냘프고 야윈 꼴>
비리비리<몸이 비틀어질 정도로 몹시 가냘프고 여윈 꼴>
보동보동<살이 통통하게 찌고 보드라운 꼴>
포동포동<살이 꽤 통통하게 찌고 보드라운 꼴>
부둥부둥<살이 통통하게 찌고 부드러운 꼴>
푸둥푸둥<살이 매우 통통하게 찌고 부드러운 꼴>
보들보들<살갗에 스치거나 닿는 느낌이 매우 연하고 부드러운 꼴>
부들부들<살갗에 스치거나 닿는 느낌이 매우 부드러운 꼴>
복슬복슬<살이 통통하게 찌거나 털이 많아 매우 귀엽고 탐스러운 꼴>
북슬북슬[34]<살이 퉁퉁하게 찌거나 털이 많아 매우 탐스러운 꼴>
북실북실<살이 퉁퉁하게 찌거나 털이 많아 매우 탐스러운 꼴>
빠닥빠닥<물체가 물기가 적어 매끄럽거나 부드럽지 않고 빳빳한 꼴>
뻐덕뻐덕<물체가 물기가 매우 적어 부드럽지 않고 몹시 뻣뻣한 꼴>
빠득빠득<하는 말이나 행동이 조금 고분고분하지 않은 꼴>
뻐득뻐득<하는 말이나 행동이 고분고분하지 않은 꼴>
살래살래<몸의 한 부분을 가볍게 잇달아 흔드는 꼴>
쌀래쌀래<머리 따위를 작은 동작으로 좀 세게 잇달아 가로 흔드는 꼴>
설레설레<몸의 한 부분을 큰 동작으로 자꾸 흔드는 꼴>
썰레썰레<머리 따위를 좀 세게 잇달아 가로 흔드는 꼴>
소득소득<풀이나 열매 따위가 좀 시들고 말라서 거친 꼴>
수득수득<풀이나 열매 따위가 시들고 말라서 매우 거친 꼴>

줄 수 있다.

34) '북슬북슬'에서 '북슬-'은 '북슬개'의 '북슬-'과 동일한 것으로 보아 형태소 자격을 줄 수 있다.

소들소들<풀이나 열매 따위가 시들고 말라서 조금 생기가 없는 꼴>
수들수들<풀이나 열매 따위가 시들고 말라서 생기가 없는 꼴>
수걱수걱<말없이 꾸준하게 일하거나 순종하는 꼴>
쑤걱쑤걱<말없이 꾸준하게 일하거나 순종하는 꼴>
스렁스렁<서두르지 않고 느릿느릿 굼뜨게 행동하는 꼴>
쓰렁쓰렁<무엇을 남이 모르게 비밀스럽게 하는 꼴>
아귀아귀<음식을 욕심을 내어 입안에 마구 넣고 씹어 먹는 꼴>
어귀어귀<음식을 욕심을 내어 입안에 마구 넣고 힘차게 씹어 먹는 꼴>
알밋알밋<일이나 기한 따위를 자꾸 시간을 끌며 뒤로 조금씩 미루는 꼴>
얼밋얼밋[35]<일이나 기한 따위를 자꾸 시간을 끌며 미루는 꼴>
을밋을밋<일이나 기한을 우물우물하여 자꾸 미루어 나가는 꼴>
야릿야릿<빛깔이나 소리, 형체 따위가 선명하지 못하고 조금 흐리거나 약한 꼴>
여릿여릿[36]<빛깔이나 소리, 형체 따위가 선명하지 못하고 약간 흐리거나 약한 꼴>
야울야울<불이 순하게 활활 타는 꼴>
여울여울<불이 순하게 설설 타는 꼴>
오돌오돌<씹기에 조금 단단한 상태>
우둘우둘<씹기에 매우 단단한 상태>
오슬오슬<무섭거나 추워서 몸이 자꾸 움츠러들거나 소름이 끼치는 꼴>
으슬으슬<몸에 소름이 끼칠 듯이 몹시 추운 느낌이 잇따라 드는 꼴>
오작오작<조금씩 자꾸 나아가는 꼴>
오짝오짝<조금씩 자꾸 바짝 나아가는 꼴>
우적우적<거침없이 기세 좋게 자꾸 나아가는 꼴>
우쩍우쩍<거침없이 기세 좋게 자꾸 나아가는 꼴>
오직오직<질기고 단단하게 생긴 작은 물건이 자꾸 부러지거나 찢어지거나 부서지는 소리>
우직우직<단단하게 생긴 물건이 자꾸 부러지거나 찢어지거나 부서지는 소리>
와작와작<일을 억지로 급하게 하여 나아가는 꼴>
우적우적<어떤 일을 억지로 우겨서 몹시 급하게 해 나가는 꼴>
자글자글<물체의 거죽이 쪼그라들어 잔주름이 많은 꼴>

---

35) '얼밋얼밋'에서 '얼밋-'은 '얼밋거리다'의 뿌리와 같은 것으로, 형태소 자격을 가진다.
36) '여릿여릿'에서 '여릿-'은 '여릿하다'의 뿌리와 같은 것으로, 형태소 자격을 가진다.

짜글짜글<물체의 거죽이 짜그라져 잔주름이 매우 많은 꼴>

자란자란<그릇에 액체가 가득 차 가장자리에서 조금씩 넘칠 듯 말 듯한 꼴>

지런지런<그릇에 액체가 그득 차 가장자리에서 넘칠 듯 말 듯한 꼴>

자분자분<성질이나 태도가 부드럽고 조용하며 자상한 꼴>

저분저분<성질이나 태도가 꽤 부드럽고 조용하며 자상한 꼴>

자분자분<음식 따위가 씹히는 느낌이 부드럽고 연한 꼴>

저분저분<음식 따위가 씹히는 느낌이 부드러운 꼴>

잘래잘래<머리를 좌우로 좀 저으며 자꾸 흔드는 꼴>

짤래짤래<머리를 좌우로 좀 저으며 자꾸 세게 흔드는 꼴>

절레절레<머리를 좌우로 자꾸 흔드는 꼴>

쩔레쩔레<머리를 좌우로 저으며 자꾸 세게 흔드는 꼴>

조글조글<쪼그라지거나 구겨져서 주름이 많은 꼴>

쪼글쪼글<쪼그라지거나 구겨져서 주름이 매우 많은 꼴>

주글주글<쭈그러지거나 구겨져서 주름이 많은 꼴>

쭈글쭈글<쭈그러지거나 구겨져서 주름이 매우 많은 꼴>

조랑조랑<작은 열매 따위가 많이 매달려 있는 꼴>

조롱조롱<작은 열매 따위가 많이 매달려 있는 꼴>

주렁주렁<큰 열매 따위가 많이 매달려 있는 꼴>

조물조물<작은 손놀림으로 가볍게 자꾸 주무르듯이 만지는 꼴>

주물주물<큰 손놀림으로 쥐었다 놓았다 하며 주무르듯이 만지는 꼴>

조속조속<기운 없이 몸이나 머리를 자꾸 조금씩 숙였다가 들었다가 하면서 조는 꼴>

조숙조숙<기운 없이 몸이나 머리를 자꾸 숙였다가 들었다 하면서 조는 꼴>

조잘조잘<짧은 끈이나 줄 따위가 여기저기 어지럽게 달려 있는 꼴>

주절주절<긴 끈이나 줄 따위가 여기저기 매우 어지럽게 달려 있는 꼴>

졸딱졸딱<분량이나 규모가 작고 변변치 못한 꼴>

쫄딱쫄딱<분량이나 규모가 아주 작고 옹졸한 꼴>

졸래졸래<몸집이 작은 사람이나 동물이 볼품없이 남의 뒤를 자꾸 따라다니는 꼴>

쫄래쫄래<몸집이 작은 사람이나 동물이 매우 볼품없이 남의 뒤를 자꾸 따라다니는 꼴>

줄레줄레<몸집이 큰 사람이나 동물이 몸을 까불며 경망스럽게 행동하는 꼴>

쭐레쭐레<몸집이 큰 사람이나 동물이 몸을 까불며 매우 경망스럽게 행동하는 꼴>

졸막졸막<작은 물건들이 고르지 않게 여기저기 널려 있는 꼴>

줄먹줄먹<조금 큰 물건들이 여기저기 고르지 않게 널려 있는 꼴>

좀망좀망<거죽이 고르지 않고 조금 울퉁불퉁한 꼴>

쫌망쫌망<거죽이 고르지 않고 아주 조금 울퉁불퉁한 꼴>

줌멍줌멍<거죽이 고르지 않고 울퉁불퉁한 꼴>

쭘멍쭘멍<거죽이 고르지 않고 매우 울퉁불퉁한 꼴>

주근주근<약간 귀찮도록 성질이나 태도가 은근하고 질긴 꼴>

추근추근<귀찮도록 몹시 질기게 달라붙어서 조르거나 괴롭히는 꼴>

줄룩줄룩<긴 물건이 드문드문 둥글게 깊이 패어 들어간 꼴>

쭐룩쭐룩<긴 물건이 군데군데 깊이 패어 들어가 있는 꼴>

짜득짜득<물건이 잘 끊어지지 않을 정도로 검질긴 꼴>

찌득찌득<물건이 잘 끊어지지 않을 정도로 매우 검질긴 꼴>

차란차란<그릇에 액체가 가득 차 가장자리에서 조금씩 넘칠 듯 말 듯한 꼴>

치런치런<그릇에 액체가 아주 가득 차 가장자리에서 넘칠 듯 말 듯한 꼴>

초근초근<귀찮도록 질기게 달라붙어서 자꾸 조르는 꼴>

추근추근<귀찮도록 몹시 질기게 달라붙어서 자꾸 조르거나 괴롭히는 꼴>

콩당콩당<몹시 놀라거나 설레거나 하여 가슴이 세게 자꾸 뛰는 꼴>

쿵당쿵당<몹시 놀라거나 설레거나 하여 가슴이 크고 세게 자꾸 뛰는 꼴>

테석테석<거죽이나 면이 매끄럽지 못하고 거친 꼴>

티석티석<거죽이나 면이 매끄럽지 못하고 매우 거친 꼴>

패둥패둥<보기에 조금 싫을 정도로 살이 쪄서 통통한 꼴>

피둥피둥<보기에 싫을 정도로 살이 쪄서 꽤 퉁퉁한 꼴>

하박하박<과실 따위가 너무 익었거나 오래되어 물기가 적고 끈기가 없이 메마른 꼴>

허벅허벅<과실 따위가 너무 익었거나 오래되어 물기가 적고 끈기가 없어 매우 메마른 꼴>

하분하분<물기가 있는 물건이 조금 연하고 무른 꼴>

허분허분<물기가 있는 물건이 매우 연하고 무른 꼴>

함실함실<너무 익거나 삶아져서 조금 물크러질 정도로 무른 꼴>

흠실흠실<너무 익거나 삶아져서 물그러질 정도로 몹시 무른 꼴>

해득해득<가볍고 경망스럽게 자꾸 웃는 소리>

히득히득<거볍고 실없이 자꾸 웃는 소리>

회똘회똘<길이 이리저리 조금 구부러져 있는 꼴>

휘뚤휘뚤<길이 이리저리 구부러져 있는 꼴>

2.2.2. 복합 어찌씨 만들기에 관여하지 않는 것

뜻을 지니지 않아 낱말이나 뿌리에 해당하지 않는 2음절짜리가 같은 꼴로 되풀이되어 비로소 단일한 뜻을 얻게 된 단일 어찌씨로 더 이상 복합 어찌씨 만들기에 관여하지 않는 것들이 이 짜임새에 해당한다. 이 짜임새에 속하는 단일 어찌씨는 복합 어찌씨 만들기에 관여하는 2음절 되풀이 어찌씨보다 상당히 많은 편이다. 이들 어찌씨들은 현대 우리말에서 복합 낱말을 만드는 데 밑말로 관여하는 일이 없지만, 앞으로 내적 파생법에 따라 닿소리와 홀소리를 바꿈으로 말미암아 뜻에서 비슷한 파생 어찌씨가 만들어질 가능성은 있다.

가랑가랑<잘 울리는 쇠붙이 따위가 끌리거나 구를 때 나는 소리>
간실간실<남의 비위를 맞추어 가면서 간사를 부리는 꼴>
간둥간둥<말이나 행동이 조심성이 없고 경솔한 꼴>
개갤개갤<물체가 서로 닿아 자꾸 달라붙거나 치대는 소리>
개진개진<눈에 물기가 끈끈하게 서리어 있는 꼴>
갸릉갸릉<목구멍에 가래가 숨을 쉴 때마다 조금씩 자꾸 걸리는 소리>
거덕거덕<물기나 풀기 있는 물체의 거죽이 조금 말라 빳빳한 상태>
거춤거춤<대강대강 거쳐 가는 꼴>
거충거충<일을 정밀하지는 못하여도 쉽고 빨리>
걱둑걱둑<거리낌 없이 걷는 꼴>
검비검비<어떤 행동을 대강대강 쉽게 하는 꼴>
고래고래<목소리를 힘껏 높이어 시끄럽게 지르는 꼴>
고상고상<잠이 오지 아니하여 뒤척거리며 애쓰고 있는 꼴>
곰상곰상<성질이나 행동 따위가 상냥하고 꼼꼼한 꼴>
공닥공닥<작은 절구나 방아를 찧을 때처럼 작은 물건이 단단한 물체에 자꾸 가볍게 부딪치는 소리>

구질구질<비나 눈이 와서 주변 환경 따위가 거칠고 어수선하여 깨끗하지 못한 꼴>
귀뚤귀뚤<귀뚜라미의 울음소리>
까강까강<꽹과리 치는 소리>
까랑까랑<목소리가 쇳소리처럼 맑으면서 또렷하고 날카로운 꼴>
깐실깐실<남의 비위를 맞추어 가면서 몹시 간사를 부리는 꼴>
깨금깨금<어떤 행동을 표가 나지 않게 조금씩 천천히 하는 꼴>
꺼귀꺼귀<음식물을 입에 잔뜩 넣고 천천히 자꾸 씹는 꼴>
꺼이꺼이<목이 메어 울 때 내는 소리>
꼬당꼬당<바싹 말라서 몹시 야윈 꼴>
꼬약꼬약<한 군데로 조금 많은 사람 또는 사물이 잇달아 몰리거나 생기거나 하는 꼴>
꼬지꼬지<빈틈이 없이 매우>
꼬질꼬질<몹시 뒤틀리고 이리저리 꼬불꼬불한 꼴>
꼬치꼬치<몸이 바싹 여윈 꼴>
꼬치꼬치<낱낱이 따지면서 캐어묻는 꼴>
꼰질꼰질<지나치게 좀스럽고 꼼꼼한 꼴>
날강날강<천이나 옷 종이 따위가 오래되거나 해져서 빳빳한 모양이 사라진 꼴>
넌들넌들<천이나 옷 따위가 어지럽고 지저분하게 늘어져 있는 꼴>
느럭느럭<말이나 행동이 꽤 느린 꼴>
느적느적<몹시 굼뜨게 움직이거나 말하는 꼴>
니일니일<계속해서 뒤를 이어 움직이는 꼴>
다글다글<작은 알이나 구슬 따위가 많이 흩어져서 구르는 꼴>
다락다락<자꾸 대들어 좀 귀찮도록 떼를 쓰거나 졸라대는 꼴>
다래다래<작은 물건들이 많이 매달려 있거나 드리워져 있는 꼴>
다물다물<물건이 여기저기 한데 많이 쌓인 꼴>
다복다복<작은 풀이나 나무 따위가 여기저기 다 탐스럽고 소복한 꼴>
다불다불<가늘고 부드러운 머리털 따위가 늘어져 있는 꼴>
다붓다붓<여럿이 다 매우 가깝게 다가붙은 꼴>
담상담상<촘촘하지 않고 조금 성긴 꼴>
담숭담숭<촘촘하지 못하고 간격이 좀 넓은 꼴>
당글당글<단단하고 동글동글한 꼴>
덩케덩케<끈끈한 액체 따위가 엉겨서 흐르는 꼴>
두리두리<보기에 좋을 정도로 시원스럽게 크고 둥근 꼴>

뒤슬뒤슬<옳지 못하게 건방진 태도로 행동하는 꼴>
드레드레<물건들이 많이 매달려 있거나 길게 드리워져 있는 꼴>
드레드레<분봉(分蜂)하려고 통 밖으로 나가 한데 모여 붙은 벌떼를 멍석 따위를 대고 몰아넣을 때 내는 말>
딩금딩금<서로 간격이 촘촘하지 않고 떨어져 있는 꼴>
따북따북<한 토막씩 똑똑하게 말을 하거나 글을 읽는 꼴>
따옥따옥<따오기 우는 소리>
때군때군<말소리 따위가 또렷또렷하여 야무지게 센 꼴>
때글때글<여러 개의 가늘거나 작은 물건 가운데서 몇 개가 매우 굵은 꼴>
땡글땡글<매우 단단하고 동글동글한 꼴>
또깡또깡<말이나 행동이 똑똑 자른 듯이 매우 분명한 꼴>
또랑또랑<눈이나 목소리가 조금도 흐리지 않고 아주 똑똑하고 분명한 꼴>
또록또록<무엇이 흐리지 않고 매우 밝거나 분명한 꼴>
또록또록<크고 동그란 눈알이 자꾸 움직이는 꼴>
뜨덤뜨덤<말을 느리게 더듬거리는 꼴>
뜸북뜸북<뜸부기가 우는 소리>
띵까띵까<요란하고 신나게 악기를 연주해 대는 소리>
마닐마닐<음식이 씹어 먹기 좋게 무르고 부드러운 상태>
말긋말긋<국물 따위에 덩어리가 섞여 있는 꼴>
말긋말긋<맑고 환한 꼴>
매암매암<매미의 우는 소리>
맨질맨질<만지거나 주무르기 좋게 연하고 보드라운 느낌>
먀얄먀얄<성질이나 태도가 쌀쌀하고 뻣뻣한 꼴>
머슬머슬<사귐이 탐탁스럽지 않아 어색한 꼴>
머흘머흘<구름이 매우 무서운 형세로 움직이는 꼴>
멀끔멀끔<눈을 멀거니 뜨고 있는 꼴>
멀뚱멀뚱<국물이 푹 끓지 않았거나 건더기가 적어서 멀건 상태>
멍털멍털<크고 작은 멍울이 한데 엉기어 크고 울퉁불퉁한 덩이를 이룬 꼴>
모람모람<가끔가끔 한데 몰아서>
몽긋몽긋<살덩이 따위가 꽤 올라서 몽그라져 있는 꼴>
무뚝무뚝<덩어리로 된 것을 큼직큼직하게 이로 베물어 먹는 꼴>
무시무시<몹시 무서운 느낌이나 기운>
문실문실<나무 따위가 쭉쭉 뻗어 자라는 꼴>

밀긋밀긋<크고 무거운 것을 조금씩 자꾸 밀어내는 꼴>
바륵바륵<사람이 입을 좀 크게 벌리고 귀엽게 자꾸 웃는 꼴>
발기발기<여러 조각으로 마구 찢어발기는 꼴>
발맘발맘<팔을 벌려 한 발 한 발 재어 나가는 꼴>
발밤발밤<발길이 가는 대로 한 걸음씩 천천히 걸어가는 꼴>
배식배식<입만 살짝 벌리고 소리 없이 자꾸 웃는 꼴>
배실배실<크게 드러내지 않고 살며시 혼자 웃는 꼴>
배질배질<물기가 없어서 가칠하고 메마른 꼴>
버슬버슬<덩이진 가루 따위가 물기가 바싹 말라 부스러지거나 흩어지기 쉬운 꼴>
벌씸벌씸<탄력 있는 물체가 자꾸 크게 벌어졌다 우므러졌다 하는 꼴>
베짱베짱<베짱이가 잇달아 우는 소리>
볼깡볼깡<단단하거나 오돌오돌한 물건이 잘 씹히지 않고 입속에서 이리저리 비어져 나오는 꼴>
부등부등<이루기 힘든 것을 억지를 쓰며 자꾸 우기는 꼴>
부룩부룩<어떤 기세가 줄어들지 않고 자꾸만 일어나는 꼴>
부리부리<눈망울이 시원스럽고도 무섭게 크고 열기가 있는 꼴>
부숭부숭<눈이 부어오른 꼴>
부웅부웅<뱃고동이나 문풍지 따위가 울리는 소리>
비금비금<견주어 보아서 서로 비슷한 꼴>
비영비영<병으로 몹시 야위어 기운이 없는 꼴>
비적비적<싸 놓은 물건이 좁은 구멍이나 틈에서 밖으로 군데군데 비어져 나온 꼴>
뾰롱뾰롱<성질이 부드럽지 못하여 남을 대하는 것이 까다롭고 걸핏하면 남에게 싫은 소리를 잘하는 꼴>
삐끔삐끔<어긋난 방향으로 몹시 삐뚤어지게 흘겨보는 꼴>
삐오삐오<구급차 따위가 지나갈 때 나는 사이렌 소리>
삐질삐질<매우 난처하거나 어려운 상황에 땀을 흘리는 꼴>
사글사글<생김새나 성품이 상냥하고 너그러운 꼴>
사들사들<조금씩 시들어가거나 시든 꼴>
사리사리<연기가 위로 가늘게 올라가는 꼴>
사악사악<단단하거나 뻣뻣한 것이 다른 물체에 자꾸 스치는 소리>
살금살금<남이 모르도록 살그머니 자꾸 행동하는 꼴>
새득새득<꽃이나 풀 따위가 조금 시들고 말라서 힘이 없는 꼴>
새록새록<새로운 물건이나 일이 잇달아 생기는 꼴>

서글서글<생김새나 성격이 상냥하고 시원스러운 꼴>
설면설면<사이가 가깝지 않고 서먹서먹하거나 어색한 꼴>
소락소락<말이나 행동이 요량 없이 경솔한 꼴>
소록소록<아기가 곱게 자는 꼴>
소마소마<무섭거나 두려워서 마음이 초조한 꼴>
소말소말<얼굴이 군데군데 얕게 얽은 꼴>
솔래솔래<조금씩 조금씩 가만히 빠져나가는 꼴>
송골송골<땀이나 소름 따위가 살갗에 자디잘게 많이 돋아나는 꼴>
송알송알<땀방울 따위가 잘게 방울방울 많이 맺히는 꼴>
수리수리<눈이 흐려 보이는 것이 희미하고 어렴풋한 꼴>
수슬수슬<천연두나 상처 따위가 딱지가 붙을 정도로 조금 마른 꼴>
숭굴숭굴<크게 탈 없이 수수하게 잘 자라는 꼴>
숭굴숭굴<얽은 자국이나 구멍 따위가 꽤 큼직큼직한 꼴>
숭얼숭얼<큰 거품 따위가 방울방울 많이 맺힌 꼴>
스름스름<눈에 띄지 않게 조금씩 천천히 움직이는 꼴>
슬겅슬겅<힘들이지 않고 가볍게 느릿느릿 행동하는 꼴>
슬금슬금<남이 모르도록 슬그머니 자꾸 행동하는 꼴>
시콩시콩<발동기 따위를 처음 움직일 때 잇따라 나는 소리>
쌔릉쌔릉<작은 새 따위가 갑자기 솟구쳐 날아오르는 소리>
쌔액쌔액<숨을 조금 빠르고 가늘게 쉬는 소리>
쓰름쓰름<쓰름매미의 우는 소리>
씨억씨억<행동이나 성질이 굳세고 활발한 꼴>
씨엉씨엉<걸음걸이나 행동 따위가 기운차고 활기 있는 꼴>
아즐아즐<강아지 따위가 계속해서 꼬리를 치며 비틀비틀 걷는 꼴>
야긋야긋<톱날같이 높낮이의 차가 적고 서로 비슷한 꼴>
얄깃얄깃<입이나 얼굴 따위를 일그러지게 조금씩 자꾸 움직이는 꼴>
어글어글<생김새나 성질 따위가 너그럽고 시원스러운 꼴>
어리어리<설핏 얕은 잠이 든 꼴>
어슥어슥<여러 개가 모두 한쪽으로 비뚤어져 있는 꼴>
어푸어푸<물에 빠져서 괴롭게 물을 켜며 내는 소리>
억실억실<얼굴이나 눈 따위의 생김새가 선이 굵고 시원스런 꼴>
여싯여싯<무슨 말을 하려고 자꾸 머뭇거리는 꼴>
오불오불<자그마한 것들이 한데 모여 있는 꼴>

오삭오삭<몸이 자꾸 옴츠러지도록 추워지거나 소름이 끼치는 꼴>
와당와당<함석지붕이나 슬레이트지붕 따위에 굵은 빗방울이 자꾸 방울방울 떨어지는 소리>
우걱우걱<짐을 진 마소가 걸음을 걷는 대로 나는 소리>
우둥우둥<여러 사람이 웅기웅기 서성이는 꼴>
우럭우럭<불기운이 힘차게 일어나는 꼴>
우렁우렁<소리가 매우 크고 힘차게 울리는 꼴>
우죽우죽<무슨 일이 있는 것처럼 어깨나 몸을 계속 흔들면서 바쁘게 걷는 꼴>
우중우중<몸을 일으켜 서거나 걷는 꼴>
우쭉우쭉<걸음을 걸을 때 몸을 위아래로 흔드는 꼴>
움덕움덕<사람, 짐승 따위가 많이 모여 어수선하게 자꾸 움직이는 꼴>
움줄움줄<우물우물 입술이나 힘살 따위가 자꾸 우므러지는 꼴>
웅게웅게<조금 큰 것들이 무질서하게 많이 모여 있는 꼴>
잉큼잉큼<놀라거나 설레거나 하여 가슴이 자꾸 빨리 뛰는 꼴>
자금자금<음식에 섞인 잔모래나 흙이 가볍게 자꾸 씹히는 소리>
자긋자긋<살며시 가볍게 자꾸 힘을 주는 꼴>
자긋자긋<몸서리가 날 만큼 싫고 괴로운 꼴>
자늑자늑<움직임 따위가 가볍고 부드러우며 차분한 꼴>
자락자락<시간이 갈수록 더욱 거리낌 없이 구는 꼴>
자락자락<손뼉을 가볍게 계속 칠 때 나는 소리>
자물자물<무엇이 물에 잠겼다가 떠올랐다 하는 꼴>
자울자울<잠이 들 듯 말 듯하여 몸을 앞으로 숙였다 들었다 하는 꼴>
자질자질<바닥이 드러날 정도로 물이 마르거나 졸아드는 꼴>
잔물잔물<눈가에 살가죽이 조금 짓무르고 진물이 괴어 있는 꼴>
잘기잘기<질긴 물건을 조금씩 자꾸 씹는 꼴>
쟁글쟁글<소름이 끼칠 정도로 매우 흉하거나 끔찍한 꼴>
제걱제걱<조금 단단한 물건이 부서지듯 씹히는 소리>
조곤조곤<말이나 행동 따위를 은근하고 부드러우면서도 하나하나 꼼꼼히 빼어먹지 않고 하는 꼴>
조랑조랑<어린 사람이 똑똑하게 잇달아 글을 외거나 말하는 소리>
조참조참<행동이 가볍고 급한 꼴>
줄레줄레<해지거나 헝클어져 허름하고 지저분하게 잇달리어 있는 꼴>
즈런즈런<살림살이가 모자란 것 없이 넉넉한 꼴>

지망지망<조심성이 없이 함부로 설치는 꼴>
지적지적<물기가 있어서 조금 진 듯한 꼴>
지적지적<물이 점점 줄어들어서 바닥으로 아주 잦아지는 꼴>
지질지질<물기가 많아서 좀 진 듯한 꼴>
질근질근<물기가 많은 흙이 잘 이겨지는 꼴>
질긋질긋<끈질기게 참고 견디는 꼴>
짤름짤름<돈이나 물건 따위를 한꺼번에 다 주지 않고 여러 번에 걸쳐 아주 조금씩 주는 꼴>
초군초군<행동이 아주 꼼꼼하고 느릿느릿한 꼴>
초랑초랑<정신이나 눈빛, 목소리 따위가 매우 밝고 또렷또렷한 꼴>
탱글탱글<탱탱하고 둥글둥글한 꼴>
터실터실<바탕이나 가장자리가 매끈하지 않고 거칠거나 보풀이 일어난 꼴>
투덕투덕<얼굴 따위가 두툼하게 살이 찐 꼴>
투둑투둑<빗방울이나 나무 열매 따위가 자꾸 떨어지는 소리>
트믄트믄<여럿이 공간적으로 서로 촘촘하지 않고 사이가 뜨게>
팽글팽글<작은 것이 잇달아 팽그르르 도는 꼴>
푸릉푸릉<작은 새가 날개를 치며 날아오르는 소리>
푸숭푸숭<김이나 연기 따위가 조금씩 뭉쳐서 솟아오르는 꼴>
푸실푸실<눈이나 비 따위가 성기게 흩어져 자꾸 내리는 꼴>
피근피근<뻔뻔스러울 정도로 고집이 세고 완고한 꼴>
하들하들<몸이나 몸의 일부를 가볍게 자꾸 조금씩 떠는 꼴>
하롱하롱<작고 가벼운 물체가 떨어지면서 잇따라 흔들리는 꼴>
하마하마<어떤 기회가 자꾸 닥쳐오는 꼴>
하물하물<푹 익어서 무른 꼴>
해딱해딱<정신이 자꾸 나갔다가 들었다가 하는 꼴>
해물해물<입술을 한쪽으로 비뚤게 하여 소리 없이 능청스럽게 자꾸 웃는 꼴>
행똥행똥<몸이 한쪽으로 기울어지며 뒤뚱뒤뚱 걷는 꼴>
허위허위<힘에 겨운 걸음걸이로 애써 걷는 꼴>
허짓허짓<기력이 약하여 이리저리 쓰러질 듯이 걷는 꼴>
협신협신<물기가 조금 있고 물렁물렁하여 건드리면 자꾸 쭈그러지는 꼴>
헤싱헤싱<촘촘하거나 치밀하지 못하여 느슨하고 허전한 느낌>
헹글헹글<입거나 끼우는 것이 너무 커서 잘 맞지 않고 헐거운 꼴>
호락호락<사람이나 일 따위가 만만하여 다루기 쉬운 꼴>

홍야홍야<즐거움에 들뜨거나 술이나 분위기에 취해서 나른한 꼴>
흐득흐득<숨이 막힐 듯이 자꾸 흐느끼며 심하게 우는 소리>
흐렁흐렁<몸을 흔드는 듯이 움직이며 크게 흐느껴 우는 꼴>
흥덩흥덩<물 따위가 넘칠 정도로 매우 많은 꼴>
희치희치<피륙이나 종이 따위가 군데군데 쏠리어 뭉쳐서 미어진 꼴>
시시콜콜<시답잖게 미주알고주알 캐고 드는 꼴>

2.3. [ABCABC]단일 어찌씨

뜻을 지니지 않아 낱말이나 뿌리에 해당하지 않는 3음절짜리가 같은 꼴로 되풀이되어 비로소 단일한 뜻을 얻게 된 단일 어찌씨가 이 짜임새에 해당한다. 이 짜임새에 속하는 단일 어찌씨는 극히 적은 편이며, 이들 어찌씨 가운데 '다다귀다다귀'만이 내적 파생법에 따라 홀소리가 바뀌어 '더더귀더더귀'가 파생 되었다. 그 밖의 것들은 더 이상 어찌씨 만들기에 관여하지 않는다.

다다귀다다귀<자그마한 것들이 좁은 곳에 촘촘하게 많이 붙어 있는 꼴>
  더더귀더더귀<조금 작은 것들이 여기저기 많이 붙어 있는 꼴>
모기작모기작<우물쭈물하면서 느리게 자꾸 움직이는 꼴>
바람만바람만<바라보일 만한 정도로 뒤에 멀찍이 떨어져서 따라가는 꼴>
사오락사오락<비단 치맛자락이 서로 자꾸 스칠 때 나는 소리>
쓰르람쓰르람<쓰르라미가 잇달아 울 때 나는 소리>
어루숭어루숭<줄이나 점이 어지럽고 화려하게 무늬를 이루고 있는 꼴>
팔느락팔느락<얄팍한 물건 따위가 바람에 날려 자꾸 흔들리는 꼴>
헐씨근헐씨근<화가 나거나 숨이 차거나 하여 숨소리가 자꾸 가쁘고 거칠게 나는 소리>

3. 비슷한 꼴 되풀이 단일 어찌씨

'귀동대동'에서와 같이, 한 형태소 '귀동'의 비슷한 꼴 되풀이 어찌씨에 해당하는 것 같지만, '귀동'은 실질적인 뜻을 지니지 않은 형태소 자격이 없는 음성 형식이다. '귀동'과 비슷한 꼴인 '대동'도 뜻을 지니지 않은 단순한 음성 형식이다. '귀동'이 비슷한 꼴인 '대동'으로 되풀이되어 비로소 뜻을 지니게 되기 때문에 '귀동대동'은 비슷한 꼴 되풀이 단일 어찌씨에 해당한다. 이런 짜임새에 속하는 어찌씨를 음절수에 따라 2음절, 3음절 짜리로 나누어 살피기로 한다.

3.1. [AB′ĂB]단일 어찌씨

실질적인 뜻을 지니지 않아 형태소 자격이 없는 2음성 형식이 비슷한 꼴로 되풀이된 것으로, 전체가 하나의 형태소에 해당하기 때문에 단일 어찌씨에 해당한다. 여기에 해당하는 어찌씨에는 대체로 파생 뒷가지 '-하다'가 결합하여 풀이씨를 생산한다. 이들 어찌씨를 밑말이 하여 낱말 만들기에 관여하느냐 않느냐에 따라 나누어 살피기로 한다.

3.1.1. 복합 어찌씨 만들기에 관여하는 것

이 짜임새에 해당하는 어찌씨는 내적 파생법에 따라 그 자체가 밑말이 되어 닿소리나 홀소리를 바꿈으로 말미암아 파생 어찌씨가 만들어진다.

귀동대동<말이나 짓을 함부로 아무렇게나 하는 꼴>
  귀둥대둥<말이나 행동을 가리지 않고 함부로 하는 꼴>

다짜고짜<옳고 그름을 가리지 않고 덮어놓고 단박에>
-(합)다짜고짜-로<어떤 일의 내용을 자세히 알아보려 하지도 않고 덮어놓고 바로>
아근바근<서로 마음이 맞지 않아 사이가 멀어지는 꼴>
어근버근<서로 마음이 맞지 않아 사이가 꽤 멀어지는 꼴>
오동보동<작은 몸이나 얼굴이 조금 살이 쪄서 통통하고 보드라운 꼴>
오동포동<작은 몸이나 얼굴이 몹시 살이 쪄서 통통하고 부드러운 꼴>
우둥부둥<몸이나 얼굴이 살이 쪄서 퉁퉁하고 부드러운 꼴>
우둥푸둥<몸이나 얼굴이 살이 쪄서 매우 퉁퉁하고 부드러운 꼴>
오톨도톨<물건의 표면이 고르지 못하고 여기저기 부풀어 볼록볼록한 꼴>
우둘투둘<거죽이나 바닥이 고르지 않게 군데군데 두르러져 있는 꼴>
우툴두툴<물건의 표면이 고르지 못하고 여기저기 부풀어 불룩불룩한 꼴>
올막졸막<작은 덩어리들이 고르지 않게 많이 벌여 있는 꼴>
올목졸목<자잘하고 도드라진 것들이 고르지 않게 벌여 있는 꼴>
울먹줄먹<큰 덩어리들이 고르지 않게 많이 벌여 있는 꼴>
울묵줄묵<큼직하고 두드러진 것들이 고르지 않게 벌여 있는 꼴>
올망졸망<작고 도드라진 것들이 고르지 않게 많이 벌여 있는 꼴>
올몽졸몽<귀엽게 생긴 크고 작은 덩어리들이 고르지 않고 빽빽하게 벌여 있는 꼴>
울멍줄멍<여러 개의 크고 두드러진 것들이 고르지 않게 많이 벌여 있는 꼴>
울뭉줄뭉<크고 작은 여러 덩어리들이 고르지 않고 빽빽하게 벌여 있는 꼴>
올톡볼톡<물체의 면이나 거죽이 고르지 않고 여기저기 톡톡 볼가져 있는 꼴>
울툭불툭<물체의 면이나 거죽이 고르지 않고 여기저기 툭툭 불거져 있는 꼴>
올통볼통<바닥이나 겉면이 고르지 않고 여기저기 동글게 톡톡 볼가져 있는 꼴>
울퉁불퉁<바닥이나 겉면이 고르지 않고 여기저기 둥글게 툭툭 불거져 있는 꼴>
왜각대각<그릇 따위가 부딪치거나 깨어질 때 나는 소리>
왜깍대깍<그릇 따위가 마구 부딪치거나 깨어질 때 나는 소리>
진동한동<바쁘거나 급해서 허둥거리는 꼴>
진둥한둥<매우 바쁘거나 급해서 허둥거리는 꼴>

3.1.2. 복합 어찌씨 만들기에 관여하지 않는 것

이 짜임새에 해당하는 어찌씨는 더 이상 어찌씨 만들기에 관여하지 않는다. 곧 이들 어찌씨에 파생의 가지가 결합하거나 날말, 뿌리가 결합하여 어찌씨를 만드는 일이 없으며 내적 파생법에 의한 파생 어찌씨도 만들어지지 않는다.

내광쓰광<서로 사이가 좋지 아니하여 만나도 모르는 체하며 냉정하게 대하는 꼴>
는실난실<성적(性的) 충동을 받아 야릇하고 추잡스럽게 구는 꼴>
되숭대숭<말이나 행동을 버릇없이 함부로 하는 꼴>
따따부따<딱딱한 말씨로 시비하는 꼴>
생게망게<하는 행동이나 말이 갑작스럽고 터무니없는 꼴>
서털구털<말이나 행동이 침착하지 못하며 어설프고 서툰 꼴>
스실사실<표 나지 않게 조금씩>
시난고난<병이 심하지 않으면서 오래가는 꼴>
아기자기<여러 가지가 오밀조밀 어울려 아름답고 예쁜 꼴>
아락바락<성이 나서 힘을 다하여 다투는 꼴>
안절부절<불안하고 초조하여 어찌할 바를 모르는 꼴>
알콩달콩<오밀조밀하게 잔재미가 있고 즐거운 꼴>
암니옴니<자질구레한 것들까지 다 헤아려 따지는 꼴>
애면글면<힘에 겨운 일을 이루려고 온갖 힘을 다하는 꼴>
어런더런<여러 사람이 시끄럽게 자꾸 이리저리 왔다 갔다 하는 꼴>
어빡자빡<여럿이 서로 고르지 않게 마구 포개어져 있거나 자빠져 있는 꼴>
어살버살<이러니저러니 말이 많은 꼴>
어영부영<적극성이 없이 아무렇게나 어물어물 세월을 보내는 꼴>
억박적박<여럿이 마구 뒤섞여 보기 흉하게 어긋나 있는 꼴>
억적박적<이리저리 겅중거리며 바쁘게 뛰는 꼴>
언죽번죽<조금도 부끄러워하는 기색이 없고 비위가 좋은 꼴>
언틀먼틀<바닥이 고르지 못하고 울퉁불퉁한 꼴>
얼락배락<성했다 망했다 하는 꼴>
엉기성기<여기저기 떠서 빈자리가 많은 꼴>

엉기정기<질서 없이 여기저기 벌여 놓은 꼴>
엉정벙정<쓸데없는 것들을 너절하게 늘어놓거나 쓸데없는 말을 너절하게 지껄이는 꼴>
오롱조롱<한데 모여 있는 작은 물건 여럿이 모양과 크기가 각각 다 다른 꼴>
오마조마<마음이 매우 초조하고 불안한 꼴>
오막조막<자그마한 덩어리들이 고르지 아니하게 많이 벌려 있는 꼴>
오순도순<의좋게 놀거나 지내는 꼴>
올씬갈씬<어수선하게 자꾸 왔다 갔다 하는 꼴>
옴니암니<요리조리 좀스럽게 헤아려 따지는 꼴>
왁달박달<행동이나 태도가 단정하지 못하고 조심성이 없이 수선스러운 꼴>
왕배덕배<이러니 저러니 하고 시비를 가리는 꼴>
우걱지걱<마소나 달구지에 실은 짐 따위가 움직이는 대로 이리저리 쏠리면서 나는 소리>
우락부락<몸집이 크고 얼굴이 험상궂게 생긴 꼴>
우뻑지뻑<정도에 지나칠 정도로 급하게 덤벼드는 꼴>
우세두세<모여서 나직한 목소리로 두런두런 이야기하는 꼴>
우질부질<성질이나 행동이 곰살궂지 않고 무뚝뚝하고 사나운 꼴>
울근불근<근육이나 핏줄 따위가 고르지 않게 여기저기 비어져 나온 꼴>
울근불근<서로 사이가 틀어져서 매우 잘 다투는 꼴>
울레줄레<크고 작은 사람들이 앞서거니 뒤서거니 따르는 꼴>
웽강뎅강<좀 두껍고 큰 여러 개의 쇠붙이가 아무렇게나 부딪치며 나는 소리>
위룽튀룽<분위가나 형세 따위가 안정되지 못한 꼴>
으밀아밀<남이 모르게 비밀히 이야기하는 꼴>
인성만성<사람들이 많이 모여 혼잡한 꼴>
헐금씨금<몹시 숨이 차거나 하여 숨소리가 매우 가쁘고 거칠게 나는 꼴>
흐둥하둥<말이나 행동이 실없고 성의가 없는 꼴>
흐슬부슬<차진 기가 없이 부스러져 헤어질 듯한 꼴>
흐지부지<끝을 마무르지 못하고 흐리멍덩하게 넘기어 버리는 꼴>
흑죽학죽<일에 정신을 들이지 않고 어름어름하여 넘기는 꼴>

3.2. [ABC′ĂBC]단일 어찌씨

실질적인 뜻을 지니지 않아 형태소 자격이 없는 3음절 음성 형식이 비슷한 꼴로 되풀이된 것으로, 전체가 하나의 형태소에 해당하기 때문에 단일 어찌씨에 해당한다. 이 짜임새에 속한 어찌씨는 극히 적으며, 내적 파생법에 따라 밑말이 되어 홀소리를 바꿈으로써 파생 어찌씨가 만들어지는 것으로는 '알라꿍달라꿍'이 유일하다.

내미룩네미룩<책임을 지지 않으려고 서로 남에게 미루는 꼴>
미주알고주알<숨은 일까지 속속들이 다 캐는 꼴>
알라꿍달라꿍<여러 가지 밝은 빛깔의 점이나 줄 따위가 고르지 않고 몹시 어수선하게 무늬를 이룬 꼴>
  얼러꿍덜러꿍<여러 가지 어두운 빛깔의 점이나 줄 따위가 고르지 않고 몹시 어수선하게 무늬를 이룬 꼴>
어우렁더우렁<여러 사람과 어울려서 정신없이 지내는 꼴>
엉이야벙이야[37]<일을 얼렁수로 꾸며대는 꼴>
욜그랑살그랑<몸의 일부를 가볍게 살짝살짝 흔들며 자꾸 움직이는 꼴>
지리산가리산<어떻게 할 줄 모르고 이리저리 헤매는 꼴>
흥이야항이야[38]<남의 일에 쓸데없이 이래라저래라 함>

---

37) 준말로 '엉야벙야'가 있다.
38) 준말로 '흥야항야'가 있다.

■■■ 제 3 장 ■■■

파생 어찌씨의 짜임새

뿌리(어근이나 어기)에 어찌씨 파생 가지가 결합되어 이루어진 낱말이 파생 어찌씨이다. 파생 가지에는 파생 앞가지와 파생 뒷가지가 있지만, 파생 앞가지는 거의 없으며 파생 뒷가지가 다수를 차지한다. 뿌리로는 단일 낱말인 경우도 있고, 낱말 자격이 모자라는 뿌리인 경우도 있다. 파생 가지에 의한 파생이 외적 파생법에 해당한다.

또한 파생 가지에 의한 파생이 아니라 낱말의 내부의 닿소리이나 홀소리를 바꿈으로써 새로운 낱말을 파생시키는 내적 파생법이 있다.

어찌씨 이외의 다른 품사의 낱말에 파생 가지나 내부 음운 교체 없이 어찌씨를 파생시키는 영 파생법이 있다.

1. 파생 뒷가지 결합 파생 어찌씨의 짜임새

파생 뒷가지가 결합될 수 있는 뿌리로는 낱말로 이루어진 것들이 있다. 그 낱말들은 단일 형태소로 이루어진 단일 낱말이 있고, 합성 낱말로 이루어진 것, 파생 낱말로 이루어진 것이 있으며 낱말 자격이 모자라는 뿌리로 이루어진 것이 있다.

단일 낱말로 이루어진 뿌리에 파생 뒷가지가 결합되어 어찌씨를 파생시킨다. 단일 낱말 뿌리는 품사에 따라 여러 가지로 나뉜다.

1.1. [풀이씨 줄기/뿌리+-이]어찌씨

어찌씨가 아닌 낱말이나 뿌리에 덧붙어 어찌씨를 파생시키는 파생 가지 가운데 어찌씨 만들기에 생산성이 높은 것으로 '-이'가 있다. '-이'가 결합될 수 있는 앞선 요소로는 다음과 같이 세 가지로 가를 수 있다.

첫째, 이름씨가 같은 꼴로 되풀이된 것.
둘째, 풀이씨의 뿌리인 것.
셋째, 풀이씨 줄기인 것.

풀이씨의 뿌리와 줄기로 나눈 것은, 풀이씨 '그윽하다'와 '거북스럽다'에서 풀이씨 뿌리는 '그윽-'과 '거북-'이고 풀이씨 줄기는 '그윽하-'와 '거북스럽-'이기 때문이다. 이들 풀이씨에 어찌씨 파생 가지 '-이'가 결합할 때 '그윽하다'에서는 뿌리인 '그윽-'에 '-이'가 결합하여 파생 어찌씨인 '그윽이'가 만들어졌고, '거북스럽다'에서는 뿌리 '거북-'에 '-이'가 결합하는 것이 아니라 줄기인 '거북스럽-'에 결합하여 '거북스레'가 만들어졌으므로 풀이씨에 '-이'가 결합할 때 풀이씨의 뿌리에 결합하느냐 줄기에 결합하느냐를 구별할 필요가 있다.

1.1.1. [[이름씨]^2+-이]어찌씨

이름씨가 같은 꼴로 되풀이된 다음 어찌씨 파생 가지 '-이'가 결합하여 어찌씨가 만들어진 것이 이 짜임새에 해당한다. 이름씨가 되풀이된 것 가운데 그 자체가 합성 이름씨인 것도 있고 낱말에 해당하지 않는 것도 있다. 이름씨가 토박이말인 것과 한자말인 것으로 나누어 살피기로 한다.

1) [[토박이말 이름씨]^2+-이]어찌씨

토박이말 이름씨가 그대로 되풀이된 다음 '-이'가 결합되어 파생 어찌씨가 만들어진 것으로, 이 짜임새에 해당하는 어찌는 적은 편이다. 토박이말 이름씨는 대부분 1음절이며 2음절인 것은 거의 없다. 이 짜임새에 속하는 파생 어찌씨들은 더 이상 복합 어찌씨 만들기에 관여하지 않는다.

결결-이<그때그때마다>
겹겹-이<여러 겹으로>
골골-이<각 골짜기마다>
곳곳-이<이르는 곳마다>
길길-이<성이 나서 펄펄 뛰는 꼴>
나날-이<날이 갈수록>
낱낱-이<하나하나 빠짐없이 모두>
다달-이<달마다>
되되-이<한 되 한 되씩. 되마다>
땀땀-이<실을 꿴 바늘로 한 번 뜬 자국마다>
떼떼-이<여럿이 무리를 지어>
모모-이<모마다>
목목-이<요긴한 골목마다>
뭇뭇-이<한 뭇 한 뭇마다>

물물-이<산물이 때를 따라 한 목 한 목 모개로>
샅샅-이<빈틈없이 모조리>
쌈쌈-이<여러 쌈으로 나누어>
알알-이<알마다>
앞앞-이<사람마다의 앞에>
옆옆-이<이 옆 저 옆에>
올올-이<올마다>
일일-이<일마다 다>
잎잎-이<잎마다>
주줄-이<죽 늘어선 꼴>
줄줄-이<줄마다 다>
집집-이<집마다>
짬짬-이<짬이 나는 대로 그때그때>
쪽쪽-이<여러 쪽이 되게>
철철-이<돌아오는 철마다>
칸칸-이<각각의 칸살마다>
켜켜-이<여러 켜마다>
틈틈-이<틈이 난 곳마다>
판판-이<판마다. 늘 온통>
푼푼-이<한 푼씩 한 푼씩>
골골샅샅-이<한 군데도 빼놓지 않고 갈 수 있는 곳마다>
사람사람-이<사람마다 모두>

2) [[한자말 이름씨]^{2} +-이]$_{\text{어찌씨}}$

한자말 이름씨가 그대로 되풀이된 다음 '-이'가 결합되어 파생 어찌씨가 만들어진 것으로, 이 짜임새에 해당하는 어찌씨는 토박이말 이름씨인 경우보다 적은 편이다. 한자말 이름씨는 대부분 1음절이며, 2음절인 것은 [AABB] 꼴 3낱말과 [ABAB] 꼴 1낱말이 있다. 이 짜임새에 속하는 파생 어찌씨들은 더 이상 복합 어찌씨 만들기에 관여하지 않는다.

구구(句句)**–이**<구절마다>
면면(面面)**–이**<각각의 사람마다>
반반(班班)**–이**<각 반마다>
방방(房房)**–이**<하나하나의 방들 다>
번번(番番)**–이**<매번마다>
색색(色色)**–이**<여러 가지 빛깔로>
쌍쌍(雙雙)**–이**<여럿이 둘씩 둘씩 쌍을 지은 꼴>
연년(年年)**–이**<해마다 거르지 아니하고>
원원(元元)**–이**<본디부터>
일일(一一)**–이**<하나씩 하나씩>
자자(字字)**–이**<글자 하나하나마다>
장장(張張)**–이**<낱장마다 빠짐없이>
절절(節節)**–이**<말이나 글의 한 마디 한 마디마다>
점점(點點)**–이**<여기저기 점을 찍은 듯이 흩어져 있는 꼴>
조조(條條)**–이**<하나하나의 조목마다 낱낱이>
참참(站站)**–이**<동안이 있게 이따금>
촌촌(寸寸)**–이**<마디마다 몽땅>
촌촌(村村)**–이**<마을마다>
패패(牌牌)**–이**<여러 패가 다 각각>
편편(片片)**–이**<낱낱의 조각마다>
편편(便便)**–이**<인편이 있을 때마다>
폭폭(幅幅)**–이**<폭마다>
필필(疋疋)**–이**<여러 필로 연이어>
구구절절(句句節節)**–이**<한 구절 한 구절마다>
방방곡곡(坊坊曲曲)**–이**<모든 곳에>
사사건건(事事件件)**–이**<일어나는 모든 일마다>
조목조목(條目條目)**–이**<하나하나의 조목마다 낱낱이>

1.1.2. [풀이씨 뿌리+–이]어찌씨

어찌씨 파생 가지 '–이'가 '–하다' 결합 파생 풀이씨 뿌리에 결합하여 파생 어찌씨가 만들어졌다. '–하다' 결합 파생 풀이씨 뿌리에는 '–이' 밖에도 '-히'가 결합될 수 있다. '-이'와 '-히'는 같은 일을 하는데, 뿌리에 결합할 때 [이]로 발음하느냐, [히]로 발음하느냐에 따라 달라진 것으로 이 짜임새에 속하는 파생 어찌씨는 모두 [이]로 발음한다.

'-하다' 결합 파생 풀이씨 뿌리는 낱말인 것과 낱말 자격이 모자라는 것이 있다. 낱말인 경우에는 어찌씨에 해당하는데, 이 경우 어찌씨에 '-이'가 결합하여 이루어진 파생 어찌씨로 볼 수도 있다. 이를테면 '볼쏙-이'에서 어찌씨 '볼쏙'에 파생 가지 '-이'가 결합하여 이루어진 파생 어찌씨로 처리하는 방법이다. 그러나 여기에서는 '볼쏙'에 풀이씨 파생 가지 '-하다'가 결합하여 파생 풀이씨 '볼쏙하다'가 만들어진 다음, 이 풀이씨의 뿌리에 '-이'가 결합하여 이루어진 것으로 처리하였다. 일반적으로 '-이'는 어찌씨 밖의 낱말이나 뿌리에 결합하여 어찌씨를 만드는 일을 한다. 따라서 어찌씨에 다시 어찌씨 파생 가지 '-이'가 결합하여 파생 어찌씨를 만드는 것으로 보는 것은 합리적이지 못하다. 그러나 '-하다' 결합 파생 풀이씨 뿌리에 파생 가지 '-이'가 결합하여 파생 어찌씨를 만드는 것은 일반성이 있기 때문에 이 방식을 따르기로 한다.

'-하다' 결합 파생 풀이씨 가운데 그림씨인 경우에는 거의 대부분 '-이'나 '-히'가 결합하여 파생 어찌씨가 만들어지기 때문에 이 짜임새에 속하는 어찌씨는 상당히 많은 편이다. 이 짜임새에 속하는 어찌씨는 대부분 토박이말이며, 극히 일부의 한자말이 있다. 이들 어찌씨들은 더 이상 복합 어찌씨 만들기에 관여하지 않는다.

ㄱ. [-하다 풀이씨 뿌리+-이]어찌씨

어찌씨 파생 가지 '-이'가 결합하여 파생 어찌씨가 만들어지는 '-하다' 풀이씨 뿌리에는 토박이말인 것과 한자말인 것이 있지만, 대부분이 토박이말이고 한자말인 경우는 극히 드물다. '-이'가 결합될 수 있는 '-하다' 풀이씨는 그림씨에 속하는 것들이다. 움직씨인 경우에는 '-이'가 결합될 수 없다.

1) 토박이말 '-하다' 풀이씨 뿌리

토박이말로 이루어진 '-이' 결합 '-하다' 풀이씨 뿌리를 음절수에서 보면, 2음절, 3음절, 4음절, 5음절로 이루어져 있지만 대부분이 2음절짜리이고 5음절짜리는 아주 적다. 이 짜임새에 속하는 어찌씨들은 더 이상 복합 어찌씨 만들기에 관여하지 않는다. 이를 음절수에 따라 살피면 다음과 같다.

(1) 2음절 뿌리

가뜩-이<무엇이 어떤 장소나 범위에 아주 꽉 차게>
가붓-이<무게가 조금 가볍게>
가뿟-이<무게가 꽤 가볍게>
가직-이<거리가 좀 가까이>
갭직-이<조금 가벼운 듯하게>
갸웃-이<고개를 조금 갸울이고 엿보는 꼴>
갸쭉-이<조금 길게>
갸쯤-이<조금 가늘고 긴 듯하게>
갸찍-이<길이가 알맞게 긴 듯하게>
거붓-이<무게가 조금 가벼운 듯하게>
거뿟-이<무게가 조금 가벼운 듯하게>
걸찍-이<말이나 분위기 따위가 푸지고 진하게>
검측-이<검은 빛을 띠며 어둡고 맑지 않게>
고붓-이<한쪽으로 조금 곱아 휘어지게>
구붓-이<한쪽으로 굽어 휘어지게>
굵직-이<기다란 물체의 몸통의 둘레나 너비가 크고 넓게>

그뜩-이<무엇이 어떤 장소나 범위에 더 이상 들어 갈 수 없을 만큼 꽉 차게>
그윽-이<드러나지 않게 깊고 편안하게>
기웃-이<한쪽으로 조금 낮거나 비뚤게>
길쭉-이<꽤 길게>
길쯤-이<꽤 가늘고 긴 듯하게>
길찍-이<길이가 꽤 긴 듯하게>
깊숙-이<어떤 곳으로 매우 깊게>
깍듯-이<언행이나 예절 따위가 분명하고 극진하게>
깜찍-이<매우 작고 귀엽게>
깨끗-이<때나 먼지가 없이 말쑥하게>
꺄웃-이<고개나 몸 따위를 한쪽으로 조금 비스듬히 세게 기울이는 꼴>
꼬붓-이<한쪽으로 곱아 심하게 휘어지게>
꼿꼿-이<휘거나 굽은 데가 없이 쪽 바르게>
꽛꽛-이<물건 따위가 꽤 굳어져서 거칠고 당당하게>
꾸붓-이<한쪽으로 굽어 심하게 휘어지게>
꿋꿋-이<휘거나 구부러지지 않고 쪽 곧게>
끔찍-이<정성이나 성의 따위가 매우 극진히>
끼끗-이<활기차고 깨끗하게>
끼웃-이<고개를 조금 끼울이고 엿보는 꼴>
나긋-이<감촉이나 질감이 연하고 보드랍게>
나볏-이<됨됨이나 태도가 반듯하고 의젓하게>
나붓-이<조금 넓고 평평한 듯하게>
나직-이<소리가 좀 작고 낮게>
남짓-이<시간, 거리, 수효 따위가 일정한 한도를 채울 정도이거나 그보다 조금 더 남는 듯이>
납작-이<두께가 얇고 평평하면서 좀 넓게>
납죽-이<약간 길쭉하고 넓게>
낫낫-이<감촉이나 질감이 매우 연하고 보드랍게>
너눅-이<떠들썩하여 시끄럽던 것이 잠시 조용하게>
너볏-이<됨됨이나 태도가 아주 번듯하고 의젓하게>
너붓-이<조금 큰 것이 넓고 평평한 듯하게>
널찍-이<꽤 넓게>
넓적-이<두께가 꽤 얇고 평평하면서 꽤 넓게>

넓죽-이<길쭉하면서 넓게>

넙죽-이<엎드리는 모양이 몸을 바닥에 아주 바짝 붙이고 단번에 크게>

노긋-이<촉촉하고 부드럽게>

노릿-이<맛이나 냄새가 조금 노린 듯하게>

높직-이<물체의 높이가 꽤 높게>

누긋-이<추위가 약간 풀려 따뜻하게>

눅직-이<습기나 물기가 있어 좀 무르고 부드러운 데가 있게>

뉘엿-이<해가 곧 지려는 상태에 있게>

느긋-이<조급하거나 서두르는 기색이 없이 여유롭게>

느직-이<정해진 때보다 조금 늦게>

느짓-이<움직임이 느리게>

늙숙-이<약간 늙고 점잖은 태도가 있게>

다복-이<작은 풀이나 나무 따위가 탐스럽고 소복하게>

담뿍-이<어떤 범위 안에 약간 넘칠 듯이 가득히>

더북-이<풀이나 나무 따위가 우거져 탐스럽고 수북하게>

도독-이<조금 두껍게>

도렷-이<흐리거나 흐트러지지 않고 분명하게>

동긋-이<생김새가 약간 동근 듯하게>

되직-이<물기가 적어 조금 되게>

두둑-이<넉넉하고 많이>

두렷-이<흐리거나 흐트러지지 않고 꽤 분명하게>

둥긋-이<생김새가 약간 둥근 듯하게>

듬뿍-이<어떤 범위 안에 넘칠 듯이 가득히>

듬직-이<사람의 됨됨이가 가볍지 않아 믿음성이 있게>

따듯-이<도타운 사랑을 느낄 정도로 인정 있게>

따뜻-이<두터운 사랑을 느낄 정도로 인정 있게>

땀직-이<말이나 행동이 속이 깊고 무게가 있게>

떳떳-이<행동이나 생각이 정당하여 굽힐 것이 없이 어엿하고 당당하게>

또렷-이<분명하고 확실하게>

뚜렷-이<아주 분명하고 확실하게>

뚝뚝-이<다정하거나 부드럽지 못하고 뻣뻣하게>

뜨듯-이<뜨겁지 않을 정도로 알맞게 약간 덥게>

뜨뜻-이<뜨겁지 않을 정도로 알맞게 덥게>

뜸직-이<말이나 행동이 속이 깊으며 무게가 있게>
마뜩-이<제법 마음에 들어 좋게>
말쑥-이<지저분하지 않고 깨끗이>
맷맷-이<생김새가 거친 데가 없이 매끈히 곧고 길게>
멀쑥-이<지저분함이 없이 훤하고 깨끗하게>
멀찍-이<거리가 좀 멀리>
목직-이<물건이 보기보다 조금 무겁게>
무직-이<띵하고 무엇에 눌린 것처럼 몸이 무겁게>
묵직-이<물건이 꽤 무겁게>
뭉긋-이<약간 기울거나 굽어서 비스듬하거나 휘우듬하게>
민틋-이<울퉁불퉁한 곳이 없이 평평하고 미끈하게>
밋밋-이<굴곡이나 경사가 그다지 심하지 않고 평평하며 비스듬하게>
바듯-이<시간이나 수량 따위가 어떤 정도나 한도에 간신히 미치게>
바특-이<국물이 적어 톡톡하게>
반듯-이<흐트러지거나 비뚤어짐이 없이 똑바로>
반뜻-이<생김새 같은 것이 반뜻하게>
발쪼-이<속의 것이 드러나 보일 듯 말 듯하게 조금 벌어진 상태로>
방긋-이<입을 예쁘게 벌리며 소리 없이 가볍게 살그머니 웃는 꼴>
방긋-이<닫혀 있거나 오므라져 있는 것이 열리는 꼴>
방끗-이<속의 것이 드러날 듯 말 듯하게 조금 벌어진 상태로>
방끗-이<닫혀 있거나 오므라져 있는 것이 소리 없이 가볍게 열리는 꼴>
방싯-이<웃는 모양이 소리 없이 입을 조금 벌리며 가볍게 살짝>
배딱-이<조금 작은 물체가 한쪽으로 약간 기울어 비스듬히>
배릿-이<냄새나 맛이 조금 비린 듯하게>
배슥-이<한쪽으로 약간 기울어진 상태로>
배슷-이<사물이 한쪽으로 조금 기울어져 있게>
배죽-이<울려고 하거나 남을 비웃거나 할 때 입술을 살짝 내밀며>
배죽-이<물체가 끝이 앞으로 조금 나와 있는 상태로>
배쭉-이<울려고 하거나 남을 비웃거나 할 때 입술을 조금 세게 내밀며>
배쭉-이<물체가 끝이 조금 앞으로 나와 있는 상태로>
뱅긋-이<웃는 모양이 입을 살짝 벌리고 소리 없이 가볍게>
뱅싯-이<웃는 모양이 입을 살며시 벌릴 듯하면서 소리 없이 가볍고 부드럽게>
변변-이<제대로 갖추어져 제법 충분하거나 쓸 만하게>

버긋-이<사물이 맞붙은 곳이 틈이 벌어져 있게>
버젓-이<눈치를 보거나 부끄러움을 느끼지 않고 보란 듯이 뻔뻔히>
번듯-이<모습이나 생김새가 비뚤거나 기울지 않고 말끔하고 훤히>
번뜻-이<모습이나 생김새가 비뚤거나 기울지 않고 매우 말끔하고 훤히>
벌쭉-이<웃는 모양이 이가 드러나 보일 듯 말 듯하게>
벙긋-이<웃는 모양이 입을 조금 크게 벌리며 소리 없이 맑고 가볍게>
벙긋-이<문이나 입이 열리거나 벌어지는 모양이 소리 없이 조금 크게>
벙끗-이<웃는 모양이 입을 조금 크게 벌리며 소리 없이 밝고 가볍게>
벙끗-이<문이나 입이 열리거나 벌어지는 꼴>
벙싯-이<웃는 모양이 소리 없이 입을 크게 벌리며 부드럽게>
베슥-이<한쪽으로 기울어진 상태로>
보잇-이<빛이 조금 보얗게>
볼쏙-이<갑자기 볼록하게 쏙 나오거나 내밀리게>
봉곳-이<약간 볼록하게 나오거나 조금 높이 솟아 있게>
봉긋-이<약간 볼록하게 나오거나 조금 높이 솟아 있게>
부듯-이<무엇이 가득 들어차서 불룩하게>
부잇-이<빛이 조금 부옇게>
부픗-이<부피가 조금 크게>
불룩-이<물체의 거죽이 둥글고 크게 튀어나오게>
불쑥-이<갑자기 불룩하게 쑥 나오거나 내밀리게>
붕긋-이<꽤 불룩하게 나오거나 높이 솟아 있게>
비긋-이<한쪽으로 약간 기울어지게>
비딱-이<물체가 비스듬하게 한쪽으로 기울어 있는 상태로>
비슥-이<한쪽으로 기울어진 상태로>
비슷-이<거의 같게>
비슷-이<한쪽으로 조금 기울게>
비죽-이<물체가 끝이 길게 앞으로 나와 있는 상태로>
비죽-이<울려고 하거나 남을 비웃거나 언짢을 때 입술을 조금 길게 내밀며>
비쭉-이<물체의 끝이 매우 길게 앞으로 나와 있는 상태로>
비쭉-이<울려고 하거나 남을 비웃거나 언짢을 때 입술을 길고 세게 내밀며>
빙긋-이<웃는 모양이 입을 슬쩍 벌리고 소리 없이>
빙싯-이<웃는 모양이 입을 슬쩍 벌릴 듯하면서 소리 없이 자꾸 웃는 꼴>
빠듯-이<수량이나 시간 따위가 어떤 정도나 한도에 겨우 미치는 상태로>

빡빡-이<여유가 없이 빠듯하게>
빨쪽-이<속의 것이 드러나 보일 듯 말 듯하게 조금 세게 벌어진 상태로>
빳빳-이<근육이나 물건이 휘어지거나 굽어지지 않을 정도로 단단하게>
빵긋-이<웃는 모양이 입을 약간 벌리며 소리 없이 아주 밝고 가볍게>
빵긋-이<닫혀 있거나 오므라져 있는 것이 열리는 모양이 소리 없이 가볍게>
빵끗-이<웃는 모양이 입을 약간 벌리며 소리 없이 매우 밝고 가볍게>
빵끗-이<닫혀 있거나 오므라져 있는 것이 열리는 모양이 소리 없이 가볍고 조금 세게>
빵싯-이<웃는 모양이 소리 없이 입을 조금 벌리며 매우 환하게 살짝>
빼딱-이<한쪽으로 기울어져 비스듬하게>
빼족-이<물체의 끝이 조금 길고 날카롭게 앞으로 밀려 나와 있는 상태로>
빼죽-이<물체의 끝이 조금 앞으로 날카롭게 나와 있는 상태로>
빼죽-이<울려고 하거나 남을 비웃거나 할 때 입술을 세게 내밀며>
빼쪽-이<물체가 끝이 길고 날카롭게 앞으로 밀려 나와 있는 상태로>
빼쭉-이<울려고 하거나 남을 비웃거나 하려고 할 때 입술을 아주 세게 내밀며>
빼쭉-이<물체가 끝이 아주 날카롭게 앞으로 밀려 나와 있는 상태로>
빽빽-이<사물의 사이가 촘촘하게>
뺑긋-이<웃는 모양이 입을 살짝 벌리고 소리 없이 아주 가볍게>
뺑끗-이<웃는 모양이 입을 살짝 벌리고 소리 없이 또렷하고 아주 가볍게>
뺑싯-이<웃는 모양이 입을 살짝 벌릴 듯하면서 소리 없이 부드럽게>
뻐젓-이<남들의 축에 빠지지 않을 만큼 의젓하고 반듯이>
뻑뻑-이<물기가 적어서 부드러운 느낌이 없게>
뻘쭉-이<속의 것이 드러나 보일 듯 말 듯하게 조금 크게 벌어진 상태로>
뻣뻣-이<근육이나 물건이 휘어지거나 굽어지지 않을 정도로 단단하게>
뻥긋-이<웃는 모양이 입을 크게 벌리며 소리 없이 밝고 환하게>
뻥긋-이<문이나 입이 열리거나 벌어지는 모양이 소리 없이 조금 크게>
뻥끗-이<웃는 모양이 입을 크게 벌리며 소리 없이 매우 밝고 환하게>
뻥끗-이<문이나 입이 열리거나 벌어지는 모양이 소리 없이 크고 세게>
뻥싯-이<웃는 모양이 소리 없이 입을 크게 벌리며 매우 밝게>
뽈록-이<물체의 거죽이 둥글고 작게 쏙 튀어나오게>
뾰족-이<물체가 끝이 차차 가늘어져서 날카롭게>
뾰쪽-이<작은 물체가 끝이 차차 가늘어져 매우 날카롭게>
뿌듯-이<무엇이 가득 들어차서 뿔룩하게>

뾸룩-이<어떤 물체의 거죽이 둥글게 쏙 비어져 나온 상태로>

쀼죽-이<조금 큰 물체의 끝이 차차 가늘어져서 매우 날카롭게>

쀼쭉-이<조금 큰 물체의 끝이 차차 가늘어져서 매우 날카롭게>

삐딱-이<한쪽으로 끼울어져 비스듬하게>

삐죽-이<물체가 끝이 매우 길게 앞으로 나와 있는 상태로>

삐죽-이<울려고 하거나 남을 비웃을 때 입술을 길고 세게 내밀며>

삐쭉-이<울려고 하거나 남을 비웃거나 언짢을 때 입술을 아주 길고 세게 내밀며>

삐쭉-이<물체가 끝이 매우 길게 앞으로 쑥 나와 있는 상태로>

빽빽-이<사물들 사이가 비좁게 촘촘하게>

뺑긋-이<웃는 모양이 입을 슬쩍 벌리고 소리 없이 환하게>

뺑끗-이<웃는 모양이 입을 슬쩍 벌리고 소리 없이 아주 환하게>

뺑싯-이<웃는 모양이 입을 슬며시 벌릴 듯하면서 소리 없이>

사뜻-이<깨끗하고 말쑥하게>

사붓-이<발을 내디딜 때 소리가 거의 나지 않을 정도로 매우 가볍고 부드럽게>

사뿟-이<발을 내디딜 때 소리가 거의 나지 않을 정도로 가볍고 부드럽게>

사풋-이<발을 내디딜 때 소리가 거의 나지 않을 정도로 약간 가볍고 부드럽게>

산뜻-이<기분이나 느낌이 가볍고 홀가분하게>

살긋-이<물체가 한쪽으로 약간 비뚤어지거나 기울어진 상태로>

상긋-이<웃는 모양이 눈과 입을 귀엽게 움직이며 소리 없이 밝게 살짝>

상끗-이<웃는 모양이 눈과 입을 귀엽게 움직이며 소리 없이 밝게>

새뜻-이<예전과 달리 새롭고 산뜻하게>

샐긋-이<물체가 한쪽으로 약간 비뚤어지거나 기울어진 상태로>

샐쭉-이<어떤 감정을 나타내면서 눈이나 입을 한쪽으로 약간 비뚤어지거나 기울어지게>

생긋-이<웃는 모양이 눈과 입을 살며시 움직이며 소리 없이 약간 귀엽고 가볍게>

생끗-이<웃는 모양이 눈과 입을 살며시 움직이며 소리 없이 귀엽고 가볍게>

선뜻-이<기분이나 느낌이 상쾌하고 가뿐하게>

성긋-이<웃는 모양이 눈과 입을 자연스럽게 움직이며 소리 없이 부드럽게>

성끗-이<웃는 모양이 눈과 입을 자연스럽게 움직이며 소리 없이 살짝>

소곳-이<고개나 몸이 앞으로 약간 숙인 듯이>

소복-이<쌓이거나 담겨 볼록하고 탐스럽게>

솔깃-이<그럴 듯하게 보여 마음이 쏠리어>

쉼직-이<크기나 정도가 조금 더하거나 거의 같게>

수긋-이<고개나 몸을 앞으로 숙인 듯이>
수북-이<많이 담겨 있거나 쌓여 있어 높이 두드러지게>
숨숨-이<얼굴에 굵고 얇게 얽은 자국이 듬성듬성 있는 꼴>
시뜻-이<마음이 내키지 않고 언짢아서 시무룩하거나 토라져>
시틋-이<마음이 내키지 않고 언짢아서 매우 시무룩하거나 토라져 있게>
실긋-이<물체가 한쪽으로 비뚤어지거나 기울어진 상태로>
실쭉-이<눈이나 입이 어떤 감정을 나타내면서 한쪽으로 비뚤어지거나 기울어지게>
싱긋-이<웃는 모양이 눈과 입을 조금 움직이며 소리 없이 부드럽고 가볍게>
싱끗-이<웃는 모양이 눈과 입을 조금 움직이며 소리 없이 매우 부드럽고 가볍게>
쌀긋-이<물체가 한쪽을 조금 많이 비뚤어지거나 기울어진 상태로>
쌜긋-이<물체가 한쪽을 조금 많이 비뚤어지거나 기울어진 상태로>
쌜쭉-이<어떤 감정을 나타내면서 눈이나 입을 한쪽으로 조금 많이 비뚤어지거나 기울어지게>
쌩긋-이<웃는 모양이 눈과 입을 살며시 움직이며 소리 없이 귀엽고 가볍게>
쌩끗-이<웃는 모양이 눈과 입을 살며시 움직이며 소리 없이 매우 귀엽고 가볍게>
썽긋-이<웃는 모양이 눈과 입을 자연스럽게 움직이며 소리 없이 밝고 환하게>
썽끗-이<웃는 모양이 눈과 입을 자연스럽게 움직이며 소리 없이 아주 밝고 환하게>
씰긋-이<물체가 한쪽으로 매우 비뚤어지거나 기울어진 상태로>
씰쭉-이<어떤 감정을 나타내면서 눈이나 입을 한쪽으로 약간 비뚤어지거나 기울어지게>
씽긋-이<웃는 모양이 눈과 입을 조금 움직이며 소리 없이 매우 부드럽고 가볍게>
씽끗-이<웃는 모양이 눈과 입을 조금 움직이며 소리 없이 매우 부드럽고 환하게>
아긋-이<물건의 맞붙여 이은 조각들이 이가 맞지 않고 조금씩 어긋나 있는 상태로>
애틋-이<애가 타는 듯이 깊고 절실히>
야릇-이<분위기나 기분 따위가 표현하기 어렵게 묘하고 이상하게>
야젓-이<말과 행동이 점잖고 무게가 있게>
얄찍-이<좀 얇은 듯하게>
어긋-이<물건의 맞붙여 이은 조각들이 이가 맞지 않아 꽤 어긋나 있는 꼴>
어엿-이<모습이나 행동 따위가 아무 손색이 없이 당당하고 떳떳하게>
오긋-이<물체가 안쪽으로 조금 오그라져 있게>

오롯-이<모자람이 없게 온전하게>

오롯-이<고요하고 쓸쓸하게>

오목-이<물체의 표면이 약간 동글고 깊게 팬 상태로>

오복-이<작은 풀이나 나무 따위가 한데 많이 모여 탐스럽고 소복하게>

오붓-이<적은 수의 사람이 홀가분하면서 서로 정답고 가깝게>

우뚝-이<조금 큰 것이 높이 두드러지게 솟아 있게>

우긋-이<식물이 무성하여 조금 우거져 있게>

우긋-이<안쪽으로 조금 우그러진 듯하게>

우렷-이<좀 희미하면서도 인상은 매우 뚜렷하게>

우묵-이<가운데가 둥그스름하게 패어서 깊숙하게>

우북-이<풀이나 나무 따위가 한데 많이 뭉쳐나서 더부룩하게>

움푹-이<속으로 푹 꺼져 들어가 우묵하게>

의젓-이<점잖고 무게가 있게>

자옥-이<어떤 공간에 연기나 안개가 앞을 볼 수 없을 정도로 잔뜩 끼인 상태로>

자욱-이<연기나 안개 따위가 잔뜩 끼어 흐리게>

잔득-이<성질이나 행동이 조금 검질기고 끈기가 있게>

잘똑-이<길쭉한 물건이 한 군데가 둥글게 깊이 패어 들어가 있는 상태로>

잘록-이<기다란 물건의 한 군데가 조금 둥글게 깊이 패어 들어가 있는 상태로>

잘쏙-이<기다란 물건의 한 군데가 폭 패어 들어가 있는 상태로>

조붓-이<조금 좁은 듯하게>

조뼛-이<부끄럽거나 무서워서 쉽게 나서지 못하고 조금 머뭇거리는 상태로>

주뼛-이<부끄럽거나 무서워서 쉽게 나서지 못하고 머뭇거리는 상태로>

지긋-이<느긋하고 참을성 있게>

진득-이<참을성 있고 의젓하게>

질뚝-이<길쭉한 물건이 한 군데가 아주 둥글게 깊이 패어 들어가 있는 상태로>

질룩-이<기다란 물건의 한 군데가 둥글게 깊이 패어 들어가 있는 상태로>

질쑥-이<기다란 물건의 한 부분이 깊이 푹 패어 들어가 있는 상태로>

짜긋-이<남에게 눈치를 채게 하려고 눈을 살짝 찡그린 상태로>

짤똑-이<길쭉한 물건이 한 군데가 둥글게 아주 깊이 패어 들어가 있는 상태로>

짤록-이<기다란 물건이 한 군데가 조금 둥글게 매우 깊이 패어 들어가 있는 상태로>

짤막-이<조금 짧은 듯하게>

짤쏙-이<기다란 물건의 한 군데가 오목하게 쏙 들어가 있는 상태로>

짯짯-이<주의를 기울여 빈틈없고 자세히>
짯짯-이<성미가 깔깔하고 딱딱하게>
째긋-이<남에게 눈치를 채게 하려고 눈을 조금 찌그린 상태로>
쪼뼛-이<물건의 끝이 솟은 모양이 차차 가늘어져 매우 뾰족하게>
쫑긋-이<내밀린 모양이 꼿꼿이 서거나 뾰족하게>
쭈볏-이<부끄럽거나 무서워서 쉽게 나서지 못하고 머뭇거리는 상태로>
쭈뼛-이<부끄럽거나 무서워서 쉽게 나서지 못하고 몹시 머뭇거리는 상태로>
쭝긋-이<내밀린 모양이 꼿꼿하고 크게 서거나 뾰족하게>
찌긋-이<남에게 눈치를 채게 하려고 눈을 크게 찌그린 상태로>
찐득-이<매우 잘 들러붙도록 끈끈하고 차지게>
찔뚝-이<길쭉한 물건이 한 군데가 매우 깊이 패어 우묵하게>
찔쑥-이<기다란 물체의 한 군데가 쑥 들어가 있는 상태로>
촉촉-이<물기가 있어서 조금 젖은 듯이>
축축-이<물기가 있어서 조금 젖은 듯이>
큼직-이<크기나 규모 따위가 꽤 크게>
파릇-이<짙지는 않으나 싱싱한 파란빛이 돌게>
팍팍-이<물기나 끈기가 적어 목이 멜 정도로 메마르고 부드럽지 못하게>
퍽퍽-이<물기나 끈기가 매우 적어 목이 멜 정도로 몹시 메마르고 부드럽지 못하게>
하뭇-이<마음이 포근하고 흥겹게>
해죽-이<웃는 모양이 마음에 흡족하여 귀엽게 살짝>
해쭉-이<웃는 모양이 마음에 흡족하여 귀엽게>
향긋-이<은근히 향기롭게>
헛헛-이<마음이 무엇을 잃은 듯하여 몹시 아쉽거나 섭섭하게>
호젓-이<혼자 떨어져 있어 쓸쓸하고 외롭게>
홋홋-이<딸린 사람이 적어서 매우 홀가분하게>
훗훗-이<좀 갑갑할 정도로 덥고 후끈하게>
흐뭇-이<만족스러워 불만이 없이 푸근하게>
히죽-이<웃는 모양이 마음에 흡족하여 슬며시>
히쭉-이<웃는 모양이 마음에 흡족하여 크게>

(2) 3음절 뿌리

검측측-이<검은 빛을 띠며 어둡고 맑지 않게>
고즈넉-이<한적하고 아늑하게>
그들먹-이<거의 그득하게>
꺼림칙-이<마음에 걸리는 구석이 있어 느낌이 썩 편하지 못하게>
나뱃뱃-이<자그마한 얼굴이 나부죽하고 덕스럽게>
나부죽-이<작은 것이 약간 넓고 평평한 듯하게>
나지막-이<좀 낮은 듯하게>
너누룩-이<떠들썩하여 시끄럽던 것이 잠시 조용하게>
너벳벳-이<큰 얼굴이 너부죽하고 복스럽게>
너부죽-이<천천히 너부죽하게 엎드린 상태로>
높지막-이<높이가 좀 높은 듯하게>
느지막-이<정해진 때보다 꽤 늦은 감이 있게>
다보록-이<작은 풀이나 나무 또는 수염이나 털 따위가 탐스럽고 소복하게>
다소곳-이<몸가짐이 순종적이고 온순하게>
더덜뭇-이<결단성이나 다잡는 힘이 약하게>
더부룩-이<풀이나 나무 또는 수염이나 털 따위가 우거져 탐스럽고 수북하게>
덥수룩-이<제멋대로 길게 자라거나 촘촘해서 수북하게>
덩두렷-이<사물의 모습이 웅장하게 높으며 흐리지 않고 분명하게>
도도록-이<가운데가 조금 솟아서 볼록하게 나와 있거나 쌓여 있게>
두두룩-이<가운데가 솟아서 불룩하게 쑥 나와 있거나 많이 쌓여 있게>
둥두렷-이<둥그스름하게 솟아 뚜렷하게>
멀찌막-이<거리가 꽤 먼 듯이>
모도록-이<채소나 풀 등의 싹이 빽빽하게 난 꼴>
무뚝뚝-이<태도가 부드럽지 못하고 살가운 맛이 없이>
배주룩-이<물체의 끝이 조금 앞으로 나와 있는 상태로>
부다듯-이<몸에 열이 나는 것이 마치 불이 달아오르는 듯하게>
비주룩-이<물체가 끝이 길게 앞으로 나와 있는 상태로>
빼주룩-이<물체가 끝이 조금 앞으로 날카롭게 나와 있는 상태로>
빼쭈룩-이<물체가 끝이 아주 날카롭게 앞으로 나와 있는 상태로>
뾰조록-이<물체가 끝이 약간 뾰족하게>
뿌루퉁-이<피부 따위가 부풀거나 부어올라서 뿔룩하게>

쀼주룩-이<물체가 끝이 뾰족하게>
삐주룩-이<물체가 끝이 매우 길게 앞으로 나와 있는 상태로>
삐쭈룩-이<물체가 끝이 매우 길게 앞으로 쑥 나와 있는 상태로>
새무룩-이<못마땅하여 조금 언짢은 표정으로>
샐기죽-이<약간 작은 물체가 한쪽으로 조금 비뚤어지거나 기울어져 있는 상태로>
소도록-이<물건이 매우 많거나 흔하게>
수두룩-이<물건이 매우 많거나 흔하게>
시무룩-이<마음이 못마땅하여 말이 없고 언짢은 기색으로>
시쁘둥-이<얼굴이나 그 표정 따위가 마음에 차지 않아 아주 시들한 기색이 있게>
실기죽-이<물체가 한쪽으로 조금 비뚤어지거나 기울어져 있는 상태로>
쌜기죽-이<물체가 한쪽으로 심하게 비뚤어지거나 기울어진 상태로>
씨무룩-이<마음이 들지 않아 몹시 못마땅한 표정으로 잠자코>
씰기죽-이<물체가 한쪽으로 심하게 비뚤어지거나 기울어진 상태로>
아렴풋-이<기억이나 의식이 분명하지 않고 희미하게>
아령칙-이<기억이나 모습 따위가 또렷하지 않아 기연가미연가하게>
아스라-이<까마득하게 멀거나 아슬아슬하도록 높게>
야트막-이<높이가 조금 낮은 듯하게>
어렴풋-이<기억이나 의식이 분명하지 않고 흐릿하게>
어령칙-이<기억이나 모습 따위가 긴가민가하여 뚜렷하지 않게>
어수룩-이<약지 않고 순진하며 넉넉하게>
엇비슥-이<한쪽으로 조금 기울게>
엇비슷-이<거의 비슷하게>
에구붓-이<약간 휘어져 자빠질 듯이 구붓하게>
오보록-이<작은 풀이나 나무 따위가 한데 많이 모여 탐스럽고 소복하게>
우부룩-이<풀이나 나무 따위가 한데 많이 뭉치거나 더부룩하게>
자부룩-이<연기나 안개 따위가 잔뜩 끼어 흐릿하게>
자오록-이<연기나 안개 따위가 잔뜩 끼어 흐릿하게>
자우룩-이<연기나 안개 따위가 잔뜩 끼어 매우 흐릿하게>
잠포록-이<날이 흐리고 바람이 없이>
찌르퉁-이<잔뜩 성이 나서 말없이 부루퉁하게>
찌무룩-이<마음이 시무룩하여 유쾌하지 않게>
찌뿌듯-이<몸이 몸살이나 감기로 조금 무겁고 거북하게>

큼지막-이<꽤 큰 듯하게>
탑소록-이<수염이나 머리털 따위가 촘촘히 나 있어 어수선하고 다보록하게>
터부룩-이<풀이나 나무 또는 수염이나 털 따위가 거칠고 무성하게>
텁수룩-이<수염이나 머리털 따위가 많이 나 있어 어수선하게>
해말쑥-이<얼굴빛이 희고 티 없이 깨끗하게>
해발쪽-이<입이나 구멍 따위가 벌어져 있는 것이 속이 들여다보일 정도로 조금>
휘영청-이<달빛 따위가 몹시 환하게 밝은 꼴>
흐무뭇-이<매우 흐뭇하게>

(3) 4음절 뿌리

가마말쑥-이<산뜻하게 가맣고 말끔하며 깨끗하게>
가뭇가뭇-이<빛깔이 군데군데 약간 검은 듯하게>
가붓가붓-이<무게가 여럿이 다 매우 가볍게>
가뿟가뿟-이<무게가 여럿이 다 꽤 가볍게>
거머멀쑥-이<지저분함이 없이 조금 희미하고 훤한 느낌이 있게>
거뭇거뭇-이<빛깔이 군데군데 검은 듯하게>
거붓거붓-이<무게가 여럿이 다 조금 가벼운 듯하게>
거뿟거뿟-이<무게 따위가 여럿이 다 조금 가벼운 듯하게>
건성드뭇-이<사물이 어떤 곳에 드문드문 흩어져 있는 듯이>
겅성드뭇-이<듬성듬성 흩어져 있는 듯이>
고붓고붓-이<여러 군데가 조금 곱아 휘어진 듯한 상태로>
고자누룩-이<요란하거나 떠들썩하던 기세가 수그러져 잠잠하게>
구붓구붓-이<여러 군데가 굽어 크게 휘어져 있는 상태로>
굵직굵직-이<둘레가 매우 또는 여럿이 다 크게>
그뜩그뜩-이<여러 사물이 어떤 한도나 범위에 더 이상 들어갈 수 없을 만큼 꽉 차게>
까마말쑥-이<까맣고 말쑥하게>
까뭇까뭇-이<빛깔이 군데군데 까무스름하게>
꺼머멀쑥-이<꺼멓고 깨끗하게>
꺼뭇꺼뭇-이<빛깔이 군데군데 꺼무스름하게>
꼬붓꼬붓-이<여러 군데가 한쪽으로 곱아 심하게 휘어진 상태로>
나긋나긋-이<감촉이나 질감이 매우 연하고 보드랍게>

나닥나닥-이<군데군데 작고 고르지 않게 깁거나 덧붙인 데가 많게>
나붓나붓-이<얇은 천이나 종이 따위가 바람에 가볍게 흔들리는 상태로>
나직나직-이<소리가 꽤 작고 낮게>
너덕너덕-이<군데군데 고르지 않게 깁거나 덧붙인 데가 많게>
너붓너붓-이<엷은 천이나 종이 따위가 바람에 흔들리는 상태로>
널찍널찍-이<매우 또는 여럿이 다 꽤 넓게>
노긋노긋-이<매우 또는 여럿이 다 촉촉하고 부드럽게>
노랏노랏-이<이곳저곳이 노랗게>
노릇노릇-이<군데군데가 다 또는 매우 노르스름하게>
높직높직-이<물체의 높이가 여럿이 다 높게>
누긋누긋-이<매우 또는 여럿이 다 축축하고 부드럽게>
누릇누릇-이<군데군데가 매우 또는 다 누르스름하게>
느직느직-이<동작이 매우 또는 여럿이 다 굼뜨고 느리게>
도렷도렷-이<매우 또는 여럿이 다 흐리거나 흐트러지지 않고 분명하게>
동글납작-이<생김새가 동글면서 납작하게>
두렷두렷-이<매우 또는 여럿이 다 흐리거나 흐트러지지 않고 꽤 분명하게>
둥글넓적-이<생김새가 둥글면서 평평하고 좀 넓게>
또렷또렷-이<여럿이 형태가 잘 보이도록 분명하게>
뚜렷뚜렷-이<여럿의 형태가 잘 보이도록 매우 분명하게>
멀찍멀찍-이<여러 개의 사이가 모두 꽤 떨어져 있는 꼴>
뱐미주룩-이<물체의 밋밋한 끝이 비어져 나올 듯이 조금 내밀어져 있게>
벌긋벌긋-이<점점이 또는 군데군데 매우 빨갛게>
볼긋볼긋-이<군데군데 곱고 조금씩 붉은 상태로>
불긋불긋-이<군데군데 약간 붉은 듯한 상태로>
빈미주룩-이<물체의 끝이 비어져 나올 듯이 조금 길게 내밀어져 있게>
빨긋빨긋-이<점점이 또는 군데군데 매우 빨간 듯하게>
뻘긋뻘긋-이<점점이 또는 군데군데 매우 뻘겋게>
뽈긋뽈긋-이<군데군데 곱고 붉은 상태로>
뾰족뾰족-이<여러 물체의 끝이 차차 가늘어져서 작고 날카롭게>
뿔긋뿔긋-이<군데군데가 매우 붉은 상태로>
뿔룩뿔룩-이<물체의 거죽 여러 군데가 크게 두드러지거나 쑥 내밀린 상태로>
쀼죽쀼죽-이<여러 물체의 끝이 차차 가늘어져서 크고 매우 날카로운 꼴>
쀼쭉쀼쭉-이<여러 물체의 끝이 차차 가늘어져서 크고 매우 날카로운 꼴>

어연번듯-이<세상에 드러내기에 아주 나무랄 데 없이 훌륭하고 떳떳하게>
자긋자긋-이<진저리가 날 만큼 싫고 괴롭게>
지긋지긋-이<참고 견디기 힘들 수 없을 정도로 몹시 괴롭고 싫게>
쭝긋쭝긋-이<여럿이 내밀린 모양이 꼿꼿하고 크게 서거나 뾰족하게>
해끗해끗-이<군데군데가 조금씩 하얀 상태로>
해뜩해뜩-이<흰 빛깔이 다른 빛깔 사이에 군데군데 조금씩 섞여 있는 꼴>
흘미죽죽-이<일을 야무지게 마무리하지 못하고 흐리멍덩하게 질질 끄는 꼴>
희끗희끗-이<여러 군데가 흰 빛깔이 섞여 있는 상태로>
희뜩희뜩-이<흰 빛깔이 다른 색깔 사이에 여기저기 뒤섞여 있는 상태로>

(4) 5음절 뿌리

나부랑납작-이<평평하게 퍼진 듯이 납작하게>
너부렁넓적-이<평평하게 퍼진 듯이 넓적하게>

2) 한자말 '-하다' 풀이씨 뿌리

한자말로 이루어진 '-이' 결합 '-하다' 풀이씨 뿌리는 다음과 같이 극히 적으며, 더 이상 어찌씨 만들기에 관여하지 않는다.

몰수(沒數)-이<있는 수효대로 온통 다>
졸직(拙直)-이<성격이 고지식하고 융통성이 없이>
지근(至近)-이<아주 가깝게>
촉촉(矗矗)-이<산봉우리 따위가 높이 솟아 우뚝하게>
이상(異常)야릇-이<무엇이라고 표현하기 어려울 정도로 이상하고 묘하게>

1.1.3. [풀이씨 줄기+-이]어찌씨

풀이씨 줄기에 파생 가지 '-이'가 결합하여 파생 어찌씨가 만들어진다. 이 짜임새에 속하는 어찌씨는 아주 많다. 따라서 풀이씨 줄기의 내부 짜임새에 따라 '-스럽다', '-같다', '-없다', '-롭다', 그 밖의 풀이씨로 나누어 살피기로 한다.

ㄱ. ['-스럽-' 풀이씨 줄기+-이]어찌씨

'-스럽다' 풀이씨는 거의 대부분 파생 가지 '-이'가 결합하여 파생 어찌씨가 만들어진다. 이를테면 '멋스럽다'에서 줄기인 '멋스럽-'에 파생 가지 '-이'가 결합하여 '멋스러이→멋스레'가 만들어진다. '-이'가 결합 가능한 '-스럽다' 풀이씨에서 뿌리가 토박이말인 것과 한자말인 것으로 나누어 살피기로 한다.

1) [토박이말 '-스럽-' 풀이씨 줄기+-이]어찌씨

이 짜임새에 속하는 파생 어찌씨는 꽤 많은 편이다. 토박이말 '-스럽다' 그림씨인 경우 모두 줄기에 '-이'가 결합되어 파생 어찌씨가 만들어진다. '-스럽다' 앞에 놓이는 토박이말 뿌리의 음절수에 따라 1음절, 2음절, 3음절, 4음절짜리가 있는데, 2음절짜리가 가장 많은 수를 차지한다. 이 짜임새에 속하는 파생 어찌씨들은 더 이상 어찌씨 만들기에 관여하지 않는다.

(1) [[1음절 뿌리+스럽]+-이]어찌씨

괜스레<아무 까닭이나 필요가 없이>
덕스레<덕을 갖춘 데가 있게>
맛스레<음식이 보기에 맛이 있을 듯하게>
멋스레<멋진 데가 있게>
숫스레<순진하고 어수룩한 듯하게>
쌍스레<말이나 행동이 매우 격이 낮고 천하게>

쑥스레<자연스럽지 못하거나 어울리지 않아 멋쩍고 부끄럽게>
약스레<성격이 야릇하고 모나게>
예스레<옛것다운 데가 있게>
좀스레<성질이 잘고 옹졸하게>
참스레<보기에 거짓이 없고 진실되게>
틀스레<겉모양이 듬직하고 위엄이 있어 보이게>

(2) [2음절 뿌리+스럽]+-이]어찌씨

가년스레<어렵고 가난해 보여서 안쓰럽게>
가닥스레<한군데서 풀어지거나 갈라져 나온 낱낱의 실이나 줄 따위가 많은 느낌이 있게>
가량스레<조촐하지 않아 격에 맞지 않은 느낌이 있게>
가린스레<사람이 성질이나 언행이 아니꼬울 정도로 인색한 데가 있게>
가살스레<말이나 행동이 얄밉고 되바라진 데가 있게>
간살스레<간사스럽게 아양을 떠는 태도가 있게>
갑작스레<어떤 일이 겨를이 없이 갑자기 닥친 듯한 느낌이 있게>
개감스레<음식을 먹는 모양이 마구 욕심을 부려 보기에 흉하고 게걸스럽게>
개염스레<보기에 부러워하며 샘을 내어 탐내는 마음이 있게>
거년스레<보기에 가난하고 궁상스러운 데가 있게>
거령스레<깔끔하지 못하여 격에 꽤 맞지 않는 듯한 느낌이 있게>
거북스레<자연스럽거나 자유롭지 못하게>
거엽스레<큼직하고 너그럽고 꿋꿋하게>
거짓스레<보기에 거짓을 부리는 태도가 있게>
거쿨스레<몸집이 크고 말이나 행동이 씩씩하게>
걱정스레<상황이 염려되어 마음이 편하지 않은 데가 있게>
걸쌈스레<남에게 지기 싫어하며 모질고 억세게>
걸쌍스레<성미가 별나고 억척스럽게>
걸판스레<그 모양이나 규모 따위가 놀라울 정도로 아주 크고 대단한 데가 있게>
검측스레<깨끗하지 못하고 검은 듯하게>
게걸스레<음식이나 재물 따위를 먹거나 가지려고 무척 욕심을 부리는 데가 있게>
게검스레<음식을 먹는 모양이 마구 욕심을 부려 보기에 매우 흉하게>
게염스레<보기에 부러워하며 샘을 내어 몹시 샘내는 마음이 있게>

계접스레<조금 지저분하고 더럽게>
계정스레<불평이 담긴 말과 행동을 자꾸 하는 태도가 있게>
계면스레<미안하고 쑥스러워 면목이 없는 듯한 느낌>
고약스레<모습이나 행동 따위가 꽤 사납거나 흉하게>
곰살스레<몹시 다정하고 싹싹한 데가 있게>
곰상스레<성질이나 하는 행동이 대담하지 못하고 좀스럽게>
곰팡스레<생각이나 행동이 고리타분하고 괴상하게>
곱살스레<외모나 성격이 예쁘장하고 얌전하게>
공생스레<공으로 얻은 것처럼 대견한 데가 있게>
공칙스레<일이나 형편이 공교롭게 잘못된 데가 있게>
괄괄스레<보기에 성질이 세고 급한 데가 있게>
괘꽝스레<언행 등이 정상에서 벗어나 엉뚱하고 괴이한 데가 있게>
괘사스레<변덕스럽고 빈정거리며 밉살스럽게 구는 데가 있게>
괘씸스레<예절이나 신의에 어긋나 밉살스럽게>
괴덕스레<수선스럽고 믿음직하지 못한 데가 있게>
구경스레<흥미나 관심을 가지고 볼 만하게>
구구스레<설명이나 변명이 길고 구차스러운 데가 있게>
구접스레<하는 짓이 추잡하고 지저분하게>
굴침스레<잘되지 않는 일을 억지로 하려고 애쓰는 데가 있게>
궁금스레<알고 싶어 마음이 몹시 안타깝고 답답한 데가 있게>
귀꿈스레<흔히 보기 어려울 정도로 후미지고 으슥하게>
귀살스레<사물이 매우 뒤얽혀 정신이 어수선하게>
귀성스레<사물이 마구 뒤얽혀 정신이 어수선하게>
귀성스레<조금 구수한 데가 있게>
귀접스레<비위에 거슬리게 매우 흉하고 지저분하게>
근심스레<걱정이 되어 마음이 편하지 아니하게>
근천스레<보잘것없고 초라한 데가 있게>
급작스레<생각할 틈도 없이 매우 급하게. 뜻하지 않게 갑자기>
깜찍스레<매우 작고 귀엽게>
깨끔스레<깨끗하고 아담하게>
끔찍스레<진저리가 날 만큼 흉하고 참혹한 느낌이 있게>
남세스레<남에게서 조롱이나 비웃음을 받을 만한 데가 있게>
내숭스레<겉으로는 성질이 부드럽고 온화한 척하나 속은 엉큼하고 음흉하며 모

진 데가 있게>
넉살스레<부끄러움이 없이 비위 좋고 검질긴 데가 있게>
넌덕스레<능청맞게 너스레를 떠는 데가 있게>
뇌꼴스레<속이 매슥거릴 정도로 보기에 얄밉고 아니꼽게>
능청스레<속으로 엉큼한 마음을 품고 있으면서 겉으로는 의뭉하고 천연덕스러운 데가 있게>
다급스레<일의 앞뒤를 가릴 수 없을 만큼 몹시 급하게>
단작스레<하는 말이나 행동이 약간 치사하고 더러운 데가 있게>
대견스레<아랫사람의 행동이 흡족하고 자랑스러운 데가 있게>
더넘스레<쓰기에 거북할 정도로 크게>
덕성스레<어질고 너그러운 데가 있게>
던적스레<하는 말이나 행동이 치사하고 더러운 데가 있게>
덜퍽스레<푸지고 탐스러운 데가 있게>
덤턱스레<매우 투박스럽게 크고 푸진 데가 있게>
데면스레<보기에 사람을 대하는 태도가 친밀감이 없이 예사로운 데가 있게>
데퉁스레<행동이나 말이 거칠고 융통성이 없으며 미련한 데가 있게>
뎬덕스레<산뜻하지 못하고 좀 더러운 느낌이 있게>
도담스레<야무지고 탐스러운 데가 있게>
도섭스레<수선스럽고 능청맞게 변덕을 부리는 데가 있게>
독살스레<살기가 있고 악독한 데가 있게>
되양스레<조심성이 없고 경솔한 데가 있게>
되통스레<어리석고 둔하여 엉뚱한 짓을 잘 저지르는 데가 있게>
뒤넘스레<어리석으면서 주제넘게 행동하여 건방진 데가 있게>
뒤웅스레<뒤웅박처럼 생겨 보기에 미련하게>
뒤퉁스레<어리석고 둔하여 엉뚱한 짓을 잘 저지르는 데가 있게>
든적스레<치사하고 더러운 데가 있게>
땅알스레<되바라지고 숫된 구석이 없게>
뗏뗏스레<보기에 뗏뗏한 데가 있게>
뚝별스레<걸핏하면 불뚝불뚝 화를 잘 내는 별난 성질이 있게>
말쌀스레<보기에 모질고 쌀쌀한 데가 있게>
말썽스레<달갑지 않은 시비를 일으킬 만하여 귀찮은 데가 있게>
맛깔스레<입에 당길 만큼 먹음직하게>
망상스레<요란하고 깜찍한 데가 있게>

매련스레<태도나 행동이 어리석고 둔한 데가 있게>

매몰스레<얄미울 만큼 인정이 없이 쌀쌀하게>

매욱스레<좀 어리석고 둔한 데가 있게>

매정스레<쌀쌀맞고 인정 없는 느낌이 있게>

맨망스레<요망스럽게 까부는 태도가 있게>

맵살스레<말이나 행동이 남에게 미움을 받을 만한 데가 있게>

멍청스레<사람이나 그 행동이 보기에 멍청한 데가 있게>

몰강스레<보기에 억세고 모질며 악착스럽게>

몰골스레<모양새가 볼품이 없이 사나운 데가 있게>

몰풍스레<정나미가 없고 멋쩍게 보이는 데가 있게>

몽짜스레<음흉하고 심술궂게 욕심을 부리는 태도가 있게>

무작스레<성질이나 행동이 무지하고 우악한 데가 있게>

미련스레<어리석고 둔한 데가 있게>

미욱스레<꽤 어리석고 미련한 데가 있게>

밉광스레<말과 행동이 남에게 몹시 미움을 받을 만한 데가 있게>

밉살스레<남에게 몹시 미움을 받을 만한 데가 있게>

밉상스레<하는 짓이 몹시 미운 데가 있게>

바보스레<보통 사람들보다 어리석고 멍청한 데가 있게>

발만스레<두려워하거나 삼가는 태도가 없이 버릇없이 구는 데가 있게>

발칙스레<태도가 버릇이 없게>

방정스레<말이나 행동 따위가 주책이 없이 경망스러운 데가 있게>

밴덕스레<성질이나 태도가 요랬다조랬다 잘 변하는 데가 있게>

별쭝스레<말이나 행동이 보통 사람과 다르게 이상한 데가 있게>

보배스레<보배와 같이 귀하고 소중한 데가 있게>

보풀스레<모질고 날카로운 데가 있게>

볼강스레<어른 앞에서 버릇없고 무례하게 구는 데가 있게>

볼땀스레<보기에 탐스럽고 시원하게>

볼통스레<보로통한 얼굴로 퉁명스럽고 야멸차게 말하는 태도가 있게>

부골스레<골격이나 생김새가 부자다운 데가 있게>

부락스레<언행이나 성격이 거친 데가 있게>

부산스레<급하게 서둘러 어수선하고 바쁜 데가 있게>

부전스레<남의 바쁜 사정은 생각지 않고 자기가 하고자 하는 일만 서두르는 데가 있게>

불퉁스레<사람이 또는 그 말이나 태도가 퉁명스럽고 야멸찬 데가 있게>
빤빤스레<부끄러워할 만한 일에도 부끄러워할 줄 모르고 태연하게>
뻔뻔스레<부끄러워할 만한 일에도 부끄러운 줄 모르고 아무렇지도 않게>
사랑스레<행동이나 모습이 사랑하고 싶도록 귀여운 데가 있게>
사막스레<성질이나 태도가 매우 악한 데가 있게>
사박스레<성질이 보기에 독살스러우며 야멸친 데가 있게>
사삭스레<보기에 언행이 자잘하고 밉살스러운 데가 있게>
사위스레<미신적이고 불길한 느낌으로 인해 어쩐지 마음에 꺼림칙한 면이 있게>
산망스레<말이나 행동이 경망하고 좀스러운 데가 있게>
살강스레<가볍게 씹히는 듯한 느낌이 있게>
살난스레<어수선하고 뒤숭숭하게>
살똥스레<말이나 행동이 독살스럽고 당돌하게>
살뜰스레<꽤 알뜰한 데가 있게>
살천스레<쌀쌀하고 매섭게>
상냥스레<씩씩하고 부드러운 데가 있게>
새살스레<샐샐 웃으면서 자꾸 지껄이는 태도가 있게>
새삼스레<마치 모르는 사실을 대하는 듯 새로운 느낌으로>
새실스레<성질이 차분하지 못하고 수선 부리기를 좋아하여 보기에 실없이>
새퉁스레<어처구니없을 정도로 새삼스러운 느낌이 있게>
생뚱스레<말이나 행동이 앞뒤가 맞지 않고 엉뚱한 데가 있게>
생청스레<시치미를 떼고 억지스럽게 앞뒤가 맞지 않는 말을 하는 태도가 있게>
서먹스레<어떤 대상에 익숙하지 않아서 어색한 느낌이 있게>
소담스레<음식이 모자라지도 넘치지도 않고 깔끔하여 먹음직하고 보기 좋은 데가 있게>
소사스레<좀스럽고 간사한 데가 있게>
수다스레<불필요한 말을 많이 하는 느낌이 있게>
수선스레<말이나 행동이 떠들썩하고 시끄러워 정신이 산란한 데가 있게>
수월스레<까다롭거나 힘들지 않아 하기 쉬운 데가 있게>
스산스레<어수선하고 쓸쓸한 분위기가 있게>
시골스레<행동이 세련되지 못하고 숫되고 어색한 데가 있게>
시망스레<행동이나 태도 따위가 아주 짓궂은 데가 있게>
시설스레<성질이 차분하지 못하고 수선 부리기를 좋아하여 보기에 실없이>
시원스레<보기에 거칠 것이 없어 마음이 가뿐한 데가 있게>

시퉁스레<주제넘고 건방진 데가 있게>
쌀쌀스레<정다운 맛이 없고 차가운 듯하게>
쌔물스레<어색하지 않고 따로 떨어진 듯하게>
아른스레<나이가 어리지만 의젓하고 어른 같은 데가 있게>
아망스레<아이가 오기를 부리는 데가 있게>
아양스레<귀염을 받으려고 알랑거리는 태도가 있게>
악지스레<악지가 센 듯하게>
안달스레<마음을 졸이며 조급해 하게>
알량스레<나름대로 대견스러워하지만 남들이 보기에는 시시하고 보잘것없는 데가 있게>
암상스레<남을 미워하고 샘을 잘 내는 데가 있게>
암팡스레<몸집은 작아도 야무지고 굳센 데가 있게>
앙살스레<엄살을 부리며 반항하는 태도가 있게>
앙상스레<꼭 맞게 어울리지 아니하고 어설픈 데가 있게>
앙증스레<작으면서도 있을 것은 다 있어서 깜찍하고 귀여운 데가 있게>
앙칼스레<모질고 날카로운 데가 있게>
앙큼스레<엉뚱한 욕심을 부리거나 깜찍하게 분수에 넘치는 짓을 하려는 데가 있게>
애발스레<이익을 좇아서 안타까울 정도로 애를 쓰는 태도가 있게>
애살스레<좀스럽고 애바른 데가 있게>
야당스레<아주 쌀쌀맞고 매우 악한 데가 있게>
야살스레<얄밉고 되바라진 데가 있게>
야속스레<언짢고 섭섭한 느낌이 있게>
야장스레<너그럽지 못하고 옹졸한 데가 있게>
얄망스레<성질이나 태도가 괴상하고 까다로워 얄미운 데가 있게>
얌심스레<얄미울 정도로 남을 샘내어 몹시 시기하는 마음인 듯한 데가 있게>
얌전스레<성질이나 언행이 침착하여 단정한 데가 있게>
양광스레<호강이 분에 넘친 듯하게>
어른스레<나이는 어리지만 의젓하고 어른 같은 데가 있게>
억지스레<억지를 부리는 데가 있게>
억척스레<어떤 어려움에도 굴하지 않고 매우 모질고 끈덕진 데가 있게>
엄살스레<아픔이나 괴로움 따위를 거짓으로 꾸미거나 실제보다 부풀려 나타내는 태도가 있게>

엄전스레<태도나 행동이 정숙하고 점잖은 데가 있게>
엄청스레<생각보다 양이나 정도가 아주 지나친 데가 있게>
엄펑스레<의뭉스럽게 남을 속이거나 골리는 태도가 있게>
엉뚱스레<어떤한 말이나 행동이 지나쳐 격이 맞지 않은 데가 있게>
엉큼스레<겉으로 하는 말이나 행동과는 달리 엉뚱한 욕심을 품거나 움흉한 데가 있게>
영검스레<사람이 바라는 바를 들어주는 신령한 힘이 있는 듯하게>
영절스레<아주 그럴 듯하게>
왁살스레<무식하고 모질며 거친 데가 있게>
왈패스레<언행이 보기에 왈패인 듯하게>
왕청스레<차이가 엄청나게>
왜골스레<허우대가 크고 말과 행동이 버릇없고 사나운 데가 있게>
왜퉁스레<엄청나게 새퉁스럽게>
용천스레<꺼림칙한 데가 있어 좋지 않은 데가 있게>
우람스레<매우 크고 웅장한 데가 있게>
우세스레<놀림이나 비웃음을 받을 만하게>
우악스레<무식하고 모질며 거친 데가 있게>
유난스레<말과 행동이 보통과 다르게>
유착스레<몹시 투박하고 큰 데가 있게>
유체스레<잘난 체하고 점잖은 체하며 온화한 데가 없게>
응석스레<어른이 귀여워해 주는 것을 믿고 일부러 어리광을 부리거나 버릇없이 구는 태고가 있게>
의뭉스레<겉으로 어리숙한 듯 보이지만 속으로는 엉큼한 데가 있게>
이악스레<억세고 끈덕지게 기세를 부리는 데가 있게>
익살스레<보기에 재미있고 웃기는 데가 있게>
자깝스레<어린아이가 행동하는 짓이 너무 영악하게>
자냥스레<재잘거리는 소리가 듣기에 똑똑한 데가 있게>
자닝스레<애처롭고 불쌍하여 차마 보기 어려운 데가 있게>
자랑스레<남에게 드러내어 뽐낼 만한 데가 있게>
자발스레<말이나 행동 따위가 보기에 가볍고 방정맞게>
장난스레<장난하는 듯한 태도가 있게>
재미스레<아기자기하게 즐거운 기분이나 느낌이 드는 데가 있게>
점직스레<미안하고 부끄럽게 느껴지는 데가 있게>

정갈스레<보기에 순수하고 깨끗하게>
조쌀스레<나이는 많아도 얼굴이 곱고 깨끗한 데가 있게>
조잡스레<어떤 일이나 사물 따위가 깔끔하게 다듬어지지 않아 보기에 품위가 떨어지고 거친 데가 있게>
주접스레<상스럽고 지저분한 데가 있게>
주책스레<말이나 행동 따위가 일정한 줏대가 없이 자꾸 이랬다저랬다 하여 몹시 실없는 데가 있게>
주체스레<처치하기가 어려울 만큼 부담스럽거나 귀찮은 데가 있게>
지궁스레<꾸준하고 정성스럽게>
질감스레<참고 견디기에 지루한 데가 있게>
짜증스레<보기에 짜증이 나는 데가 있게>
착살스레<하는 짓이나 말이 얄밉게 잘고 더러운 데가 있게>
찬찬스레<성격이 차분하고 찬찬하게>
창피스레<체면이 깎이거나 떳떳하지 못한 일로 부끄러운 느낌이 있게>
천착스레<생김새나 행동이 더럽고 상스러운 데가 있게>
청승스레<보기에 궁상스럽고 처량한 데가 있게>
칙살스레<하는 짓이나 말이 좀스럽고 추잡하게>
타끈스레<성질이 치사하고 인색하며 욕심이 많은 데가 있게>
탄명스레<똑똑하지 못하고 흐리멍덩한 데가 있게>
탐탁스레<족히 마음에 드는 점이 있게>
털털스레<보기에 까다롭지 아니하고 소탈한 데가 있게>
투깔스레<일이나 물건의 모양새가 투박스럽고 거친 데가 있게>
투박스레<생김새가 섬세하지 못하고 맵시 없이 거칠고 우둔하게>
투상스레<투박하고 상스럽게>
툽상스레<투박하고 상스럽게>
퉁명스레<공손하지 않고 무뚝뚝한 데가 있게>
트집스레<별 이유도 없이 흠을 잡아 불평을 하거나 말썽을 일으키는 태도로>
포달스레<보기에 암상이 나서 악을 쓰고 욕을 하며 대들 듯하게>
푸접스레<보기에 붙임성이 없이 쌀쌀한 데가 있게>
핀잔스레<보기에 핀잔하는 태도가 있게>
해찰스레<물건을 부질없이 집적거려 해치는 태도가 있게>
허접스레<질이 조금 낮고 잡스러운 데가 있게>
헌걸스레<풍채가 좋고 의기가 당당한 듯하게>

헝겁스레<너무 좋아서 정신을 못 차리고 허둥거리는 데가 있게>
흐믈스레<흐드러질 정도로 탐스럽게>
흥감스레<너스레를 떨며 실제보다 지나치게 과장하여 떠벌리는 데가 있게>

(3) [[3음절 뿌리+스럽]+-이]어찌씨

거드럭스레<잘난 척하면서 거만하게>
거드름스레<보기에 거만한 태도로>
거북살스레<몸이나 마음이 편안하지 못하고 매우 어색하게>
거추장스레<몸에 지니거나 걸친 것 따위가 불편하여 다루기에 거북하게>
괴까닭스레<괴상하고 다루기가 어렵게>
귀염성스레<보기에 꽤 귀여운 데가 있게>
꺼림칙스레<마음에 걸리는 구석이 있어 느낌이 썩 편하지 못한 데가 있게>
남우세스레<남에게 조롱이나 비웃음을 받을 만한 데가 있게>
날파람스레<행동이 날파람이 일 정도로 매우 빠르고 민첩하게>
뒤변덕스레<이랬다저랬다 하며 변하기를 몹시 잘하는 태도로>
뒤숭숭스레<어수선하고 불안한 데가 있게>
뒤스럭스레<말과 행동이 침착하지 못하고 부산하게>
먹음직스레<음식이 보기에 맛이 있음직한 데가 있게>
모지락스레<모질고 억센 데가 있게>
믿음성스레<믿음직스러운 데가 있게>
믿음직스레<꽤 믿을 만한 데가 있게>
바람직스레<바라는 대로 되기를 원하거나 기대할 만한 데가 있게>
바지런스레<일을 하는 데에 꾸준하고 열심인 데가 있게>
병신성스레<병신처럼 못나고 어리석은 데가 있게>
비아냥스레<얄밉고 빈정거리는 데가 있게>
살풍경스레<메마르고 스산한 데가 있게>
시쁘장스레<표정이나 태도 따위가 마음에 차지 않아 시들한 데가 있게>
야쁘장스레<'예쁘장스레'를 낮잡아 이르는 말>
야지랑스레<얄밉도록 능청맞으면서도 천연스럽게>
얄밉상스레<말이나 행동이 매우 약고 영리하여 미운 데가 있게>
어리광스레<어른에게 귀여움을 받거나 남에게 환심을 사려고 일부러 어리고 예쁜 행동을 보이며 버릇없이 구는 데가 있게>

어줍살스레<보기에 자연스럽지 못하고 어색한 태도가 있게>
언구럭스레<교묘하게 입을 놀려 남을 농락하는 듯한 태도가 있게>
예쁘장스레<제법 예쁜 데가 있게>
오도깝스레<말이나 행동 따위가 매우 가볍고 방정맞은 데가 있게>
우스꽝스레<모습이나 행동 따위가 우스운 데가 있게>
우악살스레<험상궂고 우락부락한 데가 있게>
을씨년스레<날씨 따위가 싸늘하고 스산하게>
이지렁스레<능청맞고 천연스러운 데가 있게>
지저분스레<사물이나 장소가 거칠고 어지러워 깨끗하지 못한 데가 있게>
호도깝스레<말이나 행동이 방정맞고 급한 데가 있게>
흐들갑스레<지나치게 야단을 피우며 어수선하고 시끄럽게 떠벌리는 데가 있게>

(4) [[4음절 **뿌리+스럽**]+-**이**]어찌씨

귀살머리스레<'귀살스레'의 속된 말>
밉살머리스레<'밉살스레'의 속된 말>
아기자기스레<여러 가지가 오밀조밀 어울려 예쁜 데가 있게>
아니꼽살스레<다른 사람이나 그의 언행이 몹시 아니꼬운 데가 있게>
앙달머리스레<어른이 아닌 사람이 어른인 체하며 얄망궂고 능청스러운 짓을 부리는 데가 있게>

2) [한자말 '-스럽-' 풀이씨 줄기+-이]어찌씨

이 짜임새에 속하는 파생 어찌씨는 꽤 많은 편이다. '-스럽다' 앞에 놓이는 한자말 뿌리의 음절수에 따라 1음절, 2음절, 3음절, 4음절짜리가 있다. 토박이 뿌리에서와 마찬가지로 2음절짜리가 가장 많은 수를 차지한다. 이 짜임새에 속하는 파생 어찌씨들은 더 이상 어찌씨 만들기에 관여하지 않는다.

(1) 1음절 한자말 뿌리

객(客)스레<말이나 하는 행동이 실없고 싱거운 느낌이 있게>
급(急)스레<보기에 급한 데가 있게>
둔(鈍)스레<보기에 둔한 느낌이 있게>
변(變)스레<예사롭지 않고 이상한 데가 있게>
별(別)스레<보통과 다르고 이상한 데가 있게>
복(福)스레<생김새가 넉넉하고 토실토실하여 복이 있어 보이게>
상(常)스레<말이나 행동이 막되고 천하거나 점잖지 못하게>
색(色)스레<색깔이나 모양이 아롱다롱한 데가 있게>
생(生)스레<친하지 않거나 낯선 느낌이 있게>
성(聖)스레<범상한 경지를 넘어 거룩하며 고결하게>
악(惡)스레<사람이나 그 성질, 언행이 보기에 악한 데가 있게>
야(野)스레<보기에 야한 데가 있게>
욕(辱)스레<보기에 욕된 데가 있게>
잡(雜)스레<막되고 상스러운 데가 있게>
촌(村)스레<세련된 맛이 없이 엉성하고 어설프게>
탐(貪)스레<마음에 끌리도록 보기에 좋은 데가 있게>
폐(弊)스레<남에게 성가시고 귀찮게 하는 면이 있게>
한(恨)스레<안타까워 마음에 잊히지 않고 맺힌 듯하게>
흉(凶)스레<흉한 데가 있게>

(2) 2음절 한자말 뿌리

가상(嘉尙)스레<착하고 기특한 데가 있게>
가증(可憎)스레<괘씸하고 얄미운 데가 있게>
가탄(可歎)스레<보기에 탄식할 만한 데가 있게>
간고(艱苦)스레<매우 어렵고 가난하여 고생스럽게>
간교(奸巧)스레<간사하고 교활한 데가 있게>
간능(幹能)스레<재간 있고 능청스러운 데가 있게>
간단(間斷)스레<간략하고 단순하게>
간린(慳吝)스레<'가린스레'의 원래 말>
간사(奸邪)스레<보기에 간교하고 바르지 못하게>

간사(奸詐)스레<보기에 간교하고 능청맞게>
간악(奸惡)스레<간사하고 악독한 데가 있게>
간특(姦慝)스레<성질이나 언행이 간사하고 악한 데가 있게>
감격(感激)스레<마음 속 깊이 뭉클한 감정을 일으킬 만하게>
감명(感銘)스레<어떤 일이나 사실에 무엇을 크게 느껴 마음 속에 깊이 새기게>
감심(感心)스레<마음속으로 깊이 느낄 만한 데가 있게>
감탄(感歎)스레<마음에 깊이 느끼어 감동하여 찬탄할 만하게>
개탄(慨歎)스레<분하고 못마땅하여 한숨이 나올 만하게>
객설(客說)스레<쓸데없고 실없는 말이 많게>
객심(客甚)스레<말이나 행동, 생각이 몹시 쓸데없고 실없게>
거만(倨慢)스레<잘난 체하며 남을 업신여기고 건방진 태도로>
거물(巨物)스레<매우 큰 영향력을 가지고 있는 것처럼>
거벽(巨擘)스레<사람이 묵직하고 억척스러운 데가 있게>
거오(倨傲)스레<거만하고 남을 낮추어 보려는 태도가 있게>
거창(巨創)스레<사물의 규모나 모양이 매우 큰 느낌이 있게>
거폐(巨弊)스레<다루기가 어려워서 크게 잘못되거나 해롭게 되게>
걸신(乞神)스레<음식에 매우 욕심을 내는 듯이>
겸손(謙遜)스레<남을 존중하고 자기를 내세우지 않는 듯이>
겸연(慊然)스레<미안하고 쑥스러워 면목이 없는 듯한 느낌이 있게>
경망(輕妄)스레<가볍고 방정맞게>
경멸(輕蔑)스레<깔보아 업신여김을 당할 만한 데가 있게>
경박(輕薄)스레<말이나 행동 따위가 신중하지 못하고 가벼운 데가 있게>
경사(敬事)스레<축하할 만한 일이 있어 기쁘고 즐겁게>
경악(驚愕)스레<깜짝 놀랄 만하게>
경외(敬畏)스레<공경되거나 두려워할 만한 데가 있게>
경탄(敬歎)스레<몹시 놀라우며 우러러 감탄할 만한 데가 있게>
경하(慶賀)스레<경사스러워 축하할 만하게>
고급(高級)스레<질이 좋거나 뛰어나고 값이 비싼 듯하게>
고난(苦難)스레<어지간히 고난이 많게>
고뇌(苦惱)스레<정신적으로 아프고 괴롭게 하는 성질이 있게>
고만(高慢)스레<뽐내며 건방진 듯하게>
고민(苦悶)스레<마음속으로 괴로워하며 속을 태우는 데가 있게>
고생(苦生)스레<괴로울 정도로 어렵고 수고스럽게>

고아(古雅)스레<예스럽고 야담하여 멋이 있게>
고역(苦役)스레<몹시 힘들고 고되어 어려운 성질이 있게>
고정(孤貞)스레<마음이 외곬으로 곧고 착실하게>
고집(固執)스레<자신의 뜻이나 생각을 내세워 굽히지 않고>
고통(苦痛)스레<몸이나 마음이 괴롭고 아프게>
고풍(古風)스레<예스러운 모습이나 풍취를 지닌 데가 있게>
곤궁(困窮)스레<가난하여 살림이 구차한 데가 있게>
곤란(困難)스레<사람의 일이나 사정 따위가 몹시 딱하고 어려운 듯이>
곤욕(困辱)스레<난처하거나 까다로워 모욕감을 느끼게 하는 면이 있게>
곤혹(困惑)스레<어찌할 바를 모를 정도로 난처하게>
골몰(汨沒)스레<다른 생각을 하지 않고 한 가지에만 정신을 기울여>
공손(恭遜)스레<예의 바르고 겸손한 데가 있게>
공연(空然)스레<아무 까닭이나 실속이 없이 객쩍은 데가 있게>
공포(恐怖)스레<두렵거나 무서운 느낌을 주는 데가 있게>
과감(果敢)스레<머뭇거림이나 주저함이 없고 용감하게>
괴기(怪奇)스레<괴상하고 기이한 데가 있게>
괴란(愧赧)스레<대하기가 몹시 부끄러워 낯이 붉어지는 듯하게>
괴망(怪妄)스레<괴상하고 망측하게>
괴물(怪物)스레<모양이나 생김새가 괴상한 데가 있게>
괴벽(怪僻)스레<괴상하고 까다로운 데가 있게>
괴상(怪常)스레<보통과 다르게 이상야릇한 데가 있게>
괴악(怪惡)스레<말이나 행동이 괴이하고 흉악한 데가 있게>
괴팍(乖愎)스레<성격이 까다롭고 별난 데가 있게>
굉장(宏壯)스레<보통 이상으로 대단하거나 훌륭한 데가 있게>
교만(驕慢)스레<잘난 체하는 태도로 겸손함이 없이 건방진 데가 있게>
교사(巧詐)스레<남을 교묘하게 속이는 데가 있게>
교앙(驕昻)스레<잘난 체하며 겸손함이 없이 건방지게>
교태(嬌態)스레<외양이나 태도가 아양을 부리는 데가 있게>
구차(苟且)스레<떳떳하거나 버젓하지 못한 데가 있게>
구태(舊態)스레<발전하거나 진보하지 않고 예전 묵은 모습 그대로인 듯한 느낌이 있게>
군색(窘塞)스레<자연스럽지 못하여 거북하고 어색한 데가 있게>
굴욕(屈辱)스레<남에게 억눌려 업신여김이나 모욕을 당한 듯한 느낌이 있게>

궁극(窮極)스레<기어이 끝장을 보겠다는 듯이 태도가 극성스러운 데가 있게>
궁벽(窮僻)스레<매우 구석지고 으슥한 데가 있게>
궁상(窮狀)스레<보기에 어렵고 궁한 모습이 드러나는 듯하게>
궁색(窮塞)스레<아주 볼품이 없고 가난한 데가 있게>
궁흉(窮凶)스레<매우 어둡고 악랄한 데가 있게>
권태(倦怠)스레<싫증이 나거나 피로해서 생동감이 없이 나른한 느낌이 있게>
궤변(詭辯)스레<형식적인 논리에는 들어맞으나 그 실제는 완전히 그릇된 느낌이 있게>
귀골(貴骨)스레<귀한 느낌이 있거나 귀하게 자란 느낌이 드는 데가 있게>
귀물(貴物)스레<매우 귀중한 듯하게>
귀족(貴族)스레<정치적 또는 사회적으로 특권을 가진 계층인 것 같은 느낌이 있게>
극성(極盛)스레<태도나 행동이 몹시 끈질기고 적극적으로>
극심(極甚)스레<일의 나쁜 상태나 정도 따위가 몹시 심한 데가 있게>
극악(極惡)스레<마음이나 행동이 더할 나위 없이 못되고 나쁘게>
기걸(奇傑)스레<모습이나 언행이 기묘하고 뛰어난 데가 있게>
기괴(奇怪)스레<보통과는 다르게>
기승(氣勝)스레<언행, 성격이 누그러지지 않을 만큼 굳센 데가 있게>
난잡(亂雜)스레<사물의 상태가 어지럽고 어수선한 데가 있게>
난중(難重)스레<매우 어렵고 중대한 듯이>
남성(男性)스레<성질이나 체격 따위가 남성다운 데가 있거나 그런 느낌이 들게>
낭패(狼狽)스레<일이나 상황 따위가 바라던 대로 되지 않거나 잘못될 듯한 상태에 있게>
냉수(冷水)스레<싱겁고 재미가 없는 듯하게>
냉정(冷情)스레<태도나 분위기가 정답지 않고 차갑게>
늠름(凜凜)스레<의젓하고 씩씩한 데가 있게>
다복(多福)스레<복이 많은 듯하게>
다사(多事)스레<온갖 일에 간섭하기를 좋아하여 공연히 바쁜 데가 있게>
다심(多心)스레<자질구레한 일에까지 지나치게 걱정하는 데가 있게>
다정(多情)스레<정이 많아 따뜻하고 친절한 데가 있게>
다행(多幸)스레<걱정했던 일이 뜻밖에 잘 풀려 마음이 놓이고 흡족한 데가 있게>
대담(大膽)스레<배짱이 두둑하고 용감한 데가 있게>
대범(大汎)스레<사소한 것에 얽매이지 않고 너그럽고 여유 있게>

도량(跳梁)스레<거리낌 없이 함부로 날뛰는 태도가 있게>
마장(魔障)스레<어떤 일을 자꾸 마(魔)가 끼는 듯하게>
만족(滿足)스레<모자람이 없이 마음에 들어 흐뭇한 데가 있게>
말살(抹殺)스레<인정이 없이 모질고 쌀쌀하게>
망령(妄靈)스레<사람이나 그의 언행이 늙거나 정신이 흐려 정상에서 벗어난 듯이>
망신(亡身)스레<자기의 명예나 체면 따위가 손상을 입는 느낌이 있게>
망연(茫然)스레<사람이 아무 생각이 없이 멍한 데가 있게>
망측(罔測)스레<사리에 맞지 않고 어이가 없어서 차마 보거나 듣기 어려운 느낌이 있게>
맹랑(孟浪)스레<생각과는 달리 이치에 맞지 않고 매우 허망한 데가 있게>
면괴(面愧)스레<남을 마주 대하기에 부끄러운 데가 있게>
면구(面灸)스레<남을 마주 대하기에 부끄러운 데가 있게>
면난(面赧)스레<사람이 어떤 행동을 하기에 무안하거나 부끄러운 느낌이 있게>
명랑(明朗)스레<유쾌하고 밝은 듯하게>
명예(名譽)스레<명예로 여길 만한 데가 있게>
모멸(侮蔑)스레<업신여기고 깔보는 느낌이 있게>
무난(無難)스레<이렇다 할 단점이나 흠잡을 만한 데가 없게>
무미(無味)스레<이렇다 할 재미가 없는 듯하게>
무식(無識)스레<지식이나 식견이 없는 데가 있게>
무안(無顔)스레<당혹스럽거나 겸연쩍어서 낯을 바로 들기 어려운 데가 있게>
무엄(無嚴)스레<삼가거나 어려워함이 없이 함부로 구는 느낌이 있게>
무정(無情)스레<쌀쌀맞고 인정이 없는 듯하게>
무지(無知)스레<슬기롭지 못하고 크고 둔한 데가 있게>
무참(無慘)스레<보기에 몸서리를 칠 만큼 끔찍하게>
무참(無慚)스레<보기에 매우 부끄러운 듯하게>
미심(未審)스레<마음이 거리끼도록 분명하거나 명확하지 못한 데가 있게>
미안(未安)스레<마음이 편하지 못하고 거북한 느낌이 있게>
미타(未妥)스레<보기에 온당하지 않은 데가 있게>
민망(憫惘)스레<남을 대하기 안쓰럽거나 부끄러운 느낌이 있게>
박정(薄情)스레<인정이 없고 쌀쌀맞게>
반편(半偏)스레<지능이 매우 모자라는 데가 있게>
발악(發惡)스레<견디어 내는 힘이 다부진 데가 있게>

방분(放奔)스레<언행이 제멋대로 나아가 거침이 없는 듯하게>
방자(放恣)스레<말이나 행동 따위가 꺼리거나 삼갈 줄 모르고 건방진 데가 있게>
번뇌(煩惱)스레<마음에 시달려서 괴로운 데가 있게>
번다(煩多)스레<복잡하고 어수선할 정도로 많은 듯하게>
번잡(煩雜)스레<사람이나 사물이 번거롭게 뒤섞여 복잡한 데가 있게>
번폐(煩弊)스레<번거롭고 폐가 되는 느낌이 있게>
번화(繁華)스레<무엇이 보기에 번성하고 화려한 데가 있게>
범상(凡常)스레<보기에 대수롭지 않고 예사스러운 데가 있게>
범연(泛然)스레<보기에 차근차근하지 못하고 조심성이 없는 면이 있게>
변덕(變德)스레<자주 변하기를 잘하는 태도나 성질이 있게>
변사(變詐)스레<변덕스럽고 요사스럽게 이랬다저랬다 하는 데가 있게>
복잡(複雜)스레<일이나 사물 따위가 혼란스레 얽힌 데가 있게>
부담(負擔)스레<짐스럽거나 불편한 느낌이 있게>
부잡(浮雜)스레<사람됨이 성실하지 못하고 경솔하며 추잡한 데가 있게>
분답(紛沓)스레<사람이 많아 북적북적하고 복잡한 데가 있게>
분주(奔走)스레<몹시 바쁘고 수선스러운 데가 있게>
불경(不敬)스레<경의를 표해야 할 대상에게 불손하게 대하는 태도가 있게>
불공(不恭)스레<공손하지 않은 데가 있게>
불량(不良)스레<행실이나 성품이 보기에 나쁜 데가 있게>
불만(不滿)스레<마음에 차지 않아 언짢은 느낌이 있게>
불미(不美)스레<아름답지 못하고 추잡한 데가 있게>
불안(不安)스레<걱정스럽거나 초조하여 마음이 편하지 않은 데가 있게>
불충(不忠)스레<행동이나 태도가 보기에 마음에서 우러나오는 정성이 없이>
불측(不測)스레<생각이나 행동 따위가 당돌하고 엉큼한 데가 있게>
불쾌(不快)스레<마음이 보기에 언짢고 기분이 좋지 못한 데가 있게>
불편(不便)스레<무슨 일을 하거나 무엇을 이용하기가 쉽지 않고 번거로운 데가 있게>
불평(不平)스레<마음에 불만이 있어 못마땅하게 여기는 데가 있게>
비감(悲感)스레<슬프고 애틋한 느낌이 있게>
비굴(卑屈)스레<겁이 많고 줏대가 없어 떳떳하지 못한 데가 있게>
비밀(秘密)스레<남에게 알리지 않고 몰래 숨기는 기색이 있게>
비통(悲痛)스레<몹시 아프고 슬픈 듯하게>
사번(事煩)스레<일이 많고 번거로운 데가 있게>

사사(邪邪)스레<떳떳하지 못하고 도리에 어긋난 데가 있게>
사치(奢侈)스레<분수에 지나칠 만큼 호화롭거나 고급스러운 데가 있게>
사풍(邪風)스레<말이나 행동에 변덕이 많고 경망스러운 데가 있게>
상패(常悖)스레<성질이 보기에 거칠고 사나우며 막된 데가 있게>
생경(生硬)스레<처음이거나 익숙하지 못하여 부드럽지 못하고 딱딱한 데가 있게>
생광(生光)스레<아쉬울 때 쓰이게 되어 보람을 느낄 만하게>
성화(成火)스레<일이나 사물 따위가 성가실 만큼 귀찮은 느낌이 있게>
소견(所見)스레<보기에 소견이 있는 듯하게>
소녀(小女)스레<어린 여자아이와 같은 느낌이 있게>
소란(騷亂)스레<어수선하고 시끄러운 데가 있게>
소망(所望)스레<몹시 바랄 만한 데가 있게>
소심(小心)스레<대담하지 못하고 조심스러운 데가 있게>
소요(騷擾)스레<보기에 여럿이 떠들썩하게 들고일어나는 데가 있거나 술렁거리고 소란스러운 데가 있게>
소인(小人)스레<도량이 좁고 간사한 데가 있게>
소중(所重)스레<지니고 있는 가치나 의미가 중요하여 매우 귀한 데가 있게>
속물(俗物)스레<교양이 없으며 식견이 좁고 세속적 이익이나 명예에만 마음이 급급한 데가 있게>
송괴(悚愧)스레<죄송스럽고도 부끄러운 느낌이 있게>
송구(悚懼)스레<마음에 죄송스럽고 두렵고 거북스럽게>
송름(悚懍)스레<마음이 두려워서 불안한 느낌이 있게>
수괴(殊怪)스레<보통과 달리 의심스럽고 이상한 데가 있게>
수괴(羞愧)스레<부끄럽고 창피한 느낌이 있게>
수란(愁亂)스레<사람이 보기에 시름이 많아서 정신이 어지러운 데가 있게>
수삽(羞澀)스레<수줍어하고 부끄러워하는 데가 있게>
수상(殊常)스레<보기에 보통과 달리 이상하게 의심하는 데가 있게>
수통(羞痛)스레<부끄럽고 분한 마음이 있게>
순진(純眞)스레<마음이 꾸밈이 없고 순박한 데가 있게>
신고(辛苦)스레<곤란한 일을 겪어 몹시 애를 쓰는 데가 있게>
신령(神靈)스레<신비하고 초자연적인 기운이 있는 듯하게>
신명(神明)스레<보기에 신령스럽고 밝은 데가 있게>
신비(神秘)스레<일이나 현상 따위가 이성적으로나 상식적으로 설명할 수도 없

고 이해할 수도 없을 만큼 신기하고 묘한 듯하게>

신산(辛酸)스레<보기에 사는 것이 힘들고 고생스러운 데가 있게>

신통(神通)스레<신기할 정도로 묘한 데가 있게>

실망(失望)스레<보기에 희망이나 명망을 잃거나 바라던 일이 뜻대로 되지 아니하여 마음이 몹시 상한 데가 있게>

실심(實心)스레<거짓이 없이 참된 데가 있게>

심란(心亂)스레<평온하지 않고 어수선한 데가 있게>

심상(尋常)스레<대수롭지 않고 예사롭게>

심술(心術)스레<보기에 심술을 부리는 태도가 있게>

심악(甚惡)스레<매우 악한 태도가 있게>

아담(雅淡)스레<사람이나 사물이 조촐하고 산뜻한 데가 있게>

악독(惡毒)스레<마음이 매우 악하고 독살스러운 데가 있게>

악물(惡物)스레<보기에 악독한 데가 있게>

악착(齷齪)스레<아득바득 기를 쓰는 태도가 매우 끈덕진 데가 있게>

애교(愛嬌)스레<태도나 행동 따위가 남에게 귀엽게 보이려는 데가 있게>

애상(哀傷)스레<보기에 행동이나 언행이 슬퍼하고 가슴아파하는 데가 있게>

애연(哀然)스레<슬픈 기분을 자아내는 데가 있게>

야경(夜警)스레<밤중에 떠들썩하게>

야단(惹端)스레<떠들썩하게 일을 벌이거나 매우 부산하게 법석거리는 데가 있게>

야만(野蠻)스레<교양이 없이 무례하고 사나운 데가 있게>

야박(野薄)스레<말이나 행동이 야멸치고 인정이 없는 듯하게>

야심(偌甚)스레<지나치게 심한 데가 있게>

약략(略略)스레<매우 간략한 느낌이 있게>

여상(如常)스레<평소와 같은 데가 있게>

여성(女性)스레<언행이나 모습에 있어서 여성과 같은 느낌이나 요소가 있게>

역정(逆情)스레<역정이 나는 데가 있거나 또는 역정이 난 듯하게>

연민(憐憫)스레<불쌍하고 가여운 데가 있게>

열성(熱誠)스레<열렬한 정성을 바치는 태도로>

염려(念慮)스레<불안하고 걱정스럽게>

엽렵(獵獵)스레<매우 슬기롭고 날렵한 듯하게>

영광(榮光)스레<영예롭고 빛나는 데가 있게>

영매(英邁)스레<영리하고 뛰어난 데가 있게>

영맹(英猛)스레<보기에 빼어나게 용맹한 데가 있게>
영물(靈物)스레<영물이라고 할 정도로 매우 영리하게>
영악(靈惡)스레<이익과 손해에 밝으며 약은 데가 있게>
영예(榮譽)스레<영예로 여길 만한 데가 있게>
영화(榮華)스레<세상이 우러를 만큼 귀하고 호화로운 데가 있게>
예사(例事)스레<평범하여 대수롭지 아니하게 여길 만한 데가 있게>
오만(傲慢)스레<방자하고 잘난 체하여 건방진 데가 있게>
오망(迂妄)스레<하는 짓이나 태도가 괴상하고 요사스러우며 방정맞은 데가 있게>
옹색(壅塞)스레<생활이나 형편 따위가 넉넉하지 못하여 생활에 필요한 것이 없거나 부족하여 불편한 데가 있게>
완만(頑慢)스레<모질고 거만한 데가 있게>
외람(猥濫)스레<생각이나 행동이 도리나 분수에 지나친 듯하게>
외설(猥褻)스레<글이나 그림 따위가 성적으로 난잡한 성질이나 느낌이 있게>
외잡(猥雜)스레<음탕하고 난잡한 데가 있게>
요괴(妖怪)스레<요사스럽고 괴이한 데가 있게>
요기(妖氣)스레<요사스런 기운이 있게>
요란(搖亂)스레<몹시 시끄럽고 야단스럽게>
요망(妖妄)스레<요망한 데가 있게>
요변(妖變)스레<요사하고 변덕스러운 데가 있게>
요사(妖邪)스레<요망하고 간사한 데가 있게>
요악(妖惡)스레<요망하고 악독한 데가 있게>
요행(僥倖)스레<뜻밖에 잘되어 다행한 느낌이 있게>
욕심(慾心)스레<보기에 욕심이 많은 데가 있게>
용감(勇敢)스레<두려움을 모르고 기운차고 씩씩한 데가 있게>
용렬(庸劣)스레<사람이 됨됨이가 변변하지 못하고 생각이 좀스러운 데가 있게>
용맹(勇猛)스레<씩씩하고 날래며 사나운 데가 있게>
우려(憂慮)스레<근심이나 걱정되는 데가 있게>
우아(優雅)스레<보기에 고상하고 기품이 있으며 아름다운 데가 있게>
우연(偶然)스레<어떤 일이 뜻하지 않게 저절로 생겨 묘한 데가 있게>
우직(愚直)스레<보기에 어리숙하고 고지식한 데가 있게>
원만(圓滿)스레<성격이나 행동이 모난 데 없이 부드러운 듯하게>
원망(怨望)스레<못마땅하게 여겨져 탓하거나 미워하는 마음이 있게>

위구(危懼)스레<염려하고 두려워하는 마음이 있게>
위엄(威嚴)스레<위세가 있어 의젓하고 엄숙한 데가 있게>
위용(偉容)스레<매우 위엄이 있거나 그런 데가 있게>
위험(危險)스레<신체나 생명 따위가 위태롭고 안전하지 못하게>
유감(遺憾)스레<마음에 차지 않아 못마땅하고 섭섭한 느낌이 있게>
유별(有別)스레<보통과는 특별히 다른 데가 있게>
육중(肉重)스레<투박하고 무거운 듯하게>
은밀(隱密)스레<보기에 은밀한 데가 있게>
음산(陰散)스레<을씨년스럽고 썰렁한 데가 있게>
음침(陰沈)스레<보기에 음침한 데가 있게>
음탕(淫蕩)스레<어둡고 엉큼하게>
음흉(陰凶)스레<마음이 엉큼하고 흉악한 데가 있게>
의구(疑懼)스레<의심스럽고 두려운 데가 있게>
의문(疑問)스레<의심이 가고 믿지 못할 데가 있게>
의사(意思)스레<제법 쓸모 있고 속이 깊은 생각을 곧잘 해내는 힘이 있게>
의심(疑心)스레<확실한 근거가 없어서 믿지 못할 만한 데가 있게>
의아(疑訝)스레<의심스러운 데가 있게>
의이(疑異)스레<보기에 의심스럽고 괴이한 데가 있게>
이물(異物)스레<성질이 음험하여 속을 헤아리기 어렵게>
이상(異常)스레<정상이나 보통과 다른 듯하게>
이심(已甚)스레<지나치게 심한 데가 있게>
인자(仁慈)스레<마음이 어질고 자애스러운 데가 있게>
인정(人情)스레<마음이 따뜻하여 인정을 베푸는 데가 있게>
자비(慈悲)스레<남을 크게 사랑하고 가엾게 여기는 마음이 있는 듯하게>
자상(仔詳)스레<꼼꼼하고 찬찬한 데가 있게>
자연(自然)스레<힘들이거나 애쓰지 않고 저절로>
자유(自由)스레<남에게 구속을 받거나 무엇에 얽매이지 않고 자기 뜻에 따라 마음대로 할 수 있게>
잔망(孱妄)스레<하는 짓이 얄밉도록 맹랑한 데가 있게>
잔인(殘忍)스레<인정이 없고 몹시 모진 데가 있게>
잡탕(雜湯)스레<난잡하고 음탕스러운 데가 있게>
장황(張皇)스레<말이나 글이 매우 길고 번거로운 데가 있게>
재롱(才弄)스레<말이나 행동 따위가 귀엽고 예쁜 데가 있게>

저주(詛呪)스레<저주할 만한 데가 있게>

저질(低質)스레<질이 낮은 데가 있게>

전율(戰慄)스레<두려움으로 인하여 몸이 벌벌 떨리는 느낌이 있게>

절망(絶望)스레<희망이 없어져 체념하고 포기하는 데가 있게>

정결(淨潔)스레<보기에 순수하고 깨끗하게>

정결(精潔)스레<순수하고 깨끗한 느낌이 있게>

정성(精誠)스레<온갖 힘을 다하려는 진실하고 성실한 마음이나 태도가 있게>

정숙(靜淑)스레<말이나 행동 따위가 보기에 조용하고 얌전한 데가 있게>

조급(躁急)스레<보기에 매우 급한 데가 있게>

조색(皁色)스레<빛깔이나 모양 따위가 세련미가 없고 촌스럽게>

조심(操心)스레<실수하지 않도록 말과 행동을 삼가고 경계하는 듯한 태도가 있게>

존경(尊敬)스레<우러러 받들 만한 데가 있게>

죄만(罪萬)스레<더할 나위 없이 죄송한 데가 있게>

죄민(罪悶)스레<죄스럽고 민망한 태도가 있게>

죄송(罪悚)스레<죄송한 느낌이 있게>

준걸(俊傑)스레<재주와 슬기가 매우 뛰어난 데가 있게>

증상(憎狀)스레<말이나 행동, 태도 따위가 몹시 미운 데가 있게>

증오(憎惡)스레<보기에 증오할 만하게>

지극(至極)스레<보기에 더할 나위 없이 지극한 데가 있게>

지독(至毒)스레<아주 모질고 독한 데가 있게>

지성(至誠)스레<지극히 정성어린 데가 있게>

지악(至惡)스레<언행이 몹시 모질고 더없이 악한 데가 있게>

직심(直心)스레<마음을 바르고 굳게 지키려는 태도가 있게>

질탕(跌宕)스레<신이 나서 정도가 지나치도록 흥겹고 방탕하게 놀아 대는 데가 있게>

찬연(燦然)스레<무엇이 눈부시게 빛나는 데가 있게>

참람(僭濫)스레<분수에 맞지 않을 정도로 너무 지나친 데가 있게>

천격(賤格)스레<품격이 보기에 아주 천한 데가 있게>

천박(淺薄)스레<격이 떨어지거나 천하고 얕은 듯하게>

천연(天然)스레<시치미를 떼고 아무렇지도 않은 것처럼 꾸미는 태도가 있게>

천진(天眞)스레<꾸밈이 없이 자연 그대로 참된 데가 있게>

초연(超然)스레<형식에 얽매이지 않고 태연함과 느긋함이 있게>

초조(焦燥)스레<애가 타서 몹시 마음을 졸이는 데가 있게>
추잡(醜雜)스레<추저분하고 잡상스러운 태도가 있게>
추잡(麤雜)스레<막되고 거친 태도가 있게>
충성(忠誠)스레<충성을 다하는 태도가 있게>
치사(恥事)스레<격에 떨어져 떳떳하지 못하고 남부끄러운 데가 있게>
친근(親近)스레<서로 사귀어 가깝고 친한 느낌이 있게>
친절(親切)스레<매우 정겹고 고분고분한 데가 있게>
침통(沈痛)스레<슬픔이나 걱정 따위로 마음이 몹시 좋지 않고 괴롭게>
탐욕(貪慾)스레<매우 심하게 탐하여 욕심을 부리는 경향이 있게>
태연(泰然)스레<상황에 전혀 구애받지 않아 아무렇지 않게>
태평(太平)스레<긴장감이 없이 나태하게>
토심(吐心)스레<남이 좋지 않은 낯빛이나 말로 대하여 불쾌하고 아니꼬운 느낌이 있게>
통탄(痛歎)스레<몹시 안타깝고 한스러운 마음이 들게>
패악(悖惡)스레<말이나 행동이 사람으로서 마땅히 하여야 할 도리에 어그러지고 흉악하게>
평화(平和)스레<평온하고 정다운 느낌이 있게>
포악(暴惡)스레<보기에 사납고 악한 데가 있게>
풍아(風雅)스레<풍치가 있고 우아한 데가 있게>
한가(閑暇)스레<보기에 바쁘지 않아 여유가 있게>
한만(閑漫)스레<한가하고 느긋한 데가 있게>
한심(寒心)스레<정도에 알맞지 않아 마음이 가엾고 딱한 데가 있게>
한아(閑雅)스레<한가하고 아담한 데가 있게>
한용(悍勇)스레<사납고 용맹한 데가 있게>
한탄(恨歎)스레<한숨 쉬며 탄식할 만한 데가 있게>
행복(幸福)스레<삶에서 기쁨과 만족을 느껴 흐뭇한 데가 있게>
허겁(虛怯)스레<야무지고 담차지 못하여 겁이 많은 데가 있게>
허망(虛妄)스레<보람이 없고 허무한 데가 있게>
허풍(虛風)스레<지나치게 과장되어 실속이나 믿음성이 없게>
허황(虛荒)스레<말이나 행동 따위가 현실성이 없이 헛되어 미덥지 못한 듯하게>
험상(險狀)스레<생김새나 표정 따위가 험하고 사나운 데가 있게>
험악(險惡)스레<성질이나 생김새 따위가 험상궂고 사나운 데가 있게>
혐오(嫌惡)스레<싫어하고 미워할 만한 데가 있게>

혐의(嫌疑)스레<마음에 내키지 않고 꺼림칙한 데가 있게>
호사(豪奢)스레<호화롭게 사치를 부리는 데가 있게>
호화(豪華)스레<모양이나 장식이 화려한 데가 있게>
혼돈(混沌)스레<뒤섞어서 갈피를 잡을 수 없이 무질서하게>
혼동(混同)스레<무엇을 구별하지 못하고 뒤섞어서 보거나 생각하는 듯하게>
혼란(混亂)스레<일 따위가 갈피를 잡을 수 없게 뒤섞여서 어지러운 데가 있게>
혼란(焜爛)스레<보기에 어른어른 번쩍거리는 빛이 눈부시고 아름답게>
혼미(昏迷)스레<정신이 헛갈리고 사리에 어두운 데가 있게>
혼잡(混雜)스레<여럿이 한데 섞여 어수선하고 떠들썩한 데가 있게>
화평(和平)스레<충돌이나 다툼이 없이 평화롭게>
환멸(幻滅)스레<기대나 공상이 이루어지지 않아 실망하거나 허무한 데가 있게>
활발(活潑)스레<생기가 있고 힘차며 시원스러운 데가 있게>
황공(惶恐)스레<보기에 위엄이나 지위 따위에 눌려 두려운 데가 있게>
황당(荒唐)스레<어찌할 도리가 없을 정도로 어이가 없고 터무니없는 데가 있게>
황막(荒漠)스레<아무 쓸모없이 거칠고 을씨년스럽게>
황송(惶悚)스레<분에 넘쳐 고맙고도 송구한 느낌이 있게>
황홀(恍惚)스레<눈이 어른어른할 정도로 화려함을 느끼게>
효성(孝誠)스레<정성을 다하여 부모를 섬기는 태도가 있게>
후덕(厚德)스레<어질고 덕이 많게>
후회(後悔)스레<이전의 잘못을 깨치고 뉘우칠 데가 있게>
휘황(輝煌)스레<눈이 부시도록 환한 느낌이 있게>
흉물(凶物)스레<모양이 보기에 흉하고 괴상하게>
흉악(凶惡)스레<말이나 행동 따위가 모질고 악랄한 데가 있게>
흉증(凶證)스레<그늘지고 험상궂은 데가 있게>
흉측(凶測)스레<성질이나 모양 따위가 험상궂고 고약한 면이 있게>
흔연(欣然)스레<기쁘거나 반가워 기분이 좋은 듯하게>
희망(希望)스레<좋은 결과가 나오거나 이루어지기를 기대할 만하게>
희한(稀罕)스레<보기에 매우 드물거나 신기하게>

2음절 한자말 뿌리에 넣을 수 없는 것들로, 한 음절은 한자말이고 다른 한 음절은 토박이말인 것들이다. '한자말 음절+토박이말 음절'이나 '토박이말 음절+한자말 음절'에 해당하는 뿌리를 한데 모았다.

굄성(性)스레<특별히 귀여워하거나 사랑을 받을 만한 특성이 있게>
농(弄)판스레<진지하지 못하고 장난기나 농기가 있게>
둔(鈍)팍스레<굼뜨고 미련한 데가 있게>
둔(鈍)판스레<굼뜨고 미련한 데가 있게>
복(福)성스레<얼굴에 살이 올라 도톰하고 둥그스름하여 보기에 복이 많을 듯 하게>
실(實)살스레<겉으로만 드러나지 않고 내용이 충실하게>
잡(雜)상스레<말이나 행동이 잡스럽고 점잖지 못한 데가 있게>
천(賤)덕스레<성품이 낮고 야비한 데가 있게>
추(醜)접스레<깨끗하지 못하고 더럽고 지저분한 태도가 있게>
태(態)깔스레<교만한 태도가 있게>

(3) 3음절 한자말 뿌리

귀인상(貴人相)스레<신분이나 지위 따위가 높고 귀하게 될 얼굴 생김새가 있게>
귀인성(貴人性)스레<보기에 신분이나 지위가 높은 사람 같은 데가 있게>
부자연(不自然)스레<말이나 행동이 익숙하지 않거나 꾸민 듯하여 어색한 데가 있게>
부자유(不自由)스레<무엇에 얽매여 행동을 마음대로 할 수 없는 데가 있게>
불만족(不滿足)스레<마음에 차지 않아 못마땅한 데가 있게>
불명예(不名譽)스레<명예롭지 못한 데가 있게>
조심성(操心性)스레<잘못이나 실수가 없도록 말이나 행동에 마음을 쓰는 성질 이나 태도가 있게>

3음절 한자말 뿌리에 넣을 수 없는 것들로 두 음절은 한자말이고 다른 한 음절이 토박이말인 것들을 한데 모았다.

분주(奔走)살스레<이리 저리 몹시 바쁘고 수선스러운 데가 있게>
천연(天然)덕스레<시치미를 떼고 아무렇지도 않은 것처럼 꾸미는 태도가 있게>

(4) 4음절 한자말 뿌리

무지막지(無知莫知)스레<보기에 몹시 무지하고 상스러우며 포악한 데가 있게>
허랑방탕(虛浪放蕩)스레<생활이 허황하고 착실하지 못하며 행실이 좋지 못하게>
흉악망측(凶惡罔測)스레<흉악하고 고약한 면이 있게>

ㄴ. [-같다 풀이씨 줄기+-이]어찌씨

'-같다' 풀이씨는 거의 대부분 파생 가지 '-이'가 결합하여 파생 어찌씨가 만들어진다. 이를테면 '감쪽같다'에서 줄기인 '감쪽같-'에 파생 가지 '-이'가 결합하여 '감쪽같이'가 만들어진다. '-이'가 결합 가능한 '-같다' 풀이씨에서 뿌리가 토박이말인 것과 한자말인 것으로 나누어 살피기로 한다.

1) 토박이말 '-같다'의 뿌리

이 짜임새에 속하는 파생 어찌씨는 그리 많은 편은 아니다. '-같다' 앞에 놓이는 토박이말 뿌리의 음절수에 따라 1음절, 2음절, 3음절, 4음절짜리가 있는데, 2음절짜리가 가장 많은 수를 차지한다. 1음절, 3음절, 4음절짜리는 극히 드물다. 이 짜임새에 속하는 파생 어찌씨들은 더 이상 어찌씨 만들기에 관여하지 않는다.

(1) 1음절 토박이말 뿌리

꿈같-이<만족스러워 기쁘고 행복하게>
똑같-이<서로 조금도 다른 데가 없이>
불같-이<성질이 몹시 급하고 사납게>

(2) 2음절 토박이말 뿌리

감쪽같-이<전혀 알아차릴 수 없을 만큼 아주 표시나 흔적이 없이>
개떡같-이<마음에 썩 들지 않고 하찮게>
개좆같-이<어떤 대상이나 상황이 몹시 마음에 들지 않는 것을 비속하게 이르는 말>
개코같-이<하찮고 보잘것없이>
거지같-이<생김새 따위가 매우 볼품없이>
굴뚝같-이<매우 절실하게>
깜쪽같-이<전혀 알아차릴 수 없도록 티가 나지 않게>
깨알같-이<깨알처럼 아주 작게>
다락같-이<규모나 정도가 매우 크거나 심하게>
댕돌같-이<만든 것이 돌과 같이 매우 야무지고 단단하게>
득달같-이<언행 따위가 잠시도 머뭇거림이 없이>
득돌같-이<잠시도 지체함이 없이>
딴통같-이<처지나 상황에 맞지 않고 아주 엉뚱하게>
무쪽같-이<사람의 생김새가 몹시 못나게>
박속같-이<피부나 치아 따위가 곱고 하얗게>
번개같-이<아주 빨리>
벌떼같-이<무리를 지어 한꺼번에>
벼락같-이<동작이나 행동이 몹시 빠른 꼴>
불꽃같-이<기운이나 기세가 타오르듯 일어나 세차고 대단하게>
뾰록같-이<못마땅하여 몹시 성이 나 있는 꼴>
새벽같-이<아침에 썩 일찍이>
실낱같-이<아주 미미하게>
쏜살같-이<쏜 화살처럼 몹시 빠르게>
왕청같-이<차이가 엄청나게>
억척같-이<어렵거나 힘든 일에 억세게 버티어 끈질기게>
왕청같-이<차이가 엄청나게>
장승같-이<키가 멋없이 껑충하게>
전반같-이<머리를 땋아 늘인 여자의 머리채가 숱이 많고 치렁치렁함을 비유적으로 이르는 말>
쥐뿔같-이<쥐의 불알과 같이 아주 보잘것없이>

쥐좆같-이<‘쥐뿔같이’의 낮은말>
찰떡같-이<믿음, 관계 따위가 매우 긴밀하고 확실하게>
하나같-이<예외 없이 모두 한 모양이나 한 성질로>
하늘같-이<‘아주 높고 크고 귀하게’를 비유하는 말>
하루같-이<날마다 한결같이>
한결같-이<처음부터 끝까지 변함이 없이>

(3) 3음절 토박이말 뿌리

둥덩산같-이<물건이 많이 쌓여 수북하게>
뚱딴지같-이<우둔하고 무뚝뚝하며 너무나 엉뚱하게>

(4) 4음절 토박이말 뿌리

옴포동이같-이<살이 올라 보드랍고 통통하게>

2) 한자말 ‘-같다’ 풀이씨 줄기

이 짜임새에 속하는 파생 어찌씨는 적은 편이다. ‘-같다’ 앞에 놓이는 한자말 뿌리의 음절수는 대부분 2음절짜리이다. 이 짜임새에 속하는 파생 어찌씨들은 더 이상 어찌씨 만들기에 관여하지 않는다.

귀신(鬼神)같-이<추측이나 눈치 따위가 매우 정확하게>
목석(木石)같-이<웬만한 일에 꿈쩍하지 않을 만큼 무디고 무뚝뚝하게>
벽력(霹靂)같-이<소리나 목소리가 매우 크고 우렁차게>
분통(粉桶)같-이<방이 도배를 깨끗이 하여 아주 깨끗하게>
비호(飛虎)같-이<매우 용맹스럽고 날쌔게>
성화(星火)같-이<남에게 해 대는 독촉 따위가 몹시 급하고 심하게>
악착(齷齪)같-이<아주 끈질기고 모질게>
주옥(珠玉)같-이<주옥처럼 매우 아름답거나 귀하게>
철벽(鐵壁)같-이<방비가 매우 튼튼하고 견고하게>
철석(鐵石)같-이<마음이나 의지, 약속 따위가 아주 굳고 단단하게>

철통(鐵桶)같-이<준비나 대책 따위가 튼튼하여 조금도 빈틈이 없이>
철화(鐵火)같-이<의지나 정열 따위가 빨갛게 달아오른 쇠처럼 굳세고 열렬하게>
추상(秋霜)같-이<호령 따위가 위엄이 있고 두려울 정도로 서슬이 푸르게>

2음절이나 3음절 한자말 뿌리에 넣을 수 없는 것들로, 일부 음절은 한자말이고 일부 음절은 토박이말인 것들을 한데 모았다.

생(生)파같-이<생각하지 않은 때에 갑자기>
생(生)파리같-이<남이 조금도 가까이 할 수 없을 만큼 까다롭고 쌀쌀하게>

ㄷ. [-없다 풀이씨 줄기+-이]어찌씨

'-없다' 풀이씨는 거의 대부분 파생 가지 '-이'가 결합하여 파생 어찌씨가 만들어진다. 이를테면 '덧없다'에서 줄기인 '덧없-'에 합성 가지 '-이'가 결합하여 '덧없이'가 만들어진다. '없다'가 덧붙어 파생 풀이씨를 만들 수 있는 것으로는 이름씨와 어찌씨, 낱말 자격이 모자라는 뿌리, 통사적 짜임새 따위가 있다. '값없이'에서의 '값'은 이름씨이고 '더없이'에서의 '더'는 어찌씨이며, '느닷없이'에서의 '느닷'은 낱말 자격이 모자라는 뿌리이다. '간곳없이'에서 '간곳'은 통사적 짜임새 '간 곳'이다.[1] 이 가운데 이름씨가 대부분을 차지하며 어찌씨나 뿌리는 극히 드물다.

이 짜임새와 꼴은 같지만 '-없다' 파생 풀이씨에 해당하지 않는 것들은 이 짜임새에서 제외하였다. 어찌씨 '남김없이'는 '남김없다'란 풀이씨 줄기에 어찌씨 파생 가지 '-이'가 결합된 것으로 볼 수 없다. '남김없다'란 풀이씨가 없기 때문이다. 따라서 '남김없이'는 '남김이 없이'란 통사적

1) '간곳없이'는 풀이씨 '간곳없다'의 줄기에 '-이'가 결합하여 이루어진 파생 어찌씨이지만, '간곳없다'는 '간 곳 없다'란 통사적 짜임새가 결합과정을 거쳐 만들어진 합성 풀이씨에 해당한다.

짜임새에서 토씨 '이'가 생략되어 쓰이다가 결합 과정을 거쳐 어찌씨로 합성된 것으로 보는 것이 합리적이다. '남김없이'의 직접 구성 요소를 분석하면 '남김없-이'가 아니라 '남김-없이'이기 때문에 '남김없이'는 통사적 합성 어찌씨에 해당한다.[2)]

'-이'가 결합 가능한 '-없다' 풀이씨에서 뿌리가 토박이말인 것과 한자말인 것으로 나누어 살피기로 한다.

1) 토박이말 '-없다' 풀이씨 뿌리

이 짜임새에 속하는 파생 어찌씨는 그리 적은 편은 아니다. '-없다' 앞에 놓이는 토박이말 뿌리의 음절수에 따라 1음절, 2음절, 3음절, 4음절짜리가 있는데, 2음절짜리가 가장 많은 수를 차지한다. 이 짜임새에 속하는 파생 어찌씨들은 더 이상 어찌씨 만들기에 관여하지 않는다.

(1) 1음절 뿌리

1음절 뿌리 가운데 어찌씨 '더'를 제외하면 모두 이름씨에 해당한다. 이들 뿌리와 '없다'가 결합하여 합성 풀이씨가 만들어진 다음, 그 줄기에 '-이'가 결합하여 파생 어찌씨가 만들어졌다.

가없-이<끝이나 한도가 없이>
값없-이<아무 보람이나 가치가 없이>
끝없-이<사물이나 일이 끝나는 데가 없거나 제한이 없이>
낯없-이<미안하고 부끄러워 남을 대할 면목이 없이>
넋없-이<아무런 의식이 없이 멍하니>
더없-이<그 위에 더할 나위가 없이>

2) 이와 꼭 같은 통사적 합성 어찌씨에 대한 자세한 보기는 제4장에서 살피기로 한다.

덧없-이<삶이나 세월이 너무 빠르게 흘러 허무하게>
때없-이<정해진 시간이 없이 아무 때나>
말없-이<아무런 말도 하지 않은 채로>
맛없-이<음식이 맛이 없거나 좋지 않게>
멋없-이<격에 어울리지 않아 싱겁게>
빛없-이<보람이나 면목이 없이>
속없-이<사리를 분별하는 지각이나 줏대가 없이>
얼없-이<어떤 일이 별다른 탈이나 사고 없이 조금도 틀림이 없게>
얼없-이<얼이 빠져 정신이 없게>
열없-이<겸연쩍고 쑥스럽게>
위없-이<그 위를 넘을 것이 없을 정도로 가장 높고 좋게>
일없-이<별다른 이익이나 실속이 없이>
찜없-이[3]<맞붙은 틈에 흔적이 전혀 없이>
철없-이<사리를 분별할 만한 지각이 없이>
태없-이<뽐내거나 잘난 체하는 빛이 없이>
턱없-이<근거가 없거나 이치에 맞지 않게>
티없-이<아주 순수하게>
힘없-이<기운이나 기력이 없이>

(2) 2음절 뿌리

가장 많은 수를 차지하는 2음절 뿌리는 이름씨인 것('걱정없이'의 '걱정'), 어찌씨인 것('까딱없이'의 '까딱'), 낱말 자격이 모자라는 뿌리인 것('거뭇없이'의 '거뭇-'), 통사적 짜임새인 것('간데없이'의 '간데'), 풀이씨의 이름꼴('끊임없이'의 '끊임') 등 다양하다.

가뭇없-이<전혀 안 보여 찾을 길이 없이>
간곳없-이<갑자기 자취를 감추어 온데간데없이>
간데없-이<자취를 감춰서 어디로 갔는지 알 수 없이>
갈데없-이<오직 그렇게 될 수밖에 없이>

3) '찜없이'에서의 이름씨 '찜'은 <과녁에 본래부터 있는 틈이나 흠집>을 뜻한다.

거추없-이<하는 짓이 어울리지 않고 싱겁게>
거침없-이<언행이 중간에 걸리거나 막힘이 없이>
걱정없-이<마음에 걸리거나 속을 태우는 일이 없이>
구성없-이<격에 맞지 않게>
그지없-이<이루 다 말할 수 없을 만큼 끝이나 한량이 없이>
까딱없-이<아무런 변화나 탈이 없이 온전히>
깔축없-이<조금도 부족하거나 남는 것이 없이>
꼼짝없-이<어떠한 일에 대처할 도리나 여지가 없이>
꾸밈없-이<거짓이 없이 참되고 순진하게>
꿈쩍없-이<조금도 움직이는 기색이 없이>
끄떡없-이<아무 변화나 탈이 생기지 않고 그대로 온전히>
끊임없-이<사물이나 일이 없어지지 않고 늘 잇대어>
난데없-이<급작스럽거나 꽤 엉뚱해서 어디서 나왔는지 알 수 없이>
내남없-이<나나 다른 사람이나 모두 마찬가지로>
너나없-이<너와 나를 가릴 것 없이 모두 마찬가지로>
느닷없-이<나타나는 모양이 아주 뜻밖이고 갑작스럽게>
다름없-이<다른 것과 비교해 보아 다른 점이 전혀 없이>
다시없-이<그보다 더 나을 것이 없을 정도로 완전하게>
다함없-이<한없이 크거나 많게>
대중없-이<미리 어림쳐서 헤아릴 수가 없이>
더덜없-이<더하거나 덜함이 없이>
두말없-이<이러니저러니 불평을 하거나 덧붙이는 말이 없이>
두수없-이<달리 주선하거나 변통할 여지가 없이>
드리없-이<경우에 따라 이렇게도 되고 저렇게도 되어 일정하지 않게>
드팀없-이<틈이 생기거나 틀리는 일이 없이>
뜬금없-이<갑작스럽고도 엉뚱하게>
무람없-이<조심스럽지 못하고 예의를 지키지 않아 버릇이 없이>
물색없-이<언행이 형편에 맞지 않게>
바이없-이<어찌할 도리나 방법이 전혀 없이>
밤낮없-이<언제나 늘>
밥맛없-이<사람이나 그 행동이 아니꼽고 기가 차서 정이 떨어지거나 상대하기
가 싫게>
버릇없-이<윗사람에게 마땅히 지켜야 할 예의나 교양이 없게>

변함없-이<이전과 달라진 것이 없이 그대로>
본데없-이<제대로 보고 배우지 못해 예의범절이나 지식 따위가 없이>
볼썽없-이<보기에 언짢을 만큼 체면이나 모양새가 좋지 않게>
볼품없-이<보이는 모습이 초라해서 봐 줄 만한 모양이 없게>
부질없-이<대수롭지 않거나 공연하여 쓸모가 없게>
빈틈없-이<허술하고 모자란 데가 없이 야무지고 철저하게>
빠짐없-이<하나도 빠지거나 빠뜨리지 않고 모두>
사날없-이<붙임성이 없이 무뚝뚝하게>
서슴없-이<언행이 망설이는 데가 없이>
속절없-이<아무리 하여도 어쩔 도리가 없이>
숨김없-이<남에게 감추어진 것이 없이>
시름없-이<근심이나 걱정으로 인해 맥이 없이>
싹수없-이<장래성이 없게>
쓸데없-이<아무런 의의나 값어치가 없이>
쓸모없-이<쓰일 만한 가치가 없이>
아낌없-이<주거나 쓰는 데 아까운 느낌이 없이>
얄짤없-이<봐 줄 수 없이 단호하게>
어김없-이<어긋남 없이 실제로>
어림없-이<도저히 가능하지 않게>
어이없-이<어떤 상황이 너무 뜻밖이어서 기가 막히게>
얼씬없-이<눈앞에 잠깐이라도 나타나는 일이 없이>
여들없-이<하는 짓이 멋없고 미련하게>
연득없-이<미리 생각하지 않고 갑자기 어떤 행동을 하는 모양이 있게>
외상없-이<틀림이 없거나 조금도 어김이 없이>
자발없-이[4]<언행이 가볍고 참을성이 없이>
재미없-이<즐겁고 유쾌한 기분이 들지 않게>
종작없-이[5]<언행이 똑똑하지 못하여 종잡을 수 없이>
주책없-이<일정한 줏대가 없이 자꾸 이랬다저랬다 하여 몹시 실없이>
진배없-이<크게 다를 것이 없이>
찍말없-이<썩 잘되어 더 말할 나위 없이>

---

4) 속된 말로 '자발머리없이'가 있다.
5) 준말로 '종없이'가 있다.

채신없-이[6]<경솔하여 남을 대하는 데 위엄과 신용이 없이>
치신없-이[7]<말이나 행동이 조심성이 없이 가벼워 위신이 없게>
틀림없-이<어긋나지 않고 확실하게>
푸접없-이<남을 대하는 데 붙임성이나 정이 없고 쌀쌀하게>
푼수없-이<생각이나 하는 짓 따위가 신중한 헤아림이나 깜냥이 없이>
하릴없-이<어떻게 해 볼 도리가 없이>
하염없-이<끝맺는 데가 없이 아득하게>
허물없-이<서로 꽤 친하여 체면을 차리거나 조심할 것이 없게>
힘담없-이<풀이 죽고 기운이 없이>

(3) 3음절 뿌리

3음절 뿌리로 이루어진 것은 아주 적은 편으로, 이름씨인 것('스스럼없이'의 '스스럼'), 통사적 짜임새('물샐틈없이'의 '물샐틈'), 낱말 자격이 모자라는 뿌리('내남직없이'의 '내남직') 따위가 있다.

거리낌없-이<일이나 상황이 방해를 받지 않고 진행되는 상태에 있게>
내남직없-이<나나 다른 사람이나 모두 마찬가지로>
물샐틈없-이<조금도 빈틈이 없이>
보잘것없-이<가치가 없고 하찮게>
스스럼없-이<사람이나 그의 언행이 서먹함이나 부끄러움이 없이>
아랑곳없-이<어떤 일에 마음이 쓰이거나 간섭하지 않게>
엉터리없-이<정도나 내용이 전혀 사리에 맞지 않게>
옴나위없-이<꼼짝을 할 여유가 없이>
터무니없-이<정당한 이유 없이 허황하고 엉뚱하게>
하잘것없-이<시시하여 중요하게 여길 만하지 않게>

(4) 4음절 뿌리

4음절 뿌리로 이루어진 것은 아주 적은 편으로, 이름씨인 것('어처구니없

---

6) 속된 말로 '채신머리없이'가 있다.
7) 속된 말로 '치신머리없이'가 있다.

이'의 '어처구니'), 통사적 짜임새('간데온데없이'의 '간데온데') 따위가 있다.

간데온데없-이<이제까지 있던 것이 감쪽같이 사라져 찾을 수가 없이>
네오내오없-이<너와 나를 가릴 것 없이 모두 마찬가지로>
보잘나위없-이<가치가 없고 하찮게>
어처구니없-이<너무 엄청나게 뜻밖이어서 기가 막히게>
올데갈데없-이<전혀 머물러 살 곳이나 의지할 곳이 없게>
헐수할수없-이<이렇게도 저렇게도 할 수가 없이>

2) 한자말 '-없다' 풀이씨 뿌리

이 짜임새에 속하는 파생 어찌씨는 아주 적은 편이다. '-없다' 앞에 놓이는 한자말 뿌리의 음절수에 따라 1음절, 2음절, 3음절, 4음절짜리가 있는데, 2음절짜리가 가장 많은 수를 차지하고 그 밖의 음절짜리는 극히 적은 수에 불과하다. 이 짜임새에 속하는 파생 어찌씨들은 더 이상 어찌씨 만들기에 관여하지 않는다.

(1) 1음절 뿌리

맥(脈)없-이<기운이나 생기가 없이>
상(常)없-이<보통의 이치에서 벗어나 상스럽게>
수(數)없-이<셀 수 없을 정도로 매우 많이>
실(實)없-이<언행이 실답지 못하게>
한(限)없-이<공간, 시간, 수량 등이 끝이 없이>

(2) 2음절 뿌리

가량(假量)없-이<능력이나 처지에 대한 짐작도 없이>
가차(假借)없-이<평가나 의견이 사정을 보아주거나 용서해 주는 데가 없이>
간단(間斷)없-이<잇달아 계속되어 끊이지 않게>
경황(景況)없-이<몹시 바쁘거나 하여 정신적인 여유나 시간적인 겨를이 없이>

계관(係關)없-이<거리끼거나 어려워할 것이 없이>
관계(關係)없-이<서로 연관이 되거나 영향을 주고받는 것이 전혀 없이>
기신(氣神)없-이<기력과 정신이 온전하지 못하게>
기탄(忌憚)없-이<꺼림칙하거나 마음에 걸림이 없이>
두미(頭眉)없-이<앞뒤가 맞지 않고 조리가 없이>
두서(頭緖)없-이<앞뒤가 맞지 않고 갈피를 잡을 수 없이>
면목(面目)없-이<부끄러워서 남을 볼 낯이 없이>
문제(問題)없-이<문제로 삼을 만한 어려움이나 어긋남이 없이>
변모(變貌)없-이<융통성이 없이 고지식하고 무뚝뚝하게>
분개(分槪)없-이<사리를 분별하여 헤아릴 만한 슬기가 없게>
분별(分別)없-이<막되고 가림이 없이>
분수(分數)없-이<언행이나 태도가 자기 신분에 맞지 아니하게>
사정(事情)없-이<남의 형편이나 사정 따위를 헤아려 주지 않을 정도로 무자비하고 매몰차게>
상관(相關)없-이<아무 관련이나 관계가 없이>
성명(姓名)없-이<이름이나 명성 따위가 세상에 널리 알려지지 않은 채>
세상(世上)없-이<이 세상에 그보다 더 나은 것이 없이>
세월(歲月)없-이<언제 끝날지 짐작이 가지 않을 정도로 더디게>
소용(所用)없-이<의의가 없거나 득이 될 것이 없이>
손색(遜色)없-이<다른 것과 비교해 보아 부족한 점이 없이>
여부(與否)없-이<조금도 틀림이 없이. 의심할 데 없이>
여지(餘地)없-이<달리 더 말할 필요가 없이>
염의(廉義)없-이<예의도 모르고 부끄러움도 없게>
염치(廉恥)없-이<체면을 생각하거나 부끄러움을 아는 마음이 전혀 없이>
영락(零落)없-이<조금도 다르지 않고 꼭 같게>
위불(爲不)없-이<틀림이나 의심의 여지가 없이>
유감(遺憾)없-이<섭섭한 마음 없이 섭섭하게>
유례(類例)없-이<이전에 같거나 비슷한 예가 없이>
윤척(倫脊)없-이<말이나 글에서 순서와 조리가 없이>
정신(精神)없-이<무엇에 놀라거나 경황이 없어 앞뒤를 생각하거나 사리를 분별할 여유가 없이>
지각(知覺)없-이[8]<사물의 이치나 도리에 맞지 않는 데가 있게>
지망(志望)없-이<마음을 정하여 바라는 것이 없이>

질정(質定)없-이<여러모로 따지고 잘 헤아려 결정한 것 없이>
처신(處身)없-이<말과 행동이 경솔하여 남을 대하는 데 위엄과 신용이 없게>
측량(測量)없-이<한이나 끝이 없게>
피차(彼此)없-이<그쪽이나 이쪽이나 서로 나을 것도 못할 것도 없이>
한량(限量)없-이<정해진 분량이나 끝이 없이>

(3) 3음절 뿌리

만유루(萬遺漏)없-이<매우 치밀하여 한 가지도 빠짐이 없이>
위불위(爲不爲)없-이<틀림이나 의심의 여지가 없이>

(4) 4음절 뿌리

인정사정(人情事情)없-이<인정을 베풀거나 사정을 봐 주는 데가 없어 무자비하게 느껴질 만큼 몹시 엄격하게>

다음은 4음절 한자말 뿌리에 넣을 수 없는 것으로, 일부 음절은 한자말이고 일부 음절은 토박이말이다.

의지(依支)가지없-이<의지하거나 부탁할 곳이 전혀 없이>

ㄹ. [-롭- 풀이씨 줄기+-이]어찌씨

'-롭다' 풀이씨는 거의 대부분 파생 가지 '-이'가 결합하여 파생 어찌씨가 만들어진다. 이를테면 '새롭다'에서 줄기인 '새롭-'에 파생 가지 '-이'가 결합하여 '새롭이→새로이'가 만들어진다. 이 짜임새에 속하는 파생 어찌씨는 그리 많은 편이 아니다. '-이'가 결합 가능한 '-롭다' 풀이씨에서 뿌리가 토박이말인 것과 한자말인 것으로 나누어 살피기로 한다.

---

8) 속된 말로 '지각(知覺)머리없이'가 있다.

1) 토박이말 '-롭다' 풀이씨 뿌리

이 짜임새에 속하는 파생 어찌씨는 아주 적은 편으로, 한자말 파생 어찌씨에 비해 그 수효가 적다. '-롭다' 앞에 놓이는 토박이말 뿌리의 음절 수에 따라 1음절, 2음절, 3음절짜리가 있는데, 2음절짜리가 가장 많은 수를 차지한다. '-롭다' 앞에 놓일 수 있는 것으로는 이름씨('슬기로이'의 '슬기'), 매김씨('새로이'의 '새'), 낱말 자격이 모자라는 뿌리('까다로이'의 '까다[9]') 등이 있다. 이 짜임새에 속하는 파생 어찌씨들은 더 이상 어찌씨 만들기에 관여하지 않는다.

(1) 1음절 뿌리

괴로-이<견뎌내기 힘들어 몸이나 마음이 고통스럽게>
새로-이<새롭게 또는 새롭게 다시>
외로-이<혼자 있거나 의지할 대상이 없어 고독하고 쓸쓸하게>

(2) 2음절 뿌리

까다로-이<복잡하고 미묘하여 다루기 어렵게>
날카로-이<기세가 맹렬하고 무섭게>
다사로-이<다스한 기운이 있게>
대수로-이<중요하게 여길 만하게>
따사로-이<햇볕 따위가 따뜻한 기운이 있게>
번거로-이<복잡하고 어수선하게>
보배로-이<보배와 같이 귀중하고 가치가 있을 만하게>
슬기로-이<사물의 이치를 바르게 분별하고 일을 정확하게 처리할 방도를 생각해 내는 재능이 있게>
애처로-이<처한 상황 따위가 슬프고 처량하여 가엽고 불쌍하게>

---

9) '까다-'는 '-롭-'과만 결합될 수 있는 불구 형태소로, 형태소 자격이 모자라는 가상형태소에 해당하지만 '-롭다'에 해당하는 것들과의 동형성에 따라 뿌리로 간주하였다.

정가로-이<매우 정갈하게>
팽패로-이<성질이 부드럽지 못하고 까다롭고 별난 데가 있게>
허수로-이<태도나 태세가 치밀하게 짜이지 않아서 튼튼하지 못하고 느슨하게>

(3) 3음절 뿌리

괴까다로-이<괴상하고 다루기가 어렵게>
꾀까다로-이<이상야릇하고 까다롭게>

2) 한자어 '-롭다' 풀이씨 뿌리

이 짜임새에 속하는 파생 어찌씨는 적은 편이지만, 토박이말 파생 어찌씨에 비해서는 그 수효가 많은 편이다. '-롭다' 앞에 놓이는 한자말 뿌리의 음절수에 따라 1음절과 2음절짜리가 있는데, 2음절짜리가 가장 많고 1음절짜리는 극히 적은 수에 불과하다. '-롭다' 앞에 놓일 수 있는 것으로는 이름씨('해(害)로이'의 '해(害)')와 낱말 자격이 모자라는 뿌리('수수(愁愁)로이'의 '수수(愁愁)')가 있다.

(1) 1음절 뿌리

의(義)로-이<떳떳하고 옳게>
폐(弊)로-이<일이 성가시고 귀찮게>
해(害)로-이<해가 있을 만하게>

(2) 2음절 뿌리

가소(可笑)로-이<같잖고 어이없어 우습게>
감미(甘味)로-이<음식이 감칠맛이 있도록 달게>
감미(甘美)로-이<정서적으로 아름답고 달콤한 느낌이 있게>
건조(乾燥)로-이<메마르고 무미건조하게>
경사(慶事)로-이<축하하여 기쁘고 즐겁게>

경이(驚異)로-이<놀랍고 이상스럽게>
공교(工巧)로-이<뜻밖에 서로 맞거나 틀리는 것이 기이한 듯하게>
공의(公義)로-이<공평하고 의로운 데가 있게>
광휘(光輝)로-이<빛이 환하고 아름답게>
권태(倦怠)로-이<어떤 일에 싫증이 나거나 심신이 나른해져서 게으른 데가 있게>
다사(多事)로-이<보기에 일이 좀 많은 듯하게>
다채(多彩)로-이<여러 색깔이 어울려 호화스럽게>
단조(單調)로-이<단조한 느낌이 있게>
망패(妄悖)로-이<보기에 망령되고 도리에 어그러져 있게>
명예(名譽)로-이<명예로 여길 만하게>
사사(私私)로-이<공적이 아니고 개인적인 관계에 있게>
상서(祥瑞)로-이<복되고 좋은 일이 있을 듯하게>
수고(受苦)로-이<일을 처리하기가 괴롭고 고되게>
수수(愁愁)로-이<마음이 쓸쓸하고 서글프게>
순리(順理)로-이<무리가 없고 도리에 맞게>
순조(順調)로-이<일이 아무 탈이나 말썽 없이 예정대로 잘 되어 가게>
순화(順和)로-이<순탄하고 평화롭게>
신기(神奇)로-이<신묘하고 기이한 듯하게>
신기(新奇)로-이<새롭고 기이한 듯하게>
신비(神秘)로-이<신비한 느낌이 있게>
애고(哀苦)로-이<슬프고 괴로워할 만하게>
영예(榮譽)로-이<영예로 여길 만하게>
영화(榮華)로-이<몸이 귀하게 되어 이름이 드러나게>
예사(例事)로-이<예사로 있을 만하게>
요괴(妖怪)로-이<요사스럽고 괴이한 듯하게>
위태(危殆)로-이<위태한 듯하게>
은혜(恩惠)로-이<남의 은혜를 입어 매우 고맙게>
의외(意外)로-이<뜻밖이라는 느낌이 있게>
이채(異彩)로-이<매우 색다른 데가 있게>
임의(任意)로-이<서로 친하여 체면을 차릴 필요가 없고 행동에 구애됨이 없이>
자비(慈悲)로-이<남을 크게 사랑하고 가엽게 여기는 마음이 있게>
자애(慈愛)로-이<아랫사람에게 따사롭고 돈독한 사랑을 베푸는 마음이 있게>

자유(自由)로-이<자유가 있게>
자재(自在)로-이<속박이나 장애가 없이 자기 뜻에 따라 마음대로>
자혜(慈惠)로-이<인자하고 은혜로운 데가 있게>
저주(詛呪)로-이<남에게 재앙이 일어나도록 빌고 바라는 데가 있게>
정교(精巧)로-이<정교하고 교묘한 데가 있게>
정예(精銳)로-이<썩 날래고 용맹스러운 데가 있게>
정의(正義)로-이<정의에 어긋나지 않고 올바르게>
조화(調和)로-이<서로 잘 어울리며 모순되거나 어긋남이 없게>
주저(躊躇)로-이<넉넉하지 못해 아쉽거나 곤란하게>
지혜(智慧)로-이<슬기롭게>
초조(焦燥)로-이<애를 태워서 마음이 졸이는 듯하게>
평화(平和)로-이<평온하고 화목한 듯하게>
풍아(風雅)로-이<풍치가 있고 우아한 데가 있게>
한가(閑暇)로-이<한가한 느낌이 있게>
향기(香氣)로-이<향기가 있을 만하게>
허허(虛虛)로-이<언행이나 모습이 허전하고 쓸쓸한 듯하게>
헌거(軒擧)로-이<풍채가 좋고 의기가 당당한 데가 있게>
호화(豪華)로-이<사치스럽고 화려한 데가 있게>

다음은 3음절 한자말 뿌리에 넣을 수 없는 것으로, 일부 음절은 한자말이고 일부 음절은 토박이말이다.

의(誼)초로-이<화목하고 우애가 깊게>

ㅁ. [그 밖의 풀이씨 줄기+-이]어찌씨

앞에서 살핀 것 밖의 풀이씨 줄기에 '-이'가 결합하여 파생 어찌씨가 만들어진 것들이 여기에 해당한다. 이 짜임새에 속하는 풀이씨 줄기는 대부분 토박이말이며 순수 한자말인 풀이씨 줄기는 없고 한자말과 토박이말이 섞인 것들이 일부 있다.

1) 토박이말 풀이씨 줄기

풀이씨 줄기가 토박이말인 것으로, 음절수에서 보면 1음절, 2음절, 3음절, 4음절짜리가 있다. 또한 풀이씨 줄기와 '-이'가 녹아 붙어 있어서 표면적으로 분석이 되지 않는 파생 어찌씨들도 있지만 그 수효는 그리 많은 편은 아니다.

(1) 1음절 풀이씨 줄기

이 짜임새에 속하는 일부 파생 어찌씨들은 밑말이 되어 합성 어찌씨 만들기에 관여하기도 한다. 이 짜임새에 속하는 풀이씨는 모두 그림씨이며 그림씨 줄기는 모두 단일 형태소에 해당한다.

같-이<여럿이 서로 더불어>

고-이[10]<보기에 산뜻하고 아름답게>

　-(합)고이-고이<보기에 매우 산뜻하고 아름답게>

곧-이<바로 그대로>

　-(합)곧이-곧대로<조금도 꾸밈이나 거짓이 없이 바로 그대로>

굳-이<고집스럽게 구태여>

길-이<오랜 세월이 지나도록 내내>

　-(합)길이-길이<아주 긴 세월이 지나도록>

깊-이<정도나 상태가 심하게>

　-(합)깊이-깊이<매우 깊이>

높-이<아래에서 위까지 길이가 길게>

　-(합)높-높이<높고 높게>

많-이<수효나 분량이 일정한 기준치보다 위에 있게>

쉬-이[11]<어떤 일을 하거나 수고나 노력이 필요치 않게>

싫-이<마음에 들지 아니하게>

---

10) '고-이'는 파생 어찌씨로, 이를 밑말로 하여 합성 어찌씨나 파생 어찌씨가 만들어진다.

11) 준말로 '쉬'가 있다.

얕-이<위에서 밑까지의 길이가 짧게>
없-이<가난하거나 넉넉하지 못한 상태로>
옳-이<사리에 맞아 탓할 데가 없이 마땅하게>
있-이<경제적으로 넉넉하게>
좋-이<수량이나 부피가 넉넉하고 충분히>

(2) 2음절 풀이씨 줄기

이 짜임새에 속하는 파생 어찌씨들은 더 이상 어찌씨 만들기에 관여하지 않는다. 풀이씨 는 모두 그림씨에 해당하며, 그림씨 줄기는 '가까이'의 '가까-'와 같이 단일 형태소인 것도 있고 '참되이'의 '참되-'와 같이 복합 형태소인 것도 있다.

가엾-이<딱하고 불쌍하게>
가까-이<어떤 장소나 사물이 다른 것과 거리가 짧게>
가벼-이<무게가 적게>
같잖-이<제격이 맞지 않아 거슬리거나 아니꼽게>
객쩍-이<쓸데없고 실없이>
거벼-이<무게가 적게>
고까-이<섭섭하고 야속하게>
고마-이<다른 사람의 언행이나 일이 자기에게 도움이 되거나 흐뭇하여 그에 보답하고자 하는 마음이 있게>
괜찮-이<별로 나쁘지 않고 보통 이상으로 좋게>
느꺼-이<어떤 느낌이 마음에 차올라서 벅차게>
달가-이<마음에 들어 기분이 흡족하게>
도타-이<정이나 사귐이 깊고 맑게>
두터-이<정이나 사귐, 신뢰가 굳고 깊게>
드높-이<매우 높이>
반가-이<그리고 바라던 소식이나 사람을 만나게 되어 마음이 흐뭇하게>
부러-이<남의 좋은 일이나 물건을 보고 자기도 그것을 바라는 마음으로>
서러-이<원통하고 슬프게>
어려-이<하기에 괴롭거나 거북하고 쑥스럽게>

싱거-이<사람의 말이나 행동이 상황에 어울리지 않고 다소 엉뚱하게>
애꿎-이<아무런 잘못 없이 억울하게>
언짢-이<마음에 들지 않아 약간 불쾌히>
올곧-이<마음이 바르고 곧게>
적잖-이<수나 양을 헤아려 볼 때 적지 않게>
점잖-이<언행이나 몸가짐이 의젓하고 예의 바르게>
즐거-이<마음에 들어 흐뭇하고 기쁘게>
참되-이<거짓이 없고 진실되게>
하찮-이<그다지 훌륭하지 않게>
헐거-이<낄 물건보다 낄 자리가 꼭 맞지 아니하고 크게>
헛되-이<아무 보람이나 뜻이 없게>

(3) 3음절 풀이씨 줄기

이 짜임새에 속하는 파생 어찌씨들은 더 이상 어찌씨 만들기에 관여하지 않는다. 풀이씨는 모두 그림씨에 해당하며, 그림씨 줄기는 대부분 둘 이상의 형태소로 이루어진 복합 형태소에 해당한다.

계면쩍-이<쑥스럽거나 미안하여 어색하게>
깔밋잖-이<거칠고 깨끗하지 못하게>
깨끔찮-이<깨끗하고 아담하지 않게>
낯두꺼-이<염치가 없고 뻔뻔하게>
너그러-이<마음이 넓고 감싸 받아들이는 성질이 있게>
맞갖잖-이<마음이나 입맛에 들어맞지 않게>
못지않-이<무엇보다 못하지 아니하게>
바끄러-이<양심에 약간 거리낌이 있어 조금 떳떳하지 못하게>
부끄러-이<양심에 거리낌이 있어 떳떳하지 못하게>
부드러-이<스치거나 닿는 느낌이 거칠지 않고 연하며 매끈하게>
뿌리깊-이<사물이나 근원이 오래되어 고착되게>
수월찮-이<제법 많게>
안타까-이<일이 뜻대로 안 되어 애가 타고 마음이 답답한 느낌이 있게>
야젓잖-이<말이나 행동 따위가 옹졸해 점잖지 못한 면이 있게>

어지러-이<사물이 대부분 제자리에 있지 못하여 혼란하고 어수선하게>
오죽잖-이<예사 정도도 못 될 만큼 변변하지 못하거나 대수롭지 아니하게>
웅숭깊-이<생각이 매우 넓고 깊게>
의젓잖-이<말과 행동이 점잖지 않고 가볍게>
징그러-이<만지거나 보기에 소름이 끼칠 만큼 끔찍하고 흉하게>

(4) 4음절 풀이씨 줄기

이 짜임새에 속하는 파생 어찌씨들은 그 수가 극히 적으며, 더 이상 어찌씨 만들기에 관여하지 않는다. 풀이씨는 모두 그림씨에 해당하며, 그림씨 줄기는 모두 복합 형태소에 해당한다.

남부끄러-이<창피해서 남을 대하기가 떳떳하지 못하거나 수줍게>
낯간지러-이<민망하고 겸연쩍어 남을 대하기에 부끄럽게>
낯부끄러-이<체면이 안 서고 얼굴 보이기가 부끄럽게>
손부끄러-이<무엇을 주거나 받으려고 남에게 손을 내밀었다가 허탕이 되어 무안하고 부끄럽게>

(5) 파생 뒷가지 '-이'가 표면상 잘 분석이 안 되는 것

이 짜임새에 속하는 파생 어찌씨들은 그 수효가 많지 않으며, 풀이씨 줄기와 '-이'가 녹아 붙어 있어서 표면적으로 분석이 되지 않는다. 이 짜임새에 속하는 일부 파생 어찌씨들은 밑말이 되어 합성 어찌씨 만들기에 관여하기도 한다.

가빠[가쁘-+-이]<몹시 숨이 차게>
나빠[나쁘-+-이]<도덕적으로 옳지 않게>
널리[너르-+-이]<범위가 넓게 미치어>
달리[다르-+-이]<사건의 진행이나 사건 따위가 같지 않게>
더디(더디+-이)<시간의 흐름이나 속도 따위가 느리게>
-(합)더디-더디<자꾸 느리게>

바삐[바쁘-+-이]<일이 많거나 급해서 쉴 겨를 없이 몹시 서둘러>

-(합)바삐-바삐<아주 바쁘게>

하루-바삐<하루라도 빨리>

한시-바삐<조금이라도 빨리>

빨리[빠르-+-이]<걸리는 시간이 짧게>

-(합)빨리-빨리<걸리는 시간이 아주 짧게>

하루-빨리<하루라도 빨리>

슬피[슬프-+-이]<마음이 아파 슬프게>

시삐[시쁘-+-이]<마음에 차지 않거나 별로 대수롭지 않은 듯하게>

헤피[헤프-+-이]<물건을 아껴서 쓰지 아니하고 함부로 쓰는 버릇이 있게>

개을리[개으르-+-이]<해야 할 일에 몹시 움직이거나 일하기를 싫어하는 성미와 버릇이 있게>

게을리[게으르-+-이]<해야 할 일에 몹시 움직이거나 일하기를 싫어하는 성미와 버릇이 있게>

고달피[고달프-+-이]<몸이 매우 지쳐서 피곤하고 힘들게>

구슬피[구슬프-+-이]<처량하고 슬프게>

남달리[남다르-+-이]<보통 사람과는 아주 다르게>

데바삐[데바쁘-+-이]<몹시 바쁘게>

드바삐[드바쁘-+-이]<몹시 바쁘게>

배불리[배부르-+-이]<음식을 많이 먹어 흡족할 정도로 배가 부르게>

서글피[서글프-+-이]<쓸쓸하고 외로워 슬프게>

섣불리[섣부르-+-이]<솜씨가 설고 어설프게>

애달피[애달프-+-이]<애처롭고 쓸쓸하게>

애바삐[애바쁘-+-이]<시각을 다툴 만큼 몹시 절박하고 급하게>

약빨리[약빠르-+-이]<자기에게 유리하게 꾀를 부리고 눈치가 빠르게>

어설피[어설프-+-이]<말이나 행동 따위가 서툴고 어색하게>

어여삐[어여쁘-+-이]<'예쁘게'를 예스럽게 이르는 말>

약삭빨리[약삭빠르-+-이]<꾀가 있어 눈치가 빠르게>

2) 한자말 풀이씨 뿌리

파생 가지 '-이'가 결합될 수 있는 풀이씨 줄기는 없지만, 한자말과 토박이말이 뒤섞인 풀이씨 줄기는 극히 일부가 존재한다. 따라서 이 짜임새에서의 한자말은 풀이씨의 뿌리가 되는데, 이 뿌리는 '정겨이'의 '정(情)'과 같이 한자말 낱말인 것도 있고 '가당찮이'의 '가당(可當)'과 같이 낱말 자격이 모자라는 뿌리인 것도 있다.

수(數)많-이<사물의 수효가 매우 많이>
욕(辱)되-이<부끄럽고 영예롭지 못하게>
정(情)겨-이<정이 넘칠 정도로 매우 다정하게>
정(情)다-이<따뜻한 정이 있어 마음이 포근하게>
흥(興)겨-이<마음이 들뜨고 매우 즐겁게>
가당(可當)찮-이<사리에 합당하거나 마땅하지 않게>
겸연(慊然)쩍-이<쑥스럽거나 미안하여 어색하게>
괴란(愧赧)쩍-이<부끄럽고 어색하여 얼굴이 뜨거워지고 붉어지게>
미심(未審)쩍-이<분명하거나 명확하지 못하여 마음에 거리끼게>
미안(未安)쩍-이<마음이 편하지 못하고 부끄러운 데가 있게>
외람(猥濫)되-이<하는 짓이 분수에 지나친 데가 있게>
편벽(偏僻)되-이<공정하지 못하고 한쪽으로 치우치게>
별(別)달리[별다르-+-이]<특별히 다르게>
유(類)달리[유다르-+-이]<다른 경우와 비교하여 두드러질 정도로 다르게>

1.2. [풀이씨 뿌리+-히]어찌씨

우리말 어찌씨 가운데 파생 가지 '-히'가 결합하여 만들어진 파생 어찌씨가 가장 많은 수를 차지한다. 파생 가지 '-히'가 결합하여 파생 어찌씨가 만들어지는 것들은 거의 모두가 '-하다' 풀이씨 뿌리이다. 일반적으로 '-하다' 그림씨인 경우 뿌리에 '-히'가 결합되면 어찌씨가 만들어지기 때문에 어찌씨 만들기에 생산성이 가장 높다. 이 밖의 풀이씨 줄기에 '-히'가 결합하여 파생 어찌씨가 만들어지는 것들도 있지만 극히 드물다.

1.2.1. ['-하다' 풀이씨 뿌리+-히]어찌씨

어찌씨 파생 뒷가지 '-히'가 '-하다' 결합 파생 풀이씨 뿌리에 결합하여 파생 어찌씨가 만들어졌다. '-하다' 결합 파생 풀이씨 뿌리에는 '-히'와 '-이'가 결합하여 파생 어찌씨가 만들어지는데, '-히'와 '-이'는 같은 것으로, 뿌리에 결합할 때 [히]로 발음하느냐, [이]로 발음하느냐에 따라 달라진다. 이 짜임새에 속하는 파생 어찌씨는 모두 [히]로 발음되기 때문에 '-히'가 선택된다. 대부분의 '-하다' 파생 그림씨는 뿌리에 '-이'나 '-히'가 덧붙어 파생 어찌씨가 만들어지는데, 생산성에서 보면 '-이'보다는 '-히'가 훨씬 더 생산성이 높다. '-히' 결합 가능 뿌리로는 토박이말과 한자말 모두 상당히 많은 편이며 토박이말보다는 한자말이 더 많다.

'-하다' 결합 파생 풀이씨 뿌리는 낱말인 것과 낱말 자격이 모자라는 것이 있다. 낱말인 경우에는 어찌씨나 이름씨 따위에 해당하는데, 어찌씨인 경우에 '-히'가 결합하여 이루어진 파생 어찌씨로 볼 수도 있다. 이를테면 '철렁-히'에서 어찌씨 '철렁'에 파생 가지 '-히'가 결합하여 이루어진 파생 어찌씨로 처리하는 방법이다. 그러나 여기에서는 '철렁'에 풀이씨 파생 가지 '-하다'가 결합하여 파생 풀이씨 '철렁하다'가 만들어진 다음 이 풀이씨의 뿌리에 '-히'가 결합하여 이루어진 것으로 처리하였다. 일반적으로 '-히'는 어찌씨 밖의 낱말이나 뿌리에 결합하여 어찌씨를 만드는 일을 한다. 따라서 어찌씨에 다시 어찌씨 파생 가지 '-히'가 결합하여 파생 어찌씨를 만드는 것으로 보는 것은 합리적이지 못하다. 그러나 '-하다' 결합 파생 풀이씨 뿌리에 파생 가지 '-히'가 결합하여 파생 어찌씨를 만드는 것은 일반성이 있다. '-하다' 결합 파생 풀이씨 뿌리가 이름씨인 경우에도 이름씨에 바로 '-히'가 결합된 파생 어찌씨로 볼 수도 있지만 이름씨에 '-하다'가 결합하여 풀이씨가 된 다음, 그 뿌리인 이름씨에 '-히'가 결합되어 파생된 어찌씨로 보는 것이 합리적이다. 곧 '가난-히'는 겉으로는 '가난'에 '-히'가 결합된 것으로 보이지만 내면적으로는 '가난하다'의 뿌리인 이름씨 '가난'에 '-히'가 결합된 것으로 본다.

이 짜임새에 속하는 어찌씨들은 더 이상 복합 어찌씨 만들기에 관여하지 않는다. '-히' 결합 뿌리를 토박이말 뿌리와 한자말 뿌리로 나누어 살피기로 한다.

1) 토박이말 뿌리

토박이말로 이루어진 '-히' 결합 '-하다' 풀이씨 뿌리를 음절수에서 보면, 1음절, 2음절, 3음절, 4음절, 5음절로 이루어져 있지만 대부분이 2음절, 3음절, 4음절짜리이고 1음절과 5음절짜리는 아주 적은 편이다. '-하다' 풀이씨 뿌리는 낱말인 것과 낱말 자격이 모자라는 뿌리인 것이 있다.

이 짜임새에 속하는 어찌씨들은 더 이상 복합 어찌씨 만들기에 관여하지 않는다. 이를 음절수에 따라 살피면 다음과 같다.

(1) 1음절 토박이말 뿌리

1음절짜리 토박이말 뿌리는 모두 낱말 자격이 모자라는 뿌리들로, 그 수효가 많지 않다. '반히'와 '빤히', '번히'와 '뻔히'는 내적 파생 관계에 해당하는 것 같지만, '반하다'와 '빤하다', '번하다'와 '뻔하다'라는 풀이씨 뿌리에 '-히'가 결합하여 파생된 어찌씨로 보는 것이 합리적이다. 곧 '0-하다'에서 '0-히'가 파생되는 일반성에 들어맞게 되기 때문이다.

건-히<액체 따위가 고일 정도로 많이>
괜-히<아무 이유나 실속이 없이>
딱-히<형편이나 애처롭고 가볍게>

멍-히<사람이나 그의 머리가 얼이 빠진 듯하게>
반-히<바라보는 눈매가 흐리지 않고 뚜렷하게>
번-히<빛 따위가 어두운 가운데 좀 훤하게>
벙-히<어쩔 줄을 모르거나 얼이 빠져서 어리둥절하게>
빤-히<바라보는 눈매가 또렷하게>
뻔-히<굳이 확인해 보거나 경험해 보지 않아도 알 수 있을 만큼 명확하게>
뻥-히<어찌할 바를 모르게 얼이 빠진 듯 어리둥절하고 멍하게>
선-히<장난이 몹시 심하고 극성맞게>
성-히<본디대로 온전하게>
용-히<재주가 뛰어나고 신기하게>
판-히<판판하고 매우 넓게>
판-히<아주 뚜렷하게 드러나 있는 꼴>
펀-히<끝이 아득할 정도로 너르게>
푼-히<모자람 없이 넉넉하게>
환-히<빛이 비쳐 또렷하게 밝고 맑게>
훤-히<어떤 일의 조리나 속내가 분명하여 알기 쉽게>
흔-히<일상적으로 보고 듣거나 구할 수 있도록 잦거나 많게>

(2) 2음절 토박이말 뿌리

토박이말로 이루어진 '-하다' 풀이씨 뿌리 가운데 2음절짜리가 가장 많은 수를 차지한다. '-하다' 풀이씨 뿌리는 대부분 낱말 자격이 모자라는 뿌리이며 일부 어찌씨나 이름씨인 것도 있다. 이 짜임새에 속하는 어찌씨는 더 이상 어찌씨 만들기에 관여하지 않는다.

가난-히<살림살이가 넉넉하지 못하고 어렵게>
가득-히[12]<꽉 차게>
가든-히<다루거나 움직이기에 가볍고 간편하게>

12) '가득-히'는 겉으로 보면 어찌씨 '가득'에 어찌씨 파생 뒷가지 '-히'가 결합하여 이루어진 파생 어찌씨로 보이지만, 어찌씨에 다시 어찌씨 파생뒷가지가 결합된다고 보는 것은 합리적이지 못하다. 따라서 '가득'에 '-하다'가 결합된 '가득하다'의 뿌리에 '-히'가 결합하여 파생된 것으로 보기로 한다.

가뜬-히<차림이나 사물이 다루거나 쓰기에 알맞게 가볍고 간편히>
가만-히<움직이지 않고 아무 말이 없이>
가분-히<별로 힘들이지 않고 쉽게>
가뿐-히<별로 힘들이지 않고 쉽게>
간간-히<마음이 간질간질하도록 재미있게>
간간-히<감칠맛이 나도록 조금 짜게>
간동-히<흐트러지지 않고 잘 정돈되어 단출하게>
갈쭉-히<액체가 묽지 않고 약간 진하게>
감감-히<소식이나 연락이 전혀 없이>
갑갑-히<옷이나 띠가 너무 달라붙거나 압박하여 유쾌하지 못하게>
개운-히<기운이나 몸이 가볍고 상쾌하게>
갸륵-히<마음씨나 행동이 착하고 장하게>
갸름-히<조금 가늘고 긴 듯이>
거나-히<술에 취한 정도가 기분이 좋을 정도로 어지간히>
거든-히<물건이나 차림새 따위가 다루거나 움직이기에 가볍고 간편히>
거뜬-히<다루기에 매우 손쉽고 가볍게>
거룩-히<성스럽고 위대하게>
거북-히<겸연쩍고 어색하게>
거분-히<별로 힘들이지 않고 조금 쉽게>
거뿐-히<별로 힘들이지 않고 조금 쉽게>
건건-히<맛이 싱겁지 않을 정도로만 짜게>
건둥-히<하나도 흐트러지지 않고 잘 정돈되어 말끔하고 깨끗하게>
걸걸-히<목소리가 좀 갈라진 듯하면서 우렁차고 힘 있게>
걸쭉-히<말이나 분위가 따위가 푸지고 꽤 진하게>
결곡-히<깨끗하고 야무져서 빈틈이 없이>
결결-히<지나칠 만큼 빈틈없고 곧게>
고단-히<지쳐서 피곤하고 나른하게>
고소-히<맛이나 냄새가 볶은 깨나 참기름과 같이>
고약-히<맛, 냄새 따위가 비위에 거슬리게 나쁘게>
고요-히<잠잠하고 조용하게>
골똘-히<한 가지 일에 온 정신을 쏟아 딴생각이 없이>
곱살-히<예쁘장하고 얌전하게>
공칙-히<일이나 형편이 공교롭게 잘못된 상태에 있게>

괄괄-히<성질이 세고 급하게>
괘씸-히<모욕적으로 느껴지거나 예절에 어긋나 밉살스럽고 분하게>
괴괴-히<쓸쓸한 느낌이 들 정도로 고요히>
구수-히<맛이나 냄새 따위가 입맛이 당기도록 좋게>
구순-히<여러 사람들이 사귀거나 지내는 데 사이가 좋아 화목하게>
굳건-히<매우 튼튼하고 실하게>
궁금-히<무엇인지 알고 싶어 마음이 안타깝게>
그득-히<무엇이 어떤 공간에 꽉 차거나 많게>
그악-히<장난 따위가 지나치게 심하게>
깐깐-히<행동이나 성미 따위가 까다로울 정도로 빈틈이 없고 알뜰하게>
깐동-히<흐트러지지 않고 매우 잘 정돈되어 깨끗하고 시원스럽게>
깔깔-히<마음이 깨끗하고 바르게>
깔끔-히<모습이나 차림새가 매끈하고 깨끗하게>
깜깜-히<어떤 대상이나 주위가 아주 까맣고 어둡게>
깨끔-히<깨끗하고 아담하게>
껀둥-히<흐트러짐이 없이 잘 정돈되어 말끔히>
께끔-히<께적지근하고 언짢은 느낌이 있게>
꼼꼼-히<매우 차근차근하고 자세하여 빈틈이 없이>
꾸준-히<쉬거나 중단함이 없이 한결같게>
끈끈-히<정이나 유대감이 매우 강하게>
끌끌-히<마음이 맑고 바르고 깨끗하게>
끌끔-히<모습이나 차림새가 미끈하고 정결하게>
나란-히<여러 사물이 일정한 거리를 두고 가지런하게 늘어서 있는 상태로>
나른-히<맥이 풀리고 기운이 없이>
나분-히<나직하게 날아서 땅에 가깝게>
나슨-히<꽉 조이지 않고 풀어져 헐겁게>
낙낙-히<어떤 기준에 차고도 조금 남음이 있게>
날렵-히<동작이 날쌔고 재빠르게>
날쌍-히<천이나 대그릇 따위의 짜임새가 느슨하고 성기게>
날씬-히<가늘고 키가 조금 크면서 맵시가 있게>
날큰-히<조금 늘어질 정도로 약간 무르게>
너끈-히<크기나 수량 따위가 모자람이 없이 넉넉하게>
너절-히<하찮고 시시하게>

넉넉-히<어떤 기준에 충분히 차고도 남게>
노름-히<조금 연한 정도로 노랗게>
녹녹-히<물기나 기름기가 있어 딱딱하지 않고 말랑말랑하며 부드럽게>
녹신-히<무르고 보드랍게>
녹진-히<물체가 물기가 조금 있어 말랑하며 끈끈하게>
놀놀-히<빛깔이 노르스름하게>
놀면-히<보기 좋을 만큼 약간 노랗게>
누꿈-히<전염병이나 해충 따위가 퍼져 나가던 기세가 매우 심하다가 조금 누그러져 약하게>
누름-히<조금 연한 정도로 누렇게>
눅눅-히<물기나 습기가 배어 있어서 약간 축축한 기운이 있게>
눅신-히<무르고 부드럽게>
눅진-히<물체가 물기가 있어 말랑하면서 끈기 있게>
눌눌-히<빛깔이 누르스름하게>
눌면-히<빛깔이 보기 좋을 만큼 누르게>
느른-히<맥이 풀리고 몹시 기운이 없이>
느슨-히<매듭이나 나사가 꽉 조이지 않고 풀어져 헐겁게>
늘썽-히<천이나 대그릇 따위의 짜임새가 촘촘하지 않고 성기게>
늘씬-히<가늘고 키가 꽤 크면서 맵시가 있게>
늘씬-히<몸을 가누지 못할 정도로 축 늘어지게>
늘큰-히<축 늘어질 정도로 무르게>
늘펀-히<퍼지르고 있거나 누운 모양이 펀펀하고 넓게>
늡늡-히<마음이 너그럽고 활달하게>
능준-히<능력이나 수량 따위가 어떤 기준에 차고도 남아 넉넉하게>
다급-히<일이나 상황의 앞뒤를 가릴 수 없을 만큼 몹시 급히>
다옥-히<나무나 풀 따위가 잘 자라서 우거져 있는 상태로>
단단-히<의지나 생각이 변하지 않을 정도로 확고하게>
단출-히<식구나 구성원이 적어 홀가분하게>
달곰-히<입이 당길 정도로 알맞게 달게>
달금-히<맛깔스럽도록 약간 달게>
달콤-히<마음에 끌리게 아기자기하고 기분이 좋게>
달큼-히<꽤 단맛이 있게>
답답-히<어떤 일이 뜻대로 되지 않거나 후련하지 않아 애가 타고 안타깝게>

대견-히<무척 흐뭇하고 자랑스럽게>
대꾼-히<기운이 빠져서 해쓱하고 생기가 없게>
대단-히<보통보다 비길 수 없이 더하거나 심하게>
덤덤-히<표정이나 태도가 특별한 감정을 드러내거나 변화를 보이지 않고 그저 예사롭게>
덩둘-히<매우 둔하고 어리석게>
데꾼-히<눈이 지쳐서 쑥 들어가고 생기가 없게>
도담-히<야무지고 탐스럽게>
도도-히<몹시 잘난 체하며 거만하게>
도톰-히<조금 두텁게>
돌돌-히<똑똑하고 영리하게>
두툼-히<제법 두껍게>
든든-히<마음에 의지할 수 있을 만큼 미더운 대상이 있어서 허전하지 않게>
든직-히<사람됨이 가볍지 않고 속이 깊고 무게 있게>
들큼-히<맛깔스럽지 않게 조금 달게>
따끈-히<조금 따뜻한 느낌이 있게>
따끔-히<살이 뾰족한 것에 찔리거나 살짝 꼬집히는 것처럼 아프게>
따분-히<싱겁고 재미가 없어 지루하고 답답하게>
딱딱-히<매우 굳고 단단하게>
딴딴-히<모양이 쉽게 변하거나 부서지지 않을 만큼 강도가 매우 세게>
때꾼-히<몹시 지쳐서 눈이 쑥 들어가고 매우 생기가 없게>
떠름-히<마음이 달갑지 않게>
떨떨-히<뜻밖의 일이나 여러 가지 복잡한 일들로 당당하거나 정신이 없이>
떼꾼-히<지쳐서 눈이 쑥 들어가고 생기가 없이>
똑똑-히<또렷하고 분명하게>
똘똘-히<매우 똑똑하고 영리하게>
똥똥-히<키는 작은데 살이 쪄서 몸집이 옆으로 퍼지고 굵게>
뚱뚱-히<살이 쪄서 몸이 옆으로 퍼지고 굵게>
뜨끈-히<제법 뜨겁고 더운 느낌이 있게>
뜨끔-히<살이 뾰족한 것에 찔리거나 맞은 것처럼 아프게>
뜬뜬-히<사물의 생김새나 짜임새가 매우 야무지고 굳게>
마땅-히<그렇게 하는 것이 이치로 보아 당연하게>
만만-히<연하고 부드럽게>

말끔-히<조금도 남김없이>
말똥-히<눈이나 정신이 맑고 생기 있게>
말씬-히<잘 익거나 물러서 연하고 말랑하게>
말짱-히<아무 흠이 없고 온전하게>
말짱-히<사람의 성질이 만만하고 무르게>
맞춤-히<맞춘 것처럼 딱 좋은 정도로 알맞게>
매끈-히<표면이 울퉁불퉁하거나 거친 데가 없이 날씬하고 반드럽게>
매련-히<사람의 태도나 행동이 어리석고 둔하게>
매정-히<쌀쌀맞고 인정이 없이>
맥맥-히<마음이나 가슴이 기운이 막혀 답답하게>
맨망-히<요망스럽게 까불어 진중하지 못하고 가볍게>
맹근-히<너무 뜨겁지 아니하고 따스한 기운이 약간 있게>
맹맹-히<음식 따위가 제 맛이 나지 않고 싱겁게>
머쓱-히<흥이 꺾이거나 무안을 당해 열없고 어색하게>
먹먹-히<귀가 막힌 듯이 소리가 잘 들리지 않게>
멀끔-히<모습이나 차림새가 훤하고 깨끗하게>
멀뚱-히<생기가 없고 멍청히>
멀쩡-히<사람의 몸이나 정신이 온전하고 정상적인 상태로>
멍멍-히<정신이 나간 듯이 말없이 어리둥절하게>
멍청-히<아무 생각 없이 멍한 상태로>
몰씬-히<냄새 따위가 코를 찌르도록 강하게>
몰씬-히<잘 익거나 물러서 연하고 몰랑하게>
몸성-히<몸에 탈이 없고 건강하게>
몽총-히<붙임성이나 인정이 없이 새침하고 쌀쌀맞게>
몽총-히<길이나 부피 따위가 좀 모자라 작게>
무던-히<수준이나 정도가 꽤 상당하게>
무연-히<아득히 너르게>
문문-히<거리낌 없이 다루기 쉽게 호락호락하게>
물씬-히<잘 익거나 물러서 물렁하게>
물씬-히<냄새 따위가 코를 찌르도록 아주 강하게>
물쩡-히<사람의 성질이 느리고 무르게>
뭉근-히<불기운이 세지 않으면서 꾸준하고 끊임이 없이>
미끈-히<표면에 흠이나 울퉁불퉁한 데가 없이 번듯하게>

미련-히<어리석고 둔하게>
밍근-히<조금 미지근하게>
밍근-히<은근히 허전하고 헛헛한 느낌이 있게>
밍밍-히<음식 따위가 제 맛이 나지 않고 몹시 싱겁게>
바듬-히<작은 물건이 밖으로 약간 벋은 듯하게>
반반-히<물건이 제법 쓸 만하고 보기에도 좋게>
발름-히<탄력 있는 물체의 틈이 조금 벌어진 상태로>
배듬-히<한쪽으로 조금 기울어진 상태로>
버근-히<맞붙은 곳이 꽉 달라붙지 않고 틈이 벌어져 있게>
버듬-히<밖으로 조금 벋은 듯하게>
버름-히<서로 맞닿은 물건이 꼭 맞지 않고 틈이 좀 벌어져 있게>
번거-히<자리가 조용하지 못하고 어수선하게>
번번-히<물건이 낡지 않아 제법 쓸 만하고 괜찮게>
번연-히<뚜렷하고 분명하게>
벌름-히<탄력 있는 물체의 틈이 넓게 벌어진 상태로>
벙벙-히<뜻밖의 일을 당하여 정신이 얼떨떨하게>
벙벙-히<부풀어 오른 것이 다소 넉넉하게>
변변-히<제대로 갖추어져 꽤 충분하거나 쓸 만하게>
볼통-히<거죽의 일부가 툭 튀어나와 도드라진 상태로>
부산-히<급히 서둘러서 어수선하고 바쁘게>
부윰-히<빛 따위가 안개가 낀 것처럼 조금 부옇게>
불쌍-히<처지나 형편이 어려워 애처롭게>
불퉁-히<퉁명스럽고 야멸차게>
비듬-히<한쪽으로 약간 기울어져 있게>
비틈-히<말뜻이 알 정도로 그럴 듯하게>
빠근-히<몸이나 근육을 놀리기가 조금 거북하고 무지근하게>
빠끔-히<작은 구멍이나 틈이 매우 깊고 또렷하게>
빠듬-히<작은 물체가 밖으로 약간 벋은 듯하게>
빠삭-히<아주 익숙하거나 그쪽 사정에 밝게>
빤빤-히<바닥이나 표면이 구김살이나 울퉁불퉁한 데가 없이 매우 고르고 반듯하게>
빤빤-히<부끄러워할 만한 일에도 부끄러워할 줄 모르고 염치가 없게>
빼곡-히<사람이나 물건 따위가 조금 좁은 공간에 가득 들어차 있어서 빈틈이

없이>

빼근-히<피로나 몸살 따위로 근육이 뭉치거나 결려서 움직이기에 둔하게>

빼금-히<큰 구멍이나 틈이 깊고 뚜렷하게>

빼끔-히<큰 구멍이나 틈이 매우 깊고 뚜렷하게>

빼듬-히<밖으로 조금 벋은 듯하게>

뻔뻔-히<부끄러워할 만한 일에도 부끄러운 줄 모르고 아무렇지도 않게>

뻔뻔-히<바닥이나 표면이 구김살이나 울퉁불퉁한 데가 없이 매우 고르고 반뜻하게>

뺄쭘-히<사물이 이도 저도 아니게 어정쩡한 상태에 있게>

뽀융-히<빛이 안개가 낀 것처럼 조금 더 보얗게>

뿌윰-히<빛이 안개가 낀 것처럼 조금 더 부옇게>

사늘-히<날씨나 바람, 물체 따위가 조금 춥거나 차가운 느낌이 있게>

사분-히<물건 따위가 묶여 있거나 쌓여 있지 않고 느슨해지게>

사뿐-히<걸음걸이 따위가 매우 가볍게>

사푼-히<걸음걸이 따위가 매우 가볍고 조심스럽게>

산산-히<날씨나 바람 따위가 사늘한 느낌이 있어 추운 듯하게>

살뜰-히<일을 정성스럽고 규모 있게 하여 빈구석이 없게>

삼삼-히<음식이 좀 싱거운 듯하면서도 맛이 있게>

삼삼-히<잊히지 않고 눈앞에 보이는 듯이 또렷하게>

상냥-히<마음이나 성질이 사근사근하고 부드럽게>

새금-히<맛이나 냄새 따위가 맛깔스럽게 조금 신맛이 있게>

새들-히<조금 시들어 생기가 없게>

서낙-히<장난이 몹시 심하고 극성맞게>

서늘-히<날씨나 바람, 물체 따위가 기분이 좋을 만큼 조금 차가운 느낌이 있게>

서름-히<별로 친하지 않아 어색하게>

서분-히<묶거나 쌓여 있는 것이 꼭 붙지 않고 느슨하게>

서뿐-히<걸음걸이 따위가 조금 가볍게>

서운-히<마음에 아쉽거나 섭섭한 느낌이 있게>

서푼-히<걸음걸이 따위가 조금 가볍고 조심스럽게>

선선-히<성질이나 태도가 까다롭지 않고 시원스럽게>

선선-히<잊히지 않고 뚜렷이 보이거나 들리는 듯하게>

설설-히<활달하고 시원시원하게>

섭섭-히<기대에 어그러져 못마땅하거나 불만스럽게>

성근-히<성실하고 부지런하게>

소담-히<생김새가 탐스럽게>

소들-히<분량이 생각한 것보다 적어서 마음에 차지 않게>

솜솜-히<잊히지 않아 눈앞에 어른거리는 것 같이>

송송-히<잔 땀방울이나 소름 따위가 많이 맺히거나 돋아난 상태로>

수다-히<쓸데없이 말수가 많게>

수련-히<몸가짐이나 마음씨가 밝고 순수하게>

수수-히<생김새나 차림 따위가 그리 좋지도 않고 나쁘지도 않고 어지간하게>

수월-히<일이나 과정이 까다롭거나 어렵지 않게>

숱명-히<수수하고 걸맞게>

숭숭-히<구멍이나 자국 따위가 많이 뚫린 상태로>

시금-히<음식이 신 맛이나 신 냄새가 조금 있게>

시들-히<의욕이나 흥미를 잃어 시시하고 하찮게>

시원-히<날씨나 바람이 더위를 식힐 정도로 선선하게>

시큼-히<음식이 신맛이나 신 냄새가 꽤 있게>

심심-히<맛이 조금 싱겁게>

심심-히<할 일이 없이 지루하고 따분하게>

싱싱-히<기운이나 힘이 왕성하게>

싸늘-히<표정이나 태도 따위가 부드럽지 않고 아주 차갑게>

쌀쌀-히<날씨나 바람이 차게 느껴질 정도로 차게>

쌩쌩-히<기운이나 체력이 전혀 쇠하지 않고 매우 생기가 있게>

써늘-히<날씨나 바람, 물체 따위가 온도가 낮아 몹시 춥거나 차가운 느낌이 있게>

썰썰-히<배가 빈 것처럼 시장한 느낌이 있게>

쏠쏠-히<재미나 이익이 만만하지 않을 정도로 많게>

쑬쑬-히<품질이나 수준, 정도 따위가 어지간하여 쓸 만하게>

쓸쓸-히<외롭고 허전하게>

씁쓸-히<마음이나 기분이 유쾌하지 못하고 언짢은 상태로>

씽씽-히<기운이나 체력이 전혀 쇠하지 않고 생기가 있게>

아늑-히<넓지 않은 공간이 둘레가 폭 싸여 조용하고 편안한 느낌이 있게>

아득-히<보이는 것이나 들리는 것이 가물가물할 정도로 매우 멀게>

아뜩-히<갑자기 눈앞이 캄캄해지거나 정신이 어지러워 까무러칠 듯하게>

아련-히<어떤 일이나 그 기억이 또렷하거나 분명하지 않고 희미하게>

알근-히<술에 조금 취하여 아렴풋하게>
알끈-히<무엇을 잃거나 기회를 놓치고서 두고두고 잊지 못하여 아쉬워하게>
알뜰-히<일이나 살림을 규모 있게 하여 헤프지 않고 실속이 있게>
알큰-히<술에 취하여 정신이 아렴풋하게>
앙상-히<뼈만 남은 것처럼 몹시 마른 상태로>
애매-히<억울하게>
애잔-히<애처롭고 애틋하게>
애절-히<애가 타도록 견디기 어렵게>
야속-히<언짢고 섭섭하게>
얌전-히<성질이나 언행이 조용하고 침착하며 단정하게>
어둑-히<제법 어둡게>
어득-히<바라보는 것이 가물가물할 정도로 몹시 멀게>
어련-히<염려하지 않아도 잘 되거나 좋을 것이 명백하게>
얼근-히<음식이나 그 맛이 매워서 입안이 조금 얼얼하게>
얼큰-히<술기운이 몸에 돌아 정신이 어렴풋하게>
엉성-히<꽉 짜이지 아니하여 어울리는 맛이 없게>
엔간-히<보통에 가깝거나 그보다 약간 더하게>
오련-히<모양 따위가 분명하게 드러나지 아니하고 보일 듯 말 듯 희미하게>
온전-히<변하지 않고 본바탕대로 고스란히>
왁자-히<정신이 어지럽도록 떠들썩하게>
우람-히<매우 크고 웅장하게>
우련-히<형태나 빛깔이 잘 안 보일 정도로 엷고 희미하게>
웬만-히<어떤 기준에 가깝거나 그보다 조금 낫게>
유난-히<어떤 상태나 움직임이 보통과 매우 달리 두드러지게>
유착-히<몹시 투박하고 크게>
으늑-히<둘레가 푹 싸여 조용하고 한갓지게>
이러-히<이와 같이>
이슥-히<밤이 꽤 깊게>
익숙-히[13]<어떤 일에 서투르지 않고 능숙히>
자닝-히<애처롭고 불쌍하여 차마 보기 어렵게>
잘팍-히<물기가 많아 매우 보드랍고 진 상태로>

13) 준말로 '익히'가 있다.

잘판-히<조금 질거나 젖어 있게>
정갈-히<모습이나 솜씨가 깨끗하고 말쑥하게>
조련-히<만만할 정도로 험하거나 쉽게>
조만-히<꽤 또는 상당한 정도로>
조용-히<성격이나 언행이 수선스럽지 않고 얌전히>
조촐-히<장소나 사물이 꽤 아담하고 깨끗이>
존존-히<피륙의 짜임이 고르고 부드럽게>
지루-히<짜증이 나고 싫증이 난 상태에 있게>
지질-히<보잘것없이. 변변하지 않게>
지질-히<깔밋하지 못하여 싫증이 날 만큼 지루하게>
질펀-히<땅이 평평하고 넓게 탁 트이게>
짜름-히<약간 짧은 듯이>
짭짤-히<음식이 감칠맛이 나게 조금 짜게>
쨍쨍-히<햇볕이 몹시 따갑게>
쫀쫀-히<피륙이 짜임이 톡톡하며 곱고 올이 고르게>
차근-히<침착하고 차분하게>
차분-히<마음이 가라앉아 조용하게>
찰랑-히<물이 작은 물결을 이루며 가볍게 흔들리는 상태로>
참참-히<마음이 가라앉아서 차분하게>
척척-히<축축하고 차갑게>
척척-히<근심스럽고 걱정스럽게>
천천-히<움직임이나 일의 진행이 급하지 않고 느리게>
철렁-히<물이 큰 물결을 이루며 거세게 흔들리는 상태로>
초라-히<겉모양이나 옷차림이 꾀죄죄하고 궁상스럽게>
초름-히<어떤 표준에 비해 넉넉하지 못하고 조금 모자라게>
촐촐-히<배고픈 기운이 조금 있게>
촘촘-히<빈 곳이 없을 정도로 매우 좁게>
총총-히<촘촘한 별빛이 또렷또렷하게>
출출-히<배가 조금 고픈 느낌이 있게>
충충-히<물이나 빛깔이 맑거나 산뜻하지 못하고 흐리게>
칠렁-히<물이 많이 괴어서 넘칠 듯하게>
칠칠-히<일 처리가 야무지고 반듯하게>
침침-히<어두컴컴하게>

캄캄-히<어떤 대상이나 주위가 아주 까맣고 어둡게>
콜콜-히<매우 슬퍼하는 꼴>
타끈-히<성질이 치사하고 인색하며 욕심이 많게>
탄실-히<탄탄하고 실하게>
탄탄-히<바탕이 튼실하여 흔들릴 염려 없이 아주 미덥게>
탐탁-히<족히 마음에 들게>
털털-히<까다롭지 아니하고 소탈하게>
톡톡-히<구실이나 역할 따위에 충실히>
톱톱-히<까다롭지 아니하고 소탈하게>
톱톱-히<국물이 조금 적고 묽지 않은 상태로>
통통-히<통통하게>
통통-히<아주 호기 있고 엄하게>
툭툭-히<음식 따위가 국물이 매우 적어 묽지 아니하게>
툽툽-히<세련되지 못하고 투박하게>
퉁퉁-히<몹시 살이 찌거나 붓거나 하여 두드러지게>
튼실-히<튼튼하고 실하게>
튼튼-히<몸이 건강하고 든든하며 실하게>
파근-히<힘이 빠져 노근하고 걸음이 무겁게>
판판-히<물건의 거죽이 높낮이가 없이 고르고 넓게>
팽팽-히<힘이 서로 엇비슷하여 우열을 가르기가 힘들게>
펀펀-히<아무 일도 하지 않고 빈둥빈둥 놀고먹는 꼴>
펀펀-히<물체의 표면이 울퉁불퉁하지 않고 반듯하게 고르고 널찍하게>
포근-히<마음이나 분위기가 부드럽고 아늑하게>
포실-히<살림이 실속이 있고 넉넉하게>
폭신-히<보드랍고 탄력이 있는 느낌이 있게>
푸근-히<감정이나 분위기가 부드럽고 편안하게>
푸냥-히<모양새가 좀 두툼하게>
푸짐-히<음식이나 물건이 마음이 흐뭇할 정도로 매우 많고 넉넉하게>
푹신-히<몸에 닿는 느낌이 부드럽고 탄력이 강하게>
푼푼-히<물건이나 돈이 모자람이 없이 넉넉하게>
핑핑-히<줄이나 실 따위가 잔뜩 잡아당겨져서 크게 튕기는 힘이 꽤 있게>
할랑-히<낄 물건보다 낄 자리가 조금 크게>
함함-히<털 따위가 보드랍고 반지르르하게>

해끔-히<사물이나 그 빛이 곱고 조금 희게>
해쓱-히<핏기가 없어 파르스름하게>
허루-히<비어서 허술하거나 허전하게>
허름-히<좀 낡고 헌 듯하게>
허수-히<태도나 태세가 치밀하게 짜이지 않아서 튼튼하지 못하고 느슨하게>
허술-히<짜임새나 준비가 치밀하지 못하고 틈새가 있게>
헌칠-히<키나 몸집이 썩 보기 좋을 정도로 썩 크게>
헐렁-히<낄 물건보다 낄 자리가 매우 크게>
협협-히<활발하고 융통성이 있으며 대범하게>
혼혼-히<훈기를 느낄 만큼 따듯하게>
홀쭉-히<살이 빠져서 야윈 상태로>
회매-히<입은 옷의 매무새나 무엇을 싸서 묶은 모양이 가뿐하게>
후련-히<맺혔던 일이나 답답하던 것이 풀려 시원하게>
훌륭-히<썩 좋아서 나무랄 것이 없게>
훌쭉-히<살이 빠져서 야윈 상태로>
훌훌-히<행동이 거침이 없고 시원스럽게>
훤칠-히<길고 미끈하게>
휘움-히<조금 휘어진 모양으로>
흥건-히<어떤 장소에 액체가 고일 정도로 많이>
희끔-히<사물이나 그 빛이 희고 깨끗이>
희붐-히<날이 새려고 감도는 빛이 희미하게>

(3) 3음절 토박이말 뿌리

토박이말로 이루어진 '-하다' 풀이씨 뿌리 가운데 3음절짜리는 비교적 많은 수를 차지한다. '-하다' 풀이씨 뿌리는 '가마득-히'의 '가마득-'과 같이 대부분 낱말 자격이 모자라는 뿌리이며, '뒤숭숭-히'의 '뒤숭숭'과 같은 어찌씨와 '부지런-히'의 '부지런'과 같은 이름씨가 일부 있다.

가마득-히<보이는 것이나 들리는 것이 가물가물할 정도로 거리가 멀게>
가지런-히<층이 나지 않고 나란하거나 고르게>
갸우듬-히<비스듬히 조금 기운 듯하게>

거우듬-히<조금 기울어진 듯이>
게저분-히<너절하고 지저분하게>
고부슴-히<조금 곱은 듯하게>
고부장-히<몸의 일부나 사물 따위가 조금 곱아 휜 상태로>
고스란-히<조금도 축나거나 변하지 않고 그대로 온전히>
고타분-히<냄새 따위가 역겹고 고리어 신선하지 못하게>
고탑탑-히<냄새나 공기가 신선하지 않아 고리게>
골타분-히<냄새 따위가 역겹게 고리어 신선하지 못하게>
골탑탑-히<냄새 따위가 신선하지 않아 고리게>
구부슴-히<조금 굽은 듯하게>
구부정-히<몸의 일부나 사물 따위가 조금 굽어 휜 상태로>
구저분-히<더럽고 지저분하게>
구터분-히<활발하지 않고 생기가 없어 지루하고 답답하게>
구텁텁-히<냄새 따위가 역겹고 신선하지 않게>
굴터분-히<똥이나 방귀 냄새와 같이 역겹고 신선하지 않게>
굴텁텁-히<냄새 따위가 역겹고 신선하지 않게>
귀중중-히<더럽고 지저분한 느낌이 있게>
귀축축-히<조촐한 맛이 없이 치사하고 더럽게>
기우듬-히<비스듬히 기운 듯하게>
까마득-히<보이는 것이나 들리는 것이 아주 멀어서 아득하게>
깨나른-히<일이 마음에 내키지 않고 몸이 피곤하여 기운이 없게>
꺄우듬-히<비스듬히 조금 많이 기운 듯하게>
께끄름-히<께적지근하고 언짢은 느낌이 있게>
께느른-히<일이 마음에 내키지 않고 몸이 피곤하여 기운이 없게>
께저분-히<몹시 너절하고 지저분하게>
꼬부슴-히<한쪽으로 조금 굽은 듯이>
꼬부장-히<몸의 일부나 사물 따위가 곱아 많이 휜 상태로>
꾸부슴-히<조금 꾸부러진 듯하게>
꾸부정-히<몸의 일부나 사물 따위가 굽어 많이 휜 상태로>
끄느름-히<날씨가 흐려 어둠침침하게>
끼우듬-히<비스듬히 꽤 많이 기운 듯하게>
나다분-히<자잘한 물건들이 어수선하게 널려 있어 갈피를 잡을 수 없이>
너더분-히<조금 큰 물건이 뒤섞여 갈피를 잡을 수 없이 어수선하게>

너저분-히<물건이 질서 없이 널려 있어 어지럽고 깨끗하지 못하게>
노그름-히<약간 무르고 부드러울 정도로 묽게>
누그름-히<조금 누글누글하도록 묽게>
눠지근-히<누린 냄새나 맛이 나는 듯하게>
뒤숭숭-히<느낌이나 마음이 어수선하고 불안하게>
떨떠름-히<마음에 썩 달갑지 않게>
매시근-히<몸에 기운이 없고 나른하게>
매지근-히<따스한 기운이 조금 있게>
매초롬-히<젊고 건강하여 아름다운 데가 있게>
못마땅-히<마음에 들지 않아 불쾌하게>
무지근-히<띵하고 무엇에 눌린 것처럼 몸이 무겁게>
미지근-히<차지도 뜨겁지도 않고 더운 기운이 약간 돌게>
미추룸-히<젊고 건강하여 무척 아름다운 데가 있게>
바드름-히<작은 물건이 밖으로 약간 벋은 듯하게>
바지런-히<꾸준하고 열심히 일하는 태도가 있게>
발그름-히<얼굴이나 그 빛이 혈색이 좋아 보일 정도로 조금 발갛게>
배뚜름-히<모양이나 상태가 바르지 못하고 한쪽으로 약간 기울거나 쏠려서>
배스듬-히<한쪽으로 조금 기울어진 상태로>
배스름-히<서로 조금 비슷한 듯이>
버드름-히<바깥쪽으로 조금 벋은 듯하게>
버스름-히<서로 붙은 것이 뭉그러지거나 헤어져 둘 사이가 좀 벌어져 있게>
벌그름-히<조금 벌겋게>
보로통-히<피부 따위가 부풀거나 부어올라서 볼록하게>
볼그름-히<산뜻하고 고운 태깔로 조금 붉게>
부루퉁-히<얼굴에 못마땅하여 성난 빛이 있게>
부지런-히<게으름을 피우지 않고 일을 하는 데에 열성적이며 꾸준하게>
불그름-히<빛깔이 조금 붉게>
비뚜름-히<조금 비뚤게>
비스듬-히<한쪽으로 약간 기울어져 있게>
비스름-히<서로 거의 비슷하게>
빠드름-히<작은 물체가 밖으로 약간 벋은 듯하게>
빡지근-히<몸이나 몸의 일부가 빠근하게 좀 아픈 느낌이 있게>
빨그름-히<사물이나 그것의 빛깔이 조금 빨갛게>

빼뚜름-히<조금 비뚤게>
빼주름-히<물건의 끝이 약간 내밀려 있는 느낌이 있게>
뻐드름-히<밖으로 조금 벋은 듯하게>
뻑지근-히<몸이 조금 뻐근하고 거북한 느낌이 있게>
뻘그름-히<사물이나 그 빛깔이 조금 뻘겋게>
뽀로통-히<얼굴에 성이 나거나 불만스러운 빛이 있게>
뽈그름-히<새뜻하고 오붓한 태깔로 좀 붉게>
뾰조롬-히<사물의 끝이 조금 뾰족하게 나와 있는 듯이>
뿔그름-히<빛깔이 조금 붉게>
삐뚜름-히<조금 삐뚤게>
삐주름-히<물건의 끝이 약간 내밀려 있는 느낌이 있게>
새치근-히<음식이 쉬어서 조금 신맛이 나게>
새치름-히<시치미를 떼고 조금 쌀쌀할 정도로 얌전하게>
속시원-히<뜻대로 이루어지거나 걱정이 사라져 후련하게>
쉬지근-히<맛이나 냄새가 조금 쉰 듯하게>
쉬지근-히<목소리가 좀 쉰 듯하게>
시치근-히<음식이나 그 맛이 쉬어서 비위에 거슬릴 정도로 시게>
시큰둥-히<마음에 차지 않거나 못마땅하여 시들하게>
심드렁-히<마음이 탐탁하지 않아 관심이 거의 없는 상태로>
앙바틈-히<작달막하고 딱 바라져 있게>
어수선-히<마음이나 분위기 따위가 차분하고 안정되지 못하고 뒤숭숭하게>
어스레-히<빛 따위가 조금 어둑한 듯하게>
어스름-히<빛 따위가 조금 어둑한 듯하게>
어연간-히<수준이나 정도가 보통에 가깝거나 그보다 약간 더하게>
어정쩡-히<행동이나 태도가 분명하지 않고 모호하거나 어중간하게>
어지간-히<수준이나 정도가 꽤 상당하게>
엇구수-히<맛이나 냄새가 조금 구수하게>
엉버틈-히<떡 벌어져 있는 모양이 커다랗게>
여낙낙-히<성품이 부드럽고 상냥하게>
오종종-히<잘고 둥근 물건이 빽빽하게 놓이게>
우연만-히<어떤 기준에 가깝거나 그보다 조금 낫게>
우중충-히<날씨나 분위기 따위가 어둡고 침침한 꼴>
으스름-히<빛 따위가 조금 흐릿하고 침침한 듯하게>

자차분-히<잘고도 차분하게>
잔드근-히<성격이나 태도가 약간 침착하고 참을성이 있게>
잣바듬-히<뒤로 자빠질 듯이 비스듬하게 기울어져 있는 상태로>
젓버듬-히<뒤로 자빠질 듯이 조금 기운 듯하게>
줄느런-히<한 줄로 고르게 벌여 있게>
지르퉁-히<잔뜩 성이 나서 말없이 부루퉁하게>
지저분-히<사물이나 장소가 거칠고 어지러워 깨끗하지 못하게>
진드근-히<성격이나 태도가 매우 참을성이 있고 의젓하게>
짭조름-히<음식이 조금 짠맛이 있게>
팡파짐-히<모양이 둥그스름하고 넓적하거나 옆으로 퍼져 있게>
펑퍼짐-히<둥그스름하면서 펀펀하게 옆으로 퍼져 있게>
푼더분-히<사람의 성품이 여유가 있어 너그럽고 느긋하게>
한가득-히<꽉 차도록 가득히>
함초롬-히<담뿍 젖어 있거나 어떤 기운이 서려 있는 모양이 차분하고 곱게>
해말끔-히<얼굴이나 눈의 빛이 희고 말끔하게>
텁수룩-히<수염이나 머리털이 더부룩하게 많이 나서 어수선하게>
호졸근-히<종이나 옷이 약간 젖어 보기 흉하고 추레하게>
홀가분-히<근심, 걱정 등이 해결되어 상쾌하고 가뿐하게>
후더분-히<불쾌할 정도로 무더워>
후줄근-히<약간 젖어 추레하게>
후터분-히<불쾌할 정도로 무더운 기운이 있게>
휘우듬-히<조금 휘어서 자빠질 듯이 뒤로 비스듬하게>
휘주근-히<옷 따위가 풀기가 빠져서 축 늘어진 모양으로>

(4) 4음절 토박이말 뿌리

토박이말로 이루어진 '-하다' 풀이씨 뿌리 가운데 4음절짜리도 비교적 많은 수를 차지한다. '-하다' 풀이씨 뿌리는 '가느스름-히'의 '가느스름-'과 같이 대부분 낱말 자격이 모자라는 뿌리이며, '가득가득-히'의 '가득가득'과 같은 어찌씨가 일부 있다.

가느스름-히<조금 가는 듯하게>

가득가득-히<아주 꽉 차게>
가든가든-히<물건이나 일 따위가 다루거나 쓰기에 매우 또는 여럿이 다 손쉽고 가볍게>
가뜩가뜩-히<여러 사물이 어떤 장소에 꽉 차게>
가뜬가뜬-히<몸이나 마음이 아주 가볍고 상쾌하게>
가량가량-히<얼굴이나 몸이 야윈 듯하면서도 탄력이 있고 부드럽게>
가마아득-히<바라보이는 것이 가물가물할 정도로 거리가 멀게>
가만가만-히<거의 드러나지 않게 차분히>
가무끄름-히<빛깔이 좀 어둡고 가무스름히>
가무숙숙-히<빛깔이 수수한 느낌이 있게 가무스름히>
가무스름-히<빛깔이 조금 감은 듯하게>
가무족족-히<빛깔이 맑지 않고 어둡게 가무스름히>
가무트름-히<얼굴이 조금 검은 빛을 띠고 살이 토실토실하게>
가분가분-히<들기에 편할 정도로 매우 또는 여럿이 다 가볍게>
가뿐가뿐-히<들기에 쉬울 정도로 매우 또는 여럿이 다 가볍게>
간잔지런-히<매우 가지런하게>
갸우스름-히<조금 기울어진 듯하게>
거든거든-히<몸이나 마음이 개운하고 상쾌하게>
거뜬거뜬-히<물건이나 일 따위가 다루거나 쓰기에 약간 또는 여럿이 다 손쉽고 가뿐하게>
거무끄름-히<빛깔이 좀 어둡게 거무스름히>
거무숙숙-히<빛깔이 수수한 느낌이 있게 거무스름히>
거무스름-히<빛깔이 조금 검은 듯하게>
거무죽죽-히<빛깔이 맑지 않고 어둡게 거무스름히>
거무트름-히<얼굴이 조금 검은빛을 띠고 살이 투실투실하게>
거분거분-히<말이나 행동이 홀가분하게>
거뿐거뿐-히<말이나 행동이 조금 홀가분하게>
걱실걱실-히<말과 행동이 시원시원하게>
건건찝찔-히<음식의 맛이 입맛에 맞으면서 조금 짠 듯하게>
게적지근-히<너절하고 지저분한 느낌이 있게>
고리타분-히<신선함이나 생기가 없이 지루하고 답답하게>
고리탑탑-히<냄새나 공기가 신선하지 않아 고리게>
고부스름-히<조금 곱은 듯하게>

고분고분-히<말이나 행동이 공손하고 부드럽게>
고탑지근-히<조금 고리타분하게>
곰바지런-히<일을 시원스럽게 못하나 꼼꼼하고 부지런하게>
구리터분-히<활발하지 않고 생기가 없어 지루하고 답답하게>
구리텁텁-히<냄새 따위가 역겹고 신선하지 않게>
구부스름-히<조금 굽은 듯하게>
구텁지근-히<냄새 따위가 조금 구리고 개운치 못하게>
그득그득-히<어떤 장소나 범위에 여럿이 다 아주 꽉 차게>
기우스름-히<한쪽으로 기울어진 듯하게>
까마아득-히<보이는 것이나 들리는 것이 아주 멀어서 아득하게>
까무끄름-히<빛깔이 좀 어둡게 까무스름히>
까무숙숙-히<빛깔이 수수한 느낌이 있게 까무스름히>
까무스름-히<빛깔이 조금 깜은 듯하게>
까무족족-히<빛깔이 맑지 않고 어둡게 까무스름히>
꺄우스름-히<조금 많이 기울어진 듯하게>
꺼무끄름-히<빛깔이 좀 어둡게 꺼무스름히>
꺼무숙숙-히<빛깔이 수수한 느낌이 있게 꺼무스름히>
꺼무스름-히<빛깔이 조금 껌은 듯하게>
꺼무죽죽-히<빛깔이 맑지 않고 어둡고 꺼무스름히>
꺼무트름-히<얼굴이 조금 껌은 빛을 띠고 살이 투실투실하게>
께적지근-히<너절하고 지저분한 느낌이 있게>
꼬부스름-히<한쪽으로 조금 굽은 듯이>
꾸부스름-히<조금 꾸부러진 듯하게>
끼우스름-히<한쪽으로 기울어진 듯하게>
나슬나슬-히<가늘고 짧은 털이나 풀 따위가 부드럽고 드문드문하게>
날짝지근-히<몹시 나른하게>
납작스름-히<조금 납작하게>
너슬너슬-히<굵고 긴 털이나 풀 따위가 부드럽고 성기게>
넓적스름-히<조금 넓적하게>
넓죽스름-히<약간 길쭉하면서 넓게>
노글노글-히<물기나 기름기가 돌아 약간 무르고 부드럽게>
노르끄름-히<조금 어두운 정도로 노르스름하게>
노르스름-히<조금 노란 듯하게>

노르족족-히<고르지 않고 칙칙한 정도로 노르스름하게>
노리치근-히<노린 냄새가 조금 나는 듯하게>
노착지근-히<노린 냄새가 조금 나는 듯하게>
누르끄름-히<조금 어두운 정도로 누르스름하게>
누르스름-히<조금 누른 듯하게>
누르죽죽-히<고르지 않고 칙칙한 정도로 누르스름하게>
누리치근-히<누린 냄새가 조금 나는 듯하게>
누척지근-히<누린 냄새가 조금 나는 듯하게>
뉘척지근-히<누린 냄새나 맛이 나는 듯하게>
늘씬늘씬-히<매우 또는 여럿이 다 몸이 가늘고 키가 크면서 맵시가 있게>
늘쩍지근-히<몹시 느른하게>
달근달근-히<재미있고 탐탐하게>
데면데면-히<사람을 대하는 태도가 친밀성이 없고 어색히>
동그스름-히<생김새가 모나지 않고 조금 동글게>
동글반반-히<얼굴 생김새가 동그스름하며 곱고 예쁘장하게>
두리넓적-히<어떤 것의 모양이 둥그스름하고 넓적하게>
둥그스름-히<대체로 둥글게>
둥글번번-히<생김새가 둥그스름하고 번듯하며 예쁘장하게>
따끔따끔-히<신체 일부가 뾰쪽한 것에 찔리거나 살짝 꼬집히는 것처럼 자꾸 아프게>
똥그스름-히<생김새가 모나지 않고 동글게>
뚱그스름-히<생김새가 모나지 않고 둥글게>
뜨끈뜨끈-히<매우 따뜻하고 더운 느낌이 있게>
뜨끔뜨끔-히<살이 뾰족한 것에 찔리거나 맞는 것처럼 아픈 느낌이 자꾸 들게>
말그스름-히<조금 맑고 깨끗한 듯하게>
매실매실-히<사람이 얄밉도록 되바라지고 반드럽게>
매작지근-히<약간 따스한 기운이 있는 듯하게>
맨둥맨둥-히<산에 나무나 풀 따위가 없어 밋밋하고 훤하게>
맨송맨송-히<할 일이 없거나 아무 일도 생기지 않아 심심하고 멋쩍게>
머슬머슬-히<사귐이 탐탁스럽지 않아 어색하게>
멀그스름-히<맑고 깨끗한 듯하게>
메부수수-히<말이나 행동이 어색하고 시골티가 나게>
몽실몽실-히<구름이나 연기 따위가 작고 동그랗게 엉기어>

무양무양-히<성질이 너무 곧아 융통성이 없이>
물쩍지근-히<어떤 일을 하는 상태나 태도가 지루할 정도로 느리게>
뭉실뭉실-히<퉁퉁하고 살이 쪄서 기름지고 부드러운 느낌이 있게>
미적지근-히<성격, 행동, 태도 따위가 결단성이 없고 흐리멍덩하게>
민둥민둥-히<산에 나무나 풀 따위가 없어 밋밋하고 훤하게>
민숭민숭-히<몸에 털이 있어야 할 부분에 털이 없어서 밋밋하고 훤하게>
발그스름-히<빛깔이 조금 발갛게>
발그족족-히<사물이나 그 빛깔이 고르지 않고 조금 칙칙한 듯 발갛게>
벌그숙숙-히<사물이 수수하고 벌그스름하게>
벌그스름-히<조금 벌건 듯하게>
벌그죽죽-히<빛깔이 곱지 못하고 조금 칙칙하고 벌그스름하게>
볼그속속-히<어떤 사물이 수수하게 볼그스름하게>
볼그스름-히<산뜻하고 고운 태깔로 조금 붉게>
볼그족족-히<사물이나 그 빛깔이 고르지 않고 조금 칙칙하게 볼그스름하게>
부유스름-히<빛이 조금 부연 듯하게>
빠끔빠끔-히<입을 적게 벌렸다 오므렸다 하며 자꾸 담배를 세게 빠는 상태로>
빠끔빠끔-히<작은 구멍이나 틈이 여기저기 매우 깊고 또렷하게 나 있게>
불그숙숙-히<사물이나 그 빛깔이 수수하고 걸맞게 불그스름하게>
불그스름-히<빛깔이 조금 붉게>
불그죽죽-히<사물이나 그 빛깔이 고르지 않고 조금 칙칙하게 불그스름히>
빡작지근-히<몸이 빠근하게 좀 아픈 느낌이 있게>
빨그스름-히<조금 빨갛게>
빨그족족-히<사물이나 그것의 빛깔이 고르지 못하고 칙칙하게 조금 붉게>
뻐금뻐금-히<큰 구멍이나 틈이 여기저기 깊고 뚜렷하게 나 있게>
뻐끔뻐끔-히<큰 구멍이나 틈이 여기저기 매우 깊고 뚜렷하게 나 있게>
뻑적지근-히<몸이 조금 뻐근하고 거북한 느낌이 있게>
뻘그스름-히<사물이나 그 빛깔이 조금 뻘겋게>
뻘그죽죽-히<사물이나 그 빛깔이 고르지 못하고 칙칙하고 뻘그스름하게>
뽀유스름-히<빛이 진하지 않고 조금 희끄무레하게>
뽈그스름-히<새뜻하고 오붓한 태깔로 좀 붉게>
뽈그족족-히<빛깔이 고리지 않고 조금 칙칙한 상태로 볼그스름하게>
뿌유스름-히<빛이 진하거나 또렷하지 않고 조금 뿌연 듯하게>
뿔그스름-히<빛깔이 조금 붉게>

뿔그죽죽-히<빛깔이 고르지 못하고 칙칙하게 조금 붉게>
사근사근-히<매우 다정하고 붙임성이 있게>
사분사분-히<성질이나 마음씨가 상냥하고 부드럽게>
새척지근-히<음식이 쉬어서 조금 신맛이 나게>
새큼새큼-히<음식이나 그 맛이 맛깔스럽게 신맛이나 신 냄새가 있는 듯하게>
서근서근-히<다정하고 붙임성이 있게>
서분서분-히<성질이나 마음씨가 친절하고 부드럽게>
쉬척지근-히<맛이나 냄새가 몹시 쉰 듯하게>
시시콜콜-히<시시하고 자질구레하게>
시원시원-히<말이나 행동 따위가 막힘이 없이 마음을 후련하게 하는 데가 있게>
시척지근-히<맛이나 냄새가 쉬어서 비위에 거슬릴 정도로 시게>
실미지근-히<열기나 열성이 없게>
알뜰살뜰-히<언행이 정성스럽고 지극하게>
얄브스름-히<조금 얇은 듯하게>
얄쭉스름-히<두께가 조금 얇은 듯하게>
얄찍스름-히<매우 얇은 듯하게>
어두침침-히<빛이 약하고 어둡고 침침하게>
어련무던-히<별로 흠잡을 데가 없고 무난히>
어리둥절-히<뜻밖의 일 때문에 정신을 차릴 수 없을 정도로 얼떨떨하게>
어리벙벙-히<제정신을 못 차릴 정도로 어리둥절하게>
어리빙빙-히<갈피를 잡지 못할 정도로 정신이 얼떨떨하게>
어리뻥뻥-히<제정신을 못 차릴 정도로 어리둥절하게>
어리삥삥-히<갈피를 전혀 잡지 못할 정도로 정신이 매우 얼떨떨하게>
엇비뚜름-히<한쪽으로 조금 기울거나 쏠리게>
엇비스듬-히<조금 비스듬하게>
엉거주춤-히<앉지도 서지도 않고 몸을 반쯤 굽힌 자세로 머뭇거리는 꼴>
열브스름-히<약간 엷은 듯하게>
자분자분-히<성질이나 태도가 부드럽고 조용하며 자상하게>
저분저분-히<성질이나 태도가 꽤 부드럽고 조용하며 자상하게>
조곤조곤-히<말이나 태도, 행동 따위가 은근하고 부드러우면서도 하나하나 빼먹지 않고 꼼꼼하게>
조용조용-히<말이나 행동 따위가 수선스럽지 않고 아주 얌전하게>
주근주근-히<성질이나 태도가 은근하고 질기게>

지망지망-히<조심성이 없이 경박하게>
질번질번-히<겉으로 보기에 넉넉하고 여유가 있게>
차곡차곡-히<물건이 포개지거나 겹쳐 쌓여 있는 모양이 가지런히>
차근차근-히<일을 해 나가는 모습이 침착하고 차분하게>
차분차분-히<성질이나 태도가 몹시 부드럽고 조용하며 자상하게>
착히찬찬-히<꼼꼼하고 자세하게>
초롱초롱-히<눈이 빛이 날 정도로 정기가 있고 맑게>
추근추근-히<성질이나 태도가 끈끈하고 질기게>
추근추근-히<매우 축축하게>
치근치근-히<끈기 있는 물건 따위가 맞닿아 불쾌하게>
포근포근-히<도톰한 물건이나 자리 따위가 매우 부드럽고 따뜻한 느낌이 있게>
하리망당-히<귀에 들리는 소리가 또렷하지 못하고 희미하게>
하리타분-히<생각이나 기억이 분명하지 않게>
하야말끔-히<하얗고 말끔하게>
해읍스름-히<빛깔이 썩 맑지 못하고 조금 희게>
허여멀끔-히<살빛이 허옇고 멀끔하게>
허여멀쑥-히<얼굴이나 생김새 따위가 허옇고 멀쑥하게>
헤실바실-히<모르는 사이에 그럭저럭 흩어지거나 없어지는 듯이>
호동가린-히<걱정거리 따위를 모두 잊고 편안하게>
호락호락-히<사람이나 일 따위가 만만하여 다루기가 쉽게>
후텁지근-히<기분이 나쁠 정도로 습기가 많고 무더운 기운이 있게>
흐리멍덩-히<눈빛이 맑지 못하고 아주 흐릿하게>
흐리터분-히<생각이나 기억이 똑똑하지 않고 어렴풋하게>
흠실흠실-히<너무 익거나 삶아져서 물크러질 정도로 몹시 무르게>
희읍스름-히<빛깔이 맑지 않고 조금 흰 듯하게>

(5) 5음절 토박이말 뿌리

토박이말로 이루어진 '-하다' 풀이씨 뿌리 가운데 5음절짜리는 극히 드물다. '-하다' 풀이씨 뿌리는 '가마무트름-히'의 '가마무트름-'과 같이 모두가 낱말 자격이 모자라는 뿌리이다.

가마무트름-히<얼굴이 조금 감은빛을 띠고 살이 토실토실하게>
거머무트름-히<얼굴이 조금 검은 빛을 띠고 살이 투실투실하게>
까마무트름-히<얼굴이 까무스름하고 토실토실하게>
꺼머무트름-히<얼굴이 조금 껌은 빛을 띠고 살이 투실투실하게>
노리착지근-히<노린 냄새가 조금 나는 듯하게>
누리척지근-히<누린 냄새가 조금 나는 듯하게>
시푸르죽죽-히<물체가 그 빛깔이 아주 푸르죽죽하게>
회동그스름-히<눈의 모양이 놀라거나 두렵거나 하여 크게 떠 둥그스름하게>

2) 한자말 '-하다' 풀이씨 뿌리

한자말로 이루어진 '-히' 결합 '-하다' 풀이씨 뿌리를 음절수에서 보면, 1음절, 2음절, 3음절, 4음절로 이루어져 있지만 대부분이 2음절짜리이고, 1음절과 3음절, 4음절짜리는 아주 적은 편이다. '-하다' 풀이씨 뿌리는 낱말인 것과 낱말 자격이 모자라는 뿌리인 것이 있다.

이 짜임새에 속하는 어찌씨들은 더 이상 복합 어찌씨 만들기에 관여하지 않는다. 이를 음절수에 따라 살피면 다음과 같다.

(1) 1음절 한자말 뿌리

1음절짜리 한자말 뿌리는 모두 낱말 자격이 모자라는 뿌리들로, 그 수효가 많은 편은 아니다. 이 짜임새에 속하는 어찌씨 가운데 '속(速)히'를 제외하고는 더 이상 어찌씨 만들기에 관여하지 않는다. '속(速)히'는 '하루'와 결합하여 통사적 합성 어찌씨가 만들어졌다.

가(可)-히<모자람이 없이 충분히>
감(敢)-히[14]<두려움을 무릅쓰고 과감하게>

14) '감(敢)하다'라는 형용사가 존재하지 않아서 '감(敢)히'를 이 영역에 넣기는 곤란하나 편의상 여기에 넣어 둔다.

건(乾)-히<땅이 오랫동안 가물어 습기가 없이>
경(輕)-히<대수롭지 아니하게>
곤(困)-히<잠든 상태가 매우 깊고 편안하게>
공(共)-히<여럿이 서로 더불어>
과(過)-히<일정한 한도를 넘어 지나치게>
괴(怪)-히<성격이나 행동이 별나며 이상하게>
귀(貴)-히<보배롭고 소중히>
극(極)-히<아주 심하여 더할 수 없을 정도로>
급(急)-히<사정이나 형편이 서둘러 돌보거나 빨리 처리해야 할 상태에 있게>
기(奇)-히<보통과 달리 기묘하고 아상하게>
긴(緊)-히<아주 간절하게>
능(能)-히<막히거나 서투른 데가 없이>
분(憤)-히<어떤 일이 억울하여 화가 나고 원통하게>
선(善)-히<곱고 어질게>
성(盛)-히<기운이나 세력이 일어나는 모습이 세차고 크게>
속(速)-히<일의 진행이나 움직임 따위가 꽤 재빠르게>
  -(합)하루-속히<하루라도 빠르게>
순(順)-히<사람이나 그 성질, 태도가 고분고분하고 부드럽게>
실(實)-히<수량이나 거리가 일정한 범위에 거의 도달하거나 들어찰 정도로>
심(甚)-히<보통의 정도보다 지나치게>
약(略)-히<매우 간략하게>
엄(嚴)-히<규율이나 단속 따위가 매우 딱딱하고 냉정하게>
여(如)-히<둘 또는 여러 대상이 서로 다르지 않게>
장(壯)-히<매우 대단하고 훌륭하여 높이 평가할 만하게>
정(淨)-히<맑고 깨끗하게>
정(精)-히<거칠지 않고 매우 곱게>
정(正)-히<진정으로 꼭>
족(足)-히<수량이나 정도 따위가 모자람이 없이 넉넉하게>
천(賤)-히<고상한 맛이 없고 품위가 낮고 상스럽게>
총(總)-히<온통 한데 몰아서>
친(親)-히<높은 사람이 자기 몸으로 직접>
쾌(快)-히<시원스럽고 서글서글하게>
특(特)-히<다른 것보다 더욱 두드러지게>

편(便)-히<몸이나 마음이 거북하거나 괴롭지 않아 좋게>
필(必)-히<무슨 일이 있어도 반드시>
험(險)-히<거칠고 너절하게>
후(厚)-히<인색하지 않고 넉넉하게>
흉(凶)-히<보기 싫고 나쁘게>

(2) 2음절 한자말 뿌리

한자말로 이루어진 '-하다' 풀이씨 뿌리 가운데 2음절짜리가 가장 많은 수를 차지한다. '-하다' 풀이씨 뿌리는 '가당(可當)히'에서 '가당(可當)'과 같이 대부분 낱말 자격이 모자라는 뿌리이며, '강력(强力)히'에서 '강력(强力)'과 같이 일부 이름씨인 것도 있다. 이 짜임새에 속하는 어찌씨는 더 이상 어찌씨 만들기에 관여하지 않는다.

가당(可當)-히<대체로 보아 이치에 맞게>
가련(可憐)-히<슬픈 마음이 들 정도로 가엾고 불쌍하게>
가상(嘉尙)-히<사람이나 그 마음, 행동이 착하고 기특하게>
가석(可惜)-히<애틋하도록 아깝게>
가열(苛烈)-히<가혹하고 격렬하게>
가중(苛重)-히<정도가 심하고 부담이 무겁게>
가통(可痛)-히<어떤 일이나 상황이 억울하고 원망스러워 한탄스럽게>
가합(可合)-히<어지간히 알맞게>
가혹(苛酷)-히<매우 모질고 악하게>
각근(恪勤)-히<힘써 부지런히>
각박(刻薄)-히<인정이 없고 모질게>
각별(各別)-히<어떤 일에 대한 느낌이나 자세 따위가 유달리 특별하게>
간간(侃侃)-히<성품이나 행실이 꼿꼿하고 굳세게>
간간(衎衎)-히<기쁘고 즐겁게>
간간(懇懇)-히<매우 간절하게>
간결(簡潔)-히<간단하고 깔끔하게>
간고(艱苦)-히<가난하고 고생스럽게>

간곡(懇曲)-히<간절하고 정성스럽게>
간곡(奸/姦曲)-히<간사하고 바르지 못하게>
간곤(艱困)-히<몹시 가난하고 구차하게>
간교(奸巧)-히<간사하고 교활하게>
간구(艱苟)-히<가난하고 구차하게>
간권(懇勸)-히<일을 권하는 태도가 간절히>
간난(艱難)-히<몹시 힘들고 고생스럽게>
간단(簡單)-히<내용이나 얼개가 간략하고 단순하게>
간독(奸毒)-히<말이나 행동 따위가 간사하고 악독하게>
간독(懇篤)-히<말이나 행동 따위가 정성스럽고 성실하게>
간략(簡略)-히<내용이나 얼개가 복잡하지 않고 간단하게>
간명(簡明)-히<말이나 글이 간략하고 단순하면서 분명하게>
간묵(簡默)-히<말수가 적고 태도가 신중하게>
간박(簡朴)-히<간소하고 순박하게>
간사(奸邪)-히<바르지 못하고 간교하게>
간사(奸詐)-히<제 이익을 위하여 남의 비위를 맞추며 알랑거리는 것이 교활하게>
간세(奸細)-히<간사하고 남을 이해하거나 배려하는 마음이 적게>
간세(簡細)-히<간략하고 세밀하게>
간소(簡素)-히<일이나 차림이 간단하고 소박하게>
간솔(簡率)-히<단순하고 솔직하게>
간신(艱辛)-히<힘들고 고생스럽게>
간악(奸惡)-히<간사하고 악독하게>
간약(簡約)-히<말이나 글 따위가 간략하고 짤막하게>
간요(奸妖)-히<간사하고 요망하게>
간요(肝要)-히<중심이 될 만큼 아주 중요하게>
간요(簡要)-히<간단하고 중요하게>
간절(懇切)-히<매우 지성스럽고 절실히>
간정(幹淨)-히<너저분한 것들이 정리되어 깔끔하게>
간첩(簡捷)-히<간편하고 민첩하게>
간측(懇側)-히<몹시 딱하고 가엾게>
간특(姦慝)-히<간사하고 악하게>
간편(簡便)-히<간단하고 편리하게>
간핍(艱乏)-히<형편이 몹시 가난하게>

간활(奸猾)**-히**<간사하고 교활하게>
갈골(渴汩)**-히**<다른 생각을 할 겨를 없이 골똘하게>
갈급(渴急)**-히**<몹시 원하여 속이 마를 지경으로>
감사(感謝)**-히**<고마운 마음으로>
감연(欿然)**-히**<마음이 차지 않아 좀 서운하게>
감연(敢然)**-히**<과단성이 있고 용감히>
감용(敢勇)**-히**<과감하고 용맹하게>
강강(剛剛)**-히**<마음이나 기력이 굽힘이 없이 단단하게>
강건(剛健)**-히**<기상이나 의지 따위가 건전하고 굳세게>
강건(剛蹇)**-히**<남에 굽히거나 굴복함이 없이 꿋꿋이>
강건(剛謇)**-히**<성품이 꿋꿋하여 바른 말을 하는 데 거리낌이 없이>
강건(康健)**-히**<기력이 좋고 몸이 건강하게>
강건(强健)**-히**<몸이 굳세고 건강하게>
강견(剛堅)**-히**<태도가 굳세고 단단하게>
강경(强勁)**-히**<굳세게 버티어 굽히지 않게>
강고(强固)**-히**<굳세고 튼튼하게>
강과(剛果)**-히**<굳세고 결단력이 있게>
강녕(康寧)**-히**<몸이 건강하고 마음이 평안하게>
강대(强大)**-히**<굳세고 크게>
강력(强力)**-히**<의지나 주장이 드세고 매우 굳건하게>
강렬(强烈)**-히**<감정이나 의식이 강하고 열렬하게>
강명(剛明)**-히**<성질이 곧고 두뇌가 명석하게>
강박(强薄)**-히**<우악스럽고 야박하게>
강박(剛薄)**-히**<매우 딱딱하고 인정이 없게>
강왕(康旺)**-히**<몸이 건강하고 기력이 좋게>
강의(剛毅)**-히**<의지가 굳세고 강하여 굽힘이 없이>
강잉(强仍)**-히**<내키지 않으나 어찌할 수 없어 그대로>
강직(剛直)**-히**<성품이 꿋꿋하고 곧게>
강퍅(剛愎)**-히**<성미가 까다롭고 고집이 세게>
강포(强暴)**-히**<몹시 우악스럽고 사납게>
강한(剛悍)**-히**<마음이 굳세고 강직하게>
개결(介潔)**-히**<성품이 굳고 깨끗하게>
개연(慨然)**-히**<원통하고 분하게>

개연(介然)-히<홀로 외로이>
갱연(鏗然)-히<쇠붙이 따위의 단단한 물체가 부딪치는 소리가 맑고 곱게>
거만(倨慢)-히<잘난 체하며 남을 업신여기고 건방지게>
거연(居然)-히<남이 모르게 슬며시>
거연(巨然)-히<크고 의젓하게>
거연(遽然)-히<깊이 생각하거나 느낄 겨를도 없이 갑자기>
거창(巨創)-히<규모나 형태 따위가 매우 크고 넓게>
건강(健康)-히<몸이나 정신이 아무 탈이 없이 튼튼하게>
건삽(乾澁)-히<말라서 윤택이 없고 꺼칠꺼칠하게>
건숙(乾肅)-히<경건하고 엄숙하게>
건실(健實)-히<건전하고 진실하게>
건장(健壯)-히<몸이나 체격 따위가 다부지고 굳세게>
건전(健全)-히<생각이나 의식이 바르고 건실하게>
건정(乾淨)-히<일을 처리한 뒤가 깨끗이>
걸걸(傑傑)-히<성격이 시원하고 쾌활하게>
걸대(傑大)-히<체격 따위가 눈에 두드러질 만큼 크게>
걸오(桀驁)-히<성질이나 심성이 사납고 거칠게>
검박(儉朴)-히<검소하고 수수하여 꾸밈이 없이>
검소(儉素)-히<낭비하거나 사치하지 않고 수수하게>
검침(黔沈)-히<시커멓고 음침하게>
검특(黔慝)-히<마음이 음흉하고 간사하게>
겁겁(劫劫)-히<성격이 급하고 참을성이 없이>
겁나(怯懦)-히<겁이 많고 마음이 약하게>
겁약(怯弱)-히<겁이 많고 마음이 약하게>
격렬(激烈)-히<몹시 세차고 치열하게>
격심(激甚)-히<보통의 정도보다 대단히 심하게>
격원(隔遠)-히<서로 떨어져 멀게>
격월(激越)-히<목소리가 격하고 높게>
격적(闃寂)-히<아무 것도 없이 텅 비어 고요하고 쓸쓸하게>
격절(激切)-히<말이나 글이 격렬하고 절절하게>
격조(隔阻)-히<멀리 떨어져 오랫동안 서로 소식이 통하지 못하게>
견강(堅剛)-히<매우 굳세고 단단하게>
견결(堅決)-히<사람의 의지나 성품 따위가 굳고 깨끗하게>

견경(堅勁)**-히**<굳고 단단하게>
견고(堅固)**-히**<동요되지 않을 만큼 단단하고 튼튼하게>
견급(狷急)**-히**<마음씀씀이가 너그럽지 못하고 성질이 급하게>
견실(堅實)**-히**<믿음직스럽고 착실하게>
견정(堅貞)**-히**<굳세고 건실하며 씩씩하게>
견확(堅確)**-히**<튼튼하고 확실하게>
결백(潔白)**-히**<깨끗하고 아무 잘못이 없게>
결연(決然)**-히**<의지나 결심이 흔들리지 않고 굳게>
결연(缺然)**-히**<생각에 비해 모자라서 서운하게>
겸손(謙遜)**-히**<남을 존중하고 자기를 내세우지 않는 태도로>
겸연(慊然)**-히**<미안하여 볼 낯이 없게>
겸허(謙虛)**-히**<겸손하고 부드럽게>
경거(輕遽)**-히**<말이나 행동이 신중하지 못하고 가볍게>
경건(敬虔)**-히**<마음이나 태도 따위가 어떤 것을 소중하게 받들고자 하는 데가 있어 엄숙하게>
경건(勁健)**-히**<사람이나 그 몸이 굳세고 튼튼하게>
경경(輕輕)**-히**<말이나 행동이 신중하지 않고 경솔하게>
경경(梗梗)**-히**<옳고 용감하게>
경경(煢煢)**-히**<외롭고 걱정스럽게>
경경(耿耿)**-히**<불빛이 깜빡깜빡하게>
경난(輕煖)**-히**<옷이 가볍고 따뜻하게>
경독(煢獨)**-히**<아무 것도 의지할 곳이 없이 외롭게>
경만(輕慢)**-히**<남을 깔보며 하찮게 여기는 마음이 있게>
경망(輕妄)**-히**<말이나 행동 따위가 매우 가볍고 방정맞게>
경묘(輕妙)**-히**<경쾌하고 교묘하게>
경미(輕微)**-히**<가볍고 아주 적어서 대수롭지 아니하게>
경박(輕薄)**-히**<침착하지 못하고 진중하지 못하게>
경부(輕浮)**-히**<가볍고 진중하지 못하게>
경선(徑先)**-히**<경솔하게 앞질러 가는 성질이 있게>
경세(輕細)**-히**<가볍고 자질구레하게>
경소(輕小)**-히**<가볍고 보잘것없이 작게>
경솔(輕率)**-히**<언행이 신중하거나 침착하지 못하고 가볍게>
경숙(敬肅)**-히**<공경하는 마음으로 엄숙하고 조용하게>

경이(輕易)-히<일 따위가 힘들지 않고 쉽게>
경조(輕躁)-히<말이나 행동이 진중하지 못하고 가볍게>
경쾌(輕快)-히<움직임이 가볍고 빠르게>
경편(輕便)-히<쓰거나 다루기에 가볍고 편하게>
경한(勁悍)-히<사납고 거칠게>
경현(輕儇)-히<까불고 남에게 잘 보이려고 알랑거리는 데가 있게>
경홀(輕忽)-히<조심성이 없이 가볍고 소홀하게>
고결(高潔)-히<고상하고 깨끗하게>
고고(孤高)-히<세상 일에 초월하여 홀로 고상하게>
고고(高高)-히<매우 높게>
고고(孤苦)-히<외롭고 가난하게>
고고(枯槁)-히<초목이 바싹 마른 듯하게>
고고(高古)-히<세속을 초월하여 고상하고 고풍스럽게>
고괴(古怪)-히<예스럽고 괴상하게>
고궁(固窮)-히<몹시 가난하게>
고궁(孤窮)-히<사람의 처지가 외롭고 곤궁하게>
고귀(高貴)-히<훌륭하고 귀중하게>
고극(苦劇)-히<몹시 심하거나 지독하게>
고단(孤單)-히<단출하고 외롭게>
고독(孤獨)-히<혼자서 외롭고 쓸쓸하게>
고루(固陋)-히<낡은 관념이나 습관에 젖어 고집스럽고 새로운 것을 잘 받아들이지 못하게>
고루(孤陋)-히<보고 들은 것이 없어 마음가짐이나 행동이 융통성이 없게>
고만(高慢)-히<뽐내며 거만하게>
고매(高邁)-히<학식이나 인품 따위가 높고 뛰어나게>
고묘(高妙)-히<수준이 높고 솜씨가 뛰어나게>
고박(古朴)-히<예스럽고 질박하게>
고삽(苦澁)-히<쓸쓸하고 떫게>
고상(高尙)-히<품위가 있고 수준이 높게>
고상(枯傷)-히<사정이나 형편이 고생스럽게>
고아(高雅)-히<뜻이나 품격 따위가 우아하게>
고아(古雅)-히<예스럽고 아담하게>
고연(固然)-히<본디부터 그러하게>

고적(孤寂)-히<외롭고 쓸쓸하게>
고절(高絶)-히<더할 수 없이 높고 고결하게>
고정(孤貞)-히<마음이 외곬으로 곧고 착실히>
고졸(古拙)-히<화려하지 않으나 예스럽고 소박하게>
고준(高峻)-히<산 따위가 높고 험준히>
고창(高敞)-히<지대가 높고 시원하게>
고혈(孤孑)-히<혼자가 되어 쓸쓸히>
곡절(曲折)-히<매우 정성스럽게>
곡진(曲盡)-히<정성이 지극하게>
곤고(困苦)-히<형편이나 처지 따위가 어렵고 고생스럽게>
곤곤(滾滾)-히<출렁출렁 넘칠 듯하게>
곤곤(困困)-히<형편이 몹시 곤란하거나 빈곤하게>
곤골(滾汨)-히<몹시 바쁘게>
곤군(困窘)-히<어렵고 구차하게>
곤궁(困窮)-히<매우 가난하고 어렵게>
곤권(困倦)-히<고단하고 나른하게>
곤급(困急)-히<곤란하고 몹시 급하게>
곤뇌(困惱)-히<어떤 일에 시달려 괴롭고 고달프게>
곤독(悃篤)-히<정성스럽고 깊이>
곤돈(困頓)-히<아무 것도 할 기력이 없을 정도로 지쳐서 고단하게>
곤란(困難)-히<몹시 딱하고 어렵게>
곤로(困勞)-히<몸이 피곤하고 지쳐서 나른히>
곤박(困迫)-히<어떻게 할 수 없을 만큼 몹시 급하게>
곤색(困塞)-히<운수가 막히어 하는 일이 순탄하지 못하고 지내기가 어렵게>
곤핍(困乏)-히<아무 일도 할 수 없을 만큼 몹시 지쳐서 힘이 없게>
골독(汨篤)-히<한 가지 일에 온정신을 쏟아 딴생각이 없게>
골몰(汨沒)-히<다른 생각을 하지 않고 한 가지 일에만 정신을 다 기울여 열중하여>
공검(恭儉)-히<공손하고 겸손하게>
공겁(恐怯)-히<두려워하고 겁내어>
공경(恭敬)-히<몸가짐을 조심하게 하여 받들어 모시듯이>
공고(鞏固)-히<흔들림이 없이 단단하고 튼튼하게>
공교(工巧)-히<뜻밖의 일이 우연히 일어나 매우 기이하게>

공구(恐懼)-히<몹시 두려워하는 기색이 있게>
공극(孔劇)-히<심하고 독하게>
공근(恭勤)-히<공손하고 부지런하게>
공근(恭謹)-히<공손하고 조심성이 있게>
공명(公明)-히<사사로움에 얽매이거나 한쪽으로 치우치지 않고 올바르게>
공몽(涳濛)-히<이슬비나 안개 따위로 앞을 볼 수 없을 만큼 매우 흐릿하게>
공손(恭遜)-히<예의 바르고 겸손하게>
공순(恭順)-히<공손하고 온순하게>
공연(公然)-히<세상에서 다 알 만큼 뚜렷하고 떳떳하게>
공연(空然)-히<아무런 까닭이나 실속이 없이>
공정(公正)-히<공평하고 올바르게>
공총(倥傯)-히<이것저것 일이 많아 바쁘게>
공편(公便)-히<공평하고 편리하게>
공평(公平)-히<어느 한쪽으로 치우침이 없이 바르게>
과감(果敢)-히<머뭇거리거나 주저함이 없이 과단성을 지녀 용감하게>
과감(過感)-히<지나치다고 느낄 정도로 고맙게>
과격(過激)-히<지나치게 거세게>
과겸(過謙)-히<지나치게 겸손하게>
과공(過恭)-히<지나치게 공손하게>
과다(過多)-히<지나치게 많이>
과다(夥多)-히<꽤 많게>
과대(過大)-히<정도가 지나치게 크게>
과도(過渡)-히<일정한 정도나 한도를 넘어선 상태로>
과묵(寡默)-히<말수가 적고 침착하게>
과민(過敏)-히<지나치게 예리하고 민감하게>
과분(過分)-히<분수에 넘치는 데가 있게>
과소(過小)-히<아주 적게>
과소(過少)-히<지나치게 적게>
과소(過疎)-히<너무 듬성듬성하게>
과소(寡少)-히<아주 적게>
과중(過重)-히<감당하기 어려울 정도로 벅차게>
관곡(款曲)-히<매우 정답고 친절하게>
관대(寬大)-히<어떤 것에 향하는 마음이 너그럽고 크게>

관후(寬厚)-히<너그럽고 후하게>
괄연(恝然)-히<남을 업신여기는 태도가 있게>
광대(廣大)-히<넓고 크게>
광대(光大)-히<크게 번성함이 있게>
광막(廣漠)-히<끝없이 아득히 넓게>
광명(光明)-히<밝고 환하게>
광범(廣範)-히<대상으로 하는 범위가 아주 넓게>
광포(狂暴)-히<미쳐 날뛰듯이 매우 거칠고 사납게>
광활(廣闊)-히<막힌 데가 없이 매우 넓게>
괴괴(怪怪)-히<이상하고 야릇하게>
괴벽(乖僻)-히<괴상하고 까다롭게>
괴상(乖常)-히<마땅한 도리나 이치에서 벗어나게>
괴상(怪常)-히<보통과 달리 이상야릇하게>
괴이(怪異)-히<알 수 없을 만큼 이상야릇하게>
굉굉(轟轟)-히<울리는 소리가 아주 크고 요란스럽게>
굉연(轟然)-히<울리는 소리가 아주 크고 요란스럽게>
굉장(宏壯)-히<보통 이상으로 아주 대단하게>
굉활(宏闊)-히<몹시 넓고 크게>
교결(皎潔)-히<달빛이 맑고도 밝게>
교교(皎皎)-히<달빛이 매우 맑고 밝게>
교교(姣姣)-히<재주와 지혜가 있게>
교만(驕慢)-히<잘난 체하며 겸손함이 없이 건방지게>
교묘(巧妙)-히<꾀나 솜씨가 남달리 재치 있고 묘하게>
교밀(巧密)-히<교묘하고 정밀하게>
교악(狡惡)-히<교활하고 간악하게>
교오(驕傲)-히<교만하고 건방지게>
교활(狡猾)-히<몹시 간사하고 나쁜 꾀가 많게>
교힐(狡黠)-히<간사하고 나쁜 꾀가 많게>
구간(苟艱)-히<몹시 구차하고 가난하게>
구구(區區)-히<설명이나 변명 따위가 길고 구차하게>
구안(苟安)-히<어떤 상황이 일시적으로 편안하게>
구안(久安)-히<오랫동안 평안하게>
구원(久遠)-히<까마득하게 오래되고 멀게>

구차(苟且)**-히**<언행이 떳떳하지 못하고 답답하며 좀스럽게>
구험(口險)**-히**<말이 거칠고 막되게>
군간(窘艱)**-히**<살림이나 형편이 딱하고 옹색하여 고생스럽게>
군급(窘急)**-히**<어려운 고비에 막혀 사정이 몹시 급하게>
군박(窘迫)**-히**<가난하여 몹시 어렵게>
군색(窘塞)**-히**<떳떳하거나 자연스럽지 못하여 거북하고 어색한 데가 있게>
군졸(窘拙)**-히**<있어야 할 것이 없어서 어렵게>
군핍(窘乏)**-히**<필요한 것이 없거나 모자라 가난하게>
궁곤(窮困)**-히**<살림살이가 넉넉하지 못하고 어렵게>
궁극(窮極)**-히**<몹시 절실하게>
궁급(窮急)**-히**<몹시 부족하여 넉넉하지 못하게>
궁박(窮迫)**-히**<몹시 가난하게>
궁벽(窮僻)**-히**<매우 구석지고 으슥하게>
궁색(窮塞)**-히**<아주 볼품없고 가난하게>
궁폐(窮弊)**-히**<곤궁하고 피폐하게>
궁핍(窮乏)**-히**<몹시 가난하고 궁하게>
궐연(蹶然)**-히**<움직임 따위가 매우 기운이 가득하고 힘차게>
귀중(貴重)**-히**<매우 가치가 크고 중요하게>
귀현(貴顯)**-히**<신분이 높고 유명하게>
규연(巋然)**-히**<높이 솟아서 우뚝하게>
균등(均等)**-히**<기회나 권리, 몫 등이 어느 한쪽으로 더하거나 덜함이 없이 고르고 가지런하게>
균일(均一)**-히**<한결같이 고르거나 차이가 없이>
균평(均平)**-히**<기회나 몫이 한쪽으로 치우침이 없이 고루 공평하게>
극곤(極困)**-히**<몹시 궁핍하게>
극난(極難)**-히**<매우 어렵고 고생스럽게>
극렬(極烈)**-히**<지극히 사납고 세차게>
극명(克明)**-히**<생각이나 성질, 사실 따위가 속속들이 밝혀져 분명하게>
극성(極盛)**-히**<아주 풍성하고 왕성하게>
극심(極甚)**-히**<일의 나쁜 상태나 정도 따위가 몹시 심하게>
극중(極重)**-히**<몹시 중하거나 무겁게>
극진(極盡)**-히**<마음이나 대접이 매우 정성스럽게>
극친(極親)**-히**<정이 두텁게>

근가(近可)**−히**<좋거나 옳다고 여기는 정도에 거의 가깝게>
근간(勤懇)**−히**<부지런하고 성실하게>
근검(勤儉)**−히**<부지런하고 검소하게>
근면(勤勉)**−히**<매우 부지런하게>
근사(近似)**−히**<제법 그럴 듯하게 괜찮거나 썩 훌륭하게>
근실(勤實)**−히**<부지런하고 진실하게>
근엄(謹嚴)**−히**<생각이 깊고 점잖으며 엄격하게>
금연(嶔然)**−히**<산 따위가 사납고 가파르게>
금음(嶔崟)**−히**<산이 우뚝 솟아 있는 모습으로>
급격(急激)**−히**<변화나 움직임 따위가 갑자기 매우 빠르고 세차게>
급급(汲汲)**−히**<한 가지 일에 온통 정신을 쏟아 딴생각이 없이>
급급(急急)**−히**<매우 바삐 서두르거나 다그치는 데가 있게>
급급(岌岌)**−히**<산이 높고 가파르게>
급박(急迫)**−히**<일의 상황 따위가 조금의 여유도 없이 매우 급하게>
급속(急速)**−히**<변화나 움직임 따위가 몹시 빠르게>
급조(急躁)**−히**<참을성 없이 매우 급하게>
급촉(急促)**−히**<조금의 여유도 없이 매우 촉박하게>
긍련(矜憐)**−히**<불쌍하고 가엾게>
긍민(矜憫)**−히**<안쓰럽고 가엾게>
긍측(矜惻)**−히**<불쌍하고 가엾게>
긍휼(矜恤)**−히**<불쌍하고 가엾게>
기구(崎嶇)**−히**<인생살이나 운명이 순탄하지 못하고 탈이 많게>
기묘(奇妙)**−히**<생김새나 특성이 보통과는 달리 이상야릇하게>
기민(機敏)**−히**<동작이 빠르고 날쌔게>
기이(奇異)**−히**<보통과는 달리 이상하고 유별나게>
기특(奇特)**−히**<생각이나 언행이 뛰어나고 특별하여 귀염성이 있게>
긴급(緊急)**−히**<일이나 상태가 매우 급하게>
긴밀(緊密)**−히**<서로의 관계가 틈이 없을 정도로 매우 가깝게>
긴박(緊迫)**−히**<상황이나 정세 따위가 조금의 여유도 없이 매우 급하게>
긴실(緊實)**−히**<매우 중요하고 절실하게>
긴요(緊要)**−히**<긴밀히 연결되어 있어 꼭 필요하게>
긴절(緊切)**−히**<아주 절실하게>
나겁(懦怯)**−히**<마음이 여리고 겁이 많게>

나루(覼縷)-히<말수가 좀 많고 자세하게>
나약(懦弱)-히<의지가 굳세지 못하고 약하게>
낙락(落落)-히<큰 나무의 가지 따위가 아래로 축축 늘어져 있게>
난감(難堪)-히<이러지도 저러지도 못하여 딱하게>
난만(爛漫)-히<꽃이 한창 만발하여 성하게>
난삽(難澁)-히<말이나 글 따위가 필요 이상으로 어렵고 산만해서 내용의 연결이 매끄럽지 못하게>
난안(難安)-히<안심하기가 어렵게>
난연(赧然)-히<얼굴이나 그 빛이 수줍어서 붉게>
난연(爛然)-히<사물이나 그 빛이 밝고 환하게>
난잡(亂雜)-히<어지럽고 어수선하게>
난중(難重)-히<매우 어렵고 중대하게>
난처(難處)-히<일이나 형편 따위가 이럴 수도 저럴 수도 없어 처신하기 어렵고 안타깝게>
난폭(亂暴)-히<몹시 거칠고 사납게>
날연(苶然)-히<피곤하여 맥이 풀리고 기운이 없이>
남루(襤褸)-히<옷이나 차림새가 낡고 해져서 허름하고 너절하게>
낭당(郎當)-히<맞서거나 당해 내기가 어렵게>
낭랑(琅琅)-히<옥이 서로 부딪쳐 울리는 소리가 매우 맑게>
낭랑(朗朗)-히<소리가 맑고 또랑또랑하게>
내밀(內密)-히<겉으로 드러나지 않아서 비밀스럽게>
냉담(冷淡)-히<차갑고 무관심하게>
냉랭(冷冷)-히<태도나 말씨가 차갑고 쌀쌀하게>
냉엄(冷嚴)-히<개인의 편리를 보아 주거나 인정을 두는 일이 없이 엄격하게>
냉연(冷然)-히<정답지 않고 차갑게>
냉정(冷情)-히<태도나 분위기가 정답지 않고 차갑게>
냉정(冷靜)-히<생각이나 행동이 감정에 좌우되지 않고 침착하게>
냉철(冷徹)-히<생각이나 판단 따위가 감정에 치우치지 않고 사리에 밝게>
냉혹(冷酷)-히<인정이 없이 매우 가혹하게>
노곤(勞困)-히<몸이 피곤하고 지쳐서 나른히>
노노(呶呶)-히<구차하게 자꾸 여러 말로>
노둔(老鈍)-히<사람이나 동물이 늙어서 재빠르지 못하고 둔하게>
노둔(駑鈍)-히<둔하고 어리석어 미련하게>

노련(老鍊)-히<오랫동안 경험을 쌓아 익숙하고 능란하게>
노숙(老熟)-히<사람이나 그 솜씨 따위가 경험을 오래 쌓아서 익숙하게>
녹록(碌碌)-히<만만하고 호락호락하게>
농탁(濃濁)-히<진하고 걸쭉하게>
농후(濃厚)-히<어떤 경향이나 기색이 강하거나 뚜렷하게>
뇌락(牢落)-히<마음이 넓고 비범하게>
뇌락(磊落)-히<마음이 너그럽고 작은 일에 얽매이지 않게>
뇌확(牢確)-히<견고하고 확실하게>
늠렬(凜烈)-히<추위가 살을 엘 듯이 심하게>
늠름(凜凜)-히<생김새나 태도가 의젓하고 씩씩하게>
늠름(懍懍)-히<위태로워 겁나며 두렵게>
늠연(凜然)-히<위엄이 있고 당당하게>
늠철(凜綴)-히<위태로워 두렵게>
늠호(凜乎)-히<위엄이 있고 당당하게>
능당(能當)-히<능히 감당하게>
능란(能爛)-히<익숙하고 솜씨 있게>
능숙(能熟)-히<막히거나 서투른 데가 없이 익숙하게>
능활(能猾)-히<교묘한 재주와 능력이 있으면서 교활하게>
다분(多分)-히<어떤 경향이나 가능성이 비교적 꽤 많이>
다심(多心)-히<자질구레한 일에까지 지나치게 걱정이 많게>
다정(多情)-히<정이 많아 따뜻하고 친절하게>
다행(多幸)-히<걱정되거나 좋지 않던 일이 심하지 않거나 뜻밖에 잘 풀려 마음이 놓이고 흡족하게>
단란(團欒)-히<서로 즐겁게 지내 화목하게>
단숙(端肅)-히<단정하고 엄숙하게>
단순(單純)-히<복잡하지 않고 간단하게>
단연(斷然)-히<두말할 것도 없이 분명하게>
단정(端正)-히<차림새나 태도가 흐트러짐이 없이 깔끔하면서 반듯하게>
단중(端重)-히<단정하고 정중하게>
단평(端平)-히<바르고 공평하게>
단호(斷乎)-히<결심이나 태도, 행동 등이 매우 과단성이 있고 엄격하게>
단화(端華)-히<모습이 단정하고 아름답게>
담담(淡淡)-히<동요 없이 차분하고 평온하게>

담대(膽大)**-히**<배짱이 두둑하고 용감하게>
담연(淡淵)**-히**<욕심이 없고 마음이 깨끗하게>
당당(堂堂)**-히**<입장이나 태도를 남 앞에 내세울 만큼 떳떳하고 정대하게>
당돌(唐突)**-히**<꺼리거나 어려워함이 없이 다부지고 씩씩하게>
당연(當然)**-히**<이치로 보아 마땅하게 그렇게 되게>
당연(瞠然)**-히**<놀라거나 이상하게 여겨 눈이 휘둥그레져서>
당황(唐慌)**-히**<의외의 일을 당하여 어리둥절해 하거나 어찌할 바를 모르게>
대담(大膽)**-히**<담력 있고 용감하게>
대범(大汎)**-히**<사소한 것에 얽매이지 않고 너그럽게>
도고(道高)**-히**<도덕적인 수양이 높고 인품이 있게>
도도(陶陶)**-히**<매우 화평하고 즐겁게>
도도(滔滔)**-히**<물이 그득하게 퍼져 흘러가는 모양이 막힘이 없고 기운차게>
도연(徒然)**-히**<할 일이 없어서 심심하게>
도연(陶然)**-히**<술에 알맞게 취하여 거나하게>
도저(到底)**-히**<아무리 하여도 끝내>
독실(篤實)**-히**<믿음이 진실하고 정성스러우며 극진하게>
독특(獨特)**-히**<견줄 만한 것이 없을 만큼 특별히 다르게>
돈독(敦篤)**-히**<인정이나 마음이 매우 도탑고 신실히>
돈돈(惇惇)**-히**<인정이 매우 도탑게>
돈돈(暾暾)**-히**<햇빛이나 달빛, 불빛 따위로 환하게>
돈목(敦睦)**-히**<서로 정이 두텁고 화목하게>
돈연(頓然)**-히**<소식 따위가 끊어져 감감하게>
돈후(敦厚)**-히**<인정이 매우 두텁게>
돌연(突然)**-히**<뜻하지 않게 갑자기>
동연(同然)**-히**<똑같이 그러하게>
두연(斗然)**-히**<솟은 모양이 우뚝하게>
둔박(鈍朴)**-히**<좀 어리석으나 순박하게>
등한(等閒)**-히**<무관심하거나 소홀하게>
막대(莫大)**-히**<더할 수 없을 만큼 많거나 크게>
막막(寞寞)**-히**<공간이나 시간이 쓸쓸하고 고요하게>
막막(漠漠)**-히**<사방으로 매우 넓고 아득하게>
막심(莫甚)**-히**<더할 나위 없이 심하게>
막엄(莫嚴)**-히**<몹시 엄하게>

막역(莫逆)**-히**<서로 허물없이 썩 친하게>

막연(漠然)**-히**<내용을 뚜렷이 알 수 없을 만큼 논리적이거나 구체적이지 못하게>

막중(莫重)**-히**<역할이나 책임 따위가 더할 나위 없이 중요하게>

만만(漫漫)**-히**<끝이 없이 지루하게>

만만(滿滿)**-히**<넘칠 만큼 넉넉하게>

만연(漫然)**-히**<정해진 목표가 없이 되는 대로 하는 태도가 있게>

만족(滿足)**-히**<모자람이 없이 마음에 들어 흡족하게>

망망(茫茫)**-히**<넓고 멀어서 아득하게>

망망(忙忙)**-히**<몹시 바쁘게>

망솔(妄率)**-히**<앞뒤를 헤아리지 못하고 경솔하게>

망연(茫然)**-히**<어떤 장소가 매우 넓고 아득하게>

망창(茫蒼)**-히**<큰일이 닥쳤는데 아무 계획이 서지 않아 아득하게>

망측(罔測)**-히**<사리에 맞지 않고 어이가 없어서 차마 보기나 듣기가 어렵게>

망패(妄悖)**-히**<말이나 행동이 도리에 어긋나고 어그러져 있게>

매매(昧昧)**-히**<아는 것이 없어 사리에 어둡게>

매매(浼浼)**-히**<거절하는 태도가 야멸차게>

맥연(驀然)**-히**<잠깐 생각나거나 문득 생각나는 듯이>

맹랑(孟浪)**-히**<생각과는 달리 이치에 맞지 않고 매우 허망하게>

맹렬(猛烈)**-히**<기운이나 기세가 매우 사납고 세차게>

면련(綿連)**-히**<길게 이어져 있게>

면면(綿綿)**-히**<역사나 전통 따위가 끊어지지 않고 죽 잇달아 있는 상태로>

면밀(綿密)**-히**<일 처리 따위가 꼼꼼하여 빈틈이 없이>

면언(俛焉)**-히**<부지런히 힘써>

명랑(明朗)**-히**<흐릿한 데가 없이 밝고 환하게>

명료(明瞭)**-히**<분명하고 또렷하게>

명명(冥冥)**-히**<겉으로 드러남이 없이 아득하고 그윽하게>

명명(明明)**-히**<너무도 분명하여 의심할 바가 없게>

명백(明白)**-히**<의심할 여지가 없이 아주 뚜렷하게>

명세(明細)**-히**<분명하고 자세하게>

명창(明暢)**-히**<목소리가 밝고 화창하게>

명철(明哲)**-히**<총명하고 사리에 맞게>

명철(明徹)**-히**<사리가 분명하고 투철하게>

명쾌(明快)-히<조리가 분명하여 마음이 후련하게>
명확(明確)-히<아주 뚜렷하여 모호한 데가 없게>
모호(模糊)-히<분명하지 않고 흐리터분하게>
몽몽(夢夢)-히<분명하지 않고 흐리멍덩하게>
몽몽(濛濛)-히<안개나 연기가 자욱하게 끼어 흐릿하게>
묘묘(杳杳)-히<멀고 아득하게>
묘묘(淼淼)-히<강, 바다 따위가 넓고 끝없이 아득하게>
묘연(渺然)-히<넓고 멀어서 아득하게>
묘연(杳然)-히<소식이나 행방, 방법 따위를 알거나 해결할 길이 없이 감감하게>
묘원(渺遠)-히<보이지 않을 정도로 까마득히 멀게>
무간(無間)-히<서로 체면을 차리거나 조심하지 않아도 될 정도로 허물없이 친하게>
무고(無故)-히<탈이나 걱정거리 없이 편안하게>
무고(無辜)-히<죄가 될 만한 허물이 없이>
무관(無關)-히<서로 아무런 관계가 없이>
무괴(無怪)-히<괴상스러울 것이 없게>
무구(無垢)-히<순수하고 깨끗하게>
무궁(無窮)-히<끝이 없게>
무난(無難)-히<특별한 어려움이나 거리낌이 없이>
무단(無斷)-히<사전에 연락을 하거나 허락을 받지 않은 상태로>
무도(無道)-히<인간으로서 지켜야 할 도리에 어긋나서 막되게>
무렴(無廉)-히<염치가 없다고 느껴 어색하고 겸연쩍게>
무례(無禮)-히<예의가 없이>
무료(無聊)-히<흥미가 없어 심심하고 지루하게>
무모(無謀)-히<앞뒤를 깊이 헤아려 생각하는 분별력이나 지혜가 없이>
무무(貿貿)-히<교양이 없어 무식하고 서투르게>
무방(無妨)-히<거리낄 것이 없이 괜찮게>
무사(無私)-히<사사로움이 없이 공정하게>
무사(無事)-히<사고가 없어서 편안하게>
무성(茂盛)-히<식물이나 털 따위가 잘 자라서 우거질 정도로 빽빽하게>
무수(無數)-히<헤아릴 수 없이 많이>
무심(無心)-히<아무런 생각이나 감정이 없이>
무쌍(無雙)-히<서로 견줄 만한 짝이 없을 정도로 뛰어나게>

무양(無恙)**-히**<몸에 병이나 탈이 없이>
무엄(無嚴)**-히**<삼가거나 어려워함이 없이>
무연(憮然)**-히**<실의에 빠지거나 상심하여 멍하고 허탈한 상태로>
무연(無緣)**-히**<아무 인연이 없게>
무음(誣淫)**-히**<행실이 거짓되고 음탕하게>
무잡(蕪雜)**-히**<사물이 뒤섞여 어지럽고 어수선하게>
무정(無情)**-히**<정이 없고 쌀쌀맞게>
무죄(無罪)**-히**<죄가 없이>
무진(無盡)**-히**<끝이 없을 정도로 매우>
무참(無慘)**-히**<보기에 몹시 끔찍하고 참혹하게>
무참(無慚)**-히**<매우 열없고 부끄럽게>
무한(無限)**-히**<수량이나 정도의 한계나 제한이 없이>
무휼(撫恤)**-히**<도움을 줄 정도로 불쌍히>
묵묵(默默)**-히**<입을 다문 채 말없이 잠잠하게>
묵연(默然)**-히**<입을 다문 채로 말없이 조용하게>
묵중(默重)**-히**<제법 무거운 느낌이 있게>
문란(紊亂)**-히**<도덕이나 질서, 규칙 등이 지켜지지 않고 뒤죽박죽이 되어 어지럽게>
미려(美麗)**-히**<아름답고 곱게>
미묘(微妙)**-히**<딱히 뭐라 꼬집어 말할 수 없게 야릇하게>
미묘(美妙)**-히**<아름답고 교묘하게>
미미(亹亹)**-히**<힘써 부지런하게>
미미(微微)**-히**<형체나 소리 따위가 뚜렷하지 않고 희미하게>
미심(未審)**-히**<마음에 거리끼도록 분명하거나 명확하지 못하게>
미안(未安)**-히**<괴로움이나 폐를 끼쳐 마음이 불편하고 거북하게>
미타(未妥)**-히**<온당하지 않게>
민감(敏感)**-히**<자극이나 조건에 반응이 날카롭고 빠르게>
민련(憫憐)**-히**<딱하고 가엾게>
민만(悶懣)**-히**<마음이 답답하여 괴로워하게>
민망(憫惘)**-히**<겸연쩍고 부끄럽게>
민민(憫憫)**-히**<어떤 일이 매우 딱하고 근심스럽게>
민속(敏速)**-히**<날쌔고 빠르게>
민연(憫然)**-히**<처지나 형편 따위가 보기에 딱하고 안타깝게>

민연(泯然)-히<자취가 없이>

민울(悶鬱)-히<안타깝고 답답하게>

민첩(敏捷)-히<동작 따위가 능란하고 재빠르게>

민활(敏活)-히<재빠르고 활발하게>

밀밀(密密)-히<아주 빽빽하게>

밀접(密接)-히<썩 가깝게 맞닿아 있거나 관계나 연관성이 크게>

박략(薄略)-히<어떤 내용이 매우 간략하게>

박절(迫切)-히<인정이 없고 매몰스럽게>

박정(薄情)-히<인정이 적어 차갑고 쌀쌀맞게>

박흡(博洽)-히<아는 것이 많아 막히는 것이 없게>

발연(勃然)-히<왈칵 성을 내는 태도가 세차고 갑작스럽게>

방대(尨大)-히<양이 매우 많게>

방만(放漫)-히<성품이나 일 처리 따위가 야무지지 못하고 제멋대로 풀어져 있게>

방불(彷彿)-히<거의 비슷하게>

방자(放恣)-히<어려워하거나 삼가는 태도가 없이 무례하고 건방지게>

방정(方正)-히<말이나 행동을 바르고 점잖게>

방탕(放蕩)-히<사람이나 그 생활이 주색잡기에 빠져 행실이 좋지 못하게>

번다(煩多)-히<번거로울 정도로 많게>

번로(煩勞)-히<사람이 일이 어수선하고 복잡하여 괴롭게>

번연(幡然)-히<뚜렷하고 분명하게>

범범(泛泛)-히<행동이나 성질이 꼼꼼하지 않고 조심성이 없게>

범상(凡常)-히<중요하게 여길 만하지 않고 예사롭게>

범연(泛然)-히<특별히 관심이 없어 데면데면하게>

범연(氾然)-히<두드러진 데가 없이 평범하게>

범홀(泛忽)-히<성질이나 태도가 데면데면하여 마음이 만족스럽지 않게>

본연(本然)-히<어떤 사물이나 현상이 본디부터 그러하게>

부단(不斷)-히<늘 이어져 끊이지 않은 상태로>

부당(不當)-히<이치에 맞지 않거나 당치않게>

부절(不絶)-히<어떤 것이 끊이지 않게>

부정(不淨)-히<깨끗하지 않게>

분망(奔忙)-히<매우 바쁘게>

분명(分明)-히<어떤 사실이나 현상이 명백하고 뚜렷하게>

분분(紛紛)－히<소문, 의견 따위가 많아 갈피를 잡을 수 없게>
분연(憤然)－히<벌컥 성을 내는 기색이 있게>
분연(奮然)－히<떨쳐 일어서는 기운이 세차고 꿋꿋하게>
분연(紛然)－히<뒤섞여서 어지럽게>
분연(紛衍)－히<덩굴 따위가 어지럽고 무성하게>
분잡(紛雜)－히<많은 사람이 북적거려 시끄럽고 어수선하게>
분주(奔走)－히<이리저리 바쁘고 수선스럽게>
불결(不潔)－히<더럽고 지저분하게>
불긴(不緊)－히<어떤 대상이 꼭 필요하지 않게>
불만(不滿)－히<만족스럽지 않아 언짢거나 불쾌하게>
불손(不遜)－히<예의 바르지 않고 겸손하지 못하게>
불순(不純)－히<사사로운 욕심으로 참되지 못하게>
불순(不順)－히<생리나 날씨 따위가 순조롭지 않게>
불안(不安)－히<걱정스럽거나 초조하여 마음이 편안하지 않게>
불연(怫然)－히<갑자기 불끈 성을 내는 성질이 있게>
불쾌(不快)－히<무엇이 못마땅하여 기분이 좋지 않게>
불행(不幸)－히<상황이 좋지 않거나 언짢게>
비감(悲感)－히<마음이 언짢고 구슬프게>
비굴(卑屈)－히<겁이 많고 줏대가 없어 떳떳하지 못하게>
비근(卑近)－히<주위에서 흔히 보고 들을 수 있을 만큼 가깝고 알기 쉽게>
비밀(秘密)－히<무엇을 남에게 알리지 않기 위해 숨기려고 하거나 조심하는 태도가 있게>
비범(非凡)－히<사람이나 그 능력이 평범한 수준보다 훨씬 뛰어나게>
비상(非常)－히<평상시와 다르거나 일상적이지 않아 특별하게>
비상(悲傷)－히<마음이 슬프고 쓰라리게>
비연(비然)－히<빛나서 환하게>
비참(悲慘)－히<더할 수 없이 슬프고 끔찍하게>
비통(悲痛)－히<마음이나 표정이 몹시 아프고 슬프게>
빈곤(貧困)－히<가난하여 살기가 어렵게>
빈궁(貧窮)－히<살림이 가난하고 어렵게>
빈번(頻繁)－히<어떤 일이나 현상이 일어나는 횟수가 매우 잦게>
빈빈(頻頻)－히<거듭되는 횟수가 매우 잦게>
빈삭(頻數)－히<어떤 일이 거듭되는 횟수가 매우 잦게>

빈천(貧賤)-히<가난하고 천하게>

빈한(貧寒)-히<가난하고 쓸쓸하게>

사미(奢靡)-히<씀씀이나 치레를 분수에 지나칠 만큼 호화롭거나 고급스럽게>

사번(事煩)-히<일이 많고 번거롭게>

사소(些少)-히<적거나 작아서 보잘것없거나 중요하지 않게>

사속(斯速)-히<아주 빠르게>

삭연(索然)-히<외롭고 쓸쓸하게>

산란(散亂)-히<흩어져 어지럽게>

산연(潸然)-히<눈물이 줄줄 흐르는 꼴>

삼삼(森森)-히<숲 따위가 나무가 우거져 무성하게>

삼연(森然)-히<장엄하고 엄숙하게>

상당(相當)-히<어지간히 많이>

상명(詳明)-히<자세하고 분명하게>

상명(爽明)-히<날씨가 시원하고 밝게>

상밀(詳密)-히<자상하고 세밀하게>

상세(詳細)-히<사세한 부분까지 구체적이고 자세하게>

상연(爽然)-히<시원하고 상쾌하게>

상쾌(爽快)-히<썩 시원하고 유쾌하게>

상패(常悖)-히<성질이 거칠고 사나우며 막되게>

상확(詳確)-히<자세하고 확실하게>

생생(生生)-히<기억이나 현상이 마치 눈에 보이는 것처럼 또렷하고 분명히>

서서(徐徐)-히<동작이나 상태 변화가 급하지 않고 느리게>

서어(鉏齬)-히<뜻이 맞지 않아 조금 서먹하게>

석연(釋然)-히<꺼림칙한 것이 없이 속이 시원하게>

선명(鮮明)-히<물체의 형태가 뚜렷하고 빛깔이 밝게>

선묘(鮮妙)-히<곱고 묘하게>

선연(嬋娟)-히<몸맵시가 날씬하고 아름답게>

선연(鮮妍)-히<산뜻하고 아름답게>

선연(鮮然)-히<기억 따위가 흐리지 않고 아주 분명히>

선연(鮮娟)-히<얼굴 따위가 곱고 예쁘게>

섬섬(閃閃)-히<빛이 자꾸 나타났다 없어졌다 하듯이>

섬섬(纖纖)-히<가냘프고 여리게>

섬세(纖細)-히<아주 세밀하고 정교하게>

성급(性急)-히<팔팔하고 매우 급히>
성대(盛大)-히<예식이나 그 기세가 규모가 크고 훌륭하게>
성실(誠實)-히<정성스럽고 참되게>
성왕(盛旺)-히<욕구나 기운이 한창 성하게>
성풍(盛豊)-히<어떤 대상이 넉넉하고 많게>
세밀(細密)-히<아주 자세하고 빈틈없이>
세세(細細)-히<아주 작은 부분까지 자세히>
세심(細心)-히<어떤 일에 자세하고 빈틈없이>
소란(騷亂)-히<시끄럽고 어수선하게>
소략(疏略)-히<꼼꼼하지 않고 줄여서 간단하게>
소루(疏漏)-히<생각이나 행동 따위가 꼼꼼하지 않고 거칠게>
소박(素朴)-히<꾸밈이나 거짓이 없고 수수하게>
소상(昭詳)-히<이유나 설명이 자세하고 분명하게>
소상(素尙)-히<검소하고 고상하게>
소소(蕭蕭)-히<바람이나 빗소리가 고요하고 쓸쓸하게>
소소(瀟瀟)-히<비바람이 세차게>
소소(疏疏)-히<빽빽하지 않고 성기게>
소소(炤炤)-히<밝고 환하게>
소소(小小)-히<대수롭지 않고 자질구레하게>
소소(小少)-히<사람이 키가 작고 나이가 어리게>
소슬(蕭瑟)-히<으스스하고 쓸쓸하게>
소심(小心)-히<대담하지 못하고 겁이 많으며 도량이 좁게>
소연(昭然)-히<밝고 뚜렷하게>
소연(騷然)-히<시끄럽고 어수선하게>
소연(蕭然)-히<호젓하고 쓸쓸하게>
소원(疏遠)-히<왕래가 막힐 만큼 서로 사이가 멀어져서>
소조(蕭條)-히<고요하고 쓸쓸한 느낌이 있게>
소중(所重)-히<지니고 있는 가치나 의미가 중요하여 매우 귀하게>
소홀(疎忽)-히<예사롭게 여겨 정성이나 조심하는 마음이 부족하게>
솔이(率爾)-히<몸가짐이 솔직하고 소탈하여 까다롭지 않게>
솔직(率直)-히<거짓이나 꾸밈이 없고 바르게>
송괴(悚愧)-히<죄송스럽고도 부끄럽게>
송구(悚懼)-히<마음이 매우 두렵고 거북하게>

송연(悚然)-히<두렵거나 놀라서 몸에 오싹 소름이 돋는 것 같게>
수괴(殊怪)-히<수상하고 괴이하게>
수괴(羞愧)-히<부끄럽고 창피스럽게>
수다(數多)-히<수가 많게>
수상(殊常)-히<행동이나 분위가가 보통과 달리 이상하고 의심스럽게>
수연(粹然)-히<꾸밈이 없이 의젓하고 솔직하게>
숙숙(肅肅)-히<엄숙하고 고요하게>
숙연(肅然)-히<분위기나 태도가 조심스럽고 엄숙하게>
순결(純潔)-히<사람이나 그 마음이 사념이나 사욕 같은 더러움이 없이 깨끗하게>
순순(順順)-히<고분고분하고 온순히>
순순(諄諄)-히<타이르는 태도가 다정스럽고 온순하게>
순전(純全)-히<순수하고 완전하게>
순탄(順坦)-히<아무 탈 없이 순조롭게>
순편(順便)-히<거침새가 없고 편하게>
순평(順平)-히<성질이 온순하고 화평하게>
순호(純乎)-히<다른 것이 조금도 섞이지 아니하고 제대로 온전하게>
숭엄(崇嚴)-히<행동이나 모습이 숭고하고 존엄하게>
습습(習習)-히<바람이 부는 것이 사느랗고 부드럽게>
시급(時急)-히<시각을 다투어야 할 만큼 몹시 급하게>
신근(信謹)-히<믿음직하며 조심성이 많게>
신기(新奇)-히<새롭고 기이하게>
신기(神奇)-히<신비롭고 기이하게>
신랄(辛辣)-히<분석이나 비평 따위가 매우 매섭고 날카롭게>
신속(迅速)-히<움직임이나 일의 진행이 매우 빠르게>
신속(神速)-히<사람의 능력을 벗어날 만큼 매우 빠르게>
신신(新新)-히<채소나 과일, 고기, 생선이 아주 신선하게>
신중(愼重)-히<가볍게 행동하지 않고 조심스럽게>
신통(神通)-히<어떤 일이나 현상이 신기한 정도로 묘하게>
신후(愼厚)-히<헤아리는 생각이 깊고 차분하게>
실심(失心)-히<사람이 근심이 되어 마음이 산란하고 기운이 없게>
심각(深刻)-히<매우 깊고 중대하게>
심란(心亂)-히<마음이 평온하지 않고 어수선하게>

심상(尋常)-히<문제 따위가 대수롭지 않고 예사롭게>
심심(甚深)-히<마음의 표현 정도가 매우 깊고 간절하게>
심심(深深)-히<아주 깊게>
심중(深重)-히<생각이 깊고 침착하게>
아담(雅淡)-히<보기 좋게 자그마하게>
아연(啞然)-히<너무 놀라서 어안이 벙벙하게>
아연(俄然)-히<생각할 사이가 없을 정도로 매우 급작스럽게>
아정(雅正)-히<아담하고 바르게>
악독(惡毒)-히<마음이 매우 악하고 독살스럽게>
악랄(惡辣)-히<악독하고 잔인하게>
악연(愕然)-히<몹시 놀라 정신이 아찔하게>
악착(齷齪)-히<일이나 상황이 잔인하고 끔찍스럽게>
안강(安康)-히<평안하고 건강하게>
안녕(安寧)-히<아무 탈이나 걱정이 없이 편안하게>
안밀(安謐)-히<조용하고 평안하게>
안상(安詳)-히<차분하고 세심하게>
안연(晏然)-히<마음이 편안하고 태평스럽게>
안온(安穩)-히<조용하고 편안하게>
안일(安逸)-히<무엇을 너무 쉽고 편하게 생각하여 적당히 처리하는 경향이 있게>
안전(安全)-히<위험이나 사고가 생겨날 염려가 없이 편안하고 온전하게>
안한(安閒)-히<걱정이나 탈이 없이 편안하고 한가로이>
알삽(戞澁)-히<정신이 아리송하게>
암암(暗暗)-히<잊히지 않고 가물가물 보이는 듯하게>
암암(巖巖)-히<산이나 바위가 솟은 모양이 높고 험하게>
암암(暗暗)-히<매우 어둡고 조용하게>
암암(黯黯)-히<빛이 거의 없어 어둡고 컴컴하게>
암연(黯然)-히<슬프고 침울하게>
암연(暗然)-히<흐리고 어둡게>
압닐(狎昵)-히<매우 친하고 가깝게>
압설(狎褻)-히<사이가 너무 가까워서 예의가 없게>
앙앙(怏怏)-히<마음이 흡족하지 않고 야속하게>
앙연(怏然)-히<흡족하지 않고 야속하거나 원망하는 데가 있게>

애련(哀憐)**-히**<가엾게 여겨 불쌍히>
애매(曖昧)**-히**<말이나 태도가 이것인지 저것인지 분명하지 못하게>
애석(愛惜)**-히**<아쉽고 아깝게>
애석(哀惜)**-히**<슬프고 안타깝게>
애애(皚皚)**-히**<주변 경치가 눈이나 서리 같은 것이 내려 희디희게>
애애(藹藹)**-히**<풀과 나무가 잘 자라서 무성하게>
애애(靄靄)**-히**<안개나 구름, 아지랑이 같은 것이 많이 끼어 자욱하게>
애애(哀哀)**-히**<매우 슬프게>
애애(靉靉)**-히**<하늘에 구름이 많이 끼어 있게>
애연(哀然)**-히**<슬픈 기분을 자아내는 데가 있게>
애연(藹然)**-히**<화기롭고 온화하게>
애연(曖然)**-히**<어둠침침하고 희미하게>
애연(靄然)**-히**<구름이나 안개 따위가 짙게 끼어>
애염(哀艶)**-히**<가련하고 어여쁘게>
애완(哀婉)**-히**<가련하고 어여쁘게>
애울(藹鬱)**-히**<초목이 몹시 우거지게>
애절(哀切)**-히**<몹시 애처롭고 슬프게>
애중(愛重)**-히**<사랑스럽고 소중히>
애통(哀痛)**-히**<몹시 슬프고 가슴 아프게>
야박(野薄)**-히**<야멸차고 인정이 없게>
야심(偌甚)**-히**<매우 심하게>
약략(略略)**-히**<매우 간략하게>
약여(躍如)**-히**<눈앞에 나타나는 모습이 생생하게>
양구(良久)**-히**<시간이 꽤 오래>
양명(亮明)**-히**<사람이나 그 성격이 환하게 밝게>
양박(凉薄)**-히**<얼굴에 살이 없게>
양선(良善)**-히**<어질고 착하게>
양순(良順)**-히**<어질고 순하게>
양양(洋洋)**-히**<한없이 넓게>
양양(揚揚)**-히**<득의의 빛을 외모와 행동에 나타내는 태도가 있게>
양직(亮直)**-히**<마음이 밝고 곧게>
어색(語塞)**-히**<서먹서먹하고 쑥스럽게>
억울(抑鬱)**-히**<애매하거나 불공정한 일을 당하여 마음이 분하고 답답하게>

언감(焉敢)-히<주제넘게 함부로>
언건(偃蹇)-히<거드름을 피우고 거만하게>
언연(偃然)-히<거드름을 피우며 건방지게>
언중(言重)-히<입이 무거워 말을 할 때에 신중하게>
얼올(臲卼)-히<'얼울히'의 원래 말>
얼울(臲卼)-히<일이 잘 되지 않아 마음이 불안하게>
엄각(嚴刻)-히<매우 엄하고 철저하여 모질게>
엄격(嚴格)-히<규율이나 제도가 매우 엄하고 철저하게>
엄랭(嚴冷)-히<몹시 차게>
엄렬(嚴烈)-히<엄격하고 격렬하게>
엄매(晻昧)-히<사실을 헤아리기 어려울 만큼 애매하게>
엄명(嚴明)-히<규율이나 제도 따위가 엄격하고 명백히>
엄밀(嚴密)-히<매우 세세하여 빈틈이 없게>
엄별(嚴別)-히<특히 엄하게>
엄숙(嚴肅)-히<위엄이 있고 단호하게>
엄엄(嚴嚴)-히<매우 엄하게>
엄엄(奄奄)-히<숨이 곧 끊어지려고 할 정도로 매우 약하게>
엄엄(掩掩)-히<향기가 짙어 확 풍기게>
엄엄(晻晻)-히<매우 어둑하게>
엄연(奄然)-히<생각할 사이도 없이 매우 급작스럽게>
엄연(儼然)-히<누구도 감히 부정할 수 없을 정도로 명백히>
엄절(嚴切)-히<위엄이 있고 매우 엄격하게>
엄정(嚴正)-히<매우 엄하고 철저하며 올바르게>
엄정(嚴淨)-히<엄숙하고 깨끗하게>
엄준(嚴峻)-히<매우 엄하고 세차게>
엄중(嚴重)-히<몹시 엄히>
엄혹(嚴酷)-히<매우 엄하고 철저하여 모질게>
엄홀(奄忽)-히<생각할 사이도 없이 매우 급작스럽게>
여구(如舊)-히<옛날과 같게>
여사(如斯)-히<상태, 모양, 성질 따위가 이와 같게>
여상(如常)-히<평소와 같이>
여시(如是)-히<이와 같이>
여실(如實)-히<사실과 꼭 같게>

여의(如意)-히<일이 마음먹은 대로 되게>
여일(如一)-히<처음부터 끝까지 꼭 같이>
여전(如前)-히<전과 다름없이>
여좌(如左)-히<왼쪽에 적힌 내용과 같게>
여차(如此)-히<일의 상태나 속성이 이와 같이>
여하(如何)-히<일의 형편이나 정도가 어떻게>
역란(歷亂)-히<순서가 없이 어지럽게>
역력(歷歷)-히<자취나 낌새가 훤히 알 수 있게 분명하고 또렷하게>
역연(歷然)-히<감정이나 낌새 따위가 훤히 알 수 있게 분명하고 또렷이>
역연(亦然)-히<또한 그러하게>
연련(連連)-히<죽 잇달리어>
연면(連綿)-히<끊이지 않고 계속하여 이어진 상태로>
연연(娟娟)-히<아름답고 사랑스럽게>
연연(涓涓)-히<물이나 음악 따위의 흐름이 가늘게>
연연(軟娟)-히<가냘프고 약하게>
연연(戀戀)-히<애가 타는 듯이 그립게>
연연(蜒然)-히<증세나 분위기가 아주 뚜렷하게>
연연(軟軟)-히<마음이 여리거나 힘이 약하게>
열렬(熱烈)-히<감정이나 그 표현이 매우 세차고 강하게>
열심(熱心)-히<하는 일에 마음을 다해 힘써서>
염검(廉儉)-히<청렴하고 검소하게>
염결(廉潔)-히<마음이 깨끗하고 인품이 조촐하여 탐욕이 없게>
염담(염淡)-히<욕심이 없고 깨끗하고 담담하게>
염명(廉明)-히<청렴하고 밝게>
염백(廉白)-히<마음이 깨끗하고 인품이 조촐하며 탐욕이 없게>
염연(염然)-히<욕심이 없이 마음이 깨끗하고 화평하게>
염염(冉冉)-히<나아가는 모양이 여유롭고 느릿하게>
염염(炎炎)-히<이글이글할 정도로 더위가 심하게>
염정(廉正)-히<마음이 청렴하고 반듯하게>
염정(염靜)-히<편하고 고요하게>
염직(廉直)-히<성품이 청렴하고 강직하게>
염평(廉平)-히<청렴하고 공평하게>
엽렵(獵獵)-히<매우 슬기롭고 날렵하게>

영걸(英傑)-히<영특하고 기상이 걸출하게>
영괴(靈怪)-히<신령스럽고 기묘하게>
영구(永久)-히<끝없이 지속되거나 변함없이>
영령(泠泠)-히<물소리, 바람소리, 거문고 소리, 목소리 따위가 맑고 시원하게>
영롱(玲瓏)-히<광채가 찬란하고 맑게>
영맹(獰猛)-히<성질이 모질고 사납게>
영맹(英猛)-히<빼어나게 용맹하게>
영묘(靈妙)-히<사람의 지혜로 헤아리기 어렵도록 신령스럽고 기묘하게>
영민(英敏)-히<슬기롭고 지적으로 민첩하게>
영별(另別)-히<일반적이지 않고 특별하게>
영성(零星)-히<수효가 적어서 보잘것없게>
영악(靈惡)-히<이익과 손해에 밝으며 약게>
영악(獰惡)-히<매우 모질고 사납게>
영연(泠然)-히<날씨나 물소리, 바람 소리 따위가 맑고 시원하게>
영영(盈盈)-히<물이 괴어 있는 것이 가득하게>
영영(營營)-히<세력이나 이익 따위를 얻기 위하여 억척같이>
영용(英勇)-히<영특하고 용감하게>
영원(永遠)-히<끝없이 지속되거나 변함이 없이>
영정(零丁)-히<세력이나 살림 따위가 보잘것없어 의지할 곳 없이 외롭게>
영특(英特)-히<남달리 똑똑하고 영리하게>
예민(銳敏)-히<사물을 이해하거나 판단하는 것이 날카롭고 빠르게>
오연(傲然)-히<태도가 거만하여 다른 사람을 업신여기는 듯이>
온건(穩健)-히<말, 행동, 생각 따위가 온당하고 건전하게>
온공(溫恭)-히<성격이나 태도 따위가 온화하고 공손하게>
온당(穩當)-히<사리에 어그러지지 않고 마땅히>
온순(溫純)-히<성질이나 태도가 부드럽고 단순하게>
온순(溫順)-히<성격이나 마음씨 따위가 부드럽고 어질며 고분고분하게>
온연(溫然)-히<성격이 따듯하고 원만하게>
온전(穩全)-히<변하지 않고 본바탕대로 고스란히>
온편(穩便)-히<사리에 맞고 원만하게>
올연(兀然)-히<홀로 우뚝하게>
올올(兀兀)-히<꼼짝도 하지 않고 마음을 한 곳에 집중하여 똑바로 앉아 있는 꼴>
옹용(雍容)-히<마음이 즐겁고 화평한 가운데 조용하게>

완강(頑强)-히<태도나 의지가 검질기고 굳세게>
완고(頑固)-히<융통성이 없고 고집이 세게>
완고(完固)-히<완전하고 튼튼하게>
완곡(婉曲)-히<말이나 그 표현이 듣는 사람의 감정을 상하지 않도록 부드럽게>
완곡(緩曲)-히<느릿느릿하고 정성스럽게>
완구(完久)-히<어떠한 상태가 완전하여 오래 견딜 수 있게>
완만(緩慢)-히<수치나 가격, 비율 따위가 오르내리는 것이 급하지 않게>
완만(頑慢)-히<모질고 거만하게>
완만(婉娩)-히<태도가 의젓하고 부드럽게>
완벽(完璧)-히<결점이 없이 완전하게>
완연(宛然)-히<아주 뚜렷하게>
완연(完然)-히<흠이 없이 완전하게>
완연(蜿蜒)-히<기어가는 모양이 꾸불꾸불하게>
완완(緩緩)-히<동작이 느릿느릿하게>
완전(完全)-히<어떤 다른 여지도 없이 철저하게>
왕성(旺盛)-히<욕구나 기운이 한창 성하게>
왕연(旺然)-히<빛이 매우 아름답게>
왕연(汪然)-히<눈물이 줄줄 흐르도록>
왕왕(汪汪)-히<바다나 호수가 끝없이 넓고 깊게>
왕왕(往往)-히<시간적으로 사이를 두고 가끔>
외람(猥濫)-히<언행이나 생각이 분수에 지나치게>
외연(巍然)-히<산이나 바위 따위가 높게 우뚝 솟아 있게>
외외(巍嵬)-히<산 따위가 높이 우뚝 솟아 있게>
요긴(要緊)-히<어떠한 일에 꼭 필요하게>
요뇨(嫋嫋)-히<소리가 가늘고 부드럽게>
요뇨(撩撩)-히<물건 따위가 자꾸 흔들려 어지럽게>
요란(搖亂)-히<소리가 시끄럽게 떠들썩하게>
요량(嘹喨)-히<소리가 맑고 낭랑하게>
요연(了然)-히<환하게 드러나 똑똑하고 분명하게>
요연(窈然)-히<보이는 것이나 들리는 것이 가물가물할 정도로 매우 멀게>
요연(澝然)-히<정신이 멍하게>
요요(姚姚)-히<아주 어여쁘고 아름답게>
요요(遙遙)-히<아주 멀고 아득하게>

요요(寥寥)-히<고요하고 쓸쓸하게>

요요(擾擾)-히<뒤숭숭하고 어지럽게>

요요(夭夭)-히<나이가 젊고 아름답게>

요요(了了)-히<눈치가 빠르고 똑똑하게>

요요(耀耀)-히<빛이 비춰 밝게>

요요(嶢嶢)-히<몹시 위태하게>

요요(嫋嫋)-히<드리워진 나뭇가지 따위가 길게 휘늘어지게>

요원(遙遠)-히<아득히 멀게>

요행(僥倖)-히<뜻밖에 운이 좋게>

용감(勇敢)-히<두려움을 모르며 기운차고 씩씩하게>

용연(溶然)-히<마음이 침착하고 여유가 있게>

용연(聳然)-히<솟은 모양이 우뚝하게>

용용(溶溶)-히<물결이 흐르는 모양이 순하고 조용하게>

용이(容易)-히<어떤 일을 하기에 어렵지 않고 편리하게>

우심(尤甚)-히<더욱 심하게>

우연(偶然)-히<어떤 일이 뜻하지 않게 저절로>

우울(憂鬱)-히<답답하거나 근심스러워 활기가 없는 상태에 있게>

울연(蔚然)-히<감정이나 생각 따위가 흥성하게>

울연(鬱然)-히<사람이 마음이 애가 타고 답답하게>

울울(鬱鬱)-히<식물이나 털 따위가 잘 자라서 우거질 정도로 빽빽하게>

울창(鬱蒼)-히<식물이나 털 따위가 잘 자라서 우거질 정도로 빽빽하게>

웅렬(雄烈)-히<씩씩하고 맹렬하게>

웅장(雄壯)-히<규모가 우람하고 으리으리하게>

원대(遠大)-히<장래성과 규모가 크게>

원만(圓滿)-히<일이 잘 되어 순조롭게>

원숙(圓熟)-히<기량 따위가 충분히 성숙되어 무르익게>

원억(冤抑)-히<누명을 써서 원통하고 답답하게>

원원(源源)-히<근원이 깊어서 끊임이 없게>

원통(寃痛)-히<몹시 원통하여 가슴이 아프게>

원활(圓滑)-히<일이 거칠 것이 없이 순조롭게>

월등(越等)-히<능력이나 모습이 다른 것보다 훨씬 뛰어나게>

월수(越數)-히<정한 수효나 예정된 수를 넘게>

위곡(委曲)-히<찬찬하고 자세하게>

위심(爲甚)-히<매우 심하게>

위연(威然)-히<위엄이 있고 늠름하게>

위연(喟然)-히<한숨 쉬는 모양이 서글프게>

유구(悠久)-히<까마득히 오래>

유려(流麗)-히<글이나 말 또는 일이 거침이 없고 아름답게>

유별(有別)-히<다름이 있게>

유수(幽邃)-히<그윽하고 깊숙하게>

유순(柔順)-히<부드럽고 순하게>

유심(有心)-히<어떤 것을 살피는 데 주의가 깊게>

유여(裕餘)-히<모자라지 않고 넉넉하게>

유여(有餘)-히<여유가 있게>

유연(油然)-히<생각이 솟아오르는 모양이 왕성하게>

유연(悠然)-히<침착하고 여유가 있는 태도로>

유연(柔軟)-히<한쪽으로 치우치지 않고 융통성이 있게>

유연(流涎)-히<침을 흘릴 정도로 무엇이 부러워>

유원(悠遠)-히<아득히 멀게>

유유(幽幽)-히<깊고 그윽하게>

유유(悠悠)-히<움직임이 느릿느릿하게>

유장(悠長)-히<지나온 시간이 길게>

유정(有情)-히<정이 있게>

유족(裕足)-히<여유 있고 풍족하게>

유족(有足)-히<경제적으로 여유 있고 생활이 넉넉하게>

유창(流暢)-히<말을 하거나 글을 쓸 때 막힘없이 자연스럽게>

유쾌(愉快)-히<즐겁고 상쾌하게>

유표(有表)-히<여럿 중에서 특히 두드러지게>

유한(有限)-히<수나 양, 공간 따위에 일정하게 정해진 범위나 한계가 있게>

유한(幽閑)-히<태도나 마음씨가 얌전하고 그윽하게>

유효(有效)-히<효력이나 효과가 있게>

윤당(允當)-히<진실로 마땅하게>

윤활(潤滑)-히<빽빽하지 않고 매끄럽게>

율렬(栗烈)-히<매우 심히 춥게>

율연(慄然)-히<두려워 떨듯이>

융숭(隆崇)-히<남을 대접하는 태도가 극진하고 정성스럽게>

융융(融融)**-히**<화평한 기운이 있게>
은근(慇懃)**-히**<함부로 드러나지 않고 은밀히>
은밀(隱密)**-히**<겉으로 드러나지 않고 은근히>
은연(隱然)**-히**<겉으로 뚜렷하게 드러나지 않고 아슴푸레하게>
은은(隱隱)**-히**<멀리서 들려오는 소리가 들릴 듯 말 듯 똑똑하지 않게>
은은(殷殷)**-히**<천둥이나 대포 따위의 소리가 크고 힘차게>
음밀(陰密)**-히**<숨어서 겉으로 나타나지 않게>
음산(陰散)**-히**<느낌이 을씨년스럽고 썰렁하게>
음울(陰鬱)**-히**<마음이나 기분, 분위기 따위가 어둡고 답답하며 무겁게>
음침(陰沈)**-히**<사람이나 그의 언행이 어둡고 엉큼하게>
읍읍(悒悒)**-히**<매우 불쾌하고 답답하게>
응당(應當)**-히**<지극히 당연하게>
응연(凝然)**-히**<단정하고 점잖게>
의구(依舊)**-히**<옛날 그대로 변함이 없이>
의당(宜當)**-히**<사물의 이치에 따라 마땅하게>
의례(依例)**-히**<전례에 따라 마땅히>
의수(依數)**-히**<거짓으로 꾸민 것이 진짜처럼 그럴 듯하게>
의아(疑訝)**-히**<어떤 일이 뜻밖이어서 이상하고 의심하는 상태로>
의연(依然)**-히**<전과 다름없이>
의연(毅然)**-히**<의지가 강하고 굳세어 끄떡없이>
의의(依依)**-히**<기억이 또렷하지 않아 어렴풋하게>
의의(猗猗)**-히**<보기 좋도록 아름답고 성하게>
의이(疑異)**-히**<의심스럽고 괴이하게>
의희(依稀)**-히**<거의 비슷하게>
이상(異常)**-히**<의문이 생기거나 의심스럽게>
이심(已甚)**-히**<남에게 대하는 태도나 성질이 지나치게 심하게>
이연(怡然)**-히**<즐겁고 기쁘게>
이연(이然)**-히**<먹의 빛깔처럼 어둡게>
익연(翼然)**-히**<새가 양쪽 날개를 편 것처럼 좌우가 넓게>
인색(吝嗇)**-히**<돈 따위를 아끼는 태도가 몹시 지나치게>
일정(一定)**-히**<수량이나 모양, 성질 따위를 어느 정도 정해져 있거나 한결같게>
일제(一齊)**-히**<여럿이 한꺼번에>
자별(自別)**-히**<가까이 사귄 정도가 남보다 특별히>

자상(仔詳)-**히**<세심하고 정이 깊게>

자세(仔細)-**히**<사세한 부분까지 구체적이고 분명하게>

자심(滋甚)-**히**<점점 더 심하게>

자약(自若)-**히**<큰일을 당해도 놀라지 않고 보통 때처럼 침착하게>

자연(自然)-**히**<일이나 현상이 저절로 그렇게 되어 억지나 거짓이 없이>

자자(藉藉)-**히**<소문이나 평판 따위가 여러 사람의 입에 오르내려 떠들썩하게>

자자(孜孜)-**히**<사람이 한결같이 부지런하게>

작작(灼灼)-**히**<꽃이 핀 모양이 화려하고 찬란하게>

작작(皭皭)-**히**<깨끗하고 산뜻하게>

작작(綽綽)-**히**<씀씀이 따위가 빡빡하지 않고 넉넉하게>

잔독(殘毒)-**히**<잔인하고 악독하게>

잔악(殘惡)-**히**<잔인하고 악독하게>

잔잔(孱孱)-**히**<물소리가 약하고 가늘게>

잠연(潛然)-**히**<요란하거나 시끄럽지 않고 아무 소리도 없이 조용하게>

잠잠(潛潛)-**히**<가만히 있으면서 아무 말이 없이>

잠적(潛迹)-**히**<쓸쓸하고 적막하게>

잠적(岑寂)-**히**<고요하고 적막하게>

잠착(潛着)-**히**<'참척히'의 원래 말>

잡다(雜多)-**히**<잡스러운 여러 가지가 뒤섞여 너저분하게>

장구(長久)-**히**<시간적으로 매우 길고 오래>

장대(長大)-**히**<길고 크게>

장대(壯大)-**히**<사물의 모습이나 기운이 웅장하고 씩씩하게>

장렬(壯烈)-**히**<의기가 씩씩하고 열렬히>

장엄(莊嚴)-**히**<위엄이 있고 엄숙히>

장절(壯絶)-**히**<아주 장하고 뛰어나게>

장중(莊重)-**히**<장엄하고 무게가 있게>

장쾌(壯快)-**히**<가슴이 벅차도록 장하고 통쾌하게>

장활(長闊)-**히**<아주 멀고도 넓게>

장황(張皇)-**히**<말이나 글이 번거롭고 길게>

쟁연(錚然)-**히**<쇠붙이가 서로 부딪쳐 울리는 것 같이 높고 날카롭게>

쟁쟁(錚錚)-**히**<쇠붙이 따위가 맞부딪쳐 울리는 소리가 맑게>

쟁쟁(琤琤)-**히**<이전에 들은 소리가 잊혀지지 않고 귀에 울리는 듯이>

저열(低劣)-**히**<질이 낮고 변변하지 못하게>

적당(適當)-히<어떤 조건이나 이치 따위에 들어맞거나 어울리도록 알맞게>
적막(寂寞)-히<고요하고 쓸쓸하게>
적실(的實)-히<틀림이 없이 확실하게>
적실(赤實)-히<거짓이 없고 진실하게>
적연(的然)-히<틀림없이 그러하게>
적연(適然)-히<우연히 그러하거나 때마침 공교롭게>
적연(寂然)-히<조용하고 쓸쓸하게>
적의(適宜)-히<알맞고 마땅하게>
적의(適意)-히<마음이나 뜻에 들어맞게>
적적(寂寂)-히<조용하고 쓸쓸하게>
적절(適切)-히<정도나 기준에 꼭 알맞게>
적정(適正)-히<수준이나 정도가 어떤 일을 하는 데 알맞게>
적중(適中)-히<지나침이나 부족함이 없이 꼭 알맞게>
적확(的確)-히<조금도 틀리거나 어긋남이 없이 정확하고 확실하게>
전연(靦然)-히<부끄러워 무안히>
전중(典重)-히<말이나 행동이 점잖고 법도에 맞게>
절분(切忿)-히<몹시 원통하고 분하게>
절실(切實)-히<생각이나 느낌이 뼛속에 사무치도록 강렬히>
절연(截緣)-히<맺고 끊음이 칼로 자르듯이 분명하게>
절절(切切)-히<바람이나 욕망 따위가 몹시 절실하게>
절절(截截)-히<말솜씨가 아주 좋게>
절친(切親)-히<아주 가깝게 사귀어 정이 두텁게>
절통(切痛)-히<몹시 분하고 억울하게>
정결(貞潔)-히<정절이 굳고 행실이 깨끗하게>
정결(淨潔)-히<깨끗하고 깔끔하게>
정결(精潔)-히<순수하고 깨끗하게>
정교(精巧)-히<아주 정밀하고 교묘하게>
정긴(精緊)-히<정묘하고 긴요하게>
정녕(丁寧)-히<대하는 태도가 친절하게>
정녕(丁寧)-히<조금도 틀림없이 꼭>
정당(正當)-히<이치에 맞아 바르고 마땅하게>
정당(停當)-히<사리에 맞게>
정당(精當)-히<정밀하고 자세하며 당연하게>

정량(精良)**-히**<아주 정교하고 뛰어나게>
정량(貞亮)**-히**<바르고 성실하게>
정명(精明)**-히**<아주 깨끗하고 밝게>
정명(正明)**-히**<공정하고 정대하게>
정묘(精妙)**-히**<정밀하고 묘하게>
정묵(靜默)**-히**<아무 말도 하지 않고 조용히>
정미(精微)**-히**<정밀하고 자세하게>
정미(精美)**-히**<섬세하고 곱게>
정미(整美)**-히**<정리가 잘 되어 아름답게>
정밀(精密)**-히**<세밀한 데까지 빈틈이 없고 자세하게>
정밀(情密)**-히**<정이 깊게>
정밀(靜謐)**-히**<고요하고 편안하게>
정상(精詳)**-히**<정밀하고 자상하게>
정세(精細)**-히**<정밀하고 자세하게>
정숙(貞淑)**-히**<여자가 행실이 곧고 마음씨가 곱게>
정숙(情熟)**-히**<정겹고 친숙하게>
정숙(精熟)**-히**<사물에 대하여 정통하고 능숙하게>
정숙(靜淑)**-히**<성품과 몸가짐이 조용하고 착하게>
정숙(整肅)**-히**<가지런하고 엄숙하게>
정숙(靜肅)**-히**<아무 소리 없이 조용하고 엄숙히>
정실(貞實)**-히**<정조가 바르고 독실하게>
정실(正實)**-히**<참되고 올바르게>
정실(精實)**-히**<꼼꼼하고 성실하게>
정심(精深)**-히**<지식이나 학문이 자세하고 깊이가 있게>
정심(情深)**-히**<정이 아주 두텁게>
정연(亭然)**-히**<솟은 모양이 우뚝하게>
정연(整然)**-히**<질서가 있고 가지런하게>
정연(井然)**-히**<짜임새와 조리가 있게>
정연(挺然)**-히**<여러 사람 가운데서 두드러지게 뛰어나게>
정연(精硏)**-히**<아주 섬세하고 곱게>
정온(靜穩)**-히**<고요하고 평온하게>
정요(精要)**-히**<정묘하고 긴요하게>
정일(精一)**-히**<자세하고 한결같게>

정일(靜逸)-히<고요하고 몸과 마음이 평안하게>
정일(定一)-히<수량이나 모양, 성질 따위가 어느 정도 정해져 있거나 한결같게>
정정(井井)-히<질서나 조리가 있고 가지런히>
정정(亭亭)-히<노인이 튼튼하고 건강하게>
정정(貞正)-히<지조가 있고 마음이 바르게>
정정(貞靜)-히<정조가 굳고 마음씨가 얌전하게>
정정(淨淨)-히<매우 맑고 깨끗하게>
정제(整齊)-히<옷매무새를 격식에 맞고 바르게>
정중(鄭重)-히<태도나 분위기가 점잖고 엄숙하게>
정직(貞直)-히<지조가 굳고 마음씨가 곧게>
정직(正直)-히<마음에 거짓이나 꾸밈이 없이 바르고 곧게>
정친(情親)-히<매우 정이 깊고 친절하게>
정한(精悍)-히<날래고 사납게>
정한(靜閑)-히<조용하고 한가하게>
정허(靜虛)-히<조용하고 번거로움이 없게>
정확(精確)-히<자세하고 확실하게>
정확(正確)-히<바르고 확실하게>
정확(貞確)-히<곧고 굳세게>
제일(齊一)-히<똑같이 가지런히>
제제(濟濟)-히<많고 기운이 성하게>
조결(操潔)-히<지조 있고 순결하게>
조급(躁急)-히<참을성이 없이 매우 급히>
조급(早急)-히<매우 급하게>
조민(躁悶)-히<마음이 조급하여 가슴이 답답하게>
조밀(稠密)-히<촘촘하고 빽빽하게>
조속(早速)-히<오래 걸리지 않도록 빠르게>
조솔(粗率)-히<판단이나 일 따위가 거칠고 경솔하게>
조심(操心)-히<언행에 잘못이나 실수가 없도록 신경을 써서>
조연(嘈然)-히<시끄럽고 떠들썩하게>
조열(燥熱)-히<공기가 바싹 마르고 덥게>
조요(照耀)-히<빛이 밝게 비치어 빛나게>
조조(躁躁)-히<사람의 마음이나 성질 따위가 굉장히 조급하게>
조조(操操)-히<편안하지 못하고 조마조마하게>

조포(粗暴)**-히**<행동이 아주 거칠고 사납게>

조포(躁暴)**-히**<사람의 마음이나 성질이 성급하고 사납게>

조험(阻險)**-히**<길이 막히고 험난하게>

조협(躁狹)**-히**<성미가 관대하지 못하고 옹졸하게>

조홀(粗忽)**-히**<간략하고 소홀하게>

족족(簇簇)**-히**<들어선 모양이 촘촘하게>

족족(足足)**-히**<아주 넉넉하게>

존엄(尊嚴)**-히**<함부로 범할 수 없이 높고 엄숙하게>

존절(존節)**-히**<행동 따위를 알맞게 절제하는 데가 있게>

존중(尊重)**-히**<높이어 중하게>

졸렬(拙劣)**-히**<옹졸하고 보잘것없게>

졸망(拙妄)**-히**<너그럽지 못하고 잘고 시시하게>

졸속(拙速)**-히**<일의 진행이 지나치게 빨라 어설프고 서투르게>

졸연(卒然)**-히**<어떤 일이 생각할 겨를 없이 급하게>

종속(從速)**-히**<오래 걸리지 않고 빠르게>

죄송(罪悚)**-히**<죄를 지은 것처럼 미안하게>

주도(周到)**-히**<마음을 두루 써서 빈틈없이 찬찬하게>

주밀(周密)**-히**<일을 주선하는 것이나 계획을 세우는 것이 빈틈이 없이 세밀하게>

준급(峻急)**-히**<몹시 가파르고 험하게>

준연(蠢然)**-히**<움직이는 모양이 굼뜨고 둔하게>

준열(峻烈)**-히**<매우 엄하고 격렬하게>

준절(撙節)**-히**<'존절히'의 원래 말>

준절(峻截)**-히**<매우 위엄이 있고 정중하게>

준준(峻峻)**-히**<풀이 모도록하게>

준준(踆踆)**-히**<덩실덩실 춤추는 게 아주 멋있게>

준준(蠢蠢)**-히**<벌레 따위의 움직임이 꾸물꾸물 느리게>

준준(峻峻)**-히**<조금의 타협도 없이 매우 엄하게>

준혹(峻酷)**-히**<몹시 모질고 독하여 인정이 없이>

중난(重難)**-히**<중대하고도 어렵게>

중대(重大)**-히**<매우 중요하고 크게>

중요(重要)**-히**<소중하고 요긴하게>

중중(重重)**-히**<겹겹으로 겹쳐져 있게>

지궁(至窮)-히<생활이나 살림 따위가 굉장히 곤궁하게>
지극(至極)-히<더할 나위 없이 아주>
지급(至急)-히<몹시 급하게>
지당(至當)-히<이치에 맞고 더할 나위 없이 아주 당연하게>
지독(至毒)-히<정도가 아주 심하게>
지만(遲慢)-히<진행 따위가 더디고 느슨하게>
지세(至細)-히<더할 나위 없이 세심하게>
지순(至純)-히<마음이나 몸의 상태 따위를 더할 수 없이 순결하게>
지순(至順)-히<더할 나위 없이 순결하게>
지엄(至嚴)-히<매우 엄하게>
지요(至要)-히<아주 중요하게>
지절(至切)-히<바람이나 정성이 더할 나위 없이 간절하게>
지정(至精)-히<더할 나위 없이 깔끔하게>
지중(至重)-히<더할 나위 없이 귀중하게>
직량(直諒)-히<몸이 반듯하고 곧으며 성실하게>
직실(直實)-히<정직하고 착실하게>
진솔(眞率)-히<진실하고 솔직하게>
진실(眞實)-히<거짓이 없이 바르고 참되게>
진적(眞的)-히<참되고 틀림이 없이>
진정(眞正)-히<참되고 올바르게>
진중(鎭重)-히<사람이나 그 생각, 태도가 묵직하고 진지하게>
진중(珍重)-히<진귀하고 소중하게>
진진(津津)-히<입에 착 달라 붙을 만큼 맛이 좋게>
질실(質實)-히<사람이 꾸밈이 없고 참되게>
질직(質直)-히<꾸밈이 없고 정직하게>
질탕(跌宕)-히<신이 나서 정도가 지나치도록 흥겹고 방탕하게>
집목(輯睦)-히<매우 고집스럽고 끈질기게>
집요(執拗)-히<매우 고집스럽고 끈질기게>
차석(嗟惜)-히<애달프고 안타깝게 여기게>
차악(嗟愕)-히<슬픈 일을 당하여 몹시 놀랍게>
착실(着實)-히<차분하고 성실히>
착잡(錯雜)-히<갈피를 잡지 못하고 뒤섞여 어수선하게>
찬란(燦爛)-히<빛이나 색이 다채롭고 번쩍여서 눈부시고 아름답게>

찬연(粲然)**-히**<빛이 밝고 눈부시게>
찬연(燦然)**-히**<조촐하고 산뜻하게>
찬찬(燦燦)**-히**<번쩍번쩍 빛나고 아름답게>
찰찰(察察)**-히**<매우 자세하고 꼼꼼하게>
참담(慘憺)**-히**<모습이나 상황이 비참하고 막막히>
참독(慘毒)**-히**<참혹하고 지독하게>
참람(僭濫)**-히**<분수에 맞지 아니하게 너무 지나치게>
참렬(慘烈)**-히**<차마 볼 수 없을 만큼 비참하고 끔찍하게>
참률(慘慄)**-히**<두려워서 몸이 덜덜 떨릴 만큼 끔찍하게>
참연(嶄然)**-히**<더욱 높이 뛰어나 우뚝하게>
참연(慘然)**-히**<슬프고 참담하게>
참혹(慘酷)**-히**<비참하고 끔찍하게>
창결(倀缺)**-히**<몹시 서운하게>
창대(昌大)**-히**<잘되고 성대하게>
창망(悵惘)**-히**<근심과 걱정으로 경황이 없이>
창망(滄茫)**-히**<넓고 멀어서 아득하게>
창명(彰明)**-히**<빛이 환하게 밝게>
창백(蒼白)**-히**<얼굴빛이 푸른빛이 돌 만큼 해쓱하게>
창연(愴然)**-히**<몹시 서럽고 슬프게>
창연(蒼然)**-히**<빛깔이 몹시 푸르게>
창연(敞然)**-히**<드높아 시원스럽게>
창연(悵然)**-히**<서운하고 섭섭하게>
창졸(倉卒)**-히**<미처 생각할 사이도 없이 매우 급하게>
창창(蒼蒼)**-히**<바다, 하늘, 호수 따위가 무척 푸르게>
창창(倀倀)**-히**<갈 길을 잃어 갈팡질팡하고 마음이 아득하게>
창황(倉皇)**-히**<어떻게 할 겨를도 없이 매우 다급하게>
창황(惝怳)**-히**<놀라서 어찌할 바를 모르게>
처량(凄涼)**-히**<마음이 구슬퍼질 정도로 쓸쓸하게>
처연(凄然)**-히**<기운이 차고 쓸쓸하게>
처연(悽然)**-히**<마음이나 사연이 애달프고 구슬프게>
처절(悽絶)**-히**<몸서리처질 정도로 몹시 끔찍하게>
처절(悽切)**-히**<몹시 쓸쓸하고 슬프게>
처참(悽慘)**-히**<매우 슬프고 참혹히>

처창(悽愴)-히<마음이 몹시 구슬프고 애달프게>
처처(凄凄)-히<기운이 차고 쓸쓸하게>
처처(萋萋)-히<초목이 우거져 무성히>
처처(悽悽)-히<마음이 매우 구슬프게>
처초(凄楚)-히<낮고 야비한 느낌이 있게>
천박(淺薄)-히<학문이나 생각 따위의 수준이 천하고 낮거나 얕게>
천박(舛駁)-히<뒤섞여서 순수하거나 바르지 못하게>
천연(天然)-히<시치미를 떼고 겉으로는 아무렇지도 않은 듯이>
천열(賤劣)-히<품격이나 됨됨이가 낮고 졸렬하게>
철저(徹底)-히<깊은 구석구석까지 빈틈이 없이>
첩급(捷給)-히<민첩하고 빠르게>
첩연(帖然)-히<흐리멍덩하고 구지레하게>
청결(淸潔)-히<깨끗하고 말끔히>
청담(淸談)-히<빛깔이 맑고 엷게>
청량(淸亮)-히<소리가 맑고 깨끗하게>
청량(淸凉)-히<맑고 서늘하게>
청렴(淸廉)-히<맑고 깨끗하며 재물 따위를 탐하는 마음이 없이>
청백(淸白)-히<마음씨나 몸가짐이 깨끗하며 욕심이 없이>
청정(淸靜)-히<맑고 깨끗하게>
청청(靑靑)-히<나무 따위가 싱싱하고 푸르게>
청청(淸淸)-히<소리가 맑고 깨끗하게>
청초(淸楚)-히<화려하지 않으면서 맑고 깨끗한 아름다움을 지니고 있는 듯이>
초간(稍間)-히<시간적으로 사이가 좀 뜨게>
초급(峭急)-히<성미가 날카롭고 굉장히 급하게>
초연(超然)-히<얽매이지 않고 태연하거나 느긋이>
초연(悄然)-히<무엇을 하고자 하는 마음이 떨어져 기운이 없게>
초연(愀然)-히<얼굴에 걱정스러운 빛이 있게>
초조(焦燥)-히<애가 타서 조마조마하게>
초창(悄愴)-히<근심스럽고 슬프게>
초초(悄悄)-히<근심과 걱정으로 시름겹게>
초초(草草)-히<행색이나 모습이 보잘것없이 초라하게>
초초(楚楚)-히<차림새나 모양이 말쑥하고 깨끗하게>
초췌(憔悴)-히<고생이나 병 따위로 수척하게>

촉급(促急)**-히**<촉박하여 매우 급하게>

총급(悤急)**-히**<매우 급하게>

총망(悤忙)**-히**<매우 급하고 바삐>

총총(悤悤)**-히**<몹시 급하고 바쁘게>

총총(蔥蔥)**-히**<나무가 배게 들어서서 무성하게>

총총(叢叢)**-히**<빽빽하게>

최대(最大)**-히**<수나 양, 정도 따위가 가장 크게>

추루(醜陋)**-히**<집이나 차림새가 지저분하고 더럽게>

추루(麤陋)**-히**<거칠며 세련되지 못해 엉성하게>

추솔(麤率)**-히**<거칠고 까불어서 찬찬하지 못하고 조심성이 없이>

추악(醜惡)**-히**<어떤 일이나 사실, 행동 따위가 더럽고 흉하여 매우 못마땅하게>

추연(惆然)**-히**<처량하고 슬프게>

축연(蹴然)**-히**<삼가거나 조심하는 듯이>

출중(出衆)**-히**<뭇사람 중에서 특별히 뛰어나게>

충만(充滿)**-히**<가득 차 있게>

충분(充分)**-히**<분량이나 요구 조건 따위가 모자람이 없이 넉넉히>

충순(忠順)**-히**<충성스럽고 어질게>

충순(忠純)**-히**<충성스럽고 온순하며 참되게>

충실(充實)**-히**<허실이 없이 알차게>

충실(忠實)**-히**<충직하고 성실하게>

충연(衝然)**-히**<산이나 건물 따위가 높이 솟아 우뚝하게>

충족(充足)**-히**<필요한 양이나 조건이 채워져 모자람이 없게>

충직(忠直)**-히**<국가, 주인, 맡은 일에 대한 태도가 충성스럽고 곧게>

측달(惻怛)**-히**<가엾게 여겨 슬퍼하게>

측연(惻然)**-히**<측은한 데가 있게>

측은(惻隱)**-히**<불쌍하고 가엾게>

치밀(緻密)**-히**<자세하고 꼼꼼하게>

치열(熾烈)**-히**<불길같이 맹렬히>

치열(治熱)**-히**<열이 매우 높거나 뜨겁게>

친근(親近)**-히**<서로 친하여 사이가 가깝게>

친밀(親密)**-히**<지내는 사이가 아주 친하여 밀접하게>

친숙(親熟)**-히**<친하여 익숙하게>

친절(親切)**-히**<매우 친근하고 다정하게>

침울(沈鬱)-히<마음이나 기분이 걱정 따위로 밝지 못하고 우울하게>

침정(沈靜)-히<마음이 차분히 가라앉고 고요하게>

침정(沈正)-히<마음이 침착하고 정직하게>

침착(沈着)-히<마음이나 행동이 들뜨지 아니하고 찬찬하게>

침침(駸駸)-히<속력이 매우 빠르게>

침침(沈沈)-히<사람이 보일락 말락 할 정도로 빛이 매우 약하고 어둡게>

침통(沈痛)-히<슬픔이나 걱정 등으로 몹시 무겁고 어둡게>

쾌연(快然)-히<씩씩하고 시원하게>

쾌쾌(快快)-히<성격이 씩씩하고 시원스럽게>

쾌활(快活)-히<명랑하고 활발하게>

쾌활(快闊)-히<마음이 시원하고 탁 트여 넓게>

탁란(濁亂)-히<정치나 사회 따위가 흐리고 어지럽게>

탁연(卓然)-히<여럿 중에서 매우 뛰어나게>

탄연(坦然)-히<마음이 가라앉아 아무 걱정 없이 평탄하게>

탄탄(坦坦)-히<바탕이 튼실하여 흔들릴 염려 없이 아주 미덥게>

탄평(坦平)-히<땅이 넓고 평평하게>

탐탐(耽耽)-히<마음에 들어 매우 즐겁고 좋게>

탑연(嗒然)-히<아무 생각 없이 멍하게>

탕양(蕩漾)-히<물결이 넘실거리며 움직이는 듯이>

탕연(蕩然)-히<텅 비어 있는 꼴>

탕탕(蕩蕩)-히<물의 흐름 따위가 무척 거세고 힘차게>

탕평(蕩平)-히<싸움, 시비, 논쟁 따위에서 어느 쪽에도 치우치지 않게>

태급(太急)-히<몹시 급하게>

태만(怠慢)-히<게으르고 느리게>

태안(泰安)-히<태평하고 안락하게>

태연(泰然)-히<어떠한 일에도 영향을 받지 않고 편안하여 평소와 다름없이>

태평(太平)-히<몸과 마음이 아무 걱정 없이 평안하게>

통극(痛劇)-히<몹시 열렬하거나 맹렬하게>

통렬(痛烈)-히<몹시 매섭고 세차게>

통분(痛憤)-히<원통하고 분히 여기게>

통연(洞然)-히<막힘이 없이 뚫려 밝고 환하게>

통절(痛切)-히<뼈에 사무칠 정도로 절실하게>

통쾌(痛快)-히<기분이나 마음이 매우 상쾌하고 시원히>

통투(通透)**–히**<꿰뚫어 보듯이 환히 알게>

퇴연(頹然)**–히**<기력이 없어 나른하게>

퇴연(退然)**–히**<겸손하고 조용하게>

투철(透徹)**–히**<사리에 맞고 정확히>

특별(特別)**–히**<일반적인 것과 아주 달리>

파다(頗多)**–히**<아주 많이>

파파(皤皤)**–히**<머리털이 하얗게 세게>

판연(判然)**–히**<드러난 것이 아주 뚜렷하게>

패연(沛然)**–히**<비나 물이 쏟아지는 형세가 아주 세차게>

팽만(膨滿)**–히**<몸의 한 부분이 터질 듯이 부풀어 가득하여>

팽배(澎湃)**–히**<어떤 사상이나 기운 따위가 거세게>

팽팽(膨膨)**–히**<피부나 사물의 표면이 한껏 팽창되어 탄력 있게>

편근(便近)**–히**<가깝고 편리하게>

편급(偏急)**–히**<생각이나 성질이 폭이 좁고 급하게>

편안(便安)**–히**<몸이나 마음이 편하고 좋게>

편편(便便)**–히**<물건의 배가 부르지 않고 번듯이>

편편(翩翩)**–히**<나는 모양이 가볍고 날쌔게>

편평(扁平)**–히**<장소나 물건이 넓고 편평하게>

평등(平等)**–히**<차별 없이 고르고 한결같게>

평범(平凡)**–히**<뛰어나거나 색다른 점이 없이 예사롭게>

평순(平順)**–히**<몸에 병이 없이>

평안(平安)**–히**<걱정이나 탈이 없이>

평연(平然)**–히**<예사롭고 자연스럽게>

평온(平穩)**–히**<고요하고 안온하게>

평정(平正)**–히**<공평하고 올바르게>

평정(平靜)**–히**<마음이 평안하고 고요하게>

평탄(平坦)**–히**<넓고 편평하게>

평평(平平)**–히**<물체의 바닥이 고르고 판판하게>

표급(剽急)**–히**<사납고 독살스럽게>

표독(慓毒)**–히**<사납고 독살스럽게>

표묘(縹渺)**–히**<끝없이 아득하게 넓어서 있는지 없는지 환히 알 수 없고 어렴풋하게>

표연(飄然)**–히**<모든 것을 떨쳐 버려 얽매인 것이 없이 매우 가볍게>

표표(表表)－히<눈에 띄게 두드러져>
표표(飄飄)－히<방랑하는 것이 정처 없이>
표표(漂漂)－히<물위에 떠 있는 모습이 가볍게>
표홀(飄忽)－히<갑자기 나타났다가 사라지는 모양이 빠르게>
풍부(豐富)－히<사물이 많고 넉넉하게>
풍비(豐備)－히<풍부하게 갖추어>
풍성(豐盛)－히<넉넉하고 많이>
풍염(豐艶)－히<살이 통통하고 곱게>
풍영(豐盈)－히<여문 것이 풍성하여 그득하게>
풍옥(豐沃)－히<땅이 아주 기름지게>
풍요(豐饒)－히<매우 많아 넉넉히>
풍족(豐足)－히<넉넉하여 모자람이 없게>
핍진(逼眞)－히<실물과 아주 비슷하게>
한가(閑暇)－히<겨를이 생겨 여유가 있게>
한건(旱乾)－히<땅이 오랫동안 비가 오지 않아 메마르게>
한랭(寒冷)－히<온도가 낮고 매우 춥게>
한량(寒涼)－히<차고 서늘하게>
한려(狠戾)－히<사납고 고약하게>
한료(閑寥)－히<한가하고 고요하게>
한만(閑漫)－히<한가하고 느긋하게>
한만(汗漫)－히<되는 대로 내버려 두고 소홀하거나 무심하게>
한만(罕漫)－히<뚜렷하지 않게>
한미(寒微)－히<구차하고 변변하지 못하게>
한산(閑散)－히<사람이 적어 한적하고 쓸쓸히>
한소(寒素)－히<가난하지만 탐욕이 없어 검소하게>
한숙(嫺熟)－히<단련이 되어 익숙하게>
한아(閑雅)－히<한가롭고 아담하게>
한유(閑裕)－히<한가롭고 여유가 있게>
한일(閑逸)－히<조용하고 편안하게>
한적(閑寂)－히<한가하고 고요하게>
한적(閑適)－히<한가하고 속박됨이 없어 마음에 딱 맞게>
한정(閑靜)－히<마을이나 가정이 오래도록 한가하고 평안하게>
함함(顑頷)－히<몹시 굶주려 부황이 나서 누르퉁퉁하게>

합당(合當)-히<꼭 알맞게>

합연(溘然)-히<죽음이 닥친 것이 매우 갑작스럽게>

항구(恒久)-히<속성이나 성질이 오래도록 변함없이>

해괴(駭怪)-히<매우 놀랄 정도로 괴상하고 야릇하게>

해망(駭妄)-히<행동이 해괴하고 이상스럽게>

해박(該博)-히<여러 방면으로 학식이 넓게>

해비(胲備)-히<풍족하고 여유가 있게>

해연(駭然)-히<굉장히 이상하여 놀랍게>

허다(許多)-히<수량이 매우 많고 흔하게>

허랑(虛浪)-히<사람이나 그 언행이 허황하고 착실하지 못하게>

허무(虛無)-히<무의미하고 무가치하게>

허심(虛心)-히<마음에 다른 생각이나 거리낌이 없이>

허황(虛荒)-히<현실성이 없이 헛되어 미덥지 못하게>

헌연(軒然)-히<기개가 높고 떳떳하게>

헌헌(軒軒)-히<풍채가 당당하고 빼어나게>

헐후(歇后)-히<별로 중요하지 않게>

혁혁(奕奕)-히<매우 크고 아름다워 성하게>

혁혁(赫赫)-히<공이나 업적이 매우 두드러지게>

현격(懸隔)-히<차이나 거리가 매우 심하게 동떨어져 있게>

현능(賢能)-히<현명하고 재능이 있게>

현량(賢良)-히<어질고 착하게>

현명(賢明)-히<지혜롭고 사리에 밝게>

현묘(玄妙)-히<이치나 기예의 경지가 헤아릴 수 없이 미묘하게>

현연(泫然)-히<눈물이 줄줄 하염없이>

현연(眩然)-히<눈앞이 아찔하거나 캄캄하게>

현연(顯然)-히<사물이나 현상이 드러나는 정도가 뚜렷이>

현연(現然)-히<눈앞에 나타나는 것이 똑똑하게>

현요(眩耀)-히<눈부시고 찬란하게>

현저(顯著)-히<뚜렷이 드러나 분명하게>

현철(賢哲)-히<성품이 어질고 사물의 이치나 도리에 밝게>

현혁(顯赫)-히<이름이 드러나 빛나게>

현현(泫泫)-히<헤아릴 수 없이 깊고 미묘하게>

현현(懸懸)-히<마음에 걸리는 바가 있게>

현현(顯顯)**-히**<환하고 분명하게>
현황(眩慌)**-히**<눈이나 정신이 어지럽고 황홀하게>
혈혈(孑孑)**-히**<의지할 데가 없이 외로이>
형연(炯然)**-히**<빛이 환하게>
형철(瑩澈)**-히**<환하게 내다보이도록 맑게>
형형(炯炯)**-히**<눈빛이 광채가 반짝반짝 빛나면서 밝게>
형형(熒熒)**-히**<빛이 자꾸 반짝거리어 밝고 환하게>
호방(豪放)**-히**<기개가 있고 작은 일에 거리낌이 없이>
호연(晧然)**-히**<매우 희게>
호연(浩然)**-히**<넓고 크게>
호장(豪壯)**-히**<호화롭고 장쾌하게>
호쾌(豪快)**-히**<크고 활발하여 시원시원하게>
호한(浩汗)**-히**<물이 넓어 질펀하게>
호한(豪悍)**-히**<호방하고 사납게>
호호(晧晧)**-히**<희고 깨끗하게>
호호(浩浩)**-히**<넓고 크게>
호활(浩闊)**-히**<막힌 데가 없이 확 트여 있어 매우 넓게>
혹독(酷毒)**-히**<정도가 몹시 심하게>
혹렬(酷烈)**-히**<매우 혹독하고 심하게>
혹사(酷似)**-히**<아주 비슷하게>
혹심(酷甚)**-히**<정도가 매우 지나치게>
혼곤(昏困)**-히**<흐릿하고 기운이 빠져 나른하게>
혼연(渾然)**-히**<다른 것이 조금도 섞이지 않고 고르게>
혼혼(昏昏)**-히**<사람이나 그 정신이 가물가물하고 희미하게>
혼후(渾厚)**-히**<온화한 기색이 있고 인정이 두텁게>
홀략(忽略)**-히**<소홀하고 간략하게>
홀연(忽然)**-히**<미처 생각지도 못할 사이에 갑작스럽게>
홀저(忽諸)**-히**<급작스럽고 소홀하게>
홀홀(忽忽)**-히**<사람이나 그 행동이 조심성이 없고 매우 가볍게>
홍원(弘遠)**-히**<넓고 멀게>
홍윤(紅潤)**-히**<얼굴빛이 불그스레하고 부드럽게>
화급(火急)**-히**<걷잡을 수 없을 만큼 대단히 급하게>
화려(華麗)**-히**<매우 밝고 다채로워 아름답게>

화속(火速)－히<걷잡을 수 없이 타는 불과 같이 매우 빠르게>
화연(譁然)－히<도량이 넓고 크게>
화평(和平)－히<마음속이나 집단 안에 갈등이나 충돌이 없이 평온하게>
확고(確固)－히<흔들림이 없이 확고하며 견고하게>
확실(確實)－히<사실 그대로 매우>
확연(廓然)－히<넓은 공간이 비어서 휑하게>
확연(確然)－히<어떤 사실이나 증거가 아주 분명하고 정확하게>
확적(確的)－히<어떤 사실이나 증거가 확실하여 틀림이 없이>
확호(確乎)－히<생각이나 결심 따위가 아주 든든하고 굳세게>
환연(歡然)－히<마음이 즐겁고 기쁘게>
환연(渙然)－히<흩어지거나 사라지는 모습이 눈에 띄지 않고 감쪽같이>
활달(豁達)－히<생기가 있고 힘차며 의젓하게>
활발(活潑)－히<일이 전개되는 모습이 기운차게>
활연(豁然)－히<의문이 풀려 막힘이 없이 밝게>
황감(惶感)－히<황송하고 감격스럽게>
황겁(惶怯)－히<겁이 나고 두렵게>
황공(惶恐)－히<위엄이 있고 분에 넘쳐 어렵고 두렵게>
황급(遑汲)－히<마음이 몹시 급하며 한 가지 일에만 몰두하여 여유가 없이>
황급(遑急)－히<정신을 차릴 수 없을 정도로 매우 급히>
황당(荒唐)－히<어찌할 도리가 없을 정도로 어이없고 터무니없게>
황료(荒蓼)－히<황폐하여 쓸쓸하게>
황름(惶凜)－히<지체 높은 사람의 행동이나 은혜 따위가 위엄 있고 분에 넘쳐 어렵고 두렵게>
황망(慌忙)－히<당황하여 급하고 어리둥절하게>
황솔(荒率)－히<거칠고 경솔하게>
황송(惶悚)－히<은혜와 덕이 분에 넘쳐 매우 고맙고도 두렵게>
황연(晃然)－히<환히 깨달아 분명하게>
황잡(荒雜)－히<거칠고 잡되게>
황탄(荒誕)－히<근거가 없고 허황하게>
황홀(恍惚)－히<어른어른하는 광채에 눈이 부시게>
황황(遑遑)－히<허둥지둥 매우 급하게>
황황(皇皇)－히<아름답고 성하게>
황황(煌煌)－히<번쩍번쩍 빛나서 밝게>

획연(劃然)-히<차이가 아주 뚜렷하게>

효연(曉然)-히<환하게 드러나 똑똑하고 분명하게>

훈훈(薰薰)-히<마음을 부드럽게 할 만큼 따뜻하게>

훈훈(醺醺)-히<술 취한 기운이 얼근하게>

훌훌(훌忽)-히<붙잡을 수 없을 만큼 재빠르게>

훤혁(烜赫)-히<공적이나 업적 따위가 빛나고 밝게>

휘황(輝煌)-히<눈이 부시도록 환하게>

흉악(凶惡)-히<성질이나 성격 따위가 음흉하고 모질게>

흉참(凶慘)-히<흉악하고 참혹하게>

흉측(凶測)-히<생김새 따위가 흉하고 혐오스럽게>

흉포(凶暴)-히<성질이나 행동이 매우 거칠고 사납게>

흉학(凶虐)-히<매우 모질고 사납게>

흉흉(洶洶)-히<분위기가 술렁거리어 매우 어수선하게>

흔연(欣然)-히<기쁘거나 반가워 기분이 좋게>

흔쾌(欣快)-히<기쁘고 유쾌하게>

흔흔(欣欣)-히<아주 기쁘고 만족스럽게>

흘연(屹然)-히<우뚝 솟은 모습이 위엄 있게>

흡연(洽然)-히<매우 흡족한 듯하게>

흡연(翕然)-히<대중의 의사가 한곳으로 쏠리는 정도가 매우 심하게>

흡족(洽足)-히<조금도 모자람이 없이 넉넉해서 만족스럽게>

희귀(稀貴)-히<드물어서 매우 귀하게>

희한(稀罕)-히<보기에 매우 드물거나 신기하게>

희행(喜幸)-히<기쁘고 다행스럽게>

희활(稀闊)-히<소식 따위가 잦지 않고 드물게>

(3) 3음절 한자말 뿌리

한자말로 이루어진 '-하다' 풀이씨 뿌리 가운데 3음절짜리는 극히 적은 수를 차지한다. '-하다' 풀이씨 뿌리는 '공공연(公公然)-히'의 '공공연(公公然)-'과 같이 대부분 낱말 자격이 모자라는 뿌리이며, '어중간(於中間)-히'의 '어중간(於中間)'과 같이 이름씨인 경우는 이 밖에는 없다. 이 짜임새에 속하는 어찌씨들은 더 이상 어찌씨 만들기에 관여하지 않는다.

공공연(公公然)-히<거리낌이나 숨김이 없이 그대로 드러난 상태로>
난분분(難粉粉)-히<눈이나 꽃잎 따위가 흩날리어 어지러이>
망망연(望望然)-히<수줍어서 흘깃흘깃 바라보는 기색이 있게>
목석연(木石然)-히<나무나 돌처럼 감정이나 반응이 없이>
어중간(於中間)-히<조금 모자라거나 지나쳐서 어느 쪽에도 맞추기 어렵게>
태고연(太古然)-히<아득히 먼 옛날의 것인 듯하게>
행행연(悻悻然)-히<성이 나서 자리를 박차고 떠나는 태도가 쌀쌀하게>

다음 보기는 3음절 한자말 뿌리에 넣을 수 없다. 한 음절은 한자말이고 다른 두 음절은 토박이말이다.

추(醜)저분-히<더럽고 지저분하게>

(4) 4음절 한자말 뿌리

한자말로 이루어진 '-하다' 풀이씨 뿌리 가운데 4음절짜리는 3음절짜리보다 그 수효가 많지만 그리 많은 편에 속하지는 않는다. '-하다' 풀이씨 뿌리는 '간단간단(簡單簡單)히'에서 '간단간단(簡單簡單)-'과 같이 낱말 자격이 모자라는 뿌리인 것들이 대부분이며, '공명정대(公明正大)히'에서 '공명정대(公明正大)'와 같이 이름씨인 경우도 있다. 이 짜임새에 속하는 어찌씨들은 더 이상 어찌씨 만들기에 관여하지 않는다.

간단간단(簡單簡單)-히<내용이나 얼개가 매우 또는 여럿이 다 간략하고 단순하게>
간단명료(簡單明瞭)-히<간략하고 단순하면서 분명하게>
고태의연(古態依然)-히<옛 모양이 변함이 없이 그대로>
공공적적(空空寂寂)-히<실체가 없는 공이며 사유를 초월하여>
공명정대(公明正大)-히<아주 공정하고 떳떳하게>
공평무사(公平無私)-히<공평하고 사사로움이 없게>
광명정대(光明正大)-히<언행이 떳떳하고 정당하게>

구태의연(舊態依然)−히<발전하거나 진보되지 않고 예전의 묵은 모습 그대로>
근근간간(勤勤懇懇)−히<매우 부지런하고 진실하게>
근근자자(勤勤孜孜)−히<매우 부지런하고 꾸준하게>
낙역부절(絡繹不絶)−히<왕래가 잦아서 끊이지 않게>
다정다감(多情多感)−히<정이 많고 감성이 풍부하게>
만만다행(萬萬多幸)−히<어떤 일이 뜻밖에 잘 풀려 운이 좋게>
만분다행(萬分多幸)−히<어떤 일이 뜻밖에 잘 풀려 운이 좋게>
명명백백(明明白白)−히<의심할 여지가 전혀 없을 만큼 아주 뚜렷하게>
무궁무진(無窮無盡)−히<어떤 대상이 수량이 끝도 없고 다함도 없을 정도로 많게>
보무당당(步武堂堂)−히<걸음걸이나 나아가는 모습이 씩씩하고 버젓하게>
소소명명(昭昭明明)−히<일이 매우 밝고 명백하게>
야심만만(野心滿滿)−히<큰일을 이루어 보겠다는 욕망이나 소망이 가슴속에 가득 차 있게>
여사여사(如斯如斯)−히<어떤 일의 이유나 사정 따위가 이러하고 이러하게>
여시여시(如是如是)−히<어떤 일의 이유나 사정 따위가 이러하고 이러하게>
여차여차(如此如此)−히<어떤 일의 이유나 사정 따위가 이러하고 이러하게>
영령쇄쇄(零零瑣瑣)−히<아주 자질구레하고 보잘것없이>
일심불란(一心不亂)−히<마음을 한 가지에만 써서 흩어지지 않게>
자신만만(自信滿滿)−히<매우 자신이 있게>
정정당당(正正堂堂)−히<공정하고 떳떳하게>
정정방방(正正方方)−히<조리가 발라서 조금도 어지럽지 않게>
정정백백(正正白白)−히<의지나 말과 행동이 바르고 당당하며 마음이 맑고 깨끗하게>
정정제제(整整齊齊)−히<어긋남이 없이 아주 가지런히>
주도면밀(周到綿密)−히<주의가 두루 미쳐 꼼꼼하고 빈틈이 없게>
중중첩첩(重重疊疊)−히<여러 겹으로 겹쳐 있거나 포개져서>
천만다행(千萬多幸)−히<뜻밖에 잘 풀려서 몹시 좋게>
풍성풍성(豊盛豊盛)−히<매우 넉넉하고 많게>
해괴망측(駭怪罔測)−히<말할 수 없이 괴상하고 야릇하게>
허랑방탕(虛浪放蕩)−히<허황하고 착실하지 못하며 행실이 좋지 못하게>
황황급급(遑遑急急)−히<매우 급하고 여유가 없이>

추(醜)접지근-히<깨끗하지 못하고 좀 추저분하게>

1.2.2. [풀이씨 줄기+-히]어찌씨

파생 가지 '-히'가 결합하여 파생 어찌씨가 만들어지는 것들은 대부분 '-하다' 풀이씨 뿌리이다. 일반적으로 '-하다' 그림씨인 경우 뿌리에 '-히'가 결합되면 어찌씨가 만들어진다. 이 밖에 풀이씨 줄기에 '-히'가 결합하여 파생 어찌씨가 만들어지는 것들도 있지만, 극히 드물다.

밝-히<어떤 일이나 상황에 대하서 환하게 속속들이>
익-히<어떤 일에 서투르지 않고 능숙히>

1.3. [풀이씨 줄기+그 밖의 파생 뒷가지]어찌씨

어찌씨 파생 뒷가지 가운데 생산성이 높은 것으로는 앞에서 살핀 '-이'와 '-히'가 있다. 이 밖에도 풀이씨 줄기에 덧붙는 파생 뒷가지 중 생산성이 아주 낮은 것으로 '-오', '-추', '-우', '-사리', '-지거니', '-지감치' 따위가 있고, 오직 한 가지 보기만 발견되는 것으로 '-리', '-애', '-금'이 있다.

1.3.1. [풀이씨 줄기+-오]어찌씨

극히 일부 풀이씨 줄기에 '-오'가 덧붙어 파생 어찌씨가 만들어지는데, 풀이씨 줄기는 'ㄹ'로 끝나는 것 중 일부가 해당된다. 표기법에서는 'ㄹ'을 분철시키지 않고 '-오'에 연철시키는 방식을 따르고 있다.

바로<모양이 바르게 또는 곧게>

 -(합)바로-바로

  길-바로<길을 올바로 잡아들어서>

  면(面)-바로<바로 앞으로 마주보이는 쪽으로>

 (파)올-바로

가꾸로<차례나 방향 따위가 반대로 바뀌어>

거꾸로<차례나 방향 따위가 반대로 바뀌어>

까꾸로<방향이나 차례 따위가 완전히 반대로 바뀌어>

배뚜로<모양이나 상태가 바르지 못하고 한쪽으로 약간 기울거나 쏠리게>

비뚜로<모양이나 상태가 바르지 못하고 한쪽으로 약간 기울거나 쏠리게>

빼뚜로<모양이나 상태가 한쪽으로 기울어지거나 쏠리게>

삐뚜로<모양이나 상태가 바르지 않고 한쪽으로 치우치거나 쏠리게>

1.3.2. [풀이씨 줄기+-추]어찌씨

극히 일부 풀이씨 줄기에 '-추'가 덧붙어 파생 어찌씨가 만들어지는데, '갖추'만이 같은 꼴로 되풀이되어 합성 어찌씨 만들기에 관여하고 그 밖의 것들은 더 이상 어찌씨 만들기에 관여하지 않는다.

갖-추<있어야 할 것을 모두 빠짐없이 다 있게 하여>

 -(합)갖추-갖추<있어야 할 것을 모두 빠짐없이 고루고루 있게 하여>

곧-추<굽히거나 구부리지 않고 곧게>

늦-추<시간이 오래 걸리게>

얕-추<정도 따위가 깊지 않게>

잦-추<어떤 일이나 행동을 잇달아 재게 하는 꼴>

알맞-추<어떤 기준이나 정도에 지나침이나 모자람이 없이 적당하게>

1.3.3. [풀이씨 줄기+-우]어찌씨

풀이씨 '돋다', '외다', '잦다', '재다' 줄기에 '-우'가 덧붙어 파생 어찌씨가 만들어지는데, '자주'만이 같은 꼴로 되풀이되어 합성 어찌씨가 만들어진다.

도두[돋+우]<위로 돋아서 높게>
되-우<아주 몹시>
외-우<외따로 떨어져 있거나 구석지게>
자주[잦+우]<짧은 동안에 같은 일을 여러 번 되풀이하여. 또는 잇달아 잦게>
  -(합)자주자주
재-우<매우 빨리>

1.3.4. [풀이씨 줄기+-사리]어찌씨

'쉽다'와 '어렵다'의 줄기에 '-사리'가 덧붙어 파생 어찌씨가 만들어진다. 이들 파생 어찌씨는 더 이상 어찌씨 만들기에 관여하지 않는다.

쉽-사리<별 어려움이 없이 수월하게>
어렵-사리<매우 어렵게>

1.3.5. [풀이씨 줄기+-지거니]어찌씨

'높다', '늦다"의 줄기에 '-지거니'가 덧붙어 파생 어찌씨가 만들어진다. 이들 파생 어찌씨는 더 이상 어찌씨 만들기에 관여하지 않는다.

높-지거니<꽤 높게>
느-지거니<일정한 때보다 꽤 늦게>

1.3.6. [풀이씨 줄기+-지감치]어찌씨

'늦다', '멀다'의 줄기에 '-지감치'가 덧붙어 파생 어찌씨가 만들어진다. 이들 파생 어찌씨는 더 이상 어찌씨 만들기에 관여하지 않는다.

느-지감치<꽤 늦게>
멀-찌감치<거리가 조금 멀리>

1.3.7. [풀이씨 줄기+-래]어찌씨

풀이씨 '길다'의 줄기에 '-래'가 덧붙어 파생 어찌씨가 만들어진다. '길다'의 줄기만이 '-래'와 결합 가능하다.

길-래<오래도록 길게>

1.3.8. [풀이씨 줄기+-리]어찌씨

풀이씨 '멀다'의 줄기에 '-리'가 덧붙어 파생 어찌씨가 만들어진다. '멀다'의 줄기만이 '-래'와 결합 가능하다. '멀리'는 같은 꼴로 되풀이되거나 다른 뿌리와 결합하여 합성 어찌씨가 만들어진다.

멀리<어떤 지점에서부터 거리가 꽤 많이 떨어지게>
 -(합)멀리-멀리<아주 멀리>
  저-멀리<어떤 지점으로부터 거리가 꽤 많이 떨어지게>

1.3.9. [풀이씨 줄기+-애]어찌씨

풀이씨 '모르다'의 줄기에 '-애'가 덧붙어 파생 어찌씨가 만들어진다. '모르다'의 줄기만이 '-애'와 결합 가능하다. '몰래'는 같은 꼴로 되풀이되거나 다른 뿌리와 결합하여 합성 어찌씨가 만들어진다.

몰래<남이 모르도록 가만히>
 -(합)몰래-몰래<그때마다 모르게>
  남-몰래<남이 모르게>

1.3.10. [[풀이씨 줄기+어찌 씨끝]+-금]어찌씨

풀이씨 '하다'의 줄기에 굴곡 씨끝 '-어'가 결합하여 '하여'로 끝바꿈한 다음 여기에 파생 가지 '-금'이 덧붙어 파생 어찌씨 '하여금'이 만들어졌다.

하여-금<'대상에게'의 뜻을 힘주어 나타내는 말>

1.4. [임자씨+파생 뒷가지]어찌씨

파생 뒷가지가 붙어 어찌씨를 만드는 밑말인 임자씨에는 이름씨와 대이름씨 두 종류가 있다. 임자씨를 둘로 나누어 살피기로 한다.

1.4.1. [이름씨+파생 뒷가지]어찌씨

이름씨에 덧붙어 결합 과정을 거쳐 파생 어찌씨를 만드는 파생 뒷가지로는 '-껏', '-내', '-소', '-짜', '-째', '-간' 따위가 있다. 이 짜임새로 만들어지는 파생 어찌씨 가운데 '-껏', '-내'는 적은 편으로 생산성이 낮은 편이나, 그 밖의 파생 뒷가지는 극히 드물어 생산성이 없다.

1) [이름씨+-껏]어찌씨

일부 이름씨에 어찌씨 파생 가지 '-껏'이 덧붙어 결합 과정을 거치면서 파생 어찌씨가 만들어진다. 이 짜임새에 의해 만들어진 파생 어찌씨는 아주 적은 편이며, 밑말인 이름씨는 토박이말과 한자말 수효가 비슷한 편이다.

(1) [토박이말 이름씨+-껏]어찌씨

어찌씨 파생 가지 '-껏'[15]이 덧붙어 파생 어찌씨를 만들 수 있는 이름씨에는 단일 형태소인 것도 있고, 두 형태소로 이루어진 복합 형태소도 있다. 이 짜임새에 속하는 어찌씨는 더 이상 어찌씨 만들기에 관여하지 않는다.

배-껏<배의 양이 찰 만큼>
일-껏<모처럼 애써서>
해-껏<해 질 무렵까지>
힘-껏<있는 힘을 다하여>
그때-껏<어떤 일이 생긴 그때까지>
기운-껏<기운이 닿는 만큼 온 힘을 다하여>
깜냥-껏<어떤 일에 대해 자신이 할 수 있는 능력만큼>
마음-껏[16]<있는 정성을 다하여>
목청-껏<있는 힘을 다하여 소리를 지를 수 있는 데까지>

---

15) '-껏'은 이름씨 밖에도 '여태-껏'과 같이 어찌씨에 덧붙기도 한다. 어찌씨에 덧붙어 만들어진 파생 어찌씨에 관하여는 제2장에서 다룬 바 있다.
16) 준말로 '맘껏'이 있다.

밤새-껏<밤이 새도록>
오늘-껏<오늘이 될 때까지>
이때-껏<이때에 이르기까지>
입때-껏<여태껏>
재주-껏<있는 재주를 다하여>

(2) [한자말 이름씨+-껏]어찌씨

양(量)-껏<할 수 있는 양의 가장 큰 한도까지>
한(限)-껏<한도에 미치는 데까지>
성심(誠心)-껏<정성스러운 마음을 다하여>
성의(誠意)-껏<있는 성의를 다하여>
소신(所信)-껏<자기가 믿고 주장하는 바에 따라>
식성(食性)-껏<자신의 입맛에 맞게>
양심(良心)-껏<옳고 그름을 구별하는 자신의 도덕적 의식이나 마음씨에 맞게>
열성(熱誠)-껏<열성을 다하여>
요령(要領)-껏<자신의 재주나 꾀를 적당히 부려서>
욕심(慾心)-껏<욕심이 찰 때까지>
정성(精誠)-껏<정성을 다하여>
지성(至誠)-껏<온갖 정성을 다하여>
성심성의(誠心誠意)-껏<정성스럽고 참된 마음과 뜻을 다하여>
전심전력(全心全力)-껏<온몸과 온 힘을 다하여>

2) [이름씨+-내]어찌씨

어찌씨 파생 가지 '-내'가 덧붙어 결합 과정을 거쳐 파생 어찌씨를 만들 수 있는 이름씨는 극히 적다. 이 짜임새에 속하는 어찌씨들은 '끝내'를 제외하고는 더 이상 어찌씨 만들기에 관여하지 않는다.

끝-내<끝까지 내내>
　-(합)끝-끝내<'끝내'를 강조하여 이르는 말>

밤-내<밤 동안 계속하여>
봄-내<한 봄철 동안 죽>
가으-내<한 가을 동안 계속하여>
겨우-내<한 겨울 동안에 계속하여>
여름-내<온 여름 동안 내내>
하루-내<하루 온 종일>

3) [이름씨+-소]어찌씨

어찌씨 파생 가지 '-소'가 덧붙어 결합 과정을 거쳐 파생 어찌씨를 만들 수 있는 이름씨는 '몸'이 유일하다.

몸-소<자기 몸으로 직접>

4) [이름씨+-짜]어찌씨

어찌씨 파생 가지 '-짜'가 덧붙어 결합 과정을 거쳐 파생 어찌씨를 만들 수 있는 이름씨는 '진(眞)'이 유일하다. '진짜'는 밑말이 되어 합성 어찌씨 만들기에 관여한다.

진(眞)-짜<거짓이나 꾸밈이 없이>
-(합)진짜-로<거짓이나 꾸밈이 없이 정말로>

5) [이름씨+-째]어찌씨

어찌씨 파생 가지 '-째'가 덧붙어 결합 과정을 거쳐 파생 어찌씨를 만들 수 있는 이름씨에는 '송두리'와 '통'이 있다. '통째'은 밑말이 되어 합성 어찌씨 만들기에 관여한다.

송두리-째<있는 전부를 모두>

통-째<나누지 않고 있는 그대로의 덩어리로>

  -(합)통째-로<나누지 않은 한 덩어리의 전체 그대로>

6) [이름씨+-이]어찌씨

즐빗-이<여럿이 늘어선 모양이 빗살처럼 빽빽하고 가지런히>

1.4.2. [대이름씨+파생 뒷가지]어찌씨

대이름씨에 덧붙어 결합 과정을 거쳐 파생 어찌씨를 만드는 파생 뒷가지로는 '-리', '-다지', '-쯤', '-냥', '-쪼록' 따위가 있다. 밑말이 되는 대이름씨로는 주로 '이', '그', '저', '요', '고', '저' 등 가리킴 대이름씨가 주가 된다.

1) [대이름씨+-리]어찌씨

가리킴 대이름씨에 어찌씨 파생 가지 '-리'가 덧붙어 결합 과정을 거치면서 파생 어찌씨가 만들어졌다. 이 짜임새에 속하는 어찌씨는 극히 적은 편이며, 모두 밑말이 되어 합성 어찌씨 만들기에 관여한다.

고-리<그 곳으로 또는 고쪽으로>

  -(합)고리-로[17]<그곳으로 또는 고쪽으로>

    고리-조리<일정한 방향이 없이 고쪽조쪽으로>

고-리<모습이나 상태가 고러한 정도나 모양으로>

  -(합)고리-조리<말이나 행동을 뚜렷하게 정함이 없이 고러하고 조러하게 되는 대로 하는 꼴>

---

17) 준말로 '골로'가 있다.

그-리<그러하게>

-(합)**그리-도**<그만한 정도로>

그리-저리<말이나 행동을 뚜렷하게 정한 것 없이 아무렇게나 되는 대로>

그-리<그 곳으로. 또는 그 쪽으로>

-(합)**그리-로**<그쪽 방향으로. 또는 그곳으로>

요-리<다른 곳에서 가까운 요 곳으로>

-(합)**요리-로**[18]<요쪽 방향으로. 또는 요 곳으로>

요리-요리<요쪽으로 요쪽으로>

요리-조리<일정한 방향이 없이 요쪽으로 조쪽으로>

요-리<상태, 모양, 성질 따위가 요러한 꼴>

-(합)**요리-요리**<요러하고 요러하게>

요리-조리<요러하고 조러하게>

이-리<이곳으로. 또는 이쪽으로>

-(합)**이리-로**<이쪽 방향으로. 또는 이 곳으로>

이리-이리<이쪽으로 이쪽으로>

이리-저리[19]<일정한 방향이 없이 이쪽으로 저쪽으로>

이-리<상태나 성질 따위가 이러한 정도나 모양으로>

-(합)**이리-이리**<이러하고 이러하게>

이리-저리<말이나 행동을 뚜렷하게 정함이 없이 이렇게 또는 저렇게>

저-리<저쪽 방향으로>

-(합)**저리-도**<저러한 정도로>

저리-로[20]<저쪽 방향으로. 또는 조금 멀리 떨어진 곳으로>

조-리<저러하게>

-(합)**조리-로**<조쪽 방향으로. 또는 조 곳으로>

2) [대이름씨+-다지]어찌씨

가리킴 대이름씨에 어찌씨 파생 가지 '-다지'가 덧붙어 결합 과정을

---

18) 준말로 '욜로'가 있다.

19) 준말로 '이저리'가 있다.

20) 준말로 '절로'가 있다.

거치면서 파생 어찌씨가 만들어졌다. 이 짜임새에 속하는 어찌씨는 극히 적으며, 더 이상 어찌씨 만들기에 관여하지 않는다.

고-다지<고러한 정도로까지>
그-다지<그러한 정도로까지>
요-다지<요러한 정도로까지>
이-다지<이러한 정도로까지>
저-다지<저러한 정도로까지>
조-다지<조러한 정도로까지>

3) [대이름씨+-쯤]어찌씨

가리킴 대이름씨에 어찌씨 파생 가지 '-쯤'이 덧붙어 결합 과정을 거치면서 파생 어찌씨가 만들어졌다. 이 짜임새에 속하는 어찌씨는 극히 적으며, 더 이상 어찌씨 만들기에 관여하지 않는다.

고-쯤<고만한 정도로>
그-쯤<그만한 정도로>
요-쯤<요만한 정도로>
이-쯤<이만한 정도로>
저-쯤<저만한 정도로>
조-쯤<조만한 정도로>

4) [대이름씨+-냥]어찌씨

가리킴 대이름씨에 어찌씨 파생 가지 '-냥'이 덧붙어 결합 과정을 거치면서 파생 어찌씨가 만들어졌다. 이 짜임새에 속하는 어찌씨는 극히 적으며, '그냥'과 '이냥'을 제외하고는 더 이상 어찌씨 만들기에 관여하지 않는다.

고-냥<어떤 사물이나 일이 더 이상의 변화 없이 그대로 있는 것을 낮잡거나 귀엽게 이르는 말>
그-냥<어떠한 작용을 가하지 않거나 상태의 변화 없이 있는 그대로>
 -(합)그냥-저냥<특별한 일 없이 되는 대로>
이-냥<이러한 모양으로>
 -(합)이냥-저냥<이러저러한 모양으로 그저 그렇게>
요-냥<요러한 모양으로>
저-냥<저러한 모양으로>
조-냥<조러한 모양으로>

5) [대이름씨+-쪼록]어찌씨

대이름씨 '아무'에 어찌씨 파생 가지 '-쪼록'이 덧붙어 결합 과정을 거치면서 파생 어찌씨가 만들어졌다. 이 짜임새에 속하는 어찌씨는 '아무쪼록'이 유일하다.

아무-쪼록<될 수 있는 대로>

1.5. [그 밖의 뿌리+파생 뒷가지]어찌씨

낱말 자격이 모자라는 뿌리에 파생 뒷가지가 덧붙어 결합 과정을 거쳐 파생 어찌씨가 만들어진다. 뿌리에는 토박이말과 한자말이 있다.

1.5.1. [토박이말 뿌리+파생 뒷가지]어찌씨

토박이말 뿌리(가상 뿌리 포함)에 덧붙어 파생 어찌씨를 만드는 파생 뒷가지로는 '-이', '-히', '-에'가 있지만, 생산성은 극히 미미하다.

1) [뿌리+-이]어찌씨

낱말 자격이 모자라며 결합 가능한 형태소가 극히 제한적인 뿌리에 파생 가지 '-이'가 덧붙어 결합 과정을 거쳐 만들어진 파생 어찌씨가 이 짜임새에 해당한다.

갑자기[갑작[21]-이]<생각할 사이가 없이 급히>
급자기[급작[22]-이]<생각할 사이가 없이 매우 급히>
두루딱딱-이<여러 모로 알맞은 꼴>
무럭-이<무엇이 매우 수북하게 많이>
뿔뿔-이<제각기 따로따로>
시울나붓-이<그릇 따위의 가장자리에 겨우 찰 정도로>
오롯-이[23]<고요하고 쓸쓸하게>
적-이<얼마간 또는 적잖이>
　-(합)적이-나<꽤 어지간히>
　　-(합)적이나-하면<형편이 약간이라도 되면>

2) [뿌리+-히]어찌씨

낱말 자격이 모자라며 결합 가능한 형태소가 유일한 뿌리에 파생 가지 '-히'가 덧붙어 결합 과정을 거쳐 파생 어찌씨 '느런히'가 만들어졌다.

느런-히<죽 벌여 있는 상태로>

---

21) '갑작-'은 '갑작스럽다'의 뿌리에 해당한다.
22) '급작-'은 '급작스럽다'의 뿌리에 해당한다.
23) 같은 꼴인 <남고 처짐이 없이 고스란히>의 뜻을 지닌 '오롯이'는 '오롯하다'의 뿌리 '오롯-'에 '-이'가 결합한 파생 어찌씨이다.

3) [뿌리+-에]어찌씨

'찝찔하다'의 뿌리 '찝찔-'에 파생 가지 '-에'가 덧붙어 결합 과정을 거쳐 파생 어찌씨 '찝찌레'가 만들어졌다.

찝찌레<감칠맛이 없고 조금 짠 맛>

1.5.2. [한자말 뿌리+파생 뒷가지]어찌씨

낱말 자격이 모자라는 한자말 뿌리에 파생 가지 '-코', '-이', '-히', '-혀', '-여', '-이나'가 덧붙어 결합 과정을 거쳐 파생 어찌씨가 만들어진다.

1) [한자말 뿌리+-코]어찌씨

결(決)-코<어떠한 경우라도>
결단(決斷)-코<어떤 경우에도 꼭>
결사(決死)-코<어떤 일이 있어도 반드시>
기어(期於)-코<어떤 일이 있어도 반드시>
기필(期必)-코<기어이 꼭>
단정(斷定)-코<딱 잘라 말하건대 틀림없이>
대정(大定)-코<단연코 꼭>
맹세(盟誓)[24]**-코**<굳게 다짐하건대>
무심(無心)-코<아무런 뜻이나 생각이 없이>
분명(分明)-코<'분명(分明)'을 강조하여 이르는 말>
생심(生心)-코<감히 마음대로>
적실(的實)-코<틀림없이 확실하게>
진정(眞正)-코<거짓 없이 참되게>
한사(限死)-코<상대방의 의견 또는 의지에 반하여 몹시 자기 고집을 세워>

---

24) '盟誓'는 발음이 '맹서'로 '맹세'와 다르지만, 어원적으로 '盟誓'에서 온 것이다.

2) [한자말 뿌리+-이]어찌씨

독(獨)-이<다른 사람과 함께 하지 않고 혼자서>
건건(件件)-이<일어나는 일 하나하나마다>
기어(期於)-이<마지막에 이르러서>
산산(散散)-이<물건이나 기대, 희망 따위가 여지없이 깨어지거나 흩어지는 꼴>
언언(言言)-이<말하는 것마다>

3) [한자말 뿌리+-히]어찌씨

속(速)-히<일의 진행이나 움직임 따위가 꽤 빠르게>
기연(期然)-히<틀림없이 꼭 그렇게>
명실공(名實共)-히<알려진 내용과 실제의 내용이 똑같게>

4) [한자말 뿌리+-혀]어찌씨

전(全)-혀<'도무지', '아주', '완전히'>
전(專)-혀<오직>

5) [한자말 뿌리+-여]어찌씨

행(幸)-여<바라건대. 또는 다행히. 어쩌다가 혹시>
  -(합)행(幸)여-나<그럴 리야 없겠지만 그래도>

6) [한자말 뿌리+-이나]어찌씨

연(然)-이나<앞 내용에 대해 상반되는 사실을 진술할 때 쓰여 앞뒤 문장을 이어 주는 말>
수연(雖然)-이나<비록 그러하나>

1.6. [파생 가지$_1$+파생 가지$_1$]어찌씨

파생 가지 '-끼리'가 같은 꼴로 되풀이되어 결합 과정을 거쳐 어찌씨가 만들어졌다. 이 짜임새에 의한 낱말 만들기는 극히 이례적이다. 이 짜임새에 속하는 어찌씨로는 '끼리끼리'가 유일하다.

끼리-끼리[25]<여럿이 무리를 지어 제각기 따로>

2. 파생 앞가지 결합 파생 어찌씨의 짜임새

어찌씨 파생 앞가지는 극히 드물 뿐 아니라 덧붙어 결합될 수 있는 뿌리도 한둘에 불과해 이 짜임새에 의한 어찌씨 만들기는 생산성이 없다. 어찌씨 파생 앞가지로는 '맞-', '몰-', '연(連)-', '올-', '외-', '저-', '한-' 따위가 있다.

2.1. [맞-+어찌씨]어찌씨

파생 앞가지 '맞-'은 일반적으로 일부 이름씨(맞-절)나 움직씨(맞-대들다)에 결합하는 것이 원칙이지만, 이례적으로 어찌씨 '바로'에 덧붙어 '맞바로'란 파생 어찌씨가 만들어졌다. '맞-'과 결합하여 파생 어찌씨가 만들어지는 것은 '맞바로'가 유일하다.

맞-바로<마주보는 쪽을 향하여 바로>

---

25) 준말로 '낄끼리'가 있다.

2.2. [몰-+어찌씨]어찌씨

파생 앞가지 '몰-'은 일반적으로 일부 이름씨(몰-표)나 움직씨(몰-밀다)에 결합하는 것이 원칙이지만, 이례적으로 어찌씨 '몰아'와 '밀어'에 덧붙어 '몰몰아'와 '몰밀어'란 파생 어찌씨가 만들어졌다. '몰-'과 결합하여 파생 어찌씨가 만들어지는 것은 이 두 가지밖에는 없다.

몰-몰아[26]<모두 몰아서>
몰-밀어[27]<모두 한데 밀거나 몰아서>

2.3. [연(連)-+어찌씨]어찌씨

한자말 파생 앞가지 '연(連)-'은 일반적으로 일부 이름씨(연(連)-마루)나 움직씨(연(連)-잇다)에 결합하는 것이 원칙이지만, 이례적으로 어찌씨 '거푸'에 덧붙어 '연거푸'란 파생 어찌씨가 만들어졌다. '연(連)-'과 결합하여 파생 어찌씨가 만들어지는 것은 '연거푸'가 유일하다.

연(連)-거푸<잇따라 여러 번>

---

26) 국립국어연구원 편 『표준국어대사전』에는 '몰몰아', '몰아' 둘 다 올림말로 올라 있지 않다. 『고려대 한국어대사전』에는 '몰몰아'는 사전에 올라 있지만 '몰아'는 어찌씨로 올라 있지 않다. 한글학회 편, 『우리말큰사전』에는 '몰몰아'와 '몰아'가 어찌씨로 올라 있다.

27) 국립국어연구원 편 『표준국어대사전』에는 '몰밀어', '밀어' 둘 다 올림말로 올라 있지 않다. 『고려대 한국어대사전』에는 '몰밀어'는 사전에 올라 있지만 '밀어'는 어찌씨로 올라 있지 않다. 한글학회 편, 『우리말큰사전』에는 '몰밀어'와 '밀어'가 어찌씨로 올라 있다.

2.4. [올-+어찌씨]어찌씨

파생 앞가지 '올-'은 일부 그림씨(올-곧다, 올-바르다)에 결합하는 것이 원칙이지만, 이례적으로 어찌씨 '바로'에 덧붙어 '올바로'란 파생 어찌씨가 만들어졌다. '올-'과 결합하여 파생 어찌씨가 만들어지는 것은 '올바로'가 유일하다.

올-바로<어떤 사물 현상의 정황과 이치에 충분히 맞도록>

2.5. [외-+어찌씨]어찌씨

파생 앞가지 '외-'는 일반적으로 일부 이름씨(외-가닥)나 움직씨(외-떨어지다)에 결합하는 것이 원칙이지만, 이례적으로 어찌씨 '따로'에 덧붙어 '외따로'란 파생 어찌씨가 만들어졌다. '외-'와 결합하여 파생 어찌씨가 만들어지는 것은 '외따로'가 유일하다.

외-따로<혼자서 따로>
  -(파)외따로-이<보기에 외따로 있는 듯하게>

2.6. [저-+어찌씨]어찌씨

파생 앞가지 '저-'는 뜻이 불분명하고 결합될 수 있는 뿌리도 오직 하나이기 때문에 형태소 자격이 의심스럽지만 '저절로'에서 어찌씨 '절로'를 분석해 내면 '저-'가 남기 때문에 편의상 파생 앞가지로 다루었다.

저-절로<작위적인 노력 없이 자연적으로>

2.7. [한-+어찌씨]어찌씨

<가득한>의 뜻을 지니는 파생 앞가지 '한-'은 일반적으로 일부 이름씨(한-아름)에 결합하는 것이 원칙이지만, 이례적으로 어찌씨 '가득'에 덧붙어 '한가득'이란 파생 어찌씨가 만들어졌다. '한-'과 결합하여 파생 어찌씨가 만들어지는 것은 '한가득'이 유일하다.

한-가득<꽉 차도록 가득>

2.8. [앞가지+토씨]어찌씨

앞가지에 토씨가 붙어 결합 과정을 거쳐 어찌씨가 만들어지는 것은 극히 이례적인 낱말 만들기에 해당한다. 이 짜임새에 속하는 어찌씨는 극히 드물어, 이 짜임새에 의한 어찌씨 만들기는 생산성이 없다.

날-로<날것인 채로>
건(乾)[28]-으로<아무런 근거도 없이>

3. 영 파생 가지 결합 파생 어찌씨의 짜임새

파생법에는 뿌리에 파생 가지가 덧붙어 낱말을 만드는 외적 파생법,

28) '건(乾)-'은 '건성으로 행해지는' 의 뜻을 가진 앞가지에 해당한다.

파생 가지에 의하지 않고 파생의 밑말인 뿌리의 닿소리나 홀소리를 바꿈으로써 낱말을 만드는 내적 파생법, 밑말인 뿌리에 어찌씨 파생 가지 '-∅[29]'를 덧붙여 낱말을 만드는 영 파생법에 있음은 앞에서 살핀 바 있다. 영 파생법에 의해 파생된 어찌씨는 파생되기 이전의 밑말과 꼴이 같다. 영 파생법에 따라 만들어진 파생 어찌씨에는 [[풀이씨 줄기+씨끝]+-∅]어찌씨 짜임새와 [[이름씨+-∅]어찌씨 짜임새에 따라 만들어지는 두 가지가 있다. 모든 풀이씨 끝바꿈꼴이나 이름씨에 어찌씨 파생 가지 '-∅'가 결합되어 파생 어찌씨가 만들어지는 것은 아니고 극히 일부에 국한된다.

3.1. [[풀이씨 줄기+씨끝]+-∅]어찌씨

풀이씨 줄기에 씨끝이 결합한 풀이씨의 끝바꿈꼴은 품사가 달라지지 않는다. 곧 풀이씨의 기능을 그대로 가지고 있는데, 여기에 어찌씨 파생 영 형태소가 결합하면 파생 어찌씨가 만들어진다. 이 짜임새에 관여하는 씨끝으로는 '-듯이', '-게', '-어', '-도록', '-니', '-면', '-든지', '-어서', '-고', '-건대'가 있으며, 생산성이 극히 낮은 것으로 '-어도', '-다가', '-은데', '-나', '-기에', '-지만', '-은지', '-으므로', '-은들', '-니까', '-을수록', '-어야', '-자' 따위가 있다.

3.1.1. [[풀이씨 줄기+-듯이]+-∅]어찌씨

풀이씨 줄기에 씨끝 '-듯이'가 결합하여 끝바꿈한 다음 여기에 어찌씨

29) 이후부터는 어찌씨 파생 가지 -∅를 '-∅'로만 표시한다.

파생 영 형태소가 결합하여 파생 어찌씨가 만들어졌다. 이 짜임새에 해당하는 풀이씨 줄기에는 극히 제약이 심하다.

'이잡듯이'와 '미친듯이'는 이 짜임새와 비슷하지만 차이를 보인다. 곧 '이잡듯이'는 '이-잡듯이'로 직접 구성 요소로 분석되어 통사적 짜임새에 해당하며, '미친듯이'는 '미친-듯이'로 분석되어 역시 통사적 짜임새에 해당한다. 여기서의 '듯이'는 씨끝이 아니라 매인이름씨에 해당한다.

이 짜임새에 속하는 파생 어찌씨는 극히 적으며 더 이상 어찌씨 만들기에 관여하지 않는다.

고렇듯이(고렇듯)<고러한 정도까지 몹시>
그렇듯이(그렇듯)<그러한 정도까지 몹시>
내뱉듯이(내뱉듯)<말 따위를 아무 생각 없이 함부로 하는 꼴>
요렇듯이(요렇듯)<요러한 정도로까지 몹시>
이렇듯이(이렇듯)<요러한 정도로까지 몹시>
저렇듯이(저렇듯)<저러한 정도로까지 몹시>
조렇듯이(조렇듯)<조러한 정도로까지 몹시>

3.1.2. [[풀이씨 줄기+-게]+-∅]어찌씨

풀이씨 줄기에 씨끝 '-게'가 결합하여 끝바꿈한 다음 여기에 어찌씨 파생 영 형태소가 결합하여 파생 어찌씨가 만들어졌다. 이 짜임새에 해당하는 풀이씨 줄기에는 제약이 아주 심한 편이다. 이 짜임새에 속하는 파생 어찌씨는 아주 적은 편이며, 더 이상 어찌씨 만들기에 관여하지 않는다.

되게<아주 몹시>
용케<매우 다행스럽게도>

감치게<어떤 일 따위를 아주 깔끔하고 야무지게>
고렇게<고러한 정도로>
고르게<더하고 덜함이 없이 골고루>
그러게<자신의 말이 옳았다는 것을 강조할 때 하는 말>
그렇게<그런 정도로>
불나게<아주 바쁘게>
어떻게<어떤 방법이나 방식으로>
요렇게<요와 같이>
이렇게<이런 정도로>
저렇게<저런 정도로>
조렇게<조러한 정도로>
직사게<보통 이상으로 아주 심하게>
횡허케<조금도 지체하지 않고 아주 빠르게 가는 모양>
아무렇게<마음이 내키는 대로 규모 없이>
참따랗게[30]<딴 생각을 아니 가지고 아주 참되게>
물이못나게<무엇을 정신없이 닦달하는 꼴>
아무렇게나<되는 대로>

3.1.3. [[풀이씨 줄기+-어]+-∅]어찌씨

풀이씨 줄기에 씨끝 '-어'가 결합하여 끝바꿈한 다음 여기에 어찌씨 파생 영 형태소가 결합하여 파생 어찌씨가 만들어졌다. 이 짜임새에 해당하는 풀이씨 줄기에는 제약이 아주 심한 편이다. 이 짜임새에 속하는 파생 어찌씨는 아주 적은 편이며, '그래'를 제외하고는 더 이상 어찌씨 만들기에 관여하지 않는다.

그래<(두 문장 사이에 쓰이어, 앞에 말한 사실을 가리켜) '그것이 원인이 되어'>
-(합)그래-도<앞 내용을 받아들일 만하지만 그럴 수 없거나 그렇지 않음을 나타날 때 쓰여 앞뒤 어구나 문장을 이어 주는 말>

30) 준말로 '참땋게'가 있다.

그래-야<앞의 마땅히 그러해야 할 내용이 뒤의 예상되는 결과를 이끌어낼 때 쓰여 앞뒤 어구나 문장을 이어 주는 말>

내켜<내킨 바람에>

눌러<그대로 계속하여>

앞서<다른 사람이나 어떤 일에 먼저>

어째<어떤 까닭으로>

이어<어떤 행위를 끊지 않고 잇대어>

더불어<거기에다 더하여>

덩달아<남이 하는 대로 따라서>

도틀어<이러니 저러니 할 것 없이 죄다 몰아서>

번(番)갈아<하나씩 하나씩 차례대로 바꾸어서>

있잖아<어떤 이야기를 시작하는 경우>

잘해야<좋게 혹은 크게 잡아 봐야 고작>

철따라<철이 되면 그때에 맞추어>

통밀어[31]<이것저것 가릴 것 없이 평균으로 쳐서>

통틀어<있는 대로 모두 합하여>

그리하여<앞 내용이 뒤 내용의 조건이 되거나 앞의 내용을 덧보태어 설명할 때 쓰여 앞뒤 문장을 이어 주는 말>

머지않아<가까운 장래에>

어찌하여<어떤 이유로>

이리하여<앞 내용이 뒤 내용의 조건이 되거나 앞 내용을 덧보태어 설명할 때 쓰여 앞뒤 문장을 이어 주는 말>

자랑삼아<자랑거리로 삼아서>

참다못해<참을 수 있는 데까지 참다가 더 참을 수가 없어서>

3.1.4. [[풀이씨 줄기+-도록]+-∅]어찌씨

풀이씨 줄기에 씨끝 '-도록'이 결합하여 끝바꿈한 다음 여기에 어찌씨 파생 영 형태소가 결합하여 파생 어찌씨가 만들어졌다. 이 짜임새에 해당하는 풀이씨 줄기에는 제약이 극히 심하다. 이 짜임새에 속하는 파생

31) 준말로 '밀어'가 있다.

어찌씨는 극히 적으며, 더 이상 어찌씨 만들기에 관여하지 않는다.

그토록<그러한 정도로까지>
되도록<될 수 있는 대로>
이토록<이러한 정도로까지>
저토록<저러한 정도로까지>
이슥토록<밤이 깊을 때까지>
저물도록<날이 져서 어두워질 때까지>
만세(萬歲)토록<아주 오랜 세월 동안 내내>
영원(永遠)토록<변함이 없거나 끝없이>
종신(終身)토록<한평생이 다 하도록>
진일(盡日)토록<아침부터 저녁까지 내내>
평생(平生)토록<한평생이 다하도록>

3.1.5. [[풀이씨 줄기+-니]+-∅]어찌씨

풀이씨 줄기에 씨끝 '-니'가 결합하여 끝바꿈한 다음 여기에 어찌씨 파생 영 형태소가 결합하여 파생 어찌씨가 만들어졌다. 이 짜임새에 해당하는 풀이씨 줄기에는 제약이 극히 심하다. 이 짜임새에 속하는 파생 어찌씨는 극히 적으며, '그러니'를 제외하고는 더 이상 어찌씨 만들기에 관여하지 않는다.

그러니<일의 형편이 앞에서 말한 것과 같으니>
 -(합)그러니-만큼<그러한 사정으로 마땅히>
멀거니<넋을 놓고 멍하게>
멍하니<넋이 빠진 듯이 멍청하게>
핑하니<갑작스럽게 아주 빨리>
휭하니<움직이는 모습이 막힘없이 빠르게>
느직하니<느직하게>

덩그러니<텅 빈 곳에 혼자서 쓸쓸하게>
덩그마니<외따로 떨어져 혼자 쓸쓸하게>
멍청하니<멍청하게>
보아하니[32]<외모 따위를 살펴보아 짐작하건대>
설마하니<아무리 그러하다 하더라도>
어두커니<새벽녘에 아직 어둑어둑할 때에>
휘영하니<허전할 정도로 마음이나 공간 따위가 텅 비게>
땅불쑥하니<보통과는 아주 다르게>
소보록하니<소보록하게>

3.1.6. [[풀이씨 줄기+-면]+-∅]어찌씨

풀이씨 줄기에 씨끝 '-면'이 결합하여 끝바꿈한 다음, 여기에 어찌씨 파생 영 형태소가 결합하여 파생 어찌씨가 만들어졌다. 이 짜임새에 해당하는 풀이씨 줄기에는 제약이 아주 심한 편이다. 이 짜임새에 속하는 파생 어찌씨는 아주 적은 편이며, 더 이상 어찌씨 만들기에 관여하지 않는다.

그러면[33]<앞 내용이 뒤 내용의 조건이 됨을 나타낼 때 쓰여 앞뒤 문장을 이어 주는 말>
빼하면<조금이라도 무슨 일이 생기면>
어쩌면[34]<확실하지는 않지만 추측하건대>
이러면[35]<이렇게 하면>
쩍하면<조금이라도 무슨 일이 있기만 하면 곧바로>
척하면<한마디만 하면>
툭하면<조금이라도 무슨 일이 있기만 하면 곧바로>

---

32) 준말로 '봐하니'가 있다.
33) 준말로 '그럼'이 있으며, 이의 합성 어찌씨로 '그럼에도'가 있다.
34) 준말로 '어쩜'이 있다.
35) 준말로 '이럼'이 있다.

까딱하면<조금이라도 일이 잘못되면>
걸핏하면<조금이라도 무슨 일만 있으면 바로>
그렇다면<상태나 모양, 성질 따위가 앞에서 말한 것과 같다면>
말하자면<다른 말로 바꾸어 나타내면>
뻔쩍하면<무슨 일만 있으면 언제나>
야다하면<어찌할 수 없이 긴급하게 되면>
아무러면<어떤 사물이나 상태가 어떻든지 간에 상관없이>
언뜻하면<무슨 생각이 잠깐 떠오르기만 하면>
여북하면<얼마나 심했으면>
왜냐하면[36]<앞 내용에 대한 원인이나 이유를 뒤 내용에서 말할 때 쓰여 앞뒤 문장을 이어 주는 말>
이를터이면[37]<예를 들어 말하자면>
여차(如此)하면<무슨 일이 일어나기만 하면>

3.1.7. [[풀이씨 줄기+-든(튼)/든(튼)지]+-∅]어찌씨

풀이씨 줄기에 씨끝 '-든/든지'가 결합하여 끝바꿈한 다음 여기에 어찌씨 파생 영 형태소가 결합하여 파생 어찌씨가 만들어졌다. 이 짜임새에 해당하는 풀이씨 줄기에는 제약이 극히 심하다. 이 짜임새에 속하는 파생 어찌씨는 극히 적으며, 더 이상 어찌씨 만들기에 관여하지 않는다.

아무튼[38]<앞 문장의 내용이나 흐름과 상관없이 화제를 바꾸거나 본래의 화제로 돌아갈 때 이어 주는 말>
어떻든<일의 형편이나 원인이 어떠하든지 상관없이>
어쨌든<앞 내용을 막론하고 뒤 내용을 말할 때 쓰여 앞뒤 문장을 이어 주는 말>
어떻든지<앞 문장의 내용이나 흐름과 상관없이 화제를 바꾸거나 새로운 화제를 도입할 때 이어 주는 말>

---

36) 준말로 '왜냐면'이 있다.
37) 준말로 '이를테면'과 '일테면'이 있다.
38) 준말로 '암튼'이 있다.

어쨌든지<앞 내용을 막론하고 뒤 내용을 말할 때 쓰여 앞뒤 문장을 이어 주는 말>
여하튼지<앞 문장의 내용이나 흐름과 상관없이 화제를 바꾸거나 새로운 화제를 도입할 때 이어 주는 말>
여하(如何)튼<앞 내용을 막론하고 뒤 내용을 말할 때 쓰여 앞뒤 문장을 이어 주는 말>
하여(何如)튼<앞 내용을 막론하고 뒤 내용을 말할 때 쓰여 앞뒤 문장을 이어 주는 말>
하여(何如)튼지<앞 내용을 막론하고 뒤 내용을 말할 때 쓰여 앞뒤 문장을 이어 주는 말>

3.1.8. [[풀이씨 줄기+-어서]+-∅]어찌씨

풀이씨 줄기에 씨끝 '-어서'가 결합하여 끝바꿈한 다음 여기에 어찌씨 파생 영 형태소가 결합하여 파생 어찌씨가 만들어졌다. 이 짜임새에 해당하는 풀이씨 줄기에는 제약이 극히 심하다. 이 짜임새에 속하는 파생 어찌씨는 극히 적으며, 더 이상 어찌씨 만들기에 관여하지 않는다.

그래서<앞 내용이 뒤 내용의 원인일 때 쓰여 앞뒤 문장을 이어 주는 말>
따라서<앞 내용이 뒤 내용에 대한 이유나 근거가 될 때 쓰여 앞뒤 문장을 이어 주는 말>
앞서서<다른 사람이나 어떤 일보다 먼저>
어째서<무엇 때문에>
이어서<계속하여서>
나아가서<거기에만 머무르지 아니하고>

3.1.9. [[풀이씨 줄기+-고]+-∅]어찌씨

풀이씨 줄기에 씨끝 '-고'가 결합하여 끝바꿈한 다음 여기에 어찌씨 파생 영 형태소가 결합하여 파생 어찌씨가 만들어졌다. 이 짜임새에 해당하는 풀이씨 줄기에는 제약이 극히 심하다. 이 짜임새에 속하는 파생 어찌씨는 극히 적으며, 더 이상 어찌씨 만들기에 관여하지 않는다.

그리고<앞에 말한 사실이나 사물에 이어 나란히 더 벌여 놓을 때 쓰는 말>
그렇다고<앞 내용을 인정하면서 뒤 내용까지 나아가거나 앞 내용과 상반되는 결과로 되지 않음을 나타내어 앞뒤 문장을 이어 주는 말>
덮어놓고<옳고 그름, 좋고 나쁨 따위의 사정을 따지지 않고 그저>
무턱대고<아무 요량도 없이 그냥>
고사(姑捨)하고<더 말할 나위도 없고>

3.1.10. [[풀이씨 줄기+-건대]+-∅]어찌씨

풀이씨 줄기에 씨끝 '-건대'가 결합하여 끝바꿈한 다음 여기에 어찌씨 파생 영 형태소가 결합하여 파생 어찌씨가 만들어졌다. 이 짜임새에 해당하는 풀이씨 줄기에는 제약이 극히 심하다. 이 짜임새에 속하는 파생 어찌씨는 극히 적으며, 더 이상 어찌씨 만들기에 관여하지 않는다.

예컨대<예를 들어 말하자면>
바라건대<간절히 바라는 바이니>
비(比)컨대<비유하여 보자면>
요(要)컨대<요약하여 말하자면>
원(願)컨대<제발 바라는 바이니>

3.1.11. [[풀이씨 줄기+-그 밖의 씨끝]+-∅]어찌씨

풀이씨 줄기에 씨끝이 결합하여 끝바꿈한 다음 여기에 어찌씨 파생 영 형태소가 결합하여 파생 어찌씨가 만들어진 것 가운데 생산성이 극히 낮은 것들이 여기에 해당한다. 생산된 파생 어찌씨가 5개 미만인 것들로 일부는 오직 하나에 불과한 것도 있다.

1) [[풀이씨 줄기+-어도]+-∅]어찌씨

적어도<최소한도로 잡아도>
아무래도<어떤 일이나 상황에 관계없이>
세상(世上)없어도<어떤 일이 생기더라도 반드시>
천하(天下)없어도<어떤 일이 벌어진다 해도 반드시>

2) [[풀이씨 줄기+-다가]+-∅]어찌씨

가다가<어떤 일이 진행되는 동안에 어쩌다가 가끔>
그러다가[39]<지금 하고 있는 것처럼 계속 행동하다가>
어쩌다가[40]<얼마쯤 있다가 가끔>
이러다가[41]<이렇게 하다가>

3) [[풀이씨 줄기+-은데]+-∅]어찌씨

한데<뒤 내용이 앞 내용과 대립될 때 쓰여 앞뒤 문장을 이어 주는 말>
그런데[42]<뒤 내용이 앞 내용과 대립될 때 쓰여 앞뒤 문장을 이어 주는 말>
-(합)그런데-다가[43]<앞 내용에 다른 내용을 또 더할 때 쓰여 앞뒤 문장을 이어 주는 말>
그런데-도<'앞 문장의 상황과 같음에도 불구하고'의 뜻>
가뜩한데<이미 있는 것만으로도 매우 어려운데 그 위에 또>

---

39) 준말로 '그러다'가 있다.
40) 준말로 '어쩌다'가 있다.
41) 준말로 '이러다'가 있다.
42) '그런데'의 준말로 '근데'와 '건데'가 있다.
43) 준말로 '그런데다'가 있다.

4) [[풀이씨 줄기+-나]+∅]어찌씨

하나<앞 내용과 다른 내용을 말할 때 쓰여 앞뒤 문장을 이어 주는 말>
허나<'하나'를 구어체에서 좀 예스럽게 이르는 말>
아무러나<어쨌든. 좌우간에>

5) [[풀이씨 줄기+-기에]+-∅]어찌씨

그러기에<자신의 말이 옳다는 것을 강조할 때 하는 말>
그러기에<상태나 행위, 상황 따위가 앞에서 말한 내용과 같기 때문에>
그러하기에[44]<상태나 행위, 상황 따위가 앞에서 말한 내용과 같기 때문에>

6) [[풀이씨 줄기+-지만]+-∅]어찌씨

하지만<앞 내용과 다른 내용을 말할 때 쓰여 앞뒤 문장을 이어 주는 말>
그렇지마는[45]<뒤 내용이 앞 내용과 다를 때 쓰여 앞뒤 문장을 이어 주는 말>

7) [[풀이씨 줄기+-은지]+-∅]어찌씨

왠지<왜 그런지 모르게. 또는 뚜렷한 이유도 없이>
어쩐지<어찌된 까닭인지>

8) [[풀이씨 줄기+-므로]+-∅]어찌씨

그러므로<앞 내용이 뒤 내용의 원인이나 근거가 될 때 쓰여 앞뒤 문장을 이어 주는 말>
이러므로<앞 내용이 뒤 내용의 원인이나 근거가 될 때 쓰여 앞뒤 문장을 이어 주는 말>

---

44) 준말로 '그렇기에'가 있다.
45) 준말로 '그렇지만'이 있으며, 이의 준말로 '그치만'이 있다.

9) [[풀이씨 줄기+-은들]+∅]어찌씨

보아한들<살펴본다고 한들>
설마한들<아무리 그러하다 하더라도>

10) [[풀이씨 줄기+-니까]+-∅]어찌씨

그러니까<앞 내용이 뒤 내용의 이유나 근거가 될 때 쓰여 앞뒤 문장을 이어 주는 말>

11) [[풀이씨 줄기+-을수록]+-∅]어찌씨

갈수록<시간이 지나가거나 일이 계속될수록 점점 더>

12) [[풀이씨 줄기+-어야]+-∅]어찌씨

고작해야<고작 한다고 해야>

13) [[풀이씨 줄기+-자]+-∅]어찌씨

그러-자<앞에서 말한 일이 일어나자>

3.2. [[이름씨+-∅ 파생 가지]]어찌씨

같은 꼴이며 뜻에서도 연관이 있는 낱말이 이름씨로도 쓰이고 어찌씨로도 쓰일 때, 낱말 만들기 차원에서 세 가지로 설명할 수 있다. 첫째, 꼴은 같지만 각기 다른 낱말로 처리하는 방법이고, 둘째, 같은 낱말로 이름씨로도 쓰이고 어찌씨로도 쓰이는 것으로 처리하는 방법이다. 셋째,

주된 것이 이름씨이고 부차적인 것이 어찌씨이면, 밑말이 이름씨이고 여기에 어찌씨 파생 영 파생접미사가 덧붙어 만들어진 파생 어찌씨로 처리하는 방법이다.[46]

'가로'는 <좌우로 된 방향. 또는 그 길이>란 뜻의 이름씨로 쓰이고, <좌우의 방향으로. 또는 옆으로 길게>라는 뜻의 어찌씨로 쓰인다. 첫 번째 방법에 따르면, 이름씨 '가로'와 어찌씨 '가로'는 같은 꼴의 다른 낱말에 해당된다. 두 번째 방법에 따르면, '가로'가 이름씨로도 쓰이고 어찌씨로도 쓰이는 것으로 본다. 세 번째 방법에 따르면, 이름씨 '가로'가 주된 쓰임으로 보아 어찌씨 '가로'는 이름씨 '가로'가 밑말이 되고 여기에 어찌씨를 만드는 영 파생 가지가 결합되어 파생된 어찌씨에 해당된다.

'깊이'는 <겉에서 속 또는 위에서 아래까지의 길이>란 이름씨와 <정도나 상태가 심하게>의 어찌씨로 쓰여 마치 이름씨에 어찌씨 파생의 영 파생 가지가 덧붙어 파생 어찌씨로 만들어진 것처럼 보인다. 그러나 이름씨인 '깊이'는 풀이씨 줄기 '깊-'에 명사 파생 가지 '-이'가 덧붙어 만들어진 것이며, 어찌씨인 '깊이'는 어찌씨 파생 가지 '-이'가 덧붙어 만들어졌기 때문에 꼴만 같을 뿐이고 서로 다른 낱말에 해당한다. 따라서 이에 해당하는 것들은 이 논의에 포함되지 않는다.

여기서는 세 번째 방식이 합리적인 것으로 보기로 한다. 이 짜임새에 속한 파생 어찌씨는 토박이말인 것과 한자말인 것으로 나누어 여기서는 토박이말에 해당하는 것을 살피고 한자말에 해당하는 것은 제5장에서 살피기로 한다.

---

46) 반대로 어찌씨가 주가 되고 이름씨가 부차적인 것도 있다. 이 경우에는 어찌씨가 밑말이 되고 여기에 이름씨 만드는 영 파생 가지가 결합하여 파생된 명사로 본다. '각각(各各)'은 어찌씨가 주가 되고 이름씨가 부차적이기 때문에 어찌씨 '각각(各各)'에서 이름씨 '각각(各各)'으로 파생된 것으로 본다.

[[가로]이+∅]어<좌우의 방향으로. 또는 옆으로 길게>

[[넉넉[47]]이+∅]어<어떤 기준에 충분히 자고도 남게>

[[맴맴]이+∅]어<아이들이 맴을 돌 때에 부르는 소리>

[[밤낮]이+∅]어<밤과 낮을 가리지 않고 항상>

[[본디]이+∅]어<사물이나 현상이 만들어지거나 생겨난 처음부터>

[[이제]이+∅]어<바로 이때에>

　-(파)이제-껏<지금에 이르기까지>

　-(합)이제-저제<이때나 저 때나>

　　　이제서-야<이제 겨우>

　　　이제-야<이제 겨우>

[[일쑤]이+∅]어<드물지 않게>

[[접때]이+∅]어<오래 지나지 않은 과거의 어느 때에>

[[곤드레]이+∅]어<술이나 잠에 취하여 정신이 흐릿하고 몸을 잘 가누지 못하는 꼴>

　-(합)곤드레-만드레<술이나 잠에 많이 취하여 정신이 흐릿하고 몸을 잘 가누지 못하는 상태로>

[[거리거리]이+∅]어<여러 거리마다>

[[골목골목]이+∅]어<각각의 골목마다>

　-(파)골목골목-이<여러 골목마다 모두>

[[구멍구멍]이+∅]어<각각의 구멍마다>

[[구석구석]이+∅]어<이 구석 저 구석 다>

　-(파)구석구석-이<이 구석 저 구석 다>

[[군데군데]이+∅]어<여러 곳마다>

[[그날그날]이+∅]어<해당하는 그 날짜마다>

[[그때그때]이+∅]어<어떤 일이 벌어지거나 기회가 이루어지는 때마다>

[[내일모레]이+∅]어[48]<내일의 다음날에>

[[뒤죽박죽]이+∅]어<여러 가지 것들이 갈피를 잡을 수 없게 함부로 뒤섞여>

[[마디마디]이+∅]어<마디마다>

[[방울방울]이+∅]어<여러 개의 액체 덩이가 작고 동글게 맺히거나 떨어지는

---

47) 수량을 나타내는 말 뒤에 쓰이는 매인이름씨로 <그것보다 조금 더 됨>의 뜻을 가진다.

48) 준말로 '낼모레'가 있다.

꼴>

[[엊그저께]이+∅]어[49]<이삼일 전에. 또는 며칠 전에>

[[이모저모]이+∅]어<이런저런 여러 가지 면으로>

[[조각조각]이+∅]어<여러 조각으로 깨어지거나 찢긴 꼴>

[[토막토막]이+∅]어<하나의 덩어리가 여러 토막으로 끊기거나 잘린 꼴>

[[하루하루]이+∅]어<하루가 지날 때마다>

[[한참]이+∅]어<꽤 오랫동안>

[[혼자]이+∅]어<남과 함께 하지 않고 홀로>

[[맹탕(湯)]이+∅]어<그저 허망하게>

-(합)맹탕(湯)-으로<터무니없이 마구>

[[생(生)판]이+∅]어<아주 낯설고 생소하게>

[[정(正)말]이+∅]어<그대로 틀림없이>

-(합)정말-로<그대로 틀림없이>

[[한번(番)]이+∅]어<시험 삼아>

[[한편(便)]이+∅]어<앞 내용과 다른 측면의 말을 할 때 씌여 앞뒤 문장을 이어주는 말>

[[조목조목(條目條目)]이+∅]어<하나하나의 조목마다 낱낱이>

-(파)조목조목-이<하나하나의 조목마다 낱낱이>

---

49) 준말로 '엊그제'가 있다.

■■■ 제 4 장 ■■■

합성 어찌씨의 짜임새

뿌리끼리 결합하여 낱말을 만드는 방식이 합성법이다. 합성법은 밑말인 뿌리가 모두 낱말이며 그 짜임새가 통사적 짜임새에 해당하면 통사적 합성 낱말이다. 밑말을 이루는 두 뿌리나 어느 하나가 낱말 자격이 모자라는 의존 형식이거나 두 뿌리가 낱말이더라도 통사적 짜임새에 해당하지 않으면 비통사적 합성 낱말이다.

합성 낱말을 이루고 있는 두 뿌리 가운데 핵이 되는 낱말이나 둘 다가 합성 낱말과 같은 품사인 경우에는 품사 유지 합성 낱말에, 그렇지 않으면 품사 바뀜 합성 낱말에 해당한다.

합성 어찌씨 가운데 핵이 되는 밑말이 어찌씨인 것들은 품사 유지 합성 어찌씨로 제2장에서 다루었다. 이 장에서는 합성 어찌씨 가운데 어찌씨 이외의 낱말이나 낱말 자격이 모자라는 뿌리가 결합하여 이루어진 품사 바뀜 합성 어찌씨를 대상으로 하여 그 짜임새를 살피기로 한다.

품사 바뀜 합성 어찌씨를 통사적 짜임새를 이루고 있는 통사적 합성 어찌씨와 그렇지 않은 비통사적 합성 어찌씨로 나누어 논의하기로 한다.

1. 통사적 합성 어찌씨의 짜임새

통사적 짜임새를 이루고 있는 통사적 합성 어찌씨의 유형으로는 [이름씨^2]어찌씨, [이름씨$_1$+이름씨$_2$]어찌씨, [매김씨+이름씨]어찌씨, [[풀이씨 줄기+씨끝]+[풀이씨 줄기+씨끝]]어찌씨 따위가 있다. 그 밖에 생산성이 극히 낮은 유형으로는 [느낌씨$_1$+느낌씨$_2$]어찌씨, [[임자씨$_1$+토씨]+[임자씨$_2$+토씨]]어찌씨, [[풀이씨 줄기+매김 씨끝]+이름씨]]어찌씨, [이름씨+[풀이씨 줄기+씨끝]]어찌씨, [[풀이씨 줄기+이름 씨끝]^2]어찌씨, [[풀이씨 줄기+매김 씨끝]^2]어찌씨, [[[풀이씨 줄기+매김 씨끝]+매인이름씨]]+[[[풀이씨 줄기+매김 씨끝]+매인이름씨]]어찌씨, [[이름씨+[없이]]어찌씨, [[풀이씨 줄기+매김 씨끝]+이름씨+토씨]+[풀이씨 줄기+씨끝]]어찌씨, [이름씨+어찌씨]어찌씨 따위가 있다.

1.1. [이름씨^2]어찌씨

이름씨가 같은 꼴로 되풀이되어 결합 과정을 거쳐 형태적 짜임새로 바뀌면서 합성 어찌씨가 만들어졌다. 이 짜임새에 해당하는 어찌씨는 이름씨가 자립 형식이기 때문에 통사적 합성 어찌씨에 해당한다. 이 짜임새에 의한 낱말 만들기는 생산성이 그리 적은 편은 아니며, 그 보기는 다음과 같다. 이 합성 어찌씨를 바탕으로 만들어지는 합성 어찌씨는 '때때-로'를 제외하면 없으며, 파생 가지 '-이'가 결합되어 만들어진 파생 어찌씨는 극히 일부가 있다.

때-때<어느 정도 시간적인 간격을 두고 이따금씩>

-(합)때때-로<어느 정도 시간적 간격을 두고 이따금씩>

판-판<아주 완전히. 또는 전혀>

-(파)판판-이<언제나 늘>

가닥-가닥<여러 가닥으로 갈라진 꼴>

-(파)가닥가닥-이<여러 가닥으로 갈라진 상태로>

가락-가락<조금 가늘고 길쭉하게 토막이 난 물건 하나하나가 다>

-(파)가락가락-이<조금 가늘고 길쭉하게 토막이 난 물건 하나하나마다>

가리-가리[1]<여러 가닥으로 찢어진 꼴>

갈기-갈기<여러 가닥으로 찢어진 꼴>

갈래-갈래<여러 가닥으로 갈라지거나 찢어진 꼴>

갈피-갈피<겹치거나 포개진 물건의 낱낱의 사이마다>

거덜-거덜<살림이나 사업 따위가 흔들리어 완전히 망할 듯이 위태로운 꼴>

건성-건성<정성을 들이지 않고 대강 하는 꼴>

걸음-걸음<한 걸음씩 걸을 때마다>

-(파)걸음걸음-이<걸음을 걸을 적마다>

격지-격지<여러 장의 격지로>

고샅-고샅<여러 고샅마다>

고을-고을[2]<여러 고을마다>

굽이-굽이[3]<길이나 강물 따위가 여러 번 휘어져 있는 꼴>

곱슬-곱슬<털이나 실, 머리카락 등이 작고 동그랗게 고부라져 말려 있는 꼴>

깜냥-깜냥<저마다의 능력대로>

-(파)깜냥깜냥-이<저마다의 능력대로>

누렁-누렁<누런 기운이 조금씩 도는 꼴>

다음-다음<순서에 따라 하나하나씩>

더미-더미<각각의 더미마다>

덩이-덩이<작은 물건이 여기저기 뭉쳐 있는 꼴>

도막-도막<길쭉한 물체를 여러 개의 짧은 조각으로 자르는 꼴>

둘레-둘레<이리저리 주위를 두리번거리며 살피는 꼴>

---

1) '갈가리'는 '가리가리'의 준말에 해당하지만, 통사적 합성어에 포함되지 않는다.

2) 준말로 '골골'이 있다.

3) '굽이굽이'에서 '굽이'는 '굽-'에 이름씨 파생 가지 '-이'가 덧붙어 이루어진 파생 이름씨이다.

떨기-떨기<무더기로 있는 떨기마다>
망울-망울<작은 덩어리들이 동글동글하게 한데 엉겨 있는 꼴>
멍울-멍울<조금 작은 덩어리들이 동글동글하게 한데 엉겨 있는 꼴>
메지-메지<물건을 여러 개의 몫으로 따로따로 나누는 꼴>
모개-모개<여러 몫으로 나눈 모개마다>
모숨-모숨<여러 모숨으로 된 꼴>
무리-무리<시기나 형편에 따라 떼를 지어 여러 차례로>
보풀-보풀<종이나 헝겊 따위에 보푸라기가 여기저기 많이 일어난 꼴>
부풀-부풀<종이나 헝겊 따위에 보푸라기가 여기저기 많이 일어난 꼴>
사리-사리<국수나 노끈 따위의 긴 물건을 동그랗게 포개어 감아 놓은 꼴>
사살-사살<잔소리를 자꾸 늘어놓는 꼴>
사설-사설<잔소리나 푸념을 자꾸 길게 늘어놓는 꼴>
살피-살피<틈의 살피마다 모두>
생동-생동<본디의 기운이 없어지지 않고 그대로 생생하게 남아 있는 꼴>
서리-서리<국수나 노끈 따위의 긴 물건을 둥그렇게 포개어 여러 차례 감아 놓은 꼴>
소리-소리<잇따라 크게 외치는 꼴>
송이-송이<여러 송이마다 모두>
시름-시름<병세가 더 나빠지지도 않고 좋아지지도 않으며 오래 계속되는 꼴>
아귀-아귀<음식을 욕심을 내어 입안에 마구 넣고 씹어 먹는 꼴>
알락-알락<여러 가지 밝은 빛깔의 점이나 줄 따위가 고르고 촘촘한 꼴>
얼룩-얼룩<여러 가지 어두운 빛깔의 점이나 줄 따위가 고르게 무늬를 이룬 꼴>
자밤-자밤<나물이나 양념 따위를 손가락 끝에 잡힐 만한 분량으로 잇따라 잡는 꼴>
제때-제때<일이 생기는 바로 그때마다>
줄기-줄기<여러 줄기로 또는 각각의 줄기마다>
진물-진물<눈가나 살가죽이 많이 짓무르고 진물이 괴어 있는 꼴>
차례-차례<순서에 따라 하나씩>
타래-타래<실이나 노끈 따위가 동글게 틀어진 꼴>
하나-하나[4]<한꺼번에 하지 않고 하나씩 하나씩>
모다기-모다기[5]<조금 작은 더미가 여기저기 쌓여 있는 꼴>

---

4) '하나'는 셈씨이지만 편의상 이름씨로 다루었다.

무더기-무더기[6]<한데 쌓아 놓은 더미가 여기저기 많이 있는 꼴>
주저리-주저리<물건이 어지럽게 많이 매달려 있는 꼴>

1.2. [이름씨1+이름씨2]어찌씨

어떤 이름씨가 다른 이름씨와 결합 과정을 거쳐 합성 어찌씨가 만들어지는 경우가 이에 해당한다. 이 짜임새에 해당하는 어찌씨는 이름씨가 둘 다 자립 형식이기 때문에 통사적 합성 어찌씨에 해당한다. 이 짜임새에 의한 낱말 만들기는 생산성이 적은 편이며, 그 보기는 다음과 같다. 이 합성 어찌씨를 밑말로 하여 만들어지는 합성 어찌씨는 없으며, 파생가지 '-껏'이 결합되어 만들어진 파생 어찌씨로는 '밤새껏'이 있다.

간데-족족<가는 곳마다 빠지지 않고 모조리>
검불-덤불<갈피를 잡을 수 없을 정도로 서로 뒤섞여 어수선한 꼴>
괴발-개발<글씨를 아무렇게나 함부로 쓴 것을 비유적으로 이르는 말>
날-새<지난 며칠 동안>
만(萬)[7]**-날**<어떤 경우든 한결같이>
밤-새<날이 샐 때까지 온밤 동안>
  -(파)밤새-껏<밤이 새도록>
백-날<아무리 오랜 시간이 지나도>
사시-사철<봄, 여름, 가을 겨울의 네 계절 내내>
사시-장철<네 철의 어느 철이나 항상>
새새-틈틈<모든 사이와 틈마다>
알락-달락<여러 가지 밝은 빛깔의 점이나 줄 따위의 무늬가 고르지 않게 벌여 있는 꼴>
오늘-내일<오늘이나 내일 사이에. 또는 빠른 시일 안에>

---

5) 준말로 '모닥모닥'이 있다.
6) 준말로 '무덕무덕'이 있다.
7) '만(萬)'은 셈씨이지만 편의상 이름씨로 간주하였다.

요모-조모<요런조런 여러 가지 면으로>
요목-조목<중요한 부분이나 낱낱의 부분을 하나하나 빠짐없이>
요지-가지<이렇게 저렇게 갖가지로>
이제-저제<이때나 저때나>

아래 보기는 이 짜임새와 비슷하지만 하나가 이름씨 자격이 모자라는 뿌리에 해당하는 것들이 있다. 곧 [이름씨+이름씨 상당 뿌리]에 속하는 것들로, 뿌리가 자립성이 없기 때문에 비통사적 합성 어찌씨에 해당한다.

개코-쥐코<쓸데없는 말로 이러쿵저러쿵하는 꼴>
가리산-지리산[8]<어떻게 할 줄 모르고 이리저리 헤매는 꼴>
얼룩-덜룩<여러 가지의 어두운 빛깔의 얼룩이나 줄무늬 따위가 고르지 않게 무늬를 이룬 꼴>
지리산-가리산<어떻게 할 줄 모르고 이리저리 헤매는 꼴>
티격-태격<서로 뜻이 맞지 않아 이러니저러니 시비를 거는 꼴>

1.3. [매김씨+이름씨]어찌씨

매김씨와 이름씨가 결합 과정을 거쳐 형태적 짜임새로 바뀌면서 합성 어찌씨가 만들어진다. 밑말인 이름씨에는 매인이름씨도 포함된다. 이 짜임새에 속하는 어찌씨는 극히 적으며, 그 가운데 '그제'를 제외하고는 모두 더 이상 어찌씨 만들기에 관여하지 않는다.

그-사이<조금 먼 어느 때부터 다른 어느 때까지의 비교적 짧은 동안에>
그-제<'그때에'를 예스럽게 이르는 말>

8) '가리산'은 <사물을 가리어 판단할 만한 지각>을 뜻하는 이름씨이지만 '지리산'은 이름씨로 사전에 올라 있지 않다. 그렇더라도 이름씨에 준하는 것으로 보는 것이 합당하다.

-(합)그제-야<그때에야 비로소>

그제-서<그때에야 비로소>

그제서-야<그때에야 비로소>

그-중<정해진 범위의 여럿 가운데서>

어느-덧<어느 틈인지 모르는 사이에>

어느-새<어느 틈에 벌써>

요-사이[9]<요전부터 이제까지의 가까운 얼마 동안에>

요-즈막<바로 얼마 전부터 이제까지에 이르는 아주 가까운 때에>

요-즈음[10]<요 때의 무렵에>

웬-만치<보통은 넘는 정도로 적당히>

웬-만큼<보통은 넘는 정도로 적당히>

이-즈막<그리 오래지 않은 얼마 전부터 이제까지에 이르는 가까운 때에>

이-즈음[11]<얼마 전부터 이제까지의 무렵에>

제-대로<마땅하고 알맞은 정도로>

한-개(個)<기껏해야 대단한 것 없이 다만>

한-결<한층 더>

한-낱<기껏해야 하나의>

한-목<한 번에 모두>

한-바탕<한 판 크게>

한-번<(주로 입말에서) 아주. 참>

한-소끔[12]<한번 부르르 끓는 꼴>

한-차례<어떤 일이 크게 한 번 일어남을 나타내는 말>

한-층(層)<일정한 정도에서 한 단계 더>

---

9) 준말로 '요새'가 있다.

10) 준말로 '요즘'이 있다.

11) 준말로 '이즘'이 있다.

12) 사전류에는 '소끔'이 이름씨로 올라 있지 않지만, 이름씨에 준하는 것으로 볼 수 있다.

1.4. [[풀이씨 줄기+씨끝]+[풀이씨 줄기+씨끝]]어찌씨

풀이씨의 끝바꿈꼴(풀이씨 줄기+씨끝)이 그대로 되풀이되거나, 비슷하거나 다른 꼴의 풀이씨 끝바꿈꼴과 결합 과정을 거쳐 형태적 짜임새로 바뀌면서 합성 어찌씨가 만들어진다. 이 짜임새에 속하는 어찌씨는 적은 편이며, 더 이상 어찌씨 만들기에 관여하지 않는다. 앞뒤의 씨끝은 대부분 이음씨끝들이며, 같은 꼴로 되풀이되는 특성을 보인다.

1.4.1. 같은 꼴 풀이씨 끝바꿈꼴

풀이씨의 끝바꿈꼴(풀이씨 줄기+씨끝)이 밑말이 되어 그대로 되풀이되어 결합 과정을 거쳐 형태적 짜임새로 바뀌면서 합성 어찌씨가 만들어진다. 이 짜임새에 속하는 어찌씨는 극히 적다.

가다-가다<지나는 길에 우연히>
가며-가며<서두르지 않고 천천히 쉬어 가면서>
곱게-곱게<아주 곱게>
두고-두고<오랜 시간을 두고 여러 번에 걸쳐서>
물어-물어<여기저기 이 사람 저 사람에게 묻고 또 물어서>

1.4.2. 비슷한 꼴 풀이씨 끝바꿈꼴

풀이씨의 끝바꿈꼴(풀이씨 줄기+씨끝)이 밑말이 되어 이와 비슷한 꼴로 되풀이되어 결합 과정을 거쳐 형태적 짜임새로 바뀌면서 합성 어찌씨가 만들어진다. 밑말과 되풀이말에서 씨끝은 같고 풀이씨 줄기만 다른 특성을 보인다. 풀이씨 줄기는 서로 대립적 관계에 놓이는 것들이다. 이 짜임새에 속하는 어찌씨는 그리 많은 편은 아니다.

가나-오나<어디에 있든지 늘 다름없이>
고래-조래<고런조런 이유로>
그래-저래<그러하고 저러한 꼴로>
드나-나나<들어가거나 나오거나>
들락-날락<자꾸 들어왔다 나갔다 하는 꼴>
들랑-날랑<자꾸 들어왔다 나갔다 하는 꼴>
보나-마나<확인해 보지 않아도 예상한 것과 어긋나지 않게>
오나-가나<어디를 가든지 늘 다름없이>
오다-가다<별다른 필연성이라고는 없이 우연히>
오락-가락<계속 요리조리 왔다 갔다 하는 꼴>
오면-가면<어떤 곳에 오면서 가면서>
왔다-갔다<자주 가기도 하고 오기도 하는 꼴>
요래-조래<요러하고 조러한 꼴로>
울고-불고<크게 소리 내어 울기도 하고 부르짖기도 하는 꼴>
우네-부네<소리 내어 야단스럽게 부르짖으며 우는 꼴>
울며-불며<큰 소리로 야단스럽게 울기도 하고 부르짖기도 하는 꼴>
이래-저래<이러저러한 이유로>
이러-구러<시간이 이럭저럭 지나가는 꼴>
자나-깨나<잘 때나 깨어 있을 때나 늘>
죽자-사자<죽을힘을 다하여>
쥐락-펴락<남을 권력이나 세력으로 마음대로 부리거나 휘두르는 꼴>
지나-새나<밤낮없이 언제나>
겯거니-틀거니<서로 겨루느라고 이리저리 겯고 틀고 하는 꼴>
그러나-저러나[13]<지금까지의 이야기를 다른 쪽으로 돌릴 때, '그것은 그렇다 치고'의 뜻>
누르락-붉으락<몹시 성이 나서 얼굴빛이 누렇게 되었다가 붉게 되었다가 하는 꼴>
누르락-푸르락<몹시 성이 나서 얼굴빛이 누렇게 되었다가 푸르게 되었다가 하는 꼴>
밀치락-달치락<자꾸 밀고 잡아당기고 하는 꼴>
붉으락-푸르락<크게 성이 나거나 흥분하여 얼굴빛이 붉어졌다 푸르러졌다 하

---

13) 준말로 '그나저나'가 있다.

는 꼴>

어쩌고-저쩌고<이러하다는 둥 저러하다는 둥 자꾸 여러 말을 늘어놓는 꼴>
얼락-녹을락<물건이나 물 따위가 얼었다가 녹았다가 하는 꼴>
엎치락-덮치락<자꾸 엎치었다가 덮치었다가 하는 꼴>
엎치락-뒤치락<이쪽이 우세했다 저쪽이 우세했다 하면서 양편 세력이 서로 비슷하게 겨루어 나가는 꼴>
오너라-가너라<제멋대로 남을 오라고도 하고 가라고도 하는 꼴>
오르락-내리락<위아래로 오르고 내리는 일을 계속 되풀이하는 꼴>
이러나-저러나<이러하거나 저러하거나 어쨌든>
지나-마르나<언제든지 항상 똑같이>
푸르락-누르락<몹시 성이 나서 얼굴빛이 푸르게 되었다가 누렇게 되었다가 하는 꼴>
들이치락-내치락<마음이 내켰다 내키지 않았다 하면서 변덕스러운 꼴>
앞서거니-뒤서거니<혹시 앞서기도 하고 혹은 뒤따라가기도 하며>
가타-부타(可-否-)<옳다느니 그르다느니>
기연(其然)가-미연(未然)가[14]<그러한지 또는 그렇지 않은지>

1.4.3. 다른 꼴 풀이씨 끝바꿈꼴

풀이씨의 끝바꿈꼴(풀이씨 줄기+씨끝)이 이와 다른 꼴의 풀이씨 끝바꿈과 결합 과정을 거쳐 형태적 짜임새로 바뀌면서 합성 어찌씨가 만들어진다. 이 짜임새에 속하는 어찌씨는 극히 적다.

듣다-못해<어떠한 말을 참으면서 듣고 있다가 더 이상 참을 수가 없어서>
보다-못해<어떠한 일을 보고 참는 데까지 참다가 더 참을 수가 없어서>
아니나-다를까<짐작하거나 예상한 바대로>
하다-못해<요구되는 수준을 가장 낮춘다고 하더라도>

---

14) 준말로 '긴가민가'가 있다.

1.5. 그 밖의 합성 어찌씨 짜임새

합성 어찌씨를 만드는 방법 가운데 생산성이 아주 낮은 것들이 여기에 속한다. 여기에 해당하는 짜임새로는 [느낌씨1+느낌씨2]어찌씨, [[임자씨1+토씨]+[임자씨2+토씨]]어찌씨, [[풀이씨 줄기+매김 씨끝]+이름씨]]어찌씨, [이름씨+[풀이씨 줄기+씨끝]]어찌씨, [[풀이씨 줄기+이름 씨끝]^2]어찌씨, [[풀이씨 줄기+매김 씨끝]^2]어찌씨, [[[풀이씨 줄기+매김 씨끝]+매인이름씨]]+[[[풀이씨 줄기+매김 씨끝]+매인이름씨]]어찌씨, [[이름씨+[없이]]어찌씨, [[풀이씨 줄기+매김씨끝]+이름씨+토씨]+[풀이씨 줄기+씨끝]]어찌씨, [이름씨+어찌씨]어찌씨 따위가 있다.

1.5.1. [느낌씨1+느낌씨2]어찌씨

'느낌씨 느낌씨'의 통사적 짜임새가 결합 과정을 거치면서 형태적 짜임새로 바뀌어 합성 어찌씨가 만들어졌다. 곧 통사적 짜임새 '에구 데구'가 결합 과정을 거쳐 '에구데구'란 형태적 짜임새로 바뀌면서 통사적 합성 어찌씨가 만들어졌다. 이 짜임새에 속하는 어찌씨는 극히 적은 편이며, 더 이상 어찌씨 만들기에 관여하지 않는다.

에구-데구[15]<소리를 마구 지르며 크게 우는 꼴>
에구-에구<몹시 슬프게 우는 소리>
얼싸-절싸[16]<흥이 나서 뛰노는 꼴>

---

15) '데구'란 느낌씨는 사전에 올라 있지 않지만 느낌씨에 준하는 것으로 보았다.
16) '절싸'란 느낌씨는 사전에 올라 있지 않지만 느낌씨에 준하는 것으로 보았다.

1.5.2. [[임자씨1+토씨]+[임자씨2+토씨]]어찌씨

'임자씨1+토씨 임자씨2+토씨'의 통사적 짜임새가 결합 과정을 거치면서 형태적 짜임새로 바뀌어 합성 어찌씨가 만들어졌다. 곧 통사적 짜임새 '날로 달로'가 결합 과정을 거쳐 '날로달로'란 형태적 짜임새로 바뀌면서 통사적 합성 어찌씨가 만들어졌다. 이 짜임새에 속하는 어찌씨는 극히 적은 편이며, 더 이상 어찌씨 만들기에 관여하지 않는다.

날로-달로<날이 가고 달이 갈수록>
너도-나도<서로 뒤지거나 빠지지 않으려고 모두 마찬가지로>
도나-캐나17)<하찮은 아무 사람이나>
예다-제다<여기다가 저기다가>
음(陰)으로-양(陽)으로<남이 알게 모르게>
이나-저나<지금까지의 이야기와는 별로 관계없다는 듯이 다른 말을 할 때, 말의 첫머리에 '어찌되었든지', '하여튼'의 뜻으로 쓰는 말>
이제나-저제나<언제인지 알 수 없을 때 또는 어떤 일을 몹시 안타깝게 기다릴 때 쓰는 말>

1.5.3. [[풀이씨 줄기+매김 씨끝]+이름씨]]어찌씨

풀이씨의 매김꼴과 이름씨가 통합된 통사적 짜임새가 결합 과정을 거치면서 형태적 짜임새로 바뀌어 합성 어찌씨가 만들어졌다. 곧 풀이씨 '되다'의 매김꼴 '되는'과 매인이름씨 '대로'가 '되는 대로'라는 통사적 짜임새를 이루던 것이 결합 과정을 거쳐 형태적 짜임새인 '되는대로'로 바뀌면서 통사적 합성 어찌씨가 만들어졌다. 이 짜임새에서 이름씨는 주로 매인 이름씨로, '대로', '바', '듯이' 따위가 쓰인다. 이 짜임새에 속하는 어

17) '캐나'이기 때문에 비통사적 합성 어찌씨에 해당한다. '개나'이면 통사적 합성 어찌씨에 속한다.

찌씨는 아주 적은 편이며, 더 이상 어찌씨 만들기에 관여하지 않는다.

고런-대로<만족스럽지는 않지만 고러한 정도로>
그런-대로<만족스럽지는 않지만 그러한 정도로>
난-생(生)<세상에 태어나서>
되는-대로<아무렇게나 마음대로>
바른-대로<사실과 다름없이>
요런-대로<만족스럽지는 않지만 요러한 정도로>
이런-대로<만족스럽지는 않지만 이러한 정도로>
이른-바<세상에서 흔히 말하는 바>
저런-대로<만족스럽지는 않지만 저러한 정도로>
조런-대로<만족스럽지 않지만 조러한 정도로>
뛸-듯이<기분이 매우 좋은 상태>
물밀-듯이(물밀듯)<어떤 대상이 세차게 연달아 몰려오는 꼴>
미친-듯이<무언가에 몰입하여 매우 열심히>
보란-듯이(보란듯)<남들 앞에서 자랑스럽거나 당당하게>
보아란-듯이<남들 앞에서 자랑스럽고 버젓하게 드러내어>
봐란-듯이<남들 앞에서 자랑스럽고 버젓하게 드러내어>
불현-듯이(불현듯)<갑자기 어떤 생각이 걷잡을 수 없이 일어나는 꼴>
씻은-듯이(씻은듯)<조금도 남김없이 깨끗하게>
여봐란-듯이(여봐란듯)<남들 앞에서 자랑스럽거나 당당하게>
쥐죽은-듯이(쥐죽은듯)<아무 소리도 내지 않고 꼼짝하지 않는 꼴>

1.5.4. [이름씨+[풀이씨 줄기+씨끝]]어찌씨

이름씨와 풀이씨의 끝바꿈꼴이 통합된 통사적 짜임새가 결합 과정을 거치면서 형태적 짜임새로 바뀌어 합성 어찌씨가 만들어졌다. 곧 이름씨 '오늘'과 풀이씨 '따르다'의 끝바꿈꼴인 '따라'가 통사적 짜임새 '오늘 따라'를 이루던 것이 결합 과정을 거쳐 형태적 짜임새인 '오늘따라'로 바뀌면서 통사적 합성 어찌씨가 만들어졌다. 이 짜임새에 속하는 어찌씨는 아주 적은 편이며, 더 이상 어찌씨 만들기에 관여하지 않는다.

오늘-따라<오늘 유난히 더>
노-드리듯<빗발이 노끈을 드리운 것처럼 굵게 죽죽 쏟아지는 꼴>
물-쓰듯<돈이나 물건 따위를 매우 헤프게 쓰는 꼴>
물-퍼붓듯<말 따위를 거침없이 빨리 하는 꼴>
반(半)-나마<반이 조금 넘게>
밤-도와<밤을 새워서>
밥-먹듯이(밥먹듯)<같은 일을 자주 또는 반복해서 하는 꼴>
불풍[18]**-나게**<자꾸 바쁘게 들어왔다 나갔다 하는 꼴>
살-붙게<아주 가까이하고 싶을 만큼 다정하게>
손-빠르게<일이나 행동 따위를 처리하는 속도가 매우 빠르게>
아닥-치듯<몹시 떠들며 말다툼하는 꼴>
악-패듯<사정없이 몹시 심하게>
억-패듯<사정없이 마구 윽박지르는 꼴>
오복-조르듯<심하게 조르는 꼴>
하루-건너<하루씩 띄어서>
하루-걸러<하루씩 띄어서>
이-잡듯이(이잡듯)<구석구석 빈틈없이 모조리>

1.5.5. [[풀이씨 줄기+이름 씨끝]^{2}]어찌씨

풀이씨의 이름꼴이 같은 꼴로 되풀이되면서 결합 과정을 거쳐 합성 어찌씨가 만들어졌다. 곧 풀이씨 '걷다'의 이름꼴 '걸음'이 그대로 되풀이되면서 결합 과정을 거쳐 '걸음걸음'이란 형태적 짜임새가 되면서 통사적 합성 어찌씨가 만들어졌다. 이 짜임새에 속하는 어찌씨는 아주 적으며, '걸음걸음'을 제외하고는 더 이상 어찌씨 만들기에 관여하지 않는다.

---

18) '불풍'은 이름씨에 올라 있지 않으나 이름씨에 준하는 뿌리로 간주한다.

걸음-걸음<한 걸음씩 걸을 적마다>

 -(파)걸음걸음-이<걸음을 걸을 적마다>

꺾임-꺾임<이리저리 꺾인 꼴>

꾀음-꾀음<달콤한 말로 남을 자꾸 꾀는 꼴>

꾐-꾐<달콤하거나 그럴 듯한 말로 남을 자꾸 꾀는 꼴>

들음-들음<비용이나 물자 따위가 조금씩 자꾸 드는 꼴>

벼름-벼름<어떤 일을 이루려고 자꾸 기회를 엿보는 꼴>

자금-자금<여럿이 다 자그마한 꼴>

포갬-포갬<물건을 겹쳐 놓은 꼴>

흘림-흘림<돈이나 물건 따위를 여러 번에 나누어서 조금씩 주고받거나 써 버리는 꼴>

1.5.6. [[풀이씨 줄기+매김 씨끝]^2]어찌씨

풀이씨의 매김꼴이 같은 꼴로 되풀이되면서 결합 과정을 거쳐 합성 어찌씨가 만들어졌다. 곧 풀이씨 '드물다'의 매김꼴 '드문'이 그대로 되풀이되면서 결합 과정을 거쳐 '드문드문'이란 형태적 짜임새가 되면서 통사적 합성 어찌씨가 만들어졌다. 이 짜임새에 속하는 어찌씨는 극히 적으며, '드문드문'을 제외하고는 더 이상 어찌씨 만들기에 관여하지 않는다.

드문-드문<시간적으로 잦지 않고 사이가 뜬 꼴>

 -(내파)뜨문뜨문<시간적으로 잦지 않고 사이가 상당히 뜬 꼴>

  트믄트믄<여럿이 공간적으로 서로 촘촘하지 않고 사이가 뜨게>

다문-다문[19]<시간적으로 잦지 않고 조금 사이가 뜬 꼴>

나분-나분[20]<경솔하게 혀를 나불거리는 꼴>

---

19) 여린말에서 센말이 파생되는 것이 일반적이지만, '다문다문'은 '드문드문'에서 파생된 것으로 보는 것이 합리적이다. 왜냐하면 '드물다'는 있지만 <'사이가 뜨다'는 뜻의 '다물다'란 풀이씨는 없기 때문이다.

20) '나분'은 '나불거리다'의 뿌리 '나불-'에 매김꼴 씨끝이 결합된 특이한 짜임새에 해당하는 것으로 보인다.

헤픈-데픈<말이나 행동을 신중하지 않게 함부로 해대는 꼴>

1.5.7. [[[풀이씨 줄기+매김 씨끝]+매인이름씨]]+[[[풀이씨 줄기+매김 씨끝]+매인이름씨]]어찌씨

'풀이씨의 매김꼴 매인이름씨 풀이씨의 매김꼴 매인이름씨'의 통사적 짜임새가 결합 과정을 거쳐 형태적 짜임새로 바뀌면서 합성 어찌씨가 만들어졌다. 곧 '할 듯 할 듯'이란 통사적 짜임새가 결합과정을 거쳐 '할듯할듯'이란 형태적 짜임새로 바뀌면서 통사적 합성 어찌씨가 만들어졌다. 이 짜임새에 속하는 어찌씨는 극히 적으며, 더 이상 어찌씨 만들기에 관여하지 않는다.

본숭-만숭<보고도 못 본 체 관심이 없이 건성으로>
본체-만체<보고도 안 본 듯이>
죽을둥-살둥<있는 힘을 다하여 마구 덤비는 꼴>
죽을뻔-살뻔<죽을 고비를 여러 번 겪는 꼴>
할듯-할듯<어떤 행동이나 말을 자꾸 할까 말까 망설이는 꼴>

1.5.8. [[이름씨+[없이]]어찌씨

이름씨에 파생 어찌씨 '없이'가 덧붙어 결합 과정을 거쳐 합성 어찌씨가 만들어졌다. '탈없이'에서 '탈없다'란 풀이씨가 있고 이 줄기에 파생 뒷가지 '-이'가 결합되어 이루어졌다면 파생 어찌씨에 해당하겠지만, '탈없다'란 풀이씨가 없기 때문에 이름씨 '탈'과 '없다'의 끝바꿈꼴인 '없이'가 '탈 없이'란 통사적 짜임새를 이루던 것이 결합 과정을 거쳐 형태적 짜임새로 바뀌어 '탈없이'란 합성 어찌씨가 만들어졌다. '탈'과 '없이' 모두 자립 형식이기 때문에 통사적 합성 어찌씨에 해당한다. 이 짜임새에 속하는 어찌씨는 적은 편으로, 이 짜임새에 의한 낱말 만들기는 생산성이 낮은 편이다. 지금은 이 짜임새에 해당하는 어찌씨가 적은 편이지만 '이름씨 없이'의 통사적 짜임새가 '이름씨+없이'의 형태적 짜임새로 바뀔 가능성이 있기 때문에 앞으로 더 많아질 수 있다.

갈피-없이<어름을 분간할 수 없게 조리 없이>
거짓-없이<사실과 틀림이 없이>
남김-없이<하나도 빠짐이 없이 모두>
마수-없이<나타나는 모양이 아주 뜻밖이고 갑작스럽게>
말썽-없이<문제를 삼을 만한 어려움이나 어긋남이 없이>
재-없이<근거는 없지만 틀림이 없이>
탈-없이<뜻밖의 변고나 사고가 일어나지 않은 상태로>
흥허물-없이<남의 비난을 받을 만한 잘못이나 결함이 없이>
흔적-없이<어떤 일이 진행된 뒤에 남겨진 자취가 없이>
겁(怯)-없이<아무런 무서운 것 없이>
미련(未練)-없이<딱 잘라 단념하여>
변화(變化)-없이<바뀌어 달라지는 것이 없이>
부담(負擔)-없이<짐스럽거나 불편한 마음을 가지지 않고>
불평(不平)-없이<불만 없이>
세상(世上)-없이<이 세상에 그보다 더 나은 것이 없이>
예외(例外)-없이<보통의 예에서 벗어남이 없이>
외수(外數)-없이<예외가 없거나 틀림이 없이>
전례(前例)-없이<이전에 그와 유사한 사례가 없이>
천하(天下)-없이<온 세상에 그러한 예가 다시없을 정도로>

1.5.9. [[풀이씨 줄기+매김 씨끝]+이름씨+토씨]+[풀이씨 줄기+씨끝]]어찌씨

'풀이씨의 매김꼴 이름씨+토씨 풀이씨의 끝바꿈꼴'이란 통사적 짜임새가 결합 과정을 거쳐 형태적 짜임새로 바뀌면서 합성 어찌씨가 만들어졌다. 곧 '아닌 것이 아니라'란 통사적 짜임새가 결합 과정을 거쳐 '아닌게아니라'란 형태적 짜임새가 되면서 통사적 합성 어찌씨가 만들어졌다. 이 짜임새에 속하는 어찌씨로는 '아닌게아니라'가 유일하다.

아닌게-아니라21)<앞에서 말한 사실이 확실함을 알게 될 때에 '과연', 또는 '정말로'의 뜻>

2. 비통사적 합성 어찌씨의 짜임새

뿌리끼리 결합하여 낱말을 만드는 방식이 합성법이다. 합성법은 밑말인 뿌리가 모두 낱말이며 그 짜임새가 통사적 짜임새에 해당하면 통사적 합성 낱말이다. 밑말을 이루는 두 뿌리나 어느 하나가 낱말 자격이 모자라는 의존 형식이거나 두 뿌리가 낱말이더라도 통사적 짜임새에 해당하지 않으면 비통사적 합성 낱말이다. 여기서는 비통사적 합성 어찌씨의 짜임새에 관하여 살피기로 한다.

2.1. [풀이씨 뿌리²]어찌씨

풀이씨의 뿌리가 같은 꼴로 되풀이되면서 결합 과정을 거쳐 합성 어찌씨가 만들어진다. 풀이씨 뿌리는 낱말 자격이 모자라기 때문에 의존 형식에 해당하여 이 짜임새에 의해 만들어진 어찌씨들은 비통사적 합성 어찌씨에 해당한다. 이 짜임새에 속하는 유형으로는 ['-거리다' 결합 뿌

21) '아닌게아니라'는 한글학회 편 『우리말큰사전』에 어찌씨로 올라 있고, 『표준국어대사전』에는 어찌씨가 아니라 관용구로 올라 있다.

리[2]]어찌씨, ['-하다' 결합 뿌리[2]]어찌씨, ['-그리다' 결합 뿌리[2]]어찌씨, ['-스럽다' 결합 뿌리[2]]어찌씨, ['-기다' 결합 뿌리[2]]어찌씨, ['-대다' 결합 뿌리[2]]어찌씨, ['-어지다' 결합 뿌리[2]]어찌씨, ['-업다' 결합 뿌리[2]]어찌씨 따위가 있다. 이 짜임새에 해당하는 뿌리는 모두가 토박이말이며, 이 짜임새에 의해 만들어진 어찌씨들은 거의 대부분 흉내말에 해당한다.

2.1.1. ['-거리다' 결합 뿌리[2]]어찌씨

풀이씨 '-거리다'의 뿌리가 같은 꼴로 되풀이되면서 결합 과정을 거쳐 합성 어찌씨가 만들어졌다. 예컨대 '가닐거리다<살갗이 간지럽고 자릿한 느낌이 자꾸 나다>'의 뿌리 '가닐-'은 같은 꼴로 되풀이되면서 결합 과정을 거쳐 같은 꼴 되풀이 합성 어찌씨 '가닐가닐<살갗이 자꾸 간지럽고 자릿한 느낌>'이 만들어졌다. 합성 어찌씨를 이루는 밑말이 의존 형식이기 때문에 이 짜임새의 해당하는 어찌씨들은 모두 비통사적 합성 어찌씨에 속한다. 거의 대부분 '-거리다' 결합형 풀이씨 뿌리가 이 짜임새에 의해 합성 어찌씨를 만들 수 있기 때문에 풀이씨 '-거리다'의 뿌리는 같은 꼴로 되풀이되어 합성 어찌씨를 만드는 것이 가능하다고 일반화할 수 있다. 풀이씨 '-거리다' 가운데 이 짜임새에 의해 만들어진 합성 어찌씨가 없어 사전에 올림말로 올라 있지 않더라도 앞으로 새로이 만들어질 가능성이 매우 크다.

이 짜임새에 속하는 어찌씨는 대부분 흉내말들로 꼴흉내말은 물론 소리흉내말까지 대단히 많다. 따라서 이 짜임새에 의한 어찌씨 만들기는 생산성이 아주 높은 편이다. 이 짜임새에서 밑말이 되는 뿌리는 모두 토박이말이며, 한 형태소로 이루어진 것이 대다수이지만, 극히 일부 두 형태소로 이루어진 것도 있다. '가닐거리다'의 '가닐-'은 하나의 형태소이지만, '울먹거리다-'의 '울먹-'은 두 형태소로 이루어진 뿌리에 해당한다.

이 짜임새에 해당하는 어찌씨는 다른 뿌리나 파생의 가지와 결합하지 않기 때문에 더 이상 낱말 만들기에 관여하지 않는다. 그러나 이 가운데 극히 일부는 내적 파생법에 따라 밑말이 되어 파생 어찌씨를 만들어 낱말 만들기에 참여한다. '매끌매끌<몹시 매끄러운 꼴>'에서 '매끌-'은 '매끌거리다'란 풀이씨가 없기 때문에 이 짜임새에 해당하지 않는다. 그러나 이 짜임새에 속하는 '미끌미끌'에서 홀소리 /ㅣ/를 /ㅐ/로 바꾸어 주어 새로운 낱말을 파생시키는 내적 파생법에 따라 '매끌매끌'이 만들어졌다. '버슬-버슬', '보슬-보슬', '부슬-부슬'과 '파슬-파슬', '퍼슬-퍼슬', '포슬-포슬', '푸슬-푸슬'에서 '버슬-', '보슬-', '부슬-[22]'과 '파슬-', '퍼슬-', '포슬-', '푸슬-'도 '-거리다'란 풀이씨가 없기 때문에 이 짜임새에 해당하지 않는다. 그러나 이 짜임새에 속하는 '바슬-바슬'에서 홀소리나 닿소리를 바꾸어 주어 새로운 낱말을 파생시키는 내적 파생법에 따라 이들 합성 어찌씨가 만들어졌다. '바슬-바슬'을 밑말로 하여 내적 파생법에 따라 홀소리나 닿소리를 바꾸어 만들어진 어찌씨를 보면 다음과 같다.

바슬-바슬<덩이진 가루 따위가 물기가 말라 부스러지거나 흩어지기가 매우 쉬운 꼴>
 -(파)파슬-파슬<덩이진 가루 따위가 물기가 말라 부스러지거나 흩어지기가 매우 쉬운 꼴>
 버슬-버슬<덩이진 가루 따위가 물기가 바싹 말라 부스러지거나 흩어지기 쉬운 꼴>
 -(파)퍼슬-퍼슬<덩이진 가루 따위가 물기가 바싹 말라 부스러지거나 흩어지기 매우 쉬운 꼴>
 보슬-보슬<덩이진 가루 따위가 물기가 적어서 잘 엉기지 못하고 잘게 부스

22) '부슬-'에 '-거리다'가 결합된 '부슬거리다<눈이나 비가 성기게 조용히 계속 내리다>'란 풀이씨가 있지만, 여기서의 '부슬-'과는 뜻이 다르다.

러지는 꼴>

–(파)포슬–포슬<덩이진 가루 따위가 물기가 매우 적어서 잘 엉기지 못하고 잘게 부스러지는 꼴>

부슬–부슬<덩이진 가루 따위가 물기가 적어서 잘 엉기지 못하고 부스러지는 꼴>

–(파)푸슬–푸슬<덩이진 가루 따위가 물기가 매우 적어서 잘 엉기지 못하고 부스러지는 꼴>

곧 합성 어찌씨 '바슬바슬'에서 홀소리 /ㅏ/를 /ㅓ/로 바꾸어 '버슬버슬'이, /ㅗ/로 바꾸어 '보슬보슬'이, /ㅜ/로 바꾸어 '부슬부슬'이 만들어졌고, 이들 어찌씨에서 닿소리 /ㅂ/을 /ㅍ/으로 바꾸어 '파슬파슬', '퍼슬퍼슬', '포슬포슬', '푸슬푸슬'이 만들어졌음을 알 수 있다. 이 짜임새의 어찌씨 가운데 '미끌미끌'과 '바슬바슬'만이 밑말이 되어 낱말 만들기에 참여하고, 그 밖의 모든 어찌씨는 더 이상 낱말 만들기에 관여하지 않는다.

'**거들–거들**<우쭐하여 잘난 체하며 자꾸 버릇없이 행동하는 꼴>'도 '**가들–가들**<조금 버릇없이 잘난 체하며 자꾸 채신없이 행동하는 꼴>'에서 파생된 내적 파생 어찌씨로 볼 수도 있지만, '거들-'은 풀이씨 '거들거리다'의 뿌리이기 때문에 '거들-'이 되풀이되어 이루어진 합성 어찌씨로 다루었다.

'-거리다'가 결합되는 뿌리인 밑말이 모두 토박이말로, 대부분 2음절과 3음절짜리이며 4음절짜리는 하나밖에 없다.

1) ['2음절–거리다' 뿌리[2]]어찌씨

2음절짜리 '-거리다' 뿌리가 그대로 되풀이되어 결합과정을 거쳐 합성 어찌씨가 만들어진다. 어찌씨 가운데 이 짜임새에 속하는 어찌씨가 가장 많은 수를 차지한다. 이 짜임새에 속하는 어찌씨는 극히 일부를 제외하고는 더 이상 어찌씨 만들기에 관여하지 않는다.

가닐-가닐<살갗이 자꾸 간지럽고 자릿한 느낌>

가동-가동<어린아이의 겨드랑이를 끼어들고 올렸다 내렸다 하며 어를 때, 아이가 다리를 오그렸다 폈다 하는 꼴>

가둥-가둥<몸집이 작은 사람이 엉덩이를 가볍게 자꾸 흔드는 꼴>

가들-가들<조금 버릇없이 잘난 체하며 자꾸 채신없이 행동하는 꼴>

가랑-가랑<목구멍에 가래 따위가 걸려 숨을 쉴 때마다 자꾸 조금 거치적거리는 소리>

가물-가물<의식이나 기억이 조금 흐릿해져서 정신이 약간 드는 듯 마는 듯 하는 꼴>

가불-가불<사람이 조금 방정맞게 행동하는 꼴>

가칫-가칫<뾰족한 물건 따위가 살갗에 자꾸 조금씩 닿아 걸리는 꼴>

가탈-가탈<사람이 타거나 짐을 싣기 불편할 정도로 말이 비틀거리며 걷는 꼴>

간닥-간닥<작은 물체가 조금씩 자꾸 움직이거나 흔들리는 꼴>

간당-간당<작은 물체가 매달려서 가볍게 자꾸 흔들리는 꼴>

간댕-간댕<작은 물체가 위태롭게 매달려서 조금씩 자꾸 흔들리는 꼴>

간동-간동<무엇이 흩어지지 않게 깔끔하게 잘 가다듬어 거두는 꼴>

간들-간들<바람이 부드럽고 가볍게 자꾸 부는 꼴>

간질-간질<부드러운 물체가 살살 닿을 때처럼 자릿자릿한 느낌>

갈강-갈강<목구멍에 가래 따위가 걸려 숨 쉴 때마다 조금 거칠게 나는 소리>

갈근-갈근<남은 음식이나 재물을 얻으려고 자꾸 조금 구차스럽게 구는 꼴>

갈근-갈근<간지럽게 자꾸 조금 거치적거리는 꼴>

갈씬-갈씬<작은 사물이 무엇에 겨우 닿을락 말락 하는 꼴>

갉작-갉작<날카롭고 뾰쪽한 것으로 바닥이나 거죽을 자꾸 문지르거나 깎는 꼴>

갉죽-갉죽<날카롭고 뾰쪽한 것으로 물체를 자꾸 무디게 박박 문지르거나 깎는 꼴>

감실-감실<작게 보이는 사람이나 물체, 빛 등이 먼 곳에서 어렴풋이 자꾸 움직이는 꼴>

개신-개신<게으르거나 기운이 없거나 하여 자꾸 조금 힘없이 행동하는 꼴>

거들-거들<우쭐하여 잘난 체하며 자꾸 버릇없이 행동하는 꼴>

거듬-거듬<흩어져 있거나 널려 있는 것을 대충 거두어들이는 꼴>

거물-거물<불빛 따위가 희미하여 자꾸 사라질 듯 말 듯 움직이는 꼴>

거불-거불<몸이나 물체가 자꾸 크게 흔들리거나 움직이는 꼴>

거칫-거칫<뾰족한 물건 따위가 살갗에 자꾸 닿아 걸리는 꼴>

거푼-거푼<물체의 한 부분이 바람에 떠들려 가볍게 자꾸 움직이는 꼴>

거풀-거풀<물체의 한 부분이 바람에 날리어 이리저리 자꾸 흔들리는 꼴>
거풋-거풋<물체의 한 부분이 바람에 떠들려 힘 있고 빠르게 자꾸 움직이는 꼴>
걱실-걱실<성격이 활달하여 말과 행동을 시원시원하게 하는 꼴>
건뎅-건뎅<물체가 매달려서 자꾸 흔들리는 꼴>
건들-건들<물체가 가볍고 크게 이리저리 자꾸 흔들리는 꼴>
건중-건중<흐트러진 물건이나 일을 자꾸 가리고 골라 가지런히 정돈하는 꼴>
걸근-걸근<목구멍에 가래 같은 것이 걸려 근지럽게 거치적거리는 꼴>
걸근-걸근<음식이나 남의 것을 얻어먹으려고 던적스럽게 구차스러운 짓을 자꾸 하는 꼴>
걸씬-걸씬<사물이 무엇에 겨우 닿을락 말락 하는 꼴>
걸쩍-걸쩍<활발하고 시원스럽게 행동하는 꼴>
검실-검실<사람이나 물체, 빛이 먼 곳에서 자꾸 움직이는 꼴>
게걸-게걸<상스러운 말로 자꾸 떠들어 대는 꼴>
게정-게정<불평이 담긴 말과 행동을 자꾸 하는 꼴>
고깃-고깃<종이나 천 따위를 잔금이 지도록 자꾸 접거나 비비는 꼴>
고롱-고롱<병이 오래되거나 몸이 약하여 자꾸 시름시름 앓는 꼴>
고물-고물<몸이나 몸의 일부를 작고 느리게 자꾸 움직이는 꼴>
고분-고분<말이나 행동이 공손하고 부드러운 꼴>
고불-고불<이리저리 조금 구부러진 꼴>
곰실-곰실<벌레 따위가 작고 느리고 조금씩 자꾸 움직이는 꼴>
구깃-구깃<종이나 천 따위를 잔금이 지도록 마구 자꾸 접거나 비비는 꼴>
구물-구물<몸이나 그 일부를 느리게 자꾸 움직이는 꼴>
구불-구불<이리저리 구부러져 있는 꼴>
군실-군실<벌레가 살갗 위로 기어가는 것처럼 몸이 자꾸 가려운 느낌>
굼실-굼실<벌레 따위가 느리게 조금씩 자꾸 움직이는 꼴>
궁싯-궁싯<잠이 오지 아니하여 누운 채로 몸을 이리저리 자꾸 뒤척이는 꼴>
그닐-그닐<살갗이 근지럽고 저린 느낌이 자꾸 나는 꼴>
그렁-그렁<목구멍에 가래 따위가 걸려 숨을 쉴 때마다 자꾸 거치적거리는 소리>
그물-그물<날이 개지 않고 자꾸 흐려지는 꼴>
근덕-근덕<조금 큰 물체가 조금씩 자꾸 움직이거나 흔들리는 꼴>
근뎅-근뎅<조금 큰 물체가 위태롭게 매달려서 자꾸 흔들리는 꼴>
근들-근들<물체가 이리저리 자꾸 흔들리는 꼴>
근실-근실<가려운 느낌이 자꾸 나는 꼴>

근질-근질<부드러운 물체가 닿을 때처럼 저릿저릿한 느낌>
글겅-글겅<목구멍에 가래 따위가 걸려 숨 쉴 때마다 거칠게 나는 소리나 느낌>
글컹-글컹<남의 심사를 자꾸 긁어 기분을 상하게 하는 꼴>
긁적-긁적<날카롭고 뾰족한 것으로 바닥이나 거죽을 자꾸 마구 문지르거나 깎는 꼴>
긁죽-긁죽<날카롭고 뾰족한 것으로 물체를 자꾸 크고 무디게 함부로 문지르거나 깎는 꼴>
금실-금실<느리고 크게 자꾸 물결치는 꼴>
기신-기신<게으르거나 기운이 없거나 하여 자꾸 힘없이 행동하는 꼴>
까들-까들<거만하거나 잘난 체하며 자꾸 버릇없이 행동하는 꼴>
까막-까막<희미하고 작은 불빛이 자꾸 꺼질 듯 말 듯 하는 꼴>
까물-까물<의식이나 기억이 꽤 흐릿해져서 정신이 드는 듯 마는 듯 하는 꼴>
까불-까불<사람이 자꾸 경솔하고 방정맞게 행동하는 꼴>
까칫-까칫<뾰족한 물건 따위가 살갗에 세게 자꾸 조금씩 닿아 걸리는 꼴>
깍둑-깍둑<조금 단단한 물건을 작고 고르지 않게 자꾸 써는 꼴>
깐닥-깐닥<작은 물체가 자꾸 움직이거나 흔들리는 꼴>
깐작-깐작<끈끈한 것이 자꾸 달라붙는 꼴>
깐족-깐족<쓸데없이 조금 밉살스럽게 자꾸 들러붙는 꼴>
깐죽-깐죽<쓸데없이 밉살스럽게 자꾸 들러붙는 꼴>
깔딱-깔딱<약한 숨이 곧 넘어갈 듯이 자꾸 끊어졌다 이어졌다 하는 소리>
깔짝-깔짝<얇고 빳빳한 물체의 바닥이 깔짝거리는 소리>
깔짝-깔짝<갉으며 깔짝거리는 꼴>
깔쭉-깔쭉<거칠고 따끔거리는 느낌>
깝신-깝신<고개나 몸을 방정맞게 자꾸 움직이는 꼴>
깝작-깝작<조금 방정맞게 자꾸 까부는 꼴>
깝죽-깝죽<몸이나 몸의 일부를 방정맞게 자꾸 움직이는 꼴>
깨작-깨작<음식을 먹기 싫은 듯이 자꾸 억지로 먹는 꼴>
깨작-깨작<글씨나 그림 등을 되는 대로 아무렇게나 자꾸 쓰거나 그리는 꼴>
깨죽-깨죽<자꾸 종알종알 불평하는 꼴>
깨질-깨질<음식을 먹기 싫은 듯이 자꾸 억지로 천천히 먹는 꼴>
꺌깩-꺌깩<숨이 막혔다가 터져 나오는 소리가 잇달아 나는 소리>
꺼들-꺼들<몹시 우쭐하여 잘난 체하며 자꾸 버릇없이 교만하게 구는 꼴>
꺼떡-꺼떡<몹시 잘난 체하며 버릇없이 교만하게 구는 꼴>

꺼물-꺼물<멀리 있는 물체가 매우 희미하여 보일 듯 말 듯 움직이는 꼴>
꺼벅-꺼벅<머리나 몸을 멋쩍게 자꾸 숙였다 들었다 하는 꼴>
꺼불-꺼불<사람이 자꾸 몹시 방정맞게 행동하는 꼴>
꺼칫-꺼칫<뾰족한 물건 따위가 살갗에 세게 자꾸 닿아 걸리는 꼴>
꺽둑-꺽둑<단단한 물건을 크고 고르지 않게 자꾸 써는 꼴>
꺽죽-꺽죽<잘난 체하며 몸을 흔들며 자꾸 떠드는 꼴>
껄끔-껄끔<거칠거나 날카로운 것이 살갗에 닿아 자꾸 뜨끔거리는 느낌>
껄떡-껄떡<물 따위의 액체를 조금씩 세게 자꾸 삼키는 소리>
껄쭉-껄쭉<거칠고 뜨끔거리는 느낌>
껍신-껍신<고개나 몸을 방정맞게 자꾸 크게 움직이는 꼴>
껍적-껍적<방정맞게 함부로 자꾸 까부는 꼴>
껍죽-껍죽<몸이나 몸의 일부를 방정맞게 자꾸 크게 움직이는 꼴>
께적-께적<음식을 몹시 먹기 싫은 듯이 자꾸 억지로 천천히 먹는 꼴>
께죽-께죽<자꾸 중얼중얼 불평하는 꼴>
께질-께질<음식을 몹시 먹기 싫은 듯이 자꾸 억지로 천천히 먹는 꼴>
꼬깃-꼬깃<종이나 천 따위를 잔금이 생기도록 자꾸 세게 접거나 비비는 꼴>
꼬물-꼬물<몸이나 그 일부를 작고 매우 느리게 자꾸 움직이는 꼴>
꼬불-꼬불<이리저리 자꾸 많이 구부러져 있는 꼴>
꼼실-꼼실<작은 벌레 따위가 매우 느리고 작게 조금씩 자꾸 움직이는 꼴>
꽁알-꽁알<성이 차지 않아 못마땅하여 작은 소리로 자꾸 중얼거리는 소리>
꾸깃-꾸깃<종이나 천 따위를 잔금이 지도록 마구 세게 접거나 비비는 꼴>
꾸물-꾸물<몸이나 몸의 일부를 매우 느리게 자꾸 움직이는 꼴>
꾸불-꾸불<이리저리 자꾸 아주 많이 구부러져 있는 꼴>
꾸역-꾸역<한군데로 많은 사람 또는 사물이 잇따라 몰리거나 생기거나 하는 꼴>
꿈실-꿈실<벌레 따위가 매우 느릿하게 조금씩 자꾸 움직이는 꼴>
꿍얼-꿍얼<매우 성에 차지 않거나 못마땅하여 작은 소리로 자꾸 중얼거리는 소리>
끄먹-끄먹<희미한 불빛이 자꾸 꺼질 듯 말 듯 하는 꼴>
끄물-끄물<날이 개지 않고 자꾸 매우 흐려지는 꼴>
끈덕-끈덕<큰 물체가 자꾸 움직이거나 흔들리는 꼴>
끈떡-끈떡<큰 물체가 둔하게 자꾸 움직이거나 흔들리는 꼴>
끈적-끈적<끈끈한 것이 자꾸 들러붙는 꼴>
끌쩍-끌쩍<날카로운 물체로 딱딱한 표면을 자꾸 긁어서 뜯거나 상처를 내는 꼴>

낄끽-낄끽<숨이 막혔다가 힘겹게 터져 나오는 소리가 잇달아 나는 소리>
나근-나근<길고 가느다란 물건이 매우 부드럽고 가볍게 자꾸 흔들리는 꼴>
나달-나달<종이나 헝겊 따위가 여러 가닥으로 조금 어지럽게 늘어져 자꾸 흔들리는 꼴>
나불-나불<얇은 물체가 자꾸 가볍게 나부껴 흔들리는 꼴>
나붓-나붓<얇은 천이나 종이 따위가 바람에 자꾸 가볍게 흔들리는 꼴>
나울-나울<늘어진 천이나 물결, 나뭇잎 따위가 매우 부드럽고 가볍게 굽이져 움직이는 꼴>
나탈-나탈<종이나 헝겊 따위가 여러 가닥으로 조금 어지럽게 늘어져 자꾸 흔들리는 꼴>
나팔-나팔<작은 천이나 종이 따위가 빠르고 탄력 있게 자꾸 나부끼는 꼴>
나푼-나푼<얇고 넓은 물체가 자꾸 매우 가볍게 움직이거나 나부끼는 꼴>
나풀-나풀<작고 얇은 물체가 가볍고 탄력 있게 자꾸 움직이는 꼴>
난작-난작<물체가 약간 물러지거나 자꾸 힘없이 처지는 꼴>
난질-난질<물체가 약간 물러지도록 자꾸 힘없이 조금 처지는 꼴>
날름-날름<혀나 손 따위를 자꾸 날쌔고 가볍게 내밀었다 들였다 하는 꼴>
날짱-날짱<나른한 태도로 조금 느릿하게 행동하는 꼴>
날짱-날짱<성질이나 됨됨이가 조금 느리고 야무지지 못한 꼴>
날캉-날캉<무엇이 매우 물러서 조금씩 자꾸 늘어지는 꼴>
날큰-날큰<무엇이 물러서 조금씩 자꾸 늘어지는 꼴>
남상-남상<조금 얄미운 태도로 무엇을 자꾸 넘겨다보는 꼴>
낭창-낭창<가는 막대나 줄 따위가 조금 탄력 있게 자꾸 흔들리는 꼴>
너덜-너덜<종이나 헝겊 따위가 여러 가닥으로 매우 어지럽게 늘어져 자꾸 흔들리는 꼴>
너불-너불<거볍게 너불거리는 꼴>
너불-너불<실없이 입을 너불거리는 꼴>
너붓-너붓<엷은 천이나 종이 따위가 바람에 자꾸 흔들리는 꼴>
너울-너울<팔이나 날개 따위를 활짝 펴고 아래위로 잇따라 부드럽고 천천히 움직이는 꼴>
너털-너털<종이나 헝겊 따위가 여러 가닥으로 매우 어지럽게 늘어져 자꾸 심하게 흔들리는 꼴>
너펄-너펄<큰 종이나 천 따위가 빠르고 탄력 있게 자꾸 나부끼는 꼴>
너푼-너푼<얇고 넓은 물체가 자꾸 크고 가볍게 날리거나 흔들리는 꼴>

너풀-너풀<크고 얇은 물체가 조금 가볍게 탄력 있게 자꾸 움직이는 꼴>
넘늘-넘늘<아래로 길게 축 늘어져 자꾸 흔들거리는 꼴>
넘성-넘성<얄미운 태도로 무엇을 자꾸 넘겨다보는 꼴>
넘실-넘실<조금 크고 부드럽게 자꾸 움직이는 꼴>
노글-노글<약간 무르고 물기나 기름기가 돌아 부드러운 꼴>
노닥-노닥<수다스럽게 재미있는 말을 자꾸 늘어놓는 꼴>
녹신-녹신<매우 보드랍고 말랑말랑한 꼴>
누글-누글<무르고 물기나 기름기가 돌아 매우 부드러운 꼴>
뉘엿-뉘엿<해가 산이나 지평선 너머로 조금씩 넘어가는 꼴>
느근-느근<부드럽고 탄력이 있게 자꾸 움직이는 꼴>
느근-느근<먹을 것이 내리지 않아 느근하여지는 꼴>
느글-느글<속이 자꾸 메스꺼워 곧 토할 듯한 꼴>
느긋-느긋<먹은 것이 내려가지 않아 속이 자꾸 느끼한 꼴>
느물-느물<말이나 행동을 자꾸 음흉하고 능청스럽게 하는 꼴>
느실-느실<느릿느릿 걷거나 움직이는 꼴>
는적-는적<물체가 매우 물러지거나 자꾸 힘없이 축축 처지는 꼴>
는질-는질<물체가 심하게 물러지도록 자꾸 매우 힘없이 축 처지는 꼴>
늘쩡-늘쩡<나른한 태도로 매우 느릿느릿하게 행동하는 꼴>
늘컹-늘컹<물체가 매우 물러서 자꾸 축축 늘어지는 꼴>
늘큰-늘큰<무엇이 물러서 자꾸 축축 늘어지는 꼴>
늠실-늠실<액체나 바람 따위가 조금 크고 부드럽게 굽어져 자꾸 움직이는 꼴>
능글-능글<엉큼하고 능청스러운 꼴>
능청-능청<가는 막대기나 줄 따위가 탄력 있게 자꾸 흔들리는 꼴>
니글-니글<먹은 것이 내려가지 않아 속이 자꾸 메스꺼워 곧 토할 듯한 꼴>
다달-다달<조금 분명하지 않은 목소리로 말을 자꾸 더듬는 꼴>
다독-다독<몸을 자꾸 가볍게 두드리는 꼴>
다듬-다듬<무엇을 찾거나 알아보기 위해 손으로 자꾸 이리저리 만져 보는 꼴>
다박-다박<매우 힘없이 다리를 조금씩 떼며 느릿느릿 걷는 꼴>
다팔-다팔<탐스러운 털이나 머리카락 따위가 좀 길게 늘어져서 자꾸 바람에 날려 흔들리는 꼴>
달막-달막<가벼운 물건이 자꾸 가볍게 들렸다 내려앉았다 하는 꼴>
달망-달망<사람의 신체 일부나 물건이 천천히 가볍게 자꾸 들렸다 놓였다 하는 꼴>

답작-답작<아무 일이나 가리지 않고 자꾸 조금씩 참견하는 꼴>
당싯-당싯<어린아이가 춤을 추듯이 팔다리를 자꾸 귀엽게 놀리는 꼴>
대굴-대굴<작은 물건이 계속 빠르게 구르는 꼴>
더덜-더덜<분명하지 않은 목소리로 말을 자꾸 더듬는 꼴>
더듬-더듬<말을 하거나 글을 읽을 때 더듬거리는 꼴>
더듬-더듬<무엇을 찾거나 모르는 길을 찾으려고 더듬거리는 꼴>
더벅-더벅<힘없이 다리를 조금씩 떼며 느릿느릿 걷는 꼴>
더펄-더펄<더부룩한 털이나 머리카락 따위가 길게 늘어져서 자꾸 바람에 날려 흔들리는 꼴>
덩싯-덩싯<편안하게 춤을 추듯이 팔다리를 자꾸 가볍게 놀리는 꼴>
데굴-데굴<사람이나 물건이 계속 조금 빠르게 구르는 꼴>
도근-도근<놀리거나 불안하여 가슴이 자꾸 조금씩 가볍게 뛰는 꼴>
도닥-도닥<조금 단단한 물체를 잇따라 가볍게 두드리는 소리>
도란-도란<나직한 목소리로 서로 정답게 이야기를 주고받는 소리>
도손-도손<겨우 알아들을 수 있는 낮은 목소리로 서로 말을 주고받는 소리>
되롱-되롱<가벼운 물체가 매달려서 천천히 자꾸 흔들리는 꼴>
되룽-되룽<잘난 체하며 자꾸 거만하게 행동하는 꼴>
되작-되작<무엇을 이리저리 살짝 들추며 자꾸 뒤지는 꼴>
되착-되착<무엇을 이리저리 살짝 들추며 자꾸 샅샅이 뒤지는 꼴>
두근-두근<매우 놀라고 불안하거나 기분이 좋아서 가슴이 자꾸 크게 뛰는 꼴>
두글-두글<크고 무거운 물건이 자꾸 굴러가는 꼴>
두덕-두덕<단단한 물체를 잇따라 두드리는 소리>
두덜-두덜<성에 차지 않거나 못마땅하여 혼잣말로 자꾸 중얼거리는 꼴>
두런-두런<낮은 목소리로 서로 이야기를 계속 주고받는 소리>
두선-두선<겨우 알아들을 수 있는 낮은 목소리로 자꾸 말을 주고받는 소리>
두순-두순<겨우 알아들을 수 있는 낮은 목소리로 서로 조금 크게 말을 주고받는 소리>
둥싯-둥싯<굼뜨고 거북하게 자꾸 움직이는 꼴>
뒤룽-뒤룽<조금 무거운 물건이 매달려서 천천히 자꾸 흔들리는 꼴>
뒤적-뒤적<무엇을 이리저리 들추며 자꾸 뒤지는 꼴>
드렁-드렁<크고 요란하게 자꾸 코를 고는 소리>
득실-득실<사람이나 동물, 벌레 따위가 무리를 지어 자꾸 수선스럽게 움직이는 꼴>

들먹-들먹<꽤 묵직한 물건이 자꾸 들렸다 내려앉았다 하는 꼴>
들멍-들멍<사람의 신체 일부나 물건이 천천히 자꾸 들렸다 놓였다 하는 꼴>
들썽-들썽<바라는 것이 있거나 안타까운 일이 있어 마음이 계속 어수선하고 들뜨는 꼴>
들큰-들큰<불쾌한 말로 남의 비위를 자꾸 건드리며 성가시게 구는 꼴>
따글-따글<작은 알이나 구슬 따위가 많이 흩어져서 세게 구르는 꼴>
따독-따독<몸을 자꾸 두드리는 꼴>
따듬-따듬<말을 하거나 글을 읽을 때 자연스럽지 못하고 자꾸 조금씩 느릿느릿하게 막히는 꼴>
따짝-따짝<손톱이나 날카로운 것으로 조금씩 자꾸 뜯거나 갉아서 상처를 내는 꼴>
딸막-딸막<가벼운 물건이 자꾸 세게 들렸다 내려앉았다 하는 꼴>
때굴-때굴<사람이나 단단한 물건이 계속해서 매우 빠르게 굴러가는 꼴>
떠듬-떠듬<말을 하거나 글을 읽을 때 자연스럽지 못하고 자꾸 몹시 막히는 꼴>
떠벌-떠벌<사람이 어떤 이야기를 허풍을 치며 수다스럽게 지껄여 대는 꼴>
떠죽-떠죽<잘난 체하며 되지못한 소리로 자꾸 지껄이는 꼴>
떼굴-떼굴<사람이나 작고 단단한 물건이 계속해서 매우 빠르게 굴러가는 꼴>
또각-또각<구둣발이 단단한 바닥에 잇따라 급히 부딪치는 소리>
또닥-또닥<조금 단단한 물체를 조금 세게 두드리는 소리>
뚜덕-뚜덕<단단한 물체를 잇따라 크고 세게 두드리는 소리>
뚜덜-뚜덜<몹시 성에 차지 않거나 못마땅하여 자꾸 중얼거리는 꼴>
뚱싯-뚱싯<매우 굼뜨고 거북하게 자꾸 움직이는 꼴>
뜯적-뜯적<손톱이나 날카로운 것으로 자꾸 뜯거나 갉아서 상처를 내는 꼴>
뜰먹-뜰먹<조금 무거운 물건을 자꾸 세게 들렸다 내려앉았다 하는 꼴>
만작-만작<무엇을 가볍게 주무르듯이 자꾸 만지는 꼴>
만적-만적<무엇을 자꾸 만지는 꼴>
말랑-말랑<물건이나 사람의 살 따위가 연하고 부드러운 느낌>
말캉-말캉<너무 익거나 곯아서 만지면 물크러질 정도로 여기저기가 말랑한 느낌>
망설-망설<태도를 결정하지 못하고 이리저리 생각만 하고 있는 꼴>
매끈-매끈<거친 데가 없이 저절로 밀려 나갈 정도로 부드럽고 윤이 나는 꼴>
매슥-매슥<토할 것처럼 속이 자꾸 울렁거리는 꼴>
머뭇-머뭇<말이나 행동을 딱 잘라서 하지 못하고 자꾸 망설이는 꼴>
멀뚱-멀뚱<눈이나 정신 따위가 생기가 전혀 없고 멍청한 꼴>
메슥-메슥<토할 것처럼 속이 자꾸 심하게 울렁거리는 꼴>

몰랑-몰랑<사물이나 사람의 살 따위가 매우 연하고 부드러운 느낌>
몰캉-몰캉<열매나 음식 따위가 너무 익거나 곯아서 매우 연하고 무른 꼴>
몽긋-몽긋<나아가는 흉내를 내며 제자리에서 몸을 가볍게 자꾸 비비는 꼴>
물렁-물렁<사물이나 사람의 살 따위가 연하고 무른 느낌>
물컹-물컹<지나치게 익거나 곯아서 물크러질 정도로 연하고 무른 느낌>
뭉긋-뭉긋<나아가는 흉내를 내며 제자리에서 몸을 자꾸 비비적거리는 꼴>
미끌-미끌<몹시 미끄러운 꼴>
　-(파)매끌매끌<몹시 매끄러운 꼴>
미적-미적<해야 할 일을 자꾸 미루어 시간을 질질 끄는 꼴>
바글-바글<적은 양의 액체가 넓게 퍼져 야단스럽게 자꾸 끓어오르는 소리>
바동-바동<덩치가 작은 것이 매달리거나 눕거나 주저앉아서 팔다리를 뒤흔들며 몸을 자꾸 움직이는 꼴>
바슬-바슬<덩이진 가루 따위가 물기가 말라 부스러지거나 흩어지기가 매우 쉬운 꼴>
　-(파)파슬-파슬<덩이진 가루 따위가 물기가 말라 부스러지거나 흩어지기가 매우 쉬운 꼴>
　버슬-버슬<덩이진 가루 따위가 물기가 바싹 말라 부스러지거나 흩어지기 쉬운 꼴>
　　-(파)퍼슬-퍼슬<덩이진 가루 따위가 물기가 바싹 말라 부스러지거나 흩어지기 매우 쉬운 꼴>
　보슬-보슬<덩이진 가루 따위가 물기가 적어서 잘 엉기지 못하고 잘게 부스러지는 꼴>
　　-(파)포슬-포슬<덩이진 가루 따위가 물기가 매우 적어서 잘 엉기지 못하고 잘게 부스러지는 꼴>
　부슬-부슬<덩이진 가루 따위가 물기가 적어서 잘 엉기지 못하고 부스러지는 꼴>
　　-(파)푸슬-푸슬<덩이진 가루 따위가 물기가 매우 적어서 잘 엉기지 못하고 부스러지는 꼴>
바작-바작<마음이 안타까워 죄어드는 꼴>
박신-박신<사람이나 동물이 좁은 곳에 많이 모여 활발히 움직이는 꼴>
반들-반들<사물의 표면이 매끄럽고 윤이 나는 꼴>
반질-반질<거죽이 윤이 나고 몹시 매끄러운 꼴>
발짝-발짝<누워 있거나 자빠져 있는 몸을 일으키려고 애를 쓰며 팔다리를 자

꾸 움직이는 꼴>

배딱-배딱<조금 작은 물체가 자꾸 이쪽저쪽으로 조금씩 기울어지는 꼴>

배뚝-배뚝<물체가 한쪽으로 조금 기울어져서 자꾸 흔들리는 꼴>

배슥-배슥<어떤 일이 만족스럽지 않아 한데 어울리지 않고 자꾸 조금 동떨어져 행동하는 꼴>

배슬-배슬<배슬거리며 배도는 꼴>

배슬-배슬<힘없이 배틀거리는 꼴>

배착-배착<몸을 한쪽으로 살짝 비틀거리거나 다리를 가볍게 절룩거리며 걷는 꼴>

배칠-배칠<몸을 제대로 가누지 못하고 이리저리 어지럽게 조금씩 비틀거리는 꼴>

밴둥-밴둥<별로 하는 일 없이 좀 얄미울 정도로 게으름을 피우고 놀기만 하는 꼴>

밴들-밴들<별로 하는 일 없이 게으름을 피우며 좀 염치없고 얄밉게 놀기만 하는 꼴>

뱅글-뱅글<작은 것이 잇달아 매끄럽게 도는 꼴>

뱌슬-뱌슬<끈질기게 바싹 덤벼 붙지 않고 자꾸 슬슬 피하는 꼴>

반죽-반죽<겉모양만 반반하게 꾸미고 말이나 행동은 얄밉게 구는 꼴>

버글-버글<많은 양의 액체가 넓게 퍼져 야단스럽게 자꾸 끓어오르는 소리>

버둥-버둥<덩치가 큰 것이 매달리거나 눕거나 주저앉아서 팔다리를 내저으며 몸을 자꾸 움직이는 꼴>

버들-버들<몸이나 팔다리를 크게 자꾸 떠는 꼴>

버적-버적<마른 물건이 타들어 가는 소리>

벅신-벅신<사람이나 동물들이 넓은 곳에 많이 모여 우글거리는 꼴>

번둥-번둥<아무 하는 일 없이 염치없게 놀기만 하는 꼴>

번들-번들<사물의 표면이 아주 매끄럽게 윤기가 나는 꼴>

번들-번들<별 하는 일 없이 게으름만 피우며 뻔뻔하고 밉살스럽게 놀기만 하는 꼴>

번죽-번죽<겉모양만 번듯하게 꾸미고 말이나 행동은 짓궂게 구는 꼴>

번질-번질<거죽이 윤이 나고 몹시 미끄러운 꼴>

벌긋-벌긋<점점이 또는 군데군데 매우 빨간 꼴>

벌룽-벌룽<많은 양의 국물이 끓을락 말락 하는 상태로 자꾸 움직이는 꼴>

벌룽-벌룽<탄력 있는 물체가 자꾸 크게 벌어졌다 오므라졌다 하는 꼴>

벌름-벌름<탄력 있는 물체가 자꾸 넓게 벌어졌다 오므라졌다 하는 꼴>

벌쩍-벌쩍<누워 있거나 자빠져 있는 몸을 일으키려고 팔다리를 자꾸 크게 움

직이는 꼴>

법석-법석<여러 사람이 시끄럽고 부산하게 자꾸 떠드는 꼴>

베슥-베슥<어떤 일이 만족스럽지 않아 한데 어울리지 않고 자꾸 동떨어져 행동하는 꼴>

베슬-베슬<어떤 일을 슬슬 피하며 함께 어울리지 않고 자꾸 멀리 동떨어져 행동하는 꼴>

보글-보글<적은 양의 액체가 계속 야단스럽게 끓어오르는 소리>

보슬-보슬<눈이나 비 따위가 가늘고 성기게 조용히 내리는 꼴>

복닥-복닥<많은 사람이 좁은 곳에 뒤섞여 수선스럽게 움직이는 꼴>

볼각-볼각<조금 질긴 물건을 입에 가득 넣고 자꾸 조금씩 씹는 꼴>

볼강-볼강<단단하거나 질긴 물건이 잘 씹히지 않고 입안에서 자꾸 이리저리 미어지는 꼴>

볼근-볼근<조금 질기고 단단한 것이 입안에서 자꾸 세게 씹히는 꼴>

볼똥-볼똥<걸핏하면 얼굴이 볼록해지면서 성을 내는 꼴>

볼통-볼통<물체의 거죽이 여기저기 둥글게 톡톡 튀어 나와 있는 꼴>

부글-부글<많은 양의 액체가 계속 야단스럽게 끓어오르는 소리>

부들-부들<몸이나 팔다리를 크게 자꾸 떠는 꼴>

부슬-부슬<눈이나 비 따위가 성기게 조용히 내리는 꼴>

북덕-북덕<많은 사람이 좁은 곳에 뒤섞여 매우 수선스럽게 움직이는 꼴>

불걱-불걱<질긴 물건을 입에 가득 넣고 자꾸 입을 크게 놀리며 씹는 꼴>

불겅-불겅<단단하거나 질긴 물건이 잘 씹히지 않고 입속에서 이리저리 자꾸 툭툭 미어지는 꼴>

불근-불근<질기고 단단한 것이 입안에서 자꾸 세게 씹히는 꼴>

불끈-불끈<조금 큰 물체나 기운에 자꾸 치밀거나 솟아오르는 꼴>

불뚱-불뚱<불만스러운 얼굴로 자꾸 갑자기 성을 내며 말을 함부로 하는 꼴>

불쩍-불쩍<빨래 따위를 물에 담가 시원스럽게 비벼 빠는 꼴>

불퉁-불퉁<불만스러운 얼굴로 자꾸 성을 내며 매우 퉁명스럽게 말하는 꼴>

비근-비근<물건의 사개가 느슨해져서 이리저리 자꾸 흔들리는 꼴>

비딱-비딱<물체가 비스듬하게 이쪽저쪽으로 자꾸 기울어지는 꼴>

비뚝-비뚝<물체가 한쪽으로 기울어져 자꾸 흔들리는 꼴>

비슥-비슥<어떤 일이 만족스럽지 않아 한데 어울리지 않고 자꾸 한참 동떨어져서 행동하는 꼴>

비슬-비슬<쓰러질 듯이 자꾸 이리저리 비틀거리며 걷는 꼴>

비식-비식<자꾸 빈정거리며 비웃는 꼴>
비실-비실<힘이 없어서 자꾸 흐느적거리는 꼴>
비쓱-비쓱<쓰러질 듯이 이리저리 비틀거리며 나아가는 꼴>
비쓸-비쓸<쓰러질 듯이 자꾸 이리저리 몹시 비틀거리며 걷는 꼴>
비죽-비죽<울려고 하거나 남을 비웃거나 언짢을 때, 입술을 길게 내밀고 자꾸 이쪽저쪽으로 기울어지게 움직이는 꼴>
비척-비척<몸을 한쪽으로 비틀거리거나 다리를 절룩거리며 걷는 꼴>
비칠-비칠<몸을 제대로 가누지 못하고 이리저리 어지럽게 비틀거리는 꼴>
빈둥-빈둥<별로 하는 일이 없이 게으름을 피우며 염치없이 놀기만 하는 꼴>
빈들-빈들<별로 하는 일이 없이 뻔뻔하게 게으름을 피우며 염치없이 놀기만 하는 꼴>
빈정-빈정<남을 은근히 비웃는 태도로 자꾸 놀리는 꼴>
빠글-빠글<적은 양의 액체가 널리 퍼져 몹시 야단스럽게 자꾸 끓어오르는 소리>
빠작-빠작<마음이 몹시 안타까워 죄어드는 꼴>
빤둥-빤둥<아무 하는 일 없이 염치없이 놀기만 하는 꼴>
빤들-빤들<사물의 표면이 아주 매끄럽고 윤이 나는 꼴>
빤들-빤들<별로 하는 일 없이 게으름을 피우며 아주 얄밉게 놀기만 하는 꼴>
빤질-빤질<거죽이 윤기가 많이 나고 몹시 매끄러운 꼴>
빨랑-빨랑<작은 동작으로 가볍고 재빠르게 자꾸 움직이는 꼴>
빼딱-빼딱<조금 작은 물체가 자꾸 이쪽저쪽으로 많이 기울어지는 꼴>
빼뚝-빼뚝<물체가 한쪽으로 기울어져서 자꾸 세게 흔들리는 꼴>
빼틀-빼틀<몹시 힘이 없거나 어지러워서 몸을 잘 가누지 못하고 이리저리 쓰러질 듯이 걷는 꼴>
뺀둥-뺀둥<별로 하는 일 없이 몹시 얄미울 정도로 게으름을 피우고 놀기만 하는 꼴>
뺀들-뺀들<별로 하는 일 없이 몹시 게으름을 피우며 염치없고 얄밉게 놀기만 하는 꼴>
뺀질-뺀질<몸을 이리저리 빼면서 자꾸 일을 열심히 하지 않는 꼴>
죽- 죽<겉모양만 반반하게 꾸미고 말과 행동은 매우 얄밉게 구는 꼴>
뻐글-뻐글<많은 양의 액체가 넓게 퍼져 몹시 야단스럽게 자꾸 끓어오르는 소리>
뻐적-뻐적<바싹 마른 물건을 계속 세게 씹거나 빻는 소리>
뻔둥-뻔둥<아무 하는 일 없이 염치없고 뻔뻔스럽게 자꾸 놀기만 하는 꼴>
뻔들-뻔들<사물의 표면이 아주 미끄럽고 윤이 나는 꼴>

뻔들-뻔들<별로 하는 일 없이 게으름만 피우며 아주 뻔뻔하고 밉살스럽게 놀기만 하는 꼴>
뻔죽-뻔죽<번번하게 생긴 사람이 얄밉게 이죽거리면서 말이나 행동을 능글맞게 하는 꼴>
뺄렁-뺄렁<큰 동작으로 가볍고 재빠르게 자꾸 움직이는 꼴>
뽀글-뽀글<적은 양의 액체가 계속 매우 야단스럽게 끓어오르는 소리>
뿌글-뿌글<많은 양의 액체가 계속 매우 야단스럽게 끓어오르는 소리>
삐딱-삐딱<물체가 자꾸 이쪽저쪽으로 몹시 기울어지는 꼴>
삐뚝-삐뚝<물체가 한쪽으로 크게 기울어져서 자꾸 몹시 세게 흔들리는 꼴>
뻰둥-뻰둥<별로 하는 일도 없이 게으름을 피우며 몹시 염치없이 놀기만 하는 꼴>
뻰들-뻰들<별로 하는 일 없이 아주 뻔뻔하게 게으름을 피우며 염치없이 놀기만 하는 꼴>
사락-사락<눈 따위가 가볍게 잇따라 내리는 소리>
싸락-싸락<눈 따위가 또렷하고 가볍게 잇따라 내리는 소리>
사물-사물<살갗에 작은 벌레 따위가 기어가는 것처럼 간질간질한 느낌>
사물-사물<아리송한 것이 떠올라 자꾸 아른거리는 꼴>
사물-사물<살갗에 작은 벌레 따위가 기어가는 것처럼 간질간질한 느낌>
사박-사박<눈이나 모래 따위를 가볍게 자꾸 밟을 때 나는 소리>
사분-사분<조용하고 부드럽게 말하거나 행동하는 꼴>
살강-살강<설익은 밥이나 열매 따위가 가볍게 자꾸 씹히는 소리>
살근-살근<물체가 맞닿아 매우 가볍게 자꾸 서로 스치는 꼴>
살캉-살캉<설익은 밥이나 열매 따위가 조금 거칠고 잘게 자꾸 씹히는 소리>
새근-새근<숨을 고르지 않고 조금 가쁘게 자꾸 쉬는 소리>
새근-새근<뼈마디 따위가 자꾸 시리고 쑤시는 느낌>
새들-새들<꽃이나 풀 따위가 조금 시들어 생기가 없는 꼴>
새들-새들<마음이 들떠서 경솔하게 자꾸 까부는 꼴>
새록-새록<생각이나 느낌이 자꾸 새롭게 생기는 꼴>
새롱-새롱<방정맞게 까불며 자꾸 실없이 지껄이는 꼴>
새물-새물<입술을 한쪽으로 약간 비틀며 소리 없이 자꾸 웃는 꼴>
새살-새살<실없이 살짝 웃으면서 수다스럽게 자꾸 지껄이는 꼴>
새실-새실<실없이 자꾸 까불며 웃는 꼴>
새큰-새큰<뼈마디 따위가 자꾸 시리고 쑤시는 느낌>
생글-생글<눈과 입을 살며시 움직이며 소리 없이 부드럽고 정답게 자꾸 웃는 꼴>

서걱-서걱<갈대나 종이 따위의 얇고 빳빳한 물체가 자꾸 스칠 때 나는 소리>
서물-서물<아리송한 것이 삼삼히 떠올라 자꾸 어른거리는 꼴>
서물-서물<살갗에 벌레 따위가 기어가는 것처럼 근질근질한 느낌>
서벅-서벅<눈이나 모래 따위를 자꾸 밟을 때 나는 소리>
서분-서분<조금 조용하고 조심스럽게 말하거나 행동하는 꼴>
서성-서성<한곳에 서 있지 않고 자꾸 주위를 왔다 갔다 하는 꼴>
서슴-서슴<말이나 행동을 선뜻 결정하지 못하고 머뭇거리며 자꾸 망설이는 꼴>
설겅-설겅<설익은 밥이나 열매 따위가 가볍고 굵게 자꾸 씹히는 소리>
설렁-설렁<사람이 어떤 일을 다잡아 하지 않고 대충하는 꼴>
설컹-설컹<설익은 밥이나 열매 따위가 조금 거칠고 굵게 자꾸 씹히는 소리>
소곤-소곤<남이 알아듣지 못하도록 작은 목소리로 자꾸 조용히 이야기하는 소리>
속닥-속닥<남이 알아듣지 못하도록 작은 목소리로 은밀하게 자꾸 이야기하는 소리>
속달-속달<남이 알아듣지 못하도록 작은 목소리로 조금 수선스럽게 자꾸 이야기하는 소리>
속삭-속삭<나지막한 목소리로 자꾸 정답게 이야기하는 소리>
속살-속살<남이 알아듣지 못하도록 작은 목소리로 조금 수다스럽게 자꾸 이야기하는 소리>
수군-수군<남이 알아듣지 못하도록 낮은 목소리로 자꾸 조용히 이야기하는 소리>
수런-수런<여러 사람이 한데 모여 어지럽게 자꾸 떠들어대는 소리>
수선-수선<정신이 어지러울 정도로 자꾸 떠드는 소리>
숙덕-숙덕<남이 알아듣지 못하도록 낮은 목소리로 은밀하게 자꾸 이야기하는 소리>
숙덜-숙덜<남이 알아듣지 못하도록 낮은 목소리로 조금 수선스럽게 자꾸 이야기하는 소리>
숙설-숙설<남이 알아듣지 못하도록 낮은 목소리로 조금 수다스럽게 자꾸 이야기하는 소리>
술렁-술렁<자꾸 어수선하게 소란이 이는 꼴>
스멀-스멀<살갗에 벌레 따위가 기어가는 것처럼 근질근질한 느낌>
스적-스적<물건이 서로 맞닿아 자꾸 비벼지는 소리>
슬근-슬근<물체가 맞닿아 자꾸 서로 스치는 꼴>
슬렁-슬렁<서두르지 않고 느릿느릿 굼뜨게 행동하는 꼴>
시근-시근<관절이 시근거리는 꼴>

시근-시근<숨소리가 시근거리는 소리>
시글-시글<사람이나 짐승 따위가 한곳에 많이 모여 정신없이 움직이는 꼴>
시룽-시룽<매우 방정맞게 까불며 자꾸 실없이 지껄이는 꼴>
시물-시물<입술을 한쪽으로 비틀며 소리 없이 자꾸 웃는 꼴>
시설-시설<실없이 웃으면서 수다스럽게 자꾸 지껄이는 꼴>
시실-시실<실없이 자꾸 함부로 까불며 웃는 꼴>
시적-시적<힘들이지 않고 느릿느릿 말하거나 행동하는 꼴>
시큰-시큰<뼈마디 따위가 심하게 자꾸 시리고 쑤시는 느낌>
실떡-실떡<실없이 웃으며 쓸데없는 말을 자꾸 지껄이는 꼴>
실룩-실룩<얼굴이나 근육의 한 부분이 이쪽저쪽으로 실그러졌다 샐그러졌다 하며 자꾸 움직이는 꼴>
쌀강-쌀강<설익은 밥이나 열매 따위가 조금 세고 잘게 자꾸 씹히는 소리>
쌀랑-쌀랑<가벼운 물체나 물결 따위가 바람에 조금 세게 자꾸 흔들리거나 움직이는 꼴>
쌀캉-쌀캉<설익은 밥이나 열매 따위가 거칠고 잘게 자꾸 씹히는 소리>
쌍글-쌍글<눈과 입을 귀엽게 움직이며 소리 없이 매우 정답게 자꾸 웃는 꼴>
쌍긋-쌍긋<눈과 입을 귀엽게 움직이며 소리 없이 밝고 환하게 자꾸 웃는 꼴>
쌔근-쌔근<어린아이가 매우 곤히 잠들어서 고르게 숨을 쉬는 소리>
쌔물-쌔물<입술을 한쪽으로 조금 세게 비틀며 소리 없이 자꾸 웃는 꼴>
써걱-써걱<갈대나 종이 따위의 얇고 뻣뻣한 물체가 세게 자꾸 스칠 때 나는 소리>
썰겅-썰겅<설익은 밥이나 열매 따위가 세고 굵게 자꾸 씹히는 소리>
썰렁-썰렁<몸의 일부, 옷 따위를 크고 느리면서 세게 자꾸 움직이는 꼴>
썰컹-썰컹<설익은 밥이나 열매 따위가 거세고 굵게 자꾸 씹히는 소리>
쏘곤-쏘곤<남이 알아듣지 못하도록 아주 작은 목소리로 자꾸 조용히 이야기하는 소리>
쏘삭-쏘삭<조금 방정맞게 자꾸 들추고 뒤지며 쑤시는 꼴>
쏙닥-쏙닥<남이 잘 알아듣지 못하도록 작은 목소리로 아주 은밀하게 자꾸 이야기하는 소리>
쏙달-쏙달<남이 잘 알아듣지 못하도록 작은 목소리로 수선스럽게 자꾸 이야기하는 소리>
쏙살-쏙살<남이 잘 알아듣지 못하도록 작은 목소리로 수다스럽게 자꾸 이야기하는 소리>

쏠락-쏠락<쥐 따위가 이리저리 쏘다니며 물건을 함부로 자꾸 잘게 물어뜯거나 끊는 소리>
쏭당-쏭당<물건을 조금 작고 매우 거칠게 자꾸 빨리 써는 꼴>
쑤군-쑤군<남이 잘 알아듣지 못하도록 아주 낮은 목소리로 자꾸 조용히 이야기하는 소리>
쑤석-쑤석<방정맞게 자꾸 들추고 뒤지며 쑤시는 꼴>
쑥덕-쑥덕<남이 잘 알아듣지 못하도록 낮은 목소리로 아주 은밀하게 자꾸 이야기하는 소리>
쑥덜-쑥덜<남이 잘 알아듣지 못하도록 낮은 목소리로 수선스럽게 자꾸 이야기하는 소리>
쑥설-쑥설<남이 잘 알아듣지 못하도록 낮은 목소리로 수다스럽게 자꾸 이야기하는 소리>
쑹덩-쑹덩<물건을 굵직하고 매우 거칠게 자꾸 빨리 써는 꼴>
쓰적-쓰적<물건이 서로 맞닿아 자꾸 세게 비벼지는 소리>
씨근-씨근<숨을 고르지 않고 매우 가쁘고 거칠게 자꾸 쉬는 소리>
씨물-씨물<입술을 한쪽으로 많이 비틀며 소리 없이 자꾸 웃는 꼴>
씨불-씨불<쓸데없는 말을 주책없이 자꾸 지껄이는 꼴>
아긋-아긋<물건의 맞붙여 이은 조각들이 이가 맞지 않아 조금씩 어긋나 있는 꼴>
아늘-아늘<얇고 부드러운 것이 빠르고 가볍게 잇따라 흔들리는 꼴>
아롱-아롱<여러 가지 빛깔의 작은 점이나 무늬 따위가 고르고 촘촘한 꼴>
아롱-아롱<또렷하지 아니하고 조금 흐릿하게 아른거리는 꼴>
아른-아른<전에 보았던 광경이나 영상 따위가 머릿속에 자꾸 떠오르는 꼴>
아름-아름<말이나 행동을 분명히 하지 않고 자꾸 조금씩 주춤거리는 꼴>
아릿-아릿<조금 흐릿하고 어지럽게 자꾸 눈에 어리거나 움직이는 꼴>
아물-아물<작은 것이 희미하게 보일 듯 말 듯 자꾸 조금씩 움직이는 꼴>
아옹-아옹<생각이나 마음이 좁아서 자기 뜻에 맞지 않다고 자꾸 투덜거리는 꼴>
아옹-아옹<고양이가 자꾸 우는 소리>
아창-아창<작은 몸집의 사람이나 동물이 이리저리 천천히 자꾸 걷는 꼴>
아칠-아칠<키가 조금 작은 사람이 힘없이 몸을 조금 흔들며 천천히 자꾸 걷는 꼴>
아칫-아칫<어린아이가 위태롭게 이리저리 걸음을 떼어 놓는 꼴>
알랑-알랑<남에게 좋게 보이려고 자꾸 비위를 맞추거나 아양을 떠는 꼴>
알른-알른<무엇이 눈에 희미하게 자꾸 작게 보이다 말다 하는 꼴>
알짱-알짱<남의 비위를 맞추려고 아첨을 하며 말과 행동을 꾸며서 하는 꼴>

알쭝-알쭝<남의 비위를 맞추기 위해 가까이 붙어서 그럴 듯한 말을 하며 계속 아첨하는 꼴>

알찐-알찐<남의 비위를 맞추기 위해 가까이 붙어서 계속 아첨하는 꼴>

앙글-앙글<어린아이가 소리 없이 귀엽게 자꾸 웃는 꼴>

앙알-앙알<윗사람에게 조금 원망스럽게 자꾸 입속말로 종알거리는 꼴>

앙잘-앙잘<작은 소리로 원망스럽게 자꾸 군소리를 내는 꼴>

야금-야금<음식 따위를 자꾸 입안에 넣고 조금씩 먹는 꼴>

야물-야물<어린아이나 염소 따위가 무엇을 씹느라고 입을 자꾸 작고 귀엽게 움직이는 꼴>

야슬-야슬<입담 좋게 말을 자꾸 늘어놓는 꼴>

약죽-약죽<얄미울 정도로 짓궂게 자꾸 비웃으며 이야기하는 꼴>

얄긋-얄긋<짜인 물건의 조임 부분이 잘 맞지 않고 조금 느슨하여 자꾸 비뚤어지는 꼴>

얄랑-얄랑<작은 물체가 물결이나 바람에 자꾸 조금씩 가볍게 흔들리는 꼴>

얄쭉-얄쭉<허리를 좌우로 가볍게 자꾸 흔드는 꼴>

어룽-어룽<뚜렷하지 아니하고 흐릿하게 어른거리는 꼴>

어룽-어룽<여러 가지 빛깔의 큰 점이나 무늬 따위가 고르고 촘촘한 꼴>

어룽-어룽<눈물이 그득하여 넘칠 듯한 꼴>

어른-어른<전에 보았던 광경이나 영상 따위가 머릿속에 자꾸 크게 떠오르는 꼴>

어름-어름<말이나 행동을 분명히 하지 않고 자꾸 주춤거리는 꼴>

어릿-어릿<말이나 행동이 활발하지 못하고 생기 없이 움직이는 꼴>

어물-어물<말이나 행동을 분명히 하지 않고 자꾸 주춤거리는 꼴>

어슬-어슬<몸집이 큰 사람이나 동물이 몸을 이리저리 흔들며 계속 천천히 걸어 다니는 꼴>

어슷-어슷<기운이 없이 이리저리 천천히 거니는 꼴>

어정-어정<큰 몸집의 사람이나 동물이 이리저리 천천히 자꾸 걷는 꼴>

어질-어질<자꾸 어지럽고 정신이 까무러질 듯 희미한 느낌>

어찔-어찔<자꾸 몹시 어지럽고 정신이 까무라칠 듯 희미한 느낌>

어청-어청<큰 몸집의 사람이나 동물이 이리저리 천천히 자꾸 걷는 꼴>

어칠-어칠<키가 조금 큰 사람이 힘없이 몸을 흔들며 천천히 걷는 꼴>

얼렁-얼렁<남에게 좋게 보이려고 자꾸 비위를 맞추거나 몹시 아양을 떠는 꼴>

얼른-얼른<무엇이 눈에 희미하게 자꾸 크게 보이다 말다 하는 꼴>

얼밋-얼밋<일이나 기한 따위를 자꾸 시간을 끌며 뒤로 미루는 꼴>

얼쭝-얼쭝<남의 비위를 맞추기 위해 아주 가까이 붙어서 그럴 듯한 말을 하며 계속 아첨하는 꼴>

얼찐-얼찐<남의 비위를 맞추기 위해 아주 가까이 붙어서 계속 아첨하는 꼴>

엉글-엉글<어린아이가 소리 없이 자꾸 웃는 꼴>

엉금-엉금<사람이나 동물이 크고 느리게 걷거나 기는 꼴>

엉얼-엉얼<윗사람에게 대하여 원망스럽게 자꾸 입속말로 중얼거리는 꼴>

엉절-엉절<조금 큰 소리로 원망스럽게 자꾸 군소리를 내는 꼴>

열렁-열렁<큰 물체가 물결이나 바람에 이리저리 자꾸 크고 가볍게 움직이는 꼴>

오글-오글<좁은 그릇에 담긴 적은 양의 물이나 찌개 따위가 자꾸 요란스럽게 끓어오르는 소리>

오글-오글<사람이나 벌레 따위가 한 곳에 비좁게 많이 모여 자꾸 번잡스럽게 움직이는 꼴>

오들-오들<춥거나 무서워서 몸이 작게 자꾸 떨리는 꼴>

오똘-오똘<방정맞게 자꾸 까불거나 몸을 흔드는 꼴>

오물-오물<입안에 있는 음식을 삼키지 않고 조금씩 자꾸 씹는 꼴>

오물-오물<작은 벌레나 동물 따위가 한데 많이 모여 굼뜨게 자꾸 움직이는 꼴>

오빗-오빗<좁은 틈이나 구멍 속을 잇따라 조금씩 가볍게 긁어 내는 꼴>

오좀-오좀<작은 몸의 사람이나 동물이 가볍게 춤추듯이 자꾸 움직이는 꼴>

오쫄-오쫄<작은 몸의 사람이나 동물이 힘 있게 춤추듯이 자꾸 움직이는 꼴>

옥신-옥신<여럿이 한데 뒤섞여 조금 어수선하게 자꾸 움직이는 꼴>

옥실-옥실<여럿이 한데 많이 모여 자꾸 번잡스럽게 움직이는 꼴>

옥작-옥작<여럿이 한데 많이 모여 조금 수선스럽게 자꾸 들끓는 꼴>

올강-올강<단단하고 탄력 있는 물건이 잘 씹히지 않고 입안에서 이리저리 자꾸 조금씩 미끄러지는 꼴>

올공-올공<단단하고 탄력 있는 물건이 입안 깊숙한 곳에서 잘 씹히지 아니하고 이리저리 자꾸 조금씩 미끄러지는 꼴>

올근-올근<질긴 물건을 입에 넣고 조금씩 입을 움직이며 계속 씹는 꼴>

올근-볼근<질긴 물건을 입에 넣고 조금씩 입을 움직이며 비어져 나오게 계속 씹는 꼴>

올랑-올랑<놀라거나 두려워서 가슴이 자꾸 두근거리는 꼴>

옴실-옴실<작은 벌레 따위가 한데 많이 모여서 자꾸 움직이는 꼴>

옴직-옴직<몸이나 몸의 일부를 조금씩 자꾸 작게 들썩이거나 흔드는 꼴>

옴질-옴질<작은 몸을 굼뜨게 움직거리는 꼴>

옴질-옴질<오물오물 씹는 꼴>
옴찍-옴찍<몸이나 몸의 일부를 조금씩 자꾸 세게 들썩이거나 흔드는 꼴>
옴찔-옴찔<굼뜨게 몸을 옴찔거리는 꼴>
옹성-옹성<여러 사람이 모여 조금 소란스럽게 소곤거리며 자꾸 떠드는 소리>
옹알-옹알<입속말로 분명하지 않게 자꾸 중얼거리는 소리>
옹잘-옹잘<불평이나 탄식 따위를 입속말로 혼자 자꾸 작게 중얼거리는 소리>
와각-와각<여러 개의 단단한 물건이 서로 뒤섞여 자꾸 부딪치는 소리>
와글-와글<사람이나 벌레 따위가 한곳에 복잡하게 모여서 자꾸 떠들거나 움직이는 소리>
와들-와들<춥거나 무서워서 자꾸 몸을 심하게 떠는 꼴>
왁실-왁실<많은 사람이나 동물이 한데 모여 몹시 복잡하게 들끓는 꼴>
왜글-왜글<단단한 것이나 된밥 따위가 자꾸 부스러지거나 흩어지는 꼴>
왜죽-왜죽<팔을 가볍게 내저으면서 경망스럽고 급하게 자꾸 걷는 꼴>
왜쭉-왜쭉<자꾸 성을 내고 토라지는 꼴>
왱강-왱강<작은 쇠붙이 따위가 잇따라 마구 부딪치는 소리>
욜랑-욜랑<몸의 일부를 가볍게 움직이며 자꾸 촐싹거리는 꼴>
우글-우글<그릇에 담긴 물이나 찌개 따위가 자꾸 요란스럽게 끓어오르는 소리>
우글-우글<사람이나 벌레 따위가 한곳에 비좁게 많이 모여 자꾸 매우 번잡스럽게 움직이는 꼴>
우둔-우둔<놀라거나 두려워서 가슴이 자꾸 크게 뛰는 꼴>
우들-우들<춥거나 무서워서 몸이 자꾸 심하게 떨리는 꼴>
우뚤-우뚤<우쭐하여 자꾸 까불거나 크게 몸을 흔드는 꼴>
우물-우물<말이나 행동을 시원스럽게 하지 않고 자꾸 몹시 굼뜨게 하는 꼴>
우물-우물<조금 큰 벌레나 동물 따위가 한데 매우 많이 모여 굼뜨게 자꾸 움직이는 꼴>
우빗-우빗<약간 넓은 틈이나 구멍 속을 잇따라 가볍게 긁어내는 꼴>
우죽-우죽<무슨 일이 있는 것처럼 어깨나 몸을 계속 흔들면서 바쁘게 걷는 꼴>
우줄-우줄<몸이 큰 사람이나 동물이 가볍게 춤추듯이 자꾸 움직이는 꼴>
우줅-우줅<몸을 부자연스럽게 자꾸 어기적거리며 걷는 꼴>
욱닥-욱닥<여럿이 어떤 장소에 한데 모여서 부산스럽게 자꾸 움직이는 꼴>
욱신-욱신<여럿이 한데 많이 뒤섞여 몹시 어수선하게 자꾸 움직이는 꼴>
욱실-욱실<여럿이 한데 많이 모여서 자꾸 몹시 번잡스럽게 움직이는 꼴>
울겅-울겅<입안에 물을 많이 머금고 자꾸 볼을 움직여 내는 소리>

울근-울근<질긴 물건을 입에 넣고 입을 움직이며 계속 씹는 꼴>
울렁-울렁<크게 놀라거나 두려워서 가슴이 자꾸 몹시 두근거리는 꼴>
울먹-울먹<울상이 되어 자꾸 울음이 터져 나올 듯한 꼴>
움실-움실<벌레 따위가 한데 많이 모여서 자꾸 움직이는 꼴>
움직-움직<몸이나 몸의 일부를 조금씩 자꾸 크게 들썩이거나 흔드는 꼴>
움질-움질<질긴 것을 입에 넣고 삼키지 않은 채 우물거리며 자꾸 씹는 꼴>
움질-움질<몸이나 몸의 일부를 크고 느릿하게 자꾸 움직이는 꼴>
움찍-움찍<몸이나 몸의 일부를 크고 세게 자꾸 들썩이거나 흔드는 꼴>
웅성-웅성<여러 사람이 모여서 조금 낮은 목소리로 소란스럽게 자꾸 떠드는 소리>
웅얼-웅얼<입속말로 분명하지 않게 자꾸 중얼거리는 소리>
웅절-웅절<불평이나 탄식 따위를 입속말로 혼자 자꾸 중얼거리는 소리>
워걱-워걱<여러 개의 크고 단단한 물건이 서로 뒤섞여 자꾸 부딪치는 소리>
워글-워글<사람이나 벌레 따위가 한곳에 복잡하게 모여서 자꾸 몹시 떠들거나 움직이는 소리>
웨죽-웨죽<팔을 크게 내저으면서 느릿느릿 계속 걷는 꼴>
웽겅-웽겅<조금 큰 쇠붙이 따위가 잇따라 마구 부딪치는 소리>
유들-유들<몸에 살이 찌고 매끄럽게 윤이 나는 꼴>
을근-을근<미워하거나 해치려는 마음으로 은근히 자꾸 겁주는 꼴>
웅얼-웅얼<글이나 노래 따위를 입속말로 자꾸 읊거나 읽는 소리>
이글-이글<불이 활활 타서 불꽃이 피어오르는 꼴>
일긋-일긋<꽉 짜인 물건의 조임 부분이 잘 맞지 않고 느슨하여 자꾸 비뚤어지게 움직이는 꼴>
일렁-일렁<큰 물체가 바람이나 물결에 이리저리 자꾸 크고 가볍게 움직이는 꼴>
일쭉-일쭉<허리를 좌우로 자꾸 흔드는 꼴>
자근-자근<가볍게 자꾸 씹는 꼴>
자근-자근<머리가 자꾸 가볍게 쑤시듯 아픈 꼴>
자글-자글<적은 양의 액체가 졸아들면서 자꾸 끓는 소리>
자금-자금<음식에 섞인 잔모래나 흙이 가볍게 자꾸 씹히는 소리>
자끔-자끔<음식에 섞인 잔모래나 흙이 세게 자꾸 씹히는 소리>
자랑-자랑<얇은 쇠붙이 따위가 자꾸 서로 부딪칠 때 은은하게 울리는 소리>
자작-자작<발을 조금씩 내딛으며 위태롭게 걷는 꼴>
자축-자축<다리에 힘이 없어 조금씩 다리를 자꾸 절면서 걷는 꼴>

자춤-자춤<다리에 힘이 빠져 다리를 가볍게 절면서 걷는 꼴>
작신-작신<살며시 힘을 주어 자꾸 살짝 누르는 꼴>
잘강-잘강<질긴 물건이 자꾸 잘게 씹는 꼴>
잘근-잘근<조금 질긴 물건을 가볍게 자꾸 씹는 꼴>
잘똑-잘똑<한쪽 다리가 짧거나 다쳐서 걸을 때 가볍게 뒤뚱거리며 자꾸 저는 꼴>
잘름-잘름<한쪽 다리가 짧거나 다쳐서 걸을 때 몸이 한쪽으로 자꾸 가볍게 기우는 꼴>
잘름-잘름<돈이나 물건 따위를 한꺼번에 다 주지 않고 여러 번에 걸쳐 조금씩 주는 꼴>
잘쑥-잘쑥<걸을 때 자꾸 조금씩 다리를 저는 꼴>
잘착-잘착<진흙이나 반죽 따위가 물기가 많이 차고 진 느낌>
장알-장알<몸이 아프거나 마음에 못마땅하여 짜증을 내며 자꾸 보채는 소리>
재갈-재갈<나직한 소리로 조금 떠들썩하게 계속 이야기하는 소리>
재글-재글<적은 물이나 기름이 열을 받아 달아오르며 계속 끓는 소리>
재깔-재깔<나직한 소리로 몹시 떠들썩하게 계속 이야기하는 소리>
재자-재자<새 따위가 가볍게 소리 내어 자꾸 울며 지저귀는 소리>
재잘-재잘<낮은 목소리로 빠르고 떠들썩하게 자꾸 이야기하는 소리>
저적-저적<매우 힘없이 천천히 걷는 꼴>
저축-저축<다리에 힘이 없어 다리를 자꾸 절면서 걷는 꼴>
저춤-저춤<다리에 힘이 없어 다리를 자꾸 절면서 걷는 꼴>
절뚝-절뚝<한쪽 다리가 짧거나 다쳐서 걸을 때 뒤뚱거리며 걷는 꼴>
절룩-절룩<걸을 때 다리를 크게 저는 꼴>
절름-절름<한쪽 다리가 짧거나 다쳐서 걸을 때 몸을 한쪽으로 자꾸 기우뚱거리는 꼴>
절쑥-절쑥<한쪽 다리가 짧거나 다쳐서 걸을 때 자꾸 크게 다리를 저는 꼴>
조마-조마<닥쳐올 일이 걱정되어 마음을 놓을 수 없고 불안한 꼴>
조작-조작<주책없이 잘난 체하며 자꾸 떠드는 꼴>
조잔-조잔<군음식을 때를 가리지 않고 점잖지 않게 자꾸 먹는 꼴>
조잘-조잘<참새 따위 작은 새가 자꾸 지저귀는 꼴>
존득-존득<음식물 따위가 끈기가 많아 탄력 있게 자꾸 씹히는 느낌>
졸금-졸금<적은 양의 액체가 조금씩 자꾸 새어 흐르다가 그치다가 하는 꼴>
졸랑-졸랑<몸집이 작은 사람이나 동물이 가볍고 방정맞게 자꾸 까부는 꼴>
종달-종달<못마땅한 태도로 혼잣말을 하는 소리>

종알-종알<사람이 남이 잘 알아들을 수 없는 작은 목소리로 자꾸 혼잣말을 하는 소리>

주뼛-주뼛<부끄럽거나 무서워서 쉽게 나서지 못하고 머뭇거리는 상태로>

주적-주적<주책없이 잘난 체하며 자꾸 크게 떠드는 꼴>

주전-주전<군음식을 때를 가리지 않고 점잖지 않게 자꾸 많이 먹는 꼴>

주절-주절<분명치 않은 낮은 목소리로 말을 계속하는 꼴>

준득-준득<음식물 따위가 매우 끈기가 많아 탄력 있게 자꾸 씹히는 꼴>

줄렁-줄렁<액체 따위가 이리저리 자꾸 흔들리는 꼴>

중덜-중덜<매우 못마땅한 태도로 자꾸 혼잣말을 하는 소리>

중얼-중얼<남이 잘 알아들을 수 없는 조금 작은 목소리로 자꾸 혼잣말을 하는 소리>

중절-중절<수다스럽게 자꾸 혼잣말을 하는 소리>

지근-지근<몸이나 머리가 자꾸 쑤시듯 크게 아픈 꼴>

지근-지근<물체를 여러 번 계속 크게 누르거나 밟는 꼴>

지글-지글<액체가 걸쭉하게 졸아들면서 자꾸 끓는 소리>

지금-지금<음식에 섞인 모래나 흙이 자꾸 씹히는 소리>

지껄-지껄<큰 소리로 떠들썩하게 자꾸 이야기하는 소리>

지끈-지끈<몸이나 머리가 자꾸 몹시 쑤시듯 크게 아픈 꼴>

지끔-지끔<음식에 섞인 모래나 흙이 세게 자꾸 씹히는 소리>

지딱-지딱<설거지나 뒷마무리를 마구 서둘러서 대충대충 하는 꼴>

지벅-지벅<길이 험하거나 어두워서 잘 보이지 않거나 다리에 힘이 없어 조금 서투르게 휘청거리며 걷는 꼴>

지범-지범<체면도 없이 음식물 따위를 이것저것 자꾸 집어 거두거나 먹는 꼴>

지분-지분<음식에 섞인 돌이나 모래 따위가 귀찮게 자꾸 씹히는 꼴>

지분-지분<눈이나 비 따위가 오락가락하면서 날씨가 자꾸 궂은 꼴>

지분-지분<짓궂은 말이나 행동으로 남을 자꾸 몹시 귀찮게 하는 꼴>

지뻑-지뻑<길이 험하거나 어두워 잘 보이지 않거나 다리에 힘이 없어 서투르게 휘청거리며 걷는 꼴>

지싯-지싯<남이 싫어하는데도 개의치 않고 자꾸 괴롭히고 귀찮게 구는 꼴>

지절-지절<낮은 목소리로 빠르고 몹시 떠들썩하게 자꾸 이야기하는 소리>

지정-지정<곧장 내달려 가지 않고 자꾸 머뭇거리는 꼴>

지지-지지<수다스럽게 자꾸 이야기하는 소리>

지짐-지짐<비가 조금씩 내리다가 그치다가 하는 꼴>

지척-지척<지쳐서 기운 없이 억지로 걷는 꼴>
지칫-지칫<마땅히 떠나야 할 자리를 선뜻 떠나지 못하고 머뭇거리는 꼴>
직신-직신<지그시 힘을 주어 자꾸 누르는 꼴>
진득-진득<끈끈하고 차져 자꾸 달라붙는 꼴>
질겅-질겅<질긴 물건을 자꾸 크게 씹는 꼴>
질근-질근<조금 질긴 물건을 자꾸 씹는 꼴>
질뚝-질뚝<한쪽 다리가 짧거나 다쳐서 걸을 때 뒤뚱거리며 자꾸 저는 꼴>
질름-질름<그릇에 가득 담긴 액체가 흔들려서 자꾸 넘치는 꼴>
질름-질름<돈이나 물건 따위를 한꺼번에 주지 않고 여러 번에 걸쳐서 조금씩 주는 꼴>
질벅-질벅<흙이나 반죽 따위가 물기가 많고 끈기가 있어 부드럽고 진 느낌>
질척-질척<진흙이나 반죽 따위가 물기가 많아 매우 차지고 진 느낌>
질컥-질컥<진흙이나 반죽 따위가 물기가 많아 매우 차지고 진 느낌>
질퍽-질퍽<진흙이나 반죽 따위가 물기가 많아 매우 부드럽고 진 느낌>
집적-집적<아무 일에나 함부로 손을 대거나 자꾸 끼어들어 참견하는 꼴>
징얼-징얼<마음에 못마땅하여 불평스러운 태도로 자꾸 짜증을 내거나 보채는 소리>
짜근-짜근<남을 성가실 정도로 자꾸 귀찮게 구는 꼴>
짜글-짜글<작은 양의 액체가 졸아들면서 몹시 끓는 소리>
짜금-짜금<입맛을 자꾸 다시며 맛있게 먹는 꼴>
짜랑-짜랑<얇은 쇠붙이 따위가 잇따라 서로 세게 부딪칠 때 맑게 울리는 소리>
짠득-짠득<매우 끈끈하고 차져 자꾸 달라붙는 꼴>
짤똑-짤똑<한쪽 다리가 짧거나 다쳐서 걸을 때 가볍고 약간 세게 뒤뚱거리며 자꾸 저는 꼴>
짤름-짤름<한쪽 다리가 짧거나 다치거나 하여 다리를 쩔름거리는 꼴>
짤름-짤름<액체가 여러 차례에 나누어 짤름거리는 꼴>
짤름-짤름<돈이나 물건 따위를 한꺼번에 다 주지 않고 여러 번에 걸쳐 아주 조금씩 주는 꼴>
짤쑥-짤쑥<걸을 때 자꾸 다리를 세게 저는 꼴>
짱알-짱알<몸이 아프거나 마음에 못마땅하여 매우 짜증을 내며 자꾸 보채는 소리>
쩌금-쩌금<입맛을 자꾸 크게 다시며 음식을 맛있게 먹는 꼴>
쩔뚝-쩔뚝<한쪽 다리가 짧거나 다쳐서 걸을 때 매우 뒤뚱거리며 자꾸 저는 꼴>

쩔룩-쩔룩<걸을 때 다리를 계속 몹시 크게 저는 꼴>
쩔름-쩔름<한쪽 다리가 짧거나 다쳐서 걸을 때 몸이 한쪽으로 자꾸 몹시 기우뚱거리는 꼴>
쩔쑥-쩔쑥<한쪽 다리가 짧거나 다쳐서 걸을 때 자꾸 몹시 크게 다리를 저는 꼴>
쪼물-쪼물<말이나 행동을 시원스럽게 하지 않고 좀스럽게 자꾸 망설이는 꼴>
쪼잘-쪼잘<조금 낮은 목소리로 매우 수다스럽게 자꾸 말을 하는 꼴>
쪽잘-쪽잘<음식을 시원스럽게 먹지 않고 억지로 조금씩 먹는 꼴>
쫀득-쫀득<음식물 따위가 매우 끈기가 많아 탄력 있게 자꾸 씹히는 꼴>
쫄랑-쫄랑<몸집이 작은 사람이나 동물이 가볍고 꽤 방정맞게 자꾸 까부는 꼴>
쫑달-쫑달<못마땅한 태도로 자꾸 시끄럽게 혼잣말을 하는 소리>
쫑알-쫑알<사람이 남이 잘 알아들을 수 없는 작은 목소리로 자꾸 혼잣말을 몹시 하는 소리>
쫑잘-쫑잘<작은 목소리로 매우 수다스럽게 자꾸 혼잣말을 하는 소리>
쭈물-쭈물<말이나 행동을 시원스럽게 하지 않고 자꾸 망설이는 꼴>
쭈절-쭈절<분명치 않은 매우 낮은 목소리로 말을 계속하는 꼴>
쭌득-쭌득<음식물 따위가 매우 끈기가 많아 질기고 자꾸 잘 씹히지 않는 느낌>
쭐렁-쭐렁<액체 따위가 이리저리 자꾸 크고 세게 흔들리는 꼴>
쭝덜-쭝덜<매우 못마땅한 태도로 자꾸 시끄럽게 혼잣말을 하는 소리>
쭝얼-쭝얼<남이 잘 알아들을 수 없는 낮은 목소리로 자꾸 혼잣말을 몹시 하는 소리>
쭝절-쭝절<몹시 수다스럽게 자꾸 혼잣말을 하는 소리>
찌근-찌근<몹시 성가실 정도로 자꾸 끈덕지게 귀찮게 구는 꼴>
찌글-찌글<액체가 걸쭉하게 졸아들면서 자꾸 몹시 끓는 소리>
찌뻑-찌뻑<길이 험하거나 어두워서 잘 보이지 않거나 다리에 힘이 없어 서투르게 몹시 휘청거리며 자꾸 걷는 꼴>
찐득-찐득<매우 끈끈하고 차져 자꾸 들러붙는 꼴>
찔꺽-찔꺽<차지고 끈끈한 물건이 자꾸 밟히거나 들러붙을 때 나는 소리>
찔뚝-찔뚝<한쪽 다리가 짧거나 다쳐서 걸을 때 몹시 뒤뚱거리며 자꾸 저는 꼴>
찔름-찔름<그릇에 가득 찬 액체가 흔들려서 조금씩 자꾸 넘치는 꼴>
찔름-찔름<돈이나 물건 따위를 한꺼번에 주지 않고 여러 번에 걸쳐 아주 조금씩 주는 꼴>
찝쩍-찝쩍<아무 일에나 매우 함부로 손을 대거나 자꾸 끼어들어 심하게 참견하는 꼴>

찡얼-찡얼<마음에 못마땅하여 몹시 불평스러운 태도로 자꾸 짜증을 내거나 보채는 소리>

차닥-차닥<물기가 많거나 차진 물건을 가볍게 자꾸 두드리는 소리>

차락-차락<빗방울 따위가 가볍게 자꾸 부딪칠 때 나는 소리>

차랑-차랑<드리운 물건이나 가뜩한 액체가 차랑거리는 꼴>

창알-창알<몸이 불편하거나 마음에 못마땅하여 매우 짜증을 내며 자꾸 몹시 보채는 소리>

처덕-처덕<큰 종이 따위를 자꾸 마구 바르거나 덧붙이는 꼴>

천덩-천덩<끈기 있는 액체가 길게 쳐져 내리거나 뚝뚝 떨어지는 꼴>

초싹-초싹<입거나 업거나 지거나 한 물건을 가볍게 자꾸 추켜올리거나 흔드는 꼴>

촐랑-촐랑<몸집이 작은 사람이나 동물이 가볍고 몹시 방정맞게 자꾸 까부는 꼴>

촐싹-촐싹<사람이나 동물이 주책없이 까불며 이리저리 가볍게 자꾸 돌아다니는 꼴>

추썩-추썩<입거나 업거나 지거나 한 물건을 크게 자꾸 추켜올리거나 흔드는 꼴>

추적-추적<비나 진눈개비가 축축하게 자꾸 내리는 꼴>

출썩-출썩<사람이나 동물이 주책없이 까불며 이리저리 자꾸 돌아다니는 꼴>

칠떡-칠떡<물건이 너무 길어서 자꾸 바닥에 닿았다 들렸다 하며 끌리는 꼴>

칠렁-칠렁<많이 괸 물이 큰 물결을 이루며 거세게 자꾸 흔들리는 소리>

칭얼-칭얼<몸이 불편하거나 마음에 못마땅하여 크게 짜증을 내며 자꾸 몹시 보채는 소리>

캐들-캐들<웃음을 멈추지 못하여 입속으로 좀 새되게 자꾸 웃는 소리>

키득-키득<웃음을 참다못하여 입속에서 실없이 자꾸 새어 나오는 소리>

키들-키들<웃음을 멈추지 못하여 입속으로 실없이 자꾸 웃는 소리>

타달-타달<지치거나 나른하여 무거운 발걸음으로 힘없이 계속 걷는 소리>

타박-타박<힘없이 다리를 조금씩 떼며 느릿느릿 걷는 꼴>

타울-타울<어떤 일을 이루려고 악착스럽게 애를 쓰는 꼴>

터덕-터덕<몹시 지친 걸음으로 자꾸 힘없이 아주 느릿느릿 걷는 꼴>

터덜-터덜<지치거나 나른하여 몹시 무거운 발걸음으로 힘없이 계속 걷는 소리>

터벅-터벅<힘없이 다리를 조금씩 떼며 무겁고 느릿느릿 걷는 꼴>

터벌-터벌<아주 힘없이 천천히 걷는 꼴>

터울-터울<어떤 일을 이루려고 억척스럽게 몹시 애를 쓰는 꼴>

토닥-토닥<조금 단단한 물체를 잇따라 조금 힘 있게 두드리는 소리>

투덕-투덕<단단한 물체를 잇따라 둔하게 두드리는 소리>

투덜-투덜<매우 성에 차지 않거나 못마땅하여 혼잣말로 자꾸 중얼거리는 꼴>
티적-티적<남의 흠이나 트집을 잡아 거슬리는 말로 자꾸 성가시게 구는 꼴>
파들-파들<몸이나 팔다리를 작고 세게 자꾸 떠는 꼴>
판둥-판둥<아무 하는 일 없이 매우 염치없게 놀기만 하는 꼴>
판들-판들<별로 하는 일 없이 게으름을 피우며 매우 밉살스럽게 놀기만 하는 꼴>
팔랑-팔랑<좀 팔팔하고 재빠른 꼴>
팬둥-팬둥<별로 하는 일 없이 게으름을 피우며 놀기만 하는 꼴>
팬들-팬들<별로 하는 일 없이 얄밉게 게으름을 피우며 놀기만 하는 꼴>
퍼들-퍼들<몸이나 팔다리, 물체 따위를 크고 세게 자꾸 떠는 꼴>
펀둥-펀둥<아무 하는 일 없이 매우 염치없고 뻔뻔스럽게 놀기만 하는 꼴>
펀들-펀들<아무 하는 일 없이 매우 게으름을 피우며 뻔뻔하고 밉살스럽게 놀기만 하는 꼴>
펄렁-펄렁<좀 펄펄하고 재빠른 꼴>
푸들-푸들<몸이나 팔다리, 물체 따위를 크고 세게 자꾸 부르르 떠는 꼴>
핀둥-핀둥<아무 하는 일 없이 몹시 게으름을 피우며 염치없이 놀기만 하는 꼴>
핀들-핀들<아무 하는 일 없이 몹시 뻔뻔하게 게으름을 피우며 염치없이 놀기만 하는 꼴>
하늘-하늘<물체가 조금 힘없이 늘어져 부드럽고 가볍게 자꾸 흔들리는 꼴>
하동-하동<어찌할 줄을 몰라 갈팡질팡하며 조금 급하게 서두르는 꼴>
하롱-하롱<작고 가벼운 물체가 떨어지면서 잇따라 흔들리는 꼴>
하빗-하빗<손톱이나 날카로운 물건으로 자꾸 긁어서 조금 헤치는 꼴>
하작-하작<쌓인 물건을 자꾸 조금씩 들추어 헤치는 꼴>
한닥-한닥<매달린 물체가 조금 느리고 가볍게 자꾸 흔들리는 꼴>
한댕-한댕<매달린 물체가 이리저리 자꾸 위태롭게 흔들리는 꼴>
한들-한들<가볍게 자꾸 이리저리 흔들리는 꼴>
할근-할근<숨이 가빠 자꾸 할딱이며 가르랑거리는 꼴>
할딱-할딱<숨을 자꾸 가쁘고 급하게 쉬는 꼴>
할랑-할랑<낄 물건보다 낄 자리가 조금 커서 이리저리 자꾸 움직이는 꼴>
할짝-할짝<혀끝으로 조금씩 가볍게 자꾸 핥는 꼴>
할쭉-할쭉<혀끝으로 가볍게 자꾸 핥는 꼴>
합죽-합죽<이가 빠져서 입술과 볼이 오므라진 사람이 입을 자꾸 움직이는 꼴>
해들-해들<입을 벌리며 웃음을 참지 못하고 조금 싱겁게 자꾸 웃는 소리>
해롱-해롱<버릇없고 방정맞게 자꾸 까부는 꼴>

해작-해작<두 팔을 벌려 자꾸 가볍게 저으면서 걷는 꼴>
해작-해작<탐탁하지 않은 태도로 무엇을 자꾸 조금씩 들추거나 파서 헤치는 꼴>
해죽-해죽<두 팔을 자꾸 가볍게 내저으면서 걷는 꼴>
허덕-허덕<어떤 일이 힘에 부쳐 몹시 괴로워하며 애쓰는 꼴>
허둥-허둥<어찌할 줄을 몰라 갈팡질팡하며 몹시 급하게 서두르는 꼴>
허든-허든<다리에 힘이 없어 중심을 잃고 자꾸 이리저리 발을 헛디디는 꼴>
허룽-허룽<말이나 하는 짓이 침착하지 못하고 자꾸 매우 실없이 가볍고 들뜨게 하는 꼴>
허적-허적<쌓인 물건을 자꾸 마구 들추어 헤치는 꼴>
허정-허정<힘이 없어서 잘 걷지 못하고 자꾸 비틀거리는 꼴>
허청-허청<힘이 없어서 잘 걷지 못하고 자꾸 몹시 비틀거리는 꼴>
헐근-헐근<숨이 가빠 자꾸 몹시 헐떡이며 그르렁거리는 꼴>
헐떡-헐떡<숨을 자꾸 몹시 가쁘고 급하게 쉬는 소리>
헐렁-헐렁<낄 물건보다 낄 자리가 매우 커서 이리저리 자꾸 움직이는 꼴>
헤근-헤근<물체가 꼭 끼이지 않고 벌여져 자꾸 헐겁게 흔들리는 꼴>
헤살-헤살<가볍고 부드럽게 움직이거나 미소를 짓는 꼴>
헤실-헤실<입을 조금씩 벌리며 싱겁게 자꾸 웃는 꼴>
헤적-헤적<두 팔을 벌려 자꾸 크고 가볍게 저으며 걷는 꼴>
헤적-헤적<탐탁하지 않은 태도로 무엇을 자꾸 마구 들추거나 파서 헤치는 꼴>
헤죽-헤죽<두 팔을 가볍게 자꾸 내저으며 걷는 꼴>
호물-호물<이가 빠진 입으로 음식을 가볍게 자꾸 씹는 꼴>
호빗-호빗<깊고 좁은 틈이나 구멍 속을 잇따라 조금씩 긁거나 돌려 파내는 꼴>
홈착-홈착<보이지 않는 곳에 있는 물건을 찾으려고 자꾸 이리저리 조금씩 더듬는 꼴>
홍알-홍알<흥겹게 계속해서 나직한 목소리로 떠드는 소리>
화들-화들<팔다리나 몸이 맥없이 자꾸 조금씩 떨리는 꼴>
활랑-활랑<부채나 종이 따위로 자꾸 바람을 세게 일으키는 꼴>
회똑-회똑<지꾸 넘어질 듯이 이리저리 조금씩 흔들리는 꼴>
회창-회창<다리에 힘이 없어 똑바로 걷지 못하고 조금씩 기우뚱하게 자꾸 흔들리는 꼴>
후들-후들<팔다리나 몸이 맥없이 자꾸 크게 떨리는 꼴>
후물-후물<이가 빠진 입으로 음식을 자꾸 씹는 꼴>
훔척-훔척<보이지 않는 곳에 있는 물건을 찾으려고 자꾸 이리저리 더듬는 꼴>

휘적-휘적<팔다리를 크게 흔들며 걷는 꼴>
휘정-휘정<액체를 자꾸 마구 저어서 흐리게 하는 꼴>
흐늘-흐늘<물체가 힘없이 늘어져 천천히 자꾸 흔들리는 꼴>
흐물-흐물<아주 푹 익어서 매우 무른 꼴>
흔덕-흔덕<물체가 크고 둔하게 자꾸 흔들리는 꼴>
흔뎅-흔뎅<물체가 위태롭게 매달려 이리저리 자꾸 크게 흔들리는 꼴>
흔들-흔들<조금 크게 이리저리 자꾸 흔들리는 꼴>
흔전-흔전<돈 따위를 모자람이 없이 아주 넉넉하게 잘 쓰며 지내는 꼴>
흘근-흘근<몹시 느릿느릿하게 걷거나 행동하는 꼴>
흘쩍-흘쩍<일이나 행동을 제대로 하지 않고 일부러 자꾸 질질 끄는 꼴>
흘쭉-흘쭉<일이나 행동을 빠르게 하지 않고 일부러 자꾸 질질 끄는 꼴>
흥얼-흥얼<흥에 겨워 노래나 가락 따위를 입으로 자꾸 부르는 꼴>
흥청-흥청<흥에 겨워 마음껏 잘난 체하는 꼴>
희끈-희끈<현기증이 나서 자꾸 정신을 잃고 까무러칠 듯한 꼴>
희끗-희끗<어질증이 몹시 나서 자꾸 어뜩어뜩해지는 꼴>
희끗-희끗<자꾸 빠르게 곁눈질하는 꼴>
희뜩-희뜩<갑자기 몸을 뒤로 젖히며 자꾸 자빠지는 꼴>
희롱-희롱<몹시 버릇없고 방정맞게 자꾸 까부는 꼴>
히들-히들<입을 볼썽사납게 벌리며 웃음을 참지 못하고 싱겁게 자꾸 웃는 소리>

2) [3음절 '-거리다' 뿌리[2]]어찌씨

3음절짜리 '-거리다' 뿌리가 그대로 되풀이되어 결합과정을 거쳐 합성 어찌씨가 만들어진다. 어찌씨 가운데 이 짜임새에 속하는 어찌씨는 2음절짜리보다는 적지만 대단히 많은 수를 차지한다. 이 짜임새에 속하는 어찌씨는 더 이상 어찌씨 만들기에 관여하지 않는다.

가드락-가드락<조금 버릇없이 잘난 체하며 자꾸 채신없이 행동하는 꼴>
가들막-가들막<흥에 겨워 함부로 잘난 체하며 자꾸 경망스럽고 버릇없게 구는 꼴>
가치작-가치작<조금 거추장스럽게 자꾸 여기저기 걸리거나 닿는 꼴>

간드랑-간드랑<가늘거나 작은 물체가 무엇에 매달려 가볍고 느리게 자꾸 흔들리는 꼴>

간드작-간드작<작은 물건이 무엇에 기대거나 걸려 있는 채로 느리게 조금씩 흔들리는 꼴>

갈그랑-갈그랑<목구멍에 가래 따위가 걸려 조금 거칠게 나는 소리>

거드럭-거드럭<우쭐하여 잘난 체하며 자꾸 버릇없이 행동하는 꼴>

거들먹-거들먹<신아 나서 잘난 체하며 자꾸 거만하게 행동하는 꼴>

거치적-거치적<거추장스럽게 자꾸 여기저기 걸리거나 닿는 꼴>

게두덜-게두덜<크고 거친 목소리로 자꾸 불평하는 꼴>

고기작-고기작<종이나 천 따위를 잔금이 지도록 자꾸 접거나 비비는 꼴>

고로롱-고로롱<병이 오래되거나 몸이 약하여 자꾸 시름시름 앓는 꼴>

고무락-고무락<몸이나 그 일부를 작고 느리게 자꾸 움직이는 꼴>

고부랑-고부랑<여러 군데가 조금씩 휘어들어 굽은 꼴>

고시랑-고시랑<못마땅하여 군소리를 좀스럽게 자꾸 하는 꼴>

구기적-구기적<종이나 천 따위를 잔금이 지도록 마구 접거나 비비는 꼴>

구두덜-구두덜<마음이 들지 않아서 혼자 자꾸 군소리를 하는 꼴>

구무럭-구무럭<몸이나 그 일부를 느리게 자꾸 움직이는 꼴>

구부렁-구부렁<여러 군데가 휘어들어 굽은 꼴>

구시렁-구시렁<못마땅하여 잔소리나 군소리를 자꾸 되풀이하는 꼴>

군시렁-군시렁<불만이 쌓여 낮은 목소리로 계속 중얼거리는 소리>

궁시렁-궁시렁<마음이 탐탁하지 않아서 낮은 목소리로 자꾸 혼잣말하는 소리>

근드렁-근드렁<조금 큰 물체가 무엇에 매달려 천천히 부드럽게 자꾸 흔들리는 꼴>

근드적-근드적<물건이 무엇이 기대거나 걸려 있는 채로 느리게 조금씩 자꾸 흔들리는 꼴>

글그렁-글그렁<목구멍에 가래 따위가 걸려 숨 쉴 때마다 거칠게 나는 소리나 느낌>

까드락-까드락<거만스럽게 잘난 체하며 자꾸 버릇없이 행동하는 꼴>

까들막-까들막<흥에 겨워 함부로 잘난 체하며 자꾸 얄미울 정도로 경망스럽고 버릇없게 구는 꼴>

까뜨락-까뜨락<몹시 버릇없이 잘난 체하며 자꾸 거만하게 행동하는 꼴>

까치작-까치작<조금 거추장스럽게 자꾸 여기저기 세게 걸리고 닿는 꼴>

깨지락-깨지락<음식을 먹기 싫은 듯이 자꾸 억지로 천천히 먹는 꼴>

꺼드럭-꺼드럭<몹시 우쭐하여 잘난 체하며 자꾸 버릇없이 교만하게 구는 꼴>
꺼들먹-꺼들먹<신이 나서 몹시 잘난 체하며 자꾸 거만하게 행동하는 꼴>
꺼뜨럭-꺼뜨럭<몹시 잘난 체하며 자꾸 버릇없이 교만하게 구는 꼴>
꺼치적-꺼치적<조금 거추장스럽게 자꾸 여기저기 세게 걸리거나 닿는 꼴>
께지럭-께지럭<음식을 몹시 먹기 싫은 듯이 자꾸 억지로 천천히 먹는 꼴>
꼬기작-꼬기작<종이나 천 따위를 잔금이 생기도록 자꾸 세게 접거나 비비는 꼴>
꼬무락-꼬무락<몸이나 그 일부를 작고 매우 느리게 자꾸 움직이는 꼴>
꼼트락-꼼트락<몸을 이리저리 작고 세게 구부리며 자꾸 움직이는 꼴>
꾸기적-꾸기적<종이나 천 따위를 잔금이 지도록 함부로 세게 접거나 비비는 꼴>
꾸무럭-꾸무럭<사람이나 동물이 몸이나 그 일부를 매우 느리게 자꾸 움직이는 꼴>
꿈트럭-꿈트럭<몸을 이리저리 뒤틀거나 꾸부리며 자꾸 움직이는 꼴>
난지락-난지락<물체가 약간 물러지도록 자꾸 힘없이 조금 쳐지는 꼴>
는지럭-는지럭<물체가 심하게 물러지도록 자꾸 매우 힘없이 축 처지는 꼴>
다듬작-다듬작<무엇을 찾거나 알아보기 위해 손으로 자꾸 이리저리 살살 만져 보는 꼴>
닥다글-닥다글<작고 단단한 물건이 딱딱한 곳에 계속 부딪치면서 굴러가는 소리>
더듬적-더듬적<무엇을 찾으려고 느릿느릿 더듬는 꼴>
더듬적-더듬적<말소리를 더듬거리는 꼴>
덩드럭-덩드럭<잘난 체하며 자꾸 버릇없이 구는 꼴>
도리반-도리반<눈을 크게 뜨고 여기저기 자꾸 휘둘러보는 꼴>
두리번-두리번<눈을 크게 뜨고 여기저기 자꾸 휘둘러보는 꼴>
뒤스럭-뒤스럭<부산하게 자꾸 이리저리 뒤적이는 꼴>
득시글-득시글<사람이나 동물, 벌레 따위가 무리를 지어 자꾸 수선스럽게 움직이는 꼴>
들까불-들까불<무엇을 위아래로 몹시 심하게 움직이는 꼴>
따듬작-따듬작<말을 하거나 글을 읽을 때 자연스럽지 못하고 자꾸 조금씩 느릿느릿하게 막히는 꼴>
딱따글-딱따글<작고 단단한 물건이 딱딱한 곳에 잇따라 세게 부딪치면서 굴러가는 소리>
떠들썩-떠들썩<여러 사람이 큰 소리로 시끄럽게 자꾸 떠드는 소리>
떠듬적-떠듬적<말을 하거나 글을 읽을 때 자연스럽지 못하고 자꾸 몹시 막히는 꼴>

떡떠글–떡떠글<크고 단단한 물건이 딱딱한 곳에 계속 세게 부딪치면서 굴러 가는 소리>
또드락–또드락<작고 단단한 물건을 가락에 맞추어 자꾸 가볍게 두드리는 소리>
뚜드럭–뚜드럭<크고 단단한 물건을 가락에 맞추어 자꾸 두드리는 소리>
만지작–만지작<무엇을 가볍게 주무르듯이 자꾸 만지는 꼴>
매끄당–매끄당<몹시 매끄러워서 넘어질 듯 넘어질 듯 자꾸 밀려 나가는 꼴>
매끈둥–매끈둥<부드럽고 매끄러워서 자꾸 밀려 나가는 꼴>
머무적–머무적<선뜻 말하거나 행동하지 못하고 자꾸 망설이는 꼴>
몽그작–몽그작<한자리에서 떠나지 않고 굼뜨게 자꾸 비벼대거나 움직이는 꼴>
문치적–문치적[23]<생각이나 행동을 자꾸 망설이거나 주저하는 꼴>
뭉그적–뭉그적<한자리에서 떠나지 않고 조금 큰 동작으로 굼뜨게 자꾸 비벼 대거나 움직이는 꼴>
미끄덩–미끄덩<몹시 미끄러워 넘어질 듯 넘어질 듯 자꾸 밀려 나가는 꼴>
미끈둥–미끈둥<부드럽고 미끄러워서 자꾸 밀려 나가는 꼴>
미루적–미루적<일을 자꾸 미루어 시간을 질질 끄는 꼴>
바르작–바르작[24]<어렵거나 힘든 일에서 벗어나려고 팔다리를 내저으며 몸을 자꾸 작게 움직이는 꼴>
배치작–배치작<몸을 한쪽으로 살짝 비틀거리거나 다리를 가볍게 절룩거리며 걷는 꼴>
배트작–배트작<몸을 제대로 가누지 못하고 조금씩 비틀거리는 꼴>
뱌비작–뱌비작[25]<두 물체를 서로 맞대어 자꾸 살살 문지르는 꼴>
버르적–버르적[26]<어렵거나 힘든 일에서 벗어나려고 팔다리를 내저으며 몸을 자꾸 크게 움직이는 꼴>
비비적–비비적[27]<두 물체를 서로 맞대어 자꾸 문지르는 꼴>
비치적–비치적<몸을 한쪽으로 비틀거리거나 다리를 절룩거리며 걷는 꼴>
비트적–비트적<몸을 제대로 가누지 못하고 어지럽게 비틀거리며 걷는 꼴>
빠르작–빠르작[28]<어렵거나 힘든 일에서 벗어나려고 팔다리를 내저으며 작은

23) 준말로 '문칫문칫'이 있다.
24) 준말로 '바릇바릇'이 있다.
25) 준말로 '뱌빗뱌빗'이 있다.
26) 준말로 '버릇버릇'이 있다.
27) 준말로 '비빗비빗'이 있다.
28) 준말로 '빠릇빠릇'이 있다.

몸을 자꾸 세게 움직이는 꼴>

빼트작-빼트작<몸을 제대로 가누지 못하고 몹시 비틀거리며 걷는 꼴>

뻐르적-뻐르적[29]<어렵거나 힘든 일에서 벗어나려고 팔다리를 내저으며 몸을 자꾸 크고 세게 움직이는 꼴>

삐트적-삐트적<몸을 제대로 가누지 못하고 몹시 어지럽게 비틀거리며 걷는 꼴>

사부랑-사부랑<쓸데없는 말을 자꾸 지껄이는 꼴>

사부작-사부작<별로 힘들이지 않고 계속 가볍게 행동하는 꼴>

새근덕-새근덕<숨소리가 조금 가쁘고 거칠게 자꾸 나는 소리>

새새덕-새새덕<조금 실없이 웃으면서 떠들썩하게 계속 이야기하는 꼴>

소곤닥-소곤닥<남이 알아듣지 못하도록 작은 목소리로 조금 어수선하게 자꾸 이야기하는 소리>

수군덕-수군덕<남이 알아듣지 못하도록 낮은 목소리로 조금 어수선하게 자꾸 이야기하는 소리>

시근덕-시근덕<숨소리가 가쁘고 거칠게 자꾸 나는 소리>

시부렁-시부렁<쓸데없이 말을 함부로 자꾸 지껄이는 꼴>

시부적-시부적<별로 힘들이지 않고 계속 거볍게 행동하는 꼴>

시시닥-시시닥<실없이 웃으면서 조금 작은 소리로 계속 이야기하는 꼴>

시시덕-시시덕<실없이 웃으면서 큰 소리로 떠들썩하게 계속 이야기하는 꼴>

시위적-시위적<힘들이지 않고 천천히 되는대로 일을 하는 골>

싸부랑-싸부랑<경망스럽게 쓸데없는 말을 자꾸 지껄이는 꼴>

쌔근덕-쌔근덕<숨소리가 매우 가쁘고 거칠게 자꾸 나는 소리>

쏘곤닥-쏘곤닥<남이 알아듣지 못하도록 작은 목소리로 어수선하게 자꾸 이야기하는 소리>

쑤군덕-쑤군덕<남이 잘 알아듣지 못하도록 낮은 목소리로 어수선하게 자꾸 이야기하는 소리>

씨근덕-씨근덕<숨소리가 몹시 가쁘고 거칠게 자꾸 나는 소리>

씨부렁-씨부렁<쓸데없는 말을 함부로 자꾸 지껄이는 꼴>

씨우적-씨우적<마음에 못마땅하여 자꾸 불평스럽게 지껄이는 꼴>

아기똥-아기똥<작은 몸을 이리저리 조금 둔하게 움직이면서 잇따라 느리게 걷는 꼴>

아기작-아기작[30]<작은 몸집으로 팔다리를 억지로 움직이며 나릿나릿 걷는 꼴>

---

29) 준말로 '뻐릇뻐릇'이 있다.

아기작-아기작[31]<음식 같은 것을 느리게 아귀아귀 씹는 꼴>
아기족-아기족<작은 몸집으로 팔다리를 어색하게 움직이며 힘들게 겨우 걷는 꼴>
아느작-아느작<길고 부드러운 나뭇가지나 풀잎 따위가 자꾸 가볍게 흔들리는 꼴>
아드등-아드등<서로 제 생각만 고집하여 양보하지 않고 자꾸 다투는 꼴>
아름작-아름작<말이나 행동을 분명히 하지 못하고 자꾸 주춤거리는 꼴>
아슬랑-아슬랑<몸집이 작은 사람이나 동물이 몸을 이리저리 살짝 흔들며 계속 천천히 걸어 다니는 꼴>
아치랑-아치랑<키가 조금 작은 사람이 힘없이 몸을 조금 흔들며 천천히 자꾸 걷는 꼴>
아치장-아치장<키가 조금 작은 사람이 기운 없이 자꾸 조금 느리게 걷는 꼴>
앙기작-앙기작<쓰러질 듯이 이리저리 가볍게 약간 기울어지며 조금 느리게 걷거나 기는 꼴>
야기죽-야기죽[32]<얄미울 정도로 짓궂게 자꾸 비웃으며 이야기하는 꼴>
야스락-야스락<입담 좋게 말을 자꾸 늘어놓는 꼴>
얄기죽-얄기죽<입이나 허리 따위를 이리저리 느리게 조금씩 자꾸 움직이는 꼴>
어기뚱-어기뚱<큰 몸집을 이리저리 둔하게 움직이면서 잇따라 느리게 걷는 꼴>
어기적-어기적[33]<음식물 같은 것을 느리게 어귀어귀 씹는 꼴>
어기죽-어기죽[34]<큰 몸짓으로 팔다리를 어색하게 움직이며 힘들게 겨우 걷는 꼴>
어름적-어름적<말이나 행동을 분명히 하지 못하고 자꾸 몹시 주춤거리는 꼴>
어슬렁-어슬렁<몸집이 큰 사람이나 동물이 몸을 이리저리 흔들며 계속 천천히 걸어 다니는 꼴>
어치렁-어치렁<키가 조금 큰 사람이 힘없이 몸을 흔들며 천천히 걷는 꼴>
어치정-어치정<키가 큰 사람이 기운 없이 자꾸 느리게 걷는 꼴>
엉기적-엉기적<쓰러질 듯이 이리저리 가볍게 기울어지며 느리게 걷거나 기는 꼴>
엉두덜-엉두덜<불만이나 원망 따위를 혼잣말로 자꾸 중얼거리는 꼴>
오무락-오무락<작은 벌레 따위가 자꾸 느리게 꼼지락거리는 꼴>

---

30) 준말로 '아깃아깃'이 있다.
31) 준말로 '아깃아깃'이 있다.
32) 준말로 '야죽야죽'이 있다.
33) 준말로 '어깃어깃'이 있다.
34) 준말로 '어깃어깃'이 있다.

오비작-오비작<좁은 틈이나 구멍 속을 계속 조금씩 갉아 파는 꼴>
오지끈-오지끈<작고 단단한 물건이 자꾸 부러지거나 부서지는 소리>
옥시글-옥시글<여럿이 한데 많이 모여 자꾸 번잡스럽게 움직이는 꼴>
와그작-와그작<여럿이 좁은 곳에서 계속 시끄럽게 복작거리는 소리>
옴지락-옴지락<작은 것이 느릿느릿 자꾸 움직이는 꼴>
와드등-와드등<그릇 따위가 자꾸 서로 부딪쳐 요란하게 깨지는 소리>
왁다글-왁다글<작고 단단한 여러 개의 물건이 잇따라 부딪치며 굴러가는 소리>
왁시글-왁시글<많은 사람이나 동물이 한데 모여 몹시 복잡하게 들끓는 꼴>
우무적-우무적<큰 벌레 따위가 좀스럽고 매우 느리게 자꾸 움직이는 꼴>
우물쩍-우물쩍<말이나 행동 따위를 분명하게 하지 않고 자꾸 일부러 슬쩍 얼버무리는 꼴>
우비적-우비적<틈이나 구멍 속을 계속 긁어 파내는 꼴>
욱시글-욱시글<여럿이 한데 많이 모여서 몹시 어수선하게 북적대는 꼴>
움지럭-움지럭<조금 큰 것이 느릿느릿 자꾸 움직이는 꼴>
워그적-워그적<여럿이 넓은 곳에서 계속 시끄럽게 북적거리는 소리>
웍더글-웍더글<크고 단단한 여러 개의 물건이 잇따라 마구 부딪치면서 굴러가는 소리>
으드등-으드등<서로 제 생각만 고집하여 양보하지 않고 자꾸 크게 다투는 꼴>
이기죽-이기죽[35]<몹시 얄미울 정도로 짓궂게 자꾸 비웃으며 이야기하는 꼴>
일기죽-일기죽<입이나 허리 따위를 이리저리 느리게 자꾸 움직이는 꼴>
자그락-자그락<작은 자갈밭 따위를 가볍게 밟을 때 잇따라 나는 소리>
자근덕-자근덕<끈덕지게 자꾸 귀찮게 구는 꼴>
자드락-자드락<다른 사람이 귀찮을 정도로 자꾸 성가시게 구는 꼴>
자부락-자부락<가만히 있는 사람을 실없이 자꾸 건드려 괴롭히는 꼴>
자분닥-자분닥<조금 짓궂은 말이나 행동으로 자꾸 남을 성가시게 하는 꼴>
조몰락-조몰락<물건을 작은 동아리로 자꾸 주무르는 꼴>
주물럭-주물럭<물건을 큰 동작으로 자꾸 주무르는 꼴>
지그럭-지그럭<대수롭지 않은 일로 옥신각신하며 크게 다투는 꼴>
지근덕-지근덕<짜증이 날 정도로 끈덕지게 귀찮게 구는 꼴>
지드럭-지드럭<다른 사람이 매우 귀찮을 정도로 자꾸 성가시게 구는 꼴>
지부럭-지부럭<가만히 있는 사람을 실없이 자꾸 건드려 몹시 괴롭히는 꼴>

35) 준말로 '이죽이죽'이 있다.

지분덕-지분덕<짓궂은 말이나 행동으로 남을 몹시 성가시게 하는 꼴>
질버덕-질버덕<흙이나 반죽 따위가 물기가 많고 끈기가 있어 부드럽고 진 느낌>
질커덕-질커덕<진흙이나 반죽 따위가 물기가 많아 매우 차지고 진 느낌>
질퍼덕-질퍼덕<진흙이나 반죽 따위가 물기가 많아 매우 부드럽고 진 느낌>
짜그락-짜그락<하찮은 일로 불평을 하며 자꾸 옥신각신 몹시 다투는 꼴>
짜근덕-짜근덕<끈덕지게 자꾸 자꾸 몹시 귀찮게 구는 꼴>
짜드락-짜드락<다른 사람이 귀찮을 정도로 자꾸 몹시 성가시게 구는 꼴>
짜들름-짜들름<물건이나 돈 따위를 한꺼번에 다 주지 않고 여러 차례에 걸쳐서 조금씩 주다 말다 하는 꼴>
짜뜰름-짜뜰름<물건이나 돈 따위를 한꺼번에 다 주지 않고 여러 차례에 걸쳐서 아주 조금씩 주다 말다 하는 꼴>
찌그덕-찌그덕<단단한 물건이 서로 여기저기 쓸리면서 거칠게 자꾸 나는 소리>
찌그럭-찌그럭<대수롭지 않은 일로 몹시 옥신각신하며 크게 다투는 꼴>
찌근덕-찌근덕<몹시 짜증이 날 정도로 자꾸 끈덕지게 귀찮게 구는 꼴>
찌드럭-찌드럭<다른 사람이 매우 귀찮을 정도로 자꾸 몹시 성가시게 구는 꼴>
찌들름-찌들름<물건이나 돈 따위를 한꺼번에 다 주지 않고 여러 차례에 걸쳐서 나누어 주거나 주다 말다 하는 꼴>
찌뜰름-찌뜰름<물건이나 돈 따위를 한꺼번에 다 주지 않고 여러 차례에 걸쳐서 아주 조금씩 나누어 주거나 주다 말다 하는 꼴>
차근덕-차근덕<짜증이 날 정도로 끈덕지게 자꾸 몹시 귀찮게 구는 꼴>
타드락-타드락<먼지가 조금 날 정도로 가만히 자꾸 두드리는 소리>
타시락-타시락<대수롭지 않은 일로 서로 자꾸 우기거나 가볍게 다투는 꼴>
터드럭-터드럭<먼지가 털어질 정도로 적당히 크게 자꾸 두드리는 소리>
토드락-토드락<작고 단단한 물건을 박자에 맞추어 자꾸 가볍고 거세게 두드리는 소리>
투드럭-투드럭<크고 단단한 물건을 가락에 맞추어 자꾸 거세게 두드리는 소리>
하느작-하느작[36]<나뭇가지나 머리카락 따위의 얇고 긴 물체가 자꾸 느리고 가볍게 흔들리는 꼴>
하비작-하비작<몸이나 물건 따위를 손톱이나 날카로운 물건으로 자꾸 긁어서 조금 헤치는 꼴>
한드랑-한드랑<힘없이 매달린 작은 물체가 좁은 폭으로 자꾸 가볍게 흔들리

---

36) 준말로 '하늑하늑'이 있다.

는 꼴>

한드작-한드작<매달린 작은 물체가 자꾸 천천히 흔들리는 꼴>

해반닥-해반닥<눈을 크게 뜨고 흰자위를 자꾸 조금 번득이며 움직이는 꼴>

허비적-허비적<몸이나 물건을 손톱이나 날카로운 물건으로 자꾸 긁어서 헤치는 꼴>

헐씨근-헐씨근<화가 나서 숨이 차거나 하며 숨소리가 자꾸 가쁘고 거칠게 나는 꼴>

호비작-호비작<좁은 틈이나 구멍 속을 계속 거세게 갉아 파내는 꼴>

홈치작-홈치작<보이지 않는 곳에 있는 물건을 찾으려고 자꾸 이리저리 조금씩 더듬는 꼴>

후비적-후비적<틈이나 구멍 속을 계속 거세게 마구 긁어 파내는 꼴>

훔치적-훔치적<보이지 않는 곳에 있는 물건을 찾으려고 자꾸 이리저리 더듬는 꼴>

휘우청-휘우청<기다란 물체가 탄력 있게 휘어지며 느릿느릿 자꾸 휘어지는 꼴>

흐느적-흐느적[37]<나뭇가지나 머리카락 따위의 얇고 긴 물체가 자꾸 느리고 부드럽게 흔들리는 꼴>

흐늘쩍-흐늘쩍<매우 둔하고 느리게 자꾸 흔들리거나 움직이는 꼴>

흔드렁-흔드렁<매달린 큰 물체가 좁은 폭으로 자꾸 이리저리 흔들리는 꼴>

흔드적-흔드적<매달린 큰 물체가 천천히 자꾸 이리저리 흔들리는 꼴>

희번덕-희번덕<눈을 크게 뜨고 흰자위를 자꾸 번득이며 움직이는 꼴>

3) [4음절 '-거리다' 뿌리[2]]어찌씨

4음절짜리 '-거리다' 뿌리가 그대로 되풀이되어 결합 과정을 거쳐 합성 어찌씨가 만들어진다. 이 짜임새에 속하는 어찌씨로는 '시근벌떡시근벌떡'이 유일하다.

시근벌떡-시근벌떡<숨이 차서 숨소리가 고르지 않고 가쁘고 급하게 자꾸 나는 꼴>

---

37) 준말로 '흐늑흐늑'이 있다.

2.1.2. ['-하다' 결합 뿌리[2]]어찌씨

풀이씨 '-하다'의 뿌리가 같은 꼴로 되풀이되면서 결합 과정을 거쳐 합성 어찌씨가 만들어졌다. 예컨대 '가든하다'의 뿌리 '가든-'은 같은 꼴로 되풀이되면서 결합 과정을 거쳐 같은 꼴 되풀이 합성 어찌씨 '가든가든'이 만들어졌다. 밑말이 의존 형식이기 때문에 이 짜임새에 해당하는 어찌씨들은 모두 비통사적 합성 어찌씨에 속한다. 모든 '-하다' 결합형 풀이씨 뿌리가 이 짜임새에 의해 합성 어찌씨를 만들 수 있는 것은 아니고 일부 어찌씨스러운 뿌리만이 같은 꼴로 되풀이되어 합성 어찌씨를 만드는 것이 가능하다.

이 짜임새에 속하는 어찌씨는 대부분 꼴흉내말들로 아주 많은 편이다. 따라서 이 짜임새에 의한 어찌씨 만들기는 생산성이 아주 높은 편이다. 이 짜임새에서 밑말이 되는 뿌리는 모두 토박이말이며, 한 형태소로 이루어진 것도 있고 두 형태소로 이루어진 것도 있다. '가든하다'의 '가든-'은 하나의 형태소이지만, '넓적하다-'의 '넓적-'은 두 형태소로 이루이진 뿌리에 해당한다.

이 짜임새에 해당하는 어찌씨는 다른 뿌리나 파생의 가지와 결합하지 않기 때문에 더 이상 낱말 만들기에 관여하지 않는다. 그러나 이 가운데 극히 일부는 내적 파생법에 따라 밑말이 되어 파생 어찌씨를 만들어 낱말 만들기에 참여한다. '꼽슬꼽슬'에서 '꼽슬-'은 '꼽슬하다'란 풀이씨가 없기 때문에 이 짜임새에 해당하지 않는다. 그러나 이 짜임새에 속하는 '곱슬곱슬'에서 닿소리 /ㄱ/을 /ㄲ/으로 바꾸어 주어 새로운 낱말을 파생시키는 내적 파생법에 따라 '꼽슬꼽슬'이 만들어졌다. '꺼끌꺼끌'에서 '꺼끌-'도 '꺼끌하다'란 풀이씨가 없기 때문에 이 짜임새에 해당하지 않는다. 그러나 이 짜임새에 속하는 '까끌까끌'에서 홀소리 /ㅏ/를 /ㅓ/로 바꾸어 주어 새로운 낱말을 파생시키는 내적 파생법에 따라 '꺼끌꺼끌'이 만들어졌다.

'거든-거든<물건이나 일 따위가 다루거나 쓰기에 약간 또는 여럿이 다 손쉽고 가벼운 꼴>'도 '가든-가든<물건이나 일 따위가 다루거나 쓰기에 매우 또는 여럿이 다 손쉽고 가벼운 꼴>'에서 파생된 내적 파생 어찌씨로 볼 수도 있지만, '꺼끌-'과 달리 '거든-'은 풀이씨 '거든하다'의 뿌리이기 때문에 '거든-'이 되풀이되어 이루어진 합성 어찌씨로 다루었다.

뿌리인 밑말이 대부분 2음절이며, 3음절인 것들도 일부 있다. 4음절짜리 이상은 없다.

1) [2음절 '-하다' 뿌리[2]]어찌씨

2음절짜리 '-하다' 뿌리가 그대로 되풀이되어 결합 과정을 거쳐 합성 어찌씨가 만들어진다. 어찌씨 가운데 이 짜임새에 속하는 어찌씨가 많은 수를 차지한다. 이 짜임새에 속하는 어찌씨는 극히 일부를 제외하고는 더 이상 어찌씨 만들기에 관여하지 않는다.

가든-가든<물건이나 일 따위가 다루거나 쓰기에 매우 또는 여럿이 다 손쉽고 가벼운 꼴>
가뜬-가뜬<몸이나 마음이 아주 가볍고 상쾌한 느낌>
가뭇-가뭇<빛깔이 군데군데 약간 검은 듯한 꼴>
가분-가분<마음이나 행동이 매우 가벼운 꼴>
가붓-가붓<무게가 여럿이 다 매우 가벼운 느낌>
가뿐-가뿐<들기에 쉬울 정도로 매우 또는 여럿이 다 가벼운 꼴>
가뿟-가뿟<무게가 여럿이 다 꽤 가벼운 느낌>
가칠-가칠<피부나 털이 여러 군데가 곱지 않고 윤기가 없는 꼴>
갭직-갭직<여럿이 다 조금 가벼운 듯한 꼴>
갸름-갸름<여러 사물이 보기 좋을 정도로 조금 가늘고 긴 듯한 꼴>

갸쭉-갸쭉<여러 사물이 보기 좋을 정도로 조금 긴 꼴>
갸쯤-갸쯤<여러 사물이 조금 가늘고 긴 듯한 꼴>
갸찍-갸찍<여러 사물이 길이가 알맞게 긴 듯한 꼴>
거든-거든<물건이나 일 따위가 다루거나 쓰기에 약간 또는 여럿이 다 손쉽고 가벼운 꼴>
거뜬-거뜬<물건이나 일 따위가 다루거나 쓰기에 약간 또는 여럿이 다 손쉽고 가뿐한 꼴>
거뭇-거뭇<빛깔이 군데군데 검은 듯한 꼴>
거분-거분<말이나 행동이 홀가분한 꼴>
거붓-거붓<무게 따위가 여럿이 다 조금 가벼운 느낌>
거뿐-거뿐<말이나 행동이 꽤 홀가분한 꼴>
거뿟-거뿟<무게 따위가 여럿이 다 조금 가벼워 보이는 느낌>
거칠-거칠<피부나 털이 여러 군데가 매우 곱지 않고 윤기가 없는 꼴>
검숭-검숭<피부나 털, 수염 따위가 군데군데 거무스름한 꼴>
고붓-고붓<여러 군데가 조금 곱아 휘어진 듯한 꼴>
골막-골막<그릇이나 통 따위에 무엇이 가득 차지 않고 조금 모자란 듯한 꼴>
골싹-골싹<그릇이나 통 따위에 담긴 것이 거의 다 찬 꼴>
곱슬-곱슬<털이나 실, 머리카락 등이 작고 동그랗게 고부라져 말려 있는 꼴>
구붓-구붓<여러 군데가 굽어 크게 휘어져 있는 꼴>
굴먹-굴먹<그릇이나 통 따위에 무엇이 완전히 차지 않고 모자란 꼴>
굴썩-굴썩<그릇이나 통 따위에 담긴 것이 거의 꽉 차 있는 꼴>
굵직-굵직<크기나 부피가 꽤 또는 여럿이 다 큰 꼴>
굽슬-굽슬<털이나 실 따위가 오그라져서 둥글게 말린 꼴>
-(파)꿉슬-꿉슬<털이나 실 따위가 잘 오그라져서 아주 둥글게 말린 꼴>
기름-기름<여러 사물이 보기 좋을 정도로 긴 듯한 꼴>
길쭉-길쭉<여러 사물이 다 긴 꼴>
길쯤-길쯤<여러 사물이 꽤 가늘고 긴 듯한 꼴>
길찍-길찍<여럿이 다 꽤 긴 듯한 꼴>
까끌-까끌<물체의 표면이 매끄럽지 못하고 조금 거칠고 따가운 느낌>
-(파)꺼끌-꺼끌<물체의 표면이 매끄럽지 못하고 매우 거칠고 따가운 느낌>
까뭇-까뭇<빛깔이 군데군데 까무스름한 꼴>
까슬-까슬<살결이나 물체의 거죽이 윤기가 없고 매우 거친 꼴>
까칠-까칠<피부나 털 따위의 표면이 여러 군데가 윤기가 없고 매우 거친 꼴>

꺼뭇-꺼뭇<빛깔이 군데군데 꺼무스름한 꼴>
꺼칠-꺼칠<피부나 털 따위의 표면이 여러 군데가 매끈하지 않고 매우 험한 꼴>
꺼칫-꺼칫<뾰족한 물건 따위가 살갗에 세게 자꾸 닿아 걸리는 꼴>
꼬붓-꼬붓<여러 군데가 한쪽으로 곱아 심하게 휘어진 꼴>
꾸붓-꾸붓<여러 군데가 한쪽으로 굽어 크고 심하게 휘어진 꼴>
나긋-나긋<말씨나 글이 매우 편하고 멋이 있는 꼴>
나릿-나릿<동작이 날쌔지 못하여 조금 느리고 굼뜬 꼴>
나직-나직<소리가 꽤 작고 낮은 꼴>
날쌍-날쌍<천이나 소쿠리 따위의 짜임새가 조금 느슨하고 엉성한 꼴>
날씬-날씬<매우 또는 여럿이 다 몸이 가늘고 키가 크면서 맵시가 있는 꼴>
남실-남실<가볍고 부드럽게 자꾸 움직이는 꼴>
너절-너절<천이나 종이 따위가 늘어지거나 군데군데 찢어져서 지저분하게 흔들리는 꼴>
널찍-널찍<매우 또는 여럿이 다 공간이 넓은 꼴>
넓적-넓적<여럿이 다 두께가 조금 얇고 평평하며 꽤 넓은 꼴>
넓죽-넓죽<여럿이 다 길쭉하고 넓은 꼴>
노긋-노긋<매우 또는 여럿이 다 촉촉하고 부드러운 꼴>
노릇-노릇<군데군데가 매우 노르스름한 꼴>
녹실-녹실<매우 또는 여럿이 다 무르고 보드라운 꼴>
녹진-녹진<물기가 있는 물체가 말랑말랑하면서 끈끈한 꼴>
높직-높직<여럿이 다 꽤 높은 꼴>
누긋-누긋<매우 또는 여럿이 다 축축하고 부드러운 꼴>
누릇-누릇<군데군데가 매우 누렇게 된 꼴>
눅신-눅신<매우 부드럽고 물렁물렁한 꼴>
눅실-눅실<꽤 또는 여럿이 다 무르고 부드러운 꼴>
눅진-눅진<물기 있는 물체가 말랑말랑하면서 매우 끈끈한 꼴>
느릿-느릿<동작이 날쌔지 못하여 매우 느리고 굼뜬 꼴>
느직-느직<동작이 매우 또는 여럿이 다 굼뜨고 느린 꼴>
늘썽-늘썽<천이나 소쿠리 따위의 짜임새가 매우 느슨하고 엉성한 꼴>
다복-다복<작은 풀이나 나무 따위가 여기저기 다 탐스럽고 소복한 꼴>
대꾼-대꾼<지쳐서 눈들이 모두 쏙 들어가고 조금 생기가 없는 꼴>
더북-더북<풀이나 나무 따위가 여기저기 다 탐스럽고 수북한 꼴>
데꾼-데꾼<지쳐서 눈들이 모두 쑥 들어가고 조금 생기가 없는 꼴>

도담-도담<어린아이가 아무 탈없이 잘 자라는 꼴>
도독-도독<무엇이 돋아난 것처럼 여러 군데가 조금씩 솟아 볼록한 꼴>
도렷-도렷<사물의 형태가 엉클어지거나 흐리지 않고 분명한 꼴>
두둑-두둑<무엇이 돋아난 것처럼 여러 군데가 솟아 볼록한 꼴>
두렷-두렷<매우 또는 여럿이 다 엉클어지거나 흐리지 않고 꽤 분명한 꼴>
듬성-듬성<촘촘하지 않고 매우 성기고 간격이 뜬 꼴>
따근-따근<조금 덥거나 따뜻한 느낌>
따끈-따끈<덥거나 따뜻한 느낌>
땀직-땀직<말이나 행동이 한결같이 속이 깊으며 무게가 있는 꼴>
때꾼-때꾼<몹시 지쳐서 눈들이 모두 쑥 들어가고 매우 생기가 없는 꼴>
떼꾼-떼꾼<지쳐서 눈들이 모두 쑥 들어가고 매우 생기가 없는 꼴>
또렷-또렷<사물의 형태가 분명하여 잘 보이는 꼴>
뚜렷-뚜렷<사물의 형태가 매우 분명하여 잘 보이는 꼴>
뜨끈-뜨끈<매우 따뜻하고 더운 느낌>
뜸직-뜸직<말이나 행동이 한결같이 매우 속이 깊으며 무게가 있는 꼴>
말똥-말똥<눈이나 정신 따위가 매우 맑고 생기 있는 꼴>
멀찍-멀찍<여럿의 사이가 다 조금 멀리 떨어져 있는 꼴>
묵직-묵직<여러 개의 물건이 하나하나가 다 보기보다 꽤 무거운 상태>
물쩡-물쩡<사람이나 그 성질이 매우 느리고 무른 상태>
미끈-미끈<흠이나 거친 데가 없어 밀려 내려갈 정도로 몹시 부드럽고 윤이 나는 꼴>
반듯-반듯<여러 개의 작은 물체가 비뚤거나 굽지 않고 다 바른 꼴>
발긋-발긋<점점이 또는 군데군데 빨간 듯한 꼴>
배릿-배릿<냄새나 맛이 조금 비린 느낌>
버근-버근<물건의 사개가 버그러져 자꾸 흔들거리는 꼴>
버름-버름<물건의 여러 틈이 다 꼭 맞지 않고 조금 벌어져 있는 꼴>
번듯-번듯<여러 개의 큰 물체가 비뚤거나 굽지 않고 다 바른 꼴>
번뜻-번뜻<여러 개의 큰 물체가 비뚤거나 굽지 않고 다 매우 바른 꼴>
보송-보송<물기가 없이 잘 말라서 매우 부드러운 꼴>
뽀송-뽀송<물기가 없이 잘 말라서 매우 부드러운 꼴>
뿌숭-뿌숭<잘 말라서 물기가 없고 부드러운 꼴>
볼긋-볼긋<군데군데 곱게 조금씩 붉은 꼴>
부둑-부둑<물기가 있는 물건의 거죽이 물기가 거의 말라 조금 뻣뻣하게 굳어

진 꼴>
부숭-부숭<물기가 없이 잘 말라서 부드러운 꼴>
부픗-부픗<무게가 많이 나가지 않지만 부피가 매우 큰 꼴>
불긋-불긋<군데군데가 약간 붉은 듯한 꼴>
붕긋-붕긋<여러 군데가 다 꽤 불룩하게 나오거나 높이 솟아 있는 꼴>
비릿-비릿<냄새나 맛이 비린 느낌>
비슷-비슷<여럿이 다 거의 같은 꼴>
빨긋-빨긋<점점이 또는 군데군데 매우 빨간 듯한 꼴>
빼족-빼족<여럿이 다 끝이 조금 길고 날카롭게 앞으로 밀려 나와 있는 꼴>
빼쭉-빼쭉<여럿이 다 끝이 길고 날카롭게 앞으로 밀려 나와 있는 꼴>
뻘긋-뻘긋<점점이 또는 군데군데 매우 뻘건 듯한 꼴>
뽀독-뽀독<물기가 있는 물건의 거죽이 거의 말라 아주 빳빳하게 굳어진 꼴>
뽈긋-뽈긋<군데군데 곱게 붉은 꼴>
뿌둑-뿌둑<물기가 있는 물건의 거죽이 물기가 거의 말라 아주 뻣뻣하게 굳어
진 꼴>
뿔긋-뿔긋<군데군데가 매우 붉은 꼴>
살핏-살핏<짜거나 엮은 것이 조금 거칠고 성긴 꼴>
상깃-상깃<여러 군데가 모두 사이나 간격이 조금 뜬 듯한 꼴>
새곰-새곰<음식 따위가 약간 신맛이 있는 느낌>
새금-새금<약간 신맛이나 신 냄새가 있는 느낌>
서먹-서먹<낯이 설거나 익숙하지 않아 매우 어색한 상태>
설멍-설멍<가늘고 길쭉한 다리를 크게 올리며 걷는 꼴>
성깃-성깃<여러 군데가 모두 사이나 간격이 꽤 뜬 듯한 꼴>
소곳-소곳<여럿이 다 고개나 몸을 조금 숙인 듯한 꼴>
소복-소복<담기거나 쌓여 있는 것이 여럿이 다 볼록하게 많은 꼴>
수긋-수긋<여럿이 다 고개나 몸을 숙인 듯한 꼴>
수북-수북<담기거나 쌓여 있는 것이 여럿이 다 불룩하게 매우 많은 꼴>
수월-수월<별로 어려운 것이 없이 매우 쉽게>
슬금-슬금<눈치를 보아가며 남들이 모르게 슬그머니 어떤 행동을 자꾸 하는 꼴>
시굼-시굼<음식 따위가 신맛이 꽤 강한 느낌>
시금-시금<음식 따위가 신맛이나 신 냄새가 있는 느낌>
시들-시들<꽃이나 풀 따위가 시들어 생기가 없는 꼴>
시원-시원<말이나 행동 따위가 후련하고 가뿐한 느낌>

시쿰-시쿰<음식 따위가 매우 신맛이 강한 느낌>
시큼-시큼<음식 따위가 신맛이나 신 냄새가 매우 강한 느낌>
싱둥-싱둥<본디의 기운이 없어지지 않고 그대로 매우 생기 있게 남아 있는 꼴>
쓰렁-쓰렁<사이가 서로 멀어져서 어색하고 쓸쓸한 꼴>
아늑-아늑<길고 부드러운 나뭇가지나 풀잎 따위가 작고 가볍게 흔들리는 꼴>
아득-아득<보이거나 들리는 것이 희미하고 먼 꼴>
아뜩-아뜩<정신이 있다가 없다가 하여 자꾸 조금씩 매우 어지럽거나 까무러칠 듯한 꼴>
아릿-아릿<신체 부위나 상처 따위가 찌르는 듯이 조금씩 아픈 느낌>
아슥-아슥<여러 개가 모두 한쪽으로 조금씩 비뚤어져 있는 꼴>
아슬-아슬<몸에 소름이 끼칠 듯이 조금 추운 느낌이 잇따라 드는 꼴>
아질-아질<자꾸 조금 어지럽고 정신이 아득한 느낌>
아찔-아찔<자꾸 어지럽고 정신이 아득한 느낌>
알근-알근<매워서 입안이 매우 알알한 느낌>
야들-야들<윤기가 많이 나고 보들보들한 꼴>
이들-이들<윤이 나고 부드러운 꼴>
얄찍-얄찍<여럿이 다 얇은 듯한 꼴>
얄팍-얄팍<여럿이 모두 두께가 조금씩 얇은 꼴>
어긋-어긋<물건의 맞붙여 이은 조각들이 이가 맞지 않아 꽤 어긋나 있는 꼴>
어둑-어둑<사물을 똑똑히 알아볼 수 없을 정도로 어두운 꼴>
어득-어득<보이는 것이나 들리는 것이 몹시 희미하고 먼 꼴>
어릿-어릿<신체 부위나 상처 따위가 찌르는 듯이 몹시 아프거나 쓰린 느낌>
어슬-어슬<조금씩 어두워 가는 꼴>
어슷-어슷<여럿이 다 한쪽으로 조금 비뚤어져 있는 꼴>
어질-어질<자꾸 어지럽고 정신이 까무러칠 듯 희미한 느낌>
어찔-어찔<자꾸 몹시 어지럽고 정신이 까무러칠 듯 희미한 느낌>
얼근-얼근<매워서 입안이 매우 얼얼한 느낌>
여릿-여릿<빛깔이나 소리, 형체 따위가 선명하지 못하고 약간 흐리거나 약한 꼴>
오긋-오긋<여럿이 다 안으로 조금 오목하게 휘어진 듯한 꼴>
우긋-우긋<여럿이 다 안으로 꽤 오목하게 휘어진 듯한 꼴>
우꾼-우꾼<어떤 기운이 한꺼번에 자꾸 세게 일어나는 꼴>
우렁-우렁<소리가 매우 크고 힘차게 울리는 꼴>
우묵-우묵<군데군데 둥글게 패어 들어가 있는 꼴>

이악-이악<달라붙는 기세가 매우 굳세고 끈덕진 꼴>
이억-이억<달라붙는 기세가 몹시 굳세고 끈덕진 꼴>
자릿-자릿<심리적으로 자극을 받아 마음이 흥분이 되고 자꾸 떨리는 느낌>
자작-자작<물이 점점 줄어들어서 바닥에 잦아드는 꼴>
잔득-잔득<끈끈하게 차져 자꾸 달라붙는 꼴>
잘깃-잘깃<질기고 탄력 있는 듯한 느낌>
잘똑-잘똑<길쭉한 모양의 여러 군데가 둥글게 깊이 패어 들어간 꼴>
잘록-잘록<기다란 물건이 여러 군데가 조금 둥글게 깊이 패어 들어간 꼴>
잘박-잘박<진흙이나 반죽 따위가 물기가 많아 보드랍고 진 느낌>
잘쏙-잘쏙<기다란 물체의 여러 군데가 다 푹 패어 들어가 있는 꼴>
잘칵-잘칵<진흙이나 반죽 따위가 물기가 많아 꽤 차지고 진 느낌>
잘팍-잘팍<진흙이나 반죽 따위가 물기가 많아 매우 보드랍고 진 느낌>
저릿-저릿<피가 잘 돌지 못하여 몹시 감각이 무디고 자꾸 세게 아린 느낌>
접첨-접첨<여러 번 접어서 포개는 꼴>
조붓-조붓<여럿이 조금 좁은 듯하게 연이어 있는 꼴>
조용-조용<말이나 행동 따위가 수선스럽지 않고 아주 얌전하게>
졸깃-졸깃<씹을 때 조금 차지고 잠길 듯한 느낌>
줄깃-줄깃<씹을 때 차지고 질긴 듯한 느낌>
지긋-지긋<몸서리가 날 만큼 몹시 싫고 괴로운 꼴>
지긋-지긋<슬며시 자꾸 힘을 주는 꼴>
지질-지질<변변하지 못하고 몹시 보잘것없는 꼴>
질깃-질깃<질긴 듯한 느낌>
질뚝-질뚝<길쭉한 물건의 여러 군데가 아주 둥글게 깊이 패어 들어간 꼴>
질쑥-질쑥<기다란 물체의 여러 군데가 다 깊이 푹 패어 들어가 있는 꼴>
짜릿-짜릿<피가 잘 돌지 못하여 감각이 몹시 무디고 자꾸 세게 아린 느낌>
짤깃-짤깃<매우 질기고 탄력 있는 듯한 느낌>
짤똑-짤똑<길쭉한 물건의 여러 군데가 둥글게 아주 깊이 패어 들어간 꼴>
짤록-짤록<기다란 물건이 여러 군데가 조금 둥글게 매우 깊이 패어 들어간 꼴>
짤막-짤막<여러 개가 다 조금 짧은 듯한 꼴>
짤쏙-짤쏙<기다란 물체의 여러 군데가 다 오목하게 쏙 들어가 있는 꼴>
쩌릿-쩌릿<피가 잘 돌지 못하여 감각이 몹시 무디고 자꾸 아주 세게 아린 느낌>
쫄깃-쫄깃<씹을 때 매우 차지고 질긴 듯한 느낌>
쭐깃-쭐깃<씹을 때 몹시 차지고 질긴 듯한 느낌>

찌릿-찌릿<피가 잘 돌지 못하여 감각이 몹시 무디고 자꾸 아주 세게 아린 느낌>
찔깃-찔깃<매우 질긴 듯한 느낌>
찔뚝-찔뚝<길쭉한 물건이 여러 군데가 매우 패어 우묵하게>
찔쑥-찔쑥<기다란 물체의 여러 군데가 다 우묵하게 쑥 들어가 있는 꼴>
차근-차근<일의 순서에 따라 침착하고 차분하게 해 나가는 꼴>
차분-차분<성질이나 태도가 몹시 부드럽고 조용하며 자상한 꼴>
초롱-초롱<눈이 빛이 날 정도로 정기가 있고 맑은 꼴>
카랑-카랑<목소리가 쇳소리처럼 맑고 높은 꼴>
크렁-크렁<물 따위가 너무 많이 괴어 가장자리까지 다 찰 듯한 꼴>
큼직-큼직<여럿이 다 또는 매우 큰 꼴>
토실-토실<몸에 살이 올라 꽤 귀엽게 통통한 꼴>
투실-투실<몸에 살이 올라 꽤 퉁퉁한 꼴>
팍신-팍신<매우 또는 여럿이 다 보드랍고 탄력이 있으며 포근한 느낌>
퍽신-퍽신<매우 또는 여럿이 다 보드랍고 탄력이 있으며 푸근한 느낌>
포근-포근<도톰한 물건이나 자리 따위가 매우 부드럽고 따듯한 느낌>
폭신-폭신<매우 또는 여럿이 다 보드랍고 탄력이 있는 느낌>
푸근-푸근<두툼한 물건이나 자리 따위가 매우 부드럽고 따듯한 느낌>
푸릇-푸릇<푸른빛이 군데군데 생기 있게 드러난 꼴>
푸석-푸석<살이 핏기가 없어 부어오른 듯하고 매우 거친 꼴>
푹신-푹신<매우 또는 여럿이 다 부드럽고 탄력이 있는 느낌>
하전-하전<주위에 아무 것도 없거나 의지할 데가 없어서 자꾸 공허하고 허전한 느낌>
해끔-해끔<군데군데가 조금 하얗고 깨끗한 꼴>
허영-허영<걸음걸이가 기운이 없이 쓰러질 듯 자꾸 비틀거리는 꼴>
호리-호리<키가 크며 몸이 날씬한 꼴>
후리-후리<몸이 가늘고 키가 매우 큰 꼴>
휘영-휘영<마음이 텅 비어 몹시 허전한 느낌>
흐릿-흐릿<여럿이 다 흐린 듯한 꼴>
흐뭇-흐뭇<여럿이 다 마음에 흡족하여 매우 만족스러운 꼴>
희끔-희끔<군데군데가 하얗고 깨끗한 꼴>

2) [3음절 '-하다' 뿌리[2]]어찌씨

3음절짜리 '-하다' 뿌리가 그대로 되풀이되어 결합 과정을 거쳐 합성 어찌씨가 만들어진다. 이 짜임새에 속하는 어찌씨는 아주 적은 편이며, 더 이상 어찌씨 만들기에 관여하지 않는다.

가들막-가들막<일정한 범위 안에 다 찰 정도로 가득한 꼴>
고부장-고부장<여러 군데가 다 조금 곱아 휘어 있는 꼴>
고불탕-고불탕<여러 군데가 느슨하게 조금 구부러져 있는 꼴>
구부정-구부정<여러 군데가 휘어들어 크게 굽어 있는 꼴>
구불텅-구불텅<여러 군데가 크게 구부러져 있는 꼴>
그들먹-그들먹<어떤 것이 매우 그득하거나 여럿이 모두 그득한 꼴>
꼬부장-꼬부장<여러 군데가 많이 휘어들어 곱아 있는 꼴>
꼬불탕-꼬불탕<여러 군데가 심하게 구부러져 있는 꼴>
꾸부렁-꾸부렁<여러 군데가 매우 급하게 휘어져 굽은 꼴>
꾸부정-꾸부정<여러 군데가 많이 휘어들어 크게 굽어 있는 꼴>
꾸불텅-꾸불텅<여러 군데가 크고 심하게 구부러져 있는 꼴>
다보록-다보록<작은 풀이나 나무 또는 수염이나 털 따위가 여기저기 다 탐스럽고 소복하게>
더부룩-더부룩<뱃속이 그득하게 찬 듯이 편안하지 않고 자꾸 거북한 느낌>
더부룩-더부룩<풀이나 나무 또는 수염이나 털 따위가 여기저기 다 탐스럽고 수북한 꼴>
도도록-도도록<무엇이 돋아난 것처럼 여러 군데가 조금씩 솟아 볼록한 꼴>
두두룩-두두룩<무엇이 돋아난 것처럼 여러 군데가 솟아 볼록한 꼴>
뾰조록-뾰조록<여러 군데의 끝이 차차 가늘어져서 작고 날카로운 꼴>
쀼주룩-쀼주룩<여러 물체의 끝이 차차 가늘어져서 크고 날카로운 꼴>
사부랑-사부랑<묶거나 쌓은 물건이 다 든든하게 바짝 붙지 않고 조금 느슨한 꼴>
서부렁-서부렁<묶거나 쌓은 물건이 다 든든하게 바싹 붙지 않고 매우 느슨한 꼴>
아리송-아리송<여럿이 다 그런 것 같기도 하고 그렇지 않은 것 같기도 하여 또렷하게 분간하기가 어려운 꼴>
어리숭-어리숭<여럿이 다 그런 것 같기도 하고 그렇지 않은 것 같기도 하여

뚜렷하게 분간하기 어려운 꼴>

우그렁-우그렁<여러 군데가 안쪽으로 우묵하게 휘어지거나 주름이 꽤 많이 있는 꼴>

잘카닥-잘카닥<진흙이나 반죽 따위가 물기가 많이 꽤 차지고 진 느낌>

잘파닥-잘파닥<진흙이나 반죽 따위가 물기가 많아 매우 보드랍고 진 느낌>

터부룩-터부룩<풀이나 나무 또는 수염이나 털 따위가 여기저기 다 거칠고 무성한 꼴>

2.1.3. ['-그리다' 결합 뿌리[2]]어찌씨

풀이씨 '-그리다'의 뿌리가 같은 꼴로 되풀이되면서 결합 과정을 거쳐 합성 어찌씨가 만들어졌다. 이 짜임새에 속하는 어찌씨는 모두 꼴흉내말들로 극히 적은 편이다. 따라서 이 짜임새에 의한 어찌씨 만들기는 생산성이 아주 낮다.

간종-간종<흐트러진 일이나 물건을 자꾸 가리고 골라서 가지런하게 하는 꼴>

건둥-건둥<무엇을 흩어지지 않게 말끔히 잘 가다듬어 거두는 꼴>

깐동-깐동<무엇을 하나도 흩어지지 않게 매우 깔끔히 잘 가다듬어 거두는 꼴>

껀둥-껀둥<무엇을 하나도 흩어지지 않게 매우 말끔히 잘 가다듬어 거두는 꼴>

2.1.4. ['-스럽다' 결합 뿌리[2]]어찌씨

풀이씨 '-스럽다'의 뿌리가 같은 꼴로 되풀이되면서 결합 과정을 거쳐 합성 어찌씨가 만들어졌다. 이 짜임새에 속하는 어찌씨는 모두 꼴흉내말들로 극히 적은 편이다. 따라서 이 짜임새에 의한 어찌씨 만들기는 생산성이 아주 낮다.

데면-데면<사람을 대하는 태도가 친밀성이 없고 어색한 꼴>

부전-부전<남의 바쁜 사정은 생각지 않고 자기가 하고자 하는 일만 서두르는 꼴>
수럭-수럭<말이나 행동이 씩씩하고 시원시원한 꼴>

2.1.5. ['-기다' 결합 뿌리[2]]어찌씨

풀이씨 '-기다'의 뿌리가 같은 꼴로 되풀이되면서 결합 과정을 거쳐 합성 어찌씨가 만들어졌다. 이 짜임새에 속하는 어찌씨는 꼴흉내말들로 '끈질끈질'이 유일하다. 따라서 이 짜임새에 의한 어찌씨 만들기는 생산성이 전혀 없다.

끈질-끈질<성질이나 행동이 매우 끈끈하고 질긴 꼴>

2.1.6. ['-대다' 결합 뿌리[2]]어찌씨

풀이씨 '-대다'의 뿌리가 같은 꼴로 되풀이되면서 결합 과정을 거쳐 합성 어찌씨가 만들어졌다. 이 짜임새에 속하는 어찌씨는 모두 꼴흉내말들로 극히 적은 편이다. 따라서 이 짜임새에 의한 어찌씨 만들기는 생산성이 아주 낮다.

반들-반들<별로 하는 일 없이 게으름을 피우며 밉살스럽게 놀기만 하는 꼴>
자분-자분<짓궂은 말이나 행동으로 남을 자꾸 귀찮게 하는 꼴>
자분-자분<음식에 섞인 잔모래 따위가 자꾸 씹히는 꼴>
조릿-조릿<자꾸 조바심이 나고 애가 타서 마음을 놓을 수 없고 불안한 꼴>

2.1.7. [풀이씨 '-어지다'의 뿌리[2]]어찌씨

'오그라지다'와 '우그러지다'의 뿌리 '오글-'과 '우글-'이 같은 꼴로 되풀이되어 결합 과정을 거쳐 같은 꼴 되풀이 합성 어찌씨 ‘오글오글’과 ‘우글우글’이 만들어졌다. 밑말인 ‘오글-’과 ‘우글-’이 의존 형식이기 때문에 이들은 비통사적 합성 어찌씨에 해당한다. 이 짜임새에 속하는 어찌씨로는 이 둘만이 있다.

오글-오글<여러 군데가 안쪽으로 오목하게 휘어지거나 주름이 많이 있는 꼴>
우글-우글<여러 군데가 안쪽으로 우묵하게 휘어지거나 주름이 꽤 많이 있는 꼴>

2.1.8. [풀이씨 ‘-업다’의 뿌리^{2}]어찌씨

‘징그럽다’의 뿌리 ‘징글-’이 같은 꼴로 되풀이되어 결합 과정을 거쳐 같은 꼴 되풀이 합성 어찌씨 ‘징글징글’이 만들어졌다. 밑말인 ‘징글-’이 의존 형식이기 때문에 ‘징글징글’은 비통사적 합성 어찌씨에 해당한다. 이 짜임새에 속하는 어찌씨로는 ‘징글징글’이 유일하다.

징글-징글<소름이 끼칠 정도로 몹시 흉하거나 끔찍한 꼴>

2.2. [풀이씨 뿌리$_1$+풀이씨 뿌리$_2$]어찌씨

낱말 자격이 모자라는 풀이씨의 뿌리$_1$에 다른 종류의 풀이씨 뿌리$_2$가 덧붙어 결합 과정을 거쳐 합성 어찌씨가 만들어졌다. ‘건둥반둥’에서 ‘건둥-’은 ‘건둥그리다’의 뿌리이며, ‘반둥-’은 ‘반둥거리다’의 뿌리로 자립성이 없는 뿌리끼리 결합 과정을 거쳐 비통사적 파생 어찌씨가 만들어졌다. ‘어긋버긋’에서 ‘어긋-’은 ‘어긋하다’의 뿌리이고, ‘버긋-’은 ‘버긋하다’의 뿌리로, 이들 뿌리가 결합 과정을 거쳐 파생 어찌씨가 만들어졌다.

'쌔근발딱'에서 '쌔근-'은 '쌔근거리다'의 뿌리이고, '발딱-'은 '발딱이다'의 뿌리로, 이들 뿌리가 결합 과정을 거쳐 파생 어찌씨가 이루어졌다. 이 짜임새에 속하는 어찌씨는 그리 많은 편은 아니므로 이 짜임새에 의한 어찌씨 만들기는 생산성이 낮은 편이다.

건둥-반둥<하던 일을 다 끝내지 못하고 중도에서 그만두는 꼴>
반둥-건둥<하던 일을 다 끝내지 못하고 중도에서 그만두는 꼴>
수군-숙덕<남이 알아듣지 못하도록 낮은 목소리로 어수선하게 이야기하는 소리>
시룽-새롱<방정맞게 까불며 자꾸 지껄이는 꼴>
시물-새물<입술을 실그러뜨리며 소리 없이 자꾸 웃는 꼴>
씨물-쌔물<입술을 씰그러뜨리며 소리 없이 자꾸 웃는 꼴>
새근-발딱<숨이 차서 숨소리가 고르지 않고 가쁘고 급하게 나는 꼴>
-(합)새근발딱-새근발딱<숨이 차서 숨소리가 고르지 않고 가쁘고 급하게 자꾸 나는 꼴>
씨근-벌떡<몹시 숨이 차서 숨소리가 고르지 않고 매우 가쁘고 급하게 나는 꼴>
-(합)씨근벌떡-씨근벌떡<몹시 숨이 차서 숨소리가 고르지 않고 매우 가쁘고 급하게 자꾸 나는 꼴>
아장-바장<작은 몸집의 사람이 하는 일 없이 요리조리 찬찬히 걸어 다니는 꼴>
알뜰-살뜰<살림을 정성껏 규모 있고 꼼꼼하게 꾸려 가는 꼴>
어긋-버긋<여럿이 다 고르지 못하여 서로 어그러지고 버그러진 꼴>
어슷-비슷<큰 차이가 없이 서로 비슷비슷한 꼴>
어정-버정<큰 몸집의 사람이 하는 일 없이 이리저리 천천히 걸어 다니는 꼴>
어칠-비칠<사람이 힘없이 몸을 흔들며 자꾸 비틀거리는 꼴>
오글-보글<좁은 그릇에 담긴 물이나 찌개 따위가 거품을 일으키며 자꾸 끓어오르는 소리>
오글-자글<좁은 그릇에서 물이나 찌개 따위의 액체가 자꾸 요란스럽게 끓는 소리>
오물-쪼물<말이나 행동을 조금 흐리멍덩하게 하거나 자꾸 망설이는 꼴>
올강-볼강<단단하고 탄력 있는 물건이 잘 씹히지 아니하고 입안에서 이리저리 자꾸 미끄러지며 조금 비어져 나오는 꼴>
올랑-촐랑<작은 물결이 여기저기 조금씩 부딪치는 소리>

와글-바글<사람, 짐승, 벌레 등이 한곳에 많이 모여 자꾸 떠들며 움직이는 꼴>
왁다글-닥다글<여러 사람이나 동물이 북적이면서 수선을 떠는 소리>
왜쭉-비쭉<성이 나거나 토라져서 소리 없이 입술을 내밀고 이리저리 실룩거리는 꼴>
왱강-댕강<작은 방울이나 놋그릇 따위가 서로 부딪쳐서 조금 요란스럽게 나는 소리>
왱강-쟁강<얇은 쇠붙이 따위가 가볍게 마구 부딪쳐 울리는 소리>
우글-부글<조금 넓은 그릇에 담긴 물이나 찌개 따위가 거품을 일으키며 자꾸 끓어오르는 소리>
우글-지글<그릇에서 물이나 찌개 따위의 액체가 자꾸 요란스럽게 끓는 소리>
우물-쭈물<말이나 행동을 흐리멍덩하게 하거나 우물거리며 자꾸 망설이는 꼴>
욱시글-득시글<여럿이 한데 모여 몹시 어수선하게 북적대는 꼴>
울겅-불겅<단단하고 미끄러운 물건이 잘 씹히지 않고 입안에서 이리저리 자꾸 미끄러지거나 불거지는 꼴>
울근-불근<질긴 물건을 입에 넣고 입을 크게 움직이며 툭 비어져 나오게 계속 씹는 꼴>
울렁-출렁<큰 물결이 여기저기 부딪치는 소리>
웍더글-덕더글<크고 단단한 여러 개의 물건이 다른 물건에 부딪치면서 야단스럽게 굴러가는 소리>
웽겅-뎅겅<큰 방울이나 놋그릇 따위가 서로 부딪쳐 요란스럽게 나는 소리>
이죽-삐죽<이죽거리며 삐죽거리는 꼴>
일긋-얄긋<꽉 짜인 물건의 조임 부분이 잘 맞지 않고 느슨하여 자꾸 비뚤어지게 움직이는 꼴>
일기죽-얄기죽<입이나 허리 따위를 이리저리 고르지 않고 느리게 자꾸 움직이는 꼴>
일렁-얄랑<물체가 물결이나 바람에 고르지 않게 이리저리 자꾸 흔들리는 꼴>
일쭉-얄쭉<허리를 좌우로 가볍고 고르지 않게 자꾸 흔드는 꼴>
헐근-할근<숨이 가빠 자꾸 거칠게 쉬는 꼴>
헐떡-벌떡<숨을 자꾸 몹시 가쁘고 급하게 쉬는 꼴>
희롱-해롱<버릇없고 방정맞게 까부는 꼴>

2.3. [풀이씨 줄기[2]]어찌씨

풀이씨의 줄기가 같은 꼴로 되풀이되면서 결합 과정을 거쳐 합성 어찌씨를 만드는데, 이 짜임새는 뿌리끼리의 결합이지만 뿌리가 의존 형식이기 때문에 비통사적 합성 어찌씨에 해당한다. '발기-발기<천이나 종이 따위를 조각이 나도록 마구 찢는 꼴>'는 '발기다'의 줄기 '발기-'가 되풀이되어 결합 과정을 거쳐 이루어진 같은 꼴 되풀이 합성 어찌씨에 해당한다. 이 방식의 낱말 만들기는 생산성이 거의 없어, 이 짜임새에 해당하는 어찌씨는 극히 드물다.

풀이씨 줄기가 같은 꼴로 되풀이되어 결합 과정을 거쳐 합성 어찌씨가 만들어졌다. '동글동글'에서 '동글'은 '동글다'의 줄기이며, 그대로 되풀이되어 이루어졌다. 그러나 '똥글똥글'에서 '똥글'은 '똥글다'란 풀이씨가 없기 때문에 닿소리 교체에 의해 '동글동글'에서 '똥글똥글'이 파생된 것으로 보아, '똥글똥글'은 '동글동글'의 내적 파생 어찌씨로 다루었다.

이 짜임새에 의한 어찌씨 파생은 생산성이 극히 제한되어 있다.

동글-동글<작은 사물이 꽤 또는 여럿이 다 동그란 꼴>
  -(파)똥글-똥글<매우 또는 여럿이 다 동그란 꼴>
둥글-둥글<사물이 꽤 또는 여럿이 다 둥그런 꼴>
  -(파)뚱글-뚱글<매우 또는 여럿이 다 둥그런 꼴>
뒹굴-뒹굴<자꾸 이리저리 뒹구는 꼴>
발기-발기<천이나 종이 따위를 조각이 나도록 마구 찢는 꼴>
야리-야리<단단하지 못하고 매우 무른 꼴>
자리-자리<피가 잘 돌지 못하여 감각이 둔하고 자꾸 아린 느낌>
저리-저리<피가 잘 돌지 못하여 감각이 둔하고 자꾸 몹시 아린 느낌>
짜개-짜개<조각조각보다 더 잘게 짜개지는 꼴>

2.4. [풀이씨 뿌리+가상 뿌리]어찌씨

낱말 자격이 모자라는 뿌리에 뿌리로서의 자격이 모자라는 비슷한 꼴 가상 뿌리가 덧붙어 결합 과정을 거쳐 합성 어찌씨가 만들어지는 경우가 이 짜임새에 해당한다. 이 짜임새에서 뿌리와 가상 뿌리는 비슷한 꼴을 유지하는 특성을 보인다. 대체로 앞 음절이 같거나 뒤 음절이 같은 꼴을 유지하거나 비슷한 꼴을 유지하여 되풀이되는 특성을 보인다.

'갈팡질팡'에서 '갈팡'은 '갈팡거리다'의 뿌리이며, '질팡'은 '갈팡'에만 결합되며 뜻도 불분명하기 때문에 가상 뿌리에 해당한다. 결합되기 전의 밑말이 모두 의존 형식이기 때문에 이 짜임새에 속하는 어찌씨들은 모두 비통사적 합성 어찌씨에 해당한다. 이 짜임새에 속하는 어찌씨는 그리 많은 편은 아니므로 이 짜임새에 의한 어찌씨 만들기는 생산성이 낮은 편이다. 이 짜임새에 속하는 어찌씨들은 더 이상 어찌씨 만들기에 관여하지 않는다.

갈팡-질팡<갈피를 잡지 못하고 이리저리 헤매는 꼴>
검실-북실<거뭇거뭇 복스럽게 빛나는 꼴>
시들[38]-부들<어떤 일에 싫증이 나서 새로운 맛이나 흥취가 다 없어진 꼴>
시룽-새룽<마음이 들떠 어수선하고 갈팡질팡하는 꼴>
싱숭-생숭<마음이 들떠서 어수선하고 갈피를 잡을 수 없이 갈팡질팡하는 꼴>
아등-바등<억지스럽게 우기거나 몹시 애를 쓰는 꼴>
아롱-다롱<여러 빛깔의 작은 점이나 무늬가 고르지 않고 촘촘하게 있는 꼴>
아옹-다옹<작고 하찮은 일로 서로 시비하여 다투는 꼴>
알근-달근<맛이 조금 매우면서 달짝지근한 느낌>
알랑-똥땅<말이나 행동 따위를 일부러 어물거려 남을 살짝 속여 넘기는 꼴>
얼근-덜근<맛이 조금 매우면서 들쩍지근한 느낌>

38) '시들-'은 풀이씨 '시들다'의 줄기에 해당하는 뿌리이다.

얼렁-뚱땅<말이나 행동 따위를 일부러 어물거려 남을 슬쩍 속여 넘기는 꼴>
오글-쪼글<여러 군데가 오목하게 오그라들거나 쪼글쪼글 주름이 진 꼴>
옥신-각신<옳으니 그르니 하며 서로 다투는 꼴>
올공-볼공<단단하고 탄력 있는 물건이 입안 깊숙한 곳에서 잘 씹히지 아니하고 이리저리 자꾸 미끄러지며 비어져 나오는 꼴>
우글-쭈글<여러 군데가 모두 우묵하게 우그러들거나 주름이 져 찌그러진 꼴>
욱신-덕신<여럿이 한데 모여 몹시 어수선하게 움직이는 꼴>
하동-지동<다급하여 정신을 차릴 수 없을 만큼 갈팡질팡하는 꼴>
할래-발딱[39]<숨을 가쁘게 몰아쉬며 할딱이는 꼴>
허덕-지덕<힘에 겨워 몹시 허덕이는 꼴>
허둥-지둥<다급하여 몹시 허둥거리는 꼴>
허벙-저벙<마음이 급하여 어쩔 줄을 모르고 자꾸 서두르는 꼴>
헐레-벌떡<숨을 거칠게 몰아쉬며 헐떡이는 꼴>
흔전-만전<매우 흔하고 넉넉한 꼴>
흥뚱-항뚱<일에 정신을 쓰지 않고 꾀를 부리거나 들뜨게 행동하는 꼴>
흐리-마리<생각이나 기억이 뚜렷하지 않은 꼴>
희룽-해룽<버릇없이 자꾸 까부는 꼴>
왁시글-덕시글<많은 사람이나 짐승이 한데 모여 몹시 어수선하게 북적거리는 꼴>
우물쩍-주물쩍<말이나 행동 따위를 분명하게 하지 않고 몹시 우물거리며 자꾸 얼버무리는 꼴>
이렁성-저렁성<이런 모양 저런 모양으로 아무런 대중없이>

2.5. [가상 뿌리+가상 뿌리]어찌씨

가상 뿌리란 뜻은 지니고 있는 것 같으나, 자립성이 없어 낱말로서의 자격이 없으며, 결합이 가능한 낱말이나 형태소도 오직 하나이거나 극히 제한적인 뿌리를 일컫는다. 따라서 형태소의 자격을 주기에 망설여지지만 일단 뿌리로 가정해 두는 것이 기술하기에 편리하기 때문에 가상 뿌

39) '발딱'은 어찌씨가 아니라 '발딱이다'의 뿌리이다.

리로 처리한다.

'고주알미주알'에서 '고주알'과 '미주알'은 낱말로서 사전에 올라 있지 않으며 그 뜻도 분명하지 않지만 뜻을 지니고 있는 것으로 보인다. 결합 가능한 뿌리도 오직 하나이기 때문에 이 짜임새에 속한다. '나박나박'의 '나박'도 마찬가지이다. '김치'와 결합하여 '나박김치'를 이루지만 그 밖에 결합 가능한 낱말이나 형태소가 없는 가상 뿌리에 해당한다.

이 짜임새에 해당하는 합성 어찌씨는 구성 요소가 의존 형식이기 때문에 비통사적 합성 낱말에 해당하여, 같은 꼴로 되풀이되거나 비슷한 꼴로 되풀이된다.

2.5.1. [가상 뿌리[2]]

뿌리 자격이 모자라지만 일단 뿌리로 간주하는 가상 뿌리가 같은 꼴로 되풀이되면서 결합 과정을 거쳐 어찌씨가 만들어졌다. 이 짜임새에 속하는 어찌씨는 대부분이 꼴흉내말들로, 그리 많은 편은 아니다. 따라서 이 짜임새에 의한 어찌씨 만들기는 생산성이 그리 높지는 않다. 이 짜임새에 속하는 가상 뿌리는 2음절짜리가 대부분이며 3음절짜리도 일부 있다. 2음절 가상 뿌리를 앞에 두고 3음절 가상 뿌리를 뒤에 놓았다. 이 짜임새에 속하는 어찌씨들은 더 이상 어찌씨 만들기에 관여하지 않는다.

나박-나박<무 따위의 야채를 얄팍하고 네모지게 잇따라 써는 꼴>
맨둥-맨둥<산에 나무나 풀 따위가 없어 밋밋하고 훤한 꼴>
민둥-민둥<산에 나무나 풀 따위가 없어 밋밋하고 훤한 꼴>
부랴-부랴<매우 바쁘게 서두르는 꼴>
아록-아록<조금 연하게 밝은 여러 가지 빛깔의 점이나 줄 따위가 고르게 무늬

를 이룬 꼴>

알금-알금<잘고 얇게 얽은 자국이 듬성듬성 있는 꼴>

알록-알록<여러 가지 밝은 빛깔의 얼룩이나 줄무늬 따위가 고르게 무늬를 이룬 꼴>

알롱-알롱<여러 가지 빛깔의 작고 또렷한 점이나 줄 따위의 무늬가 여기저기 고르고 촘촘하게 있는 꼴>

알쏭-알쏭<여러 가지 빛깔로 된 작은 점이나 줄 따위가 고르게 섞여 무늬를 이룬 꼴>

앍둑-앍둑<얼굴에 잘고 깊게 앍은 자국이 촘촘히 나 있는 꼴>

앍박-앍박<얼굴에 잘고 깊게 앍은 자국이 촘촘하게 나 있는 꼴>

앍작-앍작<얼굴에 잘고 굵게 앍은 자국이 촘촘하게 나 있는 꼴>

앍족-앍족<얼굴에 잘고 굵게 앍은 자국이 섞이어 얕게 많이 나 있는 꼴>

앙금-앙금<어린아이나 작은 동물이 작고 느리게 걷거나 기는 꼴>

앙큼-앙큼<작은 걸음으로 활기 있게 걷거나 기는 꼴>

어룩-어룩<조금 연하게 여러 가지 빛깔의 점이나 줄 따위가 고르게 무늬를 이룬 꼴>

어룽-어룽<여러 빛깔의 큰 점이나 무늬가 고르고 촘촘하게 있는 꼴>

어리-어리<설핏 얕은 잠이 든 꼴>

얼금-얼금<굵고 얇게 얽은 자국이 촘촘하게 있는 꼴>

얼럭-얼럭<여러 가지 어두운 빛깔의 점이나 줄 따위의 무늬가 고르고 촘촘한 꼴>

얼룽-얼룽<여러 가지 빛깔의 크고 뚜렷한 점이나 무늬가 고르고 촘촘하게 있는 꼴>

얼쑹-얼쑹<여러 가지 빛깔로 된 큰 점이나 줄 따위가 고르게 뒤섞여 무늬를 이룬 꼴>

얽둑-얽둑<얼굴에 굵고 깊게 얽은 자국이 성기게 나 있는 꼴>

얽벅-얽벅<얼굴에 굵고 깊게 얽은 자국이 촘촘하게 나 있는 꼴>

얽적-얽적<얼굴에 잘고 굵게 얽은 자국이 깊고 촘촘하게 나 있는 꼴>

얽죽-얽죽<얼굴에 잘고 굵게 얽은 자국이 섞이어 깊게 나 있는 꼴>

엉큼-엉큼<사람이나 동물이 큰 동작으로 기운차게 걷거나 기는 꼴>

오돌-오돌<씹기에 조금 단단한 상태>

오불-오불<자그마한 것들이 한데 모여 있는 꼴>

옹긋-옹긋<크기가 비슷한 것들이 모여 도드라지게 솟아 있는 꼴>

옹기-옹기<서로 크기가 비슷한 작은 것들이 많이 모여 있는 꼴>

옹송-옹송<생각이 잘 떠오르지 않고 정신이 몽롱한 꼴>

왜뚤-왜뚤<이리저리 매우 비뚤어진 꼴>

우걱-우걱<짐을 진 말이나 소가 걸음을 걸을 때마다 자꾸 나는 소리>

우둥-우둥<여러 사람이 바쁘게 드나들거나 많이 모여 서성거리는 꼴>

웅긋-웅긋<크기가 비슷한 것들이 모여 두드러지게 쑥쑥 솟아 있는 꼴>

웅기-웅기<서로 비슷한 것들이 많이 모여 있는 꼴>

으등-으등<계속 크게 기를 쓰며 우기거나 애를 쓰는 꼴>

징검-징검<촘촘하지 않게 띄엄띄엄 꿰매는 꼴>

헤실-헤실<단단하지 못하여 부서지거나 망가지기 쉬운 꼴>

아로록-아로록<연하고 밝은 여러 가지 빛깔의 점이나 줄 따위가 조금 성기고 고르게 무늬를 이룬 꼴>

아로롱-아로롱<여러 가지 빛깔의 작은 점이나 줄 따위가 고르지 아니하게 무늬를 이룬 꼴>

어루룩-어루룩<조금 연하고 어두운 여러 가지 빛깔의 점이나 줄 따위가 조금 성기고 고르게 무늬를 이룬 꼴>

어루룽-어루룽<여러 가지 빛깔의 큰 점이나 줄 따위가 조금 성기고 고르게 무늬를 이룬 꼴>

알로록-알로록<여러 가지 밝은 빛깔의 점이나 줄 따위의 무늬가 고른 꼴>

알로롱-알로롱<여러 가지 빛깔의 작고 또렷한 점이나 줄 따위의 무늬가 조금 성기고 고른 꼴>

얼루룩-얼루룩<여러 가지 어두운 빛깔의 점이나 줄 따위의 무늬가 성기고 고른 꼴>

얼루룽-얼루룽<여러 가지 빛깔의 크고 뚜렷한 점이나 줄 따위의 무늬가 성기고 고른 꼴>

오그랑-오그랑<여러 군데가 안쪽으로 오목하게 휘어지거나 주름이 많이 있는 꼴>

2.5.2. [가상 뿌리1+가상뿌리1′]어찌씨

뿌리 자격이 모자라지만 일단 뿌리로 간주되는 가상 뿌리1에 이와 비슷한 꼴 가상 뿌리1′가 덧붙으면서 결합 과정을 거쳐 합성 어찌씨가 만들어졌다. 밑말이 모두 의존 형식이기 때문에 이 짜임새에 속하는 어찌씨는 모두 비통사적 합성 어찌씨에 해당한다. 이 짜임새에 속하는 어찌씨는 대부분이 꼴흉내말들로, 그 수효는 많은 편은 아니다. 따라서 이 짜임새에 의한 어찌씨 만들기는 생산성이 그리 높지는 않다. 이 짜임새에 속하는 가상 뿌리는 2음절짜리가 대부분이며 3음절짜리도 일부 있다. 2음절 가상 뿌리를 앞에 두고 3음절 가상 뿌리를 뒤에 놓았다. 가상 뿌리는 단일 형태소인 것들이 대다수이지만 두 형태소로 이루어진 것들도 일부 있다. 이 짜임새에 속하는 어찌씨들은 더 이상 어찌씨 만들기에 관여하지 않는다.

곰비-임비<물건이 거듭 쌓이거나 일이 자꾸 계속되는 꼴>
그러-구러<우연히 어떤 일이 진행되는 꼴>
그럭-저럭<큰 문제나 잘된 일이 없이 그런대로>
그렁-저렁<뚜렷하게 정한 것이 없이 그냥 되어가는 대로>
부랴-사랴<매우 부산하고 황급히 서두르는 꼴>
아록-다록<조금 연하게 밝은 여러 가지 빛깔의 점이나 줄 따위가 고르지 아니하게 무늬를 이룬 꼴>
알록-달록<여러 가지 밝은 빛깔의 얼룩이나 줄무늬 따위가 고르지 않게 무늬를 이룬 꼴>
알롱-달롱<여러 가지 빛깔의 작고 또렷한 점이나 줄 따위의 무늬가 여기저기 고르지 않고 촘촘하게 있는 꼴>
알쏭-달쏭<여러 가지 빛깔로 된 작은 점이나 줄 따위가 복잡하게 뒤섞여 무늬를 이룬 꼴>
앙실-방실<어린아이가 소리 없이 아주 밝고 귀엽게 웃는 꼴>
앙큼-상큼<보폭을 작게 해서 가볍고 힘차게 걷는 꼴>
어금-버금<정도나 수준이 서로 비슷한 꼴>
어금-지금<정도나 수준이 거의 비슷한 꼴>
어룩-더룩<조금 연하게 여러 가지 빛깔의 점이나 줄 따위가 고르지 아니하게 무늬를 이룬 꼴>

어룽-더룽<여러 빛깔의 큰 점이나 무늬가 고르지 않고 촘촘하게 있는 꼴>
어리-마리<잠이 든 둥 만 둥하여 정신이 흐릿한 꼴>
어리-바리<정신이 또렷하지 못하거나 기운이 없어 몸을 제대로 놀리고 있지 못한 꼴>
얼럭-덜럭<여러 가지 어두운 빛깔의 점이나 줄 따위의 무늬가 고르지 않게 벌여 있는 꼴>
얼룽-덜룽<여러 가지 빛깔의 크고 뚜렷한 점이나 무늬가 고르지 않고 촘촘하게 있는 꼴>
얼싸-절싸<흥이 나서 뛰노는 꼴>
얼쑹-덜쑹<여러 가지 빛깔로 된 큰 점이나 줄 따위가 복잡하게 뒤섞여 무늬를 이룬 꼴>
얼키-설키<가는 것이 이리저리 뒤섞여 심하게 얽혀 있는 꼴>
엄벙-덤벙<주관이 없고 치밀하지 못하게 어영부영 일을 해치우는 꼴>
엉기-성기<여기저기가 떠서 빈자리가 많은 꼴>
엉기-정기<물건을 질서 없이 여기저기 벌려 놓은 꼴>
오돌-토돌<거죽이나 바닥이 고르지 아니하게 군데군데 도드라져 있는 꼴>
오동-보동<작은 몸이나 얼굴이 조금 살이 쪄서 통통하고 보드라운 꼴>
오동-포동<작은 몸이나 얼굴이 몹시 살이 쪄서 통통하고 보드라운 꼴>
오불-고불<요리조리 고르지 않게 구부러진 꼴>
오불-꼬불<요리조리 매우 고르지 않게 구부러진 꼴>
오불-조불<생각이나 하는 짓이 통이 크지 못하고 잔 꼴>
올긋-볼긋<여러 가지 빛깔이 조금씩 뒤섞여 있는 꼴>
올똑-볼똑<물체의 거죽이나 면이 고르지 않게 여기저기 나오고 들어간 꼴>
올록-볼록<물체의 면이나 거죽 따위가 고르지 않고 높고 낮은 꼴>
올톡-볼톡<물체의 면이나 거죽 따위가 고르지 않고 여기저기 톡톡 불가져 있는 꼴>
올통-볼통<바닥이나 겉면이 고르지 않고 여기저기 동글게 톡톡 불가져 있는 꼴>
옹긋-쫑긋<크고 작은 것들이 군데군데 고르지 않게 쏙쏙 불가져 있거나 톡톡 비어져 있는 꼴>
옹기-종기<서로 크기가 비슷한 작은 것들이 고르지 않게 여럿이 모여 있는 꼴>
옹송-망송<생각이 잘 떠오르지 않고 정신이 몽롱한 꼴>
왜뚤-비뚤<사방으로 비뚤어진 꼴>
왜뚤-삐뚤<사방으로 매우 비뚤어진 꼴>

우걱-지걱<말이나 소 또는 달구지에 실은 짐 따위가 움직이는 대로 이리저리 쏠리면서 나는 소리>
우둥-부둥<몸이나 얼굴이 살이 쪄서 퉁퉁하고 부드러운 꼴>
우둥-푸둥<몸이나 얼굴이 살이 쪄서 매우 퉁퉁하고 부드러운 꼴>
우북-수북<한데 많이 모여 더부룩하고 수북한 꼴>
우불-구불<이리저리 고르지 않게 조금 크게 구부러진 꼴>
우불-꾸불<이리저리 매우 고르지 않게 조금 크게 구부러진 꼴>
울긋-불긋<여러 가지 빛깔이 한데 야단스럽게 뒤섞여 있는 꼴>
울끈-불끈<근육 따위가 고르지 않게 여기저기 불거져 나온 꼴>
울룩-불룩<물체의 면이나 거죽 따위가 고르지 않고 매우 높고 낮은 꼴>
울쑥-불쑥<커다란 모가 여기저기 불규칙하게 높이 솟은 꼴>
울툭-불툭<물체의 면이나 거죽이 고르지 않고 여기저기 툭툭 불거져 있는 꼴>
울퉁-불퉁<바닥이나 겉면이 고르지 않고 여기저기 툭툭 불거져 있는 꼴>
웅긋-중긋<크기가 비슷한 것들이 모여 두드러지게 쑥쑥 솟아 있는 꼴>
웅긋-쭝긋<크기가 고르지 않은 것들이 여러 군데에 쑥쑥 불거져 나와 있는 꼴>
웅기-중기<서로 크기가 다른 것들이 고르지 않게 여럿이 모여 있는 꼴>
으등-부등<무엇을 이루려고 억지스럽게 우기거나 몹시 애를 쓰는 꼴>
이렁-저렁<딱히 정한 방법이 없이 이렇게 저렇게 되는 대로>
헐금-씨금<몹시 숨이 차거나 하여 숨소리가 매우 가쁘고 거칠게 나는 꼴>
헤실-바실<모르는 사이에 그럭저럭 흩어지거나 없어지는 꼴>
고주알-미주알<사소한 것까지 모두 다>
그렁성-저렁성<그런 듯도 하고 저런 듯도 하여 아무 대중이 없이>
미주알-고주알<사소한 것까지 모두 다>
시드럭-부드럭<꽃이나 풀 따위가 시들고 말라서 윤기가 없고 거친 꼴>
아로록-다로록<연하고 밝은 여러 가지 빛깔의 점이나 줄 따위가 조금 성기고 고르지 않게 무늬를 이룬 꼴>
아로롱-다로롱<여러 가지 빛깔의 작은 점이나 줄 따위가 조금 성기고 고르지 않게 무늬를 이룬 꼴>
알로록-달로록<여러 가지 밝은 빛깔의 점이나 줄 따위의 무늬가 성기고 고르지 않은 꼴>
알로롱-달로롱<여러 가지 빛깔의 작고 또렷한 점이나 줄 따위의 무늬가 조금 성기고 고르지 않은 꼴>
어루룩-더루룩<조금 연하고 어두운 여러 가지 빛깔의 점이나 줄 따위가 조금

성기고 고르지 아니하게 무늬를 이룬 꼴>

어루룽-더루룽<여러 가지 빛깔의 큰 점이나 줄 따위가 조금 성기고 고르지 아니하게 무늬를 이룬 꼴>

얼루룩-덜루룩<여러 가지 어두운 빛깔의 점이나 줄 따위의 무늬가 성기고 고르지 않은 꼴>

얼루룽-덜루룽<여러 가지 빛깔의 크고 뚜렷한 점이나 줄 따위의 무늬가 성기고 고르지 않은 꼴>

오그랑-쪼그랑<여러 군데가 모두 오목하게 오그라들거나 쪼글쪼글 주름이 진 꼴>

2.5.3. [가상 뿌리1+가상 뿌리2]어찌씨

뿌리 자격이 모자라지만 일단 뿌리로 간주되는 가상 뿌리1과 가상 뿌리2가 결합 과정을 거쳐 합성 어찌씨가 만들어졌다. 이 짜임새에 속하는 어찌씨들은 그리 많지 않으며, 더 이상 어찌씨 만들기에 관여하지 않는다.

알금-삼삼<얼굴에 잘고 얇게 얽은 자국이 드문드문 있는 꼴>

알금-솜솜<얼굴에 잘고 얇게 얽은 자국이 드문드문 있는 꼴>

앙금-쌀쌀<처음에는 굼뜨게 기다가 차차 재빨리 기는 꼴>

어리-둥절<뜻밖의 일로 정신을 차릴 수 없을 정도로 얼떨떨한 꼴>

어리-번쩍<어떤 대상이 희미하게 어른거리다가 갑자기 또렷해지는 꼴>

얼금-숨숨<얼굴에 굵고 얕게 얽은 자국이 촘촘하게 있는 꼴>

엄벙-뗑<슬쩍 엉너리를 부려 능청스럽게 남을 속여 넘기는 꼴>

엉거-주춤<앉지도 서지도 않고 몸을 반쯤 굽힌 자세로 머뭇거리는 꼴>

왈랑-절렁<방울이나 쇳소리 따위가 요란스럽게 울리는 소리>

왈랑-철렁<방울이나 쇠붙이 따위가 매우 요란스럽게 들리는 소리>

2.6. [이름씨+뿌리]어찌씨

이름씨에 낱말 자격이 모자라는 뿌리가 덧붙어 결합 과정을 거쳐 합성 어찌씨가 만들어졌다. 뿌리가 의존 형식이기 때문에 이 짜임새에 의해 만들어진 어찌씨는 비통사적 합성 어찌씨에 해당한다. 이 짜임새에 속하는 어찌씨는 극히 적은 편으로, 이 짜임새에 의한 어찌씨 만들기는 생산성이 없다.

고비-샅샅<구석구석 빠짐없이>
남-대되<남들은 빠짐없이 모두>

2.7. [풀이씨 줄기+파생 뒷가지]^{2}어찌씨

풀이씨 줄기에 파생의 가지가 덧붙은 다음 같은 꼴로 되풀이되어 결합 과정을 거쳐 같은 꼴 되풀이 합성 어찌씨가 만들어졌다. 되풀이되기 전의 밑말이 낱말 자격이 모자라는 의존 형식이기 때문에 이 짜임새에 속하는 어찌씨는 비통사적 합성 어찌씨에 해당한다. 이 짜임새에 속하는 어찌씨는 아주 적은 편으로, 이 짜임새에 의한 어찌씨 만들기는 생산성이 거의 없다.

감작-감작<가무스름한 점이나 얼룩이 여기저기 박혀 있는 꼴>
곱이-곱이<길이나 강물 따위가 여러 번 휘어져 작게 구부러진 꼴>
기엄-기엄<가만히 자꾸 기어가는 꼴>
깜작-깜작<까무스름한 점이나 얼룩 따위가 여기저기 잘게 박혀 있는 꼴>
검적-검적<거무스름한 점이나 얼룩 따위가 여기저기 크게 박혀 있는 꼴>
껌적-껌적<꺼무스름한 점이나 얼룩 따위가 여기저기 큼직하게 박혀 있는 꼴>

감숭-감숭<피부나 털, 수염 따위가 군데군데 가무스름한 꼴>
감실-감실<잔털 따위가 조금 나서 군데군데 거무스름한 꼴>
검실-검실<잔털 따위가 조금 나서 군데군데 거무스름한 꼴>
들척-들척<무엇을 찾거나 고르려고 이것저것을 자꾸 들추어 뒤지는 꼴>
띄엄-띄엄<가까이 있지 않고 조금 떨어져 있는 꼴>
쉬엄-쉬엄<쉬어 가며 천천히 어떤 일이나 행동을 하는 꼴>
이엄-이엄<끊이지 않고 계속해서 이어 가는 꼴>
트레-트레<실이나 노끈 따위가 둥글게 틀어진 꼴>

2.8. [[풀이씨 줄기$_1$+파생 가지]+[풀이씨 줄기$_2$+파생 가지]]$_{어찌씨}$

풀이씨 줄기에 파생 가지가 덧붙은 다음 비슷한 꼴로 되풀이되어 결합 과정을 거쳐 비슷한 꼴 되풀이 합성 어찌씨가 만들어졌다. 되풀이되기 전의 밑말이 낱말 자격이 모자라는 의존 형식이기 때문에 이 짜임새에 속하는 어찌씨는 비통사적 합성 어찌씨에 해당한다. 이 짜임새에 속하는 어찌씨는 아주 적은 편으로, 이 짜임새에 의한 어찌씨 만들기는 생산성이 거의 없다.

들쑥-날쑥<어떤 곳은 들어가고 어떤 곳은 나오고 하여 고르지 않은 꼴>
들쭉-날쭉<여기저기 들어가고 나오고 하여 고르지 않은 꼴>
요럭-조럭<정한 바 없이 되어 가는 대로 요러하고 저러하게>
요렁-조렁<요런 모양 조런 모양으로>
이럭-저럭<정한 바 없이 되어 가는 대로 이러저러하게>
요러쿵-조러쿵<요러하다는 둥 조러하다는 둥 자꾸 말을 늘어놓는 꼴>
요리쿵-조리쿵<요렇게 하자는 둥 조렇게 하자는 둥 자꾸 말을 해 대는 꼴>
우그렁-쭈그렁<여러 군데가 모두 우묵하게 우그러들거나 쭈글쭈글 주름이 진 꼴>
울그락[40)]-불그락<사람이 매우 화가 나거나 흥분하여 얼굴빛 따위가 몹시 붉게 변하는 꼴>

이러쿵-저러쿵<이러하다는 둥 저러하다는 둥 자꾸 말을 늘어놓는 꼴>
이리쿵-저리쿵<이렇게 하자는 둥 저렇게 하자는 둥 자꾸 말을 해 대는 꼴>

2.9. [임자씨+토씨]어찌씨

임자씨에 토씨가 덧붙어 결합 과정을 거쳐 형태적 짜임새를 이루어 어찌씨로 만들어지는 것들이 이 짜임새에 속한다. 이 짜임새는 임자씨와 토씨의 두 낱말의 통합으로 이루어진 통사론적 짜임새와 식별이 잘 안 되는 것들도 있다. 한 낱말로 만들어진 것들은 통사적 짜임새와 달리 뜻에서도 달라질 뿐 아니라 구성 요소들의 쓰임새에서도 차이를 보이게 된다.

토씨는 자립성이 없는데다가 뿌리에 해당되는 부분이 없기 때문에 가지와 같은 성격이 강하여 풀이씨의 씨끝과 같이 굴곡의 가지에 넣되 씨끝과 구별하여 준굴곡의 가지라 하기도 한다. 그러나 토씨를 낱말의 한 종류로 보는 주장에 따르면 낱말 자격을 갖게 되어 토씨의 결합에 의한 낱말 만들기는 합성법에 해당하게 된다.

토씨 앞자리에 놓이는 임자씨를 이름씨와 대이름씨, 낱말 자격이 모자라는 뿌리로 이름씨에 준하는 것으로 나누어 살피기로 한다.

2.9.1. 임자씨가 이름씨인 것

이름씨에 덧붙어 결합 과정을 거쳐 어찌씨를 만들 수 있는 토씨의 종류를 들면, '에', '으로', '대로', '마다', '은', '나', '라도', '만큼' 따위가 있다.

---

40) '울그락'은 '불그락'에서 첫소리 'ㄱ'이 탈락한 꼴이다. '불그락'은 '붉다'의 '붉-'에 파생의 가지 '-으락'이 결합하여 이루어진 것으로 보인다.

토씨에 따라 그 보기를 들면 다음과 같다.

1) '에' 결합형

토박이말이나 한자말 이름씨에 토씨 '에'가 덧붙어 결합 과정을 거쳐 합성 어찌씨가 만들어졌다. 이 짜임새에 해당하는 어찌씨는 그리 많은 편은 아니다. 따라서 이 짜임새는 어찌씨 생성에서 생산성이 적은 편이다. 토박이 이름씨에 해당하는 것을 앞에 두고 한자어 이름씨를 뒤에 놓기로 한다.

단김-에<좋은 기회가 지나가기 전에>

뜻밖-에<뜻하지 않게>

엉겁결-에<자기도 모르는 사이에 갑자기>

하루아침-에<하루나 이틀 정도 되는 짧은 시간에>

한걸음-에<도중에 쉬지 않고 내쳐 걷는 걸음으로>

한달음-에<도중에 쉬지 않고 달음질하여>

한숨-에<숨 한 번 쉴 만큼의 극히 짧은 동안>

거무하(居無何)-에<시간상으로 있은 지 얼마 안 되게>

금세(今時에)<'금시에[41]'의 준말>

나간(那間)-에<어느 때부터 일정한 시점까지에>

단번(單番)-에<단 한 번에>

단(單)칼-에<단 한 번에>

백일하(白日下)-에<세상 사람들이 다 알도록 뚜렷하게>

백주(白晝)-에[42]<겉으로 드러내 놓고 별 이유도 없이 억지로>

불시(不時)-에<뜻하지 않은 때에 갑자기>

선시(先是)-에<어떤 일 따위에 앞서>

언하(言下)-에<말이 떨어지는 바로 그때에>

---

41) '금세'의 본딧말인 '금시(今時)에'는 사전류에 어찌씨로 올라 있지 않다. 두 낱말인 '금시(今時)에'가 줄어들면서 결합 과정을 거쳐 어찌씨로 만들어진 것으로 보인다.

42) 준말로 '백줴'가 있다.

자고급금(自古及今)-에<예로부터 지금에 이르기까지>
조만(早晩)-에<이르든지 늦든지 간에>
졸지(猝地)-에<뜻밖에 갑작스러운 판국에>
창졸(倉卒)-에<미처 어찌할 사이 없이 급작스럽게>
친소간(親疎間)-에<친하든지 친하지 않든지 관계할 바 없이>
홀지(忽地)-에[43]<매우 갑작스럽게>
죽(粥)밥간(間)-에<죽이든지 밥이든지 무엇이나>

2) '으로' 결합형

토박이말이나 한자말 이름씨에 토씨 '으로'가 덧붙어 결합 과정을 거쳐 합성 어찌씨가 만들어졌다. 이 짜임새에 해당하는 어찌씨는 다른 토씨의 경우에 비해 가장 많다. 따라서 이 짜임새는 어찌씨 생성에서 생산성이 높은 편이다. 토박이 이름씨에 해당하는 것을 앞에 두고 한자어 이름씨를 뒤에 놓기로 한다.

가지가지-로[44]<이런저런 여러 가지로>
공짜-로<아무런 노력이나 대가 없이>
그길-로<어떤 곳에 도착한 그 걸음으로>
날-로<날이 갈수록>
내리닫이-로<아래로 죽 이어서>
달-로<달이 갈수록>
때-로<경우에 따라서>
모개-로<온통 한데 몰아서>
모-로<옆쪽으로 또는 가장자리로>
어깨너머-로<남이 하는 것을 옆에서 얻어듣는 방법으로>
억지-로<내키지 않아 무리한 정도로>
용코-로<'영락(零落)없이'를 속되게 이르는 말>

43) 준말로 '홀제'가 있다.
44) 준말로 '갖가지-로'가 있다.

우격-으로<억지로 무리하게>
참말-로<사실과 조금도 다름이 없이>
참-으로<거짓이 없는 참된 말로>
통-으로<전부를 통째로 다>
통짜-로<나누지 않고 있는 그대로의 덩어리로>
홀-으로<세기 쉬운 적은 수효로>
건(乾)물-로<아무런 가치나 쓸모도 없이>
고래(古來)-로<옛날부터 내려오면서>
고의(故意)-로<나타날 결과를 알면서도 굳이>
공(空)-으로<아무런 노력이나 대가 없이>
금시(今時)-로<지금 당장>
다각도(多角度)-로<여러 방면으로>
대대(代代)-로<여러 대에 걸쳐>
무리(無理)-로<억지로 무리하게>
무시(無時)-로<일정한 때가 없이 아무 때나>
불시(不時)-로<뜻하지 않은 때에 갑자기>
생(生)-으로<익히거나 삶지 않은 채로>
사날-로<거리낌 없이 제멋대로>
  -(합)제-사날로<저 혼자만의 생각으로>
섞어작(作)-으로<이것저것 한데 마구 합하여>
수시(隨時)-로<시간 나는 데로 아무 때나>
시시(時時)-로<때에 따라 가끔>
실제(實際)-로<거짓이나 상상이 아닌 정말 있는 그대로>
실지(實地)-로<거짓이나 상상이 아닌 실제의 경우나 처지로>
악착(齷齪)-으로<아득바득 기를 쓰는 것이 매우 끈덕지게>
예사(例事)-로<늘 하듯 아무렇지도 않게>
우(右)-로<오른쪽 방향으로>
의외(意外)-로<일반적인 생각이나 예상한 것과는 다르게>
임의(任意)-로<어떤 제한이 없이 마음대로>
자래(自來)-로<예로부터 내려오면서>
주(主)-로<특별히 많이 하거나 중심이 되게>
진실(眞實)-로<거짓됨이 없이 참말로>
허허실실(虛虛實實)-로<되면 좋고 안 되어도 그만인 식으로>

3) '대로' 결합형

토박이말 이름씨에 토씨 '대로'가 덧붙어 결합 과정을 거쳐 합성 어찌씨가 만들어졌다. 이 짜임새에 해당하는 어찌씨는 극히 드문 편이다.

나름-대로<제각기의 방식대로>
대-대로<형편에 따라 되어 가는 대로>
뜻-대로<마음먹은 대로>
마음-대로[45]<하고 싶은 대로>
멋-대로<하고 싶은 대로>
제멋-대로<제 하고 싶은 마음대로>

4) '마다' 결합형

토박이말 이름씨에 토씨 '마다'가 덧붙어 결합 과정을 거쳐 합성 어찌씨가 만들어졌다. 이 짜임새에 해당하는 어찌씨는 극히 드물다.

날-마다<하루도 빠짐없이>
말끝-마다<말할 때마다 꼬박꼬박>
해-마다<어느 해에나 빠짐없이 다>

5) '은' 결합형

토박이말이나 한자말 이름씨에 토씨 '은'이 덧붙어 결합 과정을 거쳐 합성 어찌씨가 만들어졌다. 이 짜임새에 해당하는 어찌씨는 극히 드물다.

---

45) 준말로 '맘대로'가 있다.

딴-은<나름대로의 생각으로는>

실(實)-은<앞에서 겉으로 드러난 내용과 실제로 일어난 내용을 뒤에 말할 때 쓰이어 앞뒤 어구나 문장을 이어 주는 말>

하기-는[46]<앞 내용을 긍정하며 뒤 내용을 이어갈 때 쓰여 이어 주는 말>

6) '이나' 결합형

토박이말 이름씨에 토씨 '이나'가 덧붙어 결합 과정을 거쳐 합성 어찌씨가 만들어졌다. 이 짜임새에 해당하는 어찌씨는 극히 드물다.

얼마-나<수량이나 정도를 물어보는 데 쓰는 말>

7) '라도' 결합형

토박이말 이름씨에 토씨 '라도'가 덧붙어 결합 과정을 거쳐 합성 어찌씨가 만들어졌다. 이 짜임새에 해당하는 어찌씨는 극히 드물다.

얼마-라도<수의 많고 적음에 상관없이>

8) '만큼' 결합형

토박이말 이름씨에 토씨 '만큼'이 덧붙어 결합 과정을 거쳐 합성 어찌씨가 만들어졌다. 이 짜임새에 해당하는 어찌씨는 극히 드물다.

얼마-만큼[47]<수량이나 수준이 어느 정도인가를 묻는 말>

---

46) 준말로 '하긴'이 있다. '하기'는 풀이씨 '하다'의 이름꼴이지만 편의상 이름씨로 간주하였다.

47) 준말로 '얼마큼'이 있다.

9) ‘야’ 결합형

토박이말 이름씨에 토씨 ‘야’가 덧붙어 결합 과정을 거쳐 합성 어찌씨가 만들어졌다. 이 짜임새에 해당하는 어찌씨는 극히 드물다.

하기-야<이미 있던 일을 긍정하며 어래에 어떤 조건을 붙일 때에 쓰여 앞뒤 문장을 이어 주는 말>

10) ‘에도’ 결합형

토박이말 이름씨에 토씨 ‘에도’가 덧붙어 결합 과정을 거쳐 합성 어찌씨가 만들어졌다. 이 짜임새에 해당하는 어찌씨는 극히 드물다.

꿈-에도<조금도 또는 전혀>

2.9.2. 임자씨가 대이름씨인 것

대이름씨에 덧붙는 토씨의 종류를 들면, ‘에다가’, ‘까지로’, ‘나마’, ‘대로’, ‘만’, ‘만치’, ‘만큼’, ‘에’, ‘에서’, ‘처럼’, ‘로부터’ 따위가 있다. 밑말이 되는 대이름씨는 모두 토박이말에 해당한다. 토씨에 따라 그 보기를 들면 다음과 같다.

1) ‘(에)다가’ 결합형

가리킴 대이름씨 ‘거기, 어디’에 토씨 ‘(에)다가’가 덧붙어 결합 과정을 거쳐 합성 어찌씨가 만들어졌다.

거기-에다가[48]<뒤 내용에서 앞 내용보다 한층 더한 사실을 덧붙일 때 쓰여 앞뒤 어구나 문장을 이어 주는 말>
어디-다가[49]<아주 대단한 어떤 상태에>

2) '까지로' 결합형

가리킴 대이름씨 '고, 그, 요, 이, 저, 조'에 토씨 '까지로'가 덧붙어 결합 과정을 거쳐 합성 어찌씨가 만들어졌다.

고-까지로<겨우 고만한 정도로>
그-까지로<겨우 그만한 정도로>
요-까지로<겨우 요것 정도까지로>
이-까지로<고작 이만한 정도로>
저-까지로<겨우 저만한 정도로>
조-까지로<겨우 조만한 정도로>

3) '나마' 결합형

가리킴 대이름씨 '고, 그, 요, 이, 저, 조'에 토씨 '나마'가 덧붙어 결합 과정을 거쳐 합성 어찌씨가 만들어졌다.

고-나마<좋지 아니하거나 모자라기는 하지만 그것이나마>
그-나마<좋지 않거나 모자라기는 하나 그것이라도>
요-나마<좋지 않거나 모자라기는 하지만 그저 그렇게>
이-나마<좋지 않거나 모자라기는 하지만 이것이나마>
저-나마<좋지 않거나 모자라기는 하나 저것이라도. 또는 저것마저>
조-나마<좋지 않거나 모자라기는 하지만 조것이나마>

---

48) 준말로 '거기다', '거기에가', '거기다가'가 있다. '거기다'의 준말로 '게다'가, '거기에다'의 준말로 '게다가'가 있다.

49) 준말로 '어디다'가 있으며, '얻다'는 '어디다'의 준말이다.

4) '대로' 결합형

가리킴 대이름씨 '고, 그, 요, 이, 저, 조'에 토씨 '대로'가 덧붙어 결합 과정을 거쳐 합성 어찌씨가 만들어졌다.

고-대로<모양이나 상황이 바뀌지 않고 있던 대로>
그-대로<모양이나 상황 등이 바뀌지 않고 본래 있던 대로>
요-대로<변함없이 요 모양으로>
이-대로<모양이나 상황 등이 바뀌지 않고 있는 대로>
저-대로<아무런 조치 없이 그냥 있던 대로>
조-대로<변함없이 조 모양으로>

5) '만' 결합형

가리킴 대이름씨 '고, 그, 요, 이'에 토씨 '만'이 덧붙어 결합 과정을 거쳐 합성 어찌씨가 만들어졌다. 이 짜임새에 해당하는 어찌씨로 '조만'과 '저만'[50]은 만들어지지 않는다. 이 짜임새에 해당하는 아래의 어찌씨들은 모두 비슷한 꼴로 되풀이되어 비슷한 꼴 되풀이 합성 어찌씨를 짜 이루는 특성을 보인다.

고-만<고 정도까지만>
  -(합)고만-조만<그저 고만한 정도로>
그-만<그 정도까지만>
  -(합)그만-저만<그저 그만한 정도로>
요-만<요 정도로 하고>
  -(합)요만-조만<요만하고 조만한 정도로>
이-만<이 정도로 하고>
  -(합)이만-저만<이만하고 저만함>

---

50) '조만'과 '저만'은 매김씨에 해당하며 어찌씨로는 사전류에 올라 있지 않다.

6) '만치[51]' 결합형

가리킴 대이름씨 '고, 그, 요, 이, 저, 조'에 토씨 '만치'가 덧붙어 결합 과정을 거쳐 합성 어찌씨가 만들어졌다.

고-만치<고만한 양이나 질의 정도로>
그-만치<그만한 양이나 질의 정도로>
요-만치<요만한 양이나 질의 정도로>
이-만치<이만한 양이나 질의 정도로>
저-만치<저만한 양이나 질의 정도로>
조-만치<조만한 양이나 질의 정도로>

7) '만큼[52]' 결합형

가리킴 대이름씨 '고, 그, 요, 이, 저, 조, 어디'에 토씨 '만큼'이 덧붙어 결합 과정을 거쳐 합성 어찌씨가 만들어졌다.

고-만큼<고만한 양이나 질의 정도로>
그-만큼<그만한 양이나 질의 정도로>
요-만큼<요만한 양이나 질의 정도로>
이-만큼<이만한 양이나 질의 정도로>
저-만큼<저만한 양이나 질의 정도로>
조-만큼<조만한 양이나 질의 정도로>
어디-만큼<어느 곳까지>

---

51) '만치'는 쓰이는 환경에 따라 매인이름씨와 토씨로 쓰이는데, 여기서는 토씨에 해당한다.

52) '만큼'은 쓰이는 환경에 따라 매인이름씨와 토씨로 쓰이는데, 여기서는 토씨에 해당한다.

8) '같이' 결합형

가리킴 대이름씨 '그, 이, 저'에 토씨 '같이'가 덧붙어 결합 과정을 거쳐 합성 어찌씨가 만들어졌다.

그-같이<그 모양이나 방식으로>
이-같이<이 모양이나 방식으로>
저-같이<저 모양이나 방식으로>

9) '마큼' 결합형

가리킴 대이름씨 '요, 이, 저, 조'에 토씨 '마큼'이 덧붙어 결합 과정을 거쳐 합성 어찌씨가 만들어졌다. 이 짜임새로 '고마큼', '그마큼'이란 어찌씨는 만들어지지 않는다.

요-마큼<요만한 양이나 질의 정도로>
이-마큼<이만한 양이나 질의 정도로>
저-마큼<저만한 양이나 질의 정도로>
조-마큼<조만한 양이나 질의 정도로>

10) '에' 결합형

가리킴 대이름씨 가운데 '이'에만 토씨 '에'가 덧붙어 결합 과정을 거쳐 합성 어찌씨가 만들어졌다. 그 밖의 가리킴 대이름씨에는 '에'가 결합하여 어찌씨를 만들지 않는다.

이-에<이와 같은 까닭에>

11) '에서' 결합형

가리킴 대이름씨 가운데 '이'에만 토씨 '에서'가 덧붙어 결합 과정을 거쳐 합성 어찌씨가 만들어졌다. 그 밖의 가리킴 대이름씨에는 '에서'가 결합하여 어찌씨를 만들지 않는다.

이-에서<이것에 비하여>

12) '처럼' 결합형

가리킴 대이름씨 가운데 '이'에만 토씨 '처럼'이 덧붙어 결합 과정을 거쳐 합성 어찌씨가 만들어졌다. 그 밖의 가리킴 대이름씨에는 '처럼'이 결합하여 어찌씨를 만들지 않는다.

이-처럼<이와 같이>

13) '마다' 결합형

가리킴 대이름씨 가운데 '저'에만 토씨 '마다'가 덧붙어 결합 과정을 거쳐 합성 어찌씨가 만들어졌다. 그 밖의 가리킴 대이름씨에는 '마다'가 결합하여 어찌씨를 만들지 않는다.

저-마다[53]<사람마다>

---

53) 강조하는 말로 '저저마다'가 있다.

14) '야' 결합형

가리킴 대이름씨 가운데 '그'에만 토씨 '야'가 덧붙어 결합 과정을 거쳐 합성 어찌씨가 만들어졌다. 그 밖의 가리킴 대이름씨에는 '야'가 결합하여 어찌씨를 만들지 않는다.

그-야<그것이야>

15) '야말로' 결합형

가리킴 대이름씨 가운데 '그, 이'에만 토씨 '야말로'가 덧붙어 결합 과정을 거쳐 합성 어찌씨가 만들어졌다. 그 밖의 가리킴 대이름씨에는 '야말로'가 결합하여 어찌씨를 만들지 않는다.

그-야말로<말한 바와 같이 참으로 틀림없이>
이-야말로<바로 앞에서 이야기한 사실을 강조하면서 다시 언급하여 앞뒤 어구나 문장을 이어 주는 말>

2.9.3. 낱말 자격이 모자라는 뿌리인 것

이름씨의 자격이 모자라지만 이름씨에 준하는 뿌리에 덧붙는 토씨의 종류를 들면, '으로', '에', '처럼' 따위가 있다. 토씨에 따라 그 보기를 들면 다음과 같다.

1) '으로' 결합형

이름씨의 자격이 모자라지만 이름씨에 준하는 뿌리에 토씨 '으로'가 덧붙어 결합 과정을 거쳐 합성 어찌씨가 만들어졌다. 이 짜임새에 해당하는 어찌씨는 그리 많은 편은 아니다. 따라서 이 짜임새는 어찌씨 생성에서 생산성이 낮은 편이다. 토박이 이름씨에 해당하는 것을 앞에 두고 한자어 이름씨를 뒤에 놓기로 한다.

국-으로<자기가 생긴 그대로>
그빨-로<나쁜 버릇을 버리지 않고 그대로>
내풀-로<내 마음대로>
노량-으로<한가롭게 놀아가면서 느릿느릿하게>
대대-로<형편을 보아서 되어 가는 대로>
마기말-로<실제로 가정하고 하는 말로>
맛맛-으로<이것저것 조금씩 색다른 맛으로>
밤돌이-로<매일 밤마다>
뻠들이-로<동안을 별로 두지 아니하고 잇달아 번갈아들어서>
속새-로<겉으로 드러내지 않고 은밀히>
여러모-로<여러 방면으로>
오르-로[54]<오른쪽으로 향하여>
외-로<왼쪽으로>
제물-로<제 스스로>
제출물-로<남의 도움을 받지 않고 제힘으로>
제풀-로<저 혼자 저절로>
켜켜-로<여러 켜를 이루어>
개개일자(箇箇一字)-로<하나하나가 다 똑같이>
건(乾)짜-로<아무런 근거가 없이>
고(故)-로<앞 내용이 뒤 내용의 이유나 근거임을 나타내며 앞뒤 문장을 이어 주는 말>
-(합)그런-고로<앞 내용이 뒤 내용의 이유나 근거를 나타낼 때 쓰여 앞뒤 문장을 이어 주는 말>
이런-고로<앞 내용이 뒤 내용의 이유나 근거를 나타낼 때 쓰여 앞뒤

54) '오르-로'에서 '오르'란 이름씨가 없다. '오르-'를 <오른쪽>이란 뜻을 지닌 뿌리로 보고자 한다. <왼쪽>의 뜻을 지닌 '외로'에서의 '외-'도 이와 마찬가지이다.

문장을 이어 주는 말>

시고(是故)－로<앞 내용이 뒤 내용의 이유나 근거를 나타낼 때 쓰여 앞뒤 문장을 이어 주는 말>

시시(時時)때때－로<때에 따라 가끔>

자고(自古)－로<예로부터 내려오면서>

자소(自少)－로<젊고 어렸을 때부터 이제까지>

자소(仔少)－로<젊고 어렸을 때부터 이제까지>

자소시(自少時)－로<젊고 어렸을 때부터 이제까지>

자소이래(自少以來)－로<젊고 어렸을 때부터 이제까지>

자아시(自兒時)－로<어릴 때부터>

2) '에' 결합형

이름씨의 자격이 모자라지만 이름씨에 준하는 뿌리에 토씨 '에'가 덧붙어 결합 과정을 거쳐 합성 어찌씨가 만들어졌다. 이 짜임새에 해당하는 어찌씨도 그리 많은 편은 아니다. 따라서 이 짜임새는 어찌씨 생성에서 생산성이 낮은 편이다. 토박이 이름씨에 해당하는 것을 앞에 두고 한자어 이름씨를 뒤에 놓기로 한다.

단결－에<열기가 식지 않았을 때에>

시거－에<우선 급한 대로>

우환－에<언짢은 위에 또>

울럭김－에<여럿이 욱하는 김에>

잘잘못간－에<잘하였거나 잘못하였거나 따질 것 없이>

저적－에<지난번에>

제물－에<제 혼자 스스로의 바람에>

제바람－에<자기 스스로의 바람에>

제출물－에<제 생각대로>

제풀－에<어떤 다른 이유가 있어서가 아니라 자기 스스로의 기운으로 말미암아>

한꺼번－에[55]<모두 다 동시에>

고락간(苦樂間)-에<괴로우나 즐거우나 가릴 것 없이>
과경(過頃)-에<조금 전에>
긴불긴간(緊不緊間)-에<중요하든지 중요하지 않든지 상관없이>
단(單)걸음-에<쉬지 않고 곧장>
단(單)숨-에<숨 한 번 쉴 만큼의 짧은 동안에>
모야간(暮夜間)-에<이슥한 밤중에>
성불성간(成不成間)-에<일이 되든지 안 되든지 간에>
어동어서(於東於西)-에<이렇게 되든지 저렇게 되든지 간에>
어시(於是)-에<여기에 있어서>
어차간(於次間)-에<말하는 김에>
어차(於次)-에<여기에서. 또는 이때에>
자(玆)-에<이와 같은 까닭에>
채전(前)-에<어떻게 되기 훨씬 이전에>

3) '처럼' 결합형

이름씨의 자격이 모자라지만 이름씨에 준하는 뿌리에 토씨 '처럼'이 덧붙어 결합 과정을 거쳐 합성 어찌씨가 만들어졌다. 이 짜임새에 해당하는 어찌씨로는 아래 보기가 유일하다.

모-처럼<일부러 벼르거나 마음을 먹고>

2.10. [매김씨+토씨]어찌씨

매김씨에 토씨가 덧붙어 결합 과정을 거쳐 어찌씨가 만들어지는 경우는 극히 이례적이다. 매김씨 '새'에 토씨 '로'가 결합하여 어찌씨 '새로'가 만들어진다. 이 짜임새에 의한 낱말 만들기는 생산성이 거의 없는 방식

55) 준말로 '한껍에'가 있다.

이다.

새-로<지금까지 없던 것이 처음으로>
별(別)**-로**<생각했던 것보다 많이>

2.11. [느낌씨+뿌리]어찌씨

느낌씨와 낱말 자격이 모자라는 뿌리가 결합 과정을 거쳐 합성 어찌씨가 만들어지는 경우가 있다. 이 짜임새에 속하는 합성 어찌씨는 극히 드물어 생산성이 없는 낱말 만드는 방식이다. 느낌씨는 자립 형식이지만 뒤에 결합된 뿌리가 의존 형식이기 때문에 비통사적 합성 어찌씨에 해당한다.

애고-대고<소리를 마구 지르며 우는 꼴>
애고-지고<소리를 내어 몹시 슬프게 우는 꼴>

■■■ 제5장 ■■■

한자말 어찌씨의 짜임새

우리말 어찌씨 중에 한자로만 이루어진 한자말 어찌씨를 이 항목에 모아 놓았다. 한자말 어찌씨는 입말이나 글말에서 널리 사용되는 것들도 있지만 주로 글말에서만 쓰이고 입말에서는 잘 쓰이지 않는 것들이 많은 편이다. 이를테면 '가령(假令)'이나 '지금(只今)'은 입말이나 글말에서 활발히 쓰이지만, '강경(剛勁)'이나 '건건(虔虔)'은 입말에서는 잘 쓰이지 않고 글말에서 주로 쓰이는 특성을 보인다.

한자말 어찌씨 가운데 일부는 '지금(只今)'이나 '만일(萬一)'처럼 토박이말처럼 쓰여 한자 낱말임이 잘 드러나지 않는 것들도 있다. 이런 것들은 굳이 한자로 표시하지 않더라고 바로 그 뜻과 쓰임을 알 수 있다. 그러나 '박어부득(迫於不得)'이나 '어시호(於是乎)'와 같은 한자말 어찌씨들은 낯선 것들로, 한문으로 된 시나 글을 우리말로 옮긴 글 등에서나 만날 수 있는 것들도 있다. 이런 한자말 어찌씨들은 비록 우리말 사전에 올림말로 올라 있지만 토박이말과 이질적임이 쉽게 드러나며, 그 뜻이나 쓰임의 파악도 쉽지 않다.

토박이말 어찌씨는 입말이나 글말을 가리지 않고 두루 쓰이는 데 비해 많은 수의 한자말 어찌씨들은 사용되는 장면에서 제약을 받아 글말에서 주로 쓰여 차이를 보인다. 또한 쓰임의 잦기에서도 많은 수의 한자말 어찌씨들은 토박이 어찌씨에 비해 적은 편이다.

2음절 이상의 한자말은 원칙적으로 둘 이상의 형태소의 해당하기 때문에 단일 낱말에 속하지 않고 합성 낱말이나 파생 낱말에 속한다. 그렇지만 여기서는 주로 어찌씨를 기본으로 삼고 여기에 뿌리가 결합되었느냐 파생의 가지가 결합되었느냐에 따라 나누기로 한다. 곧 한자말 어찌씨를 낱말 만들기에 관여하는 것과 그렇지 않은 것으로 갈라 각각의 한자말 어찌씨를 살피기로 한다.

1. 낱말 만들기에 관여하는 한자말 어찌씨의 짜임새

한자말 어찌씨를 밑말로 하고, 여기에 뿌리나 파생의 가지가 결합되어 이루어진 합성 어찌씨나 파생 어찌씨는 그리 많은 편은 아니다. 대부분의 한자말 어찌씨들은 낱말 만들기에 관여하지 않는다. 그러나 일부는 같은 꼴로 되풀이되거나 다른 뿌리와 결합되어 합성 어찌씨를 이루기도 하며, 파생의 가지가 결합되어 파생 어찌씨를 이루기도 한다.

합성 어찌씨 가운데, 같은 꼴 되풀이 합성 어찌씨의 보기를 들면, 어찌씨 '금방(今方)<조금 뒤에 곧>'이 그대로 되풀이되어 결합 과정을 거쳐 '금방금방(今方今方)<잇달아 금방>'이란 합성 어찌씨가 만들어졌다. 이는 품사 유지 합성 어찌씨에 해당한다. 어찌씨 '근근(僅僅)<겨우>'이 어찌씨 파생접미사 '-이'가 결합하여 파생 어찌씨 '근근(僅僅)이<겨우겨우>'가 만들어졌다. 토씨는 비록 뿌리에 속하지는 않지만 독립된 낱말에 해당하므로 토씨가 결합되어 이루어진 낱말은 합성 어찌씨에 포함시키기로 한다. 한자말 어찌씨를 밑말로 하여 만들어지는 합성 어찌씨와 파생 어찌씨를 갈라 그 보기를 들면 다음과 같다.

각각(刻刻)<시간의 일각일각마다>
 –(합)각각(刻刻)**–으로**<시간이 갈수록 자꾸자꾸>
각각(各各)<저마다 다 따로>
 –(합)제–각각(各各)<저마다 다 따로따로>
각기(各其)<저마다 각각으로>
 –(합)제–각기(各其)<사람마다 또는 사물마다 따로따로>
간간(間間)<간간이>
 –(파)간간(間間)**–이**<시간적인 사이를 두고 가끔씩>
간혹(間或)<간간히 어쩌다가>
 –(합)간혹(間或)**–가다가**[1]<어쩌다가 드문드문>
근근(僅僅)<겨우>
 –(파)근근(僅僅)**–이**<겨우겨우>
금방(今方)<조금 뒤에 곧>
 –(합)금방–금방(今方今方)<잇달아 금방>
급거(急遽)<서둘러서 급작스럽게>
 –(파)급거(急遽)**–히**[2]<몹시 서둘러서>
누누(屢屢)<여러 겹으로>
 –(파)누누(屢屢)**–이**<여러 차례 자꾸>
누누(累累)<여러 겹으로>
 –(파)누누(累累)**–이**<여러 번 자꾸>
단연(斷然)<두말할 것도 없이 뚜렷하게>
 –(파)단연(斷然)**–코**<두말할 것도 없이 매우 분명하게>
당초(當初)<처음에>
 –(합)당초(當初)**–에**[3]<처음부터 도무지>

---

1) 준말로 '간혹(間或)가다'가 있다.
2) '급거(急遽)히'는 '급거(急遽)하다'에서 파생된 것이 아니고, 부사 '급거(急遽)'에 파생 접미사 '-히'가 결합되어 생산되었다.
3) 준말로 '당최'가 있다.

대강(大綱)<세밀하지 않은 정도로>

-(합)대강-대강(大綱大綱)<철저하지 않게 적당히 건성으로>

대문대문(大文大文)<글의 한 도막이나 단락마다>

-(파)대문대문(大文大文)-이<글의 한 도막이나 단락마다>

대체(大體)<대관절>

-(합)대체(大體)-로<일부에 한정되지 않고 전체에 걸쳐서 공통으로>

-(파)도-대체(都大體)<놀람, 걱정 궁금한 심정 등을 나타내는 말>

매일(每日)<날마다>

-(합)매일-매일(每日每日)<하루도 빠짐없이 날마다>

매일(每日)-같이<거의 하루도 빠짐이 없이>

매일(每日)-없이<거의 하루도 빠짐이 없이>

속속(速速)<매우 빨리>

-(파)속속(速速)-히<매우 빨리>

어차어피(於次於彼)<어차피>

-(합)어차어피(於次於彼)-에<이렇게 하든지 저렇게 하든지>

여간(如干)<어지간하게 또는 보통으로>

-(합)여간(如干)-만<'여간'을 강조하여 이르는 말>

여차(如此)<이와 같이>

-(합)여차-여차(如此如此)<이러하다는 둥 저러하다는 둥 자꾸 여러 말을 늘어놓는 꼴>

여차(如此)-저차<이러하고 저러하게>

역(亦)<앞 내용과 마찬가지인 내용을 덧붙여 말할 때 쓰여 이어 주는 말>

-(합)그-역(亦)<그것도 역시>

영(永)<영원히 언제까지나>

-(합)영영(永永)<영원히 언제까지나>

-(파)영영(永永)-히<언제까지나 영원히>

이금(而今)<이제 와서>

-(합)이금(而今)-에<이제 와서>

이왕(已往)<그렇게 하기로 정해진 바에>

-(합)이왕(已往)-에<이미 그렇게 된 바에>

이왕(已往)-이면<어차피 그리할 바에는>

자고이래(自古以來)<오래전부터 내려오면서>

-(합)자고이래(自古以來)-로<예로부터 내려오면서>

자고이래(自古以來)-에<옛날부터 내려오면서>

잠시(暫時)<잠깐>

-(파)잠시-간(暫時間)<짧은 시간 동안에>

저저(這這)<있는 대로 낱낱이 모두>

-(파)저저(這這)-이<있는 대로 낱낱이 모두>

전수(全數)<온통>

-(파)전수(全數)-이<모두 다>

점차(漸次)<차례를 따라 점점>

-(합)점차(漸次)-로<'점차'를 강조하여 이르는 말>

정녕(丁寧)<틀림없이 꼭>

-(파)정녕(丁寧)-코<'정녕'을 강조하여 이르는 말>

종일(終日)<하루 낮 동안. 곧, 아침부터 저녁까지>

-(파)종일(終日)-토록<하루가 다하도록>

즉(卽/則)<바꾸어 말하자면>

-(합)그런-즉(卽/則)<앞 내용으로 미루어 뒤 내용의 근거를 짐작해 낼 수 있을 때 쓰여 앞뒤 문장을 이어 주는 말>

그러한-즉(卽/則)<앞 내용으로 미루어 뒤 내용의 근거를 짐작해 낼 때 수 있을 때 쓰여 앞뒤 문장을 이어 주는 말>

한-즉(卽/則)<앞 내용으로 미루어 뒤 내용의 근거를 짐작해 낼 수 있을 때 쓰여 앞뒤 어구나 문장을 이어 주는 말>

즉속(卽速)<바로 재빨리>

-(파)즉속(卽速)-히<바로 재빨리>

즉시(卽時)<곧. 당장에>

-(합)즉시-즉시(卽時卽時)<그때그때마다 곧>

차차(次次)<어떤 상태나 정도 따위가 계속하여 한 방향으로 조금씩 달라지는 꼴>

-(합)차차(次次)-로<'차차'를 강조하여 이르는 말>

차차-차차(次次次次)<어떤 사물의 상태나 정도가 시간의 흐름에 따라 조금씩 자꾸 진행하는 꼴>

-(파)차차(次次)로-이<'차차'를 강조하여 이르는 말>

첩첩(疊疊)<여러 겹으로 겹친 꼴>

-(파)첩첩(疊疊)-이<여러 겹으로 겹쳐 있거나 포개져 있게>

하여간(何如間)<어쨌든>

-(합)하여간(何如間)-에<모양, 형편, 정도나 조건 따위가 어떻게 되어 있

듣지 간에>

하필(何必)<다른 방도를 취하지 아니하고 어찌 꼭>

 -(합)하필(何必)-이면<달리하거나 달리 되지 않고 어찌하여 꼭>

혹시(或是)[4]<만일에>

 -(합)혹시(或是)-나<그럴 리가 없겠지만 만의 하나라도>

혹여(或如)<혹시>

 -(합)혹여(或如)-나<'혹여'를 강조하여 이르는 말>

2. 낱말 만들기에 관여하지 않는 한자말 어찌씨의 짜임새

새로운 낱말 만들기에 참여하지 않는 한자말 어찌씨가 여기에 포함된다. 이들 어찌씨는 어찌씨 밖의 낱말이나 낱말 자격이 모자라는 뿌리가 같은 꼴로 되풀이되거나 비슷한 꼴로 되풀이되어 이루어진 것들과 그 밖의 것들로 나누어 살피기로 한다.

2.1. 되풀이 한자말 어찌씨의 짜임새

이름씨 '겸사(兼事)'는 그대로 되풀이되어 결합 과정을 거쳐 '겸사겸사(兼事兼事)<한 번에 이 일 저 일을 겸하여 하는 모양>'란 합성 어찌씨가 만들어졌는데, 이는 이름씨에서 어찌씨로 바뀌었기 때문에 품사 변화 합성 어찌씨에 해당한다. '구구절절(句句節節)<한 구절 한 구절마다>'은 합성 어찌씨이지만 한자말 모두가 그대로 되풀이 된 것이 아니라 각각의 음절이 되풀이되어 합성 합성어찌씨가 만들어졌다. 이름씨에 해당하는 '구절(句節)'이 음절마다 되풀이되어 결합과정을 거쳐 어찌씨로 만들어졌다. 어

---

4) 준말로 '혹(或)'이 있다. 합성어로 '혹(或)'의 합성어로 '혹(或)은'이 있다.

찌씨나 이름씨에 해당하지는 않지만 이에 준하는 뿌리가 되풀이 되어 합성 어찌씨가 만들어지기도 한다. '간신간신(艱辛艱辛)<몹시 어렵고 고생스럽게>'은 '간신(艱辛)'이 되풀이되었지만 어찌씨나 이름씨에 속하지 않는 낱말 자격이 모자라는 뿌리에 해당한다. 이들은 모두 같은 꼴로 되풀이 되지만, '우왕좌왕(右往左往)'처럼 비슷한 꼴로 되풀이되기도 한다.

2.1.1. 같은 꼴 되풀이 어찌씨

1) [ABAB]어찌씨

2음절로 이루어진 한자 낱말이나 낱말 자격이 모자라는 뿌리 [AB]가 같은 꼴로 되풀이되어 결합 과정을 거쳐 같은 꼴 되풀이 합성 어찌씨 [ABAB]가 만들어졌다. 밑말인 [AB]가 이름씨인 것과 낱말 자격이 모자라는 뿌리인 것으로 나뉜다.

(1) 'AB'가 이름씨인 것

2음절 한자말 이름씨 [AB]가 그대로 되풀이되어 어찌씨 [ABAB]가 만들어진다. 이 짜임새에 의해 만들어진 어찌씨의 보기를 들면, '겸사(兼事)'는 <어떤 일을 하면서 다른 일도 동시에 맡아 함>이란 뜻의 이름씨로, 같은 꼴로 되풀이되어 결합 과정을 거쳐 같은 꼴 합성 어찌씨 '겸사겸사(兼事兼事)'가 만들어졌다. 이 짜임새에 의한 낱말 만들기는 생산성이 적어 이에 속하는 어찌씨는 드문 편이다.

겸사겸사(兼事兼事)<한 번에 이 일 저 일을 겸하여 하는 꼴>
고대고대(苦待苦待)<몹시 고대하는 꼴>
사정사정(事情事情)<어려운 일의 형편이나 까닭을 간곡히 호소하거나 비는 꼴>

야단야단(惹端惹端)<매우 떠들썩하게 일을 벌이거나 자꾸 떠들어대는 꼴>
연비연비(煙匪煙匪)<연줄연줄>
조목조목(條目條目)<조목마다>
조심조심(操心操心)<몹시 조심스럽게 행동하는 꼴>
주저주저(躊躇躊躇)<선뜻 결정하지 않고 망설이는 꼴>
흥성흥성(興盛興盛)<매우 활기차게 번창한 꼴>

(2) 'AB'가 낱말 자격이 모자라는 뿌리인 것

2음절 한자말 뿌리 [AB]가 그대로 되풀이되어 어찌씨 [ABAB]가 만들어진다. 이 짜임새에 의해 만들어진 어찌씨의 보기를 들면, '간신(艱辛)-'은 낱말 자격이 모자라는 뿌리로, 같은 꼴로 되풀이되어 결합 과정을 거쳐 같은 꼴 합성 어찌씨 '간신간신(艱辛艱辛)'이 만들어졌다. 이 짜임새에 의한 낱말 만들기는 생산성이 적어 이에 속하는 어찌씨는 드문 편이다.

간신간신(艱辛艱辛)<몹시 어렵고 고생스럽게>
비등비등(比等比等)<여럿이 서로 어슷비슷하게>
삼오삼오(三五三五)<서너 사람이나 대여섯 사람씩 떼를 지어 여기저기 다니거나 무슨 일을 하는 꼴>
자세자세(仔細仔細)<아주 자세하게>
전지전지(傳之傳之)<전하고 전하여>
지중지중(至重至重)<더없이 중하게 여기는 꼴>
풍성풍성(豊盛豊盛)<매우 풍성한 꼴>

2) [AA]어찌씨

낱말 자격이 모자라는 1음절 한자 [A]가 같은 꼴로 되풀이되어 결합 과정을 거쳐 [AA]이란 한자 낱말 어찌씨가 만들어졌다. 이 짜임새에 해당하는 어찌씨는 그리 많은 편은 아니며, 일부를 제외하고는 현대 우리말의 입말에서 널리 쓰이는 편은 아니다.

건건(虔虔)<항상 조심하고 삼가는 꼴>
걸걸(傑傑)<사람이 교만하게 행동하는 꼴>
겸겸(嗛嗛)<말이나 행동이 겸손한 꼴>
겸겸(謙謙)<겸손하고 공경하는 꼴>
굉굉(轟轟)<아주 크고 요란스럽게 울리는 소리>
근근(近近)<오래지 않아>
긍긍(矜矜)<단단하고 굳센 꼴>
눌눌(訥訥/呐呐)<말이 잘 나오지 아니하여 더듬는 꼴>
당당(堂堂)<다른 사람에게 내세울 만큼 떳떳하고 번듯하게>
돌돌(咄咄)<뜻밖의 일에 놀라 지르는 소리>
매매(每每)<번번히>
백백(百百)<어느 모로 보나>
부부(浮浮)<눈이나 비 따위가 왕성하게 쏟아지는 꼴>
비비(比比)<어느 것이 다>
삭삭(數數)<자주자주>
세세(歲歲)<해마다>
속속(續續)<자꾸 잇달아서>
속속(速速)<매우 빨리>
숭숭(崇崇)<높은 꼴>
알알(戞戞)<사물이 서로 어긋나는 꼴>
알알(軋軋)<수레바퀴가 구르는 소리>
연년(年年)<해마다>
올올(兀兀)<꼼짝도 하지 않고 마음을 한곳에 집중하여 똑바로 앉아 있는 꼴>
왕왕(往往)<이따금>
은은(殷殷)<멀리서 들려오는 소리가 크고 우렁차게>
장장(章章)<맑거나 밝으며 아름다운 꼴>
쟁쟁(錚錚)<지나간 소리가 귀에 울리는 듯한 느낌>
쟁쟁(錚錚)<쇠붙이 따위가 맞부딪쳐 맑게 울리는 소리>
점점(漸漸)<조금씩 더하거나 덜하여지는 꼴>
정정(丁丁)<말뚝을 박는 소리>

종종(種種)<가끔>
초초(稍稍)<조금씩 더해지거나 덜해지는 꼴>
총총(怱怱)<매우 급하게. 매우 바쁘게>
총총(叢叢)<많은 물건이 빽빽하게>
통동(通同)<사물 전체의 수효나 양을 모두 한목 쳐서>
혼혼(昏昏)<어둡고 침침한 꼴>
흡흡(吸吸)<구름이 움직이는 꼴>
희희(嘻嘻)<즐겁게 웃는 꼴>
희희(嬉嬉)<기뻐서 웃는 꼴>

3) [AABB]어찌씨

2음절로 이루어진 한자 낱말이나 낱말 자격이 모자라는 뿌리 [AB]가 음절마다 되풀이되어 결합 과정을 거쳐 [AABB]란 합성 어찌씨가 만들어졌다. 곧 2음절 한자 낱말인 '구절(句節)'에서 음절마다 되풀이되어 결합 과정을 거쳐 만들어진 어찌씨 '구구절절(句句節節)'이 이 짜임새에 해당한다. 이 짜임새에 속하는 어찌씨는 드문 편이다.

건건사사(件件事事)<일어나는 모든 일마다>
근근자자(勤勤孜孜)<매우 부지런하고 꾸준한 꼴>
사사건건(事事件件)<일마다>
삼삼오오(三三五五)<사람들이 서넛 또는 대여섯씩 여기저기 무리지어>
세세연년(歲歲年年)<여러 해를 계속 이어>
소소막막(蕭蕭寞寞)<쓸쓸하고 답답한 꼴>
시시각각(時時刻刻)<자꾸자꾸 시간 가는 대로>
연년세세(年年歲歲)<해마다 이어져 무궁토록>
자자굴굴(孜孜矻矻)<부지런히 힘써 일하는 꼴>
중중촉촉(重重矗矗)<겹겹이 높이 솟아 삐죽삐죽한 꼴>

2.1.2. 비슷한 꼴 되풀이 어찌씨

1) [ABCB]어찌씨

2음절로 이루어진, 낱말 자격이 모자라는 한자말 뿌리가 그대로 되풀이되지 않고 첫 음절이 다른 것으로 되풀이되어 결합 과정을 거쳐 이루어진 비슷한 꼴 되풀이 합성 어찌씨가 이 짜임새에 해당한다. 곧 [AB]가 되풀이되되, 첫째 음절 [A]가 [C]로 바뀌어 되풀이되어 [ABCB] 란 비슷한 꼴 되풀이 어찌씨가 만들어졌다. [A]와 [C]는 뜻에서 연관성이 있는 것들이어야 한다. 이 짜임새에 속하는 어찌씨는 드문 편이다.

애지중지(愛之重之)<매우 사랑하고 소중히 여기는 꼴>
오밀조밀(奧密稠密)<빈틈없이 모여 있는 꼴>
우왕좌왕(右往左往)<갈팡질팡>
음밀암밀(陰密暗密)<겉으로 전혀 드러나지 아니하게 일 따위를 꾸미는 꼴>
차월피월(此月彼月)<이달 저 달 미루는 꼴>
차일피일(此日彼日)<이날 저 날 하고 기일을 자꾸 미루는 꼴>

2) [ABAC]어찌씨

2음절로 이루어진, 낱말 자격이 모자라는 한자말 뿌리가 그대로 되풀이되지 않고 끝 음절이 다른 것으로 되풀이되어 결합 과정을 거쳐 이루어진 어찌씨가 이 짜임새에 해당한다. 곧 [AB]가 되풀이되되, 둘째 음절 [B]가 [C]로 바뀌어 되풀이되어 [ABAC] 란 비슷한 꼴 되풀이 어찌씨가 만들어졌다. [B]와 [C]는 뜻에서 연관성이 있어야 한다. 이 짜임새에 속하는 어찌씨는 극히 드물다.

왈가왈부(曰可曰否)<가타부타>

지재지삼(至再至三)<두 번 세 번이란 뜻으로 여러 차례를 이르는 말>

2.1.3. 대칭 꼴 되풀이 어찌씨

1) [ABA]어찌씨

3음절 한자말 어찌씨 가운데, 둘째 음절을 기준으로 첫 음절이 셋째 음절로 되풀이되어 대칭 꼴을 이루는 어찌씨가 이 짜임새에 해당한다. 곧 [B]를 가운데 두고 [A]가 앞뒤에 되풀이되어 [ABA] 의 결합 과정을 이루어 어찌씨가 만들어졌다. 이 짜임새에 해당하는 것들은 극히 적은 편이다.

각일각(刻一刻)<시간이 지나감에 따라 더욱 더>
동부동(動不動)<꼼짝할 수 없이 꼭>
부득불(不得不)<아니 할 수 없이 꼭>
불가불(不可不)<아니하여서는 안 되겠으므로 마땅히>
연부년(年復年)<해를 거듭하여>
하불하(下不下)<적게 잡아도>

2.2. 그 밖의 한자말 어찌씨의 짜임새

한자말 어찌씨 가운데 뿌리나 파생의 가지가 붙지 않아 더 이상의 낱말 만들기에 관여하지 않는 것들 가운데 되풀이꼴로 이루진 어찌씨를 제외한 것들이 이에 속한다. 음절수에서 보면 1음절로 이루어진 어찌씨는 극히 드물고 2음절이나 3음절로 이루어진 어찌씨가 많은 편이며, 그 가운데서도 2음절 한자말 어찌씨가 대부분을 차지한다. 4음절도 드문 편이며 5음절로 이루어진 어찌씨는 극히 드문 편이다. 6음절 이상은 발견

되지 않는다.

2.2.1. 1음절 한자말 어찌씨

1음절 한자 낱말 어찌씨 가운데, 더 이상 어찌씨 생성에 참여하지 않는 것들이 이 짜임새에 해당한다. 이에 속하는 것들은 극히 적으며, 현대 우리말에서 입말로 널리 쓰이고 있는 것은 없다. '급(及)'과 '자(自)'는 글말에서나 가끔 쓰일 뿐 입말에서는 거의 쓰이지 않다.

급(及)<및>
자(自)<'부터, 에서' 따위를 나타내는 말>

2.2.2. 2음절 한자말 어찌씨

2음절 한자 낱말 어찌씨 가운데, 더 이상 어찌씨 생성에 참여하지 않는 것들과, 같은 꼴 되풀이 짜임새에 해당하는 것들을 제외한 것들이 이 짜임새에 해당한다. 이에 속하는 것들 가운데 대부분이 현대 우리말의 입말에서 널리, 자주 쓰이기도 한다. 한자 낱말 어찌씨 가운데 이 짜임새에 속하는 것들이 가장 많다.

가령(假令)<가정하여 말해서>
가사(假使)<가령>
가위(可謂)<한 마디 말로 이르자면>
각즉(刻卽)<당장에 곧>
강경(剛勁)<기력이나 체질이 단단하고 꿋꿋하게>
거금(距今)<지금으로부터 과거로 거슬러 올라가서>
거반(居半)<절반 이상 거의>
결국(結局)<마침내>

계속(繼續)<어떤 현상이나 행동이 끊이지 않고 잇따라>
과년(課年)<해마다>
과시(果是)<정말로>
과연(果然)<정말로>
과즉(過卽)<'기껏해야'를 예스럽게 이르는 말>
극구(極口)<갖은 말을 다하여>
기위(旣爲)<이미>
기이(旣已)<이미>
누차(屢次)<여러 차례>
다소(多少)<조금이긴 하지만 어느 정도>
단지(但只)<내가 알고 있는 바는>
담연(淡然)<담연하게>
당연(當然)<마땅히>
당장(當場)<이 자리에서 바로>
대개(大概)<대부분>
대개(大蓋)<일의 큰 원칙을 말하건대>
대거(大擧)<한꺼번에 아주 많이>
대략(大略)<대체로>
대범(大凡)<대체로 보아>
대저(大抵)<대개>
대폭(大幅)<넓은 범위로>
도시(都是)<아무리 애를 써 보아도 전혀>
도통(都統)<도무지>
도합(都合)<모두>
돌연(突然)<갑자기>
만약(萬若)<만일>
만일(萬一)<어떤 일을 가정하고서>
매가(每家)<각각의 집마다>
매년(每年)<해마다>
매번(每番)<어떤 일을 하는 때의 하나하나>
매상(每常)<평상시 항상>
매야(每夜)<하루하루의 밤마다>
매회(每回)<하나하나의 모든 회마다>

무등(無等)<그 위에 더할 수 없는 정도로>
무려(無慮)<생각했던 것보다 훨씬 많이>
무론(毋論)<말할 것도 없이>
무망(無妄)<뜻하지 않은 사이에>
무이(無異)<조금도 다를 것이 없이>
무지(無地)<보통보다 훨씬 정도에 지나치게>
물경(勿警)<엄청나게>
물론(勿論)<말할 것도 없이>
방장(方將)<이제 곧>
백배(百倍)<백 곱절이란 뜻으로, 다른 무엇에 비교할 수 없을 정도로 아주>
백번(百番)<여러 번 거듭하여>
별반(別般)<따로. 별다르게>
별양(別樣)<별반>
불과(不過)<기껏해야>
불연(怫然)<성을 불끈 내는 꼴>
불원(不遠)<오래지 않아>
비단(非但)<오직>
상필(想必)<생각하건대 반드시>
소위(所謂)<남들이 흔히 말하는 이른바>
시방(時方)<말하고 있는 바로 이 때>
십분(十分)<충분히>
여혹(如或)<만일>
역시(亦是)<또한>
연일(連日)<여러 날을 계속하여>
연즉(然則)<그러면. 그런즉>
영구(永久)<영원히>
우금(于今)<이제까지>
우선(于先)<어떤 일을 하는데 예비적으로 먼저>
유독(惟獨)<여럿 가운데 홀로>
육장(六場)<한 번도 빠지지 않고 늘>
의연(依然)<전과 다름이 없이>
의연(毅然)<의지가 강하고 굳세어>
일단(一旦)<우선 한 번>

일로(一路)<한 길로 곧바로>

일병(一竝)<하나도 빼지 않고 모두>

일약(一躍)<별안간 높이 뛰어오르는 꼴>

일왈(一曰)<한편으로 일러 말하기를>

일익(日益)<날로 더. 나날이>

일절(一切)<전혀. 통. 도무지>

일층(一層)<일정한 정도에서 한층 더>

일향(一向)<한결같이>

자금(自今)<지금부터>

자진(自進)<스스로>

자초(自初)<처음부터>

장근(將近)<어떤 수나 시간에 거의 가깝게>

재차(再次)<거듭하여>

전연(全然)<전혀>

제일(第一)[5]<가장>

종금(從今)<지금 이 시간부터>

종내(終乃)<끝끝내>

종시(終是)<끝내>

종차(從此)<지금 이 시간부터>

종차(從次)<지금으로부터 얼마간 시간이나 시일이 지난 뒤에>

즉각(卽刻)<당장에 곧바로>

즉금(卽今)<곧 이제>

지금(至今)<이제에 이르기까지>

직접(直接)<사이에 제삼자나 매개물이 없이 바로>

진정(眞正)<참으로 틀림없이>

진즉(趁卽)<진작>

천생(天生)<어쩔 수 없이>

천연(囅然)<소리를 내어 크게 웃는 꼴>

필경(畢竟)<끝에 가서는>

필시(必是)<반드시>

필야(必也)<반드시>

---

5) 준말로 '젤'이 있다.

하등(何等)<조금도 전혀>
하황(何況)<예전에. 그 위에 더. 더군다나>
항상(恒常)<늘>
항시(恒時)<언제나>
해필(奚必)<하필>
호상(互相)<서로>
혹간(或間)<간혹>
혹시(或時)<어쩌다가. 어떠한 때에>
혹야(或也)<혹시>
혼연(渾然)<딴 것이 섞이지 않은 온전한 꼴>
홀연(忽然)<뜻하지 않은 사이에 갑자기>
훌연(欻然)<생각할 겨를도 없이 빨리>
흘금(迄今)<지금에 이르기까지>
흡사(恰似)[6]<마치. 꼭>

2.2.3. 3음절 한자말 어찌씨

3음절 한자 낱말 어찌씨 가운데, 더 이상 어찌씨 생성에 참여하지 않는 것들과 되풀이 짜임새에 해당하는 것을 제외한 것들이 이 짜임새에 해당한다.

가부간(可否間)<옳거나 그르거나 간에 찬성하거나 반대하거나 간에>
가일층(加一層)<더한층>
거지반(居之半)<절반 이상 거의>
고하간(高下間)<지위나 신분 따위가 높건 낮건 간에>
급기야(及其也)<마침내>
기역시(其亦是)<그것도 역시>
다불과(多不過)<많다고 해야 고작>

---

6) 흡사(恰似)히<거의 똑같을 정도로 비슷하게>는 어찌씨 '흡사(恰似)'에 '-히'가 결합되어 이루어진 것이 아니고 '흡사(恰似)하다'의 뿌리에 '-히'가 결합하여 이루어진 것으로 보는 것이 합리적이다.

당분간(當分間)<앞으로 얼마 동안>
대관절(大關節)<여러 말 할 것 없이 대체의 요점으로 말하건대>
대부분(大部分)<거의 모두>
무작정(無酌定)<앞으로의 일을 정해 놓은 것이 없이>
무조건(無條件)<덮어놓고>
무한정(無限定)<한정 없이>
미상불(未嘗不)<아니라고 부정할 수 없게>
미상비(未嘗非)<아닌 게 아니라>
별안간(瞥眼間)<갑자기>
부득이(不得已)<마지못하여 할 수 없이>
불과시(不過是)<기껏해야 이 정도로>
심지어(甚至於)<더욱 심하다 못해 나중에는>
어시호(於是乎)<이제야 또는 이에 있어서>
어언간(於焉間)<어느덧>
언미필(言未畢)<하고 있는 말이 채 끝나기도 전에>
언필칭(言必稱)<말할 때마다 반드시>
여하간(如何間)<어쨌든>
역여시(亦如是)<이도 또한>
유시호(有時乎)<어떤 때는>
은연중(隱然中)<남모르는 가운데>
이차피(以此彼)<이러나저러나>
조만간(早晩間)<이르든지 늦든지 언제고>
좌우간(左右間)<이러나저러나 어쨌든>
지우금(至于今)<지금에 이르기까지>
차소위(此所謂)<이야말로>
차역시(此亦是)<이것도 역시>
하불실(下不失)<아무리 적어도 적은 대로의 희망은 있음을 이르는 말>
한평생(限平生)<한세상 살아 있는 동안까지>

2.2.4. 4음절 한자말 어찌씨

4음절 한자말 어찌씨 가운데, 더 이상 어찌씨 생성에 참여하지 않으며, 같은 꼴로 되풀이되거나 비슷한 꼴로 되풀이되는 것들을 제외한 것들이 이 짜임새에 해당한다. 이에 속하는 것들 가운데 일부는 현대 우리말의 입말에서 널리, 자주 쓰이기도 한다.

기왕지사(既往之事)<이미 일어난 일. 또는 이미>
낙역부절(絡繹不絶)<연락부절>
막가내하(莫可奈何)<막무가내>
막부득이(莫不得已)<'부득이'의 힘줌말>
만부득이(萬不得已)<'부득이'의 힘줌말>
무가내하(無可奈何)[7]<막무가내>
박부득이(迫不得已)<일이 몹시 급하게 닥쳐와서 어쩔 수 없이>
박어부득(迫於不得)<일이 매우 급하여 어쩔 수 없이>
불가부득(不可不得)<부득이>
어언지간(於焉之間)<알지 못하던 사이에 어느덧>
이금이후(而今以後)<지금으로부터>
이불리간(利不利間)<이가 되든지 해가 되든지 간에>
이왕지사(已往之事)<이미 지나간 일이니까>
좌우지간(左右之間)<모양, 형편, 정도나 조건 따위가 어떻게 되어 있든지 간에>
지우금일(至于今日)<지금에 이르기까지>

2.2.5. 5음절 한자말 어찌씨

한자 낱말 어찌씨 가운데 5음절로 이루어진 것은 '사세부득이(事勢不得已)'이 밖에는 보이지 않는다.

사세부득이(事勢不得已)[8]<일의 형세가 그렇게 하지 않을 수 없이>

---

7) 준말로 '무가내(無可奈)'가 있다.
8) 준말로 '세부득이(勢不得已)'가 있다.

6음절이 넘는 한자 낱말 어찌씨는 없다. 음절수에서 보면 2음절 한자 낱말이 가장 많은 편이며 3음절, 4음절이 뒤를 잇는다. 2음절 이상의 한자 낱말 어찌씨는 음절마다 뜻을 가지고 있는 것들이 대부분이기 때문에 하나의 형태소로 이루어진 단일 어찌씨에는 포함되지 않는다. 1음절 한자 낱말 어찌씨가 극히 일부 있는데 이들은 단일 어찌씨에 포함된다.

3. 영 파생 한자말 어찌씨

한자말로 이루어진 이름씨에 어찌씨를 파생시키는 영 파생 가지가 덧붙어 파생 어찌씨가 만들어진다. 한자말 이름씨 '각자(各自)'에 영 파생 가지 '-∅'가 덧붙으면 어찌씨 '각자(各自)'가 만들어진다. 다음 어찌씨들은 모두 이 짜임새에 해당한다. 이들 어찌씨 가운데 극히 일부는 밑말이 되어 합성 어찌씨나 파생 어찌씨가 만들어지며 대다수의 어찌씨는 더 이상 어찌씨 만들기에 관여하지 않는다.

[[각자(各自)]이+∅]어<각각의 사람이 다 따로따로>
[[감지덕지(感之德之)]이+∅]어<과분한 듯하여 아주 고맙게 여기는 꼴>
[[거개(擧皆)]이+∅]어<대체로 모두>
[[고생고생(苦生苦生)]이+∅]어<어렵고 고된 일을 여러 가지로 거듭 겪으면서>
[[구구절절(句句節節)]이+∅]어<한 구절 한 구절마다>
[[구절구절(句節句節)]이+∅]어<한 구절 한 구절마다>
[[기왕(既往)]이+∅]어<이미 일이 진행되어 그렇게 된 바에>
  -(합)기왕(既往)-에<이미 그렇게 된 바에>
  -(합)기왕(既往)-이면<어차피 그렇게 될 바에는>
[[다소간(多少間)]이+∅]어<많든 적든 얼마간에>
[[만혹(萬或)]이+∅]어<혹시 있을지도 모르는 뜻밖의 경우에>
[[매사(每事)]이+∅]어<낱낱의 모든 일마다>

[[매시(每時)]이+∅]어<한 시간 한 시간마다>
[[매시간(每時間)]이+∅]어<한 시간 한 시간의 모든 시간마다>
[[매인(每人)]이+∅]어<한 사람 한 사람마다>
[[매장(每場)]이+∅]어<하나하나의 장마다>
[[매주(每週)]이+∅]어<한 주 한 주의 모든 주마다>
[[매주간(每週間)]이+∅]어<한 주 한 주의 모든 주일 동안마다>
[[매주일(每週日)]이+∅]어<한 주 한 주의 모든 주일마다>
[[매차(每次)]이+∅]어<각각의 차례마다>
[[매초(每秒)]이+∅]어<각각의 초마다>
[[매(每)해]이+∅]어<각각의 모든 해마다>
[[매호(每戶)]이+∅]어<하나하나의 모든 집마다>
[[매호(每號)]이+∅]어<신문 잡지 따위의 각 호마다>
[[무기한(無期限)]이+∅]어<일정하게 정한 시기가 없이>
[[본래(本來)]이+∅]어<사물이나 현상이 만들어지거나 생겨난 처음부터>
[[사실(事實)]이+∅]어<실제에 있어서>
[[생전(生前)]이+∅]어<지금까지 살면서 전혀 경험해 본 적이 없음을 이르는 말>
[[순간순간(瞬間瞬間)]이+∅]어<매 순간에>
[[실지(實地)]이+∅]어<거짓이나 상상이 아닌 현실로>
－(합)실지(實地)－로<거짓이나 상상이 아닌 실제의 경우나 처지로>
[[연일(連日)]이+∅]어<여러 날을 계속하여>
[[원래(元來)]이+∅]어<사물이 전해져 내려오는 내력의 맨 처음부터>
[[일시(一時)]이+∅]어<어떤 시기의 짧은 동안에>
[[일일(日日)]이+∅]어<하루하루의 날마다>
[[일체(一切)]이+∅]어<모든 것을 다>
[[전부(全部)]이+∅]어<있는 대로 빠짐없이 전체가 다>
[[절대(絶對)]이+∅]어<어떤 일이 있더라도>
－(합)절대(絶對)－로<어떤 일이 있더라도>
[[종래(從來)]이+∅]어<이전부터 여태까지>
－(합)종래(從來)－로<옛날부터 내려오면서>
[[좌왕우왕(左往右往)]이+∅]어<올바른 방향을 잡거나 차분한 행동을 취하지 못하고 이리저리 왔다갔다 하는 꼴>
[[지금(只今)]이+∅]어<말하고 있는 바로 이때에>
－(파)지금(只今)－껏<여태까지 또는 지금까지>

[[**천만**(千萬)]**이**+∅]**어**<전혀. 매우. 아주의 뜻>
[[**초초분분**(秒秒分分)]**이**+∅]**어**<매초 매분마다>
[[**편시**(片時)]**이**+∅]**어**<오래지 않은 짧은 동안에>
[[**필연**(必然)]**이**+∅]**어**<틀림없이 꼭>
　−(파)필연(必然)**−코**
[[**한종일**(限終日)]**이**+∅]**어**<해가 질 때까지>
[[**호호**(戶戶)]**이**+∅]**어**<하나하나의 모든 집마다>
[[**혹자**(或者)]**이**+∅]**어**<어쩌다가 우연하게>

위 파생 어찌씨들에 대한 사전에서의 처리를 보면, 같은 올림말 아래에서 일차적으로 이름씨로 올라 있고 이차적으로 어찌씨로 올라 있다. 곧 이름씨로도 쓰이고 어찌씨로도 쓰이는 품사 통용 낱말에 해당한다. 여기서는 이와 달리 일차적인 이름씨가 밑말이 되고 여기에 어찌씨를 파생시키는 영 파생 가지가 덧붙어 어찌씨가 만들어진 것으로 보았다. 일차적으로 어찌씨로 올라 있고 이차적으로 이름씨로 올라 있으면[9] 어찌씨가 밑말이 되고 여기에 이름씨를 파생시키는 영 파생 가지가 덧붙어 이름씨가 만들어진 것으로 보는 것이 합리적이다.

9) 토박이말인 '한창'은 사전류에서 일차적으로 어찌씨로, 이차적으로 이름씨로 올라 있기 때문에 이름씨는 어찌씨에 이름씨를 파생시키는 영 파생 가지가 덧붙어 파생된 것으로 본다.

■■■ 제6장 ■■■

맺음말

우리말의 낱말은 이름씨가 가장 많은 수를 차지하고 그 다음으로 움직씨, 어찌씨, 그림씨 순이다. 어찌씨는 전체 낱말에서 차지하는 수효는 그리 많은 편은 아니지만 사용 빈도에서는 아주 높은 편에 해당한다. 대체로 어찌씨는 우리말에서 월을 짜 이루는 데에 뼈대 부분을 이루지는 않지만 주로 꾸밈말로 쓰여 꾸밈 받는 말을 정확하고, 다채롭고, 풍성하게 꾸며 주는 일을 맡는다.

이 글에서는 우리말에 해당하는 어찌씨들을 대상으로 하여 어찌씨의 형태, 통사, 의미, 화용적 특성을 살피고, 어찌씨 만들기의 유형에 초점을 두어 형태적 짜임새를 분석하여 어찌씨마다 어떤 형태적 짜임새를 이루고 있는 지를 밝히고, 공통적 짜임새에 따라 유형화하고자 하였다. 이 글에서 다룬 내용을 간단히 정리하면 다음과 같다.

어찌씨는 품사 가운데 하나로, 내부에서 꼴이 바뀌지 않는 형태적 특성을 보이며, 주로 풀이씨를 꾸미는 기능을 가진다. 어찌씨에는 토박이말 어찌씨, 한자말 어찌씨, 토박이말과 한자말이 합쳐진 어찌씨가 있으며, 외래말 어찌씨나, 토박이말이나 한자말에 외래말이 합쳐진 어찌씨는 없다. 어찌씨에서는 토박이말로 이루어진 흉내말이 풍부하게 발달해 있어서 한자말 어찌씨에 비해 토박이말 어찌씨가 훨씬 더 많은 수를 차지한다.

어찌씨는 단일 형태소로 이루어진 단일 어찌씨와 둘 이상의 형태소가 결합된 복합 어찌씨가 있다. 복합 어찌씨는 어찌씨를 이루고 있는 직접 구성 요소 가운데 하나가 파생 가지이냐 아니냐에 따라 합성 어찌씨와 파생 어찌씨로 나뉜다. 단일 어찌씨는 음절수에서 보면 1음절, 2음절, 3음절, 4음절, 5음절로 이루어져 있으며, 이 가운데 2음절과 3음절 단일 어찌씨가 가장 많은 수를 차지한다.

단일 어찌씨 중에는 새로운 어찌씨 만들기에 관여하는 것도 있고, 관여하지 않는 것도 있다. 새로운 어찌씨 만들기에 관여하는 단일 어찌씨는 어찌씨 만들기의 밑말이 되고 여기에 다른 뿌리나 파생 가지와 어울려 결합 과정을 거쳐 합성 어찌씨와 파생 어찌씨가 만들어진다. 또한 단일 어찌씨에 홀소리나 닿소리를 바꿈으로써 어찌씨를 파생시키는 내적 파생법에 따라 파생 어찌씨가 만들어지기도 한다. 단일 어찌씨 가운데 같은 꼴이나 비슷한 꼴로 되풀이된 것들도 있다.

어찌씨를 이루고 있는 직접 구성 요소 가운데 하나가 파생 가지인 파생 어찌씨의 짜임새를 보면, 어찌씨가 아닌 뿌리에 파생 뒷가지가 덧붙는 것과 파생 앞가지가 덧붙는 것으로 가를 수 있다. 어찌씨가 아닌 뿌리에 덧붙어 파생 어찌씨를 만드는 파생 앞가지는 극히 드물다. 어찌씨 내부의 홀소리나 닿소리를 바꿈으로써 파생되는 내적 파생 어찌씨도 있으며, 어찌씨 이외의 낱말에 -∅ 파생 가지가 덧붙어 만들어지는 파생 어찌씨도 있다.

합성 어찌씨의 짜임새를 보면, 합성 어찌씨가 통사적 짜임새와 같은 꼴이냐 아니냐에 따라, 통사적 합성 어찌씨와 비통사적 합성 어찌씨로 나뉜다.

한자말 어찌씨의 짜임새를 보면, 낱말 만들기에 관여하는 한자말 어찌씨, 더 이상 낱말 만들기에 관여하지 않는 한자말 어찌씨, 이름씨에 어찌씨를 만드는 영 파생가지가 결합하여 만들어진 영 파생 한자말 어찌씨로 가를 수 있다.

어찌씨는 1차적으로 어찌씨의 꾸밈의 범위가 월조각이냐 월 모두냐에 따라 월조각 꾸밈 어찌씨와 월 꾸밈 어찌씨로 나뉜다. 월조각 꾸밈 어찌씨는 의미적 특성에 따라 풀이씨의 성질이나 상태를 나타내는 성상 어찌씨와 공간적인 장소나 방향을 가리키거나 시간적인 위치를 가리키는 가리킴 어찌씨, 풀이씨의 뜻을 부정하는 부정 어찌씨로 나뉜다. 월 꾸밈 어찌씨에는 말할이의 태도를 나타내는 양태 어찌씨가 있으며, 앞 월과 뒤 월을 이어 주면서 뒤 월을 꾸미는 이음 어찌씨가 있다.

어찌씨는 월에서 수의적인 월조각으로, 뒤에 놓이는 것을 꾸미는 일을 하지만, 일부 어찌씨는 월 짜임새에 영향을 미치기도 하고 말본 범주에 제약을 가하기도 하는 통사적 특성을 보이기도 한다.

어찌씨는 각자 의미 특성을 가지고 있기 때문에 꾸밈을 받는 월조각의 의미 특성과 조화를 이루는 경우에 꾸밈말로 적격하게 쓰일 수 있다. 부조화를 이루는 경우에는 꾸밈말로 쓰이게 되면 부적격해진다.

어찌씨 가운데 일부는 월 안에서만 영향을 미치는 것이 아니고, 앞 월과의 관계에 영향을 미치기도 한다. 화용적 특성을 보이는 어찌씨는 주로 이음 어찌씨들로, 앞 월과 뒤 월을 의미적으로 이어 주면서 뒤의 월을 꾸미는 일을 맡는다. 이음 어찌씨가 쓰인 월은 반드시 앞에 이음 어찌씨의 뜻과 관련이 있는 월이 놓여야 하는 제약이 따르기 때문에 화용론적 제약 관계를 맺게 된다.

단일 어찌씨의 합성 어찌씨 만들기의 유형으로는 첫째, 단일 어찌씨와 같은 것이 되풀이되어 결합 과정을 거쳐 같은 꼴 되풀이 합성 어찌씨가 만들어진다. 이 방식에 의한 합성 어찌씨 만들기는 흉내말 어찌씨에서 생산적이다. 둘째, 단일 어찌씨와 비슷한 것이 되풀이되어 결합 과정을 거쳐 비슷한 꼴 되풀이 합성 어찌씨가 만들어진다. 셋째, 단일 어찌씨의 한 부분만 되풀이되어 결합 과정을 거쳐 부분 되풀이 합성 어찌씨가 만들어진다. 넷째, 밑말이 되는 단일 어찌씨와 꼴에서 관련이 없는 뿌리가 결합되어 결합 과정을 거쳐 합성 어찌씨가 만들어진다. 단일 어찌씨에 결합되는 뿌리가 자립성이 있는 낱말인 경우에는 통사적 합성 어찌씨가 되며, 낱말 자격이 모자라는 뿌리인 경우에는 비통사적 합성 어찌씨가 된다.

단일 어찌씨의 파생 어찌씨 만들기의 유형으로는, 단일 어찌씨에 파생 앞가지가 덧붙어 파생 어찌씨가 만들어지지만 이에 속하는 파생 어찌씨는 극히 드물다. 파생 뒷가지가 단일 어찌씨에 덧붙어 파생 어찌씨를 만드는 것도 극히 드물다. 이 방식은 외적 파생법에 해당한다. 내부의 닿소리나 홀소리를 바꿈으로써 파생 낱말을 만드는 방식이 내적 파생법이다. 특히 흉내말 어찌씨는 이 방식에 따라 뜻에서 비슷한 많은 파생 어찌씨가 만들어진다. 이 파생 어찌씨가 밑말이 되고 여기에 합성법이 다시 적용되어 같거나 비슷한 꼴의 수많은 합성 어찌씨들이 만들어진다.

복합 어찌씨의 합성 어찌씨 만들기 유형으로는, 복합 어찌씨에 뿌리가 결합하여 합성 어찌씨가 만들어진다. 합성 어찌씨나 파생 어찌씨가 밑말이 되고 여기에 낱말이나 낱말 자격이 모자라는 뿌리가 결합하여 합성 어찌씨가 만들어진다. 이 방식에 의한 합성 어찌씨 만들기는 생산성이 아주 낮다.

복합 어찌씨의 파생 어찌씨 만들기 유형으로는, 합성이나 파생의 복합 어찌씨가 먼저 만들어진 다음에 이들이 밑말이 되고 여기에 파생의 가지가 결합하여 파생 어찌씨가 만들어진다. 이 방식에 의한 파생 어찌씨 만들기는 생산성이 아주 낮다.

어찌씨 아닌 뿌리의 파생 어찌씨 만들기 유형으로는, 어찌씨 파생 가지가 덧붙어 결합 과정을 거쳐 파생 어찌씨가 만들어진다. 어찌씨 파생 가지에는 파생 앞가지가 있고, 파생 뒷가지가 있으나, 어찌씨 파생 앞가지는 극히 드물고 생산성이 아주 낮다. 어찌씨 파생 뒷가지도 그리 많은 편은 아니지만, '-이'와 '-히'는 덧붙을 수 있는 뿌리가 상당히 많은 편이어서 어찌씨 만들기에 생산성이 아주 높다.

어찌씨 파생 뒷가지가 덧붙는 파생 어찌씨의 유형으로는, '-이' 결합형으로 [[이름씨]^2+-이]어찌씨, [풀이씨 뿌리+-이]어찌씨, [풀이씨 줄기+파생가지 -이]어찌씨 따위의 유형 있다. '-히' 결합형으로 ['-하다' 풀이씨 뿌리+-히]어찌씨, [풀이씨 줄기+-히]어찌씨 따위의 유형이 있다. 풀이씨 줄기에 덧붙는 '-이'와 '-히' 밖의 파생 뒷가지 결합형으로 [풀이씨 줄기+-오]어찌씨, [풀이씨 줄기+-추]어찌씨, [풀이씨 줄기+-우]어찌씨, [풀이씨 줄기+-사리]어찌씨, [풀이씨 줄기+-지거니]어찌씨, [풀이씨 줄기+-지감치]어찌씨, [풀이씨 줄기+-래]어찌씨, [풀이씨 줄기+-리]어찌씨, [풀이씨 줄기+-애]어찌씨, [[풀이씨 줄기+어찌 씨끝]+-금]어찌씨 따위의 유형이 있다. 임자씨에 덧붙는 파생 뒷가지 결합형으로 [이름씨+-껏]어찌씨, [이름씨+-내]어찌씨, [이름씨+-소]어찌씨, [이름씨+-짜]어찌씨, [이름씨+-째]어찌씨, [대이름씨+-리]어찌씨, [대이름씨+-다지]어찌씨, [대이름씨+-쯤]어찌씨, [대이름씨+-냥]어찌씨, [대이름씨+-쪼록]어찌씨 따위의 유형이 있다. 특수 뿌리에 덧붙는 파생 뒷가지 결합형으로 [뿌리+-이]어찌씨, [뿌리+-히]어찌씨, [뿌리+-에]어찌씨, [한자말 뿌리+-코]어찌씨, [한자말 뿌리+-이]어찌씨, [한자말 뿌리+-히]어찌씨, [한자말 뿌리+-혀]어찌씨, [한자말 뿌리+-여]어찌씨, [한자말 뿌리+-이나]어찌씨 따위의 유형이 있다. 특이한 유형으로 파생 가지가 같은 꼴로 되풀이 된 [파생 가지$_1$+파생 가지$_1$]어찌씨가 있다. 유형에 따라서 파생 어찌씨 만들기의 생산성에 차이를 보인다. [풀이씨 뿌리+-이]어찌씨 유형은 생산성이 대단히 높은 편이다.

어찌씨 파생 앞가지가 덧붙는 파생 어찌씨의 유형으로는 ; [맞-+어찌씨]어찌씨, [몰-+어찌씨]어찌씨, [연(連)-+어찌씨]어찌씨, [올-어찌씨]어찌씨, [외-+어찌씨]어찌씨, [저-+어찌씨]어찌씨, [한-+어찌씨]어찌씨, 따위가 있고, 특수한 유형으로 [앞가지+토씨]어찌씨가 있다. 이 유형에 의해 만들어진 어찌씨는 한둘에 불과하여 생산성이 극히 낮다.

어찌씨가 아닌 낱말에 영 파생 가지가 덧붙어 파생 어찌씨를 만드는 내적 파생 어찌씨의 유형으로는 두 가지가 있다. 첫째, 풀이씨의 끝바꿈꼴에 영 파생 가지가 덧붙는 [[풀이씨 줄기+씨끝]+-∅]어찌씨가 있다. 이 짜임새에 관여하는 씨끝으로는 '-듯이', '-게', '-어', '-도록', '-니', '-면', '-든지', '-어서', '-고', '-건대' 가 있으며, 생산성이 극히 낮은 것으로 '-어도', '-다가', '-은데', '-나', '-기에', '-지만', '-은지', '-으므로', '-은들', '-니까', '-을수록', '-어야', '-자' 따위가 있다. 둘째, 이름씨에 영 파생 가지가 덧붙는 [[이름씨+-∅]어찌씨가 있다.

어찌씨가 아닌 낱말이 결합하여 이루어진 통사적 합성 어찌씨의 유형으로는 [이름씨²]어찌씨, [이름씨1+이름씨2]어찌씨, [매김씨+이름씨]어찌씨, [[풀이씨 줄기+씨끝]+[풀이씨 줄기+씨끝]]어찌씨 따위가 있다. 그 밖에 생산성이 극히 낮은 유형으로는 [느낌씨1+느낌씨2]어찌씨, [[임자씨1+토씨]+[임자씨2+토씨]]어찌씨, [[풀이씨 줄기+매김 씨끝]+이름씨]]어찌씨, [이름씨+[풀이씨 줄기+씨끝]]어찌씨, [[풀이씨 줄기+이름 씨끝]²]어찌씨, [[풀이씨 줄기+매김 씨끝]²]어찌씨, [[[풀이씨 줄기+매김 씨끝]+매인이름씨]]+[[[풀이씨 줄기+매김 씨끝]+매인이름씨]]어찌씨, [[이름씨+[없이]]어찌씨, [[풀이씨 줄기+매김 씨끝]+이름씨+토씨]+[풀이씨 줄기+씨끝]]어찌씨 따위가 있다.

어찌씨가 아닌 뿌리가 결합하여 이루어진 비통사적 합성 어찌씨의 유형으로는 [풀이씨 뿌리^2]어찌씨가 있는데, 풀이씨 뿌리가 '-거리다' 결합 뿌리인 것, '-하다' 결합 뿌리인 것, '-그리다' 결합 뿌리인 것, '-스럽다' 결합 뿌리인 것, '-기다' 결합 뿌리인 것, '-대다' 결합 뿌리인 것, '-어지다' 결합 뿌리인 것, '-업다' 결합 뿌리인 것 따위가 있다. 이밖에 [풀이씨 뿌리$_1$+풀이씨 뿌리$_2$]어찌씨, [풀이씨 줄기^2]어찌씨, [풀이씨 뿌리+가상 뿌리]어찌씨, [가상 뿌리+가상 뿌리]어찌씨, [이름씨+뿌리]어찌씨, [[풀이씨 줄기+파생 가지]+[풀이씨 줄기+파생 가지]어찌씨, [임자씨+토씨]어찌씨, [매김씨+토씨]어찌씨, [느낌씨+뿌리] 따위의 유형이 있다.

한자말 어찌씨 가운데 더 이상 어찌씨 만들기에 관여하지 않는 것도 있지만, 어떤 것은 밑말이 되어 합성 어찌씨나 파생 어찌씨를 만드는 데 관여하기도 한다. 한자말 어찌씨가 밑말이 되어 만들어진 복합 어찌씨 유형으로는, 한자말 어찌씨가 같은 꼴이나 비슷한 꼴로 되풀이되거나 다른 낱말과 결합하여 합성 어찌씨를 만드는 방법과 파생 가지가 덧붙거나 영 파생 가지가 덧붙어 파생 어찌씨를 만드는 방법이 있다. 한자말 어찌씨가 밑말이 되고, 여기에 뿌리나 가지가 덧붙어 만들어진 합성 어찌씨나 파생 어찌씨가 다시 밑말이 되고, 여기에 파생 가지가 덧붙어 파생 어찌씨가 만들어지기도 한다.

■■■ 부 록 ■■■

참고문헌

강진식(2002), 『국어 형태론 연구』, 원광대학교 출판국.

고려대학교 민족문화연구원(편)(2009), 『고려대 한국어대사전』, 고려대학교 민족문화연구원.

국립국어연구원(편)(2001), 『표준국어대사전』, 두산동아.

금성판(1991), 『국어대사전』, 금성출판사.

김경훈(1996), 『현대 국어 부사어 연구』, 서울대학교 박사학위논문.

김계곤(1996), 『현대 국어의 조어법 연구』, 박이정.

김기혁(1995), 『국어 문법 연구』, 박이정.

김민수(1982), 『국어문법론』, 일조각.

김봉주(1984), 『형태론』, 한신문화사.

김석득(1992), 『우리말 형태론』, 탑출판사.

김승곤(1996), 『현대 나라 말본』, 박이정.

김영석 · 이상억(1998), 『현대형태론』, 학연사.

김영희(1985), 「셈숱말로서의 정도부사」, 한글 190, 한글학회.

김일병(2000), 『국어 합성어 연구』, 역락.

김진형(2000), 『형태론』(Eugene A. Nida 지음), 아카넷.

김택구(1984), 「우리말 부사어의 통어 기능」, 『두메 박지홍 선생 회갑기념논문집』.

남기심(2001), 『현대국어 통사론』, 태학사.

남기심 · 고영근(1993), 『표준국어문법론』, 탑출판사.

노명희(2005), 『현대국어 한자어 연구』, 국어학총서 49, 태학사.

민현식(1999), 『국어 문법 연구』, 역락.

박선자(1983), 『한국어 어찌말 연구』, 부산대학교 박사학위논문.

_____(1996), 『한국어 어찌말의 통어의미론』, 세종출판사.

서상규(1984), 「부사의 통사적 기능과 부정의 해석」, 『한글』 186, 한글학회.
서정수(1994), 『국어문법』, 뿌리깊은나무.
_____(2005), 『한국어의 부사』, 서울대학교출판부.
손남익(1995), 『국어 부사 연구』, 도서출판 박이정.
_____(1996), 「국어 부사의 수식 대상」, 한국어학 제4집, 한국어학회.
_____(1997), 「서법부사와 호응어」, 인문학보 제23집, 강릉대학교 인문과학연구소.
_____(1998), 「국어 상징부사어와 공기어 제약」, 한국어 의미학 3, 한국어 의미학회.
_____(1999), 「국어 부사어와 공기어 제약」, 한국어학 제9집, 한국어학회.
신기철 · 신용철(편)(1977), 『새우리말큰사전』, 삼성출판사.
안상철(1998), 『형태론』, 민음사.
연세대학교 언어정보개발원(편)(2001), 『연세한국어사전』, 두산동아.
이상혁(1991), 『-적 파생어의 형태 · 통사론적 고찰』, 고려대학교 석사학위논문.
이석규(1988), 『현대 국어 정도 어찌씨의 의미 연구』, 건국대학교 박사학위논문.
이석주(1989), 『국어형태론』, 한샘.
이익섭(1965), 「국어 복합명사의 IC 분석」, 국어국문학 30, 국어국문학회.
이철수(1994), 『국어 형태학』, 인하대학교 출판부.
이희승(1982), 『국어대사전』, 민중서림.
임유종(1999), 『한국어 부사 연구』, 한국문화사.
전상범(1999), 『형태론』, 한신문화사.
정원수(1992), 『국어의 단어 형성론』, 한신문화사.
정인승(1956), 『표준 고등말본』, 신구문화사.
최현배(1971), 『우리말본』, 정음사.
하치근(1989), 『국어 파생형태론』, 남명문화사.
한글학회(편)(1992), 『우리말큰사전』, 어문각.
한 길(1983), 「정도어찌씨에 관한 의미론적 연구」, 새국어교육 37 · 38, 한국국어교육학회.
_____(2004), 『현대 우리말의 마침씨끝 연구』, 역락.
_____(2006), 『현대 우리말의 형태론』, 역락.
_____(2009), 『현대 우리말의 되풀이법 연구』, 역락.
_____(2009), 『우리말의 낱말 생성 되풀이법 연구』, 강원대학교 출판부.
_____(2010), 『우리말의 비슷한 꼴 되풀이 낱말 연구』, 역락.
_____(2012), 「정도부사 '훨씬', '가장', '더/덜'의 용법」, 인문과학연구 제39집, 강

원대학교 인문과학연구소.
_____(2013), 「보충어를 요구하는 통사 부사의 용법」, 인문과학연구 제39집, 강원대학교 인문과학연구소.
허 웅(1983), 『국어학』, 샘문화사.
_____(1995), 『20세기 우리말의 형태론』, 샘문화사.
_____(1999), 『20세기 우리말의 통어론』, 샘문화사.
Wallace L. Chafe(1973), *Meaning and the Structure of Language*, The University of Chicago Press.

■■ 부 록 ■■

찾아보기

저자 한 길

연세대학교 문과대학 국어국문학과 마침(76)
같은 대학교 대학원 문학석사(78), 문학박사(87)
미국 슬리퍼리 록 대학교 교환교수(91~92)
미국 브리검 영 대학교 객원교수(98~99)
일본 천리대학 초빙교수(04~05)
요르단대학교 해외한국학 파견교수(12~13)
강원대학교 인문대학 국어국문학과 교수(81~)

저서 『국어 종결어미 연구』(1991, 강원대학교출판부)
『현대 우리말의 높임법 연구』(2002, 역락)
『현대 우리말의 마침씨끝 연구』(2004, 역락)
『현대 우리말의 반어법 연구』(2005, 역락)
『현대 우리말의 형태론』(2006, 역락)
『우리말의 낱말 생성 되풀이법 연구』(2009, 강원대학교출판부)
『현대 우리말의 되풀이법 연구』(2009, 역락)
『우리말의 비슷한 꼴 되풀이 낱말 연구』(2010, 역락)
『외국인 대상 한국의 언어와 문화』(2011, 역락) 외 다수

논문 「월조각의 되풀이법 연구」 외 다수

우리말 어찌씨의 짜임새 연구

인 쇄 2014년 11월 10일
발 행 2014년 11월 20일
지은이 한 길
펴낸이 이대현
편 집 박선주
디자인 이홍주
펴낸곳 도서출판 역락
서울 서초구 반포4동 577-25 문창빌딩 2층
전화 02-3409-2058(영업부), 2060(편집부) | FAX 3409-2059
이메일 youkrack@hanmail.net
등록 1999년 4월 19일 제303-2002-000014호
ISBN 979-11-5686-092-1 93710

정 가 39,000원

* 파본은 교환해 드립니다.

이 도서의 국립중앙도서관 출판예정도서목록(CIP)은 서지정보유통지원시스템 홈페이지(http://seoji.nl.go.kr)와 국가자료공동목록시스템(http://www.nl.go.kr/kolisnet)에서 이용하실 수 있습니다.(CIP제어번호 : CIP2014030607)